主编 阎纯德 吴志良

北京语言大学
列国汉学史书系
Sinological History Series

郭沫若在英语世界的传播与接受研究

杨玉英 著

学苑出版社

图书在版编目（CIP）数据

郭沫若在英语世界的传播与接受研究 / 杨玉英著.
— 北京：学苑出版社，2015.10
（列国汉学史书系 / 阎纯德，吴志良主编）
ISBN 978-7-5077-4890-1

Ⅰ.①郭… Ⅱ.①杨… Ⅲ.①郭沫若（1892～1978）－文学研究 Ⅳ.①I206.7

中国版本图书馆CIP数据核字(2015)第242901号

责任编辑：杨　雷
封面设计：徐道会
出版发行：学苑出版社
社　　址：北京市丰台区南方庄2号院1号楼
邮政编码：100079
网　　址：www.book001.com
电子信箱：xueyuanpress@163.com
联系电话：010-67601101（销售部）　67603091（总编室）
经　　销：新华书店
印 刷 厂：河北保定彩虹艺雅印刷有限公司
开本尺寸：710×1000　　1/16
印　张：34
印　数：1500册
版　次：2015年11月第1版
印　次：2015年11月第1次印刷
定　价：65.00元

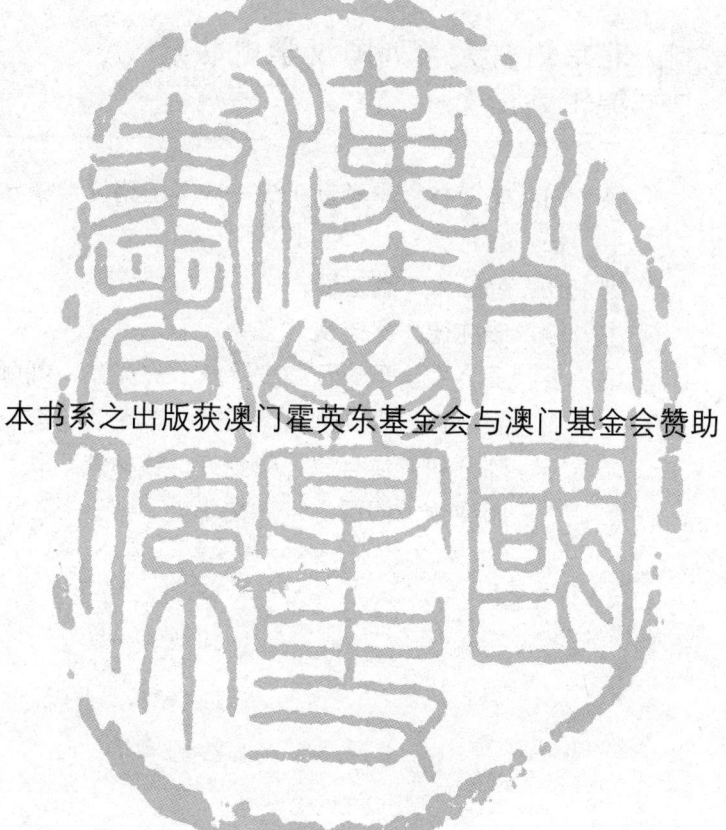

本书系之出版获澳门霍英东基金会与澳门基金会赞助

 **北京语言大学列国汉学史书系
编辑委员会**

顾　问：季羡林　李学勤　汤一介　王路江　李宇明
主　任：崔希亮
副主任：韩经太　曹志耘
主　编：阎纯德　吴志良
编　委：王晓平　乐黛云　安平秋　许光华　刘顺利
　　　　吴志良　张国刚　严绍璗　李明滨　李海绩
　　　　陈开科　侯且岸　柴剑虹　钱林森　耿　昇
　　　　阎纯德　阎国栋　熊文华

序 一

经过近30年多位学者的辛劳努力,现在我们可以说,国际汉学研究确实已经成长为一门具有特色的学科了。

"汉学"一词本义是对中国语言、历史、文化等的研究,而在国内习惯上专指外国人的这种研究,所以特称"国际汉学",也有时作"世界汉学""国际中国学",以区别于中国人自己的研究。至于"国际汉学研究",则是对国际汉学的研究。中外都有学者从事国际汉学研究,但我们在这里讲的,是中国学术界的国际汉学研究。

自从"改革开放"以来,国际汉学研究改变了禁区的地位,逐渐开拓和发展。其进程我想不妨划分为三个阶段:一开始仅限于对国际汉学界状况的了解和介绍,中心工作是编纂有关的工具书,这是第一个阶段。到了20世纪90年代,出现国际汉学研究的专门机构,大量翻译和评述汉学论著,应作为第二个阶段。在这两个阶段里,学者们为深入研究国际汉学打好了基础,准备了条件。新世纪到来之后,进入全面系统地研究国际汉学的可能性应该说业已具备。

今后国际汉学研究应当如何发展,有待大家磋商讨论。以我个人的浅见,历史的研究与现实的考察应当并重。国际汉学研究不是和现实脱离的,认识国际汉学的现状,与外国汉学家交流沟通,对于我国学术文化的发展以至于多方面的工作都是必要的。我曾经提议,编写一部中等规模的《当代国际汉学手册》,使我们的学者便于使用;如果有条件的话,还要组织出版《国际汉学年鉴》。这样,大家在接触外国汉学界时,不会感到隔膜,阅读外国汉学作品,也就更容易体味了。必须指出的是,国际汉学有着长久的历史,因此现实和历史是分不开的,不了解各国汉学的历史传统,终究无法认识汉学的现状。

我们已经有了不少国际汉学史的著作及论文。实际上,公推为中国最早的汉学史专书,是1949年出版的莫东寅《汉学发达史》,尽管是通史体裁,也包含了分国的篇章。这本书最近已有经过校勘的新版,大家容易看到,尽管只是概述性的,却使读者能够看到各国汉学互相间的关系。由此可见,有组织、有系统地考察各国汉学的演进和成果,将之放在国际汉学整体的背景中来考察,实在是更为理想的。

这正是我在这里向大家推荐阎纯德教授、吴志良博士主编的这套"列国汉学史书系"的原因。

阎纯德教授在北京语言大学主持汉学研究所工作多年,是我在这方面的同行和老友,曾给我以许多帮助。他为推进国际汉学研究,可谓不遗余力,所作出的重要贡献是学术界周知的。在他的引导之下,《中国文化研究》季刊成为这一学科的园地,随之又主编了《汉学研究》,列为《中国文化研究汉学书系》,有非常广泛的影响。其锲而不舍的精神,我一直敬服无地。特别要说的是,阎纯德教授这几年为了编著这套"列国汉学史书系"所投入的心血精力,可称出人意想。

在《汉学研究》第八集的《卷前絮语》中,阎纯德教授慨叹:"《汉学研究》很像同人刊物,究其原因,是从事这个领域研究的学者太少,尤其是专门的研究者更是少之又少,所以每一集多是读者相熟的面孔。"现在看"列国汉学史书系",作者已形成不小的专业队伍,这是学科进步的表现,更不必说这套书涉及的范围比以前大为扩充了。希望"列国汉学史书系"的问世成为国际汉学研究这个学科在新世纪蓬勃发展的一个界标,让我们在此对阎纯德教授、这套书的各位作者,还有出版社各位所做出的劳绩表示感谢。

李学勤

2007年4月8日

于清华大学国际汉学研究所

# 序 二
汉学历史和学术形态

汉学历史和学术形态历史是既抽象又具体的存在,是浩瀚无边的过去、现在和未来。历史会让我们兴奋,也会使我们悲哀,有时会令人觉得它又仿佛是一个梦。但是,当我们梦醒而理智的时候,便会发现——自然史、时间史、太阳史、地球史、人类社会史,一切的一切,不管是曾经存在过的恐龙,还是至今还在生生不息的蚂蚁社群,天上的,地下的,看得见的,看不见的,一切都有自己的历史。一切都有过发生,一切都还在发展,一切都还会灭亡。

任何事物的发生都有一个有形或无形的孕育过程,"汉学"(Sinology)也是这样,其孕育和成长,就是中国文化与异质文化相互交媾浸淫的历史。这个历史,始于公元1世纪前后汉代所开通的丝绸之路,接下来是七八世纪的大唐帝国、十四五世纪的明代、清末的鸦片战争和"五四"新文化运动,这种文化的碰撞和交流之潮时起时伏直到今天,还会发展到永远。这是历史,是汉学的昨天、今天和未来,是其孕育、发生和成长的过程显现出的文化精神。但是,昨天有远有近,我们可以循蛛丝马迹地探讨找回其真;而今天,只是一个过渡,一俟走过,便成为昨天的陈迹。写作汉学史是一件艰难的劳作,尤其对象是遥远的昨天,尤其是"遗失"在异国他乡的昨天,更非一件易事。时至今日,朦胧面纱下的汉学还不为一些学人所认识,因此有必要取下面纱,让人们看个究竟。

从20世纪70年代中期之后,尤其90年代以降,"汉学"(Sinology)便逐渐成为学术界耳熟能详的学术名词。中国大陆重提"汉学"(Sinology)至今,汉学就像隐藏在深山里的小溪,经过30年的艰辛跋涉之后,才终于形成一条奔腾的水流,并成为中国文化水系不可或缺的组成部分。这个变化是时代和历史变迁带来的结果,也是文化自己发展的规律。

那么,究竟什么是汉学(Sinology)呢?首先,这里的汉学非指汉代研究经学注重名物、训诂——后世称"研究经、史、名物、训诂考据之学"的"汉学",而是指外国人研究中国历史、语言、哲学、文学、艺术、宗教、考古及社会、经济、法律、科技等人文和社会科学领域的那种学问,这起码已是200多年来世界上的习惯学术称谓。李学勤教授多次说:"汉学,英语是Sinology,意思是对中国历史文化和语言文学等方面的研究。在国内学术界,'汉学'一词主要是指外国人对中国历史文化等的研究。有的学者主张把它改译为'中国学',不过'汉学'沿用已久,在国外普遍流行,谈外国人这方面的研究,用'汉学'比较方便。"① Sinology 一词来自外国,它不是汉代的"汉",也不是汉族的"汉",不指一代一族,其词根 sino 源于秦朝的"秦"(Sin),所指是中国。

在历史长河里,汉学由胚胎逐渐发育成长。当汉学走过少年时代,在西学东渐和中学西传互示友情后,中学开始影响西方而成为人类文明史上的伟大事件。中世纪以来,欧洲视中国为"修明政治之邦",对中国充满了好奇与好感,当"中国热"蜂起欧洲,19世纪初期法国便成为西方汉学的中心,巴黎成为"汉学之都"。戴密微(Paul Demiéville)曾说汉学的先驱是葡萄牙、西班牙和意大利。但是,汉学作为学术研究和一种文化形态,举大旗的则是法国人。1814年12月11日,雷慕莎(Jean Pierre Abel Rémusat)在法兰西学院首开"汉语和鞑靼——满语语言与文学讲座",启开了西方真正的汉学时代。但指代汉学的"Sinologie"(英文"Sinology")一词则出现在18世纪末,应该早于雷慕沙主持第一个汉学讲座的时间,更不会晚于1838年。从此之后,"Sinology"便成为主导汉学世界的图腾、约定俗成的学术"域名"。在世界文化史和汉学史上,外国人把研究中国的学问称为"汉学",研究中国学问的造诣深厚的学者称为"汉学家"。因此,我认为,我们不必要标新立异,根据西方大部分汉学家的习惯看法,"Sinology"发展到如今,这一历史已久的学术概念有着最广阔的内涵,绝不是什么"汉族文化之学",更不是什么汉代独有的"汉学",它涵盖中国的一切学问,既有以儒释道为核心的传统文化,也包含"敦煌学""满学""西夏学""突厥学"以及"藏学"和"蒙古学"等领域。但是一直以来人们对汉学的理解和解释相

---

① 李学勤:《国际汉学漫步·序》,石家庄:河北教育出版社,1997年版。

左,因此便有了"中国学""海外汉学""海外中国学""域外汉学""国际汉学""世界汉学""国际中国文化"等不同的叫法;如果咬文嚼字,推演下来,一定还会有"国内汉学""国内中国学",甚至"北京汉学""河南汉学"等。由于汉学的发展、演进,以法国为首的"传统汉学"和以美国为首的"现代汉学",到了20世纪中叶之后,研究内容、理念和方法,已经出现相互兼容并包状态,就是说 Sinology 可以准确地包含 Chinese Studies 的内容和理念;从历史上看,尽管 Sinology 和 Chinese Studies 所负载的传统和内容有所不同,但现在却可以互为表达、"雌雄同体"同一个学术概念了。话再说回来,对于这样一个负载着深刻而丰富历史内涵的学术"域名",我以为还是叫它 Sinology 最好,因为,Sinology 不仅承继了汉学的传统,而且也容纳了 Chinese Studies 较为广阔的内容。另外,中国人对中国文化的研究应该称为国学,而外国学者研究中国文化的那种学问则称为汉学。汉学是国学的有血有灵魂的"影子",而汉学不是国学,是介于中学与西学两者之间,本质上更接近西学的一种文化形态。说它与国学同根而生,说它们是一条藤上的两个瓜,都不为过,然而瓜的形象与味道却不相同,一个是"东瓜",一个是"西瓜"。我认为这样认识汉学,既符合中国文化的学术规范,又符合世界上的历史认同与学术发展实际。

　　汉学的历史是中国文化与异质文化交流的历史,是外国学者阅读、认识、理解、研究、阐释中国文明的结晶。汉学作为外国人认识中国及其文化的桥梁,是中国文化和外国文化撞击后派生出来的学问,实际上也是中国文化另一种形式的自然延伸。但是,汉学不是纯粹的中国文化,它与中国文化有着密不可分的血缘关系,既是中外文化的"混血儿",又是可以照见"中国文化"的镜子,是可以攻玉的"他山之石"。"'Sinology'是一门在国际文化中涉及双边或多边文化关系的近代边缘性的学术,它以'中国文化'作为研究的'客体',以研究者各自的'本土文化语境'作为观察'客体'的基点,在'跨文化'的层面上各自表述其研究的结果,它具有'泛比较文化研究'的性质。"[①]以上两种表述虽有不同,但学理一致,基本可以厘清我们对于 Sinology(汉学)的基本学术定位。

　　法国汉学家马伯乐(Henri Maspero)说过:"中国是欧洲以外仅有的这

---

① 严绍璗:《我对 Sinology 的理解和思考》,载《世界汉学》2006 年第 4 期。

样的一个国家:自远古起,其古老的本土文化传统一直流传至今。"法国哲学家弗朗索瓦·于连(François Jullien)也说:"中国文明是在与欧洲没有实际的借鉴或影响关系之下独自发展的、时间最长的文明……中国是从外部审视我们的思想——由此使之脱离传统成见——的理想形象。"①他在《为什么我们西方人研究哲学不能绕过中国》中提出:"我们选择出发,也就是选择离开,以创造远景思维的空间。人们这样穿越中国也是为了更好地阅读希腊。"为了获得一个"外在的视点",他才从遥远的视点出发,并借此视点去"解放"自己。这便是一个未曾断流、在世界上仅存的几种古老文化之一的中国文明的意义。中国文明是一道奔流不息的活水,活水流出去,以自己生命的光辉影响世界;流出的"活水"吸纳异国文化的智慧之后,形成既有中国文化的因子,又有外国文化思维的一种文化,这就是"汉学"。也就是说,汉学是以中国文化为原料,经过另一种文化精神的智慧加工而形成的一种文化。从某种意义上说,汉学既是外国化了的中国文化,又是中国化了的外国文化;抑或说是一种亦中亦西、不中不西有着独立个性的文化。汉学作为一门独立的具有跨文化性质的学科,是外国文化对中国文化借鉴的结果。汉学对外国人来说是他们的"中学",对中国人来说又是西学,它的思想和理论体系仍属"西学"。

  汉学研究是指对外国汉学家及其对中国文化研究成果的再研究,是中国学者对外国学者研究中国文化的反馈,也是对外国文化借鉴的一个方面。凡是对历史或异质文化进行研究,都有一个价值判断和公正褒贬的问题。因此,对于外国汉学家对于我们中国文化的研究,必得有我们自己的判断,然后做出公正的褒贬。我们说汉学是可以攻玉的"他山之石",但是这句箴言并非只是适用于中国人,对外国人也是一样。汉学也像外国的本体文化一样,对我们来说有借鉴作用,对西方来说有启迪作用——西方学者以汉学为媒介来了解中国,汲取中国文化的精华,完善自己的文明。人类由于文化背景差异和文化语境的不同,思维方向和方式也会不同,因而就会得出不同的结论,讲出不同的道理。"西方学者接受近现代科学方法的训练,又由于他们置身局外,在庐山以外看庐山,有些问题国内学者司空见惯,习而不察,外国学者往往探骊得珠。如语言学、民俗学、考古学、人类

---

① [法]弗朗索瓦·于连:(François Jullien)《迂回与进入》,香港:三联书店,1998年版。

学、社会学诸多领域,时时迸发出耀眼的火花。"①汉学的学术价值往往不被国人重视,并利用汉学家对于中国文化的一些误读贬低汉学的价值。其实,这并不公平,有些汉学家对于中国文化确实有其独到的见解,能发中国人未发之音。法国汉学家马伯乐(Henri Maspero,1883—1945)对中国上古文化和上古宗教的研究就有独到的贡献,被称对中国宗教研究有"先河"之功。他研究中国宗教的宗教社会学的方法,促进和推动了中国学者采用宗教社会学来研究中国宗教,被称为"中国宗教社会学研究的真正创始人"。瑞典汉学家高本汉(Bernhard Karlgren,1889—1978),终生的最高成就是根据研究古代韵书、韵图和现代汉语方言、日朝越诸语言中汉语借词译音构拟汉语中古音和根据中古音和《诗经》用韵、谐声字构拟古音,写出了著名的学术专著《中国音韵学研究》《汉语中古音与古音概要》《古汉语字典重订本》《中日汉字形声论》《论汉语》《诗经注释》《尚书注释》和《汉朝以前文献中的假借字》等,他对汉语音韵训诂的研究是不少中国学者所不及的,并深刻影响了对于中国音韵训诂的研究。20世纪著名的日本学者津田左右吉关于中国文化的研究著述甚丰,他认为中国文化是一种"人事本位文化",其核心是"帝王文化",其他认识上尽管有偏颇,但也有其独异性和深刻之处。这就是"他山之石"的意义和价值。当然,不可否认,汉学家对于中国文化的误读或歪曲也是常见的,诸如瑞典考古学家安特生(John Gunnar Andersson)于1921年10月对河南仰韶文化遗址发掘之后,便说中国彩陶制作技术源于西方,并在他的《甘肃考古记》和《黄土儿女》著作中反复强调他的这一错误观点。这一观点亦为"西方文化东移造成中国文化之说"提供了说辞。日本学者石田幹之助也推波助澜,闭门造车地推测出西方文化东渐的路线;甚至连我们的国学大师章太炎、刘师培也被"忽悠"得认可了"中国文化西来说"。② 美国现代汉学(中国学)的奠基人费正清对中国历史尤其近代史的研究独具风采,为美国人民认识中国搭建了一座桥梁;但他在研究上的所谓"冲击—回应"模式,却近乎荒谬,认为是西方给中国带来了文明,是西方的侵略拯救了中国。综上所述,对于汉

---

① 季羡林:《汉学研究·序》第七集,北京:中华书局,2003年版。
② 《章太炎全集·〈訄书·序〉·〈种姓篇〉》,上海:上海古籍出版社,1985年版;刘师培:《刘申叔先生遗书·〈思念祖国〉·〈华夏篇〉·〈国土原始论〉》。

学成果的研究,只有冷静、公正、客观、全面,才能在沙中淘得真金,拥抱"他山之石"。

在中国,汉学的接受与命运,诚实地说,在20世纪80年代初期之前,基本上是无视它的学术价值,更没人把它看做是中国文化的延伸。此外,由于民族心理上的历史"障碍",我们还曾视汉学为洪水猛兽,甚至觉得它是仇视中国、侮辱中国的一个境外的文化"孽种"。这种"观点",虽嫌偏颇,但也不是空穴来风。因为自19世纪"鸦片战争"前后,直至20世纪40年代,偌大的中国曾经惨遭蹂躏,整个历史写满了炮火压迫和宗教怀柔,其间也不乏为列强殖民政策服务的传教士、"旅行家"和"学者"深入中国腹地,以旅行、探险、考古之名而实行搜集社会情报、盗窃和骗取中国大批文物。

人类思想的飞翔,是受社会和历史禁锢的,山高水远的阻隔也使得人类互相寻找的岁月特别漫长。交流是人类文化选择的自然形态,汉学就发生在这种物质交流和文化交流之中。

公元前后,中国人被称为赛里斯(Seres),中国叫赛里加(Serice),这是陆路交往关于中国最初的叫法,时间较早;另一种叫法,把中国人称为秦尼(Sinai),中国叫秦(Sin),这是海路交往关于中国的叫法,时间较晚。由商人输往西方的中国丝绸绢绘是当时帝王贵族倾慕的奢侈珍品,Seres 和 Serice 两字系由阿尔泰语所转化,是希腊罗马称谓中国绢绘的 Serikon、Sericum 两字简化而来。西方人当时称中国为"秦"(Sin),称中国人为"秦尼"(Sinai),则是源于秦朝。①

人类在互相寻找的初级阶段,中国和西方试探性的商业交往还很原始,那时的人类,不同的国家、民族和族群处于相对落后和封闭的状态,人类各个角落的不同文化还处于相对不自觉或是相对蒙昧的历史时期。在人类最早的沟通中,中国人走在最前边。公元前139年,张骞奉汉武帝之命,越过葱岭,亲历大宛、康居、大月氏、大夏、乌孙、安息等地,直达地中海东岸,先后两次出使中亚各国,历时十多年,开创了古代和中世纪贯通欧亚非的陆路"丝绸之路",为人类交往开创了先河,也为汉学的萌发洒下最初的雨露。

---

① 莫东寅:《汉学发达史》,北平文化出版社,中华民国三十八年版(1949年),第3页。

在文化史上，以孔孟儒家学说为核心的中国文化最先影响朝鲜半岛，然后才是日本和越南等周边国家。这些周边国家与中国的关系复杂，甚至被说成同种同文，因此可以说它们的文化与中国文化有着很深的"血缘"关系。公元522年，中国佛教渡海东传日本，从那时开始，中国典籍便大量传入日本，但这只是一种"输入"，只是日本创建自己文化的借鉴，并没有形成对于中国文化的深层研究。及至唐代，由于文化上承接了汉朝的开放潮流，那时与异质文化的交流相对更加频繁，商贸往来和文化沟通有了发展，西方和中国周边国家或地域的人士通过陆路和水路进入中国腹地，长安、洛阳、扬州、广州、泉州等城市，都是中外贸易和文化交汇的重要都会，尤其是前者，更是当时世界最大的商业文化之都；而后者，由于东南沿海经济崛起、人口增多、手工业发达、农田水利的改善，为海外贸易发展创造了条件，再由于唐代中期"安史之乱"切断了陆路"丝绸之路"的缘故，曾称为"鲤城""温陵""刺桐城"的泉州，便成为联结亚洲、欧洲和非洲的海上丝绸之路的"东方第一大港"，是那时以丝绸、金银、铜器、铁器、瓷器为主的国际贸易之都。通过频繁的往来和交流，外国人对中国文化的认识越来越多、越来越深，汉学也便在这种交流中不知不觉慢慢衍生。

但是，源远流长的汉学，人们习惯地认为其洪流和网络在西方，西方是汉学的形象代表。这一看法一是源自近代以来西方强势文化和中国人的崇洋心理；二是西方汉学的某些特征也确实有别于朝鲜半岛、日本和越南的汉学。其实，如果我们从世界汉学历史发展的角度看，日本、朝鲜半岛和越南的汉学要早于西方的汉学，比如日本在十四五世纪已经初步形成了汉学，而那时西方的传教士还没有进入中国。因此，对于汉学的研究，无论是西方还是东方（朝鲜半岛、日本和越南），我们都不能顾此失彼，要以同样的关注和努力探讨其历史。当然，汉学的历史藏在文献里，而隐性源头却在文献之外。

文化往往伴随经济流动，其交流也会在不自觉或无意识状态下发生。到了明代初年，郑和率舰队出使西洋，前后七次，历经二十八年，到过三十多个国家，最远抵达非洲东岸和红海口，真正拓展了海上"丝绸之路"。

在公元八九世纪至十六七八世纪期间，关于中国，多见于西方商人、外交使节、旅行家、探险家、传教士、文化人所写的游记、日记、札记、通信、报告之中，这些文字包含着重要的汉学资源，因此有人把这些文献称为"旅游汉学"。这些来源于文艺复兴,因为思潮的开放影响了欧洲人的思想和生活,他们或通商,或传教,或猎奇,但了解和研究中国文化却是一致的,于是汉学便在葡萄牙、西班牙、意大利、法国、荷兰、英国、德国、俄罗斯等主要的西方国家逐步发展起来。

这类游记和著作较早的有约在公元851年成书的描述大唐帝国繁荣富强的阿拉伯佚名作者的《中国与印度游记》,吕布吕基斯的《远东游记》(1254),意大利的雅各·德安克纳的《光明城》,贝尔西奥的《中华王国的风俗与法律》(1554),《利玛窦中国札记》,亚历山大·德·罗德的《在中国的数次旅行》(1666),南怀仁的《中国皇帝出游西鞑靼行记》(1684),费尔南·门德斯·托平的《游记》,李明的《关于中国现状的新回忆录》(1696)和《中华帝国全志》(《中国通志》)等,以及罗明坚、金尼阁、汤若望、卫匡国等名士的著作,还有大量名不见经传的传教士、商人、旅行家、探险家的各种记述,都成为日后汉学兴旺发达的必然因素。这类著作主要涉及中国的物质文明,较多描述、介绍中国的山川、城池、气候以及生活起居、饮食、服饰、音乐、舞蹈,也涉及一些中国的观念文化。这些"旅游汉学"著作中,影响最大的是《马可·波罗纪行》(《东方见闻录》)。马可·波罗(Marco Polo)于1275年随父亲和叔父来中国,觐见过元世祖忽必烈,1295年回国后出版了这本书,它以美丽的语言和无穷的魅力翔实地记述了中国元朝的财富、人口、政治、物产、文化、社会与生活,第一次向西方细腻地展示了"唯一的文明国家"——"神秘中国"——的方方面面。

这些包罗万象的文献,不仅记录了不同时代的中国,还以自己的文化视角开始了中西文化最初的碰撞。作为文献,这些游记、日记、札记、通信和报告,有赞美,有误读,也有批评,但因为其中包含大量中国物质文化及政治、经济、历史、地理、宗教、科举等多方面的文化记载,而成为汉学的重要组成部分,在学术史上有重要价值。

汉学的发生、发展与经济、政治、交通以及资讯分不开。有学者把汉学的历史分为"萌芽""初创""成熟""发展""繁荣"几个时期,也有的分为"游记汉学时期""传教士汉学时期"和"专业汉学时期"三个阶段。但汉学的真正形成是在明末兴起的"西学东渐"和"中学西传"的互动之中。

从16世纪到十八九世纪,在数以千计的散布在中国各地的传教士中,有不少人成为名载史册的汉学先驱,他们为汉学的发展作出了重大贡献。

自1540年罗耀拉(S.Ignatins de Loyola)、圣方济各·沙勿略(Francisco Xavier)等人来华,开始了以意大利、西班牙传教士为主的第一时期的耶稣会的传教活动。接着,意大利的范礼安(Alexandre Valignani)、罗明坚(Michel Ruggieri)等著名传教士来华。1583年,即明朝万历十一年,罗明坚将利玛窦神甫(Matteo Ricci)带到中国,从此,耶稣会士在中国的宗教活动无论是对于西方或是东方,都开始了一个新的历史时期。西班牙的胡安·冈萨雷斯·德·门多萨(Juan Gonzalez de Mendoza)的《中华大帝国史》于1588年问世,这部世界汉学史上的第一部汉学著作,名副其实地对中国的政治、历史、地理、文字、教育、科学、军事、矿产、物产、衣食住行、风俗习惯等做了百科全书式的介绍,具有相当的学术价值,以七种文字印行,风靡欧洲。以利玛窦为核心的耶稣会士的历史意义在于他们开始了对中国文化的全面"开垦",不仅著书立说,还把《大学》《中庸》《论语》《孟子》等中国文化经典译成西文,不仅开西学东渐之先河,也推动了中学西传,使中国文化对西方科学与哲学产生重要影响,因此这位思想家当仁不让地被视为西方汉学的鼻祖。与其先后到达中国的著名的传教士都著书立说、传播中国文化,对推动西学东渐和中学西传作出了贡献。在世界汉学史上,除了以上提及的,还有许多汉学家的名字十分响亮,诸如曾德照、柏应理、卫匡国、殷铎泽、南怀仁、汤若望、龙华民、金尼阁、罗如望、熊三拔、李明、张诚、白晋、马若瑟、宋君荣、钱德明、翟理斯、安特生、雷慕沙、儒莲、德理文、安东尼·巴赞、蒙田、冯秉正、尼·雅、比丘林、巴拉第·卡法罗夫、瓦西里耶夫、沙畹、伯希和、马伯乐、葛兰言、斯文赫定、马礼逊、斯坦因、理雅各、翟理斯、李约瑟、韦利、霍克斯、卫礼贤、福兰阁、孔拉迪、高本汉、卫三畏、费正清、戴密微、石泰安、谢和耐、欧文等。他们和东方日本、朝鲜半岛的富有建树的汉学家以及当今散布在各国的汉学家,对中国文化的独特理解,铸造成汉学史上的思想学术之碑,开垦了汉学成长的沃土。

"西方的汉学是由法国人创立的。"但是,在欧洲全面研究中国文明的问题上,"法国的先驱是葡萄牙、西班牙和意大利"。① 戴密微把以上三个国家誉为汉学的先锋,"他们于16世纪末叶,为法国的汉学家开辟了道路,

---

① 戴密微:《法国汉学研究史》,载耿昇译:《法国当代中国学》,北京:中国社会科学出版社,1998年版。

而法国的汉学家稍后又在汉学中取代了他们",真正建立起作为学术的汉学传统。就传统汉学而言,法国是汉学家最多的国家之一,有许多汉学界的学术巨擘,不断为汉学的崇高而添砖加瓦。

中外文化交流的结果不仅意味着中国文化"外化"的传播,也意味着异质文化对中国文化"内化"的接受。汉学家作为中外文化交流的桥梁和使者,在异质文化的交流中,也是人类和谐与进步的推动者。

汉学诞生在与异质文化碰撞、交流和相互浸淫之中。这个结果无异于一枚果子的成熟,只有"风调雨顺"才生长得好。和谐、宽容、理解与尊重,是异质文化彼此借鉴的保证。作为文化形态的汉学,其成长和生存离不开良好的国际语境。就中国而言,历史上凡是开放的时代,文化交流多,汉学就发展;反之,汉学就停滞,这似乎成为一种规律。

作为学术公器的汉学,文化上有其自己的成长过程。汉学是发展的,这一植根于中国文化土壤,生存于异国他乡的文化,同样深受不同时代语境的极大影响。这里所说的语境,既包括中国的历史演变,也包括异国和世界的历史变化。也就是说,不同的历史时期,不同的社会、政治、经济、文化背景,在很大程度上左右着汉学的发展方向和内容;换句话说,汉学的形成和发展,不仅受制于中国历史的更迭,也受制于他者社会的变化。这就是以历史悠久的中国文化为研究对象的汉学发展的基本轨迹。

汉学作为一种学术形态,总体上可以分为"传统汉学"和"现代汉学"。传统汉学以法国为中心,而现代汉学兴显于美国,20世纪中期以来,在西方其他国家葆有传统汉学的同时,现代汉学也很繁荣。随着中国与世界政治关系的变化,随着中国文化与世界文化交流的拓展,现代汉学有了显著的发展。

虽然20世纪的后五十多年,中国文化与世界各国文化接触开始多了起来,但就整体而言,1949年后约有三十多年是一个相对"闭关锁国"的时期。公正地讲,这道意识形态的"长城"也并非就是中国的政策,是那时期以美国为首的国家在政治、经济、军事、文化上对我国全面封锁的结果。这个时期的"汉学"涂满了政治色彩,以法国为代表的汉学较多地保持着传统汉学的学术精神,而美国的"中国学"却成了充满政治意识的现代汉学的代表。美国的"中国学"所关心的不是中国文化,更不是中国的传统文化,而是中国的政治、经济、军事、教育和社会生活各个层面的问题。这种政治特征,是那个时期美国汉学的基础,这一特征也影响了其他国家汉学的研究方向和内容。

由于中国与世界的隔离,由于西方与中国少有交流,因此汉学家不了解中国最新的文化进展(比如新的考古发现),致使汉学处于断炊或"无米之炊"的状态,没有中国文化的支持,西方汉学要想取得研究上的突破也很困难。陌生感和神秘感困扰着汉学家,这不仅是文化的尴尬,也是汉学家的难堪。

人类文化包含了物质文化和观念文化等。物质文化表现在衣食住行生活方面,是一种看得见、摸得着又极易变化的"具象"文化,例如饮食、服饰、住房、音乐、舞蹈等;观念文化是一个民族的核心,表现在人的价值观、道德观、家庭观、宗教观等诸多方面,以及关于自由、平等、民主的理解,观念文化是一个民族的思维经过高度抽象后形成的思想、观念和精神,它通过文化灵魂——哲学、文学、语言、宗教、历史等来表达。① 观念文化,一俟进入外国汉学家的研究视野,他们的研究也就进入了对中国文化核心的深层研究。

汉学家从对中国物质文化到观念文化的研究,其领域越来越广越来越深。现在,汉学不仅包括对中国的哲学、文学、宗教、历史领域的研究,还包括社会学、政治学和自然科学。Sinology(汉学)和 Chinese Studies(中国学),它们已经发展到可以"异名共体"的地步。

时至今日,传统汉学和现代汉学这两种汉学形态不仅同时存在着、共荣着,而且还互相浸透着。

19 世纪末至 20 世纪初,美国汉学悄然嬗变为中国学,并以自己独有的个性特点和极强的生命力出现在世人面前。美国汉学始自 1830 年东方学会(American Oriental Society)的建立,这个学会虽然代表了欧洲那种对东方学文学的兴趣,但这个学会"从一开始就有一种与众不同的使命感"——"为美国国家利益服务,为美国对东方的扩张政策服务"。② 这个特点也与"美国海外传教工作理事会"向中国派出基督教传教士的宗旨相

---

① 任继愈:《汉学发展前景无限》,载《中华读书报》2001 年 9 月 19 日。
② 侯且岸:《费正清与中国学》,载李学勤主编:《国际汉学漫步》(上),石家庄:河北教育出版社,1997 年版。

一致。可见,美国汉学一开始就和美国的国际战略和对华政策联系在一起。卫三畏(Samuel Wells Williams)1848年出版的百科全书式的《中国总论:中华帝国的地理、政府、教育、社会、生活、艺术、宗教及其居民观》就带有较为浓厚的社会科学特点,与欧洲具有人文科学特征的汉学颇有差异,但它依然属于Sinology的范畴。

美国从南北战争后的统一中走向强大,加入强国之列。八国联军对中国的侵略行径,是列强联合的第一次尝试。从那时起,承担着相当"政治"角色的传教士进入中国。真正美国式的"汉学"——中国学,就从那时开始,而奠基人和开拓者是之后的费正清(John King Fairbank)。作为美国首席中国问题专家的费正清,他的中国学研究不仅影响了美国,也对其他国家的汉学研究或中国学研究有强烈的影响。

在西方,费正清的魅力在于,没有谁能像他那样以更清晰、更富于洞察力的笔触来表述中国。"在使美国人了解中国,了解中国的传统、中国纷扰不安的近代史,以及中国神秘莫测的现状等方面,谁的贡献也没有像他那样大"。费正清等一批知名的美国中国学家都参与过战时情报工作,在战后作为美国政府的智囊而直接为制定对华政策服务。费正清的研究虽然充满了实用和功利色彩,立场和观点也有偏见,但这并不妨碍他在历史上作为一个贡献巨大的汉学家和中国人民的朋友的光辉。美国学者从事研究的根本出发点是"使命感""学术个性"和"反唯理智论倾向","蔑视学问,更为强调实用性知识","更为明显同自己以外的社会,即政治家、实业家及其实践家始终保持紧密的联系"。[①] 这就是美国中国学家的基本心态,他们讲究功利和实用,不理会学术上的理智倾向,这与法国汉学家的学术心态、学术个性与学术传统几乎大相径庭。

传统汉学(Sinology)和现代汉学(Chinese Studies)的差异在于前者是以文献研究和古典研究为中心,它们包括哲学、宗教、历史、文学、语言等;而以美国为中心的现代汉学(中国学)则以现实为中心,以实用为原则,其兴趣根本不在那些负载着古典文化资源的"古典文献",而重视正在演进、发展着的信息资源。但是,汉学发展到21世纪,其研究内容和方式已经出现了融通这两种形态的特点。这种状况既出现在欧洲的汉学世界,也出现

---

① [美]赖肖尔:《近代日本新观》,北京:三联书店,1992年版。

在美国的中国学研究之中,可以说世界各国汉学家的研究中,都兼有以上两种汉学形态。

汉学(Sinology)对中国研究者来说,被尘封得太久,所以它的空白很多,浩如烟海的资源还有待于深入开掘。这种开掘,不仅可以收获汉学,还可以无意中发现被历史"放逐"和"遗失"在异国他乡的中国文化。编撰"列国汉学史书系"的目的和宗旨,不仅是为了梳理已有的汉学资源,在世界范围内追踪中国文化的外传历史状况、经验及影响,同时探究汉学的产生、成长、发展与繁荣,还要尽可能厘清这块"他山之石"对于中国文化的作用。当然,"列国汉学史书系"还期望对推动中国文化与世界文化的交流有所裨益。

"列国汉学史书系"作为一个文化工程,其撰写的难度非一般学术著作所能比拟。严绍璗教授谈到 Sinology 的研究者的学识素养时提出四个"必须":①必须具有本国的文化素养(尤其是相关的历史、哲学素养);②必须具有特定对象国的文化素养(同样包括历史、哲学素养);③必须具有关于文化史学的基本学理素养(特别是关于"文化本体"理论的修养);④必须具有两种以上语文的素养(很好的中文素养和对象国的语文素养)。这几点确实都是汉学研究者必须具备的文化和语文素养,否则很难进入汉学研究的学术境界。

写作"列国汉学史"艰难,而出版可谓难上加难。人间的事好像天上的云、地上的风,飘忽不定没有根,铁板钉钉是没有的,因为钉子可以用"权力"拔出来,一切承诺和协议,都可以化为乌有。虽然"列国汉学史书系"一直受到经济的困扰,但它终没有自毙于摇篮之中,冬天之后是春天,接着便是收获的季节。这套富有创意和价值的书系,将对中外文化交流和汉学的发展及其比较研究产生深远影响。

有人认为"汉学史中国人写不了",当然这是一个很奇怪的"立论"。日本人石田幹之助写了《欧人的中国研究》(1932)、莫东寅写了《汉学发达史》(1949),接下来又有严绍璗的《日本中国学史》(1991),张国刚的《德国的汉学研究》(1994),张静河的《瑞典汉学史》(1995),何寅、许光华主编的《国外汉学史》(2002),刘正的《图说汉学史》(2005)和李庆的《日本汉学史》(2005)相继面世。在人类的文化长廊里,无论是中国还是外国,各种史书琳琅满目,这其中有外国人写中国的各类历史,也有中国人写外国的各类历史。历史,是往事,是记录,是选择,并有相对独立的评论和褒贬。但是,事实上任何一部历史都不是最后的历史,历史随着时光的流逝而演进,修史很难一步到位,它需要一代代学者"积跬步"才能"至千里",只有"积土成山,积水成渊",方能"风雨兴""蛟龙生"。学问之事非一夕之功,非得有前赴后继者敢于赴汤蹈火"流血牺牲",才会达至光明顶峰。

开拓者也许会在某个时候将自己的真诚劳作化为欢乐,因为在以后的岁月里,定会有人踏着自己的肩膀或是踩着自己的鼻子和头顶攀上高峰,以鸟瞰美丽风光。21世纪是经济的大空间,对汉学来说也是一个"大空间"。但是,要探索这个"大空间",需要有个和谐的"太空站",需要大家联袂共建;当然世界上需要多元文化和谐相处的历史语境,共同创造彼此接近、认识、理解、尊重、沟通、借鉴与融合的机会,这个机会,就是汉学研究发展的机会。

时间在行走,历史在行走。人类创造过历史,书写过历史,但是没有最后的历史。汉学有历史,而且还正在创造新的历史,汉学及其研究将以自己的品格和个性在人类文化的世界里放出异彩。

阎纯德

2006 年 12 月 5 日

于北京半亩春

目 录

序 ·· (I)

第一章　郭沫若在英语世界的传播 ·· (1)
 第一节　1978 年以前英语世界的郭沫若传播 ····························· (1)
 第二节　1978 年以后英语世界的郭沫若传播 ··························· (10)
 第三节　意识形态影响下英语世界的郭沫若传播 ······················ (25)
 第四节　英语世界的郭沫若传播在海外郭沫若传播中的位置 ··· (32)

第二章　英语世界的郭沫若译介 ·· (40)
 第一节　英语世界的郭沫若自传译介 ······································· (40)
 第二节　英语世界的郭沫若戏剧译介 ······································· (53)
 第三节　英语世界的郭沫若诗歌译介 ······································· (66)
  一、《凤凰涅槃》的四个英译本 ··· (74)
  二、《立在地球边上放号》的四个英译本 ······························· (84)
  三、臧温尼的郭沫若《女神》研究 ··· (90)
  四、高利克的郭沫若《女神》研究 ······································· (108)
 第四节　英语世界的郭沫若小说译介 ····································· (123)
  一、斯诺的《活的中国》中郭沫若小说《十字架》的英译 ······· (123)
  二、王际真的《中国战时小说》中郭沫若小说《月光下》
   的英译 ·· (126)
  三、贝格利的郭沫若小说《齐勇士比武》的英译 ··················· (129)
 第五节　舒尔茨的"郭沫若与浪漫主义美学"译介 ··················· (131)

第三章　英语世界的郭沫若学术研究 ······································ (142)
 第一节　传记与思想 ··· (142)
  一、《郭沫若的早年岁月》 ·· (143)
  二、郭沫若的自传体作品 ·· (146)

三、高利克的青年郭沫若研究 …………………………（150）

四、郭沫若与创造社 ………………………………………（165）

五、郭沫若:"中国"与中国 ………………………………（175）

六、朝向儒学与马克思主义相结合的解决之道:
    郭沫若至1926年的思想发展 ……………………（179）

七、《从五四运动到共产主义革命:郭沫若与中国的
    共产主义道路》 …………………………………（182）

八、五四运动和中国人的文化身份——以郭沫若为例 ………（185）

九、郭沫若:一个现代革命的文学人物,1924—1949 ………（186）

十、人类的英雄与被放逐的上帝:郭沫若历史剧《屈原》
    中的中国思想 ……………………………………（189）

十一、重释日本:中国视角之郭沫若 ………………………（193）

第二节 西方文学理论与文学批评 ……………………………（195）

一、《西方文学理论与现代中国导论,1915—1925》 ………（196）

二、《二十世纪中国文学》 ……………………………（199）

三、西方文学潮流的影响 ………………………………（202）

四、郭沫若的唯美—印象主义文学批评 ……………………（204）

五、郭沫若的印象主义文学批评 ……………………………（212）

六、郭沫若的无产阶级文学批评研究 ……………………（220）

七、重新勾画真实与虚幻的界限及民族文学与世界文学 ………（230）

第三节 诗歌与戏剧 ……………………………………（232）

一、《中国现代小说和戏剧1500种》中的郭沫若小说
    与戏剧 ……………………………………………（233）

二、郭沫若《女神》中的五四运动精神 ……………………（235）

三、论中国诗歌的现代主义和外国影响:以郭沫若早期诗歌
    与顾城诗歌为例 ……………………………………（239）

四、渐进身体的辩证统一:郭沫若《女神》中的自我、
    宇宙与国家/民族身份 ……………………………（243）

五、郭沫若少年诗稿浅谈,1904—1912 ……………………（248）

六、郭沫若诗歌中表达的变化与变化的表达 ………………（260）

七、男性化诗学的跨国产儿:郭沫若的《女神》 ……………（268）

目　录

八、骸骨的迷恋:民国早期的郭沫若旧体诗词创作 ……………… (277)

九、中国文学指南:《女神》、《瓶》与《前茅》 ………………… (281)

十、历史剧中的政治:《蔡文姬》与《武则天》 ………………… (285)

十一、女性主义戏剧与理论:《卓文君》与《蔡文姬》 ………… (287)

十二、郭沫若戏剧作品中的女性形象:以武则天为例 ………… (290)

十三、中国文学指南:《三个叛逆的女性》、《屈原》、《虎符》
　　与《孔雀胆》 ……………………………………………… (293)

十四、着中国服装的莎乐美:郭沫若的《三个叛逆的女性》…… (297)

十五、崇高起源的塑造:郭沫若的《屈原》 ……………………… (301)

十六、中国现代戏剧的英译:郭沫若的历史剧 ………………… (305)

第四节　小说与其他 ………………………………………………… (307)

一、心理分析与世界主义:郭沫若的作品 ……………………… (307)

二、西方主义与五四时期偶尔的马克思主义:郭沫若
　　与先锋派 …………………………………………………… (310)

三、西方主义:郭沫若和郁达夫早期小说的西方想象 ………… (311)

四、郭沫若对日本私小说的吸收与再创造 …………………… (320)

五、男性的性反常行为:郭沫若作品中受虐的男性主题 ……… (323)

六、论阿普顿·辛克莱经创造社从日本到中国的接受 ………… (324)

七、革命儿童文学:郭沫若的《一只手》 ………………………… (327)

八、"浪漫的左派"与"文学的趋势":郭沫若及其文学创作 …… (329)

九、中国现代作家:文学创作收入与畅销书作者 ……………… (332)

十、中国文学指南:《落叶》、《我的幼年》、《橄榄》
　　与《地下的笑声》 …………………………………………… (334)

第五节　郭沫若的《浮士德》翻译研究 …………………………… (338)

一、歌德的《浮士德》在郭沫若作品与译著中的接受与幸存 … (338)

二、郭沫若与歌德的《浮士德》在中国 ………………………… (343)

三、"果提克"式的居室与箱崎的一间小屋:散议郭沫若
　　1919年10月10日对歌德《浮士德》的翻译 ……………… (348)

第六节　与郭沫若相关的其他研究 ………………………………… (359)

一、人、个人与人民:新人的前史与郭沫若的"人民" ………… (359)

二、权利与知识:郭沫若职业生涯中的几个关键性时刻 ……… (366)

第七节　书评 …………………………………………（373）
　　一、评《郭沫若的早年岁月》 ……………………………（373）
　　二、评《从五四运动到共产主义革命：郭沫若与中国的
　　　　共产主义道路》 ……………………………………（377）
　　三、评《五四时期的中国现代文学》 ……………………（381）
　　四、评《中国现代文学研究》 ……………………………（384）
　　五、评《西方文学理论与现代中国导论，1919—1925》 …（387）
　　六、《重释日本：中国视角，1895—1945》 ………………（391）

第四章　英语世界郭沫若研究的借鉴 ………………（393）
　第一节　英语世界的郭沫若研究范式 ………………（393）
　第二节　英语世界郭沫若研究与中国郭沫若研究的互动
　　　　　与互补 ……………………………………………（420）
　第三节　英语世界的郭沫若研究对中国现当代文学研究
　　　　　的启示 ……………………………………………（432）

结语 …………………………………………………………（439）

附录 …………………………………………………………（444）
　一、首届国际郭沫若研讨会英文论文目录 ……………（444）
　二、郭沫若文献史料国际学术研讨会暨 IGMA 学术年会
　　　英文论文目录 …………………………………………（445）
　三、英语世界郭沫若研究者对郭沫若作品的题名英译 ………（445）
　四、笔者翻译的英语世界郭沫若研究论文 ……………（461）

参考文献 ……………………………………………………（498）
后记 …………………………………………………………（513）

序

蔡 震

人们谈及郭沫若，首先都是在说一位诗人。郭沫若以《女神》中的新诗创作踏进五四新文坛，他的作品译介到海外，也首先是《女神》中的诗篇。然而，一个颇有意味的历史细节，无论是《女神》的读者，还是研究郭沫若的学者，似乎并不特别在意，即，《女神》是一个中国青年在日本九州地区留学期间创作的。尽管那时在国内，已经有文人们在"尝试"白话诗的写作，但郭沫若写作《女神》中最初的那些诗篇时，根本没有意识到自己是在创作一种新体诗歌。那时，他脑海里涌动的只有用英语写作的泰戈尔的诗（那正是泰戈尔获诺贝尔文学奖后日本盛行"泰戈尔热"的时候）、惠特曼的诗、歌德的诗，还有日本的"口语体"诗等。

这样的史实是不是说明，《女神》实际上不可能诞生于当时国内的文化环境里。事实上，在中国现代文学史中，郭沫若早期的文学活动（创作、理论），是最具有西方文化元素的。他应该是一个能从不同文化背景上被解读出丰富内涵的研究对象。当然，这也就需要在研究领域里的沟通、交流。

二十余年前，在从事郭沫若研究的同时，还责编着一个郭沫若研究的学术专刊，那时，想到要介绍一些国外研究郭沫若的文章、著述，一来可以作为专刊的一个栏目，二是能够让国内郭沫若研究界对于国外的研究有所了解。于是跑到北京图书馆（现在叫作国家图书馆了）去查找了一些英语的研究文献。那时还没有电脑、互联网可以使用，从一张张卡片去查找这样的文献资料是非常困难的。之后，抱着字典，翻译了两篇西方学者研究郭沫若的资料刊发出来。再之后，因为自己的研究计划安排，无暇他顾，继续翻译西方郭沫若研究资料的想法，便搁置了。不过因为一直在做郭沫若研究，也就还一直关注着有没有人来做这一方面的工作，只是这一关注总伴随着遗憾。

所以,两年前(2009年),当杨玉英在一封电子邮件里告诉我,她选定了《英语世界的郭沫若研究》这一题目来做她的博士论文时,我非常高兴,也很吃惊,还有些担忧。高兴是因为终于有人来做这一几乎形同垦荒的事情了。吃惊则吃惊于她的大胆。事实上,这样多年来无人问津这一研究方向的主要原因在于:搞郭沫若研究的学者,基本不具备西方语言、文学的学术背景,而以英语言、文学(或其他外语)为专业背景的学者们,对于郭沫若研究(其实包括中国文学史研究)非常陌生。杨玉英选择了这样一个研究方向,自然有她的聪敏之处,但在同时,以她当时的专业背景而言,这显然又是一个挑战。至于担忧,以她身处蜀地之偏,收集文献资料的难度是会很大的。

然而两年后,在我还念叨着小杨老师的研究进行到什么程度的时候,她告诉我《英语世界的郭沫若研究》已经完成了,而且通过博士论文答辩了。我真有点吃惊,心道:这个川妹子着实了得!从那条分缕析详细列出的目录和翻阅一遍内容所得的印象,能让人觉出这是一部有分量的著述。

全面收集、整理(包括很大的翻译量)英语世界译介郭沫若作品和郭沫若研究的文献资料,并且做了十分清晰的梳理、归纳,仅此而言,这就是一项很有学术价值的成果了。因为充分拥有学术资料,才能真正进入到研究对象之中去,进行有益的学术思考,展开深入的研究,即使只是从一个很小的题目切入。杨玉英为她在这个方向的研究,也为其他郭沫若研究者们做了很好的学术准备。

可以看得出,杨玉英在收集文献资料的过程中,对于郭沫若研究下了一番功夫,所以会有她自己的见地。我不敢说那有多么深刻(因为许多学术问题是见仁见智的),但他们肯定都是建立在充分掌握文献资料的基础上得出的。比起现在那些动辄圈定一个宏大题目,然后加上一个副标题"以某某为例"的偷懒、取巧的所谓研究,这是一个很扎实的研究。

"英语世界"从语义上说是个空间概念,所以,我们在这些文献资料中看到的是在另一种文化背景、文化语境中,人们对于郭沫若的阅读、理解、认知、阐释。这应该会给我们的郭沫若研究以启发。

但同时,"英语世界的郭沫若研究"也包含了时间的概念,所以,这还是一个学术史意义上的考察和研究。郭沫若研究,几乎同步开始于郭沫若以新诗创作踏进五四新文坛之时,日本、韩国对郭沫若作品的译介研究亦大致开始在那时。英语世界的郭沫若研究虽然要晚了许多年,但也已"年逾花甲"。进入新世纪后,许多学术领域都在对过往的历史进行梳理、总结,郭沫若研究亦如此,这是为了今后的发展。《英语世界的郭沫若研究》显然可以补充和丰富郭沫若研究的学术史。

辛卯夏,于大渡河畔

第一章
郭沫若在英语世界的传播

1978年6月12日郭沫若先生离开了我们,但他在文学史上做出的突出贡献和由此产生的广泛影响却是永存的。本书的研究对象是英语世界的郭沫若研究,为行文方便,即以郭沫若先生离世的时间作为该章中郭沫若及其作品在英语世界传播的分期,分为1978年以前英语世界的郭沫若传播和1978年以后英语世界的郭沫若传播两个时期。

第一节 1978年以前英语世界的郭沫若传播

一、译 介

从本书作者能力范围所及收集到的第一手英文资料来看,英语世界的郭沫若研究的历史最早始于1936年。英国学者哈罗德·阿克顿和当时在北京大学任教英国文学的学者陈世骧①共同翻译出版了《中国现代诗选》②。该《诗选》也是关于中国新诗的第一个英译本。《诗选》由译者的《序言》、《论现代诗歌:与冯废名的对话》以及诗歌译文3部分构成,共选

---

① 陈世骧(1912—1971),年轻时于北京大学主修英国文学,1932年获文学学士学位,于1936年起任北京大学和湖南大学讲师。1941年远赴纽约哥伦比亚大学深造中西文学理论,并于1947年起长期执教加州大学柏克莱分校的东方语文学系,专研中国古典文学和中西文学比较,协助筹建加州大学柏克莱分校的比较文学系。

② Harold Acton & Chen Shih-hsiang. *Modern Chinese Poetry*. London:Duckworth,1936.

译了郭沫若①的3首诗:《地震》、《笔立山头展望》和《凤凰涅槃》②。这一年,《西行漫记》的作者,美国友人埃德加·斯诺编译了《活的中国:中国现代短篇小说选》。这是一本向西方读者介绍现代中国短篇小说及其作者的书,是第一本关于中国现代文学的选集,也是斯诺认识中国的开始。书中选译了鲁迅、丁玲、茅盾、巴金、林语堂、郁达夫、郭沫若等15位名家作品共24篇,其中关于郭沫若的只有1篇,即短篇小说《十字架》③。编译这本书,为他1936年6月至10月在我国西北革命根据地进行实地采访和撰写《西行漫记》打下了基础。这一年,《中国之声》杂志第1卷第11期上刊登了Go Me-ju英译的郭沫若的文章《国防,污地,炼狱》。④

1939年,《今日中国》第6卷第1期上刊登了英译的郭沫若文章《中国战时的文学与艺术》⑤。译者不详。

1943年11月至1944年8月,由美国学者乔希亚·贝内特翻译的郭沫若自传《北伐途次》以《北伐军中的诗人》为题在《远东季刊》杂志上分4次刊载。⑥

1946年,美国哥伦比亚大学的中国文学教授王际真翻译的郭沫若短篇小说《月光下》(*The Moon Shines Down*)在《中国杂志》上刊出⑦,该译文又于1947年收录在王际真自己编辑的《战争时期的中国小说》中,英文题名改为"Under the Moonlight"。⑧

1949年,《东方世界》杂志上刊登了G. I. 贝格利翻译的郭沫若短篇小

---

① 书所收集的英文资料中,涉及郭沫若及其作品时"郭沫若"均采用Kuo Mo-jo或Guo Moruo两种拼法。华裔学者更偏爱后者Guo Moruo,即郭沫若名字的汉语拼音形式。

② 作者翻译时并没有采用后来学者常用的译法:"The Nirvana of the Feng and Huang",而把它译成了《凤凰之再生》(The Resurrection of Feng-Huang)。

③ Kuo Mo-jo. "Dilemma" In Edgar Snow compiled and edited. *Living China. Modern Chinese Short Stories*. London: George G. Harrap and Co., 1936, pp. 290-300.

④ Go Me-ju. "Out of Purgatory". *Voice of China*, Vol. 1, No. 11 (August, 1936), pp. 6-7.

⑤ "War-time Development of Chinese Literature". *China Today*, Vol. 6, No. 1 (October, 1939), pp. 14-16.

⑥ Josiah W. Bennett trans. "A Poet with the Northern Expedition" by Kuo Mo-jo. *Far Eastern Quarterly*, 3:1 (1943: Nov.), pp. 5-36; 3:2 (1944: Feb.), pp. 144-171; 3:3 (1944: May), pp. 237-359; 3:4 (1944: Aug.), pp. 362-381.

⑦ Wang, Chi-chen trans. "The Moon Shines Down". *China Magazine*, 16:2 (1946.06), pp. 39-44.

⑧ Wang, Chi-chen ed. *Stories of China at War*. New York: Columbia University Press, 1947, pp. 152-158.

说《齐勇士比武》①。同年,贝格利英译的郭沫若诗歌《天狗》发表在《生活与文学》杂志第 60 卷第 137 期上②。发表在这个刊物同一期上的还有 Chiu K'an 英译的郭沫若《晴朝》一诗。③

1953 年,我国外文出版社出版了由我国著名翻译家杨宪益先生和其英籍夫人格兰蒂斯(Gladys Yang,其更为中国学者所熟悉的名字为戴乃迭)合译的郭沫若历史剧《屈原》。《屈原》英译本出版后,国外不少译本都将其作为参照译本,影响很大。到目前为止,国外的郭沫若历史剧《屈原》译本包括法译本、俄文译本、日译本、匈牙利译本、波兰译本以及冰岛译本、尼泊尔译本、意大利译本和德译本。

新西兰学者路易·艾黎编译的《人民的心声》于 1954 年由外文出版社出版,诗集中共收录了郭沫若的两首诗,即诗集《战声集》中的《战声》和诗集《前茅》中的《朋友们怆聚在囚牢里》④。同年,艾黎英译的郭沫若诗歌《在理智的光辉中》收录在其编辑的《历代的和平:中国诗歌英译》中,艾黎在英译时根据诗的内容给译诗添加了一个副标题——"和平鸽之歌"⑤。1958 年,艾黎编辑的《人民的心声:更多的中国诗歌英译》中又收录了其英译的郭沫若诗歌 3 首:《夜步十里松原》、《立在地球边上放号》和《太阳礼赞》⑥。其中第 2 首《立在地球边上放号》后又收录在其 1984 年出版的《伟大道路上的光与影——中国现代诗选》中。

我国外文出版社分别于 1958 年、1978 年和 2001 年出版了由美国学者

---

① G. I. Begley trans. "The Champions of Chi". *Eastern World*, 3:9 (1949), pp. 28-29.
② G. I. Begley trans. "Hound of the Sky". *Life and Letters*, Vol. 60, No. 137 (1949), pp. 82-83.
③ Chiu K'an. "A Sunny Morning". *Life and Letters*, Vol. 60, No. 137 (1949), p. 80.
④ "The Sound of Battle" and "Friends Suffered in Jail" In Rewi Alley. *The People Speak Out: Translations of Poems and Songs of the People of China*. Peking: Foreign Languages Press, 1954, pp. 27-28.
⑤ "In the Light of Reason—Song of the Dove of Peace" In Rewi Alley ed. *Peace through the Ages: Transaltions from the Poets of China*. Peking, 1954, pp. 149-150. 郭沫若的《在理智的光辉中》为 1952 年 6 月在北京举行的亚洲及太平洋区域和平会议筹备会议而作,体现的是和平的主题。
⑥ "Amongst the Pines at Night", "My Cry from the Edge of the Earth" and "Hymn to the Sun" In Rewi Alley ed. *The People Sing: More Translations of Poems and Songs of the People of China*. Peking, 1958, pp. 316-319.

勒斯特和巴恩斯合作翻译的郭沫若代表诗作《〈女神〉诗选》的3个版本。①

1960年,由捷克斯洛伐克东方研究所出版的《新东方》杂志第1卷第6期上刊出了由两位捷克斯洛伐克学者贝尔塔·克莱布索娃(Berta Krebsova)和罗伯塔·萨姆索尔(Roberta Samsour)英译的郭沫若短篇小说《柱下史入关》。②

1961年,美国学者巴恩斯翻译了由郭沫若和周扬选编的《红旗歌谣》。③

1963年,华裔美籍学者许芥昱编译的《二十世纪中国诗歌选集》在纽约出版。④

1970年,由英国学者詹纳选编,并由他本人和戴乃迭翻译的《中国现代小说》一书由牛津大学出版社出版⑤。该书选入了20个大都以农村为背景,以农民,尤其是那些被长期忽略的中国农村女性的革命转变为主题的故事,郭沫若的短篇小说《双簧》即是其中一个。⑥

1972年,由美国学者朱莉娅·林撰写的《中国现代诗歌概论》在华盛顿出版⑦。许芥昱和朱莉娅·林的这两个译本是目前英语世界研究者在论及中国现代诗歌的变化和延续过程,在对中国现代文学进行分析研究时提及最多的两个,可见其对英语世界学者的影响。

1974年,由鲁迅和茅盾选编,由美国学者哈罗德·伊萨克选译的《草

---

① A. John Lester & A. C. Barnes trans. *Selected Poems from The Goddesses*. Beijing：Foreign Languages Press，1958.
B. John Lester & A. C. Barnes trans. *Selected Poems from The Goddesses*. Peking：Foreign Languages Press，1978.
C. John Lester & A. C. Barnes trans. *The Goddesses*. Beijing：Foreign Languages Press，2001.

② Berta Krebsova & Roberta Samsour. "The Return of the Master". *New Orient*，Vol. 1，No. 6 (1960)，pp. 22-24.

③ Kuo Mo-jo & Chou Yang compiled，A. C. Barnes trans. *Songs of the Red Flag*. Peking：Foreign Languags Press，1961.

④ Hsu, Kai-yu trans. & ed. *Twentieth Century Chinese Poetry：An Anthology*. New York：Doubleday，1963.

⑤ W. J. F. Jenner selected and edited, W. J. F. Jenner & Gladys Yang trans. *Modern Chinese Stories*. London：Oxford University Press，1970.

⑥ 其中包括鲁迅的3个故事和2个现代小说作家的故事共5个是由戴乃迭英译的。但这里需要注意的是,詹纳选译的郭沫若故事《双簧》,如郭沫若在故事的前言中所说,是发生在1926年的双十节,北伐军攻破武昌城时发生的一个插话,并非是描写农村生活的。

⑦ Julia C. Lin. *Modern Chinese Poetry：An Introduction*. Seattle：University of Washington Press，1972.

鞋脚》在美国出版。该集中选译了郭沫若的历史剧《卓文君》中的第 1 和第 3 幕。①

二、专　著

1948 年,由法国神父善秉仁编撰的《中国现代小说和戏剧 1500 种》由北平辅仁大学出版社出版②。该书中有 4 处介绍了郭沫若及其小说和戏剧创作。一是在"当代中国小说"一节中介绍创造社时;二是在"当代中国戏剧"一节中介绍最早的戏剧作家时;三是在介绍 200 个作家的简短传记时;四是在分别简要概述 1500 种中国现代小说和戏剧时。

1955 年,由美国学者霍斯特·弗伦茨和安德森编辑的《印第安纳大学东西方文学关系讨论会论文集》出版,该书中收录了方志彤的论文《从意象主义到惠特曼主义的中国近代诗:探索不成功的诗作》③。在该文中方志彤详细分析探讨了胡适最早创作的诗歌《两只蝴蝶》和郭沫若的《我是一个偶像崇拜者》及后期诗作《六一颂》之所以被其认为是失败之作的原因。此外,作者还将重点放在了分析英美意象派诗歌对中国新诗的影响以及瓦尔特·惠特曼的诗学对郭沫若诗歌创作的影响上。

1960 年,华裔美籍学者周策纵出版了《五四运动:现代中国的思想革命》一书④,作者将该运动作为一种多方面的思想和社会政治现象做了详细的研究和阐述,并在该书的第 2 部分主要从文学和思想潮流的角度对这次运动分别进行了分析。

1964 年,由捷克斯洛伐克汉学家雅罗斯拉夫·普实克编辑的《中国现代文学研究》出版,里面收录了米列娜·多莱热诺娃-沃林戈诺娃的《郭沫

---

① "Cho Wen-chun（A Play in Three Acts, Abridged）" In Harold R. Isaacs ed. *Straw Sandals*: *Chinese Short Stories*, 1918–1933. Cambridge, Mass.: MIT Press, 1974.

② Joseph Schyns ed. 1500 *Modern Chinese Novels and Plays*. Peiping: Sole Distributors, Catholic University Press, 1948.

③ Achilles Fang. "From Imagism to Whitmanism in Recent Chinese Poetry: A Search for Poetics that Failed" In Horst Frenz & G. A. Anderson eds. *Indiana University Conference on Oriental-Western Literary Relations*. Chapel Hill: University of North Carolina Press, 1955, pp. 177–189.

④ Chow Tse-tsung. *The May Fourth Movement: Intellectual Revolution in Modern China*. California: Stanford University Press, 1960. 在书的封面,作者将该书自译为《五四运动史》,这也是许多研究者引用此书时常用的译名。

若的自传体作品》一文①。该文被国际比较文学学会前主席杜威·佛克马评论为"含有极大的信息量,是所有已经出版了的对该作家的研究中最好的"。②

1969年,普实克的专著《中国文学的三幅素描》出版③。在该书收录的3篇研究论文中,作者分别阐释了中国新文学的3个代表人物茅盾、郁达夫和郭沫若的创作情况。在《郭沫若》一文中普实克详细分析了1937年抗日战争爆发前郭沫若的小说创作。

1971年,哈佛大学出版社出版了由美国的中国文学研究专家戴维·托德·罗伊撰写的《郭沫若的早年岁月》。书中除分时间段详细介绍郭沫若的生平传记外,颇多新颖之处。在该书的第7章《从浪漫主义到马列主义,1918—1924》中,作者认为郭沫若在1924年接受马列主义并不表明他与中国传统断绝了关系,事实上,传统的某些因素促使他更容易接受马列主义④。同年,澳大利亚学者邦妮·麦杜戈尔⑤出版了研究中国现代文学思潮与西方文学理论关系的著作《西方文学理论与现代中国导论,1919—1925》⑥。该书中较多论及郭沫若与西方文学思潮和文学理论的关系,如郭沫若与浪漫主义和新浪漫主义、郭沫若与表现主义、郭沫若与文学批评等,时有精彩独到的论断。

1977年,美国学者,费正清东亚研究中心的研究员默尔·戈德曼编辑的《五四时期的中国现代文学》一书收录了澳大利亚学者邦妮·麦杜戈尔

---

① Milena Dolezelova-Velingerova. "Kuo Mo-jo's Autobiographical Works" In Jaroslav Prusek ed. *Studies in Modern Chinese Literature*. Berlin: Akademie-Verlag, 1964.

② D. W. Fokkema. "Studies in Modern Chinese Literature" (book review). *T'oung Pao*, Vol. 52, p. 211.

③ Jaroslav Prusek. *Three Sketches of Chinese Literature*. Prague: Oriental Institute in Academia, 1969.

④ "From Romanticism to Marxism-Leninism, 1918–1924" In David Tod Roy. *Kuo Mo-jo: The Early Years*. Cambridge, Mass: Harvard University Press, 1971.

⑤ 其中文名字为杜博尼,这也是中国学者更为熟知的名字。杜博尼为著名汉学家和翻译家,先后在悉尼大学、哈佛大学和挪威欧斯陆大学讲授中文和中国文学,并翻译了大量中国文学作品。

⑥ Bonnie S. McDougall. *The Introduction of Western Literary Theories into Modern China*, 1919—1925. Tokyo: The Centre for East Asian Cultural Studies, 1971.

的长篇论文《西方文学潮流的影响》①,文中论及西方文学理论对郭沫若文学创作实践的影响。

三、博士论文

通过 ProQuest 学位论文库检索可以看出,英语世界最早以郭沫若作为博士论文研究对象的是 1977 年美国底特律大学的 Rose Jui-Chang Chen。她的论文题目是《人类的英雄与被放逐的上帝:郭沫若历史剧〈屈原〉中的中国思想》②。该文以其独特的视角探讨了历史剧《屈原》中潜在的易学思维模式。这也是 1978 年郭沫若去世前英语世界学者研究他的唯一一篇博士论文。

四、学术论文

通过 CASHL 系统、EBSCO 数据库检索,共检得与关键词 "Guo Moruo"、"Kuo Mo-jo"、"Creation Society"、"Modern Chinese Literature"、"Chinese Poetry" 相关的期刊文章与书评共 49 篇。乔希亚·贝内特翻译的郭沫若自传《北伐途次》共分 4 次刊发在 1943 年 11 月至 1944 年 8 月的《远东季刊》上。这 4 篇译文已放在前面的译介部分,在此不再重述。其中发表在 1978 年前的期刊文章中较具代表性的有 11 篇。哈佛大学费正清东亚研究中心的《哈佛中国研究论文集》(*Papers on China*) 分别在第 4 期和第 11 期上刊载了关于郭沫若的研究文章。其中一篇是克拉伦斯·莫伊

---

① Bonnie S. McDougall. "The Impact of Western Literary Trends" In Merle Goldman ed. *Modern Chinese Literature in the May Fourth Era*. Cambridge: Harvard University Press, 1977. 默尔·戈德曼编辑的《五四时期的中国现代文学》一书为 1974 年 8 月 26—30 日在马萨诸塞州召开的以"五四时期的中国现代文学"为主题的会议论文集。该书分 3 个部分:本国与外国的影响(Native and Foreign Impact);五四作家(The May Fourth Writers);延续与间断(Continuities and Discontinuities),共收录了包括邦妮·麦杜戈尔和李欧梵在内的 16 位学者的 17 篇论文(其中收录了捷克作家米列娜·多莱热诺娃-沃林戈诺娃的论文 2 篇)。李欧梵将此书名译为《五四前夜的中国现代文学》(可能是将标题中的 Era 误作 Eve 的缘故),并将扉页的献词译为:"献给雅罗斯拉夫·普实克,他的研究使本书得以问世。"参见李欧梵《前言》,载雅罗斯拉夫·普实克著,李燕乔等译:《普实克中国现代文学论文集》,长沙:湖南文艺出版社,1987 年版,第 6 页。

② Rose Jui-Chang Chen. "Human Hero and Exiled God: Chinese Thought in Kuo Mo-jo's *Chu Yuan*". PhD. Dissertation, University of Detroit University, 1977.

的《郭沫若与创造社》，发表于1950年①。另一篇是戴维·托德·罗伊的《郭沫若接受马克思主义之前的时期，1892—1924》，发表于1958年②。威廉·舒尔茨的《郭沫若与浪漫主义美学，1918—1925》发表在《东方文学》1955年第2期上③。李田意的《中国现代文学的流变》于1959年发表在《美国政治和社会科学学院编年史》第321卷上④。捷克斯洛伐克著名的汉学家雅罗斯拉夫·普实克与夏志清那场激烈的学术辩论中的一篇，发表在1961年《通报》第49期上，题名为《中国现代文学史的基本问题——评夏志清的〈中国现代小说史〉》⑤。捷克斯洛伐克著名汉学家马立安·高利克研究郭沫若创作的成果丰富，共3篇。有1967年发表在《东京汉学学会通报》上的《郭沫若的印象主义批评》⑥；其研究"中国现代文学批评"系列之四是《郭沫若的无产阶级批评》，于1970年发表在《亚非研究》第6期上⑦；1974年，他的研究成果以《郭沫若的唯美—印象主义批评》为题名发表在《远东学报》第21期上⑧。迈克尔·戈茨的《中国现代文学研究在西方的发展》则于1976年发表在《现代中国》第2卷上。⑨

其余为书评。其中一篇评论许芥昱编译的《二十世纪中国诗歌选集》的文章发表在《亚太地区国际评论》1963年第3期上⑩。富兰克林·豪评

---

① Clarence Moy. "Kuo Mo-jo and the Creation Society". *Papers on China*, 1950, No. 4, pp. 131-159.

② David Tod Roy. "Kuo Mo-jo: The Pre-Marxist Phase, 1892-1924". *Papers on China*, 1958, No. 11, pp. 69-146.

③ William R. Schultz. "Kuo Mo-jo and the Romantic Aesthetic, 1918-1925." *Journal of Oriental Literature*, 6.2 (April, 1955), pp. 49-81.

④ Li, Tien-yi. "Continuity and Change in Modern Chinese Literature". *The Annals of the American Academy of Political and Social Science*, Vol. 321. Jan., 1959, pp. 90-99.

⑤ Jaroslav Prusek. "Basic Problems of the History of Modern Chinese Literature and C. T. Hsia: A History of Modern Fiction". *T'oung Pao*, Vol. 49, 1961, pp. 357-404.

⑥ Marián Gálik. "The Expressionistic Criticism of Kuo Mo-jo". *Tokyo Shinagaku-ho (Bulletin of the Tokyo Sinological Society)*, No. 13, 1967, pp. 231-243.

⑦ Marián Gálik. "Studies in Modern Chinese Literary Criticism. Part IV. The Proletarian Criticism of Kuo Mo-jo". *Asian and African Studies*, No. 5, 1970, pp. 145-160.

⑧ Marián Gálik. "The Aesthetico-Impressionistic Criticism of Kuo Mo-jo". *Oriens Extremus* (Hamburg), No. 21, 1974, pp. 53-66.

⑨ Michael Gotz. "The Development of Modern Chinese Literature Studies in the West: A Critical View". *Modern China*, Vol. 2, Issue 3, July, 1976, pp. 397-416.

⑩ Liu, Chun-jo. "Twentieth Century Chinese Poetry" (book review). *Pacific Affairs*, Vol. 36, No. 3, 1963, pp. 308-309.

论了戴维·罗伊的《郭沫若的早年岁月》,在该书出版后这篇评论就马上发表在 1971 年 11 月的《亚洲研究》上①。马立安·高利克评论罗伊的《郭沫若的早年岁月》的文章则于 1972 年发表在《亚非研究》第 8 期上②。1971 年,美国学者毕克伟评论詹纳编译的《中国现代小说》的书评发表在《亚洲研究》期刊上③。文中作者分析了选集与其他一些著名的中国文学集不同的地方,尤其强调在詹纳选取 20 个故事时主要根据其内容是否以反映过去 50 年里社会与政治斗争的描写为主要内容,以及詹纳将选择的标准放在那些以中国农村,并着重描写农民,尤其是那些被长期忽略的,反映中国女性的革命转变的主题上。郭沫若的《双簧》即是被作者选入其中的一篇小说。1972 年,罗伯逊评论朱莉娅·林的《中国现代诗歌概论》的文章发表在《亚洲研究》的第 32 卷上④。1 篇评论李欧梵的《中国现代作家的浪漫一代》的文章发表在 1972 年第 2 期的《亚太地区国际评论》上⑤。由荷兰著名的比较文学家杜威·佛克马撰写的评论普实克编辑的《中国现代文学研究》的书评则发表在《通报》第 52 卷上⑥。另外还有 1 篇是评论由多诺德·吉布斯编辑的《现代中国文学的研究和翻译文献汇要》的,也发表在《亚洲研究》上。⑦

总的看来,1978 年前英语世界的郭沫若研究呈现出几个显著的特点,首先是对郭沫若诗歌,尤其是其早期诗歌的关注和译介;其次是研究者对郭沫若自传体作品和短篇小说的偏爱;再就是英语世界的著名学者对英语世界郭沫若研究的评论。这些评论文章的出现,有力地推动了英语世界读者,特别是研究者对中国现代文学和对郭沫若的关注以及进一步了解的愿望与兴趣。

---

① Franklin W. Houn. "Kuo Mo-jo: The Early Years" (book review). *Journal of Asian Studies*, 31:1 (Nov., 1971), pp. 193-194.

② Marián Gálik. "David Tod Roy. *Kuo Mo-jo: The Early Years*" (book review). *Asian and African Studies*, VIII. 1972, pp. 206-207.

③ Paul G. Pickowicz. W. J. F. Jenner ed. "Modern Chinese Stories" (book review). *Journal of Asian Studies*, 30:4 (Aug.,1971), pp. 888-889.

④ Maureen Robertson. "Modern Chinese Poetry: An Introduction" (book review). *Journal of Asian Studies*, Vol. 32, 1972, pp. 314-317.

⑤ Colin Mackerras. "The Romantic Generation of Modern Chinese Writers" (book review). *Pacific Affairs*, Vol. 47, Issue 2, 1972, p. 226.

⑥ D. W. Fokkema. Jaroslav Prusek ed. "Studies in Modern Chinese Literature" (book review). *T'oung Pao*, Vol. 52, 1965/1966, pp. 211-215.

⑦ Gibbs & Li. "A Bibliography of Studies and Translations of Modern Chinese Literature" (book review). *Journal of Asian Studies*, Vol. 36, Issue 1, 1976, pp. 140-141.

第二节　1978年以后英语世界的郭沫若传播

一、译　介

1984年澳大利亚学者邦妮·麦杜戈尔和我国学者彭阜民①合译的《郭沫若剧作选》②由北京外文出版社出版。从英文标题即可看出,这部选集共包括了郭沫若的5部历史剧。这5部剧作是:《棠棣之花》、《屈原》、《虎符》、《蔡文姬》和《武则天》。除《屈原》仍用的是1953年杨宪益和戴乃迭的英译本外,其余4部都是彭阜民和邦妮·麦杜戈尔翻译的。除1954年和1958年的3个中国诗歌英译版本外,新西兰学者路易·艾黎还选译了《伟大道路上的光与影——中国现代诗选》③,该书于1984年由北京新世界出版社出版,书中作者共选译了郭沫若的4首诗:《立在地球边上放号》、《晨兴》、《水牛赞》和《怀念周总理》。同其前3本诗选一样,这部诗选也仅有简略的前言对其编选意图做出交代,并无译者对原诗歌作者和其作品的相关评价。

二、专　著

1980年,捷克斯洛伐克著名汉学家马立安·高利克的《中国现代文学批评发生史,1917—1930》一书出版④。直到1997年,此书的中译本才由

---

①　彭阜民(1924—2001),山西大学外语系教授。1948年毕业于复旦大学外国语言文学系,50年代在北京外文出版社任专职翻译,相继在该社图书编辑部和《人民中国》、《北京周报》(英文版)编辑部长期担任专业汉译英工作,主要翻译文艺、文教和历史等方面的稿件。1963年调入山西大学外语系任教至退休。曾任山西省外事翻译学会会长、中国翻译工作者协会理事。
②　Peng, Fumin & Bonnie S. McDougall. *Selected Works of Guo Moruo*: *Five Historical Plays*. Beijing: Foreign Language Press, 1984.
③　Rewi Alley. *Light and Shadow along a Great Road*: *An Anthology of Modern Chinese Poetry*. Beijing: New World Press, 1984.
④　Marián Gálik. *The Genesis of Modern Chinese Literary Criticism*, 1917–1930. London: Curzon Press, 1980.

陈圣生等人翻译出版①。在该书的第 2 章作者用了 33 页的篇幅以《郭沫若：从唯美—印象主义到无产阶级批评》为题分"审美印象主义时期、表现主义时期和无产阶级时期"3 部分详细评介了郭沫若的文学批评理论及实践。文中论及郭沫若的文学批评文章共 23 篇。

1986 年，高利克编辑的另一本研究专著《中西文学关系的里程碑，1898—1979》出版②。作者在该书篇幅长达 39 页的第 3 章《郭沫若的〈女神〉：与泰戈尔、惠特曼、歌德的创造性对抗》中详细分析探讨了郭沫若受泰戈尔、惠特曼和歌德的影响，以及他对这 3 位外国诗人的创造性接受。

1987 年，由澳大利亚学者康斯坦丁·董和麦克勒斯·科林编辑的会议论文集《中华人民共和国戏剧》出版，文集中收录了澳大利亚著名汉学家陶步思的论文《郭沫若戏剧作品中的女性形象：以武则天为例》。③

1988—1990 年，4 卷本的《中国文学指南，1900—1949》出版。在由捷克斯洛伐克汉学家米列娜编辑的第 1 卷"小说卷"中④，收录了米列娜分析阐释郭沫若的小说《落叶》和传记作品《我的幼年》的文章。在由波兰华沙大学的汉学家史罗甫编辑的第 2 卷"短篇故事卷"中收录了郭沫若的《橄榄》和《地下的笑声》⑤，2 篇评论文章都是由米列娜撰写的。在由荷兰莱顿大学的汉学家汉乐逸编辑的第 3 卷"诗歌卷"中⑥，收录了对郭沫若的诗歌《女神》、《瓶》和《前茅》的分析。其中对《前茅》的品评文章是由香港中

---

① ［斯洛伐克］玛利安·高利克著，陈圣生等译：《中国现代文学批评发生史，1917-1930》，北京：社会科学文献出版社，1997 年版。

② Marián Gálik. *Milestones in Sino-Western Literary Confrontation*, 1898-1979. Weisbaden：Otto Harrassowitz, 1986. 该书的中译本由伍晓明和张文定翻译，于 1990 年由北京大学出版社出版。其中译本书名为《中西文学关系的里程碑》。中译本书名没有特别强调原书名中的"碰撞"、"遭遇"（confrontation）一词。本书作者认为，用"碰撞"较"对抗"更能体现出异质文化遭遇时的态势。

③ Bruce Gorden Doar. "Images of Women in the Dramas of Guo Moruo：The Case of Empress Wu" In Constantine Tung & Colin Mackerras eds. *Drama in the People's Republic of China*. Albany：State University of New York Press, 1987, pp. 54-91.

④ "Fallen Leaves" and "The Years of My Youth" In Milena Dolezelova-Velingerova ed. *A Selective Guide to Chinese Literature*, 1900-1949. Volume 1：The Novel. Leiden：E. J. Brill, Netherlands, 1988, pp. 86-91.

⑤ "Olive" and "Laughter Underground" In Zbigniew Slipski ed. *A Selective Guide to Chinese Literature*, 1900-1949. Volume 2：The Short Story. Leiden：E. J. Brill, Netherlands, 1988, pp. 66-72.

⑥ "The Goddesses", "The Vase" and "The Vanguard" In Lloyd Haft ed. *A Selective Guide to Chinese Literature*, 1900-1949. Volume 3：The Poem. Leiden：E. J. Brill, Netherlands, 1989, pp. 108-119.

文大学的孔慧怡(Eva Hung)撰写的。在由德国汉学家艾伯斯坦编辑的第4卷"戏剧卷"①中涉及对郭沫若的戏剧作品《三个叛逆的女性》、《屈原》、《虎符》和《孔雀胆》的分析研究。其中关于《三个叛逆的女性》的鉴赏由捷克斯洛伐克学者安娜·多勒扎洛娃(Anna Doležalová)完成,对《屈原》的品评由艾伯斯坦撰写,对《虎符》的分析阐释则是由邦妮·麦杜戈尔完成的。

1990年,高利克还编辑出版了《中国1919年五四运动的文学间的及文学内部的各个方面》,该书收录了意大利汉学家,专门研究中国现代文学的安娜·布亚蒂的论文《郭沫若〈女神〉中的五四运动精神》和奥地利维也纳大学孔子学院院长理查德·泰普(其中文名为李夏德)的文章《论中国诗歌的现代主义和外国影响:以郭沫若和顾城早期诗歌为例》②。同年,德国海德堡大学的汉学研究专家鲁道夫·瓦格纳的研究专著《中国当代历史剧:四个实例研究》出版,在该书的第4章作者以"历史剧中的政治"为题分别对郭沫若的戏剧《蔡文姬》和《武则天》进行了简短的分析讨论。③

1991年,温蒂·拉森出版了以其1985年的博士论文《二十世纪早期中国作家的自传》④为基础的专著《文学权威与中国现代作家:矛盾心理与自传》。在该书的第5章,作者以《郭沫若:"中国"与中国》⑤为题分13个部分较全面地分析探讨了郭沫若的文学创作及其对待传统与现代西方的矛盾态度和选取的解决之道。这年,美国汉学家耿德华的专著《重写中文:二十世纪中国散文的风格与革新》出版。书中,作者在第4章《美学处方及其问题》中论述"陈词滥调",阐释1933年作家谢六逸对那些过度使用的陈词滥调,如"一切的一切"、"雨后春笋"、"永远刻在我心板上"等给予特

---

① "Three Rebellious Women", "Qu Yuan", "The Tiger Tally" and "The Peacock Gall" In Bernd Eberstein ed. *A Selective Guide to Chinese Literature*, 1900-1949. Volume 4: The Drama. Leiden: E. J. Brill, Netherlands, 1990, pp. 110-127.

② Anna Bujatti. "The Spirit of the May Fourth Movement in *The Goddesses* of Guo Moruo" and Richard Trappl. "Modernism and Foreign Influence on Chinese Poetry: Exemplified by the Early Guo Moruo and Gu Cheng" In Marián Gálik ed. *Interliterary and Intraliterary Aspects of the May Fourth Movement 1919 in China*. Bratislava: Veda, 1990, pp. 101-110 & pp. 83-92.

③ "Cai Wenji" and "Wu Zetian" In Rudolf Wagner. *The Contemporary Chinese Historical Drama: Four Studies*. Berkeley: University of California Press, 1990, pp. 247-250 & pp. 282-289.

④ Wendy Ann Larson. "Autobiographies of Chinese Writers in the Early Twenties Century". PhD. Dissertation, University of California, 1985.

⑤ "Guo Moruo: 'China' Versus China" In Wendy Larson. *Literary Authority and the Modern Chinese Writer: Ambivalence and Autobiography*. Durham: Duke University Press, 1991, pp. 113-152.

别谴责时,引了郭沫若作品中的两个句子作为实例。一是《凤凰涅槃》中"身外的一切!身内的一切!一切的一切!请了!请了!"二是《水平线下:番茄与百合》中"外界的出版物虽也如雨后春笋般的畅发,但我总觉得身之内外,只是非常的寂寞。"①

1995年,曾先后在伯克利加州大学和密歇根大学任教的刘禾的英文专著《跨语际实践——文学、民族文化与被译介的现代性(中国,1900—1937)》由斯坦福大学出版社出版②。在该书的第5章和第7章作者从跨语际实践的角度分别分析探讨了郭沫若对弗洛伊德心理分析方法的运用及其运用此方法进行的文学批评、郭沫若对国民文学与世界文学之间关系的阐释及其实质。

1996年,由海伦·凯莎编辑的《女性主义戏剧与理论》一书由圣·马丁出版社出版③,书中收录了颜海平的文章《男性思想与女性身份:中国现代四大历史剧中的女性形象》。文章对郭沫若戏剧三部曲《三个叛逆的女性》中的《卓文君》和《蔡文姬》、曹禺的《王昭君》和陈白尘的《大风歌》4部历史剧中的女性形象进行了精妙的分析。同年,由Gao Yan撰写的《戏仿的艺术:汤婷婷对中国元素的运用》④一书对郭沫若的《蔡文姬》与汤婷婷的《女勇士》对蔡文姬(蔡琰)故事的不同处理,尤其是对蔡文姬诗作《胡笳十八拍》的解读进行了分析比较。

1997年,香港大学出版社出版了澳大利亚学者邦妮·麦杜戈尔和凯姆·路易合著的《二十世纪中国文学》⑤。在该书的第1和第2部分共有阐释诗歌和戏剧的4个小节中讨论了郭沫若的诗歌和戏剧创作。

---

① Edward M. Gunn. *Rewriting Chinese*: *Style and Innovation in Twentieth-Century Chinese Prose*. Stanford: Stanford University Press, 1991, pp. 73-74. 译文后的中文未标明出处,且与原文有误。原文为:"外界的出版物虽也是雨后的春笋般的畅发,但我总觉得身之内外,真是非常的寂寞。"中文原文可参见《郭沫若全集·文学编》第12卷,北京:人民文学出版社,1992年版,第328页。

② Lydia H. Liu. *Translingual Practice*: *Literature*, *National Culture*, *and Translated Modernity——China*, 1900-1937. Stanford: Stanford University Press, 1995.

③ Yan, Haiping. "Male Ideology and Female Identity: Image of Women in Four Modern Chinese Historical Plays" In Helene Keyssar ed. *Feminist Theatre and Theory*. New York: St. Martin's Press, 1996, pp. 251-274.

④ Gao, Yan. *The Art of Parody. Maxine Hong Kingston's Use of Chinese Sources*. New York: Peter Lang Publing, Inc.,1996.

⑤ Bonnie S. McDougall & Kam Louie. *The Literature of China in the Twentieth Century*. London: Hurst & Company, 1997. 该书的扉页上有"《二十世纪中国文学》,杜博尼、雷金庆著"等中文字样。

2001年,史书美的《现代的诱惑:半殖民地中国的现代主义书写》出版,该书的第3章以《心理分析与世界主义:郭沫若的作品》为题介绍了郭沫若。①

由美国学者伊德·富尔森编辑的《惠特曼在东方与西方:解读惠特曼的新语境》于2002年出版,该书是2000年在北京举行的惠特曼学术研讨会的部分英文论文汇集,里面收录了中国学者区銋的论文《郭沫若〈女神〉和惠特曼〈草叶集〉中的泛神论思想》和刘荣强的论文《惠特曼在中国:新文化运动中的郭沫若诗歌》。由于该书收录文章均为用英文写作的论文,且由美国衣阿华大学出版社出版,致使有的学者认为区銋和刘荣强为美国学者,将他们的研究成果归入美国的郭沫若文学研究中。②

2004年出版的美国新泽西州立大学文学艺术系米家燕的研究专著《中国现代诗歌中的自我塑造和反身的现代性》一书探讨了1919—1949年间中国现代诗歌的现代性在曲折变化的过程中自我塑造的各种模式。作者将研究对象集中在1949年以前的4个中国现代诗人郭沫若、李金发、戴望舒和穆旦身上,为塑造出与民族/国家相关的、新的、现代的自我主体性的历史复杂性提供了新鲜的、颇有洞见的分析。这年,凯维尼以其博士论文为基础的专著以《中国现代文学中的颠覆性自我:创造社对日本私小说的再创造》③为书名出版。文中作者分析探讨了日本私小说对创造社诸作家的影响,详细阐释了郭沫若的小说,尤其是短篇故事《未央》、《漂流三部曲》、《残春》受私小说的影响及郭沫若对日本私小说的创造性接受。同年,Lu Yan 的《重释日本:中国视角,1895—1945》一书由夏威夷大学出版社出版④。在该书中,作者从全新的视角对曾留学日本的蒋百里、周作人、

---

① "Psychoanalysis and Cosmopolitanism: The Work of Guo Moruo" In Shih, Shumei. *The Lure of Modern: Writing Modernism in Semicolonial China*, 1917—1937. Berkeley: University of California, 2001, pp. 96-109. 史书美,华裔美国学者,美国加州大学洛杉矶分校比较文学系、亚洲语言文化系及亚美研究系合聘教授,其著述主要有《现代的诱惑》、《视觉与认同:跨太平洋的华语呈现》。何恬将此书名译为《现代的诱惑:书写半殖民地中国的现代主义》。

② Liu, Rongqiang. "Whitman's Soul in China: Guo Moruo's Poetry in the New Culture Movement" and Ou, Hong. "Pantheistic Ideas in Guo Moruo's *The Goddesses* and Whitman's *Leaves of Grass*" In Ed Folson ed. *Whitman East and West: New Contexts for Reading Walt Whitman*. Iowa City: University of Iowa Press, 2002, pp. 172-196.

③ Christopher T. Keaveney. *The Subversive Self in Modern Chinese Literature: The Creation Society's Reinvention of the Japanese Shishosetsu*. Palgrave: Macmillan, 2004.

④ Lu, Yan. *Re-understanding Japan: Chinese Perspective*, 1895-1945. Honolulu: University of Hawaii Press, 2004.

郭沫若和戴季陶4人与日本之间的渊源、因留日经历生发的观点和从事的职业进行了描述。该书是对其1996年的博士论文《太人性:中日两国间的交锋,1895—1945》观点的完善与补充。

2005年,由王宏志等翻译,以李欧梵1971年的博士论文为基础的专著《中国现代作家的浪漫一代》的中文译本出版①。在第3部分《浪漫的左派——郭沫若》②一节中作者详细阐释了郭沫若从早年的叛逆者和泛神论者,到自称为马克思主义者的转变过程。同年,1961年出版的夏志清的专著《中国现代小说史》③的中译本由上海复旦大学出版社出版。该书在第4章《创造社》中概述了郭沫若的思想和创作。④

2007年,美国俄亥俄卫斯理大学历史系教授陈晓明的专著《从五四运动到共产主义革命:郭沫若与中国的共产主义道路》在纽约出版。⑤

2011年1月,澳大利亚悉尼大学中国研究所教授郑怡的研究专著《从伯克和华兹华斯到中国文学中的现代崇高》由美国普渡大学出版社出版,该书中有一半的内容论及郭沫若及其文学创作。⑥

三、博士论文

1979年,美国宾夕法尼亚大学的Emily Woo Yuan探讨了转向马克思主义之后至新中国成立前的郭沫若的思想及其文学创作,她的博士论文题目为《郭沫若:一个现代革命的文学人物,1924—1949》。⑦

1980,加利福尼亚大学的Helen Strand Tokuyama的博士论文研究的则是1917-1933年间中国的短篇小说,其论文题目为《压力、中国作家和中国

---

① [美]李欧梵著,王宏志等译:《中国现代作家的浪漫一代》,北京:新星出版社,2005年版。
② "The Romantic Leftist—Guo Moruo" In Lee, Leo Ou-fan. *The Romantic Generation of Modern Chinese Writers*. Cambridge: Harvard University Press, 1973.
③ "The Creation Society" In Hsia, Chih-tsing. *A History of Modern Chinese Fiction*. New Haven: Yale University Press, 1961.
④ [美]夏志清著,刘绍铭等译:《中国现代小说史》,上海:复旦大学出版社,2005年版。
⑤ Chen, Xiaoming. *From the May Fourth Movement to Communist Revolution: Guo Moruo and the Chinese Path to Communism*. Albany: State University of New York Press, 2007.
⑥ Zheng, Yi. *From Burke and Wordsworth to the Modern Sublime in Chinese Literature*. West Lafayette: Purdue University Press, 2011.
⑦ Emily Woo Yuan. "Kuo Mo-jo: The Literary Profile of a Modern Revolutionary, 1924-1949". PhD. Dissertation, University of Pennsylvania, 1979.

的短篇小说》①。该论文从社会学的角度分3章探讨了中国作家所处的位置和所受的教育与他们的短篇小说中所表现出的压力之间的关系,并以鲁迅和郭沫若为例分析了压力与作家的创作之间的关系。

1983年,哈佛大学的Harry Allan Kaplan的博士论文《中国现代诗歌中的象征主义运动》出版。②

1985年,加利福尼亚大学的温蒂·拉森的博士论文研究了中国作家的自传,其论文题目为《二十世纪早期中国作家的自传》。③

华裔美籍学者史书美1992年的博士论文以《传统与西方间的书写:1917—1937年间的中国现代小说》④为题介绍了20世纪早期的中国现代小说,并在第1章中探讨了郭沫若、陶晶孙与先锋派的关系。

1993年,哥伦比亚大学的Janet Mui-Fong Ng的博士论文研究的同样也是中国现代作家的自传,其研究论题为《中国现代文学中的自传:社会中自我的文学表达形式》,她将其论文的研究范围限定在1911—1950年间⑤。同年,德克萨斯大学的Huang Guiyou从跨文化的角度探讨了美国文学、中国的文化以及中、美现代主义之间相互影响的关系,其博士论文题目为《跨越激流:美国文学与中国的现代主义,中国文化与美国的现代主义》。⑥

俄亥俄卫斯理大学历史系教授陈晓明1995年的博士论文也是以郭沫若为研究对象的,他研究的是郭沫若从浪漫主义转向儒学和马克思主义的思想发展过程,其论文题目为《朝向儒学与马克思主义相结合的解决之道:郭沫若至1926年的思想发展》⑦。同年,耶鲁大学Liang Kan的

---

① Helen Strand Tokuyama. "Stress, Chinese Authors, and Chinese Short Stories, 1917-1933". PhD. Dissertation, University of California, 1980.

② Harry Allan Kaplan. "The Symbolist Movement in Modern Chinese Poetry". PhD. Dissertation, Harvard University, 1983.

③ Wendy Ann Larson. "Autobiographies of Chinese Writers in the Early Twenties Century". PhD. Dissertation, University of California, Berkley, 1985.

④ Shih, Shu-mei. "Writing between Tradition and the West: Chinese Modernist Fiction, 1917-1937". PhD. Dissertation, University of California, Los Angeles, 1992.

⑤ Janet Mui-Fong Ng. "Autobiography in Modern Chinese Literature, 1911-1950: Forms of Literary Expression of Self in Society". PhD. Dissertation, Columbia University, 1993.

⑥ Huang, Guiyou. "Cross Currents: American Literature and Chinese Modernism, Chinese Culture and American Modernism". PhD. Dissertation, Texas University, 1993.

⑦ Chen, Xiaoming. "Towards a Confucian/Marxist Solution: Guo Moruo's Intellectual Development to 1926". PhD. Dissertation, The Ohio State University, 1995.

博士论文探讨的仍然是知识分子的问题,他将其论文的研究范围限制在抗日战争时期的重庆,标题为:《战争中的中国知识分子:重庆,1937-1945》。①

1996年,美国康奈尔大学Lu Yan的博士论文《太人性:中日两国间的交锋,1895—1945》出版②。作者对郭沫若在日本的生活、学习、文学创作、思想发展等进行了全面的梳理分析,并对日本对郭沫若产生的影响、郭沫若对日本的看法给予了阐释。

2000年,华盛顿大学的克里斯托弗·凯维尼的博士论文以《创造社对日本私小说的吸收》③为题探讨了日本私小说对五四作家的影响。

2001年有一篇研究中国新诗的论文,作者是芝加哥大学的约翰·阿瑟,其论文题目为《畅言无忌的少数人:中国的新诗与诗歌朗诵,1915—1975》。④

2004年,现为美国州立大学东亚语言文学系的张家如以《中国蛇女:神话、文化以及女性表达》⑤为题探讨了神话、民间传说、文学作品以及艺术作品中对中国蛇女形象的运用,研究了女性所受的压制、欺辱及其现代的复活。作者通过分析神话故事中的女娲、诸如在《李黄》和《西湖三塔记》等前现代蛇妖故事中邪恶的蛇妖形象、中国封建晚期《白蛇传》中的儒家女性形象的恢复、五四时期鲁迅和郭沫若文学创作中对女性生命力的复活、田汉改编的共产主义戏剧对无产阶级女性形象的塑造等,考察了中国传统文化中"蛇"这一形象的演进变化过程。

2008年,哈佛大学杨昊昇博士的论文题为《以前现代为基调的现代性:论郁达夫、郭沫若和周作人的旧体诗词》。作者在论文的第3部分以《从现代浪漫诗人到"口号诗人":论郭沫若及其与毛泽东之间往来唱和的

---

① Liang, Kan. "Chinese Intellectuals in the War: Chongqing, 1937-1945." PhD. Dissertation, Yale University, 1995.

② Lu, Yan. " All too Human: Chinese Engagements with Japan, 1895-1945 ". PhD. Dissertation, Cornell University, 1996.

③ Christopher T. Keaveney. "The Assimilation of the Shishosetsu by China's Creation Society". PhD. Dissertation, Washington University, 2000.

④ John Arthur Crespi. "A Vocal Minority: New Poetry and Poetry Declamation in China, 1915-1975." PhD. Dissertation, The University of Chicago, 2001.

⑤ Chang, Chia-ju. "The Chinese Snake Woman: Mythology, Culture and Female Expression". PhD. Dissertation, The State University of New Jersey, 2004.

旧体诗词》为题介绍了郭沫若与毛泽东之间的旧体诗词唱和及其产生的作用。①

2010年,密执安大学 Meng Liansu 的博士论文题为《地狱探戈:性别政治与中国现代诗学,1917—1980》。作者在论文的第1章以《男性化诗学的跨国产儿:郭沫若的〈女神〉》为题分析阐释了郭沫若的诗集《女神》中部分代表诗歌产生的背景和跨国影响。②

四、学术期刊论文

通过 CASHL 系统、EBSCO 数据库检索,在检索到的与关键词"Guo Moruo"、"Kuo Mo-jo"、"Creation Society"、"Modern Chinese Literature"、"Chinese Poetry"相关的期刊文章中,发表在1978年以后较具代表性的不少。

1979年,柳无忌评论美国学者默尔·戈德曼编辑的《五四时期的中国现代文学》的文章发表在《太平洋事务》上。③

1980年,《澳大利亚中国问题月刊》上刊登了一篇澳大利亚学者玛丽·法夸尔的文章《革命儿童文学》,文中分析阐释了郭沫若的短篇故事《一只手》。④

1981年,法国的保尔·巴迪对中国现代作家们文学创作收入的情况以及作品收入的排名进行了考证。⑤

马立安·高利克有2篇研究郭沫若的文章发表在《亚非研究》上,分别是发表于1986年的《中国现代思想史研究:青年郭沫若,1914—1924》⑥,

---

① Yang, Haosheng. "A Modernity in Pre-modern Tune: Classical-style Poetry of Yu Dafu, Guo Moruo and Zhou Zuoren". PhD. Dissertation, Harvard University, 2008.

② Meng, Liansu. "The Inferno Tango: Gender Politics and Modern Chinese Poetry, 1917-1980". PhD. Dissertation, University of Michigan, 2010.

③ Liu, Wu-chi. "Modern Chinese Literature in May Fourth Era" (book review). *Pacific Affairs*, Vol. 52, No. 1, 1979, pp. 123-124.

④ Mary Farquhar. "Revolutionary Children's Literature". *The Australian Journal of Chinese Affairs*, No. 4 (July, 1980), pp. 61-84.

⑤ Paul Bady. "The Modern Chinese Writer: Literary Incomes and Best Sellers". *China Quarterly*, No. 88 (Dec., 1981), pp. 645-657.

⑥ Marián Gálik. "Studies in Modern Chinese Intellectual History. Part IV: Young Guo Moruo, 1919-1924". *Asian and African Studies*, No. 22, 1986, pp. 43-72.

与发表于1991年的《歌德的〈浮士德〉在郭沫若创作与翻译中的接受与幸存》①,作者对郭沫若的创作受歌德《浮士德》的影响及其对《浮士德》的创造性接受进行了解读。1992年,高利克研究《歌德的〈浮士德〉在中国与郭沫若,1919-1947》发表在《国际南社学会丛刊》第3卷②。2010年,他向济南"郭沫若文献史料国际学术研讨会暨 IGMA 学术年会"提交了题为《"果提克"式的居室与箱崎的一间小屋:散议郭沫若1919年10月10日对歌德〈浮士德〉的翻译》的会议论文③。2012年,他向"郭沫若与文化中国——纪念郭沫若诞辰120周年国际学术研讨会"提交的会议论文是《青年郭沫若与佛家思想,1914-1915》。④

1990年,奚密的《诗歌的新走向:从传统到现代的过渡》发表在《中国文学》第12卷上。⑤

1996年,美国约翰·霍普金斯大学 Feng Liping 的文章《民主与精英主义:文学中的五四理念》在《现代中国》第2期上刊登出来⑥。作者在文章"五四文学话语中的内在矛盾"一节中引郭沫若论述"诗歌的本职专在抒情。抒情的文字便不采诗形,也不失其诗"⑦的诗学主张对抒情主义试图甩掉文学的"形式"这一包袱的特点进行了阐释。

2000年,Tsu Jing 研究郁达夫、郭沫若和弗洛伊德作品中男性的受虐主题,题名为《男性的性反常:郁达夫、郭沫若和弗洛伊德作品中受虐的男

---

① Marián Gálik. "Reception and Survival of Goethe's *Faust* in Guo Moruo's Works and Translations, 1919-1923. *Asian and African Studies*, No. 26, 1991, pp. 49-70.

② Marián Gálik. "Goethe's *Faust* in China and Guo Moruo, 1919-1947". *Guoji Nanshe xuehui congkan*, Vol. 3, 1992, pp. 143-157.

③ Marián Gálik. "Gothic Chamber in Gothe's *Faust* and a Tiny Room in Hakozaki: Some Comments on Guo Moruo's Translation from October 10, 1919",载《郭沫若文献史料国际学术研讨会暨 IGMA 学术年会论文汇编》,2010年,pp. 410-419.

④ Marián Gálik. "Young Guo Moruo and Buddhism, 1914-1915",载《郭沫若与文化中国——纪念郭沫若诞辰120周年国际学术研讨会论文集》,2012年, pp. 214—218。

⑤ Michelle Yeh. "A New Orientation to Poetry: The Transition from Traditional to Modern". *Chinese Literature: Eassays, Articles, Reviews*, Vol. 12 (Dec., 1990, pp. 83-105.

⑥ Feng, Liping. "Democracy and Elitism: The May Fourth Ideal of Literature". *Modern China*, Vol. 22, No. 2 (April, 1996), pp. 170-196.

⑦ 中文可参见《郭沫若全集·文学编》第15卷,北京:人民文学出版社,1990年版,第43页。

性主题》的文章在《立场：东亚文化批评》杂志上发表。①

  2002年，一篇署名为Linda Wong(黄佩玲)的评论文章发表在《以色列研究期刊》上，作者以《着中国服装的莎乐美：郭沫若的〈三个叛逆的女性〉》为题分析了郭沫若的3部戏剧《卓文君》、《王昭君》和《聂嫈》对奥斯卡·王尔德戏剧《莎乐美》主题的吸收与采纳和郭沫若在剧中运用女性主人公来表达他对性别问题的关照②。同年，俄国历史学博士、外交官谢尔盖·齐赫文斯基的文章以《我与郭沫若的相遇》为题描绘了在1943年10月莫斯科举行的美、英、苏三国外长会议结束后不久，自己作为苏联驻重庆大使馆的二等秘书，陪同大使潘友新(Alexander Paniushkin)参加当时的国民党左派著名人士、曾任中国驻莫斯科大使的邵力子举行的早餐会，在早餐会上与郭沫若相遇的情形及其后的交往。文章发表在《远东事务》第4期上。③

  2004年，澳大利亚学者郑怡的文章《崇高起源的塑造：郭沫若的〈屈原〉》发表在《中国现代文学与文化》第1期上。④

---

  ① Tsu, Jing. "Perversion of Masculinity: The Masochistic Male Subjection in Yu Dafu, Guo Moruo, and Freud". *Positions: East Asia Cultures Critique*, Fall, 2000, Vol. 8, Issue 2, pp. 269-316.

  ② Linda Wong. "Salomé in Chinese Dress: Guo Moruo's *Three Rebellious Women*". *Journal of Irish Studies*, Vol. 17, 2002, pp. 118-125.

  ③ Sergei Tikhvinsky. "My Encounters with Guo Moruo". *Far Eastern Affairs*, No. 4, 2002, pp. 99-105. 文中这位被称为是"苏联以反华著称的四位汉学家"之一的学者提及1943—1957年间自己与郭沫若前后六次的交往过程，以及三件特别有意思的事情。第一件事是，1943年第一次相遇时，当邵力子和郭沫若得知作者作为外国外交人员还没有用中文印制的名片时，马上商量着给他取中文名字。最后给他取了发音听起来像(Qi Hewen)"齐和文"的三个中文字名。作者解释说，这三个字的意思与"性情平和的"(even-tempered)和"有文化的"(highly cultured)相关。(作者名字中译为"齐赫文斯基"，邵力子和郭沫若在为其取中国名字时应是根据其音而选择的。本书作者注。)第二件事是，作者谈到当时自己正在写关于孙中山博士的国内政策的硕士论文(Master's Dissertation on the Domestic Policy of Dr. Sun Yatsen)，郭沫若听后建议作者去见侯外庐这位研究中国社会思想史的权威，以及历史学家翦伯赞。但经查《郭沫若年谱》，1943年与1944年的年谱中都未有关于郭沫若陪同邵力子举行早餐会招待苏联大使一事之记载。这里需要特别指出的是，其一，根据齐赫文斯基载于《远东事务》杂志上的英文原文，作者陪同大使潘友新出席的早餐会并未指明是在邵力子家，但乌兰汗的译文中则有明确交代。其二，齐赫文斯基的硕士论文研究的是孙中山的国内政策，但乌兰汗译为"外交政策"，弄反了意思。此可参见[俄]齐赫文斯基著，乌兰汗译《回忆我见过的郭沫若》一文，载中国郭沫若研究会、四川省郭沫若研究学会编《郭沫若与百年中国学术文化回顾》一书第26—29页。第三件事是，作者提及在后来与郭沫若的交往中，郭沫若送其亲自签名的论著《青铜时代》和《十批判书》之事。

  ④ Zheng, Yi. "The Figuration of a Sublime Origin: Guo Moruo's *Qu Yuan*". *Modern Chinese Literature and Culture*, Vol. 16, No. 1 (Spring/Summer, 2004), pp. 153-198.

2005年，任职"台湾中央研究院"的俄裔美籍学者沙培德（Peter Zarrow）评论 Lu Yan 的专著《重释日本：一个中国观点，1895—1945》的文章刊登在 2005 年 11 月的《亚洲研究期刊》上。①

2006年，菲利普·威廉斯对《现代中国文学中的颠覆性自我：创造社对日本私小说的再创造》的评论文章发表在《中国国际评论》上。②

书评中有 2 篇是评论陈晓明的专著《从五四运动到共产主义革命：郭沫若与中国的共产主义道路》的，一篇是 2008 年美国著名汉学家舒衡哲的，发表在《中国季刊》上③；另一篇是 2009 年英国牛津大学教授魏希德的，发表在《历史学家》上。④

2009年，Liu Siyuan 与 Kevin J. Wetmore 合作的文章《中国现代戏剧的英译》在《亚洲戏剧》上刊出⑤，该文对中国现代戏剧的英译情况分作者作品、专著、选集等类别进行了详细的梳理。

2010年，《现代中国研究》上刊登了美国欧道明大学教授 Jin Qiu（金秋）研究郭沫若的长篇文章，文章题名为《权利与知识：郭沫若职业生涯中的几个关键性时刻》。文章详细梳理并评价了在郭沫若职业生涯中的各个关键性时刻，郭沫若基于权利和知识的考虑所做出的最终选择。⑥

首届郭沫若国际研讨会（First World Congress of the International Guo Moruo Academy）

2009 年 8 月 27—28 日，由日本郭沫若研究会主办，美国约翰·霍普金

---

① Peter Zarrow. "Review: Re-understanding Japan: Chinese Perspective, 1895-1945". *Journal of Asian Studies*, Vol. 64, No. 4 (Nov., 2005), pp. 985-987.

② Philip Williams. "The Subversion Self in Modern Chinese Literature: The Creation Society's Reinvention of the Japanese Shishosetsu". *China Review International*, Vol. 13, Issue 1, Spring, 2006, pp. 163-166.

③ Vera Schwarcz. "From the May Fourth Movement to Communist Development: Guo Moruo and the Chinese Path to Communisim" (book review). *China Quarterly*, Issue 195, Sept., 2008, pp. 710-711.

④ Hilde De Weerdt. "From the May Fourth Movement to Communist Development: Guo Moruo and the Chinese Path to Communisim" (book review). *Historian*, Vol. 71, Issue 2, Summer, 2009, pp. 389-390.

⑤ Liu, Siyuan & Kevin J. Wetmore Jr. "Modern Chinese Drama in English: A Selective Bibliography". *Asian Theatre Journal*, Vol. 26, No. 2 (Fall, 2009), pp. 320-351.

⑥ Jin, Qiu. "Between Power and Knowledge: Defining Moments in Guo Moruo's Career". *Modern China Studies*, Vol. 17, No. 2, 2010, pp. 135-178.

斯大学（John Hopkins University）协办的首届郭沫若国际会议在美国华盛顿召开。来自中国、日本、韩国、美国、印度尼西亚和中国台湾的各位学者以"世界文学和文化中的郭沫若"为主题，就"国际郭沫若研究活动"、"郭沫若与文学研究"、"郭沫若与中国文化和中国文字研究"、"郭沫若诗词研究"、"郭沫若生涯与国际关系和文学"以及"郭沫若与历史和医学"等论题进行了交流与探讨。"国际郭沫若研究会"（International Guo Moruo Academy [IGMA]）成立于2008年，该协会旨在促进和发展国际郭沫若学术研究及调研的合作，倡导不带政治偏见的、多元的、科学的研究视角。从藤田梨那和魏启明教授会前所收到的论文编汇来看，这次大会共收到学术论文23篇，其中英文学术论文只有7篇。这7篇英文论文中也仅有2篇是英语世界学者的相关研究论文。

郭沫若文献史料国际学术研讨会暨IGMA学术年会
（The International Seminar on the Historical Documents on Guo Moruo and the Annual Conference of the International Guo Moruo Academy）

2010年8月20—22日，"郭沫若文献史料国际学术研讨会暨IGMA学术年会"在济南山东师范大学举行。由于会前举办方长达8个月时间的充分准备，参加此次会议的国内外学者较第一届多，共有来自中国（含香港、澳门）、日本、美国、韩国、新加坡、斯洛伐克和奥地利等国家的学者86位，提交的学术论文达60多篇。与会学者主要围绕郭沫若研究的文献和史料问题进行了热烈的学术研讨，具体议题共有如下4个：一是郭沫若文献研究；二是郭沫若史料研究；三是郭沫若的文学创作与学术研究；四是其他郭沫若研究的相关议题。论文中也仅有2篇是英语世界学者用英文撰写的相关研究论文。

郭沫若与文化中国——纪念郭沫若诞辰120周年国际学术研讨会

2012年11月15—18日，"郭沫若与文化中国——纪念郭沫若诞辰120周年国际学术研讨会"在郭沫若故乡乐山沙湾举行。只有3位国际学者参加，即克罗地亚马林·德里茨博物馆的威斯娜·德里克·戈泽（Vesna Delić Gozze）夫妇和斯洛伐克汉学家马立安·高利克。会议论文集收录的105篇会议论文中，仅有2篇是英文论文。其中，戈泽提交的会议论文是《郭沫若与安顿·古斯塔夫·马塔斯：两位具有相似作用的诗人》（*Two Poets with Similar Roles, Guo Moruo and Antun Gustav Matoš*）。高利克提交的论文是《年轻的郭沫若与成唯识论,1914—1915》(*Young Guo Moruo and Consciousness-only*),该文是《年轻的郭沫若与佛家思想》(*Young Guo Moruo and Buddhism,1914—1915*)一文的前半部分。文章是由王晓燕和刘燕翻译,本书作者修改、编辑并做大会主题发言的。

走向世界的郭沫若与郭沫若研究学术会议

2014年6月,在贵阳学院举办了"走向世界的郭沫若与郭沫若研究"学术会议。在收入会议论文集的50篇文章中,有美国布兰戴斯大学(Brandeis University)的学者王璞(Wang Pu)的英文论文,题为《"马克思进文庙":郭沫若、〈诗经〉与"今译"问题》("*Marx Enters the Temple of Confucius*": *Guo Moruo and the Translation of Revolutionary Time*)。

通过对英语世界郭沫若学者的研究情况的梳理可以看出,1978年后英语世界的郭沫若研究,无论是从研究者的研究视角、研究范围,还是从其研究的深度、广度来看,都较1978年前英语世界的郭沫若研究有了极大的提高,研究的激情和成果都呈现出逐渐增长的势头。其特征主要表现为以下几个方面:一是关于郭沫若及其作品的译介较1978年前要少;二是博士论文对郭沫若的思想、作品、创作手法的关注逐渐增加;三是研究专著将关照的目光投向了郭沫若与西方文学理论和文学批评的继承与发展的关系;四是郭沫若研究的国际化趋势的显现。

总体说来,目前英语世界的郭沫若研究还是比较薄弱的,而关于英语世界的郭沫若研究的研究则更不容乐观。从收集到的资料来看,国内只有郭沫若著作编委会的晨雨[①]节译的美国学者戴维·托德·罗伊《郭沫若的早年岁月》一书的第5章[②]和第7章[③]中的部分内容。晨雨还翻译了澳大利亚学者邦妮·麦杜戈尔《西方文学理论与现代中国导论,1919—1925》一

[①] 2010年8月21日,在山东济南举行的郭沫若文献史料国际学术研讨会会间休息时,中国郭沫若学会会长蔡震先生与我商榷,提及他翻译的郭沫若曾看过的那部关于表现主义的电影的名字。这时我才知道,原来"晨雨"即是蔡先生的笔名。

[②] 译文标题《郭沫若与惠特曼》为译者所加。参见《郭沫若学刊》1989年第4期,第12—14页。

[③] 译文标题《从浪漫主义到马列主义》为译者所加,参见《郭沫若研究》第7辑,第286—303页。

书的第 3 章"浪漫主义与新浪漫主义"中有关郭沫若的内容①和第 5 章"先锋派文学理论"中有关郭沫若、郁达夫与表现主义的内容②。秦川在其"国外郭沫若研究述略"一文中③也有两段简略提及欧美的郭沫若研究情况。英语世界有学者们在研究文章或文后参考文献中常提及戴维·罗伊的《郭沫若的早年岁月》和朱莉娅·林的《中国现代诗歌概论》;美国学者朱莉娅·林在其《中国现代诗歌概论》中引用了 1963 年许芥昱编译的《二十世纪中国诗歌选集》中选译的郭沫若《铁的处女》(Iron Virgin) 一诗,并对该诗给予了高度的评价;米家燕、陈晓明、李欧梵等在著述中对郭沫若诗歌阐释时对勒斯特和巴恩斯合译的《女神诗选》中诗歌的引用,尽管大部分情况下作者并未声明;夏志清在《中国现代小说史》中除在第 4 章《创造社》中对郭沫若有所介绍外,还在本书的"中译本序"中提到"许芥昱教授那时在史丹福(斯坦福,本书作者注)编译一部《二十世纪中国诗》"④和给他的这部《中国现代小说史》的英文原著写长评之事:"四月十三日波士顿 *Christian Science Monitor*⑤ 报登出一篇长评,写得很内行,评者大卫·洛埃(David Roy) 现任芝加哥大学中国文学教授,那时还在哈佛写他的博士论文《郭沫若评传》"这两件事⑥。李欧梵在《中国现代作家的浪漫一代》中提及周策纵先生的《五四运动史》和戴维·罗伊的《郭沫若的早年岁月》,并在"浪漫的左派"部分即全书的第 9 章对郭沫若进行了较详细的介绍。美国维拉诺瓦大学(Vilanova University)教授周海林在向 2010 年在山东济南举办的"郭沫若文献史料国际学术研讨会暨 IGMA 学术年会"提交的会

---

① 译文标题为《郭沫若与西方文学理论》乃译者所加。但该书中有三个部分论及郭沫若与西方文学理论的关系,译者所加题目有以偏概全之嫌。用《郭沫若与浪漫主义和新浪漫主义》应更恰当些。参见《郭沫若研究》第 5 辑,第 344—363 页。

② 译者自加译文标题为《郭沫若与先锋派文学理论》,参见《郭沫若学刊》1991 年第 2 期,第 13—15 页。但译文主要涉及内容为其中的"郭沫若与表现主义",仅分别各有一段涉及未来主义和新文学运动。

③ 秦川《国外郭沫若研究述略》,载《郭沫若学刊》1994 年第 4 期,参见第 20—23 页。

④ 夏志清著,刘绍铭等译:《中国现代小说史》,香港:香港中文大学出版社,2001 年版,第 xxxix 页。

⑤ The Christian Science Monitor(《基督教科学箴言报》),是美国面向全国的颇有影响的四开日报。1908 年 11 月由科学基督教创始人玛丽·贝克·埃迪夫人(Mrs. Mary Baker Eddy)在美国的马萨诸塞州波士顿创刊,由基督教科学出版社出版,报名便由此而来。它虽与宗教团体有关,而且报名上有"基督教"字样,但并不是纯宗教性的报纸,而是一份面向"世俗"的一般性报纸,自称是"国际性的报纸"(international newspaper)。本书作者注。

⑥ 夏志清."作者中译本序",前面所引书,第 xli 页。

议论文《在美郭沫若文学研究的考察》①中,梳理了美国的郭沫若文学研究的情况。该文可算是到目前为止最系统翔实的总体考察。除此之外,总体的研究几乎没有,更不用说有专著出现。

第三节　意识形态影响下英语世界的郭沫若传播

早在18世纪末法国大革命时期特拉西就使用"意识形态"这个词来表示"观念的科学"。在1846年马克思和恩格斯合著的《德意志意识形态》中,马克思对德国思辨哲学产生的原因及其特征进行了分析,并指出德国的思辨哲学是对德国社会歪曲的反映。他认为德国人善于思辨、内省和反思的性格特征与德国19世纪的社会状况有很大的关系。马克思革命性地改造了特拉西所创立的意识形态学说,奠定了意识形态批判的基本框架②。英国的哲学家雷蒙·威廉斯(Raymond Williams)运用马克思理论的意识形态观念,表达了自己对于英国底层社会和工人阶级的关注。在他看来,意识形态是一种虚假的形式,是对社会扭曲的反映,从中可以看出社会的真实现象③。法国哲学家阿尔都塞(Louis Pierre Althusser)则认为意识形态仅是人对于自己与环境之关系的想象性反映。阿尔都塞还认为,意识形态有如空气一样是无所不在的,只要你活在社会中,就必然受到意识形态的影响④。法兰克福学派有关意识形态的学说主要体现在阿多诺(Theodor Wiesengrund Adorno)、马尔库塞(Herbert Marcuse)从社会学角度对资本主义社会的文化秩序、社会秩序、美学秩序等的批判。为了寻求文学与社会之间的内在关联,法兰克福学派提供了许多的思维方式,值得我们在分析文本或文本现象时加以借鉴和使用。

由于不同研究者在研究过程中不可避免地会受到意识形态的影响,因而英语世界的研究者对郭沫若及其作品的研究也呈现出3种不同的态度。

---

① Zhou, Hailin(周海林):《在美郭沫若文学研究的考察》,载《郭沫若文献史料国际学术研讨会暨IGMA学术年会论文汇编》,2010年,第535—543页。(未出版)

② [德]马克思、恩格斯著,郭沫若译:《德意志形态》第2版,北京:全国图书馆文献缩微中心,2003年版。

③ Raymond Williams. *Marxism and Literature*. Oxford: Oxford University Press, 1977.

④ [法]路易·阿尔都塞著,李其庆、冯文光译:《读〈资本论〉》,北京:中央编译局出版社,2001年版。

第一种是将郭沫若及其作品这个研究对象当成是一个透明物,完全视而不见,根本就不去理睬它,关注它,研究它。从收集到的第一手英文资料来看,英语世界的郭沫若研究最早始于1936年,其中之一即是英国学者哈罗德·阿克顿与中国学者陈世骧共同编译的《中国现代诗选》一书①。该《诗选》中共选译了郭沫若的3首诗:一首是《地震》;第2和第3首分别为《笔立山头展望》和《凤凰涅槃》。除此之外,在笔者能力范围所收集到的此后的研究资料中,除1970年由英国学者詹纳选编,并由他本人和戴乃迭翻译的《中国现代小说》一书由牛津大学出版社出版,书中英译了郭沫若的短篇小说《双簧》外,再未发现任何英国学者对郭沫若及其作品的任何形式的研究成果。由国内外郭沫若研究机构举办的任何一次有关郭沫若的学术会议,也未见英国学者的身影。至于个中的真正原因,不得而知,因为未见任何学者对此一非正常现象进行分析、研究和评判。2009年8月27—29日,"首届郭沫若国际研究会"在美国华盛顿召开。会前,藤田梨那女士在其邀请笔者参加这次会议的电话中谈及海外,尤其是英美国家的学者对她发出的与会邀请的反应时就说:"你知道为什么英语世界研究郭沫若的学者那么少吗?人家就直接告诉你,'郭沫若是共产党的人,我们对共产党不感兴趣!'"这次花费了极大精力在美国华盛顿举办的郭沫若首届国际会议,从会前汇编印发的会议论文可以看出,用英文撰写的论文仅有7篇,其中英语世界的郭沫若研究学者的论文只有2篇,且这2篇都是美籍华裔学者的研究成果。一篇为美国俄亥俄卫斯理大学陈晓明的《五四运动和中国人的文化身份——以郭沫若为例》②,另一篇为美国维拉诺瓦大学周海林的《论阿普顿·辛克莱经创造社从日本到中国的接受》③。2010年8月20—22日,郭沫若文献史料国际学术研讨会暨IGMA学术年会在山东济南召开。从与会的情况来看,共有86位国内外郭沫若研究学者参加这次国际学术交流活动。但同第一届的情形一样,没有一位与会学者是来自英国的。正因为这样,藤田梨那在大会的开幕致辞中"倡导以一种不带政

---

① Harold Acton & Chen Shih-hsiang trans. *Modern Chinese Poetry*. London:Duckworth, 1936.

② Chen, Xiaoming. "The May Fourth Movement and Chinese Cultural Identity—A Case Study of Guo Moruo" In Wei,Chiming & Rina Fujita eds. *Proceedings of International Guo Moruo Academy*. 2009, pp. 85-93. (unpublished)

③ Zhou, Hailin. "On the Reception of Upton Sinclair from Japan to China:A Route through Chuangzaoshe (Creation Society)" In Wei,Chiming & Rina Fujita eds. *Proceedings of International Guo Moruo Academy*. 2009, pp. 179-195.

治偏见的、科学的眼光"对郭沫若的文学和艺术进行研究。①

1947年,英裔美国学者罗伯特·佩恩(中文名白英)编译的《中国当代诗选》在英国出版②。这本继1936年阿克顿和陈世骧编译的《中国现代诗选》之后"就再没有全面的关于中国现代诗歌的选集在英语世界出现"③的情况下出版的诗歌专著,作者在致辞页中申明是"为了纪念闻一多",选译了徐志摩、闻一多、何其芳、冯至、卞之琳、俞铭传、臧克家、田间和艾青等9位诗人的诗作共113首。令人遗憾的是,编译者没有选录郭沫若的诗歌。但作者在该书的《序言》中对郭沫若的文学创作进行了简要的概述,并指出:"作为一个诗人,他可谓是那个时代的怪才。他那刺耳的、感情肆意的诗歌常常超出了读者的承受能力。他之所以要创作,不仅仅是因为创作对他来说是天生的才能,同时也因为他那渴望自吹自擂的强烈愿望所带来的痛苦。郭沫若将'自我表达'放置在宝座上,对它顶礼膜拜,而对语言的纯洁一点也不在乎。郭沫若的重要性在于他试图打算去做的事,而不在于他做成了什么。"④作者也对在该书中没有选录郭沫若的诗歌做了解释:"尽管这本选集中没有选录郭沫若的诗歌,但是他仍然拥有相当的力量。我之所以不选译他的诗作,原因在于几乎他所有的诗都不大可能翻译成英语,而且也没有将其翻译出来的价值,但是要完全忽略他的名字也将会是个错误。因为他的诗更多表现出来的是一种后来在艾青和田间这两位战争时期最伟大的诗人的诗作中达到完满的雏形。"⑤在白英看来,郭沫若的诗跟闻一多、艾青、田间的诗是没有可比性的,完全没有任何值得译成英文的价值。之所以还要在《序言》中提一提他,只是因为他的诗歌形式是艾青和田间这两位伟大的战争诗人诗歌的早期雏形罢了。同样,1947年出版的另一本白英编译的诗歌研究专著《白驹集:从古到今中国诗选》⑥中也没有

---

① Rita Fujita. "The Compliment" In Wei, Chiming & Rina Fujita eds. *Proceedings of International Guo Moruo Academy*. 2009.
② Robert Payne edited with an introduction. *Contemporary Chinese Poetry*. London: Routledge, 1947.
③ "Preface" In Robert Payne edited with an introduction. *Contemporary Chinese Poetry*. Ibid., p. 9.
④ Ibid., pp. 19-20.
⑤ Ibid., p. 20.
⑥ Robert Payne trans. & ed. *The White Pony: An Anthology of Chinese Poetry from the Earliest Times to the Present Day*. New York: J. Day Co., 1947.

选译郭沫若的任何诗歌。

1991年,奚密的《现代汉诗:1917年以来的理论与实践》出版①,其中文译本于2008年由上海三联书店出版社出版②。奚密现为美国加州大学戴维斯分校东亚语文系和比较文学系教授兼加州大学环太平洋研究中心主任。她的这部著作是海外第1部通论中国现代诗歌的研究著作,全书分序言、正文5章和结语。在这部著作中,作者审视了诗歌的理论与创作,对其做了文学的与历史的定位,阐释了现代汉诗现在的发展路径的缘由,并与中国三千年的旧诗传统做了比较对照。作者认为,现代汉诗既是对已经丧失了活力的中国古代文学传统的反抗,也是对20世纪迅速变化的社会政治与文化状况的切实反映。该书作者还强调了现代汉诗所独有的文体风格特征,论述了1917年后现代汉诗对西方现代性影响的自觉接受。但这本通论中国现代诗歌的专著,从头至尾却无只言片语提及中国现代新诗真正意义上的开创者和奠基人郭沫若,更不用说对其作品进行分析和阐释。

同样,1992年由奚密编译的《中国现代诗歌选集》③一书共辑录了包括胡适、徐志摩、闻一多、李金发、废名、戴望舒、冯至、罗大刚、艾青、卞之琳、林庚、覃子豪、何其芳、辛笛、纪弦、洛夫、痖弦、叶维廉、杨牧、席慕容、江河、芒克、多多、舒婷、翟永明等从20世纪20年代即已出名的新诗诗人到60年代才出生的新生代诗人共66人的诗歌。编选的诗人中也没有郭沫若的身影。尽管编译者在"致辞"中也说及由于篇幅的有限,她不能将其喜欢的所有诗人或诗歌都选入其中,但全书从简短的致辞、到长达28页的"序言"、再到正文,无一次提及郭沫若及其诗歌。而早在1921年,郭沫若的第一部诗集《女神》即问世,《女神》中的代表诗作如《凤凰涅槃》、《天狗》、《女神之再生》、《炉中煤》、《笔立山头展望》、《地球,我的母亲!》、《立在地球边上放号》等,在诗歌形式上突破了旧格套的束缚,创造了雄浑奔放的自由诗体,为"五四"以后自由诗的发展开拓了新的天地,成为我国新诗

---

① Michelle Yeh. *Modern Chinese Poetry: Theory and Practice since* 1917. New Haven and London: Yale University Press, 1991.
② [美]奚密著,宋炳辉译:《现代汉诗:1917年以来的理论与实践》,上海:上海三联书店出版社,2008年版。
③ Michelle Yeh ed. & trans. *Anthology of Modern Chinese Poetry*. New Haven and London: Yale University Press, 1992.

的奠基之作。这些反映出郭沫若早期诗情的诗作,为新诗的确立筑起了一座丰碑。就郭沫若的新诗创作本身而论,也许其在思想内容和艺术手法的运用上存在着争议,但是郭沫若首先彻底打破中国传统旧诗的格式,以真正的、崭新的现代诗歌的形式取而代之的杰出贡献却是大家所公认的。奚密通论现代汉诗自 1917 年以来的理论与实践的专著以及这本《中国现代诗歌选集》居然在其中完全忽视了郭沫若作为诗人的存在,实在让读者和研究者感到不可思议也无法接受。除了作者因意识形态造成的偏见,没有其他更好的理由可以说明郭沫若在这两本关于中国诗歌理论与实践及诗歌选读的专著中的缺席。

第二种情形较之第一种的完全拒绝与否定会让人感觉研究者们至少在对郭沫若及其作品表示一定的关注。这些学者在对郭沫若及其作品研究的过程中因为郭曾经的革命生涯和复杂的政治生活而先戴了一副有色眼镜,不能客观、公正、实事求是地分析和评价郭沫若及其作品。这种情形早在英语世界最早译介郭沫若的英国学者阿克顿那本《现代中国诗选》的"序言"中就已见端倪。在介绍了郭沫若和徐志摩天真的浪漫后,作者用了几个自然段大致阐释了郭沫若的创作态度并对其做了评价。接着研究者提到了郭沫若那首受到激进派高度赞扬的《凤凰涅槃》,称它是"力的象征,愤怒的象征,速度的象征,20 世纪的象征,此外,还是立体派的象征。""但郭沫若诗歌的大部分在本质上是一种爆发,这会让读者有种气喘吁吁的感觉。"阿克顿接着指出:"直到郭先生开始'挥舞红旗'之前,他的创作是丰富的,呈自然流露的态势。"[①]这里需要特别提醒读者注意的是,阿克顿的这本《诗选》是英语世界研究郭沫若的最早成果之一,其在英语世界研究者中的影响之大,不可等闲视之。更需要强调的是,在阿克顿开始着手编译这本诗选之时,还只是 1934 年。那时以及之前的郭沫若及其创作,包括其诗歌、戏剧和自传,还基本只是对马克思、列宁主义思想的倡导,对中国当时落后局势的如实反映。如果这就已经被研究者阿克顿认为是"挥舞红旗",是对共产党的鼓吹与宣传,那就不难理解为何郭沫若在后来的政治生涯中的所作所为不能被英语世界研究者所广为理解和接受了。

第三种情形则是研究者们把郭沫若及其作品放在特定的背景下进行分析和评价,即便是这些学者也会因其异质的文化传统、社会历史背景、个

---

① Harold Acton & Chen Shih-hsiang trans. *Modern Chinese Poetry*. Op. cit., p. 20.

人的兴趣和审美习惯等原因而导致其对郭沫若的作品有意或无意的误读误释,但他们的治学态度仍然显得较严谨、客观和公正。美国学者勒斯特和巴恩斯合译的《〈女神〉诗选》、华裔美籍学者许芥昱1963年编译的《二十世纪中国诗歌选集》、美国的中国文学研究专家戴维·托德·罗伊1971年撰写的《郭沫若的早年岁月》、美国学者朱莉娅·林1972年撰写的《中国现代诗歌概论》、美国学者哈罗德·伊萨克1974年选译的由鲁迅和矛盾选编的《草鞋脚》等作品中所呈现出的对郭沫若及其作品的译介、分析与评价都较客观公正。捷克和斯洛伐克著名的汉学家雅罗斯拉夫·普实克、马立安·高利克、米列娜·多莱热诺娃-沃林戈诺娃以及澳大利亚学者邦妮·麦杜戈尔、美国学者金秋等大多数英语世界的郭沫若研究学者的论著也都能以比较客观、公允的态度对待郭沫若及其作品,尽管他们也会在其分析、评价郭沫若的生平、思想及其作品时提及1966年新闻媒体对郭沫若"忏悔"的报道并对此发表自己的看法以及郭沫若因参加共产党的活动而致使自己的创作实际上只能沦为为文学和文化发表的演讲词、报告和应景的诗而使其变得没有多少诗学价值这样的观点。

在《中国现代诗歌概论》中,朱莉娅·林用了31页的篇幅对郭沫若的25首诗歌做了较详细的分析和品评,对文中所涉及的部分诗歌从风格、用词、结构、主题等方面进行了评价,并指出了其某首或某类诗歌的优点或缺点。林既能客观、准确地赞扬《女神》一书的优美与成就,也能恰当地、实事求是地指出郭沫若继《女神》之后创作的诗歌的不足,认为蕴含在《女神》中的那种伟大的潜能并没有完全发挥出来。郭很大一部分作品,尤其是其后期创作的诗歌显得极为平庸,令人失望①。此外,林还指出了美国哈佛大学汉学家方志彤对郭沫若诗歌互相矛盾的评论,批评方志彤一方面认为郭沫若诗歌"毫无幽默感的真诚、死板的严肃、甚至死气沉沉的呆板——这些读者很少会在中国的传统诗歌中找得到的特征,却成了郭沫若诗歌的标志。"另一方面方志彤却又认为郭沫若"在中国诗坛的出现几乎是奇迹般的,它标志着中国传统诗歌的结束。"②难能可贵的是,林能从客观的角度公允地对郭沫若及其诗歌创作做出自己的评价,肯定郭沫若在新

---

① Julia C. Lin. *Modern Chinese Poetry: An Introduction*. Seattle: University of Washington Press, 1972, p. 197.

② Ibid., p. 198.

诗中注入了一种极其需要的成分——活力。在林看来,郭沫若并没有摒弃传统,传统仍然在他的诗歌中,甚至在其之后的诗歌中继续起着积极的作用。尽管郭的诗歌有着被评论家们所指责的美学或意识形态方面的这样或那样的缺陷,但不能就因此完全忽视他是一位多产的作家,忽视他的作品所涉及的宽泛的主题、他在风格上所体现出的精湛、他的独创性以及创造能力,或者说为诗歌铺就新的道路的那种巨大的力量和活力,这种力量与活力曾一度是肯定的、令人激动的、充满活力的、具有时代性的。①

值得欣慰的是,国内外的郭沫若研究者同时注意到了郭沫若研究中存在的种种非理性倾向,并提出了建设性地纠正此倾向的意见。在国内,如税海模的《郭沫若研究的双重祛魅》,强调郭沫若研究应该既去其神圣化,也去其妖魔化,回到理性地将郭沫若看成一个"人"的郭沫若研究。并且,在对郭沫若进行"典范性"研究的同时,也应对其进行"典型性"研究②。杨胜宽的《郭沫若研究当代理性之回归》一文强调应回归历史真实情景,在时代的坐标上认识郭沫若。作者指出,不论是"'知人论世'的传统人物评价方法,还是马克思主义、历史唯物主义的研究方法,都要求研究者在对研究对象做评判时,必须回到历史的真实场景中去,弄清历史的本然情景。"③而英语世界关于郭沫若研究的一篇博士论文的作者更是早在1979年即特别强调了用理性态度来对待研究对象的观点:"更为重要的是,郭沫若的创作是对一位挣扎着想要保持领先地位的中国传统文人的编年记录。作家活动于其中的各种环境因素必须予以考虑。当他的各种作品,包括那些出于工作需要而创作的东西,在具体的时间、地点和环境中加以系统地研究时,它们会呈现出一种被他的批评家们所忽视了的意义。"④一个英语世界的郭沫若研究者早在郭沫若去世前后即能看到并指出中国学者在郭沫若研究中所存的偏见和不足,是难能可贵的。

英语世界的郭沫若研究的意识形态偏见告诉我们,假如研究者在对郭沫若及其思想与创作进行研究时,没有本着"知人论世"和历史唯物主义

---

① Julia C. Lin. *Modern Chinese Poetry*: *An Introduction*. Op. cit., p. 198.
② 税海模:《郭沫若研究的双重祛魅》,载《郑州大学学报》(哲学社会科学版)2008年第3期,第88页。
③ 杨胜宽:《郭沫若研究之当代理性观》,载《郭沫若学刊》2007年第4期,第15页。
④ Emily Woo Yuan. "*Kuo Mo-jo*: *The Literary Profile of a Modern Revolution*, 1924–1949". PhD. Dissertation, University of Pennsylvania, 1979, pp. 11–12.

的研究原则,其研究成果中所表现出的态度、研究方法、研究结果对研究对象郭沫若来说则呈现出主观而有失公允的,同时也是非真实的和不正确的态度和言论。郭沫若这样一个被绝大多数读者所公认的中国现当代文学的代表人物在英语世界"他者"的眼中尚且受到如此的不公允待遇,不能以实事求是的、科学而客观的态度去予以研究与评价,那么,其他的中国文学人物在异质文化的"他者"那里所遭遇到的情景则更可值得质疑。此种现象值得所有严谨而抱持一种公允之心的研究者深思。

众所周知,郭沫若一生的文艺创作与其革命经历和政治生涯都是息息相关,不可分割的。尽管也有研究者提出与此相反的看法,"为了能确定郭沫若在中国现代文学中的作用,有必要将他作为一个作家的身份和作为一个革命家的身份分开来看待。同时,必须将其在文学创作上所做的努力放置在马列主义的文本框架内进行阐释"①。因此,无论是国内的还是国外的郭沫若研究学者,如果只凭着个人的喜好或者因为郭沫若曾经的革命经历和政治生涯而主观臆断地对其进行研究和评价,这种态度和由此导致的结果都是极为不负责任,且是有违一个研究者的学术道德的。尽量做到不因研究者自身的意识形态偏见而能客观、公正地对郭沫若及其作品进行研究和评价,是每一个郭沫若研究学者最基本的学术要求和职责。

第四节 英语世界的郭沫若传播在海外郭沫若传播中的位置

国外的郭沫若研究,尤其是郭沫若在 1914 至 1924 年间和 1928 年至 1937 年间先后生活了 20 年的日本,无论是对他作品的译介,戏剧的演出,以及对他进行的学术研究,都是最早也最多的。除日本外,苏联对郭沫若作品的译介和研究也比较突出。早在 1950 年,著名的屈原研究家尼古拉·费德林即把郭沫若的历史剧《屈原》翻译成了俄文②。1953 年,莫斯

---

① Julia C. Lin. *Modern Chinese Poetry*: *An Introduction*. Op. cit., p. 1.
② 作为文学家,从 40 年代的重庆、南京到 50 年代的北京,费德林结识了中国文学艺术界的众多精英人物,如郭沫若、茅盾、老舍、巴金、徐悲鸿、梅兰芳、赵树理、艾青等。他最崇敬郭沫若,尊之为师。他 1942 年获得文学博士学位的论文《屈原的生平与创作》,就曾得到郭沫若的指点。1950 年,他将郭沫若的剧本《屈原》译成俄文上演,更得到郭沫若的大力相助。1958 年,他满怀激情写成《郭沫若》一书,对这位中国现代文学泰斗的生平与创作给予了高度评价。

科国家文艺出版社还出版了由费德林主编的《郭沫若选集》。另外,法国、德国、罗马尼亚、匈牙利、波兰、捷克斯洛伐克等国都对郭沫若及其作品有一定的研究。尤其是历史剧《屈原》,不少国家早在 60 年代前即有了自己的译本,如 1952 年出版的波兰译本和日译本,分别于 1952 年和 1958 年出版的冰岛译本,1956 年出版的意大利译本,1957 年出版的法译本,1958 年出版的匈牙利译本。此后 60 年代还有尼泊尔译本。德译本的《屈原》也于 1980 年由北京外文出版社出版。而郭沫若的第一本诗集《女神》,则是国外对郭沫若诗歌创作研究得最多也最深入的对象。为了分析探讨英语世界的郭沫若传播在海外郭沫若传播这个大框架中的位置,本节仅就与郭沫若的生活和创作息息相关的日本对郭沫若及其作品的译介和研究为切入点,通过分析、对照,了解英语世界的郭沫若研究之薄弱究竟"弱"在什么地方,又体现在哪些方面。同样,该节也仅将日本的郭沫若研究范围限制在有关郭沫若的诗歌、戏剧、小说、传记等文学作品的译介和研究方面,而有关郭沫若的历史、考古、古文字等方面的译介和研究不在此研究范围内。

一、译　介

诗歌的日译

众所周知,一个研究对象的思想及其作品在异域的传播首先不可避免的是研究者对其作品的译介,这既是早期英语世界郭沫若研究的主要成果形式,也是日本早期郭沫若研究的体现。从《三叶集》中收录的田汉致郭沫若的信中可以得知,郭沫若的诗很早就有了日译。在这封写于 1920 年 2 月 29 日的信中,田汉讲道:"我在《日华公论》上看见日本人译了那首《抱儿浴博多湾》和一首《鹭》,我尤爱前者。那首诗的日译也不错,很天然——我虽没有读过这首诗的原文,可就这首译诗已有可传的价值了。"① 综合田汉的写信时间和他提及的这 2 首诗最初发表在上海《时事新报·学灯》上的时间②,可以推断出这 2 首诗被译成日文发表在《日华公论》上的时间应在 1919 年 9 月 11 日至 1920 年 2 月之间。而武继平在其专著《郭

---

① 《郭沫若全集·文学编》第 15 卷,前面所引书,第 73 页。
② 据《郭沫若全集·文学编》第 15 卷,前面所引书,第 73 页上注释 2,这两首诗最初均发表于 1919 年 9 月 11 日的上海《时事新报·学灯》。前者原题为《抱和儿浴博多湾中》;后者收入《女神》,题应为《鹭鸶》。

沫若留日十年》的附录一中则明确指出郭沫若的这 2 首诗(《抱和儿浴博多湾》和《鹭鸶》)于 1919 年 10 月发表于在天津公开发行的日文杂志《日华公论》的 6—3 上。①

1922 年 7 月,东亚公司出版了大西斋、共田浩编译的《文学革命和白话新诗》,该集的前编翻译了胡适、蔡元培、康白情和郭沫若 4 人的文学革命论,后编翻译了胡适、郭沫若、康白情、周作人、沈尹默等 20 多人的新诗。编译者不仅选了郭沫若关于诗歌创作的评论《论诗二札》,还选译了郭沫若的 6 首新诗:《三个泛神论者》、《地球,我的母亲!》、《夜》、《司健康的女神》、《上海印象》及《春蚕》。

此后,到 1952 年才有了东京出版社出版的由须田祯一翻译的《郭沫若诗集》。这部诗集分为《女神三部曲》、《偶像崇拜》、《星空》、《春蚕》、《彷徨》、《前茅》、《恢复》等篇,选译了郭沫若诗剧、童话剧、长短诗共 38 首。在此书 1972 年的增订本中,作者增译了选自《战声集》和《蜩螗集》中的 4 首,《新华颂》中的 5 首,使译诗共达 47 首。

自传回忆作品的译介

除诗歌之外,译介得最早最多的当属郭沫若的自传回忆作品。1938 年,郭沫若的《北伐途次》由松枝茂夫翻译,题为《北伐》,该译本是日本最早出版的郭沫若单行本之一。1940 年,村田孜郎翻译了《我的童年》(《海棠香国》),猪俣庄八翻译了《创造十年》,冈崎俊夫翻译了《黑猫》。1946 年,村田孜郎还翻译了《漂流三部曲》。1953 年 2 月,冈崎俊夫翻译的《亡命十年》由筑摩书房出版,内容包括《归去来》以及《海涛集》中的《跨着东海》、《我是中国人》、《鸡之归去来》、《浪花十日》、《达夫的来访》、《由日本回来了》。1959 年 5 月,冈崎俊夫还以《抗日战回想录》为书名翻译了郭沫若的《洪波曲》。1958 年 11 月,小峰王亲以《日本亡命记》为书名,翻译了《海涛集》和《归去来》的部分内容。第 1 部分包括《涂家埠》、《南昌之一夜》、《流沙》、《神岛》、《跨着东海》、《我是中国人》和《由日本回来了》。第 2 部分包括《鸡之归去来》、《浪花十日》、《痛》及 4 篇历史小品。1954 年,松枝茂夫又翻译了《创造十年》和《创造十年续编》。从 1967 年 10 月至 1973 年 10 月这 6 年间,日本平凡社东洋文库还陆续出版了由小野忍和丸

---

① 武继平:《郭沫若留日十年(1914—1924)》,重庆:重庆出版社,2001 年版,第 383 页。

山昇合译的《郭沫若自传》全集，共6卷。第1卷为《我的幼少年时代》，于1967年10月出版；第2卷为《黑猫、创造十年》，于1968年11月出版；第3卷为《续创造十年》，于1969年12月出版；第4卷为《北伐途次》，于1971年1月出版；第5卷为《海涛集、归去来》，于1971年11月出版；第6卷为《抗日战回想录》，于1973年10月出版。

除自传作品的译介外，岩波书店还分别于1953年8月和1957年7月出版了郭沫若的《中国古代思想家》（上、下），实即《十批判书》的日译本。译者为野原四郎、佐藤武敏和上原淳道。此外，规模最大的成套译介应为京都雄浑出版社郭沫若选集刊行委员会计划编辑出版的《郭沫若选集》，共17卷，分自传、文艺、历史和评论4编，从1972年开始筹备。迄今为止共出版了原计划17卷中的8卷，分别为：1976年6月出版的第1卷《少年时代》；1977年7月出版的第5卷《郭沫若诗集》；1978年7月出版的第8卷《屈原研究·屈原赋今译》；1978年12月出版的第6卷《史剧I，棠棣之花、屈原》；1982年1月出版的第2卷《创造十年》；1982年3月出版的第13卷《青铜时代》；1983年2月出版的第15卷《历史人物》和1986年9月出版的第7卷《史剧II：虎符、蔡文姬、则天武后》。

小说及散文的译介

1940年，猪俣庄八翻译的《创造十年》后还附有他翻译的《勒贝尼赫特德塔》、《鹤雏》、《芭蕉花》、《齐勇士比武》、《三诗人之死》等小说。这一年，村田孜郎翻译的《我的童年》一书中也附译了《漂流三部曲》：《歧路》、《炼狱》和《十字架》。1958年，小峰王亲翻译的《日本亡命记》后附译了郭沫若的《孔夫子吃饭》、《秦始皇将死》、《楚霸王自杀》和《司马迁发愤》等历史小品。1952年，日本出版协会株式会社出版了由千田九一翻译的郭沫若的游记《苏联纪行》。1981年6月，岩波书店出版了由平冈武夫翻译的郭沫若的《历史小品》。

戏剧的译介

早在1926年，《改造》8月号就刊载了郭沫若戏剧《王昭君》的日译。须田祯一不仅翻译了郭沫若的诗歌，同时还是郭沫若历史剧的译介者。1952年须田祯一译介的《郭沫若诗集》出版，同年7月，他翻译的《屈原》也由东京未来社出版。这个译本1956年又由岩波书店出版了《岩波文库》

本。1953年6月,须田祯一译的《虎符》出版。1959年他翻译的《蔡文姬》由新读书社出版,书后还附译了蔡文姬的《胡笳十八拍》。1963年11月,平凡社的《东洋文库》第6卷出版了须田祯一翻译的《则天武后》和《筑》。1972年3月,东京讲谈社出版了须田祯一全译的《郭沫若史剧全集》,共4卷。第1卷为《屈原》和《虎符》;第2卷为《棠棣之花》和《筑》;第3卷为《孔雀胆》和《南冠草》;第4卷为《蔡文姬》、《则天武后》、《卓文君》和《王昭君》。

历史剧在日本除系统全面的译介外,《屈原》和《虎符》还多次公演。《屈原》早在1952年即公演,后又分别于1962年、1972年、1979年多次公演。《虎符》在1953年和1954年曾2次公演,均受到广大观众的欢迎。

就郭沫若文学作品的译介而论,仅从数量上看,当属须田祯一贡献最大。

二、研　究

日本对郭沫若的研究也早在20年代就开始了。1927年山口慎一在《满蒙》杂志上发表了《中国文学的现在和将来》一文,文中特别介绍了郭沫若的两篇文章:《请看今日之蒋介石》和《脱离蒋介石之后》。1928年7月,山田清三郎在《战旗》上发表了《访中国两位作家》,藤枝丈夫发表了《中国新文艺运动》。这两文对创造社和郭沫若、成仿吾等人的活动和创作做了很高的评价,认为创造社、郭沫若、成仿吾代表着中国真正的革命文学,开创了中国文艺的新阶段。1929年8月,山口慎一又在其《中国新小说二三》中介绍了郭沫若的小说《行路难》,并指出郭沫若该小说题材来自他和妻、子在九州岛的生活,是他的思想还未转变前的作品。1934年,山口慎一还写了专论《作为诗人的郭沫若》,文中作者对田汉将郭沫若的创作分为3个时期的说法表示赞同,并认为郭沫若代表了创造社文学活动的"积极方面",而郁达夫代表的则是其"消极方面"。文章对郭沫若评价极高。

山上正义也是早期研究郭沫若的日本学者。1927年,他在《新潮》杂志上撰文介绍了创造社及其刊物《创造月刊》,其中特别赞誉了郭沫若的革命精神以及中国文学的革命巨变。1929年12月和1930年3月,他又分别介绍了中国现代话剧运动,并对郭沫若、田汉等人的戏剧进行了系统的评介。

从 30 年代开始,几乎介绍中国文学的文章或论著都会提及郭沫若,如鹿地亘,在二战回国后,不断撰文评介郭沫若。在其 1947 年的《关于郭沫若的片断》,1951 年 7 月的《领导中国的人们——郭沫若》等文中,他对郭沫若给予了高度赞扬,称其为"中国伟大民族思想方面的、文化方面的代表"。1949 年近藤春雄的《现代中国作家和作品》一书中,有《郭沫若和革命文学》一文,认为"在首先倡导革命文学的人们中,最引人注目的作家就是郭沫若"。1952 年岛田政雄的《中国新文学入门》一书从中国现代文学发展过程介绍了郭沫若的创作活动及其主要作品。1955 年实藤惠秀、实藤原编辑的《中国新文学发展史略》更是把郭沫若作为文学史中的一种现象加以阐述。

评介郭沫若及其作品的论文、随笔、回忆录、书评、书志、报道等也常见于各种刊物,如冈田俊夫 1949 年评介《沸羹集·天地玄黄》的书评;1954 年服部隆造发表在《天理大学学报》上的评论文章《郭沫若的小说》;1955 年九州大学医报第 25 卷第 3 号还刊载了"郭沫若先生特集号";1956 年田中岩的《郭沫若的戏剧》;1959 年竹内实的《郭沫若的历史剧》;1964 年秋吉久纪夫的《郭沫若诗集〈女神〉的创作过程》;1966 年竹内实的《郭沫若的自我批判与"文化革命"》;1968 年铃木启造的《郭沫若的历史研究》;1985 年伊藤虎丸的《郭沫若的历史小说》等。但从武继平 2001 年出版的《郭沫若留日十年》的附录一中所辑录的截至 1993 年有关日本的郭沫若研究的资料文献看,研究专著尚无。

90 年代,日本的郭沫若研究文章数量不多,但质量却较之前更高了。这个时期的显著特征是研究者对郭沫若的个别作品和理论的实证性研究增加了。其中有岩佐昌暲的《中国现代文学与九州》①、藤田梨那的《电火光中》论、《牧羊哀话》论、横打里奈的《关于〈女神〉》、武继平的"关于早期郭沫若的系列研究"、中井政喜以及顾伟良的文学理论等研究论文。

进入 21 世纪后,日本的郭沫若研究呈现出以下几个特点:一是对郭沫若的个别作品和理论的实证性研究的增加,考察对象的扩大,以及研究专

---

① [日]岩佐昌暲编著,李传坤译:《中国现代文学与九州》,南京:南京师范大学出版社,2010 年版。该书的第 1 章《文学家郭沫若与九州之缘》和第 9 章《鲁迅与郭沫若——与九州大学的关系》论及郭沫若。

著的出现;另一则是日本郭沫若研究会的成立,郭沫若研究专家的研究团队业已形成。2005年,齐藤孝治撰写的上、下两册《疾风怒涛》出版,这是日本最早的郭沫若传记。

　　从20世纪90年代中期开始,日本的郭沫若研究学者积极参与并主持各种国际性的郭沫若研讨会。从收集整理的资料来看,1996年在郭沫若家乡乐山召开的"郭沫若与乡土文化"、1997年在四川成都举行的"郭沫若与世界文化"、2007年在乐山举行的"当代视野下的郭沫若研究国际学术会议"都有日本学者的积极参与。此外,日本郭沫若研究会也于2003年2月在东京国士馆大学举行了成立大会。该研究会成立后即积极举办郭沫若国际学术研讨会。2005年9月,以"郭沫若与日本"为主议题的郭沫若研究国际学术研讨会在日本福冈举行;2008年9月,同样以"郭沫若与日本"为主议题的郭沫若研究国际学术研讨会也在日本福冈举行;2008年,"国际郭沫若研究会"(The International Guo Moruo Academy [IGMA])在日本举行了成立大会;2009年,研究会即在美国华盛顿约翰·霍普金斯大学举行了"首届郭沫若国际会议"。2010年,国际郭沫若研究会又与中国郭沫若研究会、郭沫若纪念馆和山东师范大学联合在山东济南举办了"郭沫若文献史料国际学术研讨会暨IGMA学术年会"。参加这两次国际会议并提交论文的有岩佐昌暲、河内利治、大高顺雄、岸田宪也、藤田梨那、刘建云和于亚。这些学者的研究涉及郭沫若的书法、诗歌、郭沫若的饮食文化观、日本九州大学收藏的郭沫若诗轴、郭沫若诗歌中的主要医学概念以及日本的郭沫若研究情况述略等。

　　综合英语世界的郭沫若研究和日本的郭沫若研究情况,可以看出以下几个较为明显的不同之处:首先,英语世界的郭沫若诗歌译介无论是在广度和深度上都较日本的郭沫若诗歌的译介要广、要深。但无论从数量还是从研究规模来看,日本的郭沫若传记作品、戏剧、小说、散文的译介以及关于郭沫若戏剧、自传、作品选集的成套译介都要比英语世界的郭沫若译介深广得多。其次,英语世界的郭沫若研究涉及郭沫若的文学理论、文学批评、思想发展的文论及著作要较日本的郭沫若研究多,相比之下,日本的郭沫若研究更为注重的是对郭沫若的诗歌、戏剧、小说、散文等的品评。再次,英语世界以郭沫若及其作品作为博士论文的研究对象的数量较日本多,研究的范式和切入的角度较为新颖,且各有侧重。最后,从武继平的"在日郭沫若研究文献详细目录"所辑录的资料文献看,研究郭沫若及其作品(主要是文学作品)的单行本、论文、随笔、回忆录、书评、书志、报道等多达191条,而英语世界学者有关郭沫若及其作品的研究的书评、论文等则显得极其薄弱,从收集的相关资料来看,数量不足70篇,且大部分都是针对某本涉及郭沫若的相关论著的仅两页的简短书评。

为了缩短英语世界郭沫若研究与海外其他国家和地区,尤其是与日本的郭沫若研究之间的差距,加强和突出英语世界郭沫若研究在海外郭沫若研究这个大框架中的位置,英语世界郭沫若研究有待加大加强郭沫若研究的队伍和研究的规模。

第二章
英语世界的郭沫若译介

在信息全球化的今天,异质文明之间的交流变得更加重要,尤其是那些反映不同国别文学和文化的深层信息和特征的作家、作品,需要加以推介。而国别文学在不同国家的传播和影响,首先不可避免的就是对研究对象的作品加以译介,这也是早期英语世界郭沫若研究的主要成果形式。华裔外籍学者和中国友好人士为郭沫若及其作品在英语世界的译介传播做出了主要贡献。本章从郭沫若传记、历史剧、诗歌、短篇小说的译介以及译介过程中的误读、误译5个方面对英语世界的郭沫若译介情况做了系统的梳理,并试图分析指出造成研究者误读与误译的原因。

第一节 英语世界的郭沫若自传译介

继1936年美国记者斯诺编译的《活的中国:中国现代短篇小说选》中英译的郭沫若短篇小说《十字架》后,乔希亚·贝内特译介的郭沫若自传《北伐途次》则是美国学者对郭沫若及其作品研究的又一早期成果,也是到目前为止笔者所收集到的英语世界学者译介的唯一郭沫若自传作品。而日本最早出版的郭沫若单行本之一,即1938年由松枝茂夫翻译的郭沫若的这本自传《北伐途次》,译本出版时题为《北伐》,则早于贝内特的译作约5年左右的时间。贝内特的译文于1943年开始在《远东季刊》上分4次连续刊发,具体时间分别是1943年11月,1944年2月,1944年5月和1944年8月。郭沫若的自传《北伐途次》,据郭沫若自己在该自传的"后记"中所说,"这篇回忆录,最初在《宇宙风》上分期登载了十五次。在杂志上发表的本是三十一节,因原先的二七、二八两节太短,为保持全体的均衡,现在把它们合并成了一节,故今成三十节"①。英译时,在文本前"译者的话"的第 1 自然段中,贝内特对郭沫若的生平,尤其是其 1926—1937 年间的经历做了简短的介绍。需要特别注意的是,文中贝内特将郭沫若的出生时间界定为 1893 年,并在脚注中指出对郭沫若的出生时间有 1887年、1891 年和 1893 年 3 种不同的说法,而不是郭沫若自传中和其后郭沫若研究资料中基本统一地将其定为 1892 年。第 2 自然段则简要介绍了郭沫若的文学创作,指出郭沫若几乎是差不多同样地因其创作的小说、戏剧、诗歌和散文而出名,除自己的文学创作外,郭沫若还将许多的西方文学作品译介到了中国,并对商代的甲骨文和早期的铭文进行了学术研究,其成果被公认为是同类研究中的经典。但读者可以看出,贝内特的这个观点似乎并没能影响其后的美国郭沫若研究学者,这些研究者大都对郭沫若的小说和散文创作持不那么肯定的态度。在第 3 自然段中贝内特对郭沫若《北伐途次》的发表情况做了比郭沫若本人在"后记"中的说明更详细的交代:"现在的这卷回忆录(memoir)完成于 1933 年 7 月 12 日。其最初的标题是《武昌城下》(*Beneath the Walls of Wu-ch'ang*),原打算由上海的一家公司出版,但一直未能如愿,直到 1935 年 5 月 17 在经过适当的删减和修改后才在日本的杂志《改造》(*Kaizo*)上刊发了出来。其原手稿第一次以《北伐途次》(*Halts on the Northern Punitive Expedition*)为标题刊发在上海的一家文学半月刊《宇宙风》上,共分 15 次连续登载。第一次刊载在 1936 年的 7 月 1 日,即第 20 期上。(回忆录)共有 31 章。这 31 章中的前 26 章后来被作者作为一个整体部分重新选入《沫若代表作选》(*Representative Writings of [Kuo] Mo-jo*)的第 1 至第 111 页。该书于 1941 年由上海全球书店出版。"此外,译者贝内特还交代了译本所根据的原文版本:"该译文的前 26 章依据的是 1941 年全球书店出版的《沫若代表作选》,并参照《宇宙风》的原版本进行了重新核实。其余的 5 章(即第 27 至 31 章,本书作者注)则只以《宇宙风》作为译文的参照版本。"②

下面就从译者、译者对文本标题的翻译、文中的注释、译本的特点以及译文中的误读几个方面做较为详细的探讨,让读者对贝内特英译的《北伐

---

① 郭沫若:《北伐途次》,载《郭沫若全集·文学编》第 13 卷,北京:人民文学出版社,1992 年版,第 125 页。

② Josiah W. Bennett trans. "A Poet with the Northern Expedition". *Far Eastern Quarterly*, 3:1 (1943: Nov.), p. 6.

途次》有具体而完整的了解。

译者乔希亚·贝内特

研究者,尤其是国内的郭沫若研究学者可能会有疑问,译者为什么会选择郭沫若的《北伐途次》进行英译呢?因为在译者翻译郭沫若的这本自传时,研究对象郭沫若已有可观的诗集、小说、散文、自传、历史剧等出版。诗集如《女神》《星空》;小说、散文集如《水平线下》《三叶集》;历史剧如《屈原》《棠棣之花》《虎符》。就是郭沫若的回忆录、自传,也有《我的幼年》《创造十年》等,为什么就单单会选《北伐途次》这部就影响力和重要性来说都不及其他的郭沫若作品进行译介呢?要解答此疑问,得让我们一起来看看这位英译者的工作经历。

乔希亚·贝内特于1992年2月26日去世,享年75岁。他是一位退休的美国外交官,曾任最后的两位南越南外交大使的政治顾问。此外,贝内特也是一名中国专家,1942年至1946年间曾在作战部工作过。从1946年一直到1949年共产党夺取领导权这段时期,他在美国驻南京大使馆工作,是美国情报部在中国台湾的台北、以色列港市特拉维夫(Tel Aviv)以及美国大使馆在尼日利亚首都拉各斯(Lagos in Nigeria)的政治部门的负责人。50年代末至60年代初,贝内特在美国国务院担任高级职务,先是任中国事务办公室政治部主任,之后出任东亚事务副局长和中国台湾及马来西亚的区域局长。从贝内特漫长而丰富的政治生涯中我们即可明白他为什么会在郭沫若的众多作品中选择郭沫若关于1926—1927年的北伐战争的回忆录作为其译介的文本了。

译者对文本标题的翻译

在译文文本前的"译者的话"中,作者除对郭沫若的生平做了简短介绍、对郭沫若《北伐途次》的发表情况做了详细的说明,评价郭沫若作为一个作家享有非常高的声誉,是中国现代文学中第一流的人物之一外,还交代了为什么会将《北伐途次》英译为现在这样一个标题的原因:"使用现在这个标题,《北伐途中的诗人》(A Poet with the Northern Expedition),是译者想让西方的读者觉得译本更有意思。"①从译者在介绍《北伐途次》最初的

---

① Josiah W. Bennett trans. "A Poet with the Northern Expedition". *Far Eastern Quarterly*, 3:1 (1943:Nov.), Op. cit., p.6.

发表情况时使用的译文标题(Halts on the Northern Punitive Expedition)来看,译者对《北伐途次》这个标题的理解是正确的。而在笔者收集到的另几份郭沫若研究资料中,研究者则将其英译为"One Stage in the Northern Expedition"①、"In the Path of the Northern Expedition"②、"On the Road of the Northern Expedition"③。汉语中的"途次"常用于书面语中,指"旅途中住宿的地方",相当于英语里的 "stopover","travellers' lodgings"。从译文看,列举的这3位译者显然都没有完全正确理解"途次"的意思。Emily Woo Yuan 将"途次"译为"one stage"。"One stage"在中文里有"一个阶段"、"一个驿站"的意思。如要准确表达原作者之意,可改用"stage"的复数形式"stages",取其后一个中文意思"驿站"。而译者米列娜·多莱热诺娃-沃林戈诺娃在其文《郭沫若的自传体作品》一文将其英译为"in the path",温蒂·拉森在其《文学权威与中国现代作家》一书中将其英译为"on the road",都将中文的"途次"仅理解为"在路上"或"在途中"的意思。贝内特将其英译为"halt",该词在英语里作为名词使用时有"(行进间的)暂停前进";"(铁路)招呼站"等意思,基本上与中文的意思相当。如果照原文英译其标题,可能西方的读者确实会觉得有些枯燥,而将其照译者贝内特的意思进行处理,则立马就会抓住西方读者的眼球,吸引他们的注意力,引发他们的阅读兴趣,且同时更好地反映出传记作者郭沫若的特殊身份:作为一个诗人,作为一名知识分子去参加北伐。"北伐"一词,译者有两个基本一致的译法:"the northern punitive expedition"和"northern expedition"。在"小引"的第一句,译者则使用了"the northern punitive army"表示"北伐军"。"Punitive"意为"讨伐"、"征伐",跟"expedition"意思差不多。"Expedition"意为"远征"、"探险"。将"punitive"和"expedition"这两个词合用时通常指"讨伐"。1926—1927年发生在中国历史上的"北伐(战争)"通常英译为"The Northern Expedition"。

---

① Emily Woo Yuan. "Kuo Mo-jo: The Literary Profile of a Modern Revolutionary, 1924-1949". PhD. Dissertation, University of Pennsylvania, 1979, p. 233.

② Milena Dolezelova-Velingerova. "Kuo Mo-jo's Autobiographical Works" In Jaroslav Prusek ed. *Studies in Modern Chinese Literature*. Berlin: Akademie-Verlag, 1964, p. 73.

③ Wendy Larson. *Literary Authority and the Modern Chinese Writers: Ambivalence and Autobiography*. Durham: Duke University Press, 1991, p. 137.

文中的注释

译文除对原文的注释用脚注的形式加以解释外,还对译者自己认为有必要加以解释的地方进行了详细的说明。从这些注释涉及的内容及范围分析,可以看出译者是为了让读者,尤其是其心目中的"读者"(在英译郭沫若的这本自传时,作为一名美军的政治顾问,其心目中的特殊读者应该是显而易见的),能更好地理解郭沫若自传中所提及的历史、军事等大大小小的事件。而这些翔实的注释,也反映出英译者贝内特对中国军事、历史、文化,甚至风土人情的全面了解和把握。有的地方,则从译者的合理推论,可推断出贝内特扎实的历史、军事等方面的知识功底和较强的逻辑分析能力。现仅举数例注释以体现贝内特英译郭沫若《北伐途次》的意旨。

第1章中有关于传记作者郭沫若和李德谟从长沙站出发的回忆。"车是普通的三等客车,因为车上的电灯设备被北军破坏了还没有复原,车厢里只点着几盏马灯,光度自然是很暗淡的。"①关于这段引文,原文并没有注。译者用了一个注来对引文中的"北军"作解释:"指的是吴佩孚的部队,这第一阶段的运动就是反对他的,被称作'北方军'(the Northern Army),因为吴主要的军事力量在中国北方的缘故。国军的军事力量称作'革命军'(the Revolutionary Army)或者'南军'(the Southern Army)。"②经译者这么一注,读者自然就对当时中国的军事情形和原作者文本中所涉及的军事情况有了清晰的了解。

与此意旨相近的还有另一处。在第13章中郭沫若回忆说为了拿下久攻不下的被敌人顽固地坚守着的武昌城,"有几尊新捕获的野炮已经运到洪山去了。后来才知道,那架在洪山上的大炮想要打进武昌城都没有打到。"③为了让英语世界的读者更清楚地了解当时的军事内幕,译者加注如下:"有意思的是,与此陈述的情况相反,在邓传楷撰写的《蒋介石传》④一书中,邓却这样写道:'在教会人士的再三恳求下,蒋介石同意,出于人道主义的缘故,不用大炮轰击武昌城,尽管要是这么做的话武昌城就可以早日

---

① 郭沫若:《北伐途次》,前面所引书,第9页。

② Josiah W. Bennett trans. "A Poet with the Northern Expedition". *Far Eastern Quarterly*, 3:1 (1943:Nov.). Op. cit., p. 10.

③ 郭沫若:《北伐途次》,前面所引书,第53页。

④ Hollington K. Tong. *Chiang Kai-shek*: *Soldier and Stateman*. Shanghai: The China Publishing Company, 1937, Vol. 1, p. 109. (邓传楷:《蒋介石传》,上海:中国出版公司,1937年版。按其英文原著名,应译为《作为军人和政治家的蒋介石》。本书作者注)

被拿下。"①通过此注,读者对党派间为了达到各自的目的而进行的有利于自己的那些或真或假的政治宣传便一目了然了。

第6章中作者回忆在由崇阳到蒲圻的途中在一家开面坊兼带做面馆生意的人家过夜遭臭虫攻击的形象场景。"把我从深熟的睡眠中攻醒了的,就是这臭虫大军。这场仇恨不能不报。我穿着胶皮鞋愤恨地踏上床去,便把这千军万马的臭虫阵践踏了起来。我算是打倒了一个臭虫帝国。"②译者的译文同样形象而幽默。在其英译之后,译者作注如下:"'打倒帝国主义!'和'打倒日本帝国主义'是非常流行的国民革命军的口号。"③从此注可以看出,译者完全领会了原作者是在戏仿这些流行的、具有煽动力和感召力的口号来说"打倒臭虫帝国主义"。原作者一方面在于发泄他对这群围攻他的臭虫的愤恨之情,另一方面更在于借此以宣泄他对帝国主义,尤其是对日本帝国主义的愤恨和消灭它的决心。而经贝内特这么一注,不但让英语世界的读者对"打倒臭虫帝国"有了准确的了解,更让他们对当时中国的情形,对中国人民对于帝国主义,特别是对于日本帝国主义的仇恨之情以及将之打倒、消灭的决心和信心有了更深的体会。

第14章中有一处关于"党红会"的注。原文在该处作注如下:"北伐战争中为战地服务的国民党红十字会。"④"党红会"中的"党"指的应是"国民党"。确实也如贝内特在译文注中所猜测的那样,"这可能是'国民党红十字会'的缩略形式"。从"可能"二字我们可以看出,译者对"党红会"的意指显然不太肯定,对其在北伐战争时期的作用也不知晓,尽管原文有注对其加以说明。而译者觉得为了让读者明白什么是"党红会",又不得不加以说明。于是译者诚实地作注如下:"这个组织的确切作用译者还

---

① Josiah W. Bennett trans. "A Poet with the Northern Expedition". *Far Eastern Quarterly*, 3:2 (1944:Feb.). Op. cit., p. 153.
② 郭沫若:《北伐途次》,前面所引书,第27页。
③ "I had been beset by them for two full hours before they attacked me into awaking from my deep sleep. This was a wrong I had to avenge. Putting on my sneakers I stepped on the bed and began to trample upon that one-thousand-warriors-ten-thousand-horses array of bedbugs. I thought of myself as beating down Bedbug Imperialism." "'Down with imperialism!' and 'Down with Japanese imperialism!' were very common Nationalist slogans." In Josiah W. Bennett trans. "A Poet with the Northern Expedition". *Far Eastern Quarterly*, 3:1(1943:Nov.). Op. cit., p. 25.
④ 郭沫若:《北伐途次》,前面所引书,第55页。

不清楚。可能该短语是'国民党红十字会'的缩略形式。"①译者贝内特对待事情的这种实事求是的科学态度令人敬佩。

根据原文注释,"党红会"可作如下英译:"The phrase is a contraction of Kuomintang Red Cross Society. The exact function of this organization is to give the first aid to the wounded in the battlefield during the Northern Expedition period."

译本的特点

尽管英译者贝内特译介这部传记作品时年纪并不大(仅26岁),但由于译者特殊的工作经历,其对军事、政治、历史的谙熟,对中国事务,尤其是军事的了解,使得译者的译文具有以下几个显著的特点:首先是对原文的忠实。其次是译者对原文的理解与表达基本上是正确的。还有一个鲜明的特点即是译文中翔实的注释。这些注释能让英语世界的读者,尤其是作者心目中特别的"军事、政治"方面的读者对原文本、对原文本所涉及的历史、政治、军事甚至民俗有确切的了解和认知。

翻译常遵循的原则即是"信、达、雅"。其中译文首先应顾及的是对原文本的"信"与"达",对非小说文本的翻译尤其应当如此。《北伐途次》是郭沫若关于自己参加1926年北伐军进攻武昌城时的事情的回忆。正如郭沫若在"小引"中所讲,由于这篇文章为事情发生后六七年所写,"这样,文章便会流为是断片的,但也只好听其断片。我本也可以加些想象进去,把全部的事件客观化起来,写成一部小说。但那样反会减少事实的真实性,同时是会发生许多错误的。"并认为,"要写出这部著作我觉得我自己是最适当的人"②,因为"从广东到广东的那个巨大的波动"作者是亲身经历了的。原文即是作者对亲历了的那个巨大的波动的回忆。译文作者为了忠实地反映出那场事件,体现出原文作者在文中所蕴含的情感,在译文的字里行间也完全透着对原作的忠实,态度完全是客观的,只是如自己所理解的那样将其准确地加以再现。下面也仅举几例,读者从这些事例中当可看

---

① "The exact function of this organization are (应为 is,本书作者注) not known to the translator. Possibly the phrase is a contraction of Kuo-min-tang Hung-shih-tzu Hui 国民党红十字会' Kuomintang Red Cross Society." In Josiah W. Bennett trans. "A Poet with the Northern Expedition". *Far Eastern Quarterly*, 3:2 (1944:Feb.). Op. cit., p. 154.

② 郭沫若:《北伐途次》,前面所引书,第5页。

出译者对原作的尊重、对原文的准确理解,以及对中国历史、政治与军事状况的深刻了解与领悟。

第 2 章中作者回忆起从长沙车站出发后的那个晚上在草地上露宿时纪德甫告诉他和李德谟对于这次出发的动机和目的之事。"敌人最后的殊死战大约是在汀泗桥、贺胜桥一带。这最后的抵抗如被冲破,武昌城便指日可下。但就在这样情势之下,我们在军事上要和吴佩孚争取武昌,而在政治上是要和新附的第八军争取武昌。"①译者在英译此句时将"和……争取"处理成"wrest sth....from sb."的短语,意为"从……夺取",而没有照字面意思将其译为"vie with sb. for sth."。这两个短语的区别在于:"wrest sth....from sb."表明要夺取的东西已经在对方的掌控之中,为了达到自己的目的,须通过强制手段和一番艰苦的努力从对方的手中取回来;而"vie with sb. for sth."则表示那个东西还不属于对方,需要双方经过努力,最终决定争夺对象究竟所属何方。如果译者在这里将其用短语"vie with sb. for sth."进行英译的话,则表示此时武昌城不在吴佩孚的掌控之下,需要和其较量,最终把武昌城掌控在革命军手里。而我们无论从历史,还是从原文的上下文中都可看出,此时的武昌城早在吴佩孚的控制之下,革命军需要经过艰苦的智战和血战才能从吴佩孚的手里将武昌城夺回来。从贝内特对短语的选择中,可见他对北伐战争和那个时期中国军事和历史的全面了解。译者的译文如下:"If this final resistance were (应为 was,本书作者注) crushed, then Wu-ch'ang could be taken at will. But under these conditions, although militarily we had to wrest Wu-ch'ang from Wu P'ei-fu, politically we had to wrest it from x x x who had recently allied himself with us."②为了让读者了解"新附的第八军"究竟指的是哪支军队,译者作注如下:"从描述的情形推测,这里'新附的第八军'可能指的是唐生智的军队。他之前是吴佩孚的追随者。在这年(即 1926 年,本书作者注)的早些时候唐生智转变立场跑到了国民革命军中,他的湖南军重组为第八军。"③

---

① 郭沫若:《北伐途次》,前面所引书,第 12 页。

② Josiah W. Bennett trans. "A Poet with the Northern Expedition". *Far Eastern Quarterly*, 3:1 (1943: Nov.). Op. cit., p. 12.

③ "From the description it is possible that the reference here is to T'ang Sheng-chih, a former adherent of Wu P'ei-fu who earlier in the year had gone over to the Nationalist cause and whose Hunanese troops had been re-organized as the Eighth Army." Ibid.

第 18 章中有原作者探讨"日本人效法欧美成了功,为什么中国不能够?"(The Japanese succeeded in their imitation of Europe and America, why not China?)这个敏感的政治话题的内容。原作者说他的"答案很简单:日本的资本主义的社会革命所以成了功,是因为有地大物博的中国替它做了挡箭牌。欧洲的资本主义侵入东方来,日本是同样受着患害的。但那个已经人满为患的几个日本岛子,在欧美人看来,比较起中国自然是没有多么大的殖民价值。"①在英译时,译者完全忠实于原文,包括原文作者提及欧洲资本主义对东方的"入侵"(invade),包括中国在欧美资本主义国家眼中的"殖民价值"(colonial appeal)。译者选用的词汇简单、平实,这使得英语世界读者的阅读和理解都不会存在任何语言和理解方面的障碍。②

译文中的误读

曹顺庆先生在其主编的《比较文学学》中论及"文学的误读"时指出:"在文学或文化的交流过程中,由于文化的过滤作用,或者说由于发送者文化与接受者文化的差异,而导致发送信息的减损和接受者文化的渗入,从而造成影响误差或者叫创造性接受,这就形成了误读。"③可以看出,误读是异质文化交流活动中必然存在的一种文学现象。而作为读者和译者,他们对原语言文学或文化的误读则是文学产生变异的直接原因之一。同样,英语世界的郭沫若研究者是从一个有别于中国学者的独特的视角,将郭沫若及其作品作为一种异质文化中的对象来进行解读和诠释的,因此,研究者不同的文化背景、不同的价值理念以及不同的审美立场必然会带来与中国学者不一样的认知和诠释。下面仅就译文文本中出现的典型的误读、误译事例进行分析,并试着分析造成译者误读与误译的原因。

第 2 章中作者回忆起从长沙车站出发后的那个晚上在草地上露宿时纪德甫告诉他和李德谟对于这次出发的动机和目的之事。纪德甫的消息

---

① 郭沫若:《北伐途次》,前面所引书,第 73 页。

② "My reply is very simple: the reason why Japan's capitalist social revolution succeeded is because there was a China, vast in territory and rich in resources, to serve as her shield. When European capitalism invaded the Orient, Japan too suffered disaster. But from the point of view of the Europeans and Americans, those few already over-populated Japanese islands naturally did not, compared with China, have much colonial appeal." In Josiah W. Bennett trans. "A Poet with the Northern Expedition". *Far Eastern Quarterly*, 3:2 (1944: Feb.). Op. cit., p. 170.

③ 曹顺庆主编:《比较文学学》,成都:四川大学出版社,2005 年版,第 284 页。

里提及"湖北的政权**不好**落在唐生智的手里,我们现在所取的路线便是要去抄截唐生智,从弦线上去追踪第四军。"①短语"不好……"除在此处出现外,还出现在最后一章中:"这本来是无可无不可的事情,但因为要顾全部内同志的意气,我也**不好**由他的一幽默便软化下来。"②译者在英译时将其译为"It would be unfortunate for sth. to…"和"It would not do for me to be…"。如果再将其译为中文则意为"……是不幸的"或"不幸的是……"。而结合上下文,我们可以看出,原文本中所有的"不好……"都没有"不幸"的意思,而是"碍于情面而不便或不肯、不能"之意,英译时应译为"It can't be…",或"It mustn't be…"。在郭沫若的《甘愿做炮灰》一文中,也可见其对"不好……"这个短语的使用。文中章育仁说,"今天高先生倒是**不好**客气的了,假使说得一句'菜不好吃',那岂不是得罪了人?"③这里的"不好",意思正如高先生下文之意:"其实客气倒是不必的。""不好"可理解为"不便"、"不必"、"不应当",也没有贝内特理解的"不幸"之意。此外,《郭沫若全集·文学编》中含有"不便"、"不必"、"不应当"之意的"不好"共达17处之多。

因为对原作者文本中方言的误解而导致误译的还有在该文本中多次出现的"公然"二字。这个词语第一次出现在《北伐途次》第5章中。文中讲到他们在下着雨的黑夜敲村南尽头处的一家农家的门,请求借宿。"几次放大声音在门外恳求,里面最后**公然**点起了亮来。有人的声息,并且有出来开门的神气。"④另有两处在第8章中。"那位阁下大约是看明白了我比司书的地位要高得一点,他在打开烟匣要吸烟的时候,**公然**敬了我一枝香烟。后来,在九月间,刘佐龙在汉口举行军长就职典礼时,我代表着总政治部出席。在行礼毕后的茶点席上我也还看见过这位营长。他的席次和我离开得很远,他**公然**走到我面前来特别和我打招呼,就好像我们是十年前的旧交一样。"⑤还有一处在第13章。"炮倒不能打准,渐渐失掉了它的威严;我自己的头**公然**也不再为它低下去了。"⑥"公然"在中文里意为"公

---

① 郭沫若:《北伐途次》,前面所引书,第12页。
② 同上,第121页。
③ 郭沫若:《甘愿做炮灰》,载《郭沫若全集·文学编》第6卷,北京:人民文学出版社,1986年版,第134页。
④ 郭沫若:《北伐途次》,前面所引书,第22页。
⑤ 同上,第33页。
⑥ 同上,第52页。

开地、毫无顾忌地",如"公然作弊"、"公然撕毁协议"等,是个贬义词,相当于英语副词"openly","undisguisedly","brazenly"。英译时,贝内特将第一处"公然"照字面理解为"公开地",译为"openly"①。第2处也按字面意思译为"publicly"②。这两个英语词汇意思都差不多,意为"公开地"。第13章的译文如下:"When guns cannot hit that at which they aim they gradually lose their awesomeness; even my own head *openly* ceased to duck for them."这里,译者对"**公然**"一词的理解和英译仍然跟其前几处完全一样。然而我们只要稍结合上下文的意思去看,把"公然"理解为其原意"公开地、毫无顾忌地"都是不恰当的。文中的这4处"公然"其实都意为"居然"、"完全出乎当事人的意料之外"、"根本没有料到"等意思,只能将其英译为"unexpectedly","to one's surprise"才能准确表达原作者的意思。"**公然**"一词除在《北伐途次》中实为"居然"、"竟然"之意外,还在郭沫若的其他文学作品中出现,次数更是多达约50次。如在郭沫若历史剧《蔡文姬》第一幕中,当文姬见到了从长安来接她回去的两个使者,但丈夫左贤王却坚决不同意她把两个孩子一同带走的时候,她悲痛地和年幼的胡儿说道:"我呵,我比生病还要难过。能够回去,我是很高兴的。十二年来,我认为无望的希望竟**公然**达到了。但是,儿啊,你不知道为娘的苦痛。"③译者彭阜民和邦妮·麦杜戈尔的英译如下:"It's worth than being sick. I'm very happy that I can go back. After twelve years, a hope that I thought was hopeless is now a reality."④尽管译者没有恰当地将"公然"二字的意思译出来,但他们也没有将其照字面意思理解、翻译为"公开地"、"毫无顾忌地"。在1919年3月3日郭沫若致宗白华的信中,郭沫若感叹:"然而曾几何时,日人已能自造巨舰,睥睨海上,**公公然**竟预入了'五丁'之逻。"⑤同前面分析的几处"公然"的意思一样,这里的"**公公然**"的意思与其后的"竟"差不多,都表示"居然"、"竟然"、"完全出乎当事人的意料之外"、"根本没有料

---

① Josiah W. Bennett trans. "A Poet with the Northern Expedition". *Far Eastern Quarterly*, 3:1 (1943: Nov.). Op. cit., p. 21 & p. 29.
② Ibid., p. 29.
③ 郭沫若:《蔡文姬》,载《郭沫若全集·文学编》第8卷,北京:人民文学出版社,1987年版,第18页。
④ Peng, Fumin & Bonnie S. McDougall trans. *Selected Works of Guo Moruo: Five Historical Plays*. Beijing: Foreign Languages Press, 1984, p. 324.
⑤ 《郭沫若全集·文学编》第15卷,前面所引书,第126页。

到"等意。

这两种误读、误译都是因为英译者对原文本中作者方言的不熟悉而仅照字面意思对其加以理解和翻译造成的。其实,无论是在郭沫若的诗歌、散文、戏剧、书信,还是其他的文类作品中,都含有不少郭沫若的家乡四川乐山的方言土语。要准确理解原文本,无论是谙熟中文的读者,还是英语世界的读者,尤其是译者,都需要对原文本中的方言有所了解。至少在照字面理解不通,在根据原文上下文进行分析之后,理解还是存在问题的时候,应该考虑是否作者在运用该词语时含有其他的意旨,然后根据上下文给出合理、恰当的理解,再进行准确的英译。否则,英译出来的东西既让读者看不懂,更起到了误导的作用,如出现在郭沫若《凤凰涅槃》和1919年1月18日郭沫若致宗白华的书信中的方言"请了",即是典型的一例。两个文本中的"请了"均应理解为"再见了"、"别了",而不能将其理解为"请"之本意。

对中华传统文化的不完全通晓也是造成英译者误读误译的一个原因。在译者翻译郭沫若《北伐途次》之前的诸多文本中,在论及房屋时常会提到"堂屋"①、"进"②、"耳房"等词语。"堂屋"一词现今仍在中国农村修建的房屋中有所称指,意为"正房的居中的一间",或"泛指正房"。贝内特将其英译为 the ancestral room③,该短语中文意为"祖先的房子",译者可能是将其理解为"放置祖先的牌位的屋子"或"祭祖的屋子"。在中文里,"堂屋"可用英语表达为 "the central room of a one-story Chinese traditional house consisting of several rooms in a row" or "principal rooms",其可能具有"祭祖"这种功能,但并非所有的"堂屋"都具备此功能。"进"则被贝内特译为"part",意为"一部分"。"进"在稍早期的中文文本中意为"平房的一宅之内分前后几排的,一排称为一进"。确切地说,"一进"即为"一排",应译为"a row"。

在第4章中,作者在朦胧的睡意中被勤务兵叫醒。作者看完勤务兵递给他的信后,勤务兵把送信的人引了进来。"穿的是长衫,手里打着一个圆纱灯,上面有'崇阳县'几个**扁红字**。""**扁红字**"在原文本中意即"用红色的

---

① 郭沫若:《北伐途次》,前面所引书,第25页。
② 同上,第16页。
③ Josiah W. Bennett trans. "A Poet with the Northern Expedition". *Far Eastern Quarterly*, 3:1 (1943: Nov.). Op. cit., p. 23.

扁字体写的字"。译者将其英译为"Above there were the words 'Ch'ung-yang Hsien' in flat red characters."①在汉语里,"扁"字确实常用相对应的英语词汇"flat"来表达,如"一个扁盒子",可英译为"a flat box"。但在此处,"扁字体"跟"圆字体"、"斜字体"一样,是字体的一种形式,应英译为"squat-shaped characters"。"红"在这里表明"崇阳县"这几个字是用红色写的。因此,该短语应英译为"in red squat-shaped characters"才恰当。

在同一章中,作者讲到在睡意蒙眬中骑马夜行的情景。"有时脚擦着岩边或树干,发出些**悉率**的声音,有时头上挂着树枝,冷的水滴洒在脸上,才突然地惊醒过来。"②贝内特在译文中将形容词"悉率"理解为昆虫"蟋蟀"(cricket),将"悉率的声音"英译为"the sound of crickets",即"蟋蟀的声音",引文被其英译如下:"Sometimes my feet would rub against the side of a cliff or against a tree trunk rousing the sound of crickets; or sometimes cold water would drip on my face from the branches suspended over my head, and then I would be startled suddenly into wakefulness."③稍微熟悉中文的读者想来不会有人这么荒唐地去理解"悉率"。其实,原文本中的"悉率"应为"窸窣"(xi su),是个象声词,形容细小的摩擦声音,应英译为"the sound of rustle"或"the sound of rustling"。否则,英语世界的读者会完全摸不着头脑,会纳闷人的身体跟物体摩擦时怎么会发出昆虫蟋蟀的声音呢?

还有一处误译需要加以分析。第 27 章中讲,有死守武昌城的将领刘玉春和陈嘉谟,"也派过私人到第八军去通**款曲**。他们要求保全他们的实力回河南去,要南军让他们出城,开出一条路来让他们退走,南军不加以攻击。但这个要求是遭了拒绝。"④"款曲"是个书面词语,意为"殷勤应酬"(作为动词使用)或"殷勤的心意"(用作名词),如引文中的"通**款曲**"。结合上下文理解,可以看出,引文中的"通**款曲**"意指"向对方表达过自己内心的真实想法",用英文表示即为"to express feelings of mutual affection or friendship"。贝内特将此短语英译为"to negotiate surrender

---

① Josiah W. Bennet trans. "A Poet with the Northern Expedition". *Far Eastem Quarterly*, 3:1 (1943:Nov.). Op. cit., p.17.

② 郭沫若:《北伐途次》,前面所引书,第 18 页。

③ Josiah W. Bennett trans. "A Poet with the Northern Expedition". *Far Eastern Quarterly*, 3:1 (1943: Nov.). Op. cit., p. 17.

④ 郭沫若:《北伐途次》,前面所引书,第 110 页。

terms",意为"谈判投降的条件"。尽管该章的下一个自然段也确实提及"就在这陈、刘二人想投降而尚存观望的期中"①,但引文中的"通过歌曲"却不能就因后文有此意而干脆将其理解为"就投降的条件进行谈判"。

　　译文中像这样的误读、误译还有不少,总其层面的原因,大都在于译者对原语言,尤其是方言的不理解和对译者来说是异质文化的中华传统文化的不完全通晓而造成的。如从深层去探讨,则在于同时作为译文文本之读者和译者的接受者的文化构成和其在接受、传达过程中的主体性和选择性。由于文化过滤的原因,文学交流中接受者的不同文化背景和文化传统对交流信息的选择、改造、移植和渗透的作用,必然使得原文本产生变异、耗损,造成译者的误读与误译。要尽量减少这些消极的误读、误译,则需作为异质文化的"他者"不断加深对所涉"他国"文化的了解。而研究者不同的文化背景、不同的价值理念以及不同的审美立场所必然带来的与中国学者不一样的认知和诠释对我们开展异质文化语境中的郭沫若研究是大有裨益的。

第二节　英语世界的郭沫若戏剧译介

　　英语世界的郭沫若译介较之郭沫若研究起步稍早,对郭沫若历史剧的关注则是英语世界除对郭沫若早期诗歌的偏爱之外的另一个显著特点。译介的剧本多达6部,包括《屈原》、《棠棣之花》、《虎符》、《蔡文姬》、《武则天》和《卓文君》。1953年,北京外文出版社出版了由我国著名翻译家杨宪益和其英国籍夫人格兰蒂斯(中文名戴乃迭)英译的郭沫若历史剧《屈原》。1934年,美国记者哈罗德·伊萨克②在鲁迅和茅盾的帮助下编译了一部现代中国短篇小说选《草鞋脚》。但由于种种原因,这本书的英译本直到1974年才在美国出版面世。该《选集》中节译了郭沫若的历史剧《卓文君》③。1984年,外文出版社出版了由我国的彭阜民和澳大利亚著名学

---

①　"Just at this time when Ch'en and Liu were thinking of surrender but were still hesitant." In Josiah W. Bennett trans. "A Poet with the Northern Expedition". *Far Eastern Quarterly*, 3:4 (1944: Aug.). Op. cit., p. 378.

②　Harold R. Isaacs,美国记者、学者。其名也中译为:哈罗德·伊萨克斯、哈罗德·伊罗生、哈罗德·艾萨克斯、哈洛德·伊萨克。

③　"Cho Wen-chun: A Play in Three Acts, abridged" In Harold R. Isaacs ed. *Straw Sandals: Chinese Short Stories*, 1918-1933. Cambridge, Mass.: MIT Press, 1974.

者邦妮·麦杜戈尔合作选编、翻译的《郭沫若剧作选》①,共包括5部郭沫若历史剧:《棠棣之花》《屈原》《虎符》《蔡文姬》和《武则天》。除《屈原》仍用的是杨宪益和戴乃迭1953年的英译本外,其余4部都是彭阜民和邦妮·麦杜戈尔翻译的。下面就从对译者的背景介绍、译者对文本的选择、译本的特点以及译文中的误读几个方面对英语世界的郭沫若历史剧的英译情况做个较为详细的探讨。

译者的背景介绍

杨宪益和戴乃迭

1936年,精通中国古典文学的杨宪益进入英国牛津大学学习。1940年回国后任重庆大学副教授。1941至1942年任贵阳师范学院英语系主任,1942年至1943年任成都光华大学英文教授,1943年后在重庆北碚及南京任编译馆编辑。1953年调任北京外文出版社翻译专家。而杨宪益的妻子戴乃迭,原名格兰蒂斯·玛格丽特·泰勒(Gladys Margaret Tayler),出生在北京,在中国度过了6年美好的童年生活。父亲戴乐仁是受伦敦传教会派遣在中国工作的传教士。戴乃迭自幼就对中国、对北京有着浓厚的兴趣和深厚的情感。尤其是在和杨宪益结婚后生活在中国。虽然她没有加入中国籍,戴乃迭却一直把中国当成了自己的国家。说起杨宪益和戴乃迭,人们总是称呼他们为夫妻翻译家,在半个多世纪的时间里,杨宪益、戴乃迭联袂将中国文学作品译成英文。他们不仅翻译了《资治通鉴》《离骚》《屈原》《儒林外史》《红楼梦》,还将《鲁迅文集》等中国文学作品译成了英文,译作达百余种。这些译本在国内外皆获得好评,对英语世界的读者了解中国传统文化起到了重要的作用。

哈罗德·伊萨克

哈罗德·伊萨克,毕业于美国哥伦比亚大学,30年代活跃于中国,曾主办《中国论坛》,兼"哈瓦斯通讯社"②驻沪通讯员。1933年参加中国民权保障同盟,任执行委员,与鲁迅等人关系密切。1943—1950年间任《新

---

① Peng, Fumin & Bonnie S. McDougall. *Selected Works of Guo Moruo: Five Historical Plays*. Beijing: Foreign Language Press, 1984.

② Agence Havas,世界上第一家成功的通讯社,1835年由法国人查利·哈瓦斯(Charles Havas)创办,是今天法新社的前身。

闻周刊》副主编。1958 年,哈罗德·伊萨克出版了他的社会学调查著作《心影录——美国人心目中的中国和印度形象》。1953—1965 年间伊萨克任麻省理工学院国际研究中心副研究员,1965 年以后任政治学教授。1980 年曾到中国访问,拜访宋庆龄、丁玲与茅盾等人。伊萨克 28 岁时写成探索 1925—1927 年间中国革命的经典作品《中国革命的悲剧》(1938)。此外,伊萨克还著有《民主党反动的五年》(1932)、《亚洲殊无和平》(1947)、《群氓之族:群体认同与政治变迁》(2008)等。

邦妮·麦杜戈尔和彭阜民

澳大利亚学者邦妮·麦杜戈尔出生于 1941 年,1958 年她到北京大学学习。她为自己取中文名字为杜博妮。1976 年至 1978 年在哈佛大学费正清东亚研究中心做研究员。1980 年,她回到中国,在外文出版社任编辑。1983 年与外文出版社解除工作合同后仍继续为外文出版社自由撰稿。1984 年至 1986 年,任教北京外事学院。在其访问中国的间隙期间,麦杜戈尔在悉尼大学和哈佛大学教授中文。1986 年,她离开中国去了挪威,在奥斯陆大学教授中国现代文学。1990 之后,她成为爱丁堡大学的一名中文教授。麦杜戈尔写了不少关于中国现当代文学的论著,并翻译了北岛、阿城、何其芳、朱光潜和毛泽东等的著作,她对中国现当代诗歌和小说的翻译成果连续发表在《译丛》杂志①的第 9、19/20、21/22、23、24、26、52 期上。麦杜戈尔是为数不多的几个在中国大陆长期工作的西方汉学家。她专研中国当代作家的著作,并和这些作家都保持了较亲密的工作关系。在过去的 20 年里,她和凯姆·路易②合作从事许多书籍的撰写和翻译工作。其主要著作有:1971 年由东京东亚文化研究中心出版的《西方文学理论与现代中国导论》③;1976 年由昆士兰大学出版社出版的《梦中的道路:何其芳

---

① 《译丛》(Renditions)由香港中文大学翻译研究中心出版。该杂志于 1973 年由高克毅先生(笔名乔志高,乃为其英文名 George Kao 的音译)在香港中文大学创编。《译丛》乃中英翻译学专业性期刊,于 1973 年秋正式创刊,旨在向英语世界的读者介绍中国历代优秀文化艺术。

② 其中文名字为雷金庆。雷金庆教授是国际中国研究著名学者,现任澳洲国立大学兖州研究中心主任兼中文教授,他还曾被当选为澳洲人文学院院士。2005 年雷金庆教授到香港大学出任文学院院长一职。

③ Bonnie S. McDougall. *The Introduction of Western Literary Theories into Modern China*, 1919-1925. Tokyo: The Centre for East Asian Cultural Studies, 1971.

散文诗歌选》①;1984年外文出版社出版的与彭阜民合作选编、翻译的《郭沫若剧作选》②;1991年英译并由香港中文大学出版社出版的陈凯歌电影《黄土地》的电影脚本③以及1997年香港大学出版社出版的与凯姆·路易合著的《二十世纪中国文学》。④

彭阜民

彭阜民(1924—2001),原山西大学外语系教授。1948年毕业于复旦大学外国语言文学系。50年代在外文出版社任专职翻译,相继在该社图书编辑部和《人民中国》、《北京周报》(英文版)编辑部长期担任专业汉译英工作,主要翻译文艺、文教和历史等方面的稿件。1963年调入山西大学外语系任教至退休。曾任山西省外事翻译学会会长、中国翻译工作者协会理事。彭阜民译著多为汉译英,在国外有一定的知名度。主要译著有:《剑》(外文出版社,1979);《永远怀念毛主席》(诗歌选集,上海译文出版社,1979);《郭沫若剧作选:〈棠棣之花〉、〈虎符〉、〈蔡文姬〉、〈武则天〉》(外文出版社,1984)⑤;《傅山画集》(上海美术出版社,1985);《京剧名唱一百段》(中国对外翻译出版公司,2000)等。

译者对文本的选择

1934年,美国记者哈罗德·伊萨克在鲁迅和茅盾的帮助下编译了一部现代中国短篇小说选《草鞋脚》。该选集原本是鲁迅应伊罗生(哈罗德·伊萨克的中文名字)之约和茅盾共同编选的。但由于种种原因,这本书的英译本一直未能出版,后经重编,到1974年才在美国由麻省理工学院

---

① Bonnie S. McDougall trans. & ed. *Paths in Dreams: Selected Prose and Poetry of Ho Ch'i-fang*. Qeensland: University of Queensland Press, 1976.

② Peng, Fumin & Bonnie. S. McDougall. *Selected Works of Guo Moruo: Five Historical Plays*. Beijing: Foreign Language Press, 1984.

③ Bonnie S. McDougall. *The Yellow Earth*. A film by Chen Kaige with a complete translation of the filmscript. Hong Kong: Chinese University Press, 1991.

④ Bonnie S. McDougall & Kam Louie. *The Literature of China in the Twentieth Century*. London: Hurst & Company, 1997.

⑤ 即1984年外文出版社出版的与邦妮·麦杜戈尔合作选编、翻译的《郭沫若剧作选》(*Selected Works of Guo Moruo: Five Historical Plays*)。

出版社印行面世,书中共收 16 位作者的作品 26 篇①。该选集中译者节译了郭沫若的历史剧《卓文君》②。译本前有鲁迅于 1934 年 3 月 23 日为该选集作的"序"的英译。鲁迅在"序"中说:"在中国,小说是向来不算文学的。小说家的侵入文坛,仅是开始'文学革命'运动,即一九一七年以来的事。这一本书,便是十五年来的,'文学革命'以后的短篇小说的选集。"③ 在 1973 年伊萨克为重编的这本选集的英译本所写的"序言"中④,英译者用了长达 38 页的篇幅详细回顾了这本《选集》编选的经过、选译的目的(一方面是为追溯中国新文学运动从一开始的人道主义或浪漫主义到具有强烈的政治和意识特征的过程;另一方面在于向西方读者介绍在蒋介石政权统治下受高压逼迫的作家们的作品)、书名的最初选择直至最后的决定及其缘由(最初的书名为《中国的压抑之声》(China's Stifled Voices),后改为《草鞋脚》(Straw Sandals),取自鲁迅一篇文章中的其中一句)、《草鞋脚》(1974 年)出版前大约 40 年间的社会历史及文学界的状况、自己在该《选集》诞生前后的工作情况(主办《中国论坛》,时年仅 21 岁;之前已在中国待了一年多,任《上海邮政晚报》和《中国新闻》这两家英文日报的记者或编辑)、与鲁迅和茅盾等《选集》中涉及的部分进步作家的关系、报纸的被迫停办(从 1932 年 1 月 13 日至 1934 年 1 月 13 日,刚好 2 年,共 39 期)、《选集》英译后久久未能出版的原因以及自己和妻子维奥拉于 1972 年 12 月的一天去剑桥参加为一位中国朋友举行的晚会,妻子无意中与当时在哈佛大学教中国文学的韩南⑤谈到《草鞋脚》而引发韩南的兴趣,最终在麻省

---

① 鲁迅和茅盾选编的《草鞋脚》,无论其初选目录还是其终选目录中都无郭沫若的作品。终选目录共包括 25 位作家(鲁迅、丁玲、蒲牢、张天翼、何典、葛琴、茅盾、东平、丁休人[丁九]、郁达夫、张瓴、适夷[建南]、叶圣陶、艾芜、沙汀、征农、何谷天、王统照、欧阳山、涟清、草明女士、魏金枝、巴金、吴组湘和冰心)的 30 部作品。哈罗德·伊萨克 1973 年重新编选的英译本中共包括 16 位作家(鲁迅、郭沫若、郁达夫、叶圣陶、丁玲、蒋光慈、适夷、胡也频、柔石、茅盾、丁休人、王统照、征农、东平、何谷天和殷夫)的 26 部作品。《卓文君》在哈罗德·伊萨克 1973 年重新编选的英译本中才有。
② 英译本只选译了 3 幕中的第 1 和第 3 幕,略去了第 2 幕,仅以简短的"概述"(Resume)代之。
③ 英译本的"序"(Foreword)则作于 1934 年 8 月 15 日。
④ 英译者哈罗德·伊萨克作于该英译本出版前的 1973 年 4 月 10 日。
⑤ 韩南(Patrick Hanan),1927 年出生于新西兰,1960 年伦敦大学博士,先任教于伦敦大学亚非学院,后任教于斯坦福大学,1968 年起任哈佛大学东亚系中国古典文学教授并兼任主任。著作有《金瓶梅探源》、《中国短篇小说之时期、作者与结构研究》、《中国白话小说》、《李渔的发现》、《恨海:世纪之交的两本言情小说》以及《中国古典小说研究论集》、《百家公案考》、《论肉蒲团的原刊本》等多种。

理工大学出版社的迈克尔·康纳利先生(Michael Connolly)的帮助下《草鞋脚》得以出版的经过。①

从英译者在《关于作者》中对郭沫若的情况介绍来看,伊萨克认为郭沫若的历史剧《卓文君》较其1918-1933年间的其他作品,无论是诗歌、小说、散文,还是其他的历史剧,"更好地反映出了郭沫若早期创作中所专注的主题及其风格特征,这些早期的作品奠定了他作为一个作家的基础。"②而这正是他不顾原选本为"短篇小说选本"的意旨而从众多郭沫若优秀作品中选译《卓文君》的根本原因。

杨宪益精通中国古典文学,戴乃迭也对中国传统文化十分热爱。郭沫若的历史剧《屈原》创作于1942年,是国内外大部分郭沫若研究学者和读者公认的郭沫若最好的历史剧,堪称其历史剧的代表作。这部历史剧也是郭沫若剧作中译介最多的,包括英译本、法译本、俄文译本、日译本、匈牙利译本和波兰译本以及冰岛译本、尼泊尔译本、意大利译本和德译本。所以对郭沫若戏剧的译介,《屈原》理当成为他们的首选,尽管著名的汉学家夏志清在他那本《中国现代小说史》中认为郭沫若最好的剧本是《棠棣之花》。③

邦妮·麦杜戈尔和彭阜民同时有过在外文出版社工作的经历。彭阜民是在50年代至1963年其调入山西大学外语系任教之前这段时间,麦杜戈尔则是在1980年,在她从哈佛大学费正清东亚研究中心到中国之后。两人合作选译了郭沫若的4部历史剧——《棠棣之花》、《虎符》、《蔡文姬》和《武则天》。到他们合作选译郭沫若的历史剧时,郭沫若的史剧代表作《屈原》已于1953年由杨宪益和他的夫人合作翻译出版,且颇受国内外读者好评。日本大型杂志《改造》早在1926年7月夏季增刊《现代中国号》就译载了郭沫若的《王昭君》作为其戏剧的代表④,而美国的哈罗德·伊萨克选译的是《卓文君》。除《屈原》外,国外译介郭沫若的戏剧还包括:日本

---

① 译者伊萨克很感慨,毕竟过了几代,他们(对共产党与那个年代的人与事)的观点和态度与那时相比都不一样了。

② Harold Robert Isaacs. *Straw Sandals*: *Chinese Short Stories*, 1918—1933. Cambridge:The Massachusetts Institute of Technology, 1974, pp. liv. 原文如下:"This play seems fairly to suggest the kind of preoccupation and the quality of style that marked Kuo Mo-jo in the early years and in the early work on which his best repute as a writer is based."

③ 夏志清著,刘绍铭等译:《中国现代小说史》,上海:复旦大学出版社,2005年版,第70页脚注3。

④ 秦川:《国外郭沫若研究述略》,载《郭沫若学刊》1994年第4期,第16页。

译介的《虎符》、《蔡文姬》、《则天武后》和《卓文君》;苏联译介的《棠棣之花》和《虎符》;意大利译介的《孔雀胆》。从国内外对郭沫若戏剧的译介及评述中可以看出,在郭沫若的历史剧中,除《屈原》外,《棠棣之花》、《虎符》、《蔡文姬》、《武则天》和《卓文君》应是英译者的首选之作。

译本的特点

哈罗德·伊萨克英译的郭沫若3幕短剧《卓文君》,最初发表于1923年5月的《创造季刊》第2卷第1期上。正是由于英译者在选编英译这本《选集》时自身经历的缘故(主办《中国论坛》时年仅21岁;之前已在中国待了一年多,任《上海邮政晚报》和《中国新闻》这两家英文日报的记者或编辑),译本的语言本身并不存在多少问题,但是其对中国传统文化,尤其是一些中国式的成语、习语和原剧本中所涉及的历史人物和神话传说等缺乏根本的了解,所以在英译时对这些体现中华传统文化,原作者借此表达剧本中人物的性格特征和心绪的历史人物和神话传说就完全直译了出来,完全不顾英语世界的读者对它们是否了解,而未加任何的注释与说明。而为了让读者更好地了解该剧本中所颂扬的两个主人公,尤其是女主人公卓文君敢于背叛旧式的道德与教条,遵从自己作为人的意愿的性格特征,对这些历史人物和神话传说,原作者都是加了必要的注释的。译者这样处理势必会让英语世界的读者不能很好地理解原剧本的内涵,同时也会减弱原作者对卓文君这个叛逆女性的颂扬。仅举几例予以说明。

第1幕中卓文君和红箫夜晚在"漾虚楼"等着听司马相如弹琴的场景。红箫谈到司马相如是个有病的人,卓文君回道,"他将来是要同屈灵均、贾太傅们在文学史上争光的。他的成就是不可限量的呢。我只望他的病早早好,不要象屈原、贾谊一样,不得终其天年"①。原文本中对"屈灵均"、"贾太傅"有较为详细的注释,让读者一看就能知道原来"屈灵均"和"贾太傅"分别指的是屈原和贾谊这两位在司马相如之前的文学大家,并从注释中大致了解屈原和贾谊的生平和著作。尽管英译时译者也将"屈灵均"、"贾太傅"直接译为"屈原"(Chu Yuan)和贾谊(Chia Yi),但未加任何的说明和注释,英语世界的读者未必能了解"屈灵均"与"屈原"、"贾太傅"与

---

① 郭沫若:《卓文君》,载《郭沫若全集·文学编》第6卷,北京:人民文学出版社,1986年版,第24页。

"贾谊"这两者之间的关系,以及两位文学大家的生平著述和他们在中国文学史上的地位。

第 1 幕中有司马相如深夜弹琴唱歌的场景。歌词中有两处涉及中国古代的传说。一处是"安得那月里姮娥,前来慰我仃伶!""姮娥"原注为:"亦作嫦娥,因避汉文帝刘恒之讳改之。我国神话中之仙女,后羿之妻。"①原注简洁明了。但伊萨克的英译却无注释,也没把"姮娥"的名字译出,只模糊地以"一位女月神"②而代替。歌词中另一处与我国古代传说相关的是:"四处都是愁城? 何处是华胥国境?"原文此处也有"华胥国"的注文:"我国古代传说中的国名。《列子·皇帝》载,皇帝'昼寝,而梦游于华胥氏之国。华胥氏之国在弇州之西,台州之北,不知斯齐国几千万里。盖非舟车足力之所及,神游而已。"③同原文注释 1 的处理方式一样,英译者也是未加注释,只是将其按大意英译为"乌托邦"或"无须有之乡"(Utopia)。原文中的"华胥国"按原作者郭沫若的注释,意思应和剧中男主人公司马相如《子虚赋》(*Poem on Tsu Hsu*)中所述的"云梦泽"相似,也有"无须有之乡"之意,但不能未加任何解释即将其英译为"Utopia",这样处理便是原作的中文读者看了也会摸不着头脑的。

相反,由于对中国古典文学的精通与热爱,杨宪益和戴乃迭英译的郭沫若历史剧《屈原》则无论是在对原作意蕴的理解、用词的选择、英译的准确方面较之伊萨克的英译都几乎无可挑剔,甚至在英译时兼顾了英语世界读者的阅读口味,采用了一些习语甚至口语来表达原文意旨。

邦妮·麦杜戈尔和彭阜民选译的郭沫若的 4 部历史剧跟杨宪益、戴乃迭英译的《屈原》相比,具有许多相似的特征。2 位译者因为对中、英 2 种文化的谙熟,在英译时能很好地体会作者的意旨④、原作的意思和剧中

---

① 郭沫若:《卓文君》,载《郭沫若全集·文学编》第 6 卷,前面所引书,第 29 页。
② 原文英译如下:"Will I ever find a moon goddess/ To ease my lonely life?" Harold Robert Isaacs. *Straw Sandals*: *Chinese Short Stories*, 1918-1933. Op. cit., p. 53. 此注可英译为:"Heng E, is also called Chang E because of avoiding the taboo of Liu Heng, Emperor Wendi of the Han Dynasty. She is a fairy maiden in the Chinese theology, the wife of Hou Yi."
③ 郭沫若:《卓文君》,前面所引书,第 29 页。
④ 在英译本《郭沫若戏剧选》"序言"中,译者指出:"郭沫若的剧本,是将坚实的历史研究与生动、大胆的想象相结合,以期让历史为现实服务。"原文可参见 "Introduction" In Peng, Fumin & Bonnie S. McDougall. *Selected Works of Guo Moruo*: *Five Historical Plays*. Beijing: Foreign Language Press, 1984, p. ix.

所涉史事的人文背景,力求英译时词汇能准确达意,自然流畅。

译文中的误读

选入《郭沫若戏剧选》中的《屈原》,采用的是杨宪益和戴乃迭的英译本,与外文出版社1953年版唯一不同的地方是文本中的人名、地名等用的均是汉语拼音,而1953年版中的人名、地名采用的韦氏拼音。英译中有几处值得商榷的地方。

第1幕的场景中有"有间置橘于阶上,展开帛书,乃为古体篆字所写之《橘颂》。字系红色。用朱写成。"①英译时译者把这若干个短句处理成一个长句,用了非限定性定语从句和修饰语,显得冗长而啰唆②。原文此处对《橘颂》作了注,为的是让读者能够对屈原的作品有所了解,而译文则省略掉了。英译将此注做省略处理,使得英语世界读者无法对屈原的作品以及原作者郭沫若想借《橘颂》所要达到的目的有明晰的了解,也就无从准确理解郭沫若《屈原》所要歌颂的对象的高洁品格③。同样,此幕中屈原向自己的得意弟子宋玉解释有许多人批评他的诗太俗,太放肆,失掉了"雅颂"之正声。原文对"雅颂"有注:"指《诗经》中的二雅(《小雅》、《大雅》)、三颂(《周颂》、《鲁颂》、《商颂》),多为王室贵族作品。"④译文既没有将"雅颂"恰当地翻译出来,也没有解释何为"'雅颂'之正声"。这样处理,翻译起来倒是比较容易,但对中国古代诗文了解较少的英语世界读者理解起来可就难了。⑤

第3幕中屈原遭南后诬陷后气得回到家把自己关了起来不想见人,子椒和老者商量要替屈原招魂,"能够使他回复得本性,我也不枉和他做了多

---

① 郭沫若:《屈原》,载《郭沫若全集·文学编》第6卷,前面所引书,第289页。

② 原句英译为:"and unrolls the silk scroll, on which is written his 'Ode to the Orange', in ancient seal characters, written with vermilion." 为了更简洁,最后的短语可处理成:"in ancient seal characters with vermilion". In Yang Hsien-Yi & Gladys Yang trans. *Chu Yuan: A Play in Five Acts*. Peking: Foreign Languages Press, 1953, p. 3.

③ 原注可英译为"'Ode to the Orange' is the work in Qu Yuan's *Elegies*, the one in his early period."

④ 郭沫若:《屈原》,载《郭沫若全集·文学编》第6卷,前面所引书,第296页。

⑤ Yang, Hsien-Yi & Gladys Yang trans. *Chu Yuan: A Play in Five Acts*. Op. cit., p. 10. 原译文如下:"So, when people say my poetry is vulgar and free, and has lost the authentic note of the traditional poetry, I am not in the least disturbed."

年的同事,你们也不枉做了一世的师生。"①英译时译者将"不枉"理解并英译为"do one's duty"(尽……的义务或责任)②,汉语中的"枉"常有"白白地……"、"浪费……"、"徒然"等意思,相当于英语中的"in vain"或"to no avail"。将"不枉……"英译成"not in vain"或"not feel sorry for…"比将其理解并应英译为"do one's duty"(尽……的义务或责任)更符合原文的意旨。

较之郭沫若戏剧的其他英译本,伊萨克节译的《卓文君》尽管篇幅短小,原本只有3幕的短剧,也仅只英译了其中的第1和第3幕,但其中误读、误译的地方却不少。

第1幕中红箫谈到司马相如是个有病的人,卓文君回道:"我只望他的病早早好,不要象屈原、贾谊一样,不得终其天年。"③译者将"不得终其天年"这个短语错误地理解并英译为"死于生命的极盛时期"④。在汉语中,"天年"指的是"人的自然寿命",如"尽其天年"、"安享天年"。"不得终其天年"则指"非自然死亡",这与屈原和贾谊的生平中关于二者死亡的记载是相符的。屈原于62岁时投汨罗江而死;而贾谊则在33岁时因忧伤过度而死,均非自然寿终,未能终其天年。所以"不得终其天年"应英译为"who could not die a natural death"or"who couldn't live their full spans"才符合原作意思。

第1幕中还有两处类似的误读和误译,都与英译者对中国传统文化的不太精通有关。一处是红箫揶揄卓文君"真是高贵,真是有志气。"⑤译者将"有志气"理解为"强壮",将其英译为"strong"⑥;另一处也是红箫的话:"你往年一闻见木莲花香,不是便要昏倒的吗?"⑦英译者将"往年"理解为"去年",将其译为"last year"⑧。从上下文分析,这里的"往年"应指"过去

---

① 郭沫若:《屈原》,前面所引书,第338页。

② 杨宪益将其英译为"If we can succeed in restoring his reason I shall be doing my duty as an old colleague, and you will be doing your duty as a pupil." In Yang Hsien-yi & Gladys Yang trans. *Chu Yuan*: *A Play in Five Acts*. Op. cit., p.48.

③ 郭沫若:《卓文君》,前面所引书,第24页。

④ 其英译为"die at the height of his life's powers" In Harold Robert Isaacs. *Straw Sandals*: *Chinese Short Stories*, 1918-1933. Op. cit., p.49.

⑤ 郭沫若:《卓文君》,前面所引书,第21页。

⑥ Harold Robert Isaacs. *Straw Sandals*: *Chinese Short Stories*, 1918-1933. Op. cit., p.47.

⑦ 郭沫若:《卓文君》,前面所引书,第21页。

⑧ Harold Robert Isaacs. *Straw Sandals*: *Chinese Short Stories*, 1918-1933. Op. cit., p.47.

的这些年",译为"the past years"才恰当。而"有志气"指的是"心气高、远",应译为"have high aspirations"才正确。

第3幕中有卓王孙和程郑发现红箫为文君和司马相如悄悄传递信件的事。程郑劝卓王孙不必过于生怒。"古人说得好,'惟女子与小人难养也',我看这件事始终怪不得文君。"①伊萨克将这句古话(语出孔子《论语·阳货》,本书作者注)英译为:"Only women and people of the lower classes are difficult to keep."从其译文可以看出,伊萨克将"小人"理解成为"地位低下的人",而将"养"理解成了"养活、培养"之意。在中文里,"小人"既有在古代指地位低的人,后来地位低的人也用于自称之意;也可指人格卑鄙的人。在孔子这句古语中,"小人"应意指后者,即"人格卑鄙的人",因为从其下文即可明白其说"惟女子与小人难养"的原因:"近之则不孙,远之则怨。"同样,这表原因的下文也告诉读者,此句中的"养"字应理解为"相处"或"将就",而不能理解为"养活、培养"。该句应译为:"Only women and mean person are difficult to get along with."

邦妮·麦杜戈尔和彭阜民选译的郭沫若的4部历史剧篇幅较长,译文中也难免会有些误读、误译的地方。现仅举几个较典型的例子加以分析。

首先要谈谈译者对《棠棣之花》标题的英译。如果说是误读,那么这应该是一个很有创意的、有意的、积极的误读。译者将其译为"*Twin Flowers*"。但在邦妮·麦杜戈尔和凯姆·路易合著的《二十世纪中国文学》中,《棠棣之花》被英译成"Twin Blossoms"。"Flowers"和"blossoms"这两个英语词汇均为"花"之意②。"Twin"意为"孪生的,成对的"。该剧颂扬的是孪生姐弟聂嫈和聂政的事迹,译者在英译时直接选取了该剧中孪生姐弟"用鲜红的血液,迸发成自由之花,开遍中华!"③的鲜明而生动的意象,将其英译为"孪生之花",而没有如其他的英译者直接将其译为"Cherry Flowers"或"Wild Cherry Flowers"。无独有偶,俄译本的《棠棣之花》,题名也为《孪生姐弟》,也没把原题名中的"棠棣"二字照字面译出,而是对该剧两个主人公的身份特征加以了强调。

---

① 郭沫若:《卓文君》,前面所引书,第53页。
② Bonnie S. McDougall & Kam Louie. *The Literature of China in the Twentieth Century*. London: Hurst & Company, 1997, p. 166.
③ 郭沫若:《棠棣之花》,前面所引书,第270页。

该剧的第 2 幕中有严仲子和韩山坚打完猎后在濮阳桥畔的酒家喝酒时意外遇见正要去探访严仲子的聂政。于是"三人相让一回,仍凭栏席地而坐"。"相让"一词通常有"忍让"、"退让"或"互相谦让"的意思。此处"相让"应取"互相谦让"之意。"相让一回"汉语意为"互相之间说几句客气话"或"客气一番",应英译为"after a few words of courtesy"才能准确地表达出汉语中此句的意思。但麦杜戈尔和彭阜民将"相让"译为"defer","相让一回"则译为"After deferring to each other"。但词汇"defer"译成汉语应为"延误"、"推迟"、"服从"或"遵从",而全无"互相谦让"或"客气"之意,是为误读误译。

《棠棣之花》第 5 幕中士长看见倒在聂政旁的聂嫈的尸首问是怎么回事,卫士甲"立在右侧初颇惶恐,继则情急智生,信口开河。"①"信口开河"在汉语里意为"随口乱说一气"或"无凭据的乱说",是个贬义词,应译为"talk irresponsibly"或"talk nonsense"。麦杜戈尔和彭阜民将其译为"talks volubly"是不准确的。因为"talks volubly"在汉语里意为"滔滔不绝地讲",且多作褒义词使用。

《虎符》的第 2 幕中有乞丐准备到道神祠过夜遭拒而"信口唱出"顺口溜的场景。译者将"信口唱出"英译为"improvises",意为"即席创作"。对一个没有多少文化的乞丐来说,用该词去形容不太恰当,而且也太正式。此处"信口唱出"译为"blurt out whatever comes into his head"更合适些,同时也更符合剧中人物的乞丐身份和当时的情景。

《虎符》第 3 幕中有朱亥和侯嬴互相挖苦的话,"他爱挖苦我,说我朱亥是'双料大肥猪',哼,我看他倒是一条'陈年老精猴'"②。译者有注对此加以说明:"朱亥的姓'朱'意即'猪',侯嬴的姓'侯'与'猴子'的'猴'同音。"但此注只解释了此处文字游戏中所蕴含的一部分原因。另一为:"朱亥很胖,胖得像头大肥猪;侯嬴很瘦,瘦得像只年老的猴。"③译文需补充解释以让读者准确理解此玩笑话。

---

① 郭沫若:《棠棣之花》,前面所引书,第 263 页。
② 郭沫若:《虎符》,前面所引书,第 481 页。
③ 译者将其英译为:"The surname Zhu means 'pig' and the surname Hou has the same sound as the word for monkey." In Peng, Fumin & Bonnie S. McDougall trans. *Selected Works of Guo Moruo*: *Five Historical Plays*. Op. cit., p. 251. 可英译为:"Because Zhu Hai is as fat as a big pig and Hou Yin is as thin as an old monkey."

《蔡文姬》一剧第 1 幕的开头,当胡儿得知妈妈要离开他们,离开匈奴回长安,是他们的父亲不让妈妈带孩子们一起走时,胡儿愤然而伤心地喊:"那怎么行呢?我要和爹爹闹。"①"和……闹"是个口头语,常指"同……讲道理"、"问个究竟"、"问问是什么原因"等意思,可英译为"to ask why"或"to ask Daddy why he didn't let us go with you",而不是真的要去和爸爸吵,同爸爸闹,或者如英译者所理解的那样去"责备"或"斥责"爸爸。②

该剧的第 2 幕中还有一处对口语的误读误译。当唐朝的大使到匈奴等着接文姬回长安时,匈奴首领单于设宴款待他们。唐朝大使周近谈起私下对蔡文姬丈夫左贤王的警告,右贤王对此表示符合:"你这话说得正当时,象左贤王那样的人,正应该使他知道曹丞相的军事力量。"单于呵斥道:"去卑,你的话说得太多了!"③在口语里,说某人话多,常意指那人说了不该说的话,或说了不恰当的话,直接英译成"You talk too much!"即可。英译者却将其理解并英译成"讲话太随便了"。④

最后再分析一处因误读引起的误译。《武则天》第 1 幕开始时在对场景的介绍中提及太子贤的书斋。原作者在括号中说明:"可参考顾闳中的《韩熙载夜宴图卷》",并有注对此进行说明。译者在英译时也有注。但其在译文和注释中都误将人名"韩熙载"(902—970)误作"韩熙"(Han Xi),而以为其名中的"载"为动词"记载"之意。⑤

由此也可看出,无论英译者对中华文化多么精通,但作为中华传统文化的"他者",其对博大精深的异质文化的理解和把握总会存在一定的差异。同时,由于文化过滤的原因,文学交流中接受者的不同文化背景和文化传统对交流信息的选择、改造、移植和渗透的作用,必然使得原文本产生变异、耗损,造成译者的误读与误译。要尽量减少这些消极的误读、误译,

---

① 郭沫若:《蔡文姬》,前面所引书,第 19 页。
② "How can he do that? I'm going to go and tell him off." In Peng, Fumin & Bonnie S. McDougall trans. *Selected Works of Guo Moruo*:*Five Historical Plays*. Op. cit., p. 324.
③ 郭沫若:《蔡文姬》,前面所引书,第 35 页。
④ "You speak too freely, Qubei!" In Peng, Fumin & Bonnie S. McDougall trans. *Selected Works of Guo Moruo*:*Five Historical Plays*. Op. cit., p. 341.
⑤ 此两处英译为"See Gu Hongzhong's 'Han Xi's Evening Entertainments' for an idea of the furnishings";"Gu Hongzhong, a painter of the Southern Tang, who specialized in portraits. His masterpiece is the handscroll 'Han Xi's Evening Entertainments', showing the life of a wealthy family." In Peng, Fumin & Bonnie S. McDougall trans. *Selected Works of Guo Moruo*:*Five Historical Plays*. Op. cit., p. 412.

或产生有益的、积极的误读、误译,则需作为异质文化的"他者"不断加深对所涉"他国"文化的了解。但同时也应该意识到,正是由于不同时代、不同国别的研究者不一样的认知和诠释,才使得研究对象具有丰富的、长久不衰的生命力。

第三节 英语世界的郭沫若诗歌译介

对郭沫若诗歌,尤其是对其早期诗歌的偏爱是英语世界郭沫若译介的一个极其显著的特点。从收集到的资料来看,英语世界关于郭沫若的诗歌研究版本包括英国学者哈罗德·阿克顿的《中国现代诗选》、新西兰学者路易·艾黎的《人民在歌唱》、《历代的和平:中国诗歌英译》、《人民在歌唱:更多中国诗歌的英译》和《伟大道路上的光与影——中国现代诗选》、美国学者约翰·勒斯特和 A. C. 巴恩斯合译的《〈女神〉诗选》、华裔美籍学者许芥昱编的《二十世纪中国诗歌选集》以及美国学者朱莉娅·林撰写的《中国现代诗歌概论》,共 8 个。此外,英语世界的期刊和关于郭沫若研究的其他专著或论文中亦可见研究者因行文或阐释的需要而对郭沫若的某些诗歌进行的译介,如 1949 年《生活与文学》第 60 卷第 137 期上刊载的 G. I. 贝格利英译的郭沫若诗歌《天狗》①和邱衍(译音)英译的郭沫若《晴朝》一诗②。现对这些诗歌研究版本的特点以及研究者的研究视角进行一个梳理。

1936 年,英国学者哈罗德·阿克顿和当时在北京大学任教英国文学的陈世骧共同编译的《中国现代诗选》由英国伦敦的达克沃斯公司(Duckworth in London)出版③,这是笔者目前所收集到的英语世界对郭沫若最早的研究资料之一。阿克顿与陈世骧合译的这部《诗选》只在其"序言"部分对中国现代诗歌发生、发展的流变过程以及流变过程中的总体特征做了简单的归纳,并没有对《诗选》涉及的每个诗人做出详细的评论。在"序言"中,当论及中国的白话新诗的先驱人物时,阿克顿提及郭沫若和徐志摩,认为"二者都是天真的浪漫主义诗人",并引了郭沫若的《论国内

---

① G. I. Begley trans. "Hound of the Sky". *Life and Letters*, Vol. 60, No. 137 (1949), pp. 82-83.
② Chiu K'an. "A Sunny Morning". *Life and Letters*, Vol. 60, No. 137 (1949), p. 80.
③ Harold Acton & Ch'en Shih-hsiang trans. *Modern Chinese Poetry*. London: Duckworth, 1936.

的评坛及我对于创作上的态度》一文中的段落作为证明:"我是一个偏于主观的人……。我又是一个冲动性的人。……我在一有冲动的时候,就好像一匹奔马,我在冲动窒息了的时候,又好像一只死了的河豚。"阿克顿感叹说:"这种态度与儒家的先人们是多么的不同,他们是绝不肯有意地让自己被冲动给冲刷走的。这些儒家的先人们常常是借花或鸟来暗指而非直接地表达自己的情感和经验。"①接着,阿克顿对郭沫若的那首《凤凰涅槃》做了自己的评价:"《凤凰涅槃》受到了高度的赞扬,尤其是被那些激进分子们,看作是力的象征、煽动的象征、速度的象征、二十世纪的象征、立体派的象征。……但是,他的绝大部分诗歌具有一种爆发性,常会让读者有一种喘不过气来的感觉。""与其同时代的其他作家们不同的是,郭沫若的热情和活力令人印象深刻。但这种热情和活力留给西方读者的印象却往往不如他同时代的其他作家们留下的那么深,因为在西方的读者看来,他的思想和技巧都太新了。"②《诗选》共选译了郭沫若的3首诗:《星空》中的《地震》、《女神》中的《笔立山头展望》和《凤凰涅槃》。

中国人民的朋友,新西兰学者路易·艾黎英译的郭沫若诗歌多次出现在其编译的诗歌选集中。《人民在歌唱》③于1954年由我国外文出版社出版,诗集中共收录了郭沫若的2首诗,即《战声集》中的《战声》和《前茅》中的《朋友们怆聚在囚牢里》。同年,艾黎英译的郭沫若诗歌《在理智的光辉中》收录在其编辑的《历代的和平:中国诗歌英译》中④。1958年,他编辑的《人民在歌唱:更多中国诗歌的英译》中又收录了其英译的郭沫若诗歌3首:《夜步十里松原》、《立在地球边上放号》和《太阳礼赞》⑤。此外,艾黎

---

① Harold Acton & Ch'en Shih-hsiang trans. *Modern Chinese Poetry*. Op. cit., p.19.

② "'The Resurrection of Feng-Huang' has been highly praised, especially by radicals, as an expression of force, agitation, speed, the twentieth century, and Cubism to boot… But most of his verse is in the nature of an explosion which leaves the reader breathless." Ibid., p.20.

③ Rewi Alley. *The People Speak Out: Translations of Poems and Songs of the People of China*. Peking: Foreign Languages Press, 1954.

④ "In the Light of Reason—Song of the Dove of Peace" In Rewi Alley ed. *Peace through the Ages: Transaltions from the Poets of China*. Peking, 1954, pp.149-150. 郭沫若的《在理智的光辉中》为1952年6月在北京举行的亚洲及太平洋区域和平回忆筹备会议而作,体现的是和平的主题。

⑤ Rewi Alley. *The People Sing. More Translations of Poems and Songs of the People of China*. Peking: Foreign Languages Press, 1958.

还编译了《伟大道路上的光与影——中国现代诗选》①,该书于1984年由北京新世界出版社出版,共选译了郭沫若的4首诗:《立在地球边上放号》、《晨兴》、《水牛赞》和《怀念周总理》。艾黎的这4个诗歌版本都仅仅只有简短的编者前言对诗集的编选意图做出交代(将使英语世界的读者更加全面地了解新中国是如何建立起来的,以及之后又是怎样快速使自己成为世界上主要的稳定力量之一的;试图通过英译把诗人的意思传达给英语世界的普通读者,以便受到诗歌所蕴含信息的更多的影响——不管这些英语世界的读者是否有阅读诗歌的习惯,或他们对中国漫长的历史是否了解)②。在诗歌选集《伟大道路上的光与影——中国现代诗选》中,译者前言之前有中国现代诗人贺敬之的"序言"。4种诗集中,译者既没有对中国诗歌的发生、发展的流变过程进行提纲挈领式的描述,也没有对选译的任何一首诗做出译者自己的评价,只是将其英译出来而已,还谈不上是真正意义上的译介。

美国学者勒斯特和巴恩斯合译的郭沫若代表诗作《〈女神〉诗选》的3个版本由我国外文出版社分别于1958年、1978年和2001年出版。这是笔者所收集到的唯一一本由英语世界学者译介的郭沫若诗歌选集。这3个版本从选取的内容,到每首诗歌的英译都完全相同,只有几处稍有差异的地方。一是,1958年版和1978年版的译者都是John Lester and A. C. Barnes,2001年版第一个英译者的名字由原来的John改为了Jong,不知是否是印刷错误所致。二是,1958年版和1978年版的英文书名均为 *Selected Poems from The Goddesses*,即《〈女神〉诗选》,而2001年的汉英对照版的书名为 *The Goddesses*,即《女神》。这样处理是不准确的,因为书中并没有英译郭沫若诗集《女神》中的所有诗歌。三是,1958年版和1978年版中均有原作者郭沫若于1957年7月为《女神》英译本写的"序言"③,1958年版将"序言"放在了目录之前,1978年版则放在了目录之后。四是,1958年版最后附有原作者郭沫若的生平简介,其他版本则无。该《诗选》共选译了郭沫若的第一部诗集《女神》57首诗中的34首,包括《女神之再生》、《凤凰涅

---

① Rewi Alley. *Light and Shadow along a Great Road*: *An Anthology of Modern Chinese Poetry*. Beijing: New World Press, 1984.

② Rewi Alley. *The People Speak Out*: *Translations of Poems and Songs of the People of China*. Op. cit., pp. iii-iv.

③ Author's "Preface" to the English translation.

槃》、《炉中煤》、《日出》、《晨安》、《笔立山头展望》、《立在地球边上放号》、《三个泛神论者》、《电火光中》、《地球,我的母亲!》、《雪朝》、《光海》、《梅花树下醉歌》、《夜步十里松原》、《我是个偶像崇拜者》、《太阳礼赞》、《沙上的脚印》、《金字塔》、《胜利的死》、Venus(《维纳斯》)、《别离》、《春愁》、《新月与白云》、《鹭鸶》、《春蚕》、《蜜桑索罗普之夜歌》、《霁月》、《晴朝》、《岸上》、《晨兴》、《春之胎动》、《日暮的婚筵》、《海舟中望日出》、《黄浦江口》。勒斯特和巴恩斯对《女神》中最有影响力的诗歌《凤凰涅槃》进行了全译。

1963年,华裔美籍学者许芥昱编译的《二十世纪中国诗歌选集》在纽约出版。在该书重要的"绪论"中,许芥昱首先介绍了中国诗学传统发展的3个阶段,然后详细梳理了中国现代诗歌发展的脉络,从现代诗歌的开拓者,到新月派诗人、玄学派诗人、象征主义诗人、独立派诗人,再到战争期间的诗歌,最后是1949年以后的诗歌发展情况以及"新民歌"部分。"绪论"部分共占34页的篇幅。除"绪论"部分外,许芥昱还在译介每个诗人时以及在英译该诗人的诗作之前都有对该诗人及其作品或长或短的介绍。《二十世纪中国诗歌选集》译文忠实、雅洁,译者的评述客观、持平,并阐明了古诗与今诗间继承与发展的关系,译者还特别指出了诗人从民间文学和外国文学中吸取营养的必要性。除"新民歌"部分以民歌选自的省份来区分外,《选集》共涉及44位诗人。译者将对郭沫若的译介放在了第一部分,即现代诗歌的开拓者部分。在评介郭沫若其人其诗时,英译者先对郭沫若的诗歌创作的发展流变过程及其主要特征进行了简略的评述,评述中夹杂着其代表诗歌的英译,然后再集中选取了郭沫若诗集从《女神》、《星空》、《瓶》、《前茅》、《恢复》、《战声集》、《蜩螗集》以及《沫若文集》中的15首诗歌进行翻译。整本《诗选》共选译了郭沫若的21首诗,包括《立在地球边上放号》、《女神》序诗、献诗、《黄河与扬子江对话》、《血的幻影》、《战取》、《新阳关三叠》、《火葬场》、《鸣蝉》、《蜜桑索罗普之夜歌》、《上海印象》、《西湖纪游》中的"三潭印月之二"①、《南风》、《冬景》、《地震》、《瓶》第16首之二"莺之歌"及之三"尾声"、《力的追求者》、《如火如荼的恐怖》、《铁的处女》、《题关山月画》(四)以及《浪淘沙·看溜冰》。同朱莉

---

① 译者将该诗的标题误译为《赵公祠畔》(Near the Chao Kung Temple)。应为《三潭印月(二)》。

娅·林一样,许芥昱也引用了闻一多对郭沫若及其诗歌的高度评价,说郭沫若是"抓住了时代精神"的唯一的、真正的中国现代诗人。"在《女神》中,郭沫若不加限制地使用了对中国诗歌来说是新的和现代的东西,并介绍了许多全新的西方的意象。他是首先在中国白话文学中使用西方文学语言来加以表达的作家之一。这种做法曾在一段时期很新鲜和时髦。但也正如闻一多同时所指出的那样,'用苏格拉底代替孔子,用维纳斯取代西施,对20年代既不懂得苏格拉底,也不了解维纳斯的普通中国读者来说,这种做法是不可理喻的'。"①

1972年,由美国学者朱莉娅·林撰写的《中国现代诗歌概论》②在华盛顿出版。作者在书的第3部分"战争时期和'无产阶级'诗歌的兴起"中对郭沫若的作品做了较详细的分析和品评,所评析的诗歌包括《胜利的死》、《黄浦江口》、《上海印象》、《鹭鸶》、《静夜》、《天上的市街》、《晴朝》、《三个泛神论者》、《立在地球边上放号》、《天狗》、《夜步十里松原》、《浴海》、《女神之再生》、《凤凰涅槃》、《女神》序诗、《述怀》、《前茅》序诗、《励失业的友人》、《上海的清晨》、《诗的宣言》、《铁的处女》、《抗战颂》、《血肉的长城》、《罪恶的金字塔》以及《"双十"解》,共25首。文中除论及郭沫若的诗歌译介外,林还对他的戏剧创作和诗学理论进行了介绍和评价,指出了郭沫若某个或某类作品的"优点"或"缺点"。如,林认为《铁的处女》一诗是那个时期郭沫若创作的比较成功的诗作之一,并从4个方面分析了其特征。一是其用词直截了当,清晰而不模糊;二是主题新颖、实际;三是情感的宣泄,既不沉溺,也不歇斯底里;四是诗中的意象对呈现事件、传达战争的恐怖和不人道以及表现叙事者内心的愤怒来说都是恰当而重要的③。同样,林也认为郭沫若的4部戏剧《棠棣之花》、《女神之再生》、《湘累》以及《孤竹君之二子》全都显得平庸而低劣,并说明了做出这样评价的5个原因:对话显得平庸而不精彩,常常让人感觉平铺直叙,言辞夸张;情感的宣泄过分;韵律太过庸常;口吻过于情感化;结构松散而不连贯,没有变化,使

---

① Hsu, Kai-yu trans. & ed. *Twentieth Century Chinese Poetry*: *An Anthology*. New York: Doubleday & Company, 1963, pp.30-31. 英译者并没有明确指出引语出自闻一多的哪篇文章及出处。作者查阅闻一多文章,并不见哪篇文章中有对郭沫若诗歌的如此评价。

② Julia C. Lin. *Modern Chinese Poetry*: *An Introduction*. Seattle: University of Washington Press, 1972.

③ Julia C. Lin. *Modern Chinese Poetry*: *An Introduction*. Ibid., p.225.

得剧作成了独白。①

从上述诗歌研究译本看,英语世界译介的郭沫若诗歌共有71首,范围阔及郭沫若的诗集《女神》、《星空》、《瓶》、《前茅》、《恢复》、《战声集》、《蜩螗集》、《新华颂》和《沫若诗词选》,且以对郭沫若早期诗歌的译介居多。此外,英语世界其他郭沫若研究资料中涉及郭沫若诗歌英译的也不少,如陈晓明的博士论文《朝向儒学与马克思主义相结合的解决之道:郭沫若至1926年的思想发展》中涉及《死的诱惑》、《春愁》、《晨安》、《炉中煤》、《黄浦江口》、《上海印象》、《胜利的死》、《夜》、《巨炮之教训》、《女神》序诗、《三个泛神论者》、《西湖纪游》之《沪杭车中》之(一)、(二)、(四)及《雷峰塔下》(其一)、《笔立山头展望》、《香午》、《地球,我的母亲!》、《我是个偶像崇拜者》、《金字塔》、《天狗》、《春蚕》、《宇宙革命底狂歌》②、《女神之再生》和《立在地球边上放号》共22首郭沫若诗歌的部分或全部英译。此外,还涉及郭沫若的旧体诗词共7首:《对联二十二副(之二)》、《七律》、《寻死》、《夜哭》、《春寒》、《两对儿女》和《少年忧患》。陈晓明的专著《从五四运动到共产主义革命:郭沫若与中国的共产主义道路》中涉及《春蚕》、《金字塔》、《晨安》、《炉中煤》、《黄浦江口》、《上海印象》、《西湖纪游》之《沪杭车中》之(一)、(二)、(四)及《雷峰塔下》(其一)、《胜利的死》、《笔立山头展望》、《香午》、《地球,我的母亲!》、《女神之再生》、《宇宙革命底狂歌》、《巨炮之教训》、《女神》序诗共15首郭沫若诗歌的部分或全部英译,另涉及郭沫若的旧体诗词共4首:《寻死》、《夜哭》、《春寒》、《少年忧患》。Emily Woo Yuan 的博士论文《郭沫若:一个现代革命的文学人物:1924—1949》中涉及《上海的清晨》、《天狗》、《们》、《疯狗礼赞》、《前奏曲》、《有感》、《寿朱德》共7首郭沫若诗歌的部分或全部英译。李欧梵的《中国现代作家的浪漫一代》第9章《郭沫若》中共涉及《创造者》、《天狗》、《太阳没了》以及《女神》序诗共4首郭沫若诗歌的部分或全部英译。戴维·罗伊的专著《郭沫若的早年岁月》中涉及郭沫若的《死的诱惑》、《西湖纪游》之《沪杭车中》(之三)及《雷峰塔下》(其一)、《拘留

---

① Julia C. Lin. *Modern Chinese Poetry*: *An Introduction*. Op. cit., p. 213.
② 该诗是郭沫若为朱谦之所著《革命哲学》一书所写的序诗。陈晓明将此诗标题英译为"A Wild Song for Revolution in the Universe." 可参见 Chen, Xiaoming. "Towards a Confucian/Marxist Solution: Guo Moruo's Intellectual Development to 1926". PhD. Dissertation, The Ohio State University, 1995, pp. 228–229.

在检疫所中》、《晨安》、《巨炮之教训》、《励失业的友人》、《朋友们怆聚在囚牢里》、《歌笑在富儿们的园里》、《怆恼的葡萄》和《力的追求者》共 10 首诗歌的部分或全部英译。米家燕的专著《中国现代诗歌的自我塑造和反身现代性》的第一章"渐进身体的辩证统一:郭沫若《女神》中的自我、宇宙与国家/民族身份"中共涉及郭沫若的《地球,我的母亲!》、《女神之再生》、《日出》、《天狗》、Venus、《三个泛神论者》、《梅花树下醉歌》、《创造者》、《夜步十里松原》、《电火光中》、《太阳礼赞》、《浴海》、《炉中煤》、《晨安》等 14 首诗的部分或全部英译。马立安·高利克的专著《中西文学关系的里程碑》一书第 3 章《郭沫若的〈女神〉:与泰戈尔、惠特曼、歌德的创造性对抗》中共涉及郭沫若的 Venus、《别离》、《岸上》·其三、《晨安》、《金字塔》、《太阳礼赞》、《我是个偶像崇拜者》、《天狗》、《地球,我的母亲!》、《凤凰涅槃》、《女神之再生》等 11 首诗歌的部分或全部英译。马立安·高利克的《中国现代文学批评发生史》一书第 2 章《郭沫若:从唯美—印象主义到无产阶级批评》中涉及《创世工程之第七日》的部分英译。杨昊昇的博士论文《以前现代为基调的现代性:论郁达夫、郭沫若及周作人的旧体诗歌》的第 3 部分"从现代浪漫诗人到'口号诗人':论郭沫若及其与毛泽东之间彼此唱和的旧体诗词"中共涉及郭沫若的《拟屈原答渔父辞》、《天狗》、《访三门峡》、《浴海》、《多谢》、《别须和田》、《满江红·元旦书怀》、《看"孙悟空三打白骨精"书赠浙江省绍剧团》、《七律·再咏〈孙悟空三打白骨精〉》等共 9 首诗歌的部分或全部英译。Meng Liansu 的博士论文《地狱探戈:性别政治与中国现代诗歌,1917—1980》第 1 章《男性化诗学的跨国产儿:郭沫若的〈女神〉》中共涉及郭沫若的《夜哭》、《春寒》、《雨中望湖》、《地球,我的母亲!》、《天狗》、《笔立山头展望》和《蜜桑索罗普之夜歌》等共 7 首诗的部分或全部英译。方志彤的论文《从意象主义到惠特曼主义的近代中国诗:探索不成功的诗作》中共涉及郭沫若的《我是个偶像崇拜者》和《六一颂》2 首诗的部分英译。威廉·舒尔茨的论文《郭沫若与浪漫主义美学,1918—1925》中共涉及郭沫若的《天狗》、《创造者》、《凤凰涅槃》、《地球,我的母亲!》、《笔立山头展望》、《立在地球边上放号》、《我是个偶像崇拜者》等 7 首诗的部分或全部英译。藤田梨那的论文《郭沫若诗歌中的医学概念》中共涉及郭沫若的《天狗》和《解剖室中》2 首诗的部分英译。巴巴拉·巍白碧的论文《郭沫若少年诗稿浅谈,1904—1912》共涉及郭沫若的《早起》、《正月四日荼天岗扫墓中途遇雨口占一律》和《休作异邦游》3 首诗的部分或全部英译。她的论文《郭沫若诗歌中表达的变化与变化的表达》共涉及郭沫若的《早起》《晨安》Venus、《看渔民出海》4首诗的部分或全部英译。王璞的论文《人,个人与人民:新人的前史与郭沫若的"人民"》中涉及郭沫若的《天狗》的部分英译。克拉伦斯·莫伊的文章《郭沫若与创造社》中涉及对《创造者》的部分英译。如果不包括诸多研究者对郭沫若诗歌的重复译介或引用,也不去细究不同译介者对郭沫若同一首诗歌的不同译介,英语世界译介的郭沫若诗歌,包括其创作的现代诗和旧体诗,共达108首,它们是:《女神》序诗、《女神之再生》《凤凰涅槃》《天狗》《炉中煤》《日出》《晨安》《笔立山头展望》《浴海》《立在地球边上放号》《三个泛神论者》《电火光中》《地球,我的母亲!》《雪朝》《光海》《梅花树下醉歌》《夜步十里松原》《我是个偶像崇拜者》《太阳礼赞》《沙上的脚印》《新阳关三叠》《金字塔》《巨炮之教训》《胜利的死》《夜》、Venus、《别离》《春愁》《新月与白云》《死的诱惑》《火葬场》《鹭鸶》《鸣蝉》《春蚕》《蜜桑索罗普之夜歌》《霁月》《晴朝》《岸上》《晨兴》《春之胎动》《日暮的婚筵》《海舟中望日出》《黄浦江口》《上海印象》《西湖纪游》《献诗》《静夜》《南风》《天上的市街》《拘留在检疫所中》《冬景》《地震》《瓶》第16首之二"莺之歌"及之三"尾声"、《前茅》序诗、《上海的清晨》《励失业的友人》《力的追求者》《朋友们怆聚在囚牢里》《怆恼的葡萄》《歌笑在富儿们的园里》《太阳没了》《述怀》《诗的宣言》《黄河与扬子江对话》《如火如荼的恐怖》《血的幻影》《战取》《战声》《水牛赞》《怀念周总理》《抗战颂》《在理智的光辉中》《血肉的长城》《罪恶的金字塔》《"双十"解》《香午》《宇宙革命底狂歌》《铁的处女》《题关山月画》其四、《试和毛主席韵》词三首之二《浪淘沙·看溜冰》《创造者》《们》《疯狗礼赞》《前奏曲》《有感》《寿朱德》《六一颂》《拟屈原答渔父辞》《访三门峡》《多谢》《别须和田》《满江红·元旦书怀》《看"孙悟空三打白骨精"书赠浙江省绍剧团》《七律·再赞〈三打白骨精〉》《创世工程之第七日》《解剖室中》《寻死》《夜哭》《春寒》《七律》《对联二十二副》之二、《少年忧患》《两对儿女》《雨中望湖》《正月四日荼天岗扫墓中途遇雨口占一律》《休作异邦游》《早起》和《看渔民出海》。

一、《凤凰涅槃》的四个英译本

在收集到的第一手英文资料中,共有 4 个诗歌版本译介了《凤凰涅槃》。1936 年,英国学者哈罗德·阿克顿与陈世骧共同选译的《中国现代诗选》中收录了郭沫若的《凤凰涅槃》。1955 年,《东方文学》第 2 期上刊登了威廉·舒尔茨的《郭沫若与浪漫主义美学,1918—1925》[①],文章对《凤凰涅槃》一诗进行了全文英译。1958 年,美国学者约翰·勒斯特和巴恩斯的《〈女神〉诗选》中选译了郭沫若的第 1 部诗集《女神》57 首中的 34 首诗,其中的第 2 首即是《凤凰涅槃》。1972 年,美国学者朱莉娅·林撰写的《中国现代诗歌概论》出版,所评析和译介的诗歌中也有这首著名的长诗《凤凰涅槃》。下面就从译者对该诗标题的翻译、诗歌内容的取舍、译作中的选词以及译诗的特点等几个方面对这 3 个不同的《凤凰涅槃》英译本做个探讨。威廉·舒尔茨的这篇文章将在本章第 5 节"'郭沫若与浪漫主义美学'译介"专文介绍。

诗歌标题的翻译

哈罗德·阿克顿和威廉·舒尔茨翻译的《凤凰涅槃》都将标题译为"The Resurrection of Feng-Huang"。如果将其译文再直译为中文的话应是"凤凰的再生"。郭沫若原诗中有"凤凰更生歌"部分,若从标题的译文理解,对原诗的内容概括不是太恰当,且容易误解,以为强调的就只是凤凰的再生,而非原诗强调的是凤凰的"涅槃"。"凤凰",正如郭沫若在诗的一开始就交代的,是指天方国即我国古代所称的阿拉伯半岛一带的神鸟Phoenix(菲尼克司)。此鸟即中国所谓的凤凰:雄为凤,雌为凰。译为英文时最好将其译为"the Feng and Huang"或"the Phoenixes"。舒尔茨译文在标题之后还有另一个标题"or The Phoenixes' Committee"。这个英译更不恰当。

勒斯特和巴恩斯翻译的《〈女神〉诗选》中的《凤凰涅槃》和朱莉娅·林的《中国现代诗歌概论》中选译的《凤凰涅槃》都将标题译为"The Nirvana

---

[①] William R. Schultz. "Kuo Mo-jo and the Romantic Aesthetic, 1918-1925". *Journal of Oriental Literature*, 6.2 (April, 1955), pp. 49-81.

of the Feng and Huang"。"Nirvana"，即指佛教用语中的"涅槃"。原本中文的"涅槃"即是梵语"nirvana"的音译，意即圆寂，指佛教徒长期修炼达到功德圆满的境界。后用以称僧人之死，有返本归真之义。用"nirvana"来表示，较好地领会到了原作者在诗前小序中交代的意思："凤凰满五百岁后，集香木自焚，复从死灰中更生，鲜美异常，不再死。"较之阿克顿和舒尔茨英译的标题，勒斯特和朱莉娅·林的英译更恰当、准确。此外，不少英语世界学者在提及郭沫若的《凤凰涅槃》时，也将"涅槃"英译为"nirvana"，将《凤凰涅槃》译为"The Nirvana of the Feng and Huang"或"The Nirvana of the Phoenix"，如陈晓明、戴维·罗伊、李欧梵、米家燕、Lu Yan 等。

诗歌内容的取舍

原诗由作者郭沫若的"小序"、"序曲"、"凤歌"、"凰歌"、"凤凰同歌"、"群鸟歌"和"凤凰更生歌"6个部分组成。在译介时，3个学者都按自己的理解和行文的需要对英译的文本内容加以了不同的取舍。

阿克顿和舒尔茨英译的《凤凰涅槃》以及勒斯特与巴恩斯英译的《〈女神〉诗选》都选取了诗前作者的小序进行英译，这让读者能从此中了解原作者在这首长诗中对埃及神话传说与我国关于太阳鸟的神话传说的整合，以此弥合中外文化差异的意图。除作者诗前的小序外，舒尔茨的译文和勒斯特与巴恩斯的版本英译了原诗的全文，包括序曲（共7节）、"凤歌"（共5节）、"凰歌"（共5节）、"凤凰同歌"（1节）、"群鸟歌"（共6节）以及"凤凰更生歌"（包括"鸡鸣"[共3节]）,"凤凰和鸣"（共5节）。

阿克顿的英译只选取了序曲（且将第1和第2节合在了一起英译）、"凤歌"、"凰歌"第1节的前4行、第3节和第5节（并没按原文英译，采用的是意译，诗行和标点都是按译者自己的意思加以了取舍，译文共有6行，而原诗此节为11行）、"凤凰更生歌"（"鸡鸣"、"凤凰和鸣"的第1节、第4节和第5节）。

可能是由于篇幅的原因，朱莉娅·林则将原诗前的小序略去未译，直接从序曲开始翻译。除序曲外，林只选译了"凤歌"的第1节和第4节、"凰歌"的第3节、"凤凰更生歌"中的"鸡鸣"和"凤凰和鸣"的第1节、第2节、第4节和第5节。可以看出，阿克顿和朱莉娅·林的英译本都省略掉了原诗中的"群鸟歌"和《凤凰更生歌》中"凤凰和鸣"的部分诗节。

在原诗《凤凰涅槃》中，郭沫若除整合运用东西方关于凤凰涅槃的神话故事,将其作为象征体外,"还吸收了中国古代关于群鸟聚集,观看神鸟的传说,并将其演变成诗歌中群鸟观葬的情节"①。在诗中,那群对凤凰的死幸灾乐祸的"凡鸟"意指那些企图以自己世俗平庸的见解和方法去修补这个恶劣、肮脏的旧世界的人。这些人身处其中而不自觉,对于自己所处的环境没有清醒的认识,却对这对抗争的凤凰加以嘲笑、奚落。诗人对这一群"凡鸟"的态度明显是鄙视的。正是因为丹穴山上凛冽的寒风,还有群鸟构成的观葬群体,作为现场交流的因素,才使诗歌中戏剧的表演成分大大增加。"凤凰作为戏剧的主角,群鸟相当于与戏剧角色对白的歌队,起着增强矛盾冲突、促进剧情突转、烘托戏剧气氛的作用。有了群鸟,才有了凡与圣的对比,肯定现实世界与否定现实世界的冲突。"②因此,阿克顿和朱莉娅·林的译本对原诗"群鸟歌"的省略,不仅削弱了全诗对群鸟所代表的世俗与平庸世界的嘲讽基调,也因而抹去了"群鸟歌"整体所蕴含的嘲讽基调对全诗情绪的突转作用,破坏了全诗的平衡并减弱了郭沫若原诗中所表现出来的恢弘的宇宙生命意识。

　　朱莉娅·林英译时省略了"凤凰和鸣"的第3节。阿克顿的英译则省略了"凤凰和鸣"的第2和第3节。《女神》的最初版本中"凤凰和鸣"共有15节,在选入《郭沫若全集·文学编》第1卷时仅留存5节。除第1节与原初版本相同外,其余14节均不相同。4种《凤凰涅槃》英译版本选用的均是《郭沫若全集·文学编》第1卷的版本。"凤凰更生歌"中的"凤凰和鸣"是全诗的高潮之所在。在这里,诗人的感情不可抑制地膨胀着,凤凰在经过集香木燃火自焚后获得了新生,其重生后的激昂、欢畅、喜悦之情全都体现在这不断的吟唱之中。诗歌采用的是平行、重复的模式,只是替换了用以表达他们更生之后的愉悦之情的诸多形容词:从"新鲜"、"净朗"、"华美"、"芬芳"到"热诚"、"挚爱"、"欢乐"、"和谐",再到"生动"、"自由"、"雄浑"、"悠久"。这样一种反复吟唱的模式,不但营造出了一种诗歌的韵律美,且"正如现代歌剧中反复咏叹以烘托出高昂的情绪气氛",也正如我国古代宗教祭祀歌舞仪式,通过"模拟反复咏叹所产生的节奏旋律,然后在一种热烈迷狂的现场氛围中,刺激、引发人们情绪的共鸣。"③因此,这些诗

---

① 陈俐:《生命盛典的沉醉狂欢》,前面所引书,第11页。
② 同上,第20页。
③ 同上,第19页。

节的省略,也就降低了原诗的激昂、喜悦之情,大大减弱了原诗对凤凰"死而复生"的沉醉狂欢的效果。但从另一视角看,这一删略也在某种程度上减少了因反复、重复而带来的枯燥与倦怠感。

译作中的选词

原诗为体现出凤凰在集香木燃火自焚然后再生的过程中那种激昂与喜悦之情,使用了不少鲜明而生动的意象。3个版本的译诗也都基本上抓住了这些意象并通过自己的用词(diction)予以了体现。

"火"

在《凤凰和鸣》中,凤和凰反复吟唱"火便是你,火便是我。火便是他,火便是火。"诗人通过凤和凰的反复吟唱强调"火"(fire)的作用。正是因为有了火,凤和凰才能自焚;也正是因为火,凤和凰才能在自焚后从火中新生。4个译本对这一鲜明、生动的意象都予以了准确的理解和足够的强调。①

"一切的一,一的一切"

《凤凰和鸣》的5个诗节中诗人通过反复的吟唱对"一切的一"和"一的一切"加以了强调:"一切的一,更生了"、"一切的一,芬芳"、"一切的一,和谐"、"一切的一,悠久"、"一切的一,常在欢唱"。4个译本中,勒斯特和巴恩斯译本将其译为"The one that is all, the all that is one."阿克顿译本、舒尔茨译本和朱莉娅·林译本则都将其英译为"The one in all, the all in one."两相比较,后者比前者更简洁。应该说,4个译本都很好地阐释并凸显了郭沫若通过此诗所要表达的泛神论思想。"一"和"一切"在这里互相包容,融为了一体,构成了物、我合一的和谐整体。正如郭沫若在论及自然和"我"的关系时所说:"一个人只要他与自然契合,便变成了伟大的那个他,与自然契合的刹那,便是他的伟大的刹那。在那个刹那里,他与自然合二为一,分不出是自然,还是人了。在那个自然里,我便是自然,自然便是我。"②

"翱翔"与"歌唱"

---

① "Fire are you. Fire am I. Fire is he. Fire is fire."
② 朱湘:《郭沫若的诗》,载王锦厚、秦川、唐明中、萧斌如选编:《百家论郭沫若》,成都:成都出版社,1992年版,第222—223页。

凤和凰在经过自焚后重新获得了新生,于是边翱翔,边尽情地欢唱。4个英译者在译凤凰的"翱翔"时,阿克顿和舒尔茨将其译为"fly",朱莉娅·林及勒斯特与巴恩斯的版本则将其英译为"soar"。"Fly"一词指飞鸟或飞行器的"飞"或"飞行",并无翱翔的意思。而"soar"常指鹰等飞鸟的"高飞、翱翔"。与"fly"相比,"soar"更能体现出鸟在蓝天飞翔时的自由与快活,展示出的是飞鸟的高度、力度与欢畅之情。因此,将其英译为"soar",更准确,也更能形象地表达出凤凰自焚重生后的那种喜悦与激昂。

"我们雄浑,我们悠久"

"雄浑"原意为"雄健浑厚"或"雄壮浑厚",如"笔力雄浑"或"音调雄浑"。唐代词人司空图在他的《二十四诗品》中即将诗分为24种不同的风格或意境。第1类即是雄浑。与之相对的则为"冲淡"。郭沫若在《〈论诗三札〉·二(致宗白华)》中就将诗分为"雄浑"和"冲淡"两类。"大波大浪的洪涛便成为'雄浑'的诗,便成为屈子的《离骚》、蔡文姬的《胡笳十八拍》、李杜的歌行、但丁的《神曲》、弥尔顿的《失乐园》、歌德的《浮士德》。小波小浪的涟漪便成为'冲淡'的诗,便成为周代的《国风》、王维的绝诗、日本古诗人西行上人与芭蕉的歌句、太戈儿的《新月汇》。"①但在这里,如果照这个意思理解,则是不恰当的。尽管也有人将《二十四诗品》中的"雄浑"英译为"powerful"。英译时4个译者也都没有采用此意。阿克顿将"雄浑"译为"dignified"。该词意为"高贵的"、"尊严的"。舒尔茨将此句译为"We are strength"(我们是力量),用的是名词,意即"力量"、"力气"。朱莉娅·林将其译为"strong"。"Strong"意为"强壮"、"强健",或指"势力等的强大、资本的雄厚或强有力"。勒斯特和巴恩斯则将其译为"fearless"。"Fearless"的意思是"不怕的"、"大胆的"、"无畏的"。从原诗的上下文及结合诗人的本意看,这里"雄浑"应意为"强壮、有力",将其英译为"powerful","strong"或"strength"更准确,同时也更能恰当地反映出凤凰从火中自焚重生后所蕴含的希望和力量。而对于关键词"悠久"的处理,4位英译者中,朱莉娅·林与勒斯特和巴恩斯的都比较到位,均使用形容词"immortal",但阿克顿和舒尔茨却将其英译为名词"eternity"(意为"永恒"、"永远")。这里,即便译者根据自己的理解要使用这个词来表达

---

① 郭沫若:《论诗三札》,载郭平英编:《郭沫若作品经典》第Ⅳ卷,北京:中国华侨出版社,1997年版,第142页。

"悠久"之意,用其形容词"eternal"也应该更恰当些。

"请了"

"凤凰同歌"中,凤和凰见到熊熊的火光,嗅到升腾起来的蓬蓬香气,知道自己的死期已近了。于是凤和凰边翱翔边向身内和身外的一切,和一切的一切说"请了"、"请了"。从上下文和语境去理解,这里的"请了"都不能照"请"字的本意将其理解为"请求"、"邀请",或将其当成敬辞使用。阿克顿、舒尔茨和勒斯特与巴恩斯在英译时都将其做了正确的处理,译为"farewell"。诗中的"请了"为郭沫若故乡的方言,意为"别了"、"再见了"之意,除在此诗中出现外,还多次出现在郭沫若的其他文学作品中,如《论诗三札·二》郭沫若于 1919 年 1 月 18 日致宗白华的信的结尾:"我不再写了。请了,请了!再谈罢!"[①]

译诗的特点

阿克顿和舒尔茨英译的《凤凰涅槃》,一个显著的特点即是其英译时基本上是照字面意思直接翻译成英文,而不太顾念翻译诗歌时应照顾到诗歌的韵律与抒情的特点。另一个特点则是其语言的相对简洁,少了许多诗歌修饰性的语言,其结果便是使得其英译在简洁之外也略显干涩和平铺直叙。

在"序曲"的第 2 节中诗人描写了这一对凤凰准备集香木燃火自焚的地点丹穴山的恶劣环境。正是因为其赖以生存的环境遭到了破坏,难以继续生存,凤和凰才决心集木、燃火自焚,走向预设的死亡然后重生。诗人分山前、山后、山左、山右、山上对凤和凰身处的丹穴山进行了对称的描述。译者英译时也应考虑译文行文的对称,这一方面是为了凸显出诗歌的韵律,另一方面也是为了突出导致凤凰决心自焚而后重生的生存环境的恶劣。阿克顿把这 5 行诗英译如下。译文前 4 行用的都是短语,最后 1 行用的是简单句。而舒尔茨译文则有 3 行用的是句子,另 2 行省略了动词用的是短语结构。这样英译处理,显得既无行文结构的对称,也无诗歌韵律的再现。以阿克顿的译文为例:

> On one side withered wu-t'ung trees,

[①] 《郭沫若全集·文学编》第 15 卷,前面所引书,第 26 页。

A dry spring on the other;
Ocean before, fathomless and unending,
Desolate plain behind.
A chill blast whips the summit under a vault of ice.

再来看看阿克顿和舒尔茨对"凤凰和鸣"的最后 1 节诗所做的英译处理。

是你在欢唱？是我在欢唱？
是他在欢唱？是火在欢唱？
欢唱在欢唱！
欢唱在欢唱！
只有欢唱！

原诗前 2 行发问，后 3 行是诗人在发问之后的自问自答，强调了凤凰重生后的喜悦，同时也表达出了诗人强烈而澎湃的激情。诗人并不单单是在发问，且在对此加以强调，究竟欢唱的是谁呢？是你？是我？是他？是火？还是欢唱？并对此做了肯定的回答：是欢唱，是物我的融为一体，不可或缺！

阿克顿和舒尔茨在英译时的句式表明，诗人仅仅是在发问，并无十分的肯定和对涅槃后的喜悦之情的强调。译诗分别为：

Are you singing? Am I singing?   Are you rejoicing? Am I rejoicing?
Is he singing? Is fire singing?   Is "he" rejoicing? Is Fire rejoicing?
Singing is singing!   Rejoicing is Rejoicing
Singing is singing!   Rejoicing is Rejoicing
Only singing! (Harold Acton)   Only Rejoicing! (William R. Schultz)

原诗在文末对诗前的作者小序有几个注释，如"天方国"、《孔演图》及《孔演图》注中所指"丹凤山"以及《广雅》。除舒尔茨译文对其中的《广雅》有注释外，另外 3 个版本均未在其译文中加以任何的说明或解释，这会让英语世界的读者对这些背景知识无从了解，从而影响他们对原诗的准确理解与鉴赏。

勒斯特和巴恩斯的译本对《凤凰涅槃》进行了全译。同阿克顿和朱莉娅·林的译文相比较,勒斯特和巴恩斯的译文一方面较好地理解了原诗的意旨,另一方面则显得过分具体、详细,句法也显得较为刻板、啰唆。其好处是能让英语世界的读者通过其具体详细的翻译理解原诗的大意,不足之处也因其好处而减少了原诗的诗韵与蕴含的激情。

先来看看"群鸟歌"中白鹤的最后一句唱词:"从今后请看我们高蹈派的徜徉!"勒斯特和巴恩斯将其译为"Henceforth see the strutting to and fro of our high-stepping race.""The strutting to and fro"意为"神气活现地走"、"大摇大摆地走","high-stepping race"则形象地描摹出了白鹤长腿的身体特征。原诗文末有关于"高蹈派"的注释:"指的是19世纪中期法国资产阶级诗歌的一个流派,宣扬'为艺术而艺术'。"译诗没有将"高蹈派"照原诗文作者郭沫若的注释直译为"The Parnassians",因为如果这样的话,读者反而会不明就里。相反,译诗用了表现白鹤身体特征的"high-stepping race",更能形象地传达出白鹤在幸灾乐祸地观看凤凰自焚的场面时那趾高气扬、不可一世的神态,不失为一精彩译文。

另有2处用词可以看出译者对原诗的准确理解。一处在作者的小序中。"集香木以自焚"。译者用了"a pyre of fragrant wood"一短语来翻译"香木",准确使用了"火葬用的柴堆"在英语中应用的词语"pyre"。另一处为"凤凰更生歌"中"鸡鸣"的第一句:"昕潮涨了。""昕"在汉语中指"太阳将要升起的时候","昕潮"则指"拂晓时分太阳即将升起时的潮"。译者将其译为"the tide of dawn",较为准确。

复合句式的使用有时会让人觉得啰唆而不必要,当省则省,或换另一种表达方法,则效果更佳。前面已讨论过的"一切的一"和"一的一切"的英译即是一例,只需简单地将其译为"the one in all"和"the all in one"即可。同样,"凤凰和鸣"中凤和凰对自己的歌唱和赞美:"我们新鲜,我们净朗,我们华美,我们芬芳"、"我们热诚,我们挚爱,我们欢乐,我们和谐"、"我们生动,我们自由,我们雄浑,我们悠久",都只需将这些形容词直译为对等的英文形容词即可,而不必像勒斯特和巴恩斯的译本那样将原诗第2节中的第2和第3个用形容词来表达,第1和第4个则用句子来表达;将原诗第3节的4个形容词中第1和第3个译为形容词,第2和第4个则译为句子;而将原诗第4节中的4个中文的形容词都译为英文的形容词。这

样处理使译诗显得极不平衡、啰唆、混乱,同时减弱了原诗中凤凰重生后的欢畅与激情。该译本的英译如下:

> We are made anew, we are purified.
> We are resplendent, we are steeped in fragrance.
> ……………………………………
> We are pledged, we are deeply in love.

(原译诗此处用的是逗号,下一句的句首也没大写)

> We are devoted, we are truly matched.
> ……………………………………
> We are vigorous, we are free.

(原译诗此处用的也是逗号,下一句的句首也没大写)

> We are fearless, we are immortal.

朱莉娅·林在《凤凰涅槃》的英译前有对该诗的鉴赏。她认为《凤凰涅槃》是"郭沫若真正的成功之作,其诗歌的主题是郭沫若喜欢的'重生'。尽管其行文较弱,结尾部分也不完善,但总体上来说是成功的。"在她看来,"佛教用语'涅槃'(nirvana)一词在诗中代表的是五四运动后中国的重生。""通过将凤凰的原型主题与经过革命的变迁以实现社会之新生的马克思主义的理想加以整合,郭沫若看到了一个从自己的灰烬中升起的壮丽的新中国。"①接着,林还指出了郭沫若诗中大量运用的平行结构,并认为此种平行结构和重复句式的使用一方面起到了强调和使行文紧凑的作用,同时也传达出了一种沉思的精神②。"诗的最后的长歌是凤和凰在庆祝它们经过自焚后重生的喜悦的欢唱。开始时音域较低,然后逐渐升高,直至

---

① Julia C. Lin. *Modern Chinese Poetry: An Introduction*. Op. cit., pp. 213-214.
② "Parallelism and repetition of words and phrases give emphasis and tightness to lines and stanzas." "…by a varied pattern of parallel constructions, conveys a contemplative spirit." Ibid., p. 214.

其在结尾时完全达到此诗歌的力量和戏剧的高潮。"她赞誉郭沫若对诗歌"主题的精通是令人佩服的,其对情绪和情感的控制也是出色的。"①林对《凤凰涅槃》一诗的评价体现出译者对这首诗的准确理解以及对郭沫若诗歌技巧的认同。可贵的是,郭沫若在该诗歌中为了强调和使诗歌行文紧凑而使用的重复和平行结构也体现在林的译诗中。如"序曲"中对凤凰所选择的自焚地点丹穴山的恶劣环境的描写,林的5行译诗为:

> To the right of the mountain is the withered Wu-t'ung tree,
> To the left of the mountain is the dried-up spring.
> Before the mountain is the wide expanse of the sea,
> Behind the mountain is the vast dreary plain,
> And over the mountain a frozen sky of bitter winds.

但其译诗中对"the mountain"一词的重复显得啰唆,完全可以略去。

在选译的过程中,除了部分诗节的省略,朱莉娅·林在翻译时也因疏忽或其他的缘故有意无意地略掉了选译诗节中的某些诗行,或者在没有省略的地方注有省略符号。如"凤歌"第1诗节少了第3行:"茫茫的宇宙,黑暗如漆!"(Vast is the universe, dark as pitch);"凤凰更生歌"(朱莉娅·林将其简略译为"Song of Rebirth"[更生歌]),其中"凤凰和鸣"的第2诗节漏译了第8和第9行:"火便是我。火便是他。"(Fire am I. Fire is he.)

遗憾的是,尽管朱莉娅·林在其译诗前的赏析中也指出:"主题的变化出现在下一部分(即第4部分)群鸟歌中(鹰、孔雀、鸱枭、鸽子、鹦鹉、白鹤)。这些鸟的声音代表了社会中那些嘲笑和讥讽这对即将死去的凤凰的人们:他们各自都在为这对神鸟的死而感到幸灾乐祸,因为它们都在想现在该轮到自己来主宰这个世界了。"②但在英译时译者却把这部分给省略了。这至关重要的部分的省略,消减了表达原诗作者借这群幸灾乐祸观葬的"凡鸟"以讽刺那些生活在那个糜烂、肮脏的社会而不自觉的芸芸众生的本意,以及对这对敢于对那个破败、黑暗的世界以死抗争的神鸟礼赞的力量。

---

① "Kuo's mastery of theme is admirable, his control of mood and feeling expert." Julia C. Lin. *Modern Chinese Poetry: An Introduction*. Op. cit., p. 215.

② Ibid., p. 215.

二、《立在地球边上放号》的四个英译本

1958年,约翰·勒斯特和巴恩斯选译的《〈女神〉诗选》中英译了这首《立在地球边上放号》。同年,路易·艾黎的《人民在歌唱:更多中国诗歌的英译》中收录了其英译的郭沫若诗歌3首,其中之一即为《立在地球边上放号》。该诗又收录在艾黎1984年出版的诗集《伟大道路上的光与影——中国现代诗选》中。1963年,许芥昱编译的《二十世纪中国诗歌选集》在纽约出版,书中共选取郭沫若的21首诗歌进行了详细的译介和评述,译者评述的第1首诗即是《立在地球边上放号》。1972年,朱莉娅·林撰写的《现代中国诗歌概论》所评析的诗歌中也有选自诗集《女神》中的这首《立在地球边上放号》。下面就从4位英译者对诗歌标题的翻译、译作中的选词、译诗的特点以及译者对该诗的评价几个方面对英语世界《立在地球边上放号》的4个英译本做个较为详细的探讨。

诗歌标题的翻译

勒斯特和巴恩斯的《〈女神〉诗选》共有1958年版、1978年版和2001年的汉英对照版3个版本,均由北京外文出版社出版。在这3个版本中,译者都将《立在地球边上放号》英译为"*Shouting on the Rim of the World*"①。朱莉娅·林在《中国现代诗歌概论》中将《立在地球边上放号》英译为"*Standing on the Edge of the Globe, Calling Aloud*"②。许芥昱的《二十世纪中国诗歌选集》中这首诗的标题被英译为"*I Sound the Bugle on the Edge of the Earth*"③。而路易·艾黎的英译则为"*My Cry from the Edge of the Earth*"。4个英译本对诗歌标题的英译完全不同,"地球"和"放号"两个关键词的英译更是各有侧重。标题中的"地球"和"放号"很显然强调的是诗人的一种豪情,一种肆意的激情。"地球"英译为"the world"、"earth"、"globe"均可。"放"意为"放纵",如"放任"、"放声高歌"、"放言高论"等。"放号"在中文里应意为"纵情高歌"、"放声歌唱"。"号"原有

---

① John Lester & A. C. Barnes trans. *Selected Poems from The Goddesses*. Op. cit., p. 22.
② Julia C. Lin. *Modern Chinese Poetry: An Introduction*. Op. cit., p. 207.
③ Hsu, Kai-yu trans. & ed. *Twenties Century Chinese Poetry: An Anthology*. Op. cit., p. 26.

"号子"之意,是指"集体劳动中协同使劲时,为统一步调,减轻疲劳等唱的歌,大都由一个人领唱,大家应和。"显然,在这里作为诗的标题,"号"即"歌"的意思,即诗人要大声、响亮地喊出、唱出自己心中所思、所想、所爱,而不是真的要站在地球边上"吹号",如许芥昱的译文"sound the bugle"。而将"放号"仅英译为"shouting"(喊叫)、"calling aloud"(大声喊叫)或"cry"(叫喊),都没有完全体现出"放"的含义,也没有彻底表现出诗人心中歌唱自然万物的那种豪迈激情。除去许芥昱的错误译文"sound the bugle"外,较之"shouting","calling aloud","cry"这三种不同的英译,笔者认为将"放号"英译为"singing heartily"(放声歌唱、纵情高歌)更恰当些。

译作中的选词

郭沫若的《立在地球边上放号》这首写于 1919 年 9、10 月间的短诗,最初发表于 1920 年 1 月 5 日上海《时事新报·学灯》上,诗中诗人借对空中怒涌的白云和大西洋中滚滚的洪涛,歌唱了不断地毁坏、不断地创造和不断地努力的力量。该诗运用了诗人前期诗歌中常用的平行结构和重复句式,这些手法的运用,正如朱莉娅·林在评论郭沫若的《凤凰涅槃》时所赞,"此种平行结构和重复句式的使用一方面起到了强调和使行文紧凑的作用(give emphasis and tightness to lines and stanzas),同时也传达出了一种沉思的精神(conveys a contemplative spirit)。"她赞誉郭沫若"对诗歌主题的精通是令人佩服的,其对情绪和情感的控制也是出色的"(Kuo's mastery of theme is admirable, his control of mood and feeling expert)①。尽管林对《立在地球边上放号》这首大部分读者和研究者都认为与《凤凰涅槃》同样优秀的诗作的评价所抱持的却是一种不完全认同的态度。下面对英译本中译者就诗中的几个鲜明意象的英译进行分析。

"白云怒涌"

勒斯特和巴恩斯的译本将"怒涌"这个更多地在于形象地描绘出白云涌动之力度的动词意象用名词形式加以了处理,英译成"tumult of angry white clouds"。"Tumult"在英语中有"骚动"之意。名词形式的使用减弱了"白云怒涌"的力量,而这"力"正是诗人要在此诗中放声歌唱的对象。

路易·艾黎将"怒涌"译为"storm high",强调了白云的"涌"而没有体

---

① Julia C. Lin. *Modern Chinese Poetry: An Introduction*. Op. cit., p. 215.

现出其"怒"。许芥昱则将其英译为"surge angrily"。朱莉娅·林的英译跟许芥昱的译文差不多，只是更具体地用了"rise and angrily surge forth"。二者的英译都借动词"surge"和修饰它的副词"angrily"形象地强调了白云涌动的力度。

"提起全身的力量来要把地球推倒"

路易·艾黎与勒斯特和巴恩斯的译本都将这个歌唱大西洋无限的、毁坏的力量的意象英译为"to gather her strength to engulf the earth"。"推倒"一词被英译为"engulf"，意为"吞没"、"席卷"。许芥昱则将其英译为"tries to overthrow the earth with all its strength"，"推倒"一词被英译为"overthrow"。朱莉娅·林对"推倒"一词的英译跟许芥昱的完全相同。但许芥昱对"提起全身的力量"这个形象的动词意象的处理不如路易·艾黎、勒斯特和巴恩斯以及朱莉娅·林准确，他只用了介词短语"with all its strength"来对这个充满力度的意象加以表现，比不上另3位诗人使用动词短语"gather all its strength"所传达出的那种毁坏地球的力度和形象。

"不断的毁坏,不断的创造,不断的努力"

4个英译者用了3个不同的形容词来对怒涌的白云和滚滚的洪涛所产生的巨大的毁坏力和创造力加以生动的描绘，勒斯特和巴恩斯用的是"unending"，许芥昱和路易·艾黎将其译为"ceaseless"，朱莉娅·林则用了"constant"一词。这3个形容词在英语中都有"不停的"、"不断的"、"持续的"的意思，均可用来修饰后面的名词"destruction"、"creation"和"effort"。只是朱莉娅·林对其后名词"努力"的英译值得商榷，她用的是动词短语"strive forth"（努力、斗争、反抗）的名词形式"striving forth"，而没有用其名词"effort"。

"力的绘画,力的舞蹈,力的音乐,力的诗歌,力的律吕哟!"

"力"这一歌唱的对象,4个英译本都将其译为"power"、"force"或"strength"①，而对"律吕"一词的处理稍有不同。中文里"律吕"指用竹管制成的校正乐律的器具，以管的长短来确定音的不同高度。从低音管算起，成奇数的6个管叫作"律"，成偶数的6个管叫作"吕"。后来用"律吕"

---

① 马立安·高利克认为,把"力"译为"energy"比用"power"更恰当些。可参见：Marián Gálik. *Milestones in Sino-Western Literary Confrontation*, 1898–1979. Wiesbaden：Harrassowitz, 1986, p. 56, Note 61.

作为音律的统称。原诗收入《女神》诗集时有注,指出"律吕"意为"节奏"、"音律",作者最初发表时作"Rhythm"①。4个英译本中,许芥昱、路易·艾黎和朱莉娅·林的译本都将"律吕"译为"rhythm"。朱莉娅·林将"力的律吕"英译为"rhythm of power",许芥昱将其译为"rhythm of force",而路易·艾黎没有采用其前3个平衡的重复格式,将后2个译为"its poetry","its rhythm"。勒斯特和巴恩斯的译本将"律吕"译为"gamut",该词在英语里意为"音节"、"音域",和原作者的意旨显然是不相符的。应尊重原作和原作者,将其英译为"rhythm"较为妥当些。

译诗的特点

尽管《立在地球边上放号》这首诗短小,总共只有7行,4个英译本也基本上都是按原诗的诗行形式进行安排的。但从简洁的英译中也能窥见英译者译诗的各自特点。勒斯特和巴恩斯的译本最显而易见的一个特征即是对原诗中作者用以抒发自己强烈感情的感叹词如"啊啊"、"哟"以及感叹号的忽略。原诗仅有的7行中就用了4个感叹词"啊啊",6个感叹词"哟",和10个感叹号。但其译诗中感叹词"啊啊"只用了1次,没有使用感叹词"哟",感叹号也只用了2次。译者对感叹词和感叹号的忽视使译诗显得干涩,缺乏原诗作者在这首短诗中所蕴含的激情和诗歌所应有的抒情感。勒斯特和巴恩斯译诗的另一个特征即是对原诗部分词汇的准确把握欠佳。这从前面分析其译作对诗歌标题的英译和关键意象英译时的选词即可看出。勒斯特和巴恩斯的译本将该诗标题中的"放号"译为"shouting",英译"白云怒涌"时用的是名词短语"tumult of angry",而不是用形象生动的动词短语去表现白云在空中翻滚时的力度和蕴蓄的激情;将汹涌的太平洋的滚滚洪涛将地球无情"推倒"(overthrow)译为"吞没"(engulf),尽管这两个动词都表现出了洪涛的力,一种对地球的无穷的摧毁力,但这两个词的内涵和外延都是不尽相同的。"律吕"也被译者理解成了"音阶"、"音域"(gamut),代替了原作者最初发表时使用的英文词语"rhythm"。

跟勒斯特和巴恩斯的译本相比,路易·艾黎、许芥昱和朱莉娅·林的译本都很好地体现了原作的抒情感和原作者在诗中所蕴含的激情,用词和

---

① 《郭沫若全集·文学编》第1卷,北京:人民文学出版社,1982年版,第72页。

韵律都较好地再现了原诗的风貌。只是许芥昱和路易·艾黎都把原诗最后一行的重复和平行的句式稍稍做了改动,可能是嫌其有些啰唆的缘故。最后一行原诗为:"力的绘画,力的舞蹈,力的音乐,力的诗歌,力的律吕哟!"原作者用了5个平行和重复的句式以抒发这种不断毁坏、不断创造的"力"。许芥昱将其英译成"The picture of force, the dance of force, the song, poetry and rhythm of force!"①而路易·艾黎则将其译为"The pattern of strength, the dance of strength, the music of strength, its poetry, its rhythm!"②这样处理一方面破坏了译诗的平行结构,使诗歌显得失衡;另一方面也减弱了原诗对"力"的歌唱与赞美的力度。因为正是这种平行和重复的句式结构起到了强调和使行文紧凑的作用。

译者对该诗的评价

许芥昱的译本在英译这首《立在地球边上放号》时对其先进行了简略而客观的评价:"1919年左右,瓦尔特·惠特曼的作品给郭沫若展示了用现代诗歌语言来作诗的可能性。从1919年的秋天开始一直到第二年的夏天,他像个刚刚被这个世界的宏伟和美丽惊醒了的少年,正如他在这首《立在地球边上放号》所描写的那样。""对他来说,(令他惊奇歌唱的)不仅仅是充满了各种奇观的大自然,还有被人类所创造出来的各种事物。"③

朱莉娅·林的《现代中国诗歌概论》对郭沫若的作品做了较详细的分析和品评。她指出:"郭沫若写了许多自然诗,这些自然诗大多是无神论的。像冯至和许多传统的自然诗人一样,郭沫若寻求的也是在创造的统一基础上的诗学作品的统一。在他的许多自然诗中,郭沫若歌颂天空、大海、白雪和地球。对他来说,这些自然之物并不是可怕的或可以被战胜的,而是值得庆祝和加以膜拜的。这些作品常用一种近似祷告词和颂诗的语气对所有创造之物的永恒的统一进行歌颂。"④她接着举例译介的即是这首《立在地球边上放号》。紧跟着林指出了这首诗歌的不足之处。她认为这首诗有3个缺点:一是过度使用感叹句;二是诗歌结尾部分的用词太糟糕;

---

① Hsu, Kai-yu trans. & ed. *Twenties Century Chinese Poetry: An Anthology*. Op. cit., pp. 26–27.
② Rewi Alley compiled and translated. *Light and Shadow along a Great Road—An Anthology of Modern Chinese Poetry*. Op. cit., p. 117.
③ Hsu, Kai-yu trans. & ed. *Twenties Century Chinese Poetry: An Anthology*. Op. cit., pp. 26–27.
④ Julia C. Lin. *Modern Chinese Poetry: An Introduction*. Op. cit., p. 207.

三是末行用了 3 个高度相似的词语"音乐"、"诗歌"、"律吕"来传达同一个意思①。紧接着,林指出:"尽管存在这些不足之处,但仍然不能遮蔽这首诗所产生的巨大的能量,所聚集和积累的力量。在这些充满节奏的和激情的颂扬的诗行间,读者可以看出郭沫若最为崇拜的那种雄浑、有力的风格。"②尽管朱莉娅·林指出的郭沫若的这首《立在地球边上放号》的 3 个不足之处正是许多郭沫若研究者所极力称道之处,但其对郭沫若诗歌风格的客观品评却是值得肯定的。③

除上面鉴赏评析的这 4 个英译版本外,另有 5 位英语世界的研究者在其研究成果中提及《立在地球边上放号》这首诗。在陈晓明的博士论文《朝向儒学与马克思主义相结合的解决之道:郭沫若至 1926 年的思想发展》④、Rose Jui-chang Chen 的博士论文《人类的英雄与被放逐的上帝:郭沫若〈屈原〉中的中国思想》⑤,以及戴维·罗伊的专著《郭沫若的早年岁月》⑥中,3 位研究者都将其译为"Shouting on the Rim of the World",与勒斯特和巴恩斯的译文完全相同。威廉·舒尔茨在其论文《郭沫若与浪漫主义诗学,1918—1925》中将此诗英译为"A Salute When Standing on the Edge of the World"。而在《国际郭沫若会议论文集》中所收录的澳门大学朱寿桐题名为"On the Area Background of Guo Moruo's Writings"(论郭沫若创作的地域背景)的论文中,他将其英译为"Blow the Trumpet by Standing in the

---

① "The overuse of exclamatory sentences; the poor choice of words in the ending; a too-great similarity of 'music', 'psalm', 'rhythm' to convey the scope that has been created." Julia C. Lin. *Modern Chinese Poetry*: An Introduction. Op. cit., p.208.

② "These faults, however, cannot obscure the tremendous energy generated in the poem, the gathering momentum and cumulative force. Within the lines of rhetoric and soaring exaltation, one sees the vigorous and sinewy style for which Kuo is most admired." Ibid., p.208.

③ 郭沫若在《〈论诗三札〉二(致宗白华)》中就将诗分为"雄浑"和"冲淡"两类:"大波大浪的洪涛便称为'雄浑'的诗,便成为屈子的《离骚》、蔡文姬的《胡笳十八拍》、李杜的歌行,但丁的《神曲》、弥尔顿的《失乐园》、歌德的《浮士德》。小波小浪的涟漪便成为'冲淡'的诗,便成为周代的《国风》、王维的绝诗、日本古诗人西行上人与芭蕉的歌句,太戈儿的《新月汇》。"参见郭沫若:《论诗三札》,载郭平英编:《郭沫若作品经典》第 IV 卷,北京:中国华侨出版社,1997 年版,第 142 页。

④ Chen, Xiaoming. "Towards a Confucian/Marxist Solution: Guo Moruo's Intellectual Development to 1926". Op. cit., p.232.

⑤ Rose Jui-chang Chen. "Human Hero and Exiled God: Chinese Thought in Kuo Mo-jo's *Chu Yuan*". Op. cit., p.194.

⑥ David Tod Roy. *Kuo Mo-jo: The Early Years*. Cambridge, Mass: Harvard University Press, 1971, p.79.

Horizon of the Earth",这种译法则与许芥昱的英译"I Sound the Bugle on the Edge of the Earth"①相似,都将"放号"按其字面意义将其理解成了"吹号"或"吹喇叭",没有正确理解"放号"在该诗中的真正含义应为"放歌"、"激情歌唱"。

三、臧温尼的郭沫若《女神》研究

澳大利亚格里菲斯大学学者臧温尼的研究成果《郭沫若的〈女神〉》发表在 1977 年《澳大利亚东方协会杂志》第 2 卷上②,是郭沫若去世前英语世界学者研究郭沫若的 5 篇学术论文之一。另外 4 篇分别为:1950 年发表在《哈佛中国研究论文集》第 4 卷上的克拉伦斯·莫伊的《郭沫若与创造社》;1955 年发表在《东方文学》第 2 期上的威廉·舒尔茨的《郭沫若与浪漫主义美学,1918—1925》;1958 年发表在《哈佛中国研究论文集》第 11 卷上的戴维·罗伊的《郭沫若接受马克思主义之前的时期,1892—1924》以及 1969 年发表在《亚非研究》第 5 期上的马立安·高利克的"中国现代文学批评"系列之四《郭沫若的无产阶级批评》③。

在过去的 60 年里出版的成千上万卷新诗中,从没有哪一卷受到过像郭沫若 1921 年出版的诗集《女神》那么多的关注。尽管这本诗集不是最早的新诗作品,最早的应该是胡适的《尝试集》,该诗集于 1920 年出版。闻一多最早称赞《女神》"配称新诗"④,批评家方志彤在很久之后更是宣称《女

---

① Wei, Chiming & Rina Fujita eds. *Proceedings of International Guo Moruo Academy*. 2009. (unpublished)

② Winne Tsang. "Kuo Mo-jo's *The Goddesses*". *Journal of the Oriental Society of Australia*, Vol. 12 (1977), pp. 97–109.

③ 这四篇文章的具体出版信息如下:1. Clarence Moy. "Kuo Mo-jo and the Creation Society". *Papers on China*, 1950, No. 4, pp. 131–159.
2. David Tod Roy. "Kuo Mo-jo: The Pre-Marxist Phase, 1892–1924". *Papers on China*, 1958, No. 11, pp. 69–146.
3. William R. Schultz. "Kuo Mo-jo and the Romantic Aesthetic, 1918–1925." *Journal of Oriental Literature*, 6.2 (April, 1955), pp. 49–81.
4. Marián Gálik. "Studies in Modern Chinese Literary Criticism. Part IV. The Proletarian Criticism of Kuo Mo-jo". *Asian and African Studies*, No. 5, 1969, pp. 145–160.

④ "Wen I-to early hailed its achievement as 'worthy of being called new'." Winne Tsang. "Kuo Mo-jo's *The Goddesses*." Op. cit., p. 97. 中文可参见闻一多:《女神之时代精神》,载《闻一多全集》第 3 卷,上海:开明书店,1948 年版,第 185 页。该文最初发表在《创造周报》1923 年 6 月 3 日第 4 号上。

神》"标志着传统的结束"①,该诗也因而在新诗史上具有重要的意义,受到闻一多及其他人的分析与评价。同样,该诗也被作为郭沫若传记的史料②和那个时代的思想史材料加以使用③。是郭沫若自己使得(传记和思想史)这两种途径显而易见的,而且在相当的程度上,通过在他的自传《创造十年》中讲述这本诗集内容的创作以及他写这些诗时的态度对这些途径加以了引导。

尽管郭沫若告诉我们他在创作诗集《女神》时受到的3个最重要的影响是泰戈尔、惠特曼和歌德,但事实上作为19世纪90年代和20世纪10年代早期生活在沙湾的一个男孩,他受到的是包括唐诗宋词在内的传统教育,这些不能不加以考虑。在郭沫若关于这些早年的自传中记载了他对王维、孟浩然、李白和柳宗元的抒情自然诗的喜爱,以及对杜甫和韩愈诗的不喜欢。

郭沫若在《我的作诗的经过》描绘了他是如何发现泰戈尔的:

但不料我在一高预科时无心之间和印度诗人太戈尔的作品接近了。同住的一位本科生,有一次他从学校里拿了几章英文的油印录回来,是从太戈尔的《新月集》中选出来的几首诗,是《岸上》、《睡眠的偷儿》、《婴儿的世界》等篇。我把来展读时,分外感受着清新而恬淡的风味,和向来所读过的英诗不同,和中国的旧诗之崇尚格律雕琢的也大有区别。从此我便成为了太戈尔的崇

---

① "...and the critic Achilles Fang much later declared more emphatically that 'it marked the end of tradition'." Winne Tsang. "Kuo Mo-jo's *The Goddesses*." Op. cit., p. 97. 该引文摘自方志彤:《从意象主义到惠特曼主义的中国近代诗歌:探索不成功的诗作》(*From Imagism to Whitmanism in Recent Chinese Poetry*: *A Search for Poetics That Failed*),载美国学者霍斯特·弗伦茨(Horst Frenz)和安德森(G. L. Anderson)编:《印第安纳大学东西方文学关系讨论会论文集》(*Indiana University Conference on Oriental-Western Literary Relations*),1955年版,第186页。文章主要探讨了胡适最早创作的诗歌《两只蝴蝶》和郭沫若的《我是一个偶像崇拜者》及后期诗作《六一颂》之所以被其认为是失败之作的原因。此外,作者还将重点放在了分析英美意象派诗歌对中国新诗的影响以及惠特曼的诗学对郭沫若诗歌创作的影响上。

② 此处作者指的是英语世界唯一一本英文的郭沫若传记,即1971年哈佛大学出版社出版的美国学者戴维·托德·罗伊(David Tod Roy)的《郭沫若的早年岁月》(*Kuo Mo-jo*: *The Early Years*)。特别参见该书第三章。

③ 指的是1973年哈佛大学出版社出版的美国学者李欧梵(Leo Ou-fan Lee)的《中国现代作家的浪漫一代》(*Romantic Generation of Modern Chinese Writers*)。特别参见该书第177—200页。

拜者。凡是他早期诗集和戏剧我差不多都读过。我在冈山时便也学过他,用英文来做过些无韵脚的诗。《辛夷集》开首的《题辞》便是一九一六年的圣诞节我用英文写来献给安娜的散文诗,后来我把它改成了中文。①

这最初接受的外国诗歌的影响发生在 1915 年的上半年,在他转到冈山的第六高等学校之前。郭沫若偶然发现泰戈尔实际上就在这位孟加拉诗人、哲学家刚成为世界名人之后不久。1912 年泰戈尔第 3 次去欧洲访问时,随身带着他的一系列从孟加拉语译为英语的诗歌译本。这些译本通过泰戈尔的朋友威廉·罗森斯坦交给了威廉·叶芝。叶芝为这些诗写了序。诗集先是发表在由印度协会出版的一个限定版中,后于 1913 年 3 月由米兰出版社重印(之后几乎每月重印一次,直到 1914 年第一次世界大战爆发)。在《吉檀迦利》出版后立即引起的引人注目的成功之后泰戈尔作品的数量在米兰出版社的排名榜上迅速上升②。1913 年又出版了他的另外 2 部诗集,《园丁集》(*The Gardener*)和《新月集》(*The Crescent Moon*),郭沫若第一次读到的诗就是收录在《新月集》中的。他读到泰戈尔的这些诗应该是诗集在伦敦出版后的大约两年内出现在日本校园的时候③。这种现象表明,在日本大正时代(Taishō Period,1912—1926)的开始时期外国文学在日本的发展是多么的同步。实际上,到 1915 年的时候,泰戈尔作品的

---

① "When I was doing the preparatory course at the First Higher School unintentionally, I became acquainted with the works of the Indian poet Tagore. One day a classmate who lived with me brought back from school some duplicated notes in English... I wrote some poems without rhyme in English. The introduction of *Hsin-i chi* was originally a prose poem written in English for Anna at Christmas 1916. Later I rewrote it in Chinese." Winne Tsang. "Kuo Mo-jo's *The Goddesses*." Op. cit., p. 98. 中文可参见《我的作诗的经过》,初载于 1936 年 11 月 10 日上海《质文》月刊第 2 卷或《创造十年》,载《郭沫若全集·文学编》第 12 卷,北京:人民文学出版社,1992 年版,第 56—57 页。

② "That the encounter should have occurred in a Japanese school within about two years of the publication in London shows how immediately abreast of foreign literary development Japan had in some cases become by the beginning of the Taisho Period (1912-1926). Indeed, by 1915 Tagore's English translations of his works had been translated in Japanese and published in a *Collection of Tagore's Masterpieces* (*Tagōru Kessaku Zenshū*)." Winne Tsang. "Kuo Mo-jo's *The Goddesses*." Op. cit., pp. 98-99.

③ "Moon! You are like a gilded sickle. / You have chopped down the pine tree by the sea; / Oh! I too have been chopped down by you! What clouds! Are you the cool ice which quenches thirst? / How can I swallow you down my throat, / To allay my fire-like anxious heart?" Ibid., p. 99. 中文可参见《新月与白云》,载《郭沫若全集·文学编》第 1 卷,北京:人民文学出版社,1982 年版,第 140 页。

英译本已经在日本被译成日文,以《泰戈尔作品集》(Tagōru Kessaku Zenshū)为书名出版①。

郭沫若译了一部《泰戈尔诗选》,1917年下半年便将其投给了国内的两个大的出版商,但是没有成功。不用说,郭沫若对泰戈尔诗歌的翻译促进了他对泰戈尔风格的模仿。

郭沫若在《我的作诗的经过》中说《女神》第3辑所收录的《维奴司》(Venus)、《别离》、《新月与白云》和《死的诱惑》这4首诗都是在泰戈尔的影响下创作的。《新月与白云》一诗可作为他从这位孟加拉诗人那里所学到的表达方式的典范:

> 月儿呀! 你好象把镀金的镰刀。
> 你把这海上的松树斫倒了,
> 哦,我也被你斫倒了!
>
> 白云呀! 你是不是解渴的凌冰?
> 我怎得把你吞下喉去,
> 解解我火一样的焦心?②

与此同时,郭沫若在泰戈尔的影响下开始创作新诗的时候,他也受到了德国诗人海涅的影响。在郭沫若的自传中,当他说到《女神》发展的3个阶段时他只说在第六高等学校学习德语时熟悉了海涅。但在《我的作诗的

---

① "As in the case of Tagore he attempted without success to sell to the publishers a volume of selective translations." "Some of his translations of Heine were eventually published." Winne Tsang. "Kuo Mo-jo's *The Goddesses.*" Op. cit., p. 99. 中文可参见《我的作诗的经过》。郭沫若文中说:"《海涅诗选》我在民七的暑间又试办过,但也同样碰了钉子。"臧温尼在注释第14条中说:"他翻译的海涅诗歌有一部分后来出版了。"

② "When I was in second year at the university, and had just begun sending poems to *Hsüeh-teng* (*Lamp of Learning*) I happened to buy *Hangyakusha* by Arishima Takeo. In the book he discussed three artists: the French sculptor Rodin, the painter Millet, and the American Poet Whitman. Thus I became acquainted with Whitman's *Leaves of Grass*. His unrestrained style violently fanned my awakened passion for writing poetry. My '*Nirvana of the Feng and the Huang*', '*Good Morning*', "*Earth, My Mother*' and '*Hymn to the Rebels*' were all written under his influence." Winne Tsang. "Kuo Mo-jo's *The Goddesses.*" Op. cit., pp. 99-100. 中文可参见《创造十年》,载《郭沫若全集·文学编》第12卷,前面所引书,第58页。

经过》中他又一次提及诗歌《鹭鸶》、《春愁》和《新月与晴海》是在海涅的影响下创作的。可是郭沫若翻译的《太戈尔诗选》在他向国内的两大出版商兜售时没有成功。①

根据郭沫若的自传,在创作《女神》的第2阶段他对导师的发现与其遭遇泰戈尔是一样的偶然:

  在大学二年,正当我开始向《学灯》投稿的时候,我无心地买了一本有岛武郎的《叛逆者》。所介绍的3位艺术家,是法国的雕刻家罗丹(Rodin)、画家米勒(Millet)、美国诗人惠特曼(Whitman)。因此又使我和惠特曼的《草叶集》接近了。他那豪放的自由诗使我开了闸的作诗欲又受了一阵暴风般的煽动。我的《凤凰涅槃》、《晨安》、《地球,我的母亲!》、《匪徒颂》等,便是在他的影响下做成的。②

对郭沫若来说,强调他买书的偶然性和产生戏剧性的效果可能是真实地反映了他性格的易变,以及他对这种刺激的明显的迅速反应。但这对有岛武郎(Arishima Takeo)来说是不公平的。有岛武郎是白桦派的领军人物之一(白桦派因其出版的杂志《白桦》而得名),白桦派在大正时期的文学中占据显著的位置。也许对在日本的高等学校和大学待了5年之后的郭沫若来说买一册有岛武郎的作品这个行为本身不能算是不慎重。③

日本和日本文学对惠特曼本身也感兴趣,从1892年夏目漱石(Natsume Sōseki)研究惠特曼诗歌的文章开始他便在日本受到了极大的关

---

  ① "For Kuo to emphasize the accidental nature and dramatic effect of his purchase might seem true to the volatility of his character and his apparent rapid reaction to stimulus but it would seem perhaps to be unfair to Arishima Takeo (1878–1923) who was one of … Perhaps after five years at higher school and university in Japan the purchase of a volume by Arishima was not in itself an undeliberate act by Kuo." Winne Tsang. "Kuo Mo-jo's *The Goddesses*." Op. cit., p. 100.

  ② "But the coincidence that he should have come to Whitman in this peak year of Whitman interest in Japan seems worth remarking." Ibid., p. 100.

  ③ "Kuo, in '*My Poetical Career*', once again putting the stress on chance, remarks on his good fortune that *Shih-shih hsin-pao* was chosen and not the *Shun-pao* or *Shih-pao*." Ibid., p. 101. 郭沫若在《我的作诗的经过》中说:"因为要和国内通信,至少须得定一份国内的报纸。当时由大家选定了《时事新报》。因此才得以看见《学灯》,才得以看见康白情诸人的诗,这要算是偶尔的机缘。假如那时订阅的是《申报》、《时报》之类,或许我的创作欲的发动还要迟些,甚至永不见发动也说不定。"

注。1919年恰逢惠特曼诞辰百周年,白桦杂志(*Shirakaba*)和另一种核心文学杂志《早稻田文学》(*Waseda Bungaku*)为惠特曼奉献了专号。这一年也出版了由富田碎花(Tomita Saika)和白鸟省吾(Shiratori Shōgo)两位有社会主义倾向的民众派(Popular Poetry School)诗人翻译的《草叶集》的独立译本。有岛武郎是在1921—1923年间翻译惠特曼诗歌的。郭沫若1919年在福冈东京帝国大学医学部时翻译惠特曼的诗可能会被认为离东京的文学界比较远,但郭沫若在日本引发对惠特曼的兴趣的高峰这一年对他的诗歌进行译介这个巧合似乎是值得引起注意的。①

在郭沫若《女神》创作的第2阶段,当他没能成功地向出版商兜售自己翻译的诗选时,却发现自己创作的诗歌出现在上海《时事新报》的副刊《学灯》上。在五四运动之后郭沫若加入了一小群在日本学习的中国学生组织的"夏社"。"夏社"决定订一份国内的报纸。郭沫若在《我的作诗的经过》中又一次强调了这件事的偶然性,强调了他们有幸选定的是《时事新报》而非《申报》或《时报》②。郭沫若宣称他是在《学灯》上第一次读到了新诗的先驱者康白情的"白话"诗的。这促使他把自己在过去几年创作的一些诗寄给了《学灯》。

从1919年9月至1920年的5月间,郭沫若写了许多诗。关于这种写诗的激情,郭沫若是这样描绘的:

---

① "It is very strange. I am like a factory which manufactures poetry. When there is a demand for poems, the production of poems is greatly increased. During the few months between 1919 and 1920 I was drunk with poetry almost every day. Very often when the inspiration came I felt as though I had a fever, making me feel cold, making me tremble when I lifted my pen so that sometimes I could not even write. I have said 'Poetry is written, and not composed!' and that expressed my true feelings at that time." "Kuo is quoting his remark (derived from Shelley) in a letter to Tsung Po-hua of 18 January 1920." Winne Tsang. "Kuo Mo-jo's *The Goddesses*." Op. cit., p. 101. 中文可参见《创造十年》,载《郭沫若全集·文学编》第12卷,前面所引书,第58—59页。郭沫若的观点引自他1920年1月18日给宗白华的信,这个观点源自雪莱(指原文中引雪莱的话:"人不能够说,我要做诗。"["A man cannot say, I will compose Poetry."])这封信的部分英译可参见戴维·罗伊的《郭沫若的早年岁月》,第87—89页。

② "In both cases what he stresses is 'inspiration'. He is in fact only expanding his statement in the autobiography that Whitman's 'unstrained style violently fanned my awakened passion for poetry'. Kuo does not say so directly that he imitated Whitman's style as he did in the case of Tagore." Winne Tsang. "Kuo Mo-jo's *The Goddesses*." Op. cit., p. 102. 郭沫若在讲述《地球,我的母亲!》的创作情形时说"突然受到诗兴的袭击"。在说到《凤凰涅槃》的创作情形时认为"那种发作大约也就是所谓'灵感'(inspiration)吧?"

说来也很奇怪,我自己就好像一座作诗的工厂,诗一有销路,诗的生产便愈加旺盛起来。在一九一九年与一九二零年之间的几个月间,我几乎每天都在诗的陶醉里。每每有诗的发作袭来就好像生了热病一样,使我作寒作冷,使我提起笔来战颤着有时候写不成字。我曾经说过:"诗是写出来的,不是做出来的。"便是当时的实感。①

长诗《凤凰涅槃》可部分英译如下:

即即!即即!即即!
即即!即即!即即!
茫茫的宇宙,冷酷如铁!
茫茫的宇宙,黑暗如漆!
茫茫的宇宙,腥秽如血!

……………………．

啊啊!
生在这样个阴秽的世界当中,
便是把金刚石的宝刀也会生锈!
宇宙呀,宇宙,
我要努力地把你诅咒:
你脓血污秽的屠场呀!
你悲哀充塞着的囚牢呀!
你群鬼叫号着的坟墓呀!
你群魔跳梁着的地狱呀!
你到底为什么存在?

(《凤歌》)

足足!足足!足足!
足足!足足!足足!

---

① "For the Japanese who were translating and writing Whitman at this time the interest was clearly in the 'democratic' Whitman, and if Kuo came to Whitman through Arishma's writing, he could not have missed this. Nevertheless, for Kuo, the verbal effect is obviously major." Winne Tsang. "Kuo Mo-jo's *The Goddesses.*" Op. cit., p. 102.

五百年来的眼泪倾泻如瀑。
　　五百年来的眼泪淋漓如烛。
　　流不尽的眼泪，
　　洗不尽的污浊，
　　浇不熄的情炎，
　　荡不去的羞辱，
　　我们这缥缈的浮生，
　　到底要向哪儿安宿？

（《凰歌》）

　　在《我的作诗的经过》中，郭沫若描绘了他创作《地球，我的母亲！》和《凤凰涅槃》的情形，将他特别受到惠特曼影响而创作的诗歌的名单加长了，包括了《立在地球边上放号》、《天狗》、《心灯》、《炉中煤》和《巨炮之教训》。在这两种情形中，郭沫若都强调了"灵感"(inspiration)。实际上，郭沫若只是在他的自传中对惠特曼的"那种把一切的旧套摆脱干净了的诗风，我是彻底地为他那雄浑的、豪放的、宏朗的调子所动荡了"加以了夸大的陈述而已。郭沫若没有像他说自己模仿了泰戈尔的风格那样直截了当地说自己对惠特曼的诗风进行了模仿，但他确实显而易见地继承了惠特曼的风格。而且，这对一个受过中国传统教育的人来说尤其令人惊讶：短语的大量重复、第一人称的反复使用、人名和史实的千变万化。所有这些郭沫若都立刻抓住并进行了模仿①。惠特曼作品的语言效果在那个时代似乎毫无疑问是巨大的，尽管从他后来的发展来看，会很自然地想要在其中找寻其思想的影响。对那个时代翻译和创作有关惠特曼作品的日本人来说，他们的兴趣显然是"民主的"惠特曼。如果郭沫若是通过有岛武郎的作品接近惠特曼的话，他是不可能错过这一点的。然而，对郭沫若而言，惠特曼作品的语言效果显而易见是主要的。②

　　从前面引文中可以看出，惠特曼的作品风格显然体现在了《凤凰涅槃》中。

---

① "Kuo goes on for another four similar stanzas, praising religious revolutionaries (Sakyamuni, Mo-tzu, Martin Luther), conceptual revolutionaries (Copernicus, Darwin, Nietzsche), revolutionaries in literature and art (Rodin, Whitman, Tolstoy) and revolutionaries in education (Rousseau, Pestalozzi, Tagore)." Winne Tsang. "Kuo Mo-jo's *The Goddesses*." Op. cit., p. 103.

② 译者英译时漏掉了"啊啊！我眼前来了的滚滚的洪涛哟！"一行。

这在《匪徒颂》一诗第 1 节中一长串国家和时代的名字中更加明显：

（一）
反抗王政的罪魁，敢行称乱的克伦威尔呀！
私行割据的草寇，抗粮拒税的华盛顿呀！
图谋回复的顽民，死有余辜的黎塞尔呀！
西北南东去来今，
一切政治革命的匪徒们呀！
万岁！万岁！万岁！

（二）
鼓动阶级斗争的谬论，饿不死的马克思呀！
不能克绍箕裘，甘心附逆的恩格斯呀！
亘古的大盗，实行共产主义的列宁呀！
西北南东去来今，
一切社会革命的匪徒们呀！
万岁！万岁！万岁！

郭沫若接着在其后的 4 个诗节中歌颂了宗教革命的匪徒释迦牟尼、墨家巨子、马丁·路德，学说革命的匪徒哥白尼、达尔文和尼采，文艺革命的匪徒罗丹、惠特曼和托尔斯泰以及教育革命的匪徒卢梭、丕时大罗启和泰戈尔。①

《立在地球边上放号》中的重复则有助于抒发惠特曼的声音中所蕴含的那种力和能量的感情：

无数的白云在空中怒涌，
啊啊！好幅壮丽的北冰洋的情景哟！

---

① "This was not hard for him to recognize as he wrote his autobiography twelve years later and to decide that his third phase which produced the dramatic pieces that he placed first in *The Goddesses* in 1921 represented a decline." Winne Tsang. "Kuo Mo-jo's *The Goddesses*." Op. cit., p. 103. 作者说郭沫若将他创作的戏剧放在了《女神》诗集的开首，指的应是放在《女神》第一辑中的《女神之再生》、《湘累》和《棠棣之花》。"衰退"应该是针对郭沫若诗歌创作的激情和诗歌作品的质量而言，因为郭沫若也说："不知怎的把第二期的情热失掉了，而成为韵文的游戏者。"

无限的太平洋提起了他全身的力量来要把地球推倒。
啊啊！不断的毁坏，不断的创造，不断的努力哟！
啊啊！力哟！力哟！
力的绘画，力的舞蹈，力的音乐，力的诗歌，力的律吕哟！①

这在另一首相似但更长些的诗《笔立山头展望》中甚至更加的明显：

大都会的脉搏呀！
生的鼓动呀！
打着在，吹着在，叫着在，……
喷着在，飞着在，跳着在，……
四面的天郊烟幕蒙笼了！
我的心脏呀，快要跳出口来了！
哦哦，山岳的波涛，瓦屋的波涛，
涌着在，涌着在，涌着在，涌着在呀！
万籁共鸣的 symphony，
自然与人生的婚礼呀！
弯弯的海岸好象 Cupid 的弓弩呀！
人的生命便是箭，正在海上放射呀！
黑沈沈的海湾，停泊着的轮船，进行着的轮船，数不尽的轮船，
一枝枝的烟筒都开着了朵黑色的牡丹呀！
哦哦！二十世纪的名花！
近代文明的严母呀！

---

① "What assisted this influence, needless to say, was the 'Neo-romanticism' current at that time and the 'Expressionism' which newly arisen in Germany. In particular, the disjointed expression of Expressionism found a most suitable nährboden (culture medium) in my disjointed mind. Toller's *Die Wandlung* and Kaiser's *Die Bürger von Calais* were the works I most regarded. Many of the writers of the school worshipped Goethe and made his 'Von Innen nach Aussen' their slogan. I, after I had translated *Faust* Part I, felt a still closer kinship. But this influence after all restricted me, and when I afterwards wanted to get free of it, it in fact cost me no little effort." Winne Tsang. "Kuo Mo-jo's *The Goddesses*." Op. cit., p. 105. 中文可参见《创造十年》，载《郭沫若全集·文学编》第 12 卷，前面所引书，第 66 页。

在这首诗中,郭沫若以惠特曼那种歌唱的方式抓住了某种惠特曼所歌唱的东西。

相反,《地球,我的母亲!》这首收在《女神》诗集第 2 辑中受惠特曼影响而创作的长诗则表达了郭沫若在泰戈尔和歌德那里受到吸引的泛神精神,这就是他所宣称的第 3 阶段的影响。只引用部分就足以能证明惠特曼风格对郭沫若诗歌的影响了:

地球,我的母亲!
我过去,现在,将来,
食的是你,衣的是你,住的是你,
我要怎么样才能够报答你的深恩?
……………………………………

地球,我的母亲!
我羡慕你的孝子,田地里的农人,
他们是全人类的褓母,
你是时常地爱抚他们。

地球,我的母亲!
我羡慕你的宠子,炭坑里的工人,
他们是全人类的普罗美修士,
你是时常地怀抱着他们。

地球,我的母亲!
我羡慕那一切的动物,尤其是蚯蚓——
我只不羡慕那空中的飞鸟:
他们离了你要在空中飞行。
……………………………………

地球,我的母亲!
我想那缥缈的天球,是你化妆的明镜,
那昼间的太阳,夜间的太阴,
只不过是那明镜中的你自己的虚影。

第二章　英语世界的郭沫若译介

惠特曼向郭沫若提供了一种风格,通过它郭沫若将自己作诗的欲望倾泻出来。《女神》诗集的第2辑包含了郭沫若所写得最好的、最与众不同的诗。当他在创作诗集《女神》12年后写他的自传,决定他诗歌创作的第3时期时,对他来说意识到这个时期代表的是一种衰退并不难。这个时期他创作戏剧作品,并将其中的3部放在了1921年出版的《女神》诗集的开头。①

翻译了《浮士德》对我却还留下了一个很不好的影响。我的短短的做诗的经过,本有三四段的变化。第一段是太戈尔式,第一段时期在"五四"以前,做的诗是崇尚清淡、简短,所留下的成绩极少。第二段是惠特曼式,这一段时期正在"五四"的高潮中,做的诗是崇尚豪放、粗暴,要算是我最可纪念的一段时期。第三段便是歌德式了。不知怎的把第二期的情热失掉了,而成为韵文的游戏者。我开始做诗剧便是受了歌德的影响。在翻译了《浮士德》第一部之后,不久我便做了一部《棠棣之花》。在那年的《学灯》的双十节增刊上仅仅发表了一幕,就是后来收在《女神》里面的那一幕,其余的通成了废稿。《女神之再生》和《湘累》以及后来的《孤竹君之二子》,都是在那个(歌德的)影响下写成的。②

作为一个医科学生,郭沫若在冈山的高等学校里接触了德语。老师们好文学,用文学名著做教材的方法激发了郭沫若对德语文学的兴趣(郭沫若列举了老师用歌德的自叙传《创作与真实》和爱德华·梅里克的小说《向卜拉格旅行途上的穆查特》做德文教材)。1920年的夏天,在当时《时事新报》的主笔张东荪的劝诱下,郭沫若开始为当时正计划介绍一些海外

---

① "This must raise a doubt whether Kuo read it before writing the poetic dramas of *The Goddesses*. It may be useful to consider the situation in Japan where Kuo was living. Kaiser's *Die Bürger von Calais* seems to have been the first expressionist drama to appear in translation (with an appended explanation of Expressionism) in 1921. The first of Toller's plays (*Aus dem Gefängnis*) was published in translation in 1922 and of Hasenclever (*Antigone*) in 1923. Goering's *Seeschlecht* was included in the opening programme of the Tsukiji Little Theatre in 1924. Knowledge of Expressionism in Japan seems to have been a post- rather than a pre-1920 matter." Winne Tsang. "Kuo Mo-jo's *The Goddesses*." Op. cit., pp. 105–106. 托勒写于狱中的第一部戏剧应该是1921年出版的《群众和人》(*Masse-Menschen*, 1921),文中作者没有明确提及。

② 中文可参见《创造十年》,载《郭沫若全集·文学编》第12卷,前面所引书,第65–66页。

文学名著的共学社翻译歌德的《浮士德》。郭沫若在1个月之内译完了《浮士德》的第1部，但是译稿的出版再一次让他失望了。

郭沫若在对第3种影响定义之后做了如下的陈述：

> 助成这个影响的不消说也还有当时流行着的新罗曼派和德国新起的所谓表现派。特别是表现派的那种支离灭裂的表现，在我的支离灭裂的头脑里，的确得到了它的最适宜的培养基。妥勒尔的《转变》，凯惹尔的《加勒市民》，是我最欣赏的作品。那一派的人有些是崇拜歌德的，特别把歌德的"由内而外"(Von Innen nach Aussen)的一句话做为了标语。在把《浮士德》第一部译过之后的我，更感觉着了骨肉般的亲热。但这一影响却把我限制着了，我在后来要摆脱它，却费了不小的努力。①

当细究时，这些话在很大的程度上比郭沫若对他发现惠特曼的叙述引起的问题要多。郭沫若的记忆似乎是错误的。他混淆了1920年之前和之后对于印象派的了解，而且将歌德和印象派相当随意地联系在一起。1917年底，托勒将《转变》这部作品的片段在慕尼黑军工厂工人罢工时以传单的形式发出来，一直到1920年才以完全的形式出版的。这就引起了质疑：郭沫若在他创作诗剧《女神》之前读过《转变》吗？将郭沫若在日本时生活的环境加以考虑或许是有用的。凯泽的《加莱的市民》似乎是1921年出版的翻译作品中第一部表现派戏剧。托勒写于狱中的戏剧《狱中杂记》(*Aus dem Gefangnis*)第1部的译本于1922年出版，汉森克勒维尔的《安提戈涅》(*Antigone*)于1923年出版。戈林的《海战》(*Seeschlacht*)被包括在1924年筑地小剧院(Tsukiji Little Theatre)的开幕式节目中。对印象派在日本的了解似乎是1920年之后而非之前的事。②

---

① "What seems apparent is that Kuo was anxious to represent the subjectivity of expressionism and its style as a wrong course for himself. In view of the general connections of Expressionists with Marxism (often has the adjective 'Communist' attached to his name). Kuo's position may be puzzling for 1932." Winne Tsang. "Kuo Mo-jo's *The Goddesses*." Op. cit., p. 106.

② "It represents the struggle between Southern and Northern China. Kung Kung represents the South, Chuan-hsü the North. I wanted to build a third China outside these two—a beautiful China. But in the end my strength was insufficient. Hence the result of my representation was but an empty frame." Ibid., p. 106. 中文可参见《创造十年》，载《郭沫若全集·文学编》第12卷，前面所引书，第68页。

1932年,当郭沫若将歌德说成是表现派的崇拜者时与他1920年的时候一样,肯定是搞错了。有可能他是从别处得到这个观点的,但看起来似乎更像是他个人的看法。显而易见的似乎是郭沫若急着将表现派的主观性及其风格作为对他来说是个错误的对象去加以介绍。至于表现派与马克思主义之间的普遍联系(托勒常常在他的名字之后贴上形容词"共产主义的"),郭沫若1932年的立场或许有些令人困惑。①

然而,1920年郭沫若的诗剧尝试中确实如印象派作家通常所为的那样呈现了一定程度的印象派的知识,这对他来说似乎意味着往前跨了一大步。他在《女神》诗集中将这些诗剧放在了主要的位置,因为诗集《女神》的标题就源于诗剧《女神之再生》。

《女神》诗集第1辑中的3部诗剧都是爱国题材。对于《女神之再生》郭沫若是这样描写的:

> 《女神之再生》是在象征着当时中国的南北战争。共工是象征着南方,颛顼是象征着北方,想在这两者之外建设一个第三中国——美的中国。但我自己的力量究竟太薄弱了,所表现出来的成果仅仅是一副空架子。②

《女神之再生》因而是一部含有寓意的诗剧。女神希望能造出新的光明、新的热力和新生的太阳来。这是郭沫若的理想,是他的美丽中国。共工和颛顼争帝,最终是两败俱伤。农人和牧羊人表达出了人民所遭受的痛苦。然而,郭沫若并没有清晰地描绘出他的理想来,因为女神仅仅只唱着:

> 哦,我们感受着新鲜的暖意了!
> 我们的心脏,好像些鲜红的金鱼,在水晶瓶里跳跃!
> 我们什么都想拥抱呀!
> 我们唱起歌来欢迎新造的太阳吧!

---

① "In this song it has to be noted that Kuo reverted to traditional Chinese metre and the classical language." Winne Tsang. "Kuo Mo-jo's *The Goddesses*." Op. cit., p. 107.

② "The tone is tranquil and serene and the style shows traces of traditional poetry. In the second, '*Impressions of Shanghai*' there is a great alteration of tone." Ibid., p. 108.

诗剧的结尾,舞台监督说:

诸君,你们要望新生的太阳出现吗?还是请去自行创造来!

第2部诗剧《湘累》描绘了古代诗人屈原被流放后游洞庭湖的情景。剧中屈原表达了自己的爱国热情和被流放后的痛苦与愤恨。

第3部诗剧《棠棣之花》取材于聂政刺杀韩相侠累的故事。《女神》诗集中选录的是聂政和姐姐聂嫈在母亲墓前即将分别的一场。该场描写了聂嫈和聂政姐弟俩的爱国之情。人民的苦难通过聂嫈的歌唱了出来:

不愿久偷生,
但愿轰烈死。
愿将一己命,
救彼苍生起!

苍生久涂炭,
十室无一完。
既遭屠戮苦,
又有饥馑患。

饥馑匪自天,
屠戮咎由人。
富者余粮肉,
强者斗私兵。

侬欲均贫富,
侬欲茹强权。
愿为施瘟使,
除彼害群遍!

应该注意的是,在聂嫈所唱的歌中,郭沫若用的是传统的中国诗词韵律和旧体的语言(文言文)。①

郭沫若的诗剧在创作的时间上并不是《女神》诗集中最早的。收录进《女神》第3辑中的2首诗创作于郭沫若于1921年4月初返回中国的时候。在第1首《黄埔江口》中郭沫若描绘了他靠近上海时的情景：

> 平和之乡哟！
> 我的父母之邦！
> 岸草那么青翠！
> 流水这般嫩黄！
>
> 我倚着船栏远望，
> 平坦的大地如象海洋，
> 除了一些青翠的柳波，
> 全没有山崖阻障。
>
> 小舟在波上簸扬，
> 人们如在梦中一样。
> 平和之乡哟！
> 我的父母之邦！

诗的语气是平和的、安详的，诗的风格有中国传统诗歌的痕迹。在第2首《上海印象》中，诗的语气发生了很大的变化。②

---

① "His becoming a writer, however, was not an accident. Letters and learning were still an instinctive pursuit for Kuo, even though these had lost their traditional context during his boyhood. Poetry was the most obvious medium in which to follow that instinctive pursuit." Winne Tsang. "Kuo Mo-jo's *The Goddesses.*" Op. cit., p. 108.

② "Wen I-to who in one article on *The Goddesses* praises it for its newness, in another finds fault with its lack of 'local color', its use of foreign words, places and persons." Ibid. 闻一多在《〈女神〉之时代精神》中赞扬《女神》的"新"："若讲新诗，郭沫若君底诗才配称新呢。"在《〈女神〉之地方色彩》中却又挑它的毛病，认为："《女神》中所用的典故，西方的比中国的多多了，Apollo, Venus, Cupid, Bacchus, Prometheus, Hegeia……是属于神话的；其余属于历史的更不胜枚举了。""《女神》中底西洋的事物名词处处都是，数都不知从哪里数起。""《女神》还有一个最明显的缺憾，那便是诗中夹用可以不用的西洋文字了。《雪朝》、《演奏会上》两首诗径直是中英合璧了。我以为很多的英文字实没有用原文的必要。""我前面提到《女神》之薄于地方色彩底原因是其作者所居的环境。"中文可参见《〈女神〉之时代精神》和《〈女神〉之地方色彩》，载《闻一多全集》第3卷，第185页和第195—201页。

我从梦中惊醒了！
Disillusion 的悲哀哟！

游闲的诗，
淫嚣的肉，
长的男袍，
短的女袖。
满目都是骷髅，
满街都是灵柩。
乱闯，
乱走。
我的眼儿泪流，
我的心儿作呕。
我从梦中惊醒了！
Disillusion 的悲哀哟！

《女神》诗集中有一首描绘郭沫若回国后不久与成仿吾去杭州西湖的旅程的诗。8月，《女神》由郭沫若为其工作的泰东书局出版。《女神》是出版的第一部郭沫若作品，也是由他、他的朋友以及其他日本的中国留学生组成的创造社成员创作的系列丛书中出版的第一部。显然，从郭沫若后来对创造社的回忆中可以看出，《女神》是他最重要的作品，是他极度渴望进行创作并成为一名作家的产物。我们注意到郭沫若在他自己回顾《女神》的创作过程时是如何对偶然性加以强调的。从郭沫若的写作方向来看，这在一定程度上可能是真实的。然而，郭沫若成为一个作家却并非偶然。对郭沫若来说，文字和学问仍然是他天生的追求，即使在他的少年时代这些东西失去了传统的环境。诗歌是遵循这种本能的追求最显而易见的媒介①。闻一多在一篇文章中赞扬《女神》的"新"，而在另一篇文章中却又挑

---

① "Especially, there is his attempt at a philosophical position in which he brings together in his pantheism, his Chinese and his new learning, Chuang-tzu, Kabir and Spinoza." Winne Tsang. "Kuo Mo-jo's *The Goddesses.*" Op. cit., p. 109.

它的毛病,认为它缺乏"时代色彩",使用外语的地名和人名①。然而可以推测,在五四后中国真正发现外国这个世界之前,《女神》的影响和成功的确在很大程度上得益于对外国的介绍。如果我们用相反的时尚去看这部诗集,就会发现在其中只占一小部分的某些诗,部分或全部在主题和处理手法上都可以被称作是传统的。

如《晴朝》一诗:

池上几株新柳,
柳下一座长亭,
亭中坐着我和儿,
池中映着日和云。

鸡声,群鸟声,鹦鹉声,
溶流着的水晶一样!
粉蝶儿飞去飞来,
泥燕儿飞来飞往。

落叶蹁跹,
飞下池中水。
绿叶翩跹,
翻弄空中银辉。

一只白鸟,
来在池中飞舞。
哦,一弯的碎玉!
无限的青蒲!

也有郭沫若试图同时强调中国传统和外国影响的例证。比如,郭沫若

---

① "The above review of *The Goddesses* against its author's accounts of its formation, written a decade or more later, suggests the need of attention to detail, precision in dating and regard for the total context." Winne Tsang. "Kuo Mo-jo's *The Goddesses.*" Op. cit., p. 109.

在《凤凰涅槃》的前言中写道：

  天方国古有神鸟名'菲尼克司'（Phoenix），满五百岁后，集香木自焚，复从死灰中再生，鲜美异常，不再死。

  按此鸟殆即中国所谓凤凰：雄为凤，雌为凰。《孔演图》云："凤凰火精，生丹穴。'广雅云：'凤凰……，雄鸣曰即即，雌鸣曰足足。"

  尤其是，郭沫若试图展现一种哲学立场，将自己的泛神论思想、中国传统以及新知，即庄子、卡比尔和斯宾诺莎融汇在一起。①

  上面所呈现的《女神》中的思想与作者10多年后在传记中所记述的是相悖的，这提醒读者关注文本的细节、注意标注的准确日期以及对整个文本加以考虑的必要性。关注郭沫若在日本时的发展的详细记录显得尤为必要②。20世纪10年代和20年代期间，对于政治和思想方面的变化郭沫若个人态度的转变是相当大的。要扩展郭沫若的传记，鉴赏他的整个创作，了解其传记和创作都是时代的产物，还需要进一步等待对外国文学和思想在中国和日本被吸收、被适应这些年的深入研究。③

四、高利克的郭沫若《女神》研究

  1986年《中西文学关系的里程碑》在德国威斯巴登出版④。1990年，

---

  ① "Especially, there is his attempt at a philosophical position in which he brings together in his pantheism his Chinese, his new learning, Chuang-tzu, Kabir and Spinoza." Winne Tsang. "Kuo Mo-jo's *The Goddesses*." Op. cit., p. 109.

  ② "The above review of *The Goddesses* against its author's accounts of its formation, written a decade or more later, suggests the need of attention to detail, precision in dating and regard for the total context." Ibid.

  ③ "Kuo's personal attitudes changed rapidly in response to the political and intellectual changes of the 1910s and 1920s. To enlarge the biography of the man, to appreciate his writing more fully and to understand both as a product of his times await further detailed study of these years in which foreign literature and thought were absorbed and adapted in China and Japan." Ibid.

  ④ 马立安·高利克：《中西文学关系的里程碑》，前面所引书，1986年版。第3章在该书的第43—71页。高利克在2012年接受北京第二外国语大学刘燕教授的采访时谈到了他对"Confrontation"这个词语的解读。他认为将其翻译为"接触的踪迹"或"交融"更好些。高利克原文为："The Chinese translation of my *Milestones* appeared in 1990. In 2007 appeared an essay written by Wang Wei 王炜 and in 2009 by Peng Song 彭松 where *duikang* 对抗 contradiction, *jiechu de zongji* 接触的踪迹 traces of the contact, or *jiaorong* 交融 blending are more exact rendition of the idea I had in mind." 该采访原文未正式发表。本书作者注。

由伍晓明和张文定等翻译的此书中文本出版,书名为《中西文学关系的里程碑》①。该书的第3章以《郭沫若的〈女神〉:与泰戈尔、惠特曼、歌德的创造性对抗》为题研究了郭沫若的《女神》在创造过程中的发生、发展以及受外来影响的过程。文章讨论了郭沫若《女神》诗集57首中的25首,分别为:1) *Venus* 2)岸上 3)别离 4)晨安 5)金字塔 6)太阳礼赞 7)立在地球边上放号 8)沙上的脚印 9)新阳关三叠 10)海舟中望日出 11)我是个偶像崇拜者 12)梅花树下醉歌 13)天狗 14)地球,我的母亲! 15)凤凰涅槃 16)湘累 17)女神之再生 18)胜利的死 19)晴朝 20)春愁 21)序诗 22)新月与白云 23)死的诱惑 24)光海 25)日暮的婚筵

文章的开头与结尾作者都对郭沫若的《女神》给予了很高的评价,认为它"是1919年五四运动所开创的中国现代文学中头等重要的先驱作品,过去与现在都显然是中国国内与国外被讨论最多的诗集。""郭沫若的第一本白话诗歌和诗剧集具有很高的艺术和社会价值。它是一部受读者欢迎的杰出艺术家的作品,是源自文学、艺术、哲学、政治乃至科学领域的各种成分的创造性的组合,是来自《圣经》、《奥义书》、儒家经典以及现代哲学与神话观念的绚烂色彩的镶拼,是一幅五颜六色的文学意象的画卷。"②

文章首先分析了《女神》创作之前郭沫若所受的影响。尽管郭沫若在20世纪的头10年已经通过林纾"翻译"的《迦茵小传》(*Joan Haste*)、《艾凡赫》(*Ivanhoe*)、《吟边燕语》(*Tales from Shakespeare*)等了解了一些欧洲文学作品,但他第一次接触真正的西方文学作品却很可能是在1913年,即他读到美国诗人朗费罗(H. W. Longfellow)的短诗《箭与歌》(*The Arrow and the Song*)。这首诗给郭沫若留下了深刻的印象,并使他想到了《诗经》,尤其

---

① [捷克斯洛伐克]马里安·高利克著,伍晓明、张文定等译:《中西文学关系的里程碑》,北京:北京大学出版社,1990年版。

② 马立安·高利克:《中西文学关系的里程碑》,前面所引书,1986年版,第43页和71页。

是其中的《国风》这个众多中国旧体抒情诗的基础与源泉①。由于没有原文，郭沫若的回忆犯了3处错误：一是这首诗有3节而不是2节；二是诗人不是在林子里而是在一棵橡树上发现那支箭的；三是诗人的歌不在朋友的耳边，而是在朋友的心里②。郭沫若第一次尝试作的新诗是1916年用英文写的"Shadow and Dream"(《影与梦》)。它的中译文收入1923年的《辛夷集》中③。"影"与"梦"既是中国古代美学和诗歌的母题，也是小说与戏剧喜爱的母题④。一面是司各特（Walter Scott）、朗费罗、泰戈尔（Ranbindranath Tagore），另一面是《诗经》、道家文学与哲学，这两个极其不同的来源为郭沫若的诗歌创作，至少是为他的诗歌灵感提供了主题。尽管初看起来郭沫若阅读和思考王阳明的观点在很大程度上是因为身心的疾病，但其思想却是一片沃土。而郭沫若是怎样研究上了印度《奥义书》中的哲学这个问题还不清楚，但一个可能的促进因素是他阅读了泰戈尔翻译的《迦比尔诗百首》(One Hundred Poems of Kabir)，特别是那篇篇幅很长的序言。郭沫若对"梵"与"我"的关系以及二者事实上的同一有着明确的看

---

① 郭沫若原文为："民国二年进了高等学校的实科，英文读本仍然是匡伯伦。大约是在卷四或卷五里面，发现了美国的朗费洛（Longfellow）的《箭与歌》(Arrow and Song)。那首两节的短诗，一个字也没有翻字典的必要便念懂了。那诗使我感觉着异常的清新，我就好象第一次才和'诗'见了面的一样。诗的原文我不记得了，目下我手里也没朗费洛的全集，无由查考，但那大意我是记得的。那是说，诗人有一次射过箭，箭飞去了，但后来又发现着，在一座林子里面；诗人有一次唱过一首歌，歌声飞去了，但后来又发现着，在一位朋友的耳里。就这样一个简单的对仗式的反复，使我悟到了诗歌的真实的精神。并使我在那读得烂熟、但丝毫也没感觉着它的美感的一部《诗经》中尤其《国风》中，才感受着了同样的清新，同样的美妙。"可参见《郭沫若全集·文学编》第16卷，前面所引书，第174—175页。

② 马立安·高利克：《中西文学关系的里程碑》，前面所引书，1986年版，第45页。

③ 郭沫若的原文为："同住的一位本科生，有一次他从学校里拿了几章英文的油印录回来，是从太戈儿的《新月集》中选出来的几首诗，是《岸上》（应为《海岸上》）、《睡眠的偷儿》、《婴儿的世界》等篇。我把来展读时，分外感受着清新而恬淡的风味，和向来所读过的英诗不同，和中国的旧诗之崇尚格律雕琢的也大有区别。从此我便成为了太戈儿的崇拜者。凡是他早期的诗集和戏剧我差不多都是读过的。我在冈山时便也学过他，用英文来做过些无韵律的诗。《辛夷集》开首的《题辞》便是一九一六年的圣诞节我用英文写来献给安娜的那首散文诗，后来我把它改成了中文的。"可参见《郭沫若全集·文学编》第12卷，前面所引书，第56—57页。可以看出，郭沫若在文中并没有明确说明1916年圣诞节为安娜所写的这首英文诗是他所作的第一首新诗。另外，这首英文诗于1922年7月译成汉语，作为1923年出版的《辛夷集》的《小引》而非《题辞》。1923年出版的《辛夷集》中共收录郭沫若的5部作品，其中诗歌有《岸上》、《蜜桑索罗普之夜歌》、《夜步十里松原》和《鹭鹚》，另有短篇故事《牧羊少女》。《郭沫若全集·文学编》第16卷第176页的脚注中说"内收郭沫若著作8篇"。本书作者注。

④ 马立安·高利克：《中西文学关系的里程碑》，前面所引书，1986年版，第44页。

法,但迦比尔并不承认这种看法。在他看来,"梵"与"我"是永远分立而又永远合一的。迦比尔的老师罗摩难陀(Rāmānanda)承认"梵"与"我"并不存在不同,而郭沫若则根据其观点认为,在罗摩难陀看来,"梵"是独一无二、无所不在的实体。"我"是"梵"的一部分,与它同一,尽管二者从概念方面而论是不同的。"梵"可以通过某种更高级的宗教直觉而被知晓,这种自觉能够穿透大千世界的那些隐藏在各种各样的表象之后的幻想达于世界的真实统一体。一个高度抽象的公式"advaita-vedanta"(那即是你)即表达了"梵"与"我"、神与人、客体与主体间的同一。郭沫若后来的观点"梵我一如"与此极其相似。而王阳明的"万物一体"尽管关联甚远,但也与其有着相似。但在王阳明这里,强调的重心似乎转移到了人本身,转移到人之心,是心将人与大千世界统而为一的。①

尽管郭沫若在1915年初的时候就读了泰戈尔的《新月》(*The Crescent Moon*)、《园丁》(*The Gardener*)、《吉檀迦利》(*Gitanjali*)、《暗室王》(*The King of the Dark Chamber*)、《迷途之鸟》(*Stray Birds*)、《情人的礼物》(*Lover's Gift*)、《渡口》(*Crossing*)和《迦比尔诗百首》,但是,如果不算那些他翻译了但未能发表的泰戈尔诗歌的话,那么,直到1918至1919年,他对泰戈尔诗歌的某些反应才在他的作品中显示了出来。1934年的时候郭沫若承认,《女神》中的4首诗《新月与白云》、《死的诱惑》、《别离》与*Venus*是受了泰戈尔的影响而创作的,但是可以有理由质疑他所说的后2首诗是否真的受到了泰戈尔的启发。如果我们读一读*Venus*的第一节:"我把你这张爱嘴,比成着一个酒杯。喝不尽的葡萄美酒,会使我时常沈醉!"就足以看出一个更可能的灵感来源,那就是《所罗门之歌》(*Song of Solomon*)(应为《雅歌》,本书作者注)第一章第2节:"愿他用口与我亲嘴。因为你的爱情比酒更美。"或者可以将*Venus*的第2节:"我把你这对乳头,比成着两座坟墓。我们俩睡在墓中,血液儿化成甘露!"与书拉密(Shulamite)的"塔一样的双乳"和虚构的所罗门"将整夜躺在我的双乳之间"相比较。*Venus*和其他那3首据说是受泰戈尔启发而作的诗都是为安娜而写的,所

---

① 马立安·高利克:《中西文学关系的里程碑》,前面所引书,1986年版,第47—48页。

有这些诗很可能使她想到古希伯来诗歌的瑰宝。①

郭沫若不仅从《旧约》中,而且从日本作家有岛武郎(Arishima Takeo)的一出戏中了解了参孙和迪莱勒的故事。郭沫若并不完全同意有岛武郎对这两位圣经人物的理解,但却似乎赞同他的如下观点,即参孙是"灵底世界"的象征,或"神力"的象征,这种神力可以创造出超凡的英雄业绩。或者,参孙是力量的象征,人们最终意识到为了完成使命,这种力量不仅可以消灭敌对目标,而且还能够毁灭自己的力量源泉。有岛武郎和郭沫若都没能对参孙神话素做出恰当的解释。参孙被视为太阳及其能量的象征是有道理的:他的希伯来语名字"Simson"在语义上与"Semes"一词,即"太阳"接近。他的超凡力量以一种神秘的方式与太阳的力量相似。黑夜夺取了他的头发(即太阳的光)和居于其中的力量,因为"迪莱勒"这个名字可以从希伯来语"lajla"即"黑夜"中推演出来②。郭沫若读过斯宾诺莎的《神学政治论》(Tractatus Theologica-Politicus)以及其他著作,但他一点也没接受他的反创造的态度,或者他对上帝的反人格化和反人类学的理解。这可能是由于郭沫若是从一个诗人而非一位哲学家的角度来研究万事万物的,这就使得他带有更多的泛神色彩。我们以后将会看到,对于上帝拟人化的意象和人类学的解释将会受到郭沫若自我表现的艺术形式的制约。③

年轻、热烈、多情的郭沫若在泰戈尔的影响下所写的一切都是从那本《新月集》中得到的灵感。郭沫若的那首《岸上》的第3部分甚至引了可能是泰戈尔所有诗文中最美的几行,那首诗题为《海岸上》:"无穷世界的海边群儿相遇。无际的青天静临,不静的海水喧豗。无穷世界的海边群儿相遇,叫着,跳着。"郭沫若的《别离》一诗也让人想到泰戈尔《新月集》中的《观天者》(The Astronomer),只是《别离》中诗人代替了《观天者》中的那个孩子。泰戈尔诗中的那个孩子相信,他能用手抓住"圆圆的满月"。而《别离》中的诗人则希望能抓住那个像"黄金梳儿"一般的月亮,然后这位中国

---

① 马立安·高利克:《中西文学关系的里程碑》,前面所引书,1986年版,第47—48页。原文为:"因为在民国五年的夏秋之交有和她的恋爱发生,我的作诗的欲望才认真地发生了出来。《女神》中所收的《新月与白云》、《死的诱惑》、《别离》、《维奴司》,都是先先后后为她而作的。《辛夷集》的序也是民五的圣诞节我用英文写来献给她的一篇散文诗,后来把它改成了那样的序的形式。"可参见《郭沫若全集·文学编》第16卷,前面所引书,第176页。

② 马立安·高利克:《中西文学关系的里程碑》,前面所引书,1986年版,第49页。

③ 同上,第50页。

的所罗门就可以将它插在一位日本的书拉密(安娜)的头发上。而那个太阳呢,他想上天把它取来,借着爱人的手他可以把它像一个"月桂冠儿"那样放在自己的头上。太阳这个母题没有出现在泰戈尔的那首《观天者》中,"月桂冠儿"是郭沫若用以象征太阳的意象之一。他想象古代地中海地区为胜利者、伟人或诗人加月桂冠那样将太阳加在自己的头上,此深意不是第一眼就能从这些诗行中看出来的。太阳成了郭沫若的泛神论的—审美的宇宙中最重要的一位神:"太阳呀! 你同那月桂冠儿一样。我要想爬上天去,把你取来;借着她的手儿,戴在我的头上。"①

在郭沫若为其所译的波斯诗人莪默·伽亚谟(Omar Khayyām)的四行诗集所写的序中,他说宇宙中有无数个太阳,它们放射出无限的光和能,星际气体的凝缩则形成新的星系。但是在我们所分析的他的作品中,他总是回到这样的一个星,即太阳那里,郭沫若部分追随了中国本土的传统。他并不是唯一歌颂太阳宇宙的人,但是他的向导已不再是泰戈尔,而是那位伟大的美国民主诗人瓦尔特·惠特曼(Walt Whitman)。有好几种东西将郭沫若和惠特曼联系在一起,其中即包括科学与民主。另外,在总体上他们还有着相似的诗学观和艺术观,相似的泛神论世界观。郭沫若可能从不会写出"我在万物中听到并看到上帝……"这样的诗行,虽然他可能同意这行诗的后半部分和随后的诗行:"但我对上帝仍毫不理解。我也不能理解谁能够比我自己更加神奇。"或许可以同意马尔科姆·考利(Malcolm Cowley)的解释,认为在惠特曼看来,"万物都是灵魂的放散,既然惠特曼的灵魂也具有同样的本质,他就能够与那些活着的或死去的,英雄的或罪恶的万物万众认同。"郭沫若在诗中以相似的方式表现自己,但他肯定不会认同"宇宙灵魂"这样一个概念。郭沫若对自然、对质、对量和对力的尊重使他相信此力"即是创生万汇的本源,即是宇宙意志,即是物自体。能与此力瞑合时,则只见其生而不见其死,只见其常而不见其变。"②

我们可以在这两位作者的诗中注意到某些对于世界的本质、对于实体以及对于宇宙之各种组成部分的不同理解,尽管二者都具有泛神论思想。读郭沫若最有价值的作品之一《晨安》会让我们想到惠特曼的《向世界致

---

① 马立安·高利克:《中西文学关系的里程碑》,前面所引书,1986年版,第51—52页。
② 同上,第51—52页。中文可参见《郭沫若全集·文学编》第15卷,前面所引书,1986年版,第273页。

敬》。这2首诗的标题或许都可以理解为是问候的形式,尽管这种问候极不寻常,因为它们适合更加宽泛的领域。两首诗的艺术实现形式不同,惠特曼仅是在精神上遨游于五大洲之上,描绘他的所见所闻。诗人认为自己就是世界上存在着的一切的化身。郭沫若则选择了一种不同的方式,一种不为惠特曼所知但却合乎中国文学传统的形式,即"远游",它是典型的道家哲学的、《楚辞》诗学形式的,更准确地,是屈原根据民间祭神乐歌改作或加工而成的《九歌》的一种形式。《晨安》中,郭沫若灵感的主要来源似乎是《东君》。郭沫若在《晨安》中使用了"扶桑"这个神话素。太阳每晚回到它升起的地方,清晨则必须爬上扶桑的枝头。根据《淮南子·天文训》:"日出于旸谷,浴于咸池,拂于扶桑。是谓晨明。"郭沫若将"明"字换成了"安"字,"晨明"随即意为"晨安"。诗中他让"扶桑"仍然沉浸在睡梦中以表明是问候和祝福全世界的时候了,但那个象征着自由、平等和社会公正的新的太阳还未升起,但现在已经不会拖延太久了:"晨安！大西洋呀！晨安！大西洋畔的新大陆呀！晨安！华盛顿的墓呀！林肯的墓呀！惠特曼的墓呀！啊啊！惠特曼呀！惠特曼呀！太平洋一样的惠特曼呀！啊啊！太平洋呀！晨安！太平洋呀！太平洋上的诸岛呀！太平洋上的扶桑呀！扶桑呀！扶桑呀！还在梦里裹着的扶桑呀！醒呀！Mesame 呀！快来享受这千载一时的晨光呀！"①诗人仿效太阳神祝"万物"晨安:大海、晨光、白云、细雨、晨风、新中国、长城、黄河、长江、新世界的先驱、年轻的俄罗斯、帕米尔和喜马拉雅山、泰戈尔和恒河、红海、苏伊士运河和金字塔、加布里埃尔·邓南遮(Gabriel d'Annunzio)、罗丹(August Rodin)的雕像《沉思者》(*The Thinker*)、半工半读的中国留法学生、拒绝在第一次世界大战中为德国侵略者服役的比利时人、爱尔兰及其革命诗人。现代读者可能会对郭沫若对邓南遮的问候感到奇怪。郭沫若那时心里想到的一定是他对那时的敌方城市维也纳的空袭、他的受伤以及右眼的失明。在后来的版本中,达·芬奇(Leonardo da Vinci)及其飞行梦想代替了邓南遮。②

太阳是《女神》中好几首诗的主要赞美对象,要数《金字塔》2首最为出

---

① 马立安·高利克:《中西文学关系的里程碑》,前面所引书,1986年版,第54页。中文可参见《郭沫若全集·文学编》第1卷,前面所引书,第67页。

② 马立安·高利克:《中西文学关系的里程碑》,前面所引书,1986年版,第55页。这里想要说明的是,高利克在研究郭沫若及其作品时,特别注意对其作品初版本的强调与使用。本书作者注。

色。《金字塔》其一是关于金字塔和太阳的颂歌,其中金字塔是太阳的象征。《金字塔》其二是人类创造能力的赞歌:"创造哟! 创造哟! 努力创造哟! 人们创造力的权威可与神祗比伍! 不信请看我,看我这雄伟的巨制吧! 便是天上的太阳也在向我低头呀!"在《太阳礼赞》中郭沫若又回到了"日出"这一母题,但这一次他是以一种符合其独特的泛神论信念的独创的方式来表现自我的。他似乎是一位太阳的崇拜者,与楚国时期的巫师相似,对上帝念着冗长的诗的祷告词,表白自己的信念:"太阳哟! 你不把我照得个通明,我不回去! ……太阳哟! 你请永远倾听着,倾听着,我心海中的怒涛!"①这首诗中有三点值得注意:一是始终如一地运用了惠特曼的诗学,即铺排事物的技巧;二是"立在大海边"这几个字构成了郭沫若的另一首诗《立在地球边上放号》的基础;三是"心海"这个概念出现了 2 次②。它原本是个佛教术语,用以表示一切有情的事物之相似的思想或者感觉。"我心海中的情涛"并不比"心波"这个哲学术语多些什么意思。"心波"也具有诗意,表示的是自心海不断涌出的思想之流。诗人的心海是新世界的创造者,是新社会的创造者。而且,他的心海和心波也作为泛神实体的表现出现在古老的金字塔之间。这种泛神实体不受时空的限制,是一种永恒的创造性放射,是流动不居的万物之后一个普遍生成和毁灭的过程,是个体与一切的泛神融合。③

太阳也是《沙上的脚印》、《新阳关三叠》和《海舟中望日出》的主题。其他诗中也有提及太阳的,但在这些诗中,太阳通常仅是所写景物的一部分而非宇宙的中心。在《新阳关三叠》中,诗人将重点显而易见地放在了对太阳是"自我爆裂"的一个实例的强调上,这是自我表现的一种独特形式,它能"开出血红的花朵",放出生命的光和热。而在另一首更常被引用的诗《我是个偶像崇拜者》中,诗人一开始就提及了太阳。郭沫若利用了惠特曼的铺陈技巧,列举了那些我们可在惠特曼的《斧头之歌》(Song of the Broad-Axe)第 3 节中找到的事物,起一种索引的作用。只不过郭沫若的

---

① 马立安·高利克:《中西文学关系的里程碑》,前面所引书,1986 年版,第 55—56 页。除"太阳哟! 你请把我全部的生命照成道鲜红的血流!"一行外,高利克还引用了《太阳礼赞》一诗的后半部分。可参见《郭沫若全集·文学编》第 1 卷,前面所引书,第 103—104 页。

② 马立安·高利克:《中西文学关系的里程碑》,前面所引书,1986 年版,第 56 页。这是英语世界郭沫若研究学者第一次提出这样的观点,认为《立在地球边上放号》是以《太阳礼赞》中的"我背立在大海边头紧觑着你"一句为基础的。本书作者注。

③ 马立安·高利克:《中西文学关系的里程碑》,前面所引书,1986 年版,第 56 页。

这首诗不是由"具有属性定义的一系列名词"组成,而是由作为系统—结构之存在的各种最重要的"实体"样式组成的。这些"实体"的"样式"同时属于"能动的自然"(natura naturans)和"具有破坏作用的自然"(natura destructans)。"我"(I)作为每一行的主语将全诗连在一起,贯穿始终。全诗共9行,第1行诗人声明他的偶像崇拜立场,最后一行则声明其反对偶像崇拜的立场,而第5行诗人或许是以一种最意味深长的方式点明古今人类的创造精神。这首诗是对人类的礼赞,人在这里是万物的尺度,是中国古代哲学家曾说的"宇宙之心",是以泛神论方式所理解的、作为大千世界的最重要组成部分的"自我"。①

《梅花树下醉歌》中诗人赞美的是梅花所代表的"自我表现的全宇宙的本体"。对郭沫若来说,梅花是"宇宙的精髓"、"生命的泉水",它们与诗人的"自我"是同一的。诗人看不出自己与这些花之间有区别,因为二者都是同一本体的不同"样式"。从这首诗没有收入《女神》而仅见于《三叶集》的那部分中可以看出,"本体"的同一性适用于其所实际代表的一切"样式"②。而在《天狗》一诗中,郭沫若的泛神论自我表现倾向达到了极致。《天狗》同《我是一个偶像崇拜者》一起,与惠特曼的《自我之歌》(Song of Myself)相对应,尤其是《自我之歌》第41节。在这一节中,惠特曼量出了"耶和华(Jehovah)的准确尺寸,印刷了克罗诺斯(Kronos)以及他的儿子宙斯(Zeus)和孙子赫拉克勒斯(Hercules)"。与惠特曼一样,郭沫若也夸大了自己,把自己在名义上几乎等同于"天狼"。郭沫若根据自己的需要和方便改造了北欧神话中的"狼"这个神话素。如果惠特曼将自己等同为《圣经》中天与地的创造者耶和华,等同于克罗诺斯,然后又等同于宙斯和他的儿子赫拉克勒斯的话,郭沫若则同样将自己等同于哈梯(Hati)、斯库尔(Sköll)和玛纳加尔姆(Managarm),只不过他不是在世界末日,而是在生命中的每一时刻将自己与他们等同③。文章全文英译了《天狗》一诗,认为诗人的"自我"不仅是"全宇宙底 energy 底总量",而且是诸天体毁灭与创造的表现,是我们这个星球和其他星球各种元素的表现,是能量的最重要形式的表现。在郭沫若的笔下,北欧神话中狼这个原在自然界中具有启示

---

① 马立安·高利克:《中西文学关系的里程碑》,前面所引书,1986年版,第57页。
② 同上,第57—58页。收入《女神》中的《梅花树下醉歌》为《三叶集》中该诗的前半部分,只有个别字和标点符号有改动。本书作者注。
③ 马立安·高利克:《中西文学关系的里程碑》,前面所引书,1986年版,第58页。

作用的神话素被现代化,被用来表现发生在宇宙中的持久不断的过程。这首诗中的"我便是我呀!"与上帝在"上帝之山"上透露给摩西的信息相似。诗人的自我不仅把太阳编成的"桂冠"放在自己头上,还把月亮和其他一切星球编成的"桂冠"也放在了自己头上。①

郭沫若在《创造十年》中谈到诗歌创作的发展,这些话对读者理解他的诗是非常重要的,但需要加些注释。不能说这些创作发展阶段之间的界限就像郭沫若自己所说的那样是一清二楚的②。首先第2和第3时期之间的连接点就有些问题,这是由于郭沫若的发展和他的自我表现的需要,它们在同一时间具有不同层面的缘故。惠特曼的诗学是在暴风雨般的1919年作为一颗超级新星向他发出光辉的,使他在1920年的上半年激动不已,此后,惠特曼的大部分诗学对他也一直有影响。郭沫若知道歌德的时间要更早一些,是在1917—1918年间,在他离开冈山六高之前的最后日子里,是在他知道泰戈尔之后不久。和同学们一起,郭沫若读了歌德的《诗与真》。在那位年轻的在书房里思考研究哲学、医祝和神学之无用的浮士德博士身上,郭沫若发现了自己双重的第二自我。他翻译了全书开头浮士德的那段独白,把它当作歌德巨作的第一个样本。这段译文发表于1919年10月10日。《浮士德》对郭沫若的影响并非像他自己说的那样是消极的,恰恰相反,《浮士德》留给他的印象是古典式的端庄、节制与清醒,在某种程度上抑制了郭沫若的泛神论式的自我扩张。郭沫若与宗白华简短却效果极佳的通信也像《浮士德》中的一些片段那样对郭沫若产生了积极的影响。③

认识浮士德之后郭沫若发现,至少是部分地发现,他在《草叶集》(*Leaves of Grass*)的影响下获得的这种对泛神论的阐述是有问题的,他感到了控制自己的狂热的必要性。在《浮士德》第1卷开头浮士德的独白中,郭沫若发现了"我莫非是神?"和"我不像神"这2个句子与他在《天狗》一诗

---

① 马立安·高利克:《中西文学关系的里程碑》,前面所引书,1986年版,第59页。
② 同上,第60页。郭沫若关于自己作诗的经过,原文为:"我的短短的做诗的经过,本有三四段的变化。第一段是太戈尔式,这一段时期在'五四'以前,做的诗是崇尚清淡、简短,所留下的成绩极少。第二段是惠特曼式,这一段时期正在'五四'的高潮中,做的诗是崇尚豪放、粗暴,要算是我最可纪念的一段时期。第三段便是歌德式了,不知怎的把第二时期的情热失掉了,而成为韵文的游戏者。我开始做诗剧便是受了歌德的影响。"可参见《郭沫若全集·文学编》第12卷,前面所引书,第65—66页。
③ 马立安·高利克:《中西文学关系的里程碑》,前面所引书,1986年版,第60页。

中的表达是相悖的,与他对自己的神化是相矛盾的。在郭沫若翻译的《浮士德》片段(这段中大地精神被唤起)首次发表大约2个月之后,郭沫若写了《地球,我的母亲!》,它标志着诗人正在背离太阳宇宙这一观念:"地球,我的母亲!我想那缥缈的天球,是你化妆的明镜,那昼间的太阳,夜间的太阴,只不过是那明镜中的你自己的虚影。"①不久之后,郭沫若在1920年1月10日这一天之内完成了中国现代文学史上的第一首抒情长诗《凤凰涅槃》。跟《草叶集》相比,这时《浮士德》带给他的影响更大,即便他还保留了一些不同的东西②。创作《凤凰涅槃》的根本原因可能是他自己的生活,从他给田汉的信中我们可以推想出一个结了婚又离了婚,在异国引诱了一个天真无邪的姑娘的男人良心的悔恨。在读到《浮士德》中题为"城廊"的一场,看到葛丽卿把花插在悲哀圣母像前的花瓶中时郭沫若不禁流泪了,这很容易让人想到浮士德与郭沫若之间的某些相似之处。

《凤凰涅槃》也可看成是一部简单的诗剧。在完成这首诗几天之后写给宗白华的一封中,郭沫若说这首诗的素材源自埃及、希腊和罗马神话,这点也可以通过细读此诗而看出。诗的开头描写一对凤凰在除夕将近的夜空中一边飞翔一边哀歌。"除夕"也许含有更深的象征意义,因为在中国的神话传说中,凤凰的出现被看成是个可疑的预兆,预示着伟大光荣的统治者的出现,或是为他的统治带来祝福,或是预示着天下的太平③。郭沫若在中国神话适合他的创作构思时坚持了中国传统,他选择了一对雌雄异体的凤凰,而在其他的神话传统中凤凰被认为是无性的或者是雌雄同体的。在更重要的一些方面,他却追随了外国传统,如那个时候在中国还不为人所知的"自焚"或"太阳鸟"这个在埃及—罗马世界极为普通的存在。

---

① 马立安·高利克:《中西文学关系的里程碑》,前面所引书,1986年版,第62页。
② 高利克在注释中说这个可参照郭沫若的"我的作诗的经过",但文中郭沫若并没有明确指出自己作《凤凰涅槃》时受《浮士德》的影响多过《草叶集》。原文为:"《凤凰涅槃》那首长诗是在一天之中分成两个时期写出来的。上半天在学校的课堂里听讲的时候,突然有诗意袭来,……诗语的定型反复,是受着华格讷歌剧的影响,是在企图着诗歌的音乐化,但由精神病理学的立场上看来,那明白地是表现着一种神经性的发作。那种发作大约也就是所谓'灵感'(inspiration)吧?""我和歌德接近也是在民八的暑间,那时我译过他的《浮士德》的《夜》,在书斋中的那一场独白,是在那年的《学灯》的双十节增刊上发表了的。第二年又译过《浮士德》第二部第一幕《风光明媚的地方》,也在《学灯》上发表过。因为我有这两次的发表,在民九的初夏便接到当时的共学社的怂恿,从事《浮士德》的全译。在暑假中只译完了第一部,却没有得到发表的机会。"可参见《郭沫若全集·文学编》第16卷,前面所引书,第179—180页和第182—183页。本书作者注。
③ 马立安·高利克:《中西文学关系的里程碑》,前面所引书,1986年版,第63页。

郭沫若根据自己的需要对它们进行了改动①。古罗马历史学家塔西佗（Tacitus）曾说："凤凰在飞往埃及时由一大群羡慕它再生的鸟护卫着。"但郭沫若却让群鸟聚集在濒死的而非新生的凤凰周围，它们不是羡慕它，而是来嘲笑它，从它的死亡中寻求乐趣。唯一例外的是那只雄鸡，它的啼鸣宣示着光明的更生、宇宙的更生以及凤凰从它们自己的灰烬中的更生②。从哲学和文学方面来看，《凤凰涅槃》中最令人感兴趣和最有价值的是凤凰死前的歌唱。雄凤遵循的是体现在如《天问》或《列子·汤问篇》中中国古代哲学的怀疑传统，将自己时代中有关自然和宇宙生命的哲学及科学知识的问题和怀疑一一唱出："宇宙呀，宇宙，你为什么存在？……你到底还是个有生命的交流？你到底还是个无生命的机械？"③

　　在知道了郭沫若对《浮士德》开头"夜"一场和其后"囚牢"里的场面以及葛丽卿的定罪（但也是获救）有着异常深刻的印象后，那么，如果郭沫若在上面一段对于人类认识范围的局限性的挽歌之后再加上一段把整个宇宙等同于监狱的挽歌的话，也就没什么可惊讶的了："宇宙呀，宇宙，我要努力地把你诅咒：……你到底为什么存在？"④雌凤的歌是充满感情的，哀伤、忧郁、恍惚，富暗示性，它使人想到葛丽卿向圣母玛利亚的祈祷。二者的不同在于，雌凤本身就是一个神话素，因而不需要再求助于其他。它也与葛丽卿在狱中那悲哀的"独白"相似，极度渴望将自己从永恒的诅咒中拯救出来，释放出来。对于雌凤来讲，生活就是一座囚牢，如无边的大海，上面漂泊着孤舟，帆破舵烂。

　　欧洲和亚洲的凤凰神话史表明，凤凰的出现总是标志着世界历史上的一个重要转折。对郭沫若而言，凤凰的再生意味着更新和新时代的到来。凤凰更生歌是雄凤和雌凤一起唱的，它标志着回归古老的泛神论世界观，回到柏拉图和普罗提诺（Plotinus）著作中的原始元素，回到"一的一切"（the One——the All）和"一切的一"（the All——the One）这样的信念。但郭沫若并没有向读者解释这些，尽管从他那个时期的推论方式来看，他的陈述具有新柏拉图主义的形式，但他却为这些哲学前提赋予了不同的意义。也许，在这个新生的世界里，"实体"与这个物质的和精神的世界中的

---

① 马立安·高利克：《中西文学关系的里程碑》，前面所引书，1986年版，第63页。
② 同上。
③ 同上。
④ 同上，第64页。

各种现象的"样式"重新和谐起来。在郭沫若写作第一本诗集的时期,他把"火"这个元素作为太阳的象征来强调是很典型的。作为太阳之象征的中国凤凰也在其中起了作用,因为它与阴阳家的"五行"中的"火"联系在了一起:"我们更生了,我们更生了。……火便是他,火便是火。"这个新生的世界将充满光明,充满新的精神、美、旋律与和谐、欢乐与爱、热情与勇敢,充满自由、疯狂、神秘,充满悠久的生命与歌声。①

但是郭沫若的这种欣喜并没有持续多久,常变是他的典型特征。他的短诗剧《湘累》是否是在歌德的影响下所做值得商榷。它让读者想到《浮士德》第1卷中葛丽卿与浮士德的最后一次会面,只是这次会面不是在囚牢里,而是在风景优美的洞庭湖上。然而,这次不是屈原的姐姐女须(葛丽卿的对应者),而是屈原自己(浮士德的对应者)疯了。水妖的歌声对他越来越充满诱惑,使他很快就投入到了她们那致命的怀抱。在歌德那首郭沫若喜欢并将其译为中文的歌谣中,那位渔夫正好也是以同样的方式被诱惑的②。根据郭沫若自己的说法,《湘累》中的屈原是他自己的化身,就像浮士德是歌德的化身一样,并且在他以后的历史剧和短篇故事中,郭沫若也追随了歌德的这种自我表现形式。但是在《女神之再生》中却找不到类似的元意象,尽管这部诗剧体现了郭沫若的预言,并且在诗剧开始之前的题辞中我们就遇到了歌德。郭沫若以《浮士德》第2部结尾的8行"神秘的合唱"来作为他这部诗剧的题辞,并且将原文与其译文并列在一起:"一切无常者/ 只是一虚影;不可企及者/ 在此事已成;不可名状者/ 在此已实有;永恒之女性/ 领导我们走。"我们只能猜测为什么郭沫若将这首著名的诗不仅放在他这部诗剧的开头,而且也是放在了他第1部诗集的开头,因而实际上是放在了他创作生涯的开头。而歌德是把它放在自己最后一部伟大作品的结尾,因而实际上是把其放在了他生命历程的最后。③

如果说《凤凰之再生》清楚地表明了郭沫若与《浮士德》第1部最后一场的联系,那么《女神之再生》则使人想到《浮士德》第2部的最后一场。《女神之再生》的整个故事回到了中国的创世时期,不是女娲抟土造人的那个最初阶段,而是后来的时期,它在类型上与《启示录》(*The Revelation of*

---

① 马立安·高利克:《中西文学关系的里程碑》,前面所引书,1986年版,第65—66页。
② 同上,第66页。
③ 同上,第67页。

St. John)中的"天堂之战"(*War in Heaven*)或者希腊神话中泰坦(Titanomachy)反抗奥林匹斯诸神的斗争相当。在《女神之再生》中,女神们是没有姓名的,郭沫若也没有交代她们的职能。这些女神仅仅在这部诗剧的前半部分是女神,她们在合唱了"我们要去创造个新鲜的太阳,不能再在这壁龛之中做甚神像"之后就"全体向山阙后海中消逝"了。在共工与颛顼的战斗之后,出现的只是"黑暗中女性之声",而这声音应该被新太阳的新光明和新能量所传播。随着女神"再生"的理想境界,郭沫若又回复到了他的凤凰之"再生"的理想境界,于1919—1921年间回复到一个经修正的太阳宇宙,这是一个在1924年转向马克思列宁主义并获得一个坚实的形式之前他将连续几年一直不断再造的宇宙。①

文章的最后一个部分指出,《女神》的宇宙远比这里描绘出的更为复杂,我们的文学分析也远没呈现其全貌,文中所描述的文学间的过程或许可以通过进一步研究郭沫若这一时期的诗歌、戏剧和翻译作品所找到的更多的东西来加以补充,文中所提到的这3位伟大的世界文学作家并没有完全支配郭沫若的文学宇宙,他自己也承认还受到过其他外国作家,如海涅(H. Heine)、雪莱(P. B. Shelley)、瓦格纳(R. Wagner)的影响。瓦格纳的影响应该补充了他对歌德的反应。郭沫若还曾说过,助成歌德对他的影响的,"不消说也还有当时流行的新罗曼派和德国新起的所谓表现派。特别是表现派的那种支离灭裂的表现,在我的支离灭裂的头脑里,的确得到了它的最适宜的培养基。托勒尔(Ernest Toller)的《转变》(*Die Wandlung*),凯惹尔(Georg Kaiser)的《加勒市民》(*Die Bürger von Calais*)是我最欣赏的作品"②。

罗伊(David Tod Roy)认为郭沫若早期的诗剧试验具有表现主义戏剧的特点,即重思想交流而不重戏剧动作,重类型而不重人物,缺乏明确的背景和心理发展③。高利克对此表示赞同并加以了补充,认为在表现主义戏

---

① 马立安·高利克:《中西文学关系的里程碑》,前面所引书,1986年版,第68页。"黑暗中女性之声"的后半部分为:"我们尽他破坏不用再补他了!待我们新造的太阳出来,要照彻天内的世界,天外的世界!天球底界限已是莫中用了!新造的太阳不怕又要疲倦了吗?我们要时常创造新的光明,新的温热去供给她呀!"可参见《郭沫若全集·文学编》第1卷,前面所引书,第13页。

② 原文可参见《郭沫若全集·文学编》第12卷,前面所引书,第66页。

③ 马立安·高利克:《中西文学关系的里程碑》,前面所引书,1986年版,第69页。罗伊的观点可参照戴维·托德·罗伊:《郭沫若的早年岁月》(*Kuo Mo-jo: The Early Years*),坎布里奇:哈佛大学出版社,1971年版,第97页。

剧中,生存经常被描绘成幻象,而世界则被描绘成是必须被改变的东西。在这些戏剧中,灵魂的呐喊被表现了,大部分的独白或对话都是抒情的。在文学批评中,郭沫若也经历过一个短暂的表现主义阶段①。在《女神》的太阳宇宙中,可找到很多优美的抒情诗,有写给孩子的诗,有表现对中国和日本风景之喜爱的诗,有描写自然现象和四季交替的诗,有歌颂伟大的英雄行为的诗,有歌颂工人和农民的诗,有歌颂为自由而战的诗,还有部分是描写中国古诗之影响的诗。其中大部分都是现代自由体诗,极少数为格律诗。在《女神》中也有一些散文诗,一些对于《楚辞》和中国其他古典诗歌的模仿。

有人认为郭沫若在创作《女神》时已经对作为社会革命者的马克思和恩格斯有热情是站不住脚的。这种看法源自对《女神》最初的、未经修改的版本的无知。其实郭沫若相信的不是马克思而是"社会重构"的提倡者罗素(B. Russell),不是恩格斯而是优生学的建立者高尔顿(F. Galton)。应该注意的是,在创作《女神》时,郭沫若是一个"无产者",不过是古罗马时代的那种无产者。他自己如此认为。因此对于这个词的其他任何解读都将是错误的。他也不是一个"共产主义者",尽管他对共产主义的某些观点有共鸣。②

《女神》的宇宙主要是一个神话宇宙。某种程度上它是中国现代文学中一个无可比肩的神话,它是五四时期的神话,是新世界或至少是新中国的创造神话,是旧世界的末日神话,是以火和毁坏为前提的不断再生的神话。"力"是郭沫若太阳宇宙中的主要成分。尽管《女神》的作者总是回到对"日出"的期待,回到对一个几乎在事实上是空洞的幻象的新创造的期待。作为能量、光明、热和生命来源的太阳,在郭沫若的作品中只是停留在"扶桑"的层面上,它像只潜水鸟升上了世界东边的神秘之树的树梢,其力量已经可以被感觉到,但它离真正升起还很遥远,就像在《女神之再生》中那样它还没出现:"新造的太阳,姐姐,怎么还不出来?""她太热烈了,怕她

---

① 马立安·高利克:《中西文学关系的里程碑》,前面所引书,1986年版,第69页。
② 同上,第69—70页。关于郭沫若对"无产者"的解释,可参见《郭沫若全集·文学编》第15卷,前面所引书,第98页:"古罗马时代最下阶级的市民Proletarius除了产育儿女之外,莫有资财以奉仕国家:我看我倒真正是个Proletarian了。"亦可参见"序诗"原文第一节,载《郭沫若全集·文学编》第1卷,前面所引书,第3页:"我是个无产阶级者,因为我除个赤条条的我外,什么私有财产也没有。《女神》是我自己产生出来的,或许可以说是我的私有,但是,我愿意成个共产主义者,所以我把她公开了。"

自行爆裂;还在海水之中浴沐着在!"①

如果说郭沫若在后来把他对于现实的这种诗意的(或者说神话的)解释叫作"空架子"的话,那么这其实是表明了他后来的失望,同时也是他的诚实。那就是,新世界或者新中国是不能借助于无生命的空想来创造的,这种失望使他决定去寻求新的、更恰当的道路和方法以实现中国社会的目标。于是他也成了革命者中的一员。②

第四节　英语世界的郭沫若小说译介

一、斯诺的《活的中国》中郭沫若小说《十字架》的英译

埃德加·斯诺编译的《活的中国》于1936年在伦敦出版,这是笔者搜集到的美国学者研究郭沫若的最早成果。1933—1935年,在姚莘农(姚克)的协助下,斯诺把鲁迅自选的7篇小说译成英文,作为英文版《活的中国》的第1部分,又邀萧乾、杨刚将茅盾、丁玲、柔石、巴金、沈从文、孙席珍、林语堂、田军(即萧军)、郁达夫、张天翼、郭沫若、沙汀等12人的作品共15篇译成英文作为第2部分收入书中,其中还有萧乾自己的作品《皈依》和署名佚名(实为杨刚)的作品《日记拾遗》。这样,全书共选译了作家15人的作品共24篇。该书的中译本由萧乾夫人文洁若女士翻译,于1983年由湖南人民出版社出版,萧乾写的《斯诺与中国新文艺运动》作为该书代序。应该说,斯诺所选译的作品,并非都是该作家的代表作,但通过这些现实主义的文学作品,人们确实可以看到一个正在发生深刻变化的活跃的中国。身为美国记者的斯诺是想通过文学作品,通过《活的中国》,让全世界了解正发生在中国的那些惊天动地的变化。《活的中国》选录了郭沫若的短篇小说《十字架》。

英译时,题名《十字架》被译成"*Dilemma*",意即"进退两难"、"困境"。其实,译者在英译时也有脚注说明,这个故事的中文标题,如果按字面意思

---

① 马立安·高利克:《中西文学关系的里程碑》,前面所引书,1986年版,第70页。
② 同上,第71页。

翻译的话,应译为"*The Cross*"①。笔者认为,译者将其译为"*Dilemma*"较按字面意思英译为"*The Cross*"能更加形象、准确地反映出故事主人公所处的那种进退维谷的艰难困境。实为佳译。

总体来看,译者并没有对《十字架》全文进行逐字逐句的翻译。尤其是文中那些描述主人公思想、情绪、情景的句子或段落以及文中主人公作的诗译者都采取了省略不译的办法,对读者准确理解原文本以及作者的创作意旨起到了消极的阻碍作用。当然,也有些地方,为了让西方读者更加清楚准确地理解文本和主题,译者对原文本进行了增译。不长的英译文本中存在着不少欠准确,甚至误读误译之处。

故事一开始,主人公爱牟在看妻子晓芙的来信,信中提及她带着3个孩子离开丈夫回日本时在船上的情形。"我是真正地吃苦了。……三个孩子都吐。"②译文没有将"我是真正地吃苦了"和"吐"字译出,只是笼统地将其译为"我们都很不舒服。三个孩子都病了。"文中描绘的是孩子们晕船呕吐,大人由此被折腾之事,但译者的译文没有形象准确地将两方的状况表达出来。③

同页的下一段中,晓芙在信中跟丈夫讲自己租住的房子的情况。"租了一家二十块钱一个月的房子,念到孩子们的分上,家后有菜园,有橘子树,觉得也好。"④译文"念到孩子们的分上"没译,"家后有菜园,有橘子树"的英译处理也容易让读者误以为这个园子是个橘园,并且译文没有表明院子所在的位置是在屋前还是在屋后。而原文明确指出这是个菜园子,种的有橘子树,是在"家后"。⑤

后一页中晓芙讲领孩子们去看电影,回来时背孩子佛儿,"佛儿真个重起来了。背了半天,夜来身子痛得不能动弹了。"⑥"夜来身子痛得不能动

---

① Edgar Snow complied and edited. *Living China. Modern Chinese Short Stories*. London: G. G. Harrap & Co. Ltd., 1936, p. 290.
② 《郭沫若全集·文学编》第9卷,北京:人民文学出版社,1985年版,第220页。
③ "We were all very uncomfortable. The three children were sick." In Edgar Snow complied and edited. *Living China. Modern Chinese Short Stories*. Op. cit., p. 290. 可译为"I was really tortured. The three children all got seasick and vomited seriously."
④ 《郭沫若全集·文学编》第9卷,前面所引书,第220页。
⑤ "… with a garden of orange-trees where the children can play." In Edgar Snow complied and edited. *Living China. Modern Chinese Short Stories*. Op. cit., p. 290. 此句译为"with a vegetable garden and orange trees behind the house"更恰当。
⑥ 《郭沫若全集·文学编》第9卷,前面所引书,第221页。

弹了"这一句被理解为"无法入睡",译成"could not sleep"①。中文里"不能动弹"与"无法入睡"意思并不能等同,尽管可能有痛得不能动弹而且不能入睡的情形存在。后面也有一处相似的情况。"信的后半部更显然是夜深人静后牺牲着睡眠的时间写的了。"译文将"信的后半部"译为"the end of it"(即信的结尾)。"夜深人静后牺牲着睡眠的时间"被译为"during a sleepless night"(即不眠之夜)。这两处英译者的理解都有不准确的地方,因而译文值得斟酌和商榷。

当爱牟在信里告诉晓芙,因自己答应朋友要为杂志担负一年的责任而今距一年的时间还有三四十天才能回家与家人团聚时,原文是这样的:"我们的杂志快要满一周年了。我同朋友们说过,我只担负一年的全责,还只有三四十天了。把这三四十天的有期徒刑住满之后,无论续办与否,我是定要回来的。"②而从译文可以清楚地看出,译者对原文的理解是错误的③,这几句中有4处明显与原文意思不符的地方。第1处是"its first issue",即"杂志的第一期将在三四十天内出版"。杂志已办了近一年,不可能连第一期都还没出。第2处是"I am responsible for its publication",即"我负责其出版"。如果如爱牟所说是负"全责",那就不仅仅只是杂志的"出版",需要负责的东西应该包括与编辑、出版杂志相关的许多事务。第3处是"these first thirty or forty days",即"这最初的三四十天",而从原文读者可以看出,这三四十天应该是一周年合同期限的最后时间,而不是最初的。第4处是"whether the magazine appears or not",即"不管杂志是否会出版"。原文意指一年合同期限满后,杂志还是否会继续办下去,即"续办",可译为"continues to publish or not","will have a renewal of publication",或"goes on with another year"均可。

文中提及爱牟的一位妹子9年前订婚,他写信反对并发牢骚受到父母谴责之事。"他的父母竟痛责了他一场,那位妹子也寻了好几次短见。"④

---

① Edgar Snow complied and edited. *Living China. Modern Chinese Short Stories.* Op. cit., p. 291.
② 《郭沫若全集·文学编》第9卷,前面所引书,第223页。
③ "Our magazine is publishing on a contract of only one year, and its first issue must appear within thirty or forty days. I am responsible for its publication. When these first thirty or forty days are over I shall return, certainly I shall return, whether the magazine appears or not!" In Edgar Snow complied and edited. *Living China. Modern Chinese Short Stories.* Op. cit., p. 292.
④ 《郭沫若全集·文学编》第9卷,前面所引书,第227页。

译者将"那位妹子"理解成"他自己的妻子"①。故事的结尾爱牟把从四川红十字会派人送来的一千两银子的汇票踩在地上:"金钱哟,我是永不让你在我头上作威作福了!"②译者将"作威作福"英译成"Money! I won't bother my head about it again."③从译文可以看出,译者使用了"bother one's head about sth."这个短语,将"作威作福"理解成"我不再让你来烦我了"或"我不会再为你而烦恼了"。"作威作福"这个成语原指"统治者擅行赏罚,独揽威权",后来指"妄自尊大,滥用权威"。在英语中,"作威作福"可用"ride roughshod over sb.", "act as a tyrant", "throw one's weight around sb.", 或者"domineer over sb."等短语来英译表达。

译文中的漏译、增译、误译、省略等现象,既有英译者故意而为之的原因,更多的则在于译者翻译时对译文简洁的考虑,也有因对原文理解的不到位而导致的误读与误译。有的增译能让英语世界读者更好地准确理解原文本意,理解作者的创作意图与背景,但也有增译仅是为了概况译者省略掉的那些内容,甚至出现译者的想当然,没有达到忠实于原文的目的。

二、王际真的《中国战时小说》中郭沫若小说《月光下》的英译

曾任纽约艺术博物馆东方部职员、哥伦比亚大学中文教员的学者王际真被称为是美国汉学的开创人,第一位将《红楼梦》节译为英文的美籍华人④。他节译的《红楼梦》英译本虽然仅有原书一半的回数,但在杨宪益和戴乃迭1978年的英文全译本出版之前,一直在英美极为流行,颇受推重。1947年,王际真选译的《中国战时小说》由美国哥伦比亚大学出版社出版,里面收录了他于1946年英译并发表在《中国杂志》上的郭沫若短篇小说《月光下》。在《中国杂志》上,这篇小说的题名被英译为"*The Moon Shines Down*"⑤,但在收录进《中国战时小说》时,王将其题名改为了"*Under the*

---

① 此句被英译成 "His own wife due to his aloofness, had made several attempts to kill herself." In Edgar Snow complipled and edited. *Living China. Modern Chinese Short Stories*. Op. cit., p. 296.

② 《郭沫若全集·文学编》第9卷,前面所引书,第231页。

③ Edgar Snow complipled and edited. *Living China. Modern Chinese Short Stories*. Op. cit., p. 300.

④ 1929年,美国纽约多伯里台·杜兰公司出版了他节译的《红楼梦》(*Dream of the Red Chamber*),译文共39章和一个楔子,后半部分故事做提要式叙述。

⑤ Wang, Chi-chen. "The Moon Shines Down". *China Magazine*, 16:2 (1946.06), pp. 39-44.

Moonlight"①。在1947年编译出版《中国战时小说》②之前,王际真还撰写了英文本的《中国水墨画注》③、《鲁迅传》④、《中国近代小说》⑤、《中国传统故事》⑥等著作,这些著作均在美国哥伦比亚大学出版社出版,对向英语世界的读者宣扬中国文化发挥了积极的作用。王际真对中国传统文化的精通与喜爱在其英译的郭沫若短篇小说《月光下》中可见一斑。

  故事中有主人公逸鸥的领导也是朋友的佟峰为其请求到1000元的奖金后给他去信并把钱随信寄给他的情节。"这事情他早就知道的。为他请求奖金的事情本酝酿了很久,但因为顾虑着他的洁癖,朋友们颇为踌躇。"⑦王际真没有按照字面意思将"洁癖"英译为"neatness","cleanliness"或"overcleanliness"等,因为文中的"洁癖"二字不是其本意"过分讲究清洁的癖好",而是意指"顾虑"、"踌躇"、"不愿受人恩惠"等。王际真根据上下文意思较为恰当地将其英译为"scruples",准确地对此句进行了英译,避免了误读与误译。⑧

  文中有一处译文值得商榷。故事中逸鸥回忆起自己受邀为儿童剧社的小朋友们讲《江南》这首诗时将"江南可采莲,莲叶何田田"中的"田田"二字讲解错了,想要送孩子们一部《词源》赎罪之事⑨。英译时,王际真将"田田"二字译为汉语拼音"*tian tian*"⑩,没有将其译为英文。正如故事中爱牟所说,"田田"二字形容的是荷叶的繁多,描绘的是荷叶层层叠叠相连的茂盛样。如果仅以汉语拼音将其英译,则西方读者仍然不能形象地理解"田田"的荷叶究竟是个什么样的景象。可将此形容词英译为"crooked",

---

  ① Wang, Chi-chen ed. *Stories of China at War*. New York: Columbia University Press, 1947, pp. 152-158.

  ② Ibid.

  ③ Wang, Chi-chen. *Notes on Chinese Ink*. [s. l.;s. n.], 1930.

  ④ Wang, Chi-chen. *Lusin: A Chronological Record*, 1881-1936. New York: Columbia University Press, 1939.

  ⑤ Wang, Chi-chen trans. *Contemporary Chinese Stories*. New York: Columbia University Press, 1944.

  ⑥ Wang, Chi-chen trans. *Traditional Chinese Tales*. New York: Columbia University Press, 1944.

  ⑦ 《郭沫若全集·文学编》第10卷,北京:人民文学出版社,1982年版,第96页。

  ⑧ "For some time his friends had been thinking of getting him a grant from the Committee but had hesitated because they knew his scruples." In Wang, Chi-chen ed. *Stories of China at War*. Op. cit., p. 156.

  ⑨ 《郭沫若全集·文学编》第10卷,前面所引书,第97页。

  ⑩ Wang, Chi-chen ed. *Stories of China at War*. Op. cit., p. 156.

"leaves with quartered lines"、"the crowded arrays of leaves"、"overlapping leaves"、"a silken field of leaves"、"flourishing leaves"等,均能形象地再现茂盛的荷叶的动人景象。

原本不长的故事在英译时被省略了一些句子和段落,使得译本显得过于简洁而单薄,仅有简短的7页篇幅。这些句子和段落的省略,同时也影响了英语世界读者对原文所传达信息的准确理解。在这些简短的译文中,仍然存在一些误读误译。

主人公逸鸥在儿子患结核病死后坐在掩埋着儿子的小土堆前的草地上,将头垂埋在撑在膝盖上的两只手里,使得他看起来像是立在小土堆前的一座石狮。"几条粗细不等的光线,筛进了竹林来,投射在这人形的石狮头上。"①译者将"人形的石狮头上"理解并英译为"狮形的人头上"。②

逸鸥为死去的儿子心存慰藉,"你爸爸不仅不能保护你们,反而要害你们。你妈妈也的确是太劳瘁了。抗战以来一年一个地生育了你们姐弟三人。"③英译时,王际真没有将"一年一个"准确地表述出来,而是理解成了"一个接一个"。当然,除非生的是双胞胎或多胞胎,孩子肯定是一个接一个地出来的,但这样表达并不能向读者表明这些孩子是一年一个生下来的,还是隔两年、三年生下来的。因此不能简单地英译为"one after another"④,而是英译为"one every year"更准确些。同样,下文中讲逸鸥艰难地"折进一座坐西向东的农家院子里。"⑤王际真将"坐西向东"英译为"facing the east"⑥,即"向东"、"朝东",没有把"坐西"译出。准确的英译应为"riding west to east"。

听到呻吟声进入黑暗房间的逸鸥眼前差不多什么都看不见。"进门不远处横着一把竹制的睡椅,虽然瘫着手等他去碰,却没有被他碰着。"⑦王际真的译文中使用的两个词"inviting"和"managed to"给读者留下这么个印象,似乎男主人公已经看清竹椅的位置,即便竹椅等他去碰,可他却故意

---

① 《郭沫若全集·文学编》第10卷,前面所引书,第93页。
② 整句被译为"A Few uneven rays of light sifted through the bamboos and shone upon the head of the lion-shaped man." In Wang, Chi-chen ed. *Stories of China at War*. Op. cit., p.152.
③ 《郭沫若全集·文学编》第10卷,前面所引书,第93页。
④ Wang, Chi-chen ed. *Stories of China at War*. Op. cit., p.153.
⑤ 《郭沫若全集·文学编》第10卷,前面所引书,第94页。
⑥ Wang, Chi-chen ed. *Stories of China at War*. Op. cit., p.153.
⑦ 《郭沫若全集·文学编》第10卷,前面所引书,第95页。

避而不理,这与原文上下文意思是不符合的①。逸鸥能在黑暗拥挤的房间里不碰到竹椅,很可能是因为他住久了,对自己家中的物件摆设比较熟悉罢了。

三、贝格利的郭沫若小说《齐勇士比武》的英译

1949年,由 G. I. 贝格利英译的郭沫若短篇小说《齐勇士比武》发表在《东方世界》第3卷第9期上②。原本短小的故事由于排版太紧凑,英译的文本显得更加密集而杂乱。原文故事共有简短的7节,英译时都省略了番号,有的甚至连自然段与自然段之间的提行标志也没有。短小的英译中存在的误读、误译还不少,给读者造成了正确理解原作者文本信息的困难。

译文前有英译者对作者郭沫若的简要介绍。文中指出郭沫若于1891年出生在四川嘉定,是为误解,正确的时间应该是1892年11月16日。此外,正文部分还有7处误读误译。第一节中有这么一句,"两位勇士都是好勇斗狠的,但他们两人不怕同生长在一个地方却从没有见过面。"③译者将"不怕"英译成"have no fear of",即是按字面意思英译的。原文中的"不怕"应为连词,是个方言,其用法跟"哪怕"、"尽管"相同,不能按字面意思理解为"不害怕",而应英译为"though"或"even though",在英译的句子中作让步状语从句④。下一句中还有2处错误。"因为自从他们独霸一方以后,他们的部下便故意让他们规避起来,怕的是一接了头要消灭了一边的势力。"这一句译者的英译处理也有些问题。句中短语"独霸一方"被英译成"tyrannise an area"。英语中"独霸"可以用"tyrannise"一词(原文拼法有误)。但当其用作及物动词时,意为"对……施暴,压迫……",而且后面应跟"人",而不是物。当其意为"横行霸道,施暴政"时,应为不及物动词,后面需跟介词"over"。而对"消灭了一边的势力"一句,译者用的是主动语

---

① 王际真将此句英译如下:"Just inside the door a bamboo couch lay across his path inviting a collision, but he managed to skirt it." In Wang, Chi-chen ed. *Stories of China at War*. Op. cit., p.154.

② G. I. Begley trans. "The Champions of Chi". *Eastern World*, 3:9 (1949), pp.28-29.

③ 《郭沫若全集·文学编》第10卷,前面所引书,第171页。

④ 其英译为"Both were tremendous fighting men but they had no fear of living in the same place and in fact had never set eyes on each other." In G. I. Begley trans. "The Champions of Chi". Op. cit., p.28. 正确的译文可为"Both were tremendous fighting men. Even though they lived in the same place, in fact, they had never set eyes on each other."

态,且动词"diminish"在句中用作不及物动词,后面没有跟宾语,此时其意为"变小,缩小"。此句原有被动的意思,指一方的势力被另一方消灭或削弱,而不是自行减弱,因此应用动词的及物形式的被动语态,取其"削弱……的势力"之意,即改为"must be evitably diminished"。①

  译者将第2节中"燕昭王报仇,把齐国打破了,只剩下即墨和莒这两座城池未下"一句中的"打破"理解并英译为"破坏",用的是"destroy"。这里的"打破"应理解为"打败"、"击败",英译为"defeated"。同样,"只有即墨和莒这两座城池未下"中"未下"一词也意为"打下"、"攻下"或"夺取",而不能像译者那样理解为"立在城墙的护城河后还未倒下"。②

  第6节中有3处不当之译。首先是"酒饮了几葫芦,两边都有点醉意了"一句,英译者用了"lower"一词来表示"饮酒"。在英语中,"lower"当动词使用时有"放低,减少,降下"之意,但无"饮酒"之意。如果要表达"喝下了几杯",或"几壶酒下肚",直接用"drink"即可。此节中还有"西郭勇士说:'其实你就是下酒菜,我也就是下酒菜'"一句,译者的英译也值得商榷③。译文中短语"make excellent snacks"在句中被英译者理解为"做……下酒菜","就是"一词被理解为"当作"。但在汉语中,"做"与"作"意思是不同的。并且,从原文下文看,"作"的是彼此的"下酒菜"。"make"(做)为"做菜,做饭"之意。为准确传达原作者意思,此句可改译,用系动词"be"代替译者使用的及物动词"make"即可④。而英译者对"好在都打着赤膊,用不着再脱衣裳"一句中"赤膊"一词的理解,则为其想当然所致。从译者的英文看,他将"膊"理解成了"肩膀",故将其英译为"shoulder"。而在汉语中,"赤膊"意为"光着的上身",可译为"be barebacked"或"be

---

  ① 英译为"Once each had tyrranised an area, their followers deliberately kept them apart on the grounds that if there should be an encounter, the power of one party must inevitably diminish." In G. I. Begley trans."The Champion of Chi". Op. cit., p. 28. 正确的译文可为"Once each had tyrannized over an area, their followers deliberately kept them apart on the grounds that if there should be an encounter, the power of one party must be inevitably diminished."

  ② "Only Chimei and Chu remained standing behind their moats." Ibid., p. 28.

  ③ 译者的英译如下:"Actually you will make excellent snacks, I also will make excellent snacks". Ibid.

  ④ 可英译为:"Actually, you can(will) be my my excellent snacks, and I can also be your excellent snacks."

stripped to the waist"。①

1960年,捷克斯洛伐克东方研究所出版的《新东方》杂志第1卷第6期上刊出了由两名捷克斯洛伐克学者英译的郭沫若短篇小说《柱下史入关》②。译者对原文中那些描述环境和人物心境、思想的文字翻译得真实、准确,完全体现了翻译需遵循"信"、"达"、"雅"的原则,尽管文中的误读与误译也不少。此外,英语世界还有1970年由英国学者詹纳选编,并由其和戴乃迭共同翻译的《中国现代小说》中收录的郭沫若短篇小说《双簧》。书中选译的20个故事中,共有包括鲁迅的3个故事在内的5个为戴乃迭所译。《双簧》是由詹纳英译的。③

由于在异质文化文学传播、交流、对话的过程中,基于给予方和接受方文化的差异性和异质性,必然会造成接受主体文化有意或无意地对交流信息进行限制、改造和消耗,从而造成原交流信息在内容、形式上发生变异。应该说,译介过程中存在的这些误读与误释,都是异质文化、文学在交流、对话过程中产生的文学变异现象。但是应该看到,正是由于英语世界的郭沫若研究学者是从一个有别于中国学者的独特视角,将郭沫若及其作品作为一种异质文化中的对象来进行解读和诠释的,因此,研究者不同的文化背景、不同的价值理念、不同的意识形态以及不同的审美立场必然会带来与中国学者不一样的认知和诠释。

第五节 舒尔茨的"郭沫若与浪漫主义美学"译介

1978年前英语世界研究郭沫若的学术期刊论文共有4篇,发表在《东方文学》1955年第2期上威廉·舒尔茨的《郭沫若与浪漫主义美学,

---

① 此句可英译为:"Since their upper parts of the body are bare, there was no need to undress further."
② B. Krebsova & R. Samour. "The Return of the Master". *New Orient*, Vol. 1, No. 6 (1960), pp. 22-24.
③ "Double Performance" In W. J. F. Jenner selected and edited, W. J. F. Jenner & Gladys Yang trans. *Modern Chinese Stories*. London: Oxford University Press, 1970, pp. 69-74.

1918—1925》是其中较早的一篇①。这篇可谓是英语世界研究郭沫若诗学与美学思想最早的文章中所阐发的关于郭沫若的创作背景、思想状态、诗学与美学主张，以及对所涉及的诗歌文本与诗学文本的全文或部分英译，有些已经成为其之后的郭沫若研究学者所了解的常识。对于这些相关的内容，本书作者权作精简或省略。也因为同样的原因，本书作者会在行文时将其观点中，包括文后的注释中那些新颖的有价值的理念，以及错误或值得商榷之处一一指出。

这篇长达33页的文章从"简介"、"传略"（A Biographical Sketch）、"1918—1925年"、"观念的构成"（Ideational Aspects）与"诗学理论与实践"（Poetic Theory and Practice）5个部分对郭沫若浪漫主义美学思想的发生、发展及其在诗歌创作中的体现进行了翔实的阐发，文本涉及对《天狗》、《创造者》、《凤凰涅槃》、《地球，我的母亲！》、《笔立山头展望》、《立在地球边上放号》和《我是个偶像崇拜者》等7首郭沫若诗歌的全文翻译。文后注释翔实，有91条，共8页，是论文不可缺少的重要部分。②

"简介"部分有两处值得注意。一是作者认为，郭沫若灵巧的、时刻准备好的笔常常以诗歌的形式来号召同胞们关心国家和民族大事。他现在的政治地位使他在政治和文化宣传方面的杰出才能得到了体现，但也正是这个政治地位阻碍了他从政早些年在学术上的发展③。二是浪漫主义的文学理想在1925年的时候突然遭到遗弃，代之以"应该积极为社会的进步服务"的申明，但这只不过是包含在辩证唯物主义术语中的"革命文学"的

---

① 另有哈佛大学东亚研究中心的《哈佛中国研究论文集》分别在第4期和第11期上刊载了关于郭沫若的研究文章。其中一篇是克拉伦斯·莫伊的《郭沫若与创造社》，发表于1950年。另一篇是戴维·罗伊的《郭沫若接受马克思主义之前的时期，1892—1924》，发表于1958年。斯洛伐克著名汉学家马立安·高利克的"中国现代文学批评"系列之四《郭沫若的无产阶级批评》于1969年发表在《亚非研究》第5期上。其出版信息为：

William R. Schultz. "Kuo Mo-jo and the Romantic Aesthetic, 1918–1925". *Journal of Oriental Literature*, 6.2 (April, 1955), pp. 49–81.

Clarence Moy. "Kuo Mo-jo and the Creation Society". *Papers on China*, 1950, No. 4, pp. 131–159.

David Tod Roy. "Kuo Mo-jo: The Pre-Marxist Phase, 1892–1924". *Papers on China*, 1958, No. 11, pp. 69–146.

Marián Gálik. "Studies in Modern Chinese Literary Criticism. Part IV. The Proletarian Criticism of Kuo Mo-jo". *Asian and African Studies*, No. 5, 1969, pp. 145–160.

② William R. Schultz. "Kuo Mo-jo and the Romantic Aesthetic, 1918–1925". Op. cit., pp. 49–81.

③ Ibid., p. 49.

短暂前奏而已。①

"传略"部分指出,郭沫若在最初充满热情的创作岁月里所信奉的浪漫主义,是结合了他自己的充满激情的观点,他所阅读的中国作家,以及泰戈尔、年轻的歌德和惠特曼的作品的。在这种精神与影响下创作的郭沫若诗歌和戏剧,正是本文所研究的主题。郭沫若的激进倾向和当时弥漫在20世纪中期的中国知识分子和文学家中的那种思想的漂移不允许他保持一种将艺术本身当成目标的艺术信仰(即为艺术而艺术的艺术信仰,本书作者注)。②

"1918—1925年"一节有多个需要注意的观点。作者认为,1925年郭沫若戏剧性地背离自己的浪漫主义的信条被好些批评家认为是其所谓的早"期"结束的标志。由于对郭沫若生平和创作的最初的调查研究以及对他已经出版的作品的批判性的研究版本都还没有确定,这个必须得等到他停笔为止,现在将其生活进行分期是完全没有意义的。而且,这样的事更多仅依赖于观念的转变。郭沫若1925年后的戏剧和诗歌继续在总体的语气和感觉上反映出那种潜在的浪漫主义的气质,这就使得将其创作进行分期变得更加的牵强。③

要是郭沫若从医学院毕业之后选择文学和公众生活没有反映他的气质和心理性格的话,它们是不会引起文学研究者的关注的。他在不同的时候对此选择给出了两种不同的理由。是少年时代就有的耳疾阻碍了他的医学实践吗?还是因为他相信文学能够为中国的需要提供更好的服务呢?前一个理由会引发对后一个理由的真实性的质疑,而且两个理由本身都不完全正确④。作者在文后的注释第19中指出,在《郭沫若选集》第1卷第152—166页的《歧路》中,郭沫若有力地谴责了那个繁殖连医生也不能治愈的疾病的社会体系。这种疾病只能通过社会行动和社会改革才能根治。这个观点也被如白英和袁家华(译音,Yuan Chia-hua)这样的批评家所引用。然而,这似乎更多是对过去行为的一种辩护,而非对在经过几年的学

---

① William R. Schultz. "Kuo Mo-jo and the Romantic Aesthetic, 1918-1925". Op. cit., p. 51.
② Ibid., p. 52.
③ Ibid., p. 53.
④ Ibid., pp. 53-54.

习之后为什么要放弃学医这个问题的回答。①

舒尔茨在提及郭沫若读中学时被《史记》所吸引时的表达不太清楚："在他自己对学生时代的记叙中,郭沫若回忆起年轻时被《史记》中的《屈原列传》所吸引,(屈原)对他此后登上共产党的文化英雄万神殿是有帮助的。还有项羽、伯夷及其他人物的传记。《史记》中的《刺客列传》对郭沫若也有很大的吸引力。除了反映出郭沫若对古代典籍的兴趣之外,文中他列举的这个清单还试图反映出他自己的精神特质。"②原文在《史记》(*Shih-chi*)之后紧跟着的是对《屈原列传》的英译(*Biographies of Ch'u Yuan*),让读者一看以为是对《史记》的英译。将其改为"The Biographies of Ch'u Yuan in *Shih-chi*(史记,现常译为 *The Historical Records*,本书作者注)"更准确,也不易引起读者的误解。关于《史记》,郭沫若在《我的童年》中是这样记叙的:"把《史记》读了一遍的也怕就是在这个时候。那时候我很喜欢史太公的笔调,《史记》中的《项羽本纪》、《伯夷列传》、《屈原列传》、《廉颇蔺相如列传》、《信陵君列传》、《刺客列传》等等,是我喜欢读的文章。这些古人的生活同时也引起我无上的同情。"③舒尔茨紧随其后评论道,只有极个别例外,所举的这些历史人物,包括出现在《刺客列传》中的那些,都是以他们对无望的事业的支持和与《少年维特之烦恼》中的感伤情绪相似的悲观厌世而出名的。这或许也是对中国时代精神的反映,这种精神要求对民族的觉醒和年轻祖国的复兴做出无私的奉献。④

"观念的构成"一节主要梳理了郭沫若诗学和浪漫主义美学思想的形成过程,对其《王阳明礼赞》、《创造十年》和《文艺论集》中的诗学和美学观点进行了引用,对《湘累》中的2处屈原自白进行了评议,并对《天狗》、《创造者》、《凤凰涅槃》、《地球,我的母亲!》、《笔立山头展望》、《立在地球边

---

① William R. Schultz. "Kuo Mo-jo and the Romantic Aesthetic, 1918–1925". Op. cit., pp. 75–76. 白英一书的出版信息为:袁家华(Yuan Chia-hua)、白英(Robert Payne)《中国当代短篇小说》(*Contemporary Chinese Short Stories*),伦敦:卡林顿(N. Carrington)出版社,1946年版。共146页。

② William R. Schultz. "Kuo Mo-jo and the Romantic Aesthetic, 1918–1925". Op. cit., p. 54. 英文原文为:"In his own accounts of his lower and middle school years, Kuo recalls his youthful attraction to the *Shih-chi*(史记)*Biographies of Ch'u Yuan*(屈原), whom he has since been instrumental in elevating to the pantheon of Communist cultural heroes, Hsiang Yu(项羽), Po I(伯夷), and others."

③ 《郭沫若全集·文学编》第11卷,北京:人民文学出版社,1992年版,第76页。

④ William R. Schultz. "Kuo Mo-jo and the Romantic Aesthetic, 1918–1925". Op. cit., pp. 54–55.

上放号》和《我是个偶像崇拜者》等7首诗进行了全文英译。

舒尔茨认为,从整体的思想发展来考虑的话浪漫主义在现代中国是个异常的现象,它的产生是对艺术与非艺术需求的回应。它是对早期的那种秩序井然的自满的反对,是对逐渐灌输的新鲜感、活力以及艺术世界之意义的寻求。分离与对美学价值的奉献对其存在来说是必要的,但是一种要求艺术完全自治的生活方式却发现社会理想在喧嚣的现代中国是被限制了的。中西思想相融合的遗产能够明显地在郭沫若创作于日本时期的诗歌和文章中看出来,在他的自传体作品中这两种不同的思想来源甚至更加显而易见。①

在舒尔茨看来,郭沫若接近王阳明哲学在本质上是基于感性而非理性的。而郭沫若在他说到自己对泰戈尔和歌德诗歌的喜欢,指出是通过这两个诗人他发现了哲学上的泛神论之后讲,"或者可以说我本来是有些泛神论的倾向,所以才特别喜欢有那些倾向的诗人的。"他在情感上依附于一种理想的自然的体系。有人认为,他的思想,正如在他的诗歌和戏剧中所表现出来的那样,更适合与19世纪伟大的浪漫主义诗人的感性的泛神论相比较②。舒尔茨在文后的注释第37中提及,朱自清编辑的《中国新文学大系》第8卷《诗歌卷》第5页上指出了郭沫若诗歌的两个显著特征:一是泛神论思想;二是20世纪的反抗精神。这两个特征都是与中国的传统和诗歌相异的,也即是它们都是从外国引进的。③

作者认为郭沫若的《天狗》反映了他的创作思想——将那个完全可以理解的自我与无限的、唯心主义的、在诗中甚至有些自我本位的"我"进行了诗意的认同,将宇宙看成是包蕴了单独的宇宙灵魂的世界④。舒尔茨在注释第40中提醒读者,不能将郭沫若的"天狗"与弗朗西斯·汤普森(Francis Thompson)的"天堂猎犬"混为一体。在英国诗人汤普森那首作于1893年的著名诗歌《天堂猎犬》(*The Hound of Heaven*)中,诗人将天主比喻成天堂里的一条高贵的猎犬,它是一个不屈不挠的追求者,一直在猎取

---

① William R. Schultz. "Kuo Mo-jo and the Romantic Aesthetic, 1918–1925". Op. cit., p. 56.
② Ibid.
③ Ibid., p. 77.
④ Ibid., p. 58.

人心。①

在舒尔茨看来,尽管《天狗》一诗在诗学高度上没有可比性,但蕴含在创作于《天狗》之前和之后的那些诗中的诗人的观点却可与威廉·华兹华斯诗学的泛神论的表达相比:"在所有人都与上帝同在的那种内在生活中,人自己就是上帝,存在于一个强大的整体中,正如正午时分,当整个半球都呈现一片天蓝色时,无法分辨出无云的东方与无云的西方一样。"②或者与《创造者》一诗中想要表达的创造社的诗学宣言相比。郭沫若自己称受到了惠特曼的影响而创作的《凤凰涅槃》一诗,表现出了与19世纪欧洲浪漫主义和惠特曼的超验主义的烙印相同的几个基本的构成特征。"一切的一,一的一切"的重复,反映出了作者郭沫若的现实的一元论的观念。那群聚集在濒死的伟大凤凰四周的贪得无厌的小鸟,象征着外国帝国主义势力瓜分衰弱、一盘散沙的中国之企图。而重生的凤凰则预示着一个崭新的、现代的、辉煌的中国的再生。民族主义在郭沫若的诗中,同时也在中国的时代精神中有着强烈的共鸣③。从总体的效果来看,《凤凰涅槃》一诗的乐观多于悲观,但是受浪漫主义的鼓舞而对贫穷、疾病和肮脏的抨击仍然是存在的。19世纪的欧洲浪漫主义作家大都是贵族,他们远离下层阶级,发现用他们的信条来批判人类的贫穷以及造成贫穷的原因是必要的。同样的显而易见的矛盾也在郭沫若的作品中有所体现。④

相互作用的宇宙灵魂,现在表现为人同时也表现为自然,在郭沫若的诗《笔立山头展望》中被呈现为"自然与人生的婚礼",而在《地球,我的母亲!》中则是在对地球母亲说,"我的灵魂便是你的灵魂"。人的个性、自我的超越和自我的肯定在如《地球,我的母亲!》和《立在地球边上放号》中可找到表达。⑤

---

① William R. Schultz. "Kuo Mo-jo and the Romantic Aesthetic, 1918–1925". Op. cit., pp. 77–78. 英文原文为:"The Chinese figure must not be confused with Francis Thompson's ' *Hound of Heaven*,' which in that famous poem symbolizes God, the inexorable pursuer." p. 78.

② William R. Schultz. "Kuo Mo-jo and the Romantic Aesthetic, 1918–1925". Op. cit., p. 78. 注释第 41 条解释该观点引自朱利安·罗斯(Julian L. Ross)的《文学中的哲学》(*Philosophy in Literature*)一书第 183—184 页。书中注明是选自华兹华斯未出版的手稿片段,后收入《序言》(应指华兹华斯(William Wordsworth)为其与柯勒律治(Samuel Taylor Coleridge)合著的《抒情歌谣集》(*Lyrical Ballads*)(第 2 版)所写的《序言》(*The Prelude*),本书作者注。)

③ William R. Schultz. "Kuo Mo-jo and the Romantic Aesthetic, 1918–1925". Op. cit., p. 60.

④ Ibid.

⑤ Ibid., p. 66.

舒尔茨在英译《笔立山头展望》时将原放在诗末注释中对"笔立山"的说明"笔立山在日本门司市西。登山一望,海陆船廛,了如指掌"放在了诗的正文之前,但是他对"海陆船廛"和"了如指掌"的解读为"船、陆地和海洋,像手掌一样明亮,一目了然",都不准确①。"廛"在古代指的是一户平民所住的房屋,这里可通指岸上的房屋。"了如指掌"意为对情况非常清楚,好像指着自己的手掌给人看。

在舒尔茨看来,郭沫若在歌德的影响下创作的三幕剧《湘累》,不仅表明了他在观念的强调上的转变同时也显示出他气质的变化。现在,他不再让自己不停歇地狂喜地高歌,而是以一种更加克制但仍然充满感情的口吻来述说:"我又盼不得早到天明,好破破我深心中不可言喻的寥寂。啊,但是,我这深心中海一样的哀愁,到头能有破灭的一天吗?哦,破灭!破灭!我欢迎你!我欢迎你!我如今什么希望也莫有,我立在破灭底门前只待死神来开门。啊啊!我,我要到那'无'底世界里去!"此外,郭沫若作品强调的重点也变了。他由在惠特曼的影响下赞美和陶醉于自然的善与人的进步,到现在对人与人类社会给予更多的批判。②

诗人仍然是乐观的,因为他呼吁人们起来反对他自己,祛除世界的邪恶。偶尔,在他的作品中女性扮演了男人邪恶行径的拯救者或精神的复仇者。《女神之再生》这部神秘主义与经验主义的浪漫结合之作,描绘了女神们对美丽新世界的摧毁。舒尔茨在注释第66中指出,郭沫若曾说《凤凰涅槃》是中国之新生的象征,《女神》这部诗集中的其他诗歌,如《匪徒颂》和《晨安》,都是对这种精神的委婉的颂扬。③

郭沫若的诗集《瓶》中的那种压抑的、忧郁的味道或许反映了他正在经历的思想变化。他们似乎与《瓶》之前的诗篇中的那种青春活力和《瓶》之后的诗篇中的"革命文学"的精神完全不同。《瓶》或许暗示了这些诗歌是写于他与合法的决裂和与另一个相结合之间的低谷时期。④

"诗学理论与实践"一节阐释归纳了郭沫若的诗学理论和美学思想在

---

① William R. Schultz. "Kuo Mo-jo and the Romantic Aesthetic, 1918-1925". Op. cit., p. 68. 其英译为:"Mount Fudetate lies to the west of the Japanese city of Moji. Climbing the mountain, this mark for ships of land and sea, as bright as the palm, is seen at a glance."

② Ibid., pp. 68-69.

③ Ibid., p. 69. 注释第66条,见第79页。

④ Ibid., p. 70.

其诗歌创作中的具体体现。作者指出,在郭沫若的折中主义诗学主张中,艺术是天才诗人以韵律的形式对情感的自然表达:"文艺也如春日的花草,乃艺术家内心之智慧的表现。诗人写出一篇诗,音乐家谱出一支曲子,画家绘成一幅画,都是他们感情的自然流露……"空间艺术和时间艺术都倾向于音乐性,在这种运动中,音乐是最重要的:"音乐、诗歌、舞蹈都是情绪的翻译,……一是翻译于声音,一是翻译于文字,一是翻译于表情运动。"舒尔茨对《艺术的本质》中诗的3个特征做了引用:"①诗是文学的本质,小说和戏剧是诗的分化。②文学的本质是有节奏的情绪的世界。③诗是情绪的直写,小说和戏剧是构成情绪的素材的再现。""诗不是'做'出来的,是'写'出来的"意指艺术是不能设计的,它是诗人情感以韵律和表达的形式之即时的、自然的投射。①

新词也丰富了郭沫若的创作。诗中现代科技术语被借用,产生了良好的效果。他长期待在日本和其间接受的医学方面的教育并不是完全无用的,如"大都会的脉搏呀! 生的鼓动呀!"、"我是X光线底光,我是全宇宙底Energy底总量!"、"我如电气一样地飞跑!"等等这些诗行构成了中国新诗的新起点。日本的术语,尤其是关于科技方面的,被引入中国的诗歌中,成了郭沫若的外援。上面这些表达带给他的诗一种现代的科学文化气息,这与中国想要将自己从一个落后的国家转变为一个现代化的工业国的愿望是完全一致的。②

丰富的、变化多样的修辞手法可在郭沫若的诗歌中找到。"典故"在其诗歌中有高度的发展,因为对他而言诗歌不是一种技巧的精心之作,而是内心冲动之自由的、不受束缚的表达。郭沫若文学作品的典故主要源自汉朝及之前的经典,如《楚辞》、《史记》、《山海经》、儒家经典、《列子》、《说文》等。③

在象征性的语言方面郭沫若对中国的诗学语言并没有什么令人惊异的创新。他采用标准的象征体,如"荷"与"梅"象征纯洁与高贵,"凤凰"象

---

① William R. Schultz. "Kuo Mo-jo and the Romantic Aesthetic,1918-1925". Op. cit., p.70. 引文涉及郭沫若的《文艺之社会的使命》和《艺术的本质》二文。

② William R. Schultz. "Kuo Mo-jo and the Romantic Aesthetic,1918-1925". Op. cit., p.71. 引用的诗行涉及郭沫若的《笔立山头展望》和《天狗》。舒尔茨在注释第84条指出,该观点参照了闻一多的《女神之时代精神》。

③ William R. Schultz. "Kuo Mo-jo and the Romantic Aesthetic,1918-1925". Op. cit., p.71.

征国家,"群鸟"采用的也是它们通常的含义。

《湘累》中最有趣最令人喜欢的一处明喻是诗人将"脑袋"比作"灶头",将"心脏"比作"土瓶",将"眼耳口鼻"比作"烟筒的出口"①。在《天狗》中他则将自己比作可以吞下整个宇宙的"天狗",比作"月底光"、"日底光"、"一切星球底光"、"X 光线底光"和"全宇宙底 Energy 底总量"。在该诗的第 3 诗节,诗人把自己比作"大海"、"烈火"和"电气"。②

郭沫若从西方的文学经验中借用了十四行诗来满足自己的个体需求。变幻不定的诗行长短、不均匀的诗节、跨行的诗句是他诗歌的显著特征。这些诗明显地不注意诗歌的形式,其中大多是试验性的,但有的也被证明是相当成功的。郭沫若最好的诗是用自由体形式创作的,只是基本的韵律、语言的流畅和内在的张力将他的诗结合为一体。③

重复是郭沫若诗歌自始至终用来表达自己情感的技巧。对词语、诗行的重复使用发展到了很高的程度,使他的诗产生了一种音乐的效果,远远超过了他诗歌的抒情特征。《凤凰涅槃》即是运用这种技巧的典型。《天狗》中每一行的开头用的都是第一人称代词"我"。《地球,我的母亲!》中每一诗节都是以标题"地球,我的母亲"开始的。《立在地球边上放号》和《我是个偶像崇拜者》中重复技巧的使用也是很明显的。④

平行诗行的使用多到不用提醒大家注意,相反,需要提醒读者注意的是《晨安》中对中国传统诗歌技巧的运用。

如果对郭沫若诗歌进行历时的考证的话,可以看出其越来越背离松散的自由体诗的形式,相反,增加了对诗歌形式细节的关注。诗集《瓶》中的诗歌就呈现出了这个事实,从中可看出诗行长短的规律性、每个诗节中数量相同的诗行以及更多运用的是每个诗节为四行的形式。同样需要给予高度关注的还有他在美学原则和个人气质方面的转变。他的诗学才能的这种束缚或许是其诗歌力量总体上下降的原因。⑤

---

① William R. Schultz. "Kuo Mo-jo and the Romantic Aesthetic, 1918-1925". Op. cit., p. 71. 中文原文为:"从早起来,我的脑袋便成了一个灶头;我的眼耳口鼻就好像一些烟筒的出口,都在冒起烟雾,飞起火星,我的耳孔里还烘烘地只听着火在叫;灶下挂着一个土瓶——我的心脏里面的血水沸腾着好象干了的一般,只迸得我的土瓶不住地跳跳跳。"

② William R. Schultz. "Kuo Mo-jo and the Romantic Aesthetic, 1918-1925". Op. cit., p. 71.

③ Ibid., p. 72.

④ Ibid.

⑤ Ibid., pp. 72-73.

在总体的风格上,郭沫若的诗歌表现出 2 个明显的极端:一是早期诗歌中那种急迫的、强有力的语言上的冲力与《瓶》中平静的、克制的诗行;二是所谓的"惠特曼"时期的诗歌中丰富的、充满活力的语言与后期诗歌中忧郁的文字。①

郭沫若这些年的诗常常是诗人情感冲突的直接的阐述。这些诗表现出了一种风格,这种风格即是他的强有力的美学思想的直接结果:"我效法造化底精神,我自由创造,自由地表现我自己。我创造尊严的山岳、宏伟的海洋,我创造日月星辰,我驰骋风云雷雨,我萃之虽仅限于我一身,放之则可泛滥乎宇宙。"②

他的诗歌是一种轻率的感情的冲动在诗的外衣下的表现,具攻击性、傲慢无礼、自信、独断而且具有强烈的自我中心意识。他的这些自吹自擂的诗只不过是他气质的反映而已。③

郭沫若的诗,尤其是他所谓的"惠特曼"时期的诗,总体上不如他后期的诗和戏剧那样在问题的判断和风格上具有批判性。《女神之再生》中赋予几乎所有戏剧人物的夸张且言不由衷的话使得这种方式几乎完全不适合现代戏剧或诗歌。而且,诗人在这方面的不足似乎充分地表现在人物肤浅的对话中,尤其是在共工和颛顼之间你来我往的空洞语言上。④

总体说来,正如郭沫若这个时期的作品所证明的,读者可以在其早期诗歌中读到一些他最好的诗。与散文体作品相比,他的才能更适合诗歌,尽管对话在散文体作品中的使用效果更佳。郭沫若在美学原则上的逐渐转变,或者在根本上更是气质和个人性情的问题,与灵感和有效的陈述之衰退是并行的,表明了一种因果关系。他早期的作品中所表现的那种精神和语言上的新鲜感,在后期作品中完全没有了。后期的作品在总体上可比作是他自己对"屈原",即诗人自己的"他我"的描绘,是一个"在外表和特征上苍老、形容枯槁之人"。⑤

尽管存在诸多不足,文中指出的仅是其中的一些,但他并非完全配不上他所自称的那些大师。如果不从各个视角去考察去研究他整个的生活

---

① William R. Schultz. "Kuo Mo-jo and the Romantic Aesthetic, 1918–1925". Op. cit., p. 73.
② Ibid.
③ Ibid.
④ Ibid.
⑤ Ibid., p. 74.

和创作的话,要对他真正的地位做出全面的评价都将是不成熟的。然而,下面这个建议或许不算是太早,那就是,郭沫若在世时国内批评家和读者对他的赞誉在某种程度上是应得的。或许,更可能是他对时代和其他作家的影响比他自己的创作本身使他居于中国现代文学最杰出的作家之列。①

---

① William R. Schultz. "Kuo Mo-jo and the Romantic Aesthetic, 1918-1925". Op. cit., p. 74. 舒尔茨在注释第91条中列举了闻一多的《女神之时代精神》、冯文炳的《谈新诗》和黄人影的《郭沫若论》几种国内对郭沫若诗歌的褒扬之论。

第三章
英语世界的郭沫若学术研究

英语世界的郭沫若研究尽管比郭沫若译介稍晚,但从收集到的研究成果来看,无论是研究学者的数量、研究成果的形式、研究内容的深度与广度、研究的视角与方法,都呈现出可喜的发展势头。该章从研究者对郭沫若的生平传记与思想发展的研究、对郭沫若诗歌与戏剧创作的研究、对郭沫若小说的研究,以及英语世界有影响力的学者对英语世界郭沫若研究成果的评论几个方面对英语世界的郭沫若研究成果做一全面的梳理。

第一节 传记与思想

1971年,哈佛大学出版社出版了由美国的中国文学研究专家戴维·罗伊撰写的《郭沫若的早年岁月》。这是到目前为止英语世界郭沫若研究学者撰写的唯一一本郭沫若传记,也是自其出版后国内外郭沫若研究学者引用得最为广泛的一本研究文献。在收集到的相关资料中,1971年以后出版的几乎所有的英语世界郭沫若研究资料的参考文献中都可见到其身影。而国内的郭沫若研究学者,则因郭沫若著作编委会晨雨①对该书部分重要章节的译介而大致了解了这本传记的核心内容。晨雨翻译了罗伊的《郭沫若的早年岁月》第5章中有关郭沫若与惠特曼的部分内容,译者自加译文标题为《郭沫若与惠特曼》②。同年,晨雨还翻译了该书第7章《从浪漫主义到马列主义,1918—1924》③的全文,并以此名为题,仅只在译文中

---

① 笔名,实为中国社会科学院郭沫若纪念馆蔡震先生。
② 参见《郭沫若学刊》1989年第4期,第12—14页。
③ 参见《郭沫若研究》第7辑,北京:文化艺术出版社,1989年版,第286—303页。

删去了一些郭沫若著作的引文。由于这2篇译文都发表在国内郭沫若研究的专门刊物上,其产生的影响是极为广泛而深远的。在此值得特别予以肯定的是,正是由于晨雨对罗伊的这本《郭沫若的早年岁月》和澳大利亚学者邦妮·麦杜戈尔研究中国现代文学思潮与西方文学理论关系的著作《西方文学理论与现代中国导论,1919—1925》部分章节的译介,国内郭沫若研究学者对英语世界的郭沫若研究情况才有了一定的了解。

一、《郭沫若的早年岁月》

从该书的标题即可知道,作者在本书中阐述的是郭沫若的早年岁月,即从1892年郭沫若出生到1924年其思想转向马克思列宁主义之前这段时间的发展过程。这本并不太厚的小书正文部分只有170页,包括绪论、第1至第7章以及结尾共9个部分。在此首先对罗伊写于1970年6月23日的简短的"致谢"做个说明。在"致谢"的第一段中,罗伊介绍了该书的缘起:"这本书的题目最早是在1956年春的时候出现在我脑海里的。当时我碰巧在一位纽约的中国朋友Joan Hsu家见到了一卷郭沫若的传记。那一年的夏天我重新回到哈佛大学历史系继续我中断了三年的大学研究课程(undergraduate studies)。1957年春,费正清教授认为这个题目比较适合,同意我将它作为毕业论文的题目,这就使得我在四年级的时候在本杰明·舒瓦茨教授的指导下进行进一步的研究成为可能。因此,这本书的成书过程,从一开始就有赖于费正清和舒瓦茨两位学者和恩师的鼓励和他们对它的持续兴趣。"①并且,从此说明中可以推断,夏志清在其《中国现代小说史》的中译本序中提到给他的这部著作的英文原著写长评,"写得很内行,评者大卫·洛埃(David Tod Roy)现任芝加哥大学中国文学教授,那时还在哈佛写他的博士论文《郭沫若评传》。"②序中所说罗伊那时撰写的博士论文《郭沫若评传》即是这本以其早年的郭沫若研究为基础的,后于

---

① "Acknowledgments". David Tod Roy. *Kuo Mo-jo*: *The Early Years*. Op. cit.
② 夏志清的《中国现代小说史》的英文原著第一版发表于1961年,由耶鲁大学出版社出版。夏志清在"中译本序"中摘引了罗伊的长评中对自己的这部大作的溢美之词:"他认为《小说史》的出版是一件大事。它不仅是专论中国现代小说的第一本严肃的英文著述;更令人稀罕的,现有各国文字书写的此类研究中,也推此书为最佳。"参见夏志清著,刘绍铭等译:《中国现代小说史》,香港:香港中文大学,2001年版,"作者中译本序",第xli页。

1971 年以专著形式出版的《郭沫若的早年岁月》。只是笔者通过多方收集也未能发现罗伊的这本博士论文的踪迹,是为一大憾事。

"绪论"中的许多观点值得关注。罗伊首先对郭沫若的创作给予了恰当的评价:"郭沫若很可能是当今中国知识分子中最多才多艺的。尽管郭沫若作品的质量参差不齐,但他是现代作家和学者中创作最丰的人之一,20 世纪的文化生活中几乎没有一个领域没有受到他的影响。""他的所有作品不过只是以不同形式呈现出来的传记而已。即便是在他的学术著作中,也能处处见其个人的偏见和烦恼。正是因为他性格中常常表现出的这一令人不快的特征,才使得我们有比其他还在世的中国作家更完整的关于郭沫若的传记作品。这些传记作品构成了现代中国学生能得到的最受启发的文献之一。"①"郭沫若是 20 年代接受马克思—列宁主义最早的著名中国知识分子之一,他为什么会作这样的选择正是首先引起我对他的事业产生研究兴趣的原因。""我认为他思想上这一显而易见的转变并不标志着他思想发展过程中的一种完全的决断,或者一种明显的断裂。促使他发生转变的不仅与他的背景与偏好中的某些因素有关,而且一旦他跨出了这一步,他就将继续带着他一开始时的诸多思想包袱。""或许,要说郭沫若对西方文化、中国问题以及马克思—列宁主义的反应在多大程度上具有代表性还为时过早。"②在"绪论"的结尾,罗伊又一次强调了这个观点:"郭沫若对现代中国历史上这段重要的过渡时期中发生的诸多事件的反应并不代表一种必然会在每个人身上发生的行为。从郭沫若的经历去对其他的中国知识分子们在面临着同样这些事件时的反应加以概括很可能是不大妥当的。假如我们要想更深入地了解现代中国的知识分子史,当务之急则是要对更多的个体作专题研究。"③

该书的第 1 章以《在沙湾的少年时代,1892—1905》为题介绍了郭沫若在离开沙湾到嘉定上学之前的成长经历。作者特别强调了比郭沫若年长 14 岁的哥哥郭开文对年幼的郭沫若除父母和老师之外的巨大影响。第 2 章则以《嘉定的新校制,1906—1909》为题介绍了郭沫若在科举制度废除后在嘉定高等小学(1906)和新的嘉定中学(1907—1909)接受教育的情况。

---

① "Introduction". David Tod Roy. *Kuo Mo-jo: The Early Years.* Op. cit., p.1.
② "Introduction". Ibid., p.2.
③ "Introduction". Ibid., p.5.

作者在该章着重介绍了郭沫若对古文经典如《尚书》、《史记》、《春秋》、《庄子》、《列子》的喜爱,以及由于林纾翻译的西方小说的广泛流行从而开始对西方文学产生兴趣。第 3 章的标题为《中学、革命与婚姻:成都,1910—1913》,阐释的是郭沫若在成都求学期间的时政、郭沫若及其同学们的反抗以及郭沫若对家中父母包办婚姻的抗争。第 4 章论述的是郭沫若在日本东京和冈山上高等学校期间受到的来自中国传统思想诸如《道德经》、《庄子》和王阳明的思想以及外国的如泰戈尔、卡比尔以及德国文学,尤其是歌德的影响。该章的标题为《在东京和冈山的高等学校,1914—1918》。第 5 章和第 7 章是罗伊《郭沫若的早年岁月》一书的核心部分。第 5 章以《作为浪漫艺术家的医学生:福冈,1918—1921》为题介绍了郭沫若在九州帝国大学学医期间的文学创作。在该书的第 7 章《从浪漫主义到马克思—列宁主义,1918—1924》中,作者认为郭沫若在 1924 年接受马列主义并不表明他与中国传统断绝了关系,事实上传统的某些因素促使他更容易赞成马克思—列宁主义。第 6 章则以《创造社的全盛期:上海及福冈,1921—1924》为题介绍了郭沫若与《创造社》。结尾部分作者多次大段引用郭沫若自己的文章以及他给成仿吾的信来论述郭沫若向马列主义思想的转变,并强调说直到 1926 年 3 月郭沫若从上海到广东积极参加政治运动开始,他才真正转向了马列主义。罗伊对郭沫若在 1924 年 8 月 9 日写给成仿吾的长信中宣告自己成了个彻底的马克思主义者做了如下评论:"使得这个庄严的宣告显得特别引人注目的是郭沫若仍然对自我表达和充分发展个人潜能问题的关注程度。显然,吸引郭沫若的与其说是马克思—列宁主义的手段,还毋宁说是其目标,他并未丝毫放弃自己早期的那些信仰。……以人民大众的名义来宣告自己追求个人自由的这种行为纯粹是一种英雄行为和浪漫主义的姿态。然而,这并没有减弱他对信仰的诚挚性。"①

除这本郭沫若传记外,罗伊还有一篇研究郭沫若的思想和创作的文章收录在 1958 年出版的《哈佛中国研究论文集》第 11 期中,论文题目为《郭沫若接受马克思主义之前的时期,1892—1924》②。遗憾的是,多年来经过

---

① "Epilogue". David Tod Roy. *Kuo Mo-jo: The Early Years*. Op. cit., 167-168.
② David Tod Roy. "Kuo Mo-jo: The Pre-Marxist Phase, 1892-1924". *Papers on China*, 11, 1958. East Asian Research Center, Harvard University, pp. 69-146.

多方的努力寻找,仍然未能获得此资料。

二、郭沫若的自传体作品

1964年,由捷克斯洛伐克汉学家雅罗斯拉夫·普实克编辑的《中国现代文学研究》一书出版,里面收录了米列娜·多莱热诺娃-沃林戈诺娃的《郭沫若的自传体作品》一文①。在普实克为该书撰写的长篇《引言》中,他从5个方面对该论文集的研究情况进行了论述,即:一、概况:政治和文化的革命。二、文学革命的一般问题:封建文学和现代民主文学。三、与旧文学的关系。四、新作家。五、新文学创作的一般特征。正如普实克所强调的,这些研究论文大部分还只是介绍性的,只有在今后才有可能进行一种综合性的研究,其决定性的原因在于,对中国新文学的不同个性、问题和作品的分析研究在欧洲是十分不足的。因此,要根据他们手头所占有的资料来进行综合研究就更难于成功②。在《引言》中,普实克两次提及郭沫若的自传性作品的创作及其特征。普实克指出,郭沫若在他的自传《幼年时代》的一开始就提出了"我写的只是这样的社会生出了这样的一个人,或者也可以说有过这样的人生在这样的时代"③这种理论,表明郭沫若是在强调他的自传所具有的认识价值与文献价值④。此外,普实克还认为,郭沫若所写的那些反映自己内心世界的作品,其用意当然不仅仅是记录作者独特的内在经历。而读者之所以对这种自传性文学产生特别的兴趣,肯定也不(仅仅)是出于自己想要了解一个非常人物的感情世界这样一种愿望,而是因为读者在这些记录性的文章中发现了自己,作者表达的是读者自己的感情。⑤

这本《中国现代文学研究》中收录的第1篇论文即是米列娜的《郭沫若的自传体作品》,这篇研究文章探讨的是郭沫若1959年以前的创作情况。米列娜首先归纳了郭沫若文学作品的3个基本特征,即:浪漫的主观

---

① Milena Dolezelova-Velingerova. "Kuo Mo-jo's Aotobiographical Works" In Jaroslav Prusek ed. *Studies in Modern Chinese Literature*. Berlin: Akademie-Verlag, 1964, pp. 45-75.

② Jaroslav Prusek ed. *Studies in Modern Chinese Literature*. Berlin: Akademie-Verlag, 1964, p. 4 & p. 1.

③ 参见《我的童年》的"前言",载《郭沫若全集·文学编》第11卷,前面所引书,第7页。

④ Jaroslav Prusek ed. *Studies in Modern Chinese Literature*. Op. cit., p. 37.

⑤ Ibid., p. 41.

主义、对历史的兴趣和对自身经历的着迷。她指出,浪漫主义、主观主义在郭沫若的早期诗歌创作中,尤其是在诗集《女神》《星空》和《瓶》中得到了最大程度的体现。在这些作品中,外国诗人惠特曼、雪莱和泰戈尔的影响是显而易见的,郭沫若对这些偶像们给予了热情的支持。然而,浪漫主义和主观主义并不仅仅弥漫在郭沫若的诗歌中,甚至在他后来的历史剧中,也有穿着古装却有着现代思想和情感的人物一次又一次道说着作者的浪漫思想。此外,甚至郭沫若对德国作家作品的选择性译介,如歌德的《少年维特之烦恼》《浮士德》《赫尔曼与窦绿苔》以及席勒的剧作,也显示出年轻诗人郭沫若的浪漫倾向。这些强烈的浪漫主义和主观主义倾向一方面反映出郭沫若那种暴风雨般的、充满反抗精神的个性,另一方面也体现了整个一代人的情绪和渴望①。紧接着,米列娜指出了郭沫若作品中读者可以寻出其自传性主题的 2 篇小说:一是发表于 1926 年的小说集《橄榄》,一部通过一位中国医生的口讲述他在日本的悲惨经历的故事;另一部是 1928 年的《落叶》,一本包含着一个日本女孩写给一个中国学生的 41 封情书的故事集。但米列娜指出她在这篇论文中逐一分析的将只是郭沫若自己所谓的 8 部自传体作品:《我的童年》《反正前后》《黑猫》《初出夔门》《我的学生时代》《创造十年》《创造十年续编》和《北伐途次》。米列娜认为,这 8 部自传体作品与郭沫若含有自传成分的文学作品即刚提到的《橄榄》和《落叶》有着很大的不同。"郭沫若的目的不是要将它们创作成艺术作品,而在于试图描绘出作者所生活于其中的那个时代和社会的历史画卷。"②随后,米列娜从郭沫若作为一个历史学家的性格特征方面探讨了"自传体"这一令人惊异的概念在中国现代文学中产生的缘由。米列娜总结说,一方面,郭沫若的自传性作品显然是个人主义和主观主义的综合,是五四运动之后在年轻一代作家中产生的一种典型的文体形式;另一方面,这也是一种研究兴趣之所在,这种研究同时也赋予了他的自传体作品一种历史的真实感。③

米列娜随即从作品写作和出版的时间、自传所涉及的时间、出版过程中引起书名多次变动的原因、自传体作品中特别值得读者注意的地方以及

---

① Milena Dolezelova-Velingerova. "Kuo Mo-jo's Autobiographical Works" In Jaroslav Prusek ed. *Studies in Modern Chinese Literature*. Op. cit., p. 45.

② Ibid., p. 47.

③ Ibid., p. 49.

作者对作品的客观点评等方面逐一详细介绍了郭沫若的这 8 部自传体作品。如郭沫若的前 2 部自传体作品《我的童年》和《反正前后》因国民党反动政府的查禁而不得不对其书名加以改动。前者从《我的幼年》改为《幼年时代》，再改为《童年时代》，最后又改为《我的童年》；而后者则由《反正前后》改为了《划时代的转变》。作者介绍了郭沫若的真名、常用的笔名"沫若"的由来，以及另外 2 个笔名"杜衍"和"易坎人"。米列娜认为，郭沫若的第 2 部作品《反正前后》与他的《我的童年》在形式和内容上都有很大的不同。在这部作品中，郭沫若不再那么关注他的那些主观经历，对那些逸闻趣事也叙述得较少，而是按事件发生的顺序，从一个总体的角度，将叙事的重点放在了更多的历史事件上①。在米列娜看来，郭沫若的第 3 部作品《黑猫》"尽管只有短短的 50 页，但它是郭沫若所有传记作品中最接近文学作品的一部，更像一部欧洲意义上的小说。其情节是按时间顺序发展的，但其构架却具有戏剧性，呈现出了人物的心理状态，这在中国的古典小说中是极为罕见的。"②米列娜仅用简短的 3 个自然段概括了郭沫若的《初出夔门》和《我的学生时代》，并认为《我的学生时代》"跟其他的传记作品相比，太短，仅有 13 页，只不过是对《初出夔门》这部作品中那些相同材料的一个简要概括。它不能算是一部独立的作品，而是郭沫若的后 2 部传记作品即描写创造社发展过程的一个介绍，或是一个序言。"③作者引郭沫若自己的话阐明了创作《创造十年》和《创造十年续编》这两部作品的目的："不在于记录下创造社的历史，而是想将他对把自己的全部才能和精力都投于其中的他生命中那段忙碌日子的记忆记载下来。"④米列娜认为，郭沫若《北伐途次》的"形式有些不同于其他 7 部自传体作品。由于这部作品中所记载的行动集中在一个很短的时间内，郭沫若完全是以一个亲身在场的证人的姿态对这些事件逐天地进行描写。"⑤米列娜举其第 10 章为例对

---

① Milena Dolezlova-Velingerova."Kuo Mo-jo's Autobiographical Works"In Jaroslav Prusek ed. *Studies in Modern Chinese Literature*. Op. cit.，p.55.

② Ibid.，pp.59-60.

③ Ibid.，p.60.

④ Ibid.，p.61. 在《创造十年》之"发端"中，郭沫若对自己的写作目的是这样交代的："我现在终于下了决心，要费点功夫来记录出我所知道的创造社，或者更适切地说，是以创造社为中心的我自己十年间的生活。""我这部《十年》也不敢僭分地说它是历史。"参见《郭沫若全集·文学编》第 12 卷，前面所引书，第 21 页和 36 页。

⑤ Milena Dolezelova-Velingerova."Kuo Mo-jo's Autobiographical Works". Op. cit.，p.73.

这部作品形式上的不同加以了证明。同《北伐途次》的英译作者贝内特一样,米列娜也简要交代了这部传记的成书过程:"《北伐途次》最初在《宇宙风》上分期登载了 16 次①。1937 年,郭沫若首次以书的形式发表这些回忆录时,他只将原文本的少数句子加以了改动,但因原先的 28、29 两章太短②,故将其合为一节,由原来的 31 章变为了 30 章"。"除此书外,他又以同样的主题写了一个简短的概要,也叫作《北伐途次》。郭沫若原本打算在上海一家杂志社出版它,不巧的是,这家杂志社倒闭关门了。后来,他又用日文以《武昌城下》作为题目为日本的《改造》月刊写了同样的概要。日文版本的《武昌城下》与其中文的版本,即后来以《宾阳门外》为题,作为其更大作品的一个补充发表的版本有少许不同。"③值得注意的是,米列娜认为郭沫若的《北伐途次》最初以《武昌城下》为题在日本《改造》上发表时用的是日语,而贝内特却未指明郭沫若这部作品在《改造》上发表时用的是日文还是中文。对此,郭沫若在写于 1937 年 2 月 15 日的《北伐途次》"后记"中,也未做说明。但根据武继平的《郭沫若留日十年,1914—1924》一书"附录一"《郭沫若的日文作品》文献目录,可以清楚地看到郭沫若的《武昌城下》于 1935 年 5 月发表在《改造》17—5 上;1935 年 7 月,这部作品又发表在《日文研究》上④。由此可以看出,米列那认为郭沫若的《北伐途次》最初在日本《改造》上发表时用的是日文的观点是正确的,这与《郭沫若全集·文学编》第 13 卷中《北伐途次》标题页下的脚注,以及《宾阳门外》小序的内容是基本一致的。⑤

　　米列娜在其论文的最后对郭沫若的自传体作品的价值做出了自己客

---

① 应为 15 次,不是 16 次。译者有误。本书作者注。
② 根据郭沫若《北伐途次》之"后记"所述,合并的两节应为第 27、28 两节,不是第 28、29 两节。译者有误。参见"后记":"在杂志上发表的本是三十一节,因原先的二十七、二十八两节太短,为保持全体的平衡,我把它们合并成了一节,故今成三十节。"《郭沫若全集·文学编》第 13 卷,前面所引书,第 125 页。
③ Milena Dolezelova-Velingerova. "Kuo Mo-jo's Autobiographical Works". Op. cit., p. 73.
④ 武继平:《郭沫若留日十年(1914—1924)》,前面所引书,第 409 页。
⑤ 小序内容如下:"这篇东西本来是《北伐途次》的缩写,在为日本《改造》杂志用日文所写的《武昌城下》之前。原是应上海某杂志的征文写的。因该杂志停刊,原稿留在上海友人处已历年余。内容是怎样我自己已不大记忆,但那写法和《北伐途次》与日文的《武昌城下》都小有不同。这在自己的作品的制作过程上,是一项颇有趣的资料。读者或许会嫌与《北伐途次》重复,但内容虽是一事,而结构并不全同,我是认为有独立的性质的。一九三六年七月十九日。"参见《郭沫若全集·文学编》第 10 卷,前面所引书,第 67 页。

观的评价:"郭沫若的自传主要是对人物性格的真实记载。通过描写自己的生活经历,郭沫若在许多方面为历史学家提供了有价值的材料,如本世纪初的日常生活、革命运动在四川的反应以及北伐之前及北伐期间知识分子的心态等。对学习中国文学的学生来说,这些作品,特别是那2本记载'创造社'的传记,则是一笔无可比拟的信息源泉。"①

三、高利克的青年郭沫若研究

高利克的《中国现代思想史研究之四:青年郭沫若,1914—1924》于1986年发表在《亚非研究》第22卷上②。该研究对郭沫若在1914—1924年间的思想和学术发展进行了梳理,指出了他通过泛神论从传统到马克思主义信仰的转变过程。③

在近代中国,郭沫若被认为是仅次于鲁迅的中国现代文化的杰出代表人物。尽管二者在思想和艺术类型方面差别相当大,但他们的青年时代和命运在某些方面却非常相似。该研究要向读者详细介绍的青年郭沫若10年的思想与学术发展大都发生在日本,只有一部分是发生在中国的。1914年1月14日,这个对郭沫若一生来说最重要的日子,在历经一场漫长之旅后他终于到达日本。他发现自己置身于与过去21年间完全不同的世界。

文章其后的2个自然段主要从政治和思想两个方面介绍了中国和日本的情况。1900—1937年间,到日本去寻求自我教育的中国学生远比来自欧洲或美洲发达国家的学生要多得多,有3万4千人。文章引汪一驹(Yi-chu,Wang)《中国知识分子与西方》(*Chinese Intellectuals and the West*,1872—1949)④一书的观点,认为中国学生之所以选择到日本留学有4个

---

① Milena Dolezelova-Velingerova. "Kuo Mo-jo's Autobiographical Works". Op. cit., p. 75.
② 马立安·高利克:《中国现代思想史研究之四:青年郭沫若,1914—1924》(*Studies in Modern Chinese Intellectual History. IV. Young Guo Moruo*, 1914–1924),载《亚非研究》第22卷,1986年,第43–71页。高利克共著有《中国现代思想史研究》系列文章6篇,分别发表在《亚非研究》第11、12、21、22、24、28卷上,对"世界与中国:二十世纪的文化影响与回应"和中国现当代作家瞿秋白、鲁迅、郭沫若、王国维和冰心青年时期的思想发展做了系统的研究。本书作者注。
③ 马立安·高利克:《中国现代思想史研究之四:青年郭沫若,1914—1924》,前面所引书,第43页。
④ 汪一驹(Y. C. Wang):《中国知识分子与西方》(*Chinese Intellectuals and the West*, 1872-1949),教堂山:北卡罗来纳大学出版社,1966年版。

原因。最重要的原因是离得近;其次是学习的成本更低;第三是中文和日文文字的(尽管并非语言的)相似;四是有寻求政治避难的机会①。多年来渴望走出沙湾、走出四川这个封闭、偏远的地方进入广阔天地的郭沫若,毫不犹豫地抓住了第一个机会。当郭沫若的哥哥郭开贞以前的同学和同事张次瑜将郭沫若带到日本时,这个机会来得多少有些偶然。郭开贞给郭沫若提供了仅能维持半年的财政支持,因此郭沫若不得不用很短的时间来准备参加正常情况下需在2年内完成的语言考试。

在1914—1915年间,郭沫若听了儒家学者桂馨谷关于唯识的重要内容之一"大乘起信论"的讲座。文章将唯识论(Consciousness-only)、《奥义书》(*Upanishads*)、庄子的观点、王阳明的学说和老子的思想等对郭沫若的影响做了梳理和比较。高利克在论及唯识论对瞿秋白思想之影响的文章中已经详细阐述过其特征②,并认为在此文章中用它足以表明这个复杂而具有高度思索特征的学说正是源自这样的论点,即"外部世界只不过是我们意识的一种伪造的假象。外部世界并不存在,内在的意识呈现出一种似乎它就是外部世界的表相。整个外部世界因而不过是一种幻觉而已。"③

这个郭沫若显而易见崇拜但并不十分相信的学说对他的无政府主义的主张并没有产生干扰。1915年5月7日他写过一首表达他准备好为自己的祖国而战的诗。他也曾与几个朋友回到上海,但那里并没有发生战争,于是几日后他又返回了东京。④

郭沫若那时对儒家思想的兴趣在一定程度上是偶然的,但不容质疑这与他内心的需要是相关的。还在嘉定时,郭沫若就打碎过"主宰怀孕和生

---

① 马立安·高利克:《中国现代思想史研究之四:青年郭沫若,1914—1924》,前面所引书,第45页。

② 马立安·高利克:《中国现代思想史研究之二:青年瞿秋白》(*Studies in Modern Chinese Intellectual History. II. Young Ch'u Ch'iu-pai*,1915-1922),载《亚非研究》第12卷,1976年,第92—95页和第102—103页。

③ 陈观胜(Ch'en Kenneth):《佛教在中国:一种历史考察》(*Buddhism in China. A Historical Survey*),普林斯顿:普林斯顿大学出版社,1964年版,第321页。

④ 为抗议日本帝国主义向中国提出的二十一条不平等条约,郭沫若于1915年5月7日返国。但是在上海的客栈里待了三天,毫无结果,只好再回日本。当时曾作七律一首,表明自己的态度:"哀的美顿书已西,冲冠有怒与天齐;问谁牧马侵长塞? 我欲屠蛟上大堤! 此日九天成醉梦,当头一棒破痴迷! 男儿投笔寻常事,归作沙场一片泥!"本书作者注。

育之神的塑像",还在神像的碎片上撒尿表明自己对神的蔑视①。自然,儒家思想的迷信形式与唯识论是有很大差别的。作为主观唯心主义的一种现象,它当属世界哲学中最复杂的阐释体系。郭沫若对儒家思想的兴趣,不仅仅在于它是那个时期的时尚,或者因为它源自与中国有较近渊源的印度哲学。唯识论有一个特征,它将这种本质上是外国的、印度的教义与中国本土的、至少有一部分属于哲学家庄子的道家教义紧密相连。这个关联与作为哲学类别的和作为人的、自然的、宇宙之存在的一种形式的"梦"相关。唯识论的核心译成中文即是"一切唯识"(All is only consciousness),即,一切外在现象都是心识的变现,而非实存于外。"识"并非最恰当的字眼,因为其中也蕴含了某种"无意识"的形式,尽管它与弗洛伊德(Sigmund Freud)发现的超心理学有差别。根据布迪(D. Bodde)对冯友兰《中国哲学史》的解释,"识"原本为"藏识"(alaya-vijnana, storehouse consciousness),从中"有对我们来说似乎是外在现象的进化"。在这种"藏识"中,有所有现象之种子(bijas, seeds)在不断地产生外部现象。②

《中国现代思想史研究之二:青年瞿秋白》一文曾提及过庄子与唯识论之间重要的相似性。但二者之间的相似还有不少,而且到其时还没有人做过有助于我们更加详细了解二者的比较研究。该文中又提及了二者间的其中一个相似之处,并引了《庄子·齐物论》中带有深刻哲学意蕴的故事《周公梦蝶》加以说明:"昔者庄周梦为蝴蝶,栩栩然蝴蝶也,自喻适志与! 不知周也。俄然觉,则蘧蘧然周也。不知周之梦为蝴蝶与,蝴蝶之梦为周与? 周与蝴蝶,则必有分矣。此之谓物化。"唯识派的哲学家们没有呈现给读者什么诗意的故事而只是竭力去对自己的主张加以证明,如冯友兰的《中国哲学史》和《庄子》对"物化"的阐释。"尽管在表面上事物之间是有差别的,但在幻觉上或者在梦中一个事物也可以转化为另一个事物。'物化'现象证明事物之间的差别不是绝对的。""尽管除意识之外不存在

---

① 马立安·高利克:《中国思想史研究之四:青年郭沫若,1914—1924》,前面所引书,第46页。原文为:"有一个站像,是一个裸体的小男孩。……这不消说就是从前的和尚对于祈求子息的人的一个骗钱的工具了。这一发现激起了小小的偶像破坏者的义愤,我们开始推倒那些偶像,更向它们洒起尿来。"可参见《郭沫若全集·文学编》第11卷,前面所引书,第62—63页。

② 马立安·高利克:《中国思想史研究之四:青年郭沫若,1914—1924》,前面所引书,第47页。布迪(Derk Bodde)的观点可参见布迪在冯友兰:《中国哲学史》第2卷(A History of Chinese Philosophy, Vol. 2),普林斯顿:普林斯顿大学出版社,1953年版第304页上的解释。

客观的对象,但是非真实的东西也具有功能作用(如遗精)的原则却是成立的。"①

我们无法知道唯识论是否对郭沫若产生了影响。如果产生了影响的话,又在多大程度上产生了。如果确实产生了影响的话,那么首先应该归功于郭沫若自 1912 年起就开始喜欢并阅读的《庄子》。我们很有趣地注意到他唯一一次对其中有《庄周梦蝶》那个故事一篇的引用,用以描述那个时期(即他与第一个妻子的婚姻)发生的一件事②。某种程度上,郭沫若将自己等同于南郭子綦。在南郭子綦的话中,我们可以读到或许是中国哲学和文学中所表达出的最引人注目的观点了:"可乎可,不可乎不可。通行之而成,物谓之而然。恶乎然?然于然。恶乎不然?不然于不然。恶乎可?可于可。恶乎不可?不可于不可。物固有所然,物固有所可。故为是举莛与楹、厉与西施、恢诡谲怪,道通为一。"③西施是著名的美女,而郭沫若的妻子则是一个丑陋的、没有受过教育的、愚昧的女人,郭沫若称她为"黑猫",并且很可能从未"了解"过她。我们或许会很奇怪,他为什么不反对父母的意愿,而他的默许很可能源自他对《庄子》的阅读。

如果说泛意识论没能满足郭沫若的话,持本体论观点的哲学家王阳明则被证明与郭沫若意气相投,对郭沫若来说成了搭建起中国古老的价值观和印度哲学之间的一座桥梁。而且同时也让他对欧洲的思想,尤其是现代观点有所了解。他重读庄子、老子、孔子,对他们有了更深的理解,并且对《奥义书》、斯宾诺莎(B. Spinoza)和歌德(J. W. Goethe)有了认识。在郭沫若做于 1924 年 6 月的文章《儒家精神之复活者王阳明》中他回忆了自己对这位杰出哲学家的思想、人生和政治人格的崇拜之情。郭沫若认为,对王阳明来说,生命的意义不在于无常,也不在于苦劫,而是在生活中与病魔奋斗,与死神奋斗。他的奋斗精神在于对道家的逃避现实的教义不满足,在

---

① 这两个观点分别载冯友兰,前面所引书,第 323 页和冯友兰:《庄子新译》(*Chuang Tzu. A New Selected Transaltion with an Exposition of the Philosophy of Kuo Hsiang*),上海,1933 年版,第 64 页。

② 此事指的是郭沫若结婚前一个晚上读《庄子》的事,收录进《黑猫》中,原文为:"我把衣裳脱了,顺手从案上拿了一本《庄子》来,倒睡在床上,翻开《齐物论》来读。——南郭子綦隐几而坐,仰天而嘘,嗒焉似丧其偶。颜成子游侍乎前,曰何居乎?形固可使如槁木而心固可使如死灰乎?今之隐几者非昔之隐几者也。……泛泛地读了一阵,心境不安,又把书抛开了。"可参见《郭沫若全集·文学编》第 11 卷,前面所引书,第 241—242 页。

③ 可参见《庄子·齐物论》。

于对佛家悲观的思想不满足,却对儒家人文主义的观念,尤其是他对"万物一体"的假设,这个儒家的创立者宣扬的观点以及源于其中的"自我扩充"观念的推崇。但王阳明并非郭沫若认为的那样是个个人主义者①。原因有三,一是这个概念在旧中国还不曾存在,尽管他的有些追随者确实有这种倾向,二是个人主义在旧中国是不可能的,同时对于普遍流行的儒家思想来说也是相当异端的。个人主义的任何一种重要的措施都容易对"万物一体"宇宙观造成破坏并且妨碍"去人欲,存天理"观点的实施。此外,它还可能对社会秩序产生深远的影响,甚至危及它的存在。在"心即是理"的前提中,郭沫若特别强调"理",将其看成是宇宙的第一因缘,是天,是道,是本体,是"动而为万物,万物是它的表相,万物的流徙便是它的动态。"②

郭沫若说是通过王阳明他才对庄子的哲学和老子的哲学有了全面理解的。但郭沫若没有在这篇文章中表明他是如何领会庄子哲学的,而且他认为老子的哲学却"导引到利己主义去了"。郭沫若对王阳明的社会行动的崇敬使得他对老子的社会清净寂灭观持批判的态度。郭沫若不是对老子的观点进行科学的、客观的调查,而是仅通过对老子部分观点的陈述来进行推断和加以主观的补充。老子肯定不在那些将对利己主义的辩护作为生活中的自我实现之道的人之列。恰恰相反,他曾在一篇论述人与人之间应该相互包容,应该如何对待知识、欲望以及应该拥有什么素质的文章中宣称"少私寡欲"③。从郭沫若比这篇文章早些时候写的《中国文化之传统精神》一文可以看出,郭沫若那个时候对老子的看法要更正确些,而且老子反对宗教的观点,与他更是产生了共鸣:"雄浑的鸡鸣之后,革命思想家老子便如太阳一般升出。他把三代的迷信思想全盘破坏,极端咒诅他律的伦理说,把人格神的观念连根拔出来,而代

---

① 关于郭沫若说王阳明是个利己主义者的观点,原文为:"他的自我甚强,他的对于生的爱执决不容许他放弃了自己的要求,他的生活的途径便进而为努力地和病魔奋斗,和死神奋斗。他的求佛求仙的动机正是出于积极的奋斗精神,他在道家之中求不出满足,他在佛家之中也求不出满足来,我们可以更无些儿疑义了。道家的宇宙本是活泼的动流,体相随时转变,而他的人生哲学却导引到利己主义去了。我在《函谷关》一篇小说中借老聃的口来批评过他自己。"可参见郭沫若著,黄淳浩校:《〈文艺论集〉汇校本》,长沙:湖南人民出版社,1984年版,第59—60页。

② 马立安·高利克:《中国现代思想史研究之四:青年郭沫若,1914—1924》,前面所引书,第51页。

③ 可参见《道德经》第19章。

之以'道'的观念。他说'道'先天地而浑然存在,目不能视,耳不能闻,超越一切的感觉而绝去,如'无',而实非真无。这'道'便是宇宙之实在。"①在老子的学说和时代中,郭沫若看到了一个"中国思想史的复兴",看到了对"个性解放"的要求和对"三代"以前所谓的民族精神和自由思想的回归、对他律伦理和过去时代的宗教偏见的反抗②。尽管其表达常常是错误的,但郭沫若对老子的高度评价使得他在解决自己世界观中的一些重要问题时转向这位哲学家。老子的态度加强了他的无神论观、生存的现实观(生存是现实的表现),他确信所有的人类行为的结果及其目标都是"自我完成"。③

在郭沫若看来,老子世界观的最后2个特征也是孔子所有的,只不过老子提倡的是无神论,而孔子却是泛神论。五四运动之前或者之后的那些年,郭沫若并没有如有些学者那样认为《论语》是孔子教义之唯一可靠的源泉。他很可能忽略了欧阳修或者崔述的旧作,也可能没有在意他那个时代大部分严肃的学者的东西。由于某些原因,他也可能因为对今文学派的很多著作留下较深的印象而拒绝将孔子仅看作是个公元前五六世纪的历史人物,而认为他是中国历史上的伟大哲学家,甚至是全世界的伟大的圣人和老师。郭沫若解释了孔子教义中与老子和《易经》"十翼"相关的主要观点,并在《中国文化之传统精神》一文中引用了《易经》中的一段,其内容显而易见与孔子和老子的观点很相似④。为易于读者的理解,文章把郭沫若引文中省略的部分补充了出来,该段选自《周易·系辞上》:"一阴一阳之谓道,继之者善也,成之者性也。仁者见之谓之仁,知者见之谓之知,百姓日用而不知,故君子之道鲜矣。显诸仁,藏诸用,鼓万物而不与圣人同

---

① 可参见郭沫若著,黄淳浩校:《〈文艺论集〉汇校本》,前面所引书,第11页。
② 原文为:"我们在老子的时代发见中国思想史上的一个Renaissance,一个反抗宗教的,迷信的,他律的三代思想,解放个性,唤醒沉潜着的民族精神而复归于三代以前的自由思想,更使发展起来的再生运动。"可参见郭沫若著,黄淳浩校:《〈文艺论集〉汇校本》,前面所引书,第11页。
③ 马立安·高利克:《中国现代思想史研究之四:青年郭沫若,1914—1924》,前面所引书,第52页。
④ 郭沫若的引文为:"一阴一阳之谓道,继之者善也,成之者性也。富有之谓大业,日新之谓盛德。生生之谓易……阴阳不测之谓神。"可参见郭沫若著,黄淳浩校:《〈文艺论集〉汇校本》,前面所引书,第12—13页。

忧,盛德大业至矣哉。富有之谓大业,日新之谓盛德。"①这让人想到与"阴"之法则相关的,老子在《道德经》第 42 章中论及之"道":"道生一,一生二,二生三,三生万物。万物负阴而抱阳。"

当郭沫若眼前呈现出这 2 处引用的时候头脑中很可能想到了"万物一体"这么个在 2 段引文中都被称为"道"的东西。它一方面与阴、阳规则相关,另一方面又与被孔子称为"易",且在相对无限之存在的循环中具有连贯的、空间变化的特征相关:"生生之谓易……阴阳不测之谓神。"②除了"易",他注意到的可能还有"神",它在这里具有存在之部分、但却是理性和情感认知所不能解的特征。在郭沫若看来,这个"神"是立法者,是宇宙之独特物体的表象,尽管从理想上和情感上是很难解释的:"本体含有一切,在不断地进化着,依两种相对的性质进化着。本体天天在向'善'自新着。然而本体这种向'善'的进化,在孔子的意思,不是神的意识之发露而是神之本性,即本体之必然性。"③这里对"神"的理解有别于中国哲学或宗教对神的所指,即包括人死后的灵魂或者鬼神。"神"这个概念在这里指的是"万物不可测之力量",也可能是蕴含在"道"中的"一"。在郭沫若看来,"道"与"易"是同样的概念,是同一物体的两个同义词。在他认为"我们可以于孔子得到一个泛神论者"时郭沫若仅是根据孔子"本体即神"的观点来推断并解释他的世界观和他的哲学史观的。④

尽管郭沫若认为庄子是最伟大的,或者至少说是中国的无神论者中最伟大的,但关于他的东西却写得很少,这位哲学家仅是在郭沫若的文章《惠施的性格与思想》中不断地被提及,这与惠施的第 10 个似是而非的论点"泛爱万物,天地一体"是相关的。尽管在《庄子》的著名翻译者中可能没有谁会以这种方式来翻译这个悖论,但在郭沫若看来,这个遗说表达出了

---

① 马立安·高利克:《中国现代思想史研究之四:青年郭沫若,1914—1924》,前面所引书,第 53 页。此是对"盛德大业至矣哉。富有之谓大业,日新之谓盛德。生生之谓易"几句的英译,中文可参见《周易·系辞上》。

② 马立安·高利克:《中国现代思想史研究之四:青年郭沫若,1914—1924》,前面所引书,第 53—54 页。该段原文引文为:"他以为神的存在与作用,不是我们的感觉的知识所能测量的。神是一切的立法者,而只能统律感官界的范畴与规律是由彼所生,所以不能范围彼。易与天地准,神无方而易无体。"可参见郭沫若著,黄淳浩校:《〈文艺论集〉汇校本》,前面所引书,第 13 页。

③ 郭沫若著,黄淳浩校:《〈文艺论集〉汇校本》,前面所引书,第 12 页。

④ 马立安·高利克:《中国现代思想史研究之四:青年郭沫若,1914—1924》,前面所引书,第 54 页。郭沫若的观点"我们可以于孔子得到一个泛神论者"以及他指出老子的"本体即神"可参见郭沫若著,黄淳浩校:《〈文艺论集〉汇校本》,前面所引书,第 13 页。

泛神论的卓越观点,同时它也是庄子哲学体系的核心。尽管它是另一个哲学派别的哲学家的观点,但却是庄子道家思想的基础。在《庄子·齐物论》中我们可以读到如下的观点:"天下莫大于秋毫之末,而大山为小;莫寿于殇子,而彭祖为夭。天地与我并生,而万物与我为一。"①与沃森(B. Watson)不同,郭沫若毫无疑问是翻译了最后一句的,因为它在其后紧接着又补上了这一句:"识此大同我们可以不生差别,对于天地万物都可以一视同仁。"②

综观上述论点可以看出,郭沫若将"道"看成是所有存在的本体,是暂时的、空间的表象。尽管在形式上他超越了这2个方面而朝着庄子的观点发展,然而,就其内容而言,他却是朝着泛神论的观念发展的,这种观念构成了那个时代世界观的广泛基础:"万汇是道的表相,我也是道的表相。体相如一,我与道体非二。本体不灭故我也不灭,本体无穷故我也无穷。故自时间上说:我与天地是并生;自空间上说:万物与我是一体了。"③

这些句子与郭沫若在《〈少年维特之烦恼〉序引》中的话"我即是神,一切自然都是我的表现",呈现出了一个泛神论者令人惊异的世界观。郭沫若整体的哲学观是经历了好几年的时间而并非仅仅只直接与庄子和斯宾诺莎相关。郭沫若也到古希腊和印度哲学中,当然还有现代欧洲哲学中去寻根。他在泰利斯(Thales)与他的水中,在赫拉克利特(Heraclitus)与他的火中,在德谟克利特(Democritus)和他的原子中,同时也在《吠陀》(*Rg-Veda*)之水中,在《奥义书》之梵(brahman)中,在毗舍迦派(Vaiśesika school)哲学之原子理论中获得了启发。郭沫若哲学思想的外国来源,可说是从最初对卡比尔(Kabir)的印度泛神论思想和《奥义书》的兴趣,到1917—1918年在日本冈山的六高时接触作为必修功课之歌德的《诗与真》(*Dichtung und Wahrheit*)④。他是在阅读《诗与真》时了解斯宾诺莎的,并且显然对歌德的评价很感兴趣,这可在后来的《三叶集》中得到证明。对于歌德,郭沫若不仅是阅读了他的东西,而且还翻译了他的《浮士德》

---

① 高利克将《齐物论》称为是《庄子》第 2 章,没有明确说明第 2 章为《齐物论》;将《大宗师》称为是第 6 章,亦然。
② 马立安·高利克:《中国现代思想史研究之四:青年郭沫若,1914—1924》,前面所引书,第 54 页。中文可参见郭沫若著,黄淳浩校:《〈文艺论集〉汇校本》,前面所引书,第 51 页。
③ 可参见郭沫若著,黄淳浩校:《〈文艺论集〉汇校本》,前面所引书,第 52 页。
④ 郭沫若在文中将其译为《创作与真实》。

(Faust)和《少年维特之烦恼》(The Sorrows of Young Werther)。这两部作品都对他的创作起到了促进作用。

文章整段引用了郭沫若在《〈少年维特之烦恼〉序引》中对泛神论最全面和最有分量的评价①并进行了更加详细的分析。这段的第一句陈述"泛神便是无神"源自郭沫若对"神"的认识和表示本体时所用词汇的不同。这个观点蕴含了郭沫若话语的根本之核,引文其余的陈述是对万物之存在的本体更加详细的解释。本体是永恒的、不灭的、不竭的,它一直存在也将存在,它过去是、现在是、将来也会是暂时的、空间上的变形。郭沫若将自我等同于"神",其中也蕴含着自己的性格,这不是表示他将自己或他人神化,而是显示出与宇宙、自然、万物以及作为存在之目的或理由的本体统一为一体②。而其后的陈述,郭沫若似乎又回到了1915—1922年间他刚开始接触泛神论观点的那个时期并主要回忆了其思想发展的不同阶段。引文中关于"我见"一句是对唯识论教义某一方面的否定。"我见"是与人的意识,即被称为"末那"或思想意识相关的七八种烦恼中的4个根本因缘之一,其余为"我痴"、"我慢"、"我爱"。"自我扩张"对郭沫若来说是获得泛神论式的自我实现的手段,它是自我表现的一种形式,也是具有浮士德式的特征的创造社成员们的重要口号。"自我扩张"是郭沫若这个伟大的艺术家和人文主义者在藉浮士德之口表达"我的小我便扩大成全人类的大我,我便和全人类一样,最后终归消磨"时头脑中所想到的这个过程的抽象表达。"自我扩张"与之前我们提及的"自我完善"是一样的,或者是相似

---

① 原文为:"泛神便是无神。人到无我的时候,与神合体,超绝时空,而等齐生死。人一到我见的时候,只见宇宙万汇和自我之外相,变灭无常而生生死死亡之悲感。万物必生必死,生不能自持,死亦不能自阻,所以只见得'天与地与在他们周围生动着的力,除是一个永远贪梦,永远反刍的怪物而外,不见有别的?'此力即是创生万汇的本源,即是宇宙意志,即是物之自身能与此力瞑合时,则只见其生而不见其死,只见其常而不见其变。体之周遭,随处都是乐园,随时都是天国,永恒之乐,溢满灵台。在'无限之前,在永恒的拥抱之中,我与你永在。'人之究竟,唯求此永恒之乐耳。欲求此永恒之乐,则先在忘我。忘我之方,歌德不求之于静,而求之于动。以狮子搏兔之力,以全身全灵以谋刹那之充实,自我之扩张,以全部的精神以倾倒于一切!维特自从与夏绿蒂姑娘相识后,他说,'自从那时起,日月星辰尽管静悄悄地走他们的道路,我也不知道昼,也不知道夜,全盘的世界在我周围消去了。'如此以全部的精神爱人!以全部的精神陶醉!以全部的精神烦恼!以全部的精神衰毁!一切彻底!一切究竟!所以他对于疯狂患者也表极端的同情,对于自杀底行为,也绝不认为罪过而加以赞美。完成自我的自杀,正是至高道德——这绝不是中庸微温者流所能体验的道理。"可参见郭沫若著,黄淳浩校:《〈文艺论集〉汇校本》,前面所引书,第228—229页。

② 马立安·高利克:《中国现代思想史研究之四:青年郭沫若,1914—1924》,前面所引书,第59页。

的,郭沫若将孔子、康德和歌德看成是"自我完善"的杰出典范①。在某些方面,郭沫若走得比歌德远,比斯宾诺莎更要远得多。他相当严肃地看待自我与上帝的问题,维特的疑问"什么是人,这个高尚的半人半兽?"或者浮士德的"我是上帝吗?"至少有时与他是不相关的。与歌德相比,年轻的郭沫若更接近赫尔德(Johann Gottfried von Herder),这个18岁时写下"什么?我是个神?我是神,我是上帝!……上帝,你给了我什么!我将更新你全部的世界"的德国哲学家。或许郭沫若可能并不知道赫尔德,他们只不过是在关于上帝与人的观念上碰巧有些相似而已。②

是"情"这个前提让歌德和郭沫若走得更近。"情"这个概念在中国漫长的文学批评史上有着各种不同的变化,而且或许在创作中已经显而易见被注意到了。在欧洲,"情"在哲学上、文学上和艺术上被广泛提及是在启蒙时期和浪漫主义时期。在中国,对"情"的迷恋持续了大约3个世纪,即16—18世纪。而在英国和德国,后来是其他欧洲国家,大约是1个世纪,即18、19世纪。但是,在中国,对"情"的兴趣常常通过对其反面,即对"性"或"景"的强调得到平衡。而在欧洲,"情"在文学史或艺术史上起到了广泛的作用,它是使得欧洲学者认为"情"是两千多年的传统理念之影响的原因之一,也是作为一种文学和艺术运动的浪漫主义的重要成分。③

文章引《〈少年维特之烦恼〉序引》中"人总是人,不怕就有些微点子的理智,……在死灭中立地可以生出些有情的宇宙"④一段,并认为与歌德的主情主义相比,郭沫若仅是从欧洲浪漫主义开始,尽管他引文中的第一句

---

① 马立安·高利克:《中国现代思想史研究之四:青年郭沫若,1914—1924》,前面所引书,第61页。

② 赫尔德(Johann Gottfried von Herder),一位极具影响力的德国哲学家、文学评论家及信义会神学家。本书作者注。

③ 马立安·高利克:《中国现代思想史研究之四:青年郭沫若,1914—1924》,前面所引书,第61—62页。

④ 原文为:"'人总是人,不怕就有些微点子的理智,到了热情横溢,冲破人性底界限时,没有什么价值或至全无价值可言。'这种事实,我们每每曾经历过来,我们可以说是,是一种无需乎证明的公理。侯爵重视维特的理智与材能而忽视其心情时,他说'我心情才是我唯一的至宝,只有他才是一切底源泉,一切力量底,一切福佑底,一切灾难底。'他说,他智所能知的,甚么人都可以知道,只有他的心才是他自己所独有。他对于宇宙万汇,不是用理智去分析,去宰割,他是用他的心情去综合,去创造。他的心情在他身之周围随处可以创造一个乐园;他在微虫细草中,随时可以看出'全能者底存在','兼爱无私者底彷徨'。没有爱情的世界,便是没有光亮的神灯,他的心情便是这神灯的光亮,在白璧上立地生出种种画图,在死灭中立地可以生出有情的宇宙。"可参见郭沫若著,黄淳浩校:《〈文艺论集〉汇校本》,前面所引书,第228页。

和前面引文最后的翻译（或者说理解）与原文意思相差甚远。他这么翻译可能是为了使他同时代的读者能更全面地理解吧。这里，人成了衡量万物的标准，理性及其能力被认为是事物的普遍性，而心仅是属于拥有它个人的。然而，个体的心不仅仅只为他自己，而是在其帮助下与世界相连接或者创造世界。郭沫若在《〈少年维特之烦恼〉序引》中称为"爱"的东西，在欧洲浪漫主义作家和浪漫主义史学家那里被称之为"同情"。二者其实是同一种东西，都与人和人之间的和谐、理解与团结、甚至人与其周遭之间的团结相关。对于作为模仿过程记录者但最终成为同一现象之投射者的"神灯"（Zauberlantern）这个概念，歌德和郭沫若对于艺术之精髓的见解相当地接近。可是，歌德遵奉大部分的模仿原则，而从郭沫若对创造性原则的强调中显而易见可以看出他更多是对"心"作为生于死气沉沉的虚无之中的活的宇宙之造物主的强调。郭沫若并没有坚持这种对"心"的强调，或者说，只是在那种状况下，"心"对他来说传达的是更广的意思：它必定等同于本体，等同于上帝和大我。这在他发表于1922年《创造周刊》创刊号上令人惊异的诗《创造者》可以看出来。在这首郭沫若最具表现力的诗歌之一中，他向他那个时代的年轻读者呈现了自己关于神话时代的宇宙起源版本。

在与朋友们准备《创造周刊》创刊号时的郭沫若与翻译《少年维特之烦恼》时的郭沫若一样，追求的是同样的观念，即在现代世界的喧嚣中创造一个充满活力的、具有无私的自我的、能够自我表达和自我扩张的新世界。神灯只能对他希望获取的东西提供一个不太准确的反映。在他看来，"大我"是一个通过知识而获得了解放并包孕本体之人的自我；是客观现实在所有形式的内在统一方面的具体化，它是自我发展的保证；它至少也是那些影响他在自然、社会、包括文学与艺术的知识之各种形式等现象方面的发展。郭沫若自己就是这么个"创造者"。文章部分翻译了《创造者》一诗："我唤起周代的雅伯，我唤起楚国的骚豪，我唤起唐世的诗宗，我唤起元室的词曹，作《吠陀》的印度古诗人哟！作《神曲》（*Devine Comedy*）的但丁哟！作《失乐园》（*Paradise Lost*）的米尔顿哟！作《浮士德》悲剧的歌德哟！你们知道创造者的孤高，你们知道创造者的苦恼，你们知道创造者的狂欢，你们知道创造者的光耀。"①

郭沫若认为歌德《少年维特之烦恼》中所反映出的泛神论思想的第3个特征是"对自然的赞美"。在《〈少年维特之烦恼〉序引》中他抓住了维特与这个话题相关的坦白,引用了其中适合他自己关于人与自然之关系的观点的部分,而略去了那些与他的看法甚远的部分:"我今后只皈依自然。只有自然是无穷地丰富,只有自然能造就伟大的艺术家。一切的规矩准绳,足以破坏自然底实感,和其真实的表现!"②郭沫若在翻译这本小说时,这些句子也一样被曲解。歌德不带个人色彩的观点清楚地表明"规矩准则的优点很多",而郭沫若却将其误译为"一些人坚持遵循规则",与歌德的意思相去甚远。他将歌德的"同样的事中有很多可以用来歌颂中产阶级社会"译为"或许他们赞同知识渊博但欣赏水平却很低下"。很显然,由于郭沫若自己不喜欢规矩准绳,于是瞧不起他那个时代的"中产阶级社会"。在歌德对他那个有着良好秩序、坚持公认的社会的、伦理的、道德法则的社会表示赞同的地方,郭沫若却不去表达、不去翻译歌德的观点,而仅只满足于歌德的某些陈述,并根据自己的想法给予一种评价。③

郭沫若之后强调了维特的泛神论思想的其他2个特征:对原始生活的敬仰,即通常指未受到文明影响的纯朴的自然,和对小儿的尊崇。郭沫若在论述"对小儿的尊崇"这一特征时将其与古代东方哲学或宗教做了宽泛的比较评论。郭沫若因为太相信自己的记忆力而在引用老子观点时犯了错误:"老子教人'专气致弱如婴儿'"④。而在引用哲学家孟子的观点时,除了一个助词外,基本上是准确的:"孟子说'大人者不失其赤子之心'。"⑤

---

① 马立安·高利克:《中国现代思想史研究之四:青年郭沫若,1914—1924》,前面所引书,第61—62页。中文可参见《郭沫若全集·文学编》第5卷,前面所引书,第369—370页。

② 可参见郭沫若著,黄淳浩校:《〈文艺论集〉汇校本》,前面所引书,第230页。高利克原文本在郭沫若所译这部分中间,即在'只有自然能造就伟大的艺术家'和'一切的规矩准绳,足以破坏自然底实感,和其真实的表现'之间还有几个句子,英文如下:"There is much to be said for the advantage of rules and regulations, much the same things can be said in praise of middle-class society—he who sticks to them will never produce anything that is bad or in poor taste, just as he who lets himself be molded by law, order, and prosperity will never become an intolerable neighbour or a striking scoundrel. On the other hand—and people can say what they like—."马立安·高利克:《中国现代思想史研究之四:青年郭沫若,1914—1924》,前面所引书,第64页。

③ 马立安·高利克:《中国现代思想史研究之四:青年郭沫若,1914—1924》,前面所引书,第65页。

④ 老子《道德经》第10章原文为:"专气致柔,能婴儿乎?"本书作者注。

⑤ 《孟子·离娄下》原文为:"大人者,不失其赤子之心者也。"本书作者注。

郭沫若同时还引用了《旧约》中预言者以赛亚（Isaiah）的未来社会观①。这位希伯来预言家头脑中想到的是一个乌托邦式的社会并用诗意的形式将其描绘出来，而郭沫若在其中看到的则是"小儿的行径是大人的楷范"。然而，郭沫若在其中蕴藉了更多的东西。②

　　论文最后梳理了郭沫若转向马克思主义思想观的过程。从早在 1921 年 6 月与日本的马克思主义者河上肇（Kawakami Hajime）的学生李闪亭建议郭沫若读河上肇的《社会问题研究》（Studies of Social Problems）③，到郭沫若在文章《太戈儿来华的我见》中或多或少呈现出自己思想发展的大概，到郭沫若开始严肃地对马克思主义哲学思想和社会思想发生兴趣等。同时郭沫若的思想发展也与那个时期如恽代英、邓中夏等年轻的共产党人对相关文学之需要的宣传、日本发生的事件、革命文学和无产阶级文学通过发行杂志《种莳人》（Tane-maku hito）而形成并产生的影响有关。这个时期，正是郭沫若活跃的表现主义文学批评发展时期，1921—1924 年间的各种经历、事件以及所获得的知识使得他逐渐转向马克思列宁主义。在他的《太戈儿来华的我见》的"坦白"中我们可以读到如下的观点："唯物史观的见解，我相信是解决世局的唯一的道路。世界不到经济制度改革之后，一切甚么梵的现实，我的尊严，爱的福音，只可以作为有产有闲阶级的吗啡、椰子酒；无产阶级的人是只好永流一生的血汗。"④

　　郭沫若这个哲学思想上的再生过程是进步的，1923—1924 年间郭沫若写了许多关于泛神论思想理论方面的问题的文章。在写作《太戈儿来华的我见》一文之前不足 6 个月的时候，郭沫若在给宗白华的信中断言："欧战之勃发乃是极端的资本主义当然的结果。远见的思想家在欧战未发以

---

① 原文为："犹太底预言者以赛亚，说是预言者底黄金时代实现时，'狼要绵羊儿同居；豹要山羊儿同卧；小犊要与稚狮肥畜同游；一个小孩儿要牵引他们。'（《旧约・以赛亚书》第 11 章）"可参见郭沫若著，黄淳浩校：《〈文艺论集〉汇校本》，前面所引书，第 231 页。

② 原文为："你看他终日之间无时无刻不是在颠倒全我以从事于创造，表现，享乐。小儿的行径正是天才生活底缩型，正是全我生活的楷范！"可参见郭沫若著，黄淳浩校：《〈文艺论集〉汇校本》，前面所引书，第 232 页。

③ 原文为："那时我对于马克思学说还是门外汉，夜间我同'中国马克思'并枕睡着的时候，他对我说了些'唯物史观的公式'，说了些'资本主义的必然的崩溃'，又说了些'无产阶级专政'。他说得似乎并不怎样地把握着精髓，我听闻也就千真万确地没有摸着头脑。他劝我读河上肇的个人杂志《社会问题研究》，我在当时并没有感觉着有怎样的必要，他这个劝诱，我也没有立地接受。"可参见《郭沫若全集・文学编》第 12 卷，前面所引书，第 93 页。

④ 可参见《郭沫若全集・文学编》第 15 卷，前面所引书，第 241 页。

前已断言资本主义之必流祸于人类,伟大的实行家于欧战既发以后更急起直追而推翻其祸本。马克思与列宁终竟是我辈青年所当钦崇的导师。"①

　　1923年下半年至1924年初一个特别的情况在郭沫若的思想发展中形成了,他自身的冲力促使他一面继续表达他的泛神论思想,同时又开始显示出他对马克思列宁主义的兴趣,他关于社会的、阶级的、经济的以及其他观念的世界观变得更加丰富,最终使得他的哲学方向发生完全的变化并转向了辩证的历史唯物主义。这个过程是复杂的,常常充满了自相矛盾的变化、反动和一个不能应对自己和周围世界之人的断断续续的追寻。在1922年郭沫若发表的一篇与日本的无政府主义者大杉荣(Osugi Sakae)的被刺相关、至少有些无政府主义思想特征的文章《国家的与超国家的》中,郭沫若表达了抗议国家这个"囚禁"人民的鸟笼,追求"四海同胞"的超国家主义的观点②。相似的矛盾倾向也或可在郭沫若20年代早期的文学发展中看出来,激进的、乐观的时刻常常与悲观的、寂静无为的甚至失败主义的观念交替出现,《黄河与扬子江的对话》就是一个可举一隅而三隅反的例子:"人们哟!醒!醒!醒!你们非如北美独立战争一样,自行独立,拒税抗粮;你们非如法兰西大革命一样,男女老幼各取直接行动,把一大群的路易十六弄到断头台上;你们非如俄罗斯无产专政一样,把一切的陈根旧蒂和盘推翻,另外在人类史上吐放一片新光;人们哟,中华大陆的人们哟!你们是永远没有翻身的希望!"③而同年11月他写的短剧《孤竹君之二子》却弥漫着一种完全不同的精神,剧中他描绘了孤竹君的2个儿子伯夷和叔齐与受辛统治下的渔民和部落居民的相遇。两兄弟既没有攻击受辛,也没有谴责他,因为如果他们这么做的话就违背了对统治者应该忠诚的法则。相反,他们前往首阳山,决定靠采食微草为生。

　　1924年列宁的去世以及当郭沫若得知自己在日本的妻子和3个孩子所遭受到的巨大折磨时的"自卑感、无能为力感、罪恶感、绝望感、愤恨感以

---

　　① 可参见《郭沫若全集·文学编》第15卷,前面所引书,第135—136页。

　　② 原文为:"同类的鸟雀在大自然的护翼之下本是相辅相助,然而在斗鸟者的笼中则可以相搏而至于死。我们人类离开取乐的感情之外可以笑鸟类的痴愚,但是我们人类站在'国家'的斗笼中,各为保全自己的安全而互失其安全的,不也和鸟类,和莎鸡,和斗犬一类的无聊,一类的痴愚吗?""好在我们素来的传统精神,最远的目的是在使人类治平,而不在家国。我们古代的哲人教我们以四海同胞的超国家主义,然而同时亦不离弃国家,以国家为达到超国家的阶段。"可参见《郭沫若全集·文学编》第15卷,前面所引书,第161页和163页。

　　③ 可参见《郭沫若全集·文学编》第1卷,前面所引书,第321—322页。

及妄想症"或多或少影响了他最终在哲学、世界观或思想等方面的决定。1924年《创造周报》第39期刊发了郭沫若最后一次翻译的《查拉图斯特拉如是说》,即该书第4章第2部分,其中有这些话语:"而且你们将为较一切救主更伟大底人所救赎,我的兄弟们,若你们将寻得往自由之路。"①敏感而细心的郭沫若应该是注意到了的。

郭沫若没有译完尼采,1924年4月他开始翻译河上肇的《社会组织与社会革命》(Social Organization and Social Revolution),正如郭沫若在信中告诉成仿吾的,这本书最初于1921年出现在李闪亭介绍郭沫若阅读的杂志上。在1924年8月9日郭沫若写给成仿吾的信中,他表达了自己对建立起遵循"各尽所能,各取所需"原则的科学社会主义的确信,并相信它将成为"个人之自由发展为万人自由发展之条件的一个共同团体"。他认为此路为所有人当走之"唯一路径"。郭沫若宣称自己已经成了"一个彻底的马克思主义的信徒"。对他这个话应该有所保留地对待。因为在他那个时代,"庸俗社会学"(vulgar sociologism),尤其是与马克思主义不可调和的那些,在他的世界理念中有着相当深厚的根基②。这与其他原因一起,应归因于他的痛苦。经济手段的缺乏迫使他在把《社会组织与社会革命》翻译成汉语后将其送进了当铺。对河上肇这本书的翻译标志着郭沫若进一步发展的最为重要的转换。这本书使他从睡眠状态中醒了过来,为他不确定的摸索指出了一条路,并且据他说将他从死的阴影中拯救了出来。③

郭沫若的无神—泛神论思想最终成为了历史。

该文英文原文的第43—50页以《年轻的郭沫若与成唯识论》为题,由王晓燕和刘燕翻译成中文,经本书作者修改补充后提交2012年11月15—18号在乐山沙湾举行的郭沫若诞辰120周年国际研讨会,收录在会议论

---

① 马立安·高利克:《中国现代思想史研究之四:青年郭沫若,1914—1924》,前面所引书,第68页。
② 同上,第69页。原文为:"我现在相信着,它的确是可以实现在我们的地上的!科学的社会主义所告诉我们的'各尽所能,各取所需'的时代,我相信终久能够到来;'个人之自由发展为万人之自由发展之条件的一个共同团体',我相信是可以成立的。……这正是我们处在这不自由的时代而不能自遂其发展的人所当走的唯一的路径呢!芳坞哟,我们是生在最有意义的时代的人!人类的大革命时代!人文史上的大革命时代!我现在成了个彻底的马克思主义的信徒了!"可参见《郭沫若全集·文学编》第16卷,前面所引书,第7—8页。
③ 原文为:"这书的译出在我一生中形成了一个转换时期,把我从半眠状态里唤醒了的是它,把我从歧路的彷徨里引出了的是它,把我从死的暗影里救出了的是它。我对于作者非常感谢,我对于马克思、列宁非常感谢。"可参见《郭沫若全集·文学编》第16卷,前面所引书,第9页。

文集中。

四、郭沫若与创造社

1950 年,克拉伦斯·莫伊的《郭沫若与创造社》发表在《哈佛中国研究论文集》第 4 期上①。这是英语世界最早研究郭沫若以及郭沫若与创造社的学术成果。除"简介"、"注释"和"参考文献"外,文章共分为"创造社的历史"、"运动背后的人物"和"评价"3 个部分。其中,作者对"创造社的历史"分了 3 个阶段进行介绍:"浪漫主义"、"革命文学"、"无产阶级革命文学"。而"运动背后的人物"部分则梳理了郭沫若、郁达夫、张资平以及其他创造社成员的情况。由于文章发表早,文中作者的很多观点与信息都已被后来的学者所采用和介绍,成为广为人知的常识。在此,本书作者将略去其不做介绍,只将其中新颖而不为国内外研究者所知的,或者是欠准确甚至是值得商榷的地方介绍如下。

创造社的历史

尽管创造社作为一种社团组织突然消失了,但其精神却在其主要成员,尤其是其创立者郭沫若的身上继续存活了 20 年。而且,由于郭沫若现在是新中国新任命的作家和艺术家之领导人,可以说,创造社的精神继续在今天的共产中国产生着影响。

我们可在这个文学流派另一代的身上看到许多现在还弥漫在新中国政权下的马克思主义者和列宁主义者的教义与宣传之中的哲学观点。由于这个原因,或许可证明探究创造社的历史以及研究其主要成员在创造社动荡时期的生活的价值。②

创造社仅仅是在其第 1 阶段追随纯粹的浪漫主义,然而,第一次世界大战之后席卷全球的革命力量让中国人民经历了巨大的变化,而创造社则

---

① Clarence Moy. "Kuo Mo-jo and the Creation Society". *Papers on China*, 1950, No. 4, pp. 131–159.

② "We can see in this literary school of another generation much of the philosophy that now permeates the teachings and propaganda of the Marxists and Leninists of the new Chinese regime. For this reason, it may prove of value to look into the history of the Creation Society and to study the lives of its members during the brief turbulent period of the Society's existence." Ibid, p. 132.

很快就发现自己是其中不可分割的一部分。由于二者都倡导革命文学和革命斗争,创造社的成员也成了为建立新中国而进行的那场运动的领导人。创造社存在的9年,正如其多产的成员郭沫若所认为的,可以恰当地划分为3个活动时期,或者说"戏剧的场景"。①

第一时期:浪漫主义时期(1922年5月—1925年5月)

这一时期的气氛或许可在郭沫若为《创造》季刊创刊号所写的那首4个诗节的自由体诗的开头几行看出来:

> 初升的旭日,
> 照入我的诗心。
> 秋风吹,
> 吹着庭前的月桂。
> 枝枝摇曳,
> 好像在向我笑微微。
> 吹,吹,秋风!
> 挥,挥,我的笔锋!
> 我知道神会到了,
> 我要努力创造!②

莫伊认为,这首诗完全打破了中国传统诗歌的形式,而其精神则是自由的、活泼的,声音渐次增高直至对一个闪亮的世界发出热情洋溢的呼喊。它似乎蕴含着某些如雪莱的《西风颂》的激烈脉动和《云雀颂》的强烈光芒。这2首诗郭沫若都曾翻译过并发表在《创造》季刊第4期的"雪莱纪念号"上。弥漫在创造社历史上浪漫的第1时期中的正是这种精神里的某

---

① "Both as advocates of revolutionary literature and of revolutionary struggle, the members of the Society were among the leaders of movement for a new China." In Clarence Moy. "Kuo Mo-jo and the Creation Society". Op. cit., p. 132.

② Ibid., pp. 132-133. 中文原文可参见《创造者》,载北京大学编:《文学运动史料选》,上海:上海教育出版社,1979年版,第205页。

些东西。①

然而,创造社第 1 时期的结束并不仅仅是因为太多的工作压力造成的。国内爱国主义和革命的社会力量,部分因为外来的布尔什维克主义的驱动力而得到了加强,被紧逼着从旧式的思想和陈旧的制度下解放出来。创造社的成员们被当时社会的一般要求催促着把他们自己的方向转换到政治方面。郭沫若自己对这个时期是这样描绘的:

……因而政治问题便成为一般社会人的意识的焦点。这在我们身上所发生的影响,便是社会的要求不再容许我们笼在假充象牙的宫殿里面谈纯文艺了。我自己也感觉着有这种必要,但没有转换的能力。②

第二时期:革命文学(1925 年 5 月—1928 年 6 月)

1925 年 5 月 30 日发生的运动产生的新的推动力给创造社带来了全新的转变。尽管这种"在苏联的建议下"的运动产生的实际效果很难准确估价,但不可否认的是,马克思主义理论对创造社的转变起到了重要的作用。那些已经看清了放弃他们曾经所持的"为艺术而艺术"之信条的必要性的创造社成员们,现在转而关注那个时代的社会问题和政治问题。③

---

① "In form it is a complete break with the classical Chinese tradition of poetry. In spirit it is free and animated, moving in rising crescendo to an ebullient cry for the creation of a bright and shining world. It seems to have something of the fierce pulsation of Shelley's 'Ode to the West Wind' and the intense glow of his 'To a Skylark', both of which Kuo translated and published in a special issue commemorating Shelley. It is something of this spirit which pervades the romantic first period of the Creation Society's history." In Clarence Moy. "Kuo Mo-jo and the Creation Society". Op. cit., p. 133.

② "The Creationists were urged by some to change their tune and to turn to political issues, which were the order of the day. Kuo himself writes of this period: '...The importunacies of society no longer permitted us to remain enclosed within false ivory towers, discussing pure literature. We ourselves felt this sort of need, but we had no power of changing'." Ibid., 135. 中文原文可参见《郭沫若全集·文学编》第 12 卷,前面所引书,第 153 页。

③ "... produced a new motivating force that carried the Creation Society to a complete change in purpose... While the actual efficacy of this 'Soviet Russian advice' may be difficult to assess with any degree of accuracy, there is no doubt that Marxist theories played an important part in the transformation of the Society. Members of the Society, who had already seen the need for giving up their tenet of 'art for art's sake', now turned to the social and political problems of the day." In Clarence Moy. "Kuo Mo-jo and the Creation Society". Op. cit., p. 135.

郭沫若参加了国民革命军,继续他的写作,并在其《革命与文学》中激起了国人对这一新主义的兴趣。他这样写道:

> 文学是永远革命的,真正的文学是只有革命文学的一种。所以真正的文学永远是革命前驱。①

第三时期:无产阶级革命文学(1928年6月—1929年2月7日)

中国的青年感觉到了政局的变化,正"彷徨于歧途"(agitated for a divergent path to follow)。这正是创造社第3时期的开始,是郭沫若在《革命与文学》一文中阐发的某些理论的某种程度的形式化。郭沫若在文中写道:

> 无产阶级的理想要望革命文学家点醒出来,无产阶级的苦闷要望革命文学家实写出来,要这样才是我们现在所要求的真正的革命文学。②

在创造社的影响下成长起来的期刊有《太阳》、《我们》、《洪荒》、《战线》、《澎湃》和《摩洛》。除这些定期出版的刊物外,创造社还出版了诸如《流沙》和《畸形》等一些小刊物。

这样,创造社在中国文学运动中达到了其影响的最顶峰。然而,当其在1929年2月7日遭封闭而停止活动时,它仅仅只是介绍了一些社会科学的理论和马克思主义的基本原理。"创造社是以个人主义浪漫主义的文学运动开始,以无产阶级文学运动而遭封闭。"③

运动背后的人物

郭沫若

在创造社的形成和发展过程中,许多人来了又去了。其3个时期的开

---

① Clarence Moy. "Kuo Mo-jo and the Creation Society". Op. cit., p. 136. 中文原文可参见《郭沫若全集·文学编》第16卷,前面所引书,第32页。

② Clarence Moy. "Kuo Mo-jo and the Creation Society". Op. cit., p. 137. 中文原文可参见《郭沫若全集·文学编》第16卷,前面所引书,第35页。

③ Clarence Moy. "Kuo Mo-jo and the Creation Society". Op. cit., p. 138. 中文原文可参见黄人影编《创造社论》,上海:上海书店出版社,1985年版,第4页。

始都不但有新鲜的思想,而且也有新鲜的名字与面孔。有些人一直待在创造社的整个生涯中,有的却离开创造社进入了其他的领域,而且也有许多人随着时间的流逝助推着创造社的发展。其中比其他的创造社成员成为创造社的持续发展力的就是郭沫若。

创造社获得其作为中国文学复兴时期推动力之一的地位在很大程度上是由于郭沫若的努力。创造社的名字实际上是由郭沫若提议的,他是创造社的象征和稳定剂,最后成了把控创造社成员的生产历史的革命者。他在《创造十年》的"发端"中这样写道:"或者更确切地说,是以创造社为中心的我自己十年间的生活。"①

因此,当郭沫若对文学发生浓厚兴趣的时候,他却感知到了最终将他推向另一方向的那些事件的压力。对此他是这样写的:"自己本是爱好文学的人,受着时代潮流的影响,到日本去学习医科。"②

仅某一个人的思想是不能代表创造社所有成员的观点的,它只能指示这个组织前进的方向。发生在郭沫若对于他生活于其中、工作于其中并抗争在其中的这个世界之观念与诠释中的那些引人注目的变化远比第一眼所见更能代表中国的情形,而且或许能起到启发我们对如今统治中国的社会力量之理解的作用。③

注意一下郭沫若自己早期对革命和马克思主义的评价是很有趣的。1920年夏天的时候,他显然已经形成了一些关于革命的观点,因为他自己公开说那时在翻译歌德的《浮士德》第2部分时几乎没有耐心。因为,在他

---

① "Kuo Mo-jo, who indeed suggested the very name of the association, was the symbol, the catalyst, the stabilizer, and finally the revolutionist who dominated the productive history of the Creationists....he wrote, 'Perhaps it may be said that the Creation Society was the center of my life for ten years.'" In Clarence Moy. "Kuo Mo-jo and the Creation Society". Op. cit., p.138. 中文原文可参见《郭沫若全集·文学编》第12卷,前面所引书,第19页。

② "With an original inclination for literature, but influenced by the tide of the times, I turned away from my natural disposition and went to Japan to study medicine." In Clarence Moy. "Kuo Mo-jo and the Creation Society". Op. cit., p.139. 中文原文可参见《郭沫若全集·文学编》第12卷,前面所引书,第62页。

③ "The remarkable changes that took place in Kuo Mo-jo's conception and interpretation of the world in which he lived and worked and fought are far more representative of the Chinese scene than any appear at first sight, and may serve to illuminate our understanding of the social forces ruling China today." In Clarence Moy. "Kuo Mo-jo and the Creation Society". Op. cit., pp.140-141.

看来,其中包含了帝国主义的和反革命的思想①。1921年的夏天,创造社成立之前,郭沫若拜访了李闪亭这位"中国的马克思",并向他询问马克思主义的最终本质。郭沫若是这样描写这次会面的:

> 他对我说了些唯物史观的公式,说了些资本主义的必然的崩溃,又说了些无产阶级专政。他说得似乎并不怎样地把握着精髓,我听得也就千真万确地没有摸着头脑。②

郭沫若的捍卫中所蕴含的社会的或政治的结果究竟是什么呢?对此他自己并不能十分肯定,正如他自己所说:

> 在政治上我虽然有些比较进步的想法,但在文学的活动上和这种想法并没有怎样有机地联络起来。《女神》的序诗上,我说"我是个无产阶级者",又说"我愿意成个共产主义者",但那只是文字上的游戏,实际上连无产阶级和共产主义的概念都还没有认识明白。③

但不管他自己理解与否,马克思主义将对诗人郭沫若产生迷人的吸引力,他一定在心中已经感觉到了,或者想象自己感觉到了他头脑中不能确切把握的许多事情。他是一个敏感的人。他通过诗人之眼去辨识。他用

---

① "It is interesting to note Kuo's own comments regarding his early evaluation of revolution and Marxism. By the summer of 1920, apparently, he had already formed some ideas about revolution, for he discloses that in translating Goethe's *Faust* at that time he had little patience with the second part of it, which, according to him, contained imperialistic and anti-revolutionary thought." In Clarence Moy. "Kuo Mo-jo and the Creation Society". Op. cit., p. 141.

② "He (Li) spoke to me a little of 'the formula of materialistic conceptions', of the 'necessary collapse of capitalism' and of the 'special government of the proletariat'. He spoke as if he did not quite grasp the essence. I listened, but in no way could I get [the idea] into my head…" Ibid. 中文原文可参见《郭沫若全集·文学编》第12卷,前面所引书,第93页。

③ Clarence Moy. "Kuo Mo-jo and the Creation Society". Op. cit., p. 143. 中文原文可参见《郭沫若全集·文学编》第12卷,前面所引书,第124—125页。

一个社会改革家的头脑,去试图理解①。郭沫若自己是这样解释的:

> 从前在意识边沿上的马克思、列宁不知道几时把斯宾诺莎、歌德挤掉了,占据了意识的中心。在一九二四年初头列宁死的时候,我着实感着悲哀,就好像失掉了太阳一样。但是马克思列宁主义我是并没有明确认识的。②

1925年爆发的五卅运动一定回答了郭沫若一直以来自问的很多社会和政治问题。当他参加国民革命军的时候,他一定对无产阶级和革命,如果不是共产主义的话,有着更加清楚的理解。北伐战争之后,郭沫若又回到日本生活,继续创作了很多东西。1927—1932年间,他创作了许多被理想化的工人的故事。这是在创造社的革命文学和无产阶级革命文学时期,并一直到创造社倒闭,那时是郭沫若自己继续支撑着的。

因而,1932年的时候,郭沫若是这样确切归纳比较歌德和马克思的优点的:

> 那简直可以说是太阳光中的一个萤火虫!他在德国是由封建社会转变到资产社会的那个阶段中的诗人,他在初期是吹奏着资产阶级革命的一个号手,但从他做了隈马公国的宰相以后,他老实退回到封建阵营里去了,他那贵族趣味和帝王思想实在有点熏鼻。③

---

① "But understood or not, Marxism was to have a fascinating magnetism for the poet who must have felt, or imagined he felt, in his heart many of the things that he could not quite grasp in his mind. His was a sensitive nature. With the eyes of a poet, he discerned; with the mind of a social reformer, he tried to comprehend." In Clarence Moy. "Kuo Mo-jo and the Creation Society". Op. cit., p. 143.

② "The Marx and Lenin that previously had been in the periphery of my consciousness had at some time unknown taken the place of Spinoza and Goethe. When Lenin died in the early part of 1924 I felt sad indeed. It was as if I had lost the sun. But as yet I had not recognized clearly Marx-Leninism." Ibid. 中文原文可参见《郭沫若全集·文学编》第12卷,前面所引书,第155页。

③ "It may be stated simply that he [Goethe] is [like] a firefly in the sunlight. He was a poet in a Germany changing from the level of a feudalistic society to that of a capitalistic society. In the beginning he was a trumpeter of the capitalistic revolution, but from the time that he became the prime minister of Weimar, he actually retreated [again] within the battlements of feudalism. Indeed, his predilection for the nobility and his vision of empire bring some acridness to the nostrils...." In Clarence Moy. "Kuo Mo-jo and the Creation Society". Op. cit., p. 144. 中文原文可参见《郭沫若全集·文学编》第12卷,前面所引书,第67页。

文中，可看出郭沫若对资本主义和"封建主义"的特别厌恶和对马克思主义的极度崇拜。但这种感觉只是在创造社快结束时才得到了完全的发展。正因为这样，郭沫若才被我们认为是一个革命者。他又一次用自己的话对自己的立场给予了最佳的解释：

> 我自己的想法是倾向于革命的。我觉得中国的现状无论如何非打破不可，要打破现状就要采取积极的流血手段。①

这段话证实了郭沫若是在国民革命后成了一个革命者的。然而，为了让我们对创造社形成一幅全面的画面，我们必须研究创造社的背景以及其他一些成员的活动。郭沫若是创造社的倡导人，他的思想和观点一定在许多方面与这个组织里的其他文学革命者的观点有着相似之处。实际上，他是被各种相异的观点包围着的。②

文中还介绍了创造社的重要人物郁达夫和张资平。在"其他创造社成员"中作者简要介绍了"冯沅君"，这个比创造社的其他成员更称得上革命者的女性。她的反抗，不仅仅只是个体对社会的反抗，同时也是一个女人对男性给予女性之束缚的反抗。③

---

① "Kuo shows here a positive aversion for capitalism and 'feudalism' and a strong admiration for Marxism. But it was a feeling that developed fully only towards the end of the Creation Society period... My own thinking favors revolution. It is my feeling that the present state of affairs in China must be smashed; and in order to accomplish this, we must go through a positive, bloody stage." In Clarence Moy. "Kuo Mo-jo and the Creation Society". Op. cit., p. 144. 中文原文可参见《郭沫若全集·文学编》第12卷，前面所引书，第124页。

② "This confirmed revolutionist, then, was the Kuo that emerged after his experience in the Nationalist Revolution. To form a rounded picture of the Creation Society, however, we must study the background and activities of some of its other members. While Kuo was the moving spirit of the Society, and his philosophy and outlook must have been similar in many respects to those of other literary revolutionists of the organization, he was, in fact, surrounded by various and divergent views." In Clarence Moy. "Kuo Mo-jo and the Creation Society". Op. cit., p. 144.

③ "In one respect Feng Yuan-chun was more a revolutionist than any of the other members of the Creation Society, for Feng was a woman. Her revolt was not only that of an individual against society, but also that of a woman against the bonds that man had set upon her." Ibid., p. 148.

评价

创造社在那个时代的广泛影响是毋庸置疑的。然而,这种影响是其自身对人们的需求以及人们对自己身处于骚动和困扰他们的不确定因素时试图寻求某种安全的反映。①

很多时候郭沫若和他的创造社都是与人民贴近的。与中国新兴的一代一样,创造社成员也是革命的。他们反抗旧的文学,旧的社会秩序以及天赋神权的旧观念,他们是文学革命热情的倡导者。可以说,在很大程度上创造社成员的作品反映的也是士大夫阶层的观点。其作品的男女主人公多是最下层阶级,如工人、农民、穷学生、知识分子以及农民士兵。创造社是新的中国共产党政权最根本的宣传媒介之一。②

对创造社的任何评价都必须包括对其主要成员所受教育背景的考察。郭沫若和他的创造社在某种程度上代表了中国人民,但我们也一定不能忽略这么个事实,就是同时他们在本质上是与他们所写的人民大众有相当差异的。他们之所以不同,是因为他们拥有不同的思维头脑,而这种思维头脑只有那些经过西方的技术和科学方法训练的学生才能拥有。郭沫若是医学专业的毕业生,郁达夫学的是经济学,张资平在他留学日本时学的是军事学和化学。③

(通过日本的老师获得的)西方的新知识是如何对创造社的这些人的观点产生影响的呢?如果不对他们的生活进行深入研究,这个问题是很难评价的。但是可以毫不犹豫地假定,他们比中国许多其他的同时代人,尤其是那些很少有机会接触西方的人认识到的东西更多。西方可提供给他们的东西太多了。他们从对西方哲学的信仰转变为对马克思主义的理想

---

① "There is no doubt as to the wide influence of the Creation Society in the China of its day. Yet this influence was itself a reflection of the people's needs and their search for some security in the turmoil that surrounded them and the uncertainties that beset them… It has become one of the basic propaganda media of the new Chinese Communist government." In Clarence Moy. "Kuo Mo-jo and the Creation Society". Op. cit., pp. 149–150.

② "So it may be said also that what the Creationists wrote was in large measure what the literate class thought." Ibid.

③ "Any appraisal of the creation Society must include a look at the educational background of its chief members. While Kuo and his school were in a sense representative of the Chinese people, we must not lose sight of the fact that they were at the same time and in fact quite different from the masses about which they wrote. They were different because they possessed each of them a turn of mind which can come only to the student trained in Western technology and scientific method." Ibid.

的信奉可以解释为部分原因在于他们对西方帝国主义的憎恨。这显示出他们为寻求能治愈困扰中国的各种疾病的灵丹妙药所付出的巨大努力。实际上,他们的寻求以马克思主义结束是有些不协调的。因为个体的自由,对创造社成员来说如此昂贵的自由,在这样一种体制下,能不能茁壮成长尚是未知。但是,创造社的有些成员,一定感觉到了马克思主义本身就是一种手段,通过这种手段人人都可以获得自由。①

郭沫若创造十年中的无产阶级革命精神从未离开过他。创造的精神四处弥漫。郭沫若1923年为《创造》周报创刊号所写的纪念文章《创世工程之第七日》恰好体现了这种精神。作为中国共产党时期的一位诗人,这些诗行或许很好地预示了新中国的诞生。在最佳地阐释了马克思主义的诗行中,上帝被放在了恰当的位置:

上帝,我们是不甘于这样缺陷充满的人生,
我们是要重新创造我们的自我。
我们自我创造的工程
便从你贪懒好闲的第七天做起。②

难能可贵的是,这篇发表于1950年的英语世界研究郭沫若的最早的学术期刊文章,文后附有107条翔实的注释,和26种参考文献。其中都提及在该文成文之前英语世界研究郭沫若的其他几种重要成果:一是1936

---

① "How did this new learning from the West (acquired through Japanese teachers) affect the outlook of these men? This is difficult to assess without further study into their lives; but it is safe to assume that they realized more than many of their contemporaries in China—and especially those who had had little contact with the West—that the West had much to offer. That they turned from the philosophies of the West to Marxian ideals may be explained in part by their resentment against Western imperialism. This indicates the great lengths to which these men went in their search for a panacea for the ills that beset their troubled land. Indeed, it appears incongruous that this search should have ended with Marxism, since individual freedom—so dear to the Creationists—is not known to thrive under such a system; but some of the Society members must have felt that Marxism was itself a means through which freedom for everyone could be attained." In Clarence Moy. "Kuo Mo-jo and the Creation Society". Op. cit., pp. 150-151.

② "The Creation spirit prevails. ... Oh, God! Discontented are we with a life / so filled with imperfection;/ We, ourselves, must create anew our selves./ Our task of our own creation/ will commence from the Seventh Day / when you were idle and indolent." Ibid., p. 152. 原文载郭沫若:《创世工程之第七日》,可参见《创造周报》第1集,上海:上海书店印行,1923年版,第2页。

年出版的埃德加·斯诺撰写的《活的中国》①;二是1943—1944年间分四次发表在《远东季刊》上乔希亚·贝内特英译的郭沫若的自传体作品《北伐途次》②;三是1947年出版的王际真编辑的《战争时期的中国小说》③;四是1948年出版的法国神父善秉仁编撰的《中国现代小说和戏剧1500种》。④

五、郭沫若:"中国"与中国

  1991年,现在美国俄勒冈大学东亚语文系教授中国语言文学的温蒂·拉森出版了以其1985年的博士论文《二十世纪早期中国作家的自传》⑤为基础的专著《文学权威与中国现代作家:矛盾心理与自传》⑥。从作者的"致谢"中我们可以了解到,她于1979—1981年间在北京大学进行了为期两年的学习和研究。这本专著的大部分文本都是在这期间完成的。在北京大学,她曾听从孙玉石教授应该去注意哪几本现代研究和传记的建议。拉森也曾受恩于乐黛云教授,是她让拉森相信自己的这个研究值得去做,并向她介绍了应该去研究的中国现代文学和当代理论的相关材料⑦。在绪论中,拉森认为"五四时期"结束的确切时间是很难确定的,但肯定是在1925年5月30日发生的"五卅惨案"与1927年国共分裂这段时间。尽管到1925年五四运动开始衰退或者结束,但作为这次运动的文化核心的作家们却继续活跃到了30年代,40年代,有的甚至持续到了当代。该研

---

  ① Edgar Snow compiled and edited. *Living China. Modern Chinese Short Stories*. London: George G. Harrap and Co., 1936.

  ② Josiah W. Bennett trans. "A Poet with the Northern Expedition" by Kuo Mo-jo. *Far Eastern Quarterly*, 3:1 (1943: Nov.), pp.5-36; 3:2 (1944: Feb.), pp.144-171; 3:3 (1944: May), pp.237-359; 3:4 (1944: Aug.), pp.362-381.

  ③ Wang, Chi-chen ed. *Stories of China at War*. New York: Columbia University Press, 1947, pp.152-158.

  ④ Joseph Schyns ed. *1500 Modern Chinese Novels and Plays*. Peiping: Sole Distributors, Catholic University Press, 1948.

  ⑤ Wendy Ann Larson. "Autobiographies of Chinese Writers in the Early Twentieth Century". PhD. Dissertation, University of California, Berkeley, 1985.

  ⑥ Wendy Ann Larson. *Literary Authority and the Modern Chinese Writer: Ambivalence and Autobiography*. Durham and London: Duke University Press, 1991.

  ⑦ "Acknowledgements". Ibid., p. xi.

究即是讨论1925—1935年间这些作家如何通过他们的自传来阐释、定义"自我"与"作品"的①。在该书的第5章,作者以《郭沫若:"中国"与中国》为题分13个部分较全面地分析探讨了郭沫若的自传体文学创作及其对待传统中国与现代西方的矛盾态度和选取的解决之道②。这13部分为:1)与社会的相关性:文本的解决之道　2)郭沫若:杰出的文学家　3)国家、民族与作家　4)神话与传统　5)传统的破坏与少年世界　6)教育与传统的腐败　7)对"中国"的拒绝　8)国家的国际化　9)文学权威　10)地位、身份与思想　11)抉择　12)转向新的创作　13)解决之道。

在"与社会的相关性:文本的解决之道"这部分中,作者指出,较之该书中探讨的其他作家,如胡适、鲁迅、沈从文、巴金等,郭沫若对把文学看作是与社会生产和物质生产直接相关之重构的可能选择进行了更多的探索。当郭沫若将自己的身份转换为一个革命作家的时候,他不再认为文学创作是个人情感和观念的表达,作家应该对社会现状予以"如实地"反映。为了重获文学的社会价值,郭沫若宣称,革命与文学应该有相同的目标,因为二者在根本上是不矛盾的,文学是革命的先锋。作者强调,尽管郭沫若在他的自传体作品中也认为文学作品和革命可以并行不悖,但其原因却与他在1926年的《革命与文学》一文中所阐发的理由不一样。③

在"郭沫若:杰出的文学家"一节中,作者两次引李欧梵《中国现代作家的浪漫一代》中对郭沫若的评价。一处是李欧梵认为郭沫若的伤情只是"表面多于真实,展现给观众看多于私人的情感表达。"另一则是李欧梵指出"郭沫若轻松地游走于文学创作、学术研究和政治活动的范畴中。"④作者认为,到1924年郭沫若宣称自己转向马克思主义时,他仍然将文学作为革命的先锋放在一个极其重要的位置。拉森提出了自己对郭沫若"轻松地"改变自己的工作和身份,以及郭沫若所建构的脑力劳动(文学和学术研究)和体力劳动(需要体力的革命活动与劳动)之间关系的质疑,并认

---

① Wendy Ann Larson. *Literary Authority and the Modern Chinese Writer: Ambivalence and Autobiography*. Op. cit., p. 1.

② "Guo Moruo: 'China' versus China" In Wendy Ann Larson. *Literary Authority and the Modern Chinese Writer: Ambivalence and Autobiography*. Op. cit., pp. 113–152.

③ Ibid., pp. 114–117.

④ 但李欧梵这个评价不是针对郭沫若的"感伤主义"的,而是评价郭沫若"所宣称的从浪漫主义到马克思主义"的转变。参见李欧梵的《中国现代作家的浪漫一代》中《浪漫的左派——郭沫若》一节,第198页。

为，尽管郭沫若同时从事脑力和体力两种劳动，但正是由于他在从事这些不同类别的工作时的挣扎，才使得他能同时表现为一个作家、学者和战士。①

在"国家、民族、作家"一节中，作者强调，在鲁迅的《朝花夕拾》和郭沫若的4卷自传体作品中，他们所建构的早期的"中国"，一个腐败、混乱、无条理、可笑的传统四处弥漫的国家，成了作家所创造和所需面对的那个自我的组成部分。国家、民族以及与国家、民族相关的文本意义构成了鲁迅和郭沫若自传体作品的主题。但由于国家、民族与"中国作家"的紧密结合，作家与二者的决裂是不可能彻底的，并且成了作家们在寻求替代它们的权威时冲突的根源。②

在"神话与传统"、"传统的破坏与少年世界"、"教育与传统的破产"、"对'中国'的拒绝"这几部分中，作者详细介绍了郭沫若的第1卷自传体作品《少年时代》中所包含的4部自传体作品：《我的童年》、《反正前后》、《黑猫》和《初出夔门》。在此一部分值得注意的是作者指出了《我的童年》是郭沫若4卷自传体作品中唯一一本明确提及郭沫若的性经验的作品，而《反正前后》则标志着在郭沫若的自传中身份主体和叙事结构的第一次变化。在这本自传中，郭沫若加强了政治的成分，扩宽了政治所涉及的范围，对自我与外在世界之关系的描写也增加了③。拉森认为，在郭沫若将世界分成若干个离散的个体时，他将自己要么放在任何既定的个体之内，要么放在其外。文本中，那个最大的个体，那个作者试图从中逃离出去的，包含着历史的、民族的、文化的、种族的成分，起着概念上的个体的作用的，就是"中国"。而在郭沫若开始写自己的自传时，他已经对"中国"和中国以外的国家和习俗有所了解了。郭沫若的自传中所呈现的自我，是疏离和拒绝了绝大部分"中国"的自我。这种拒绝多次出现在郭沫若的自传中。在自传第1卷中他对非正规的教育、不人道的军队以及受压制的社会习俗的深思熟虑的建构组成了他与"中国"相疏离的根本内容④。在拉森看来，《世间最难得者》一文形象地描绘出的两难境地，标志着郭沫若与中国的疏离，

---

① Wendy Ann Larson. *Literary Authority and the Modern Chinese Writer: Ambivalence and Autobiography*. Op. cit., p. 118.
② Ibid., p. 119.
③ Ibid., p. 125 & p. 127.
④ Ibid., p. 131.

此文的副标题"乐园外的苹果"显而易见是郭沫若对自己疏离中国和"中国"的一个刻意的、讽刺性的比喻:尽管疏离"中国"后的他感到谦卑,但却又极其渴望存在。①

在"国家的国际化"这一节中,作者详细阐释了郭沫若的第 2 卷自传体作品《学生时代》,包括《我的学生时代》、《创造十年》以及《创造十年续编》。这部分探讨的还有郭沫若的 2 篇散文:《今津纪游》和《水平线下》。拉森指出,像鲁迅一样,郭沫若也将种族与国家的问题与他所描绘的作家的无能姿态联系在一起。同样,与沈从文和鲁迅一样,郭沫若也表现出互相矛盾的状况:一方面他试图让自己成为一个作家,可另一方面,他又在某种程度上否认文学作品的必要性或价值②。在作品中,郭沫若反反复复地提及"治愈"这个概念,一个讨论"中国究竟出了什么问题"时常常使用的比喻。郭沫若的文本中可见这么几种"治愈"中国问题的处方,如科学、爱、资本主义、共产主义和革命。郭沫若同其他那些从研究医学转向文学作品的创作以治愈国家的精神疾病的作家一样试图将"文学"也加入"治愈"的名单。正是基于这样的努力,他们将"革命文学"作为把文学看作是一种积极的社会力量来进行重新定位的手段。但即便被作为一种"治愈"之方法,文学仍然有令人不快之处,在郭沫若的自传体作品中,它是一种邪恶的东西,而作家就是这种邪恶疾病的携带者。③

在"文学权威"、"地位、身份与思想"、"抉择"以及"转向新的创作"这几部分中,作者分析论述了郭沫若的第 3 卷自传体作品《革命春秋》,包括《北伐途次》、《请看今日之蒋介石》、《脱离蒋介石以后》、《海涛集》、《归去来》和《甘愿作炮灰》共 6 部。拉森认为,在《革命春秋》中郭沫若对种族的观念和文学创作有了新的认识。郭沫若对革命文学和作家对革命所肩负的责任的接受使其对自我以及文学作品的问题进行了重新定位④。在郭沫若的思想意识中革命文学代表的是对集体意志的屈服和对集体权威的

---

① Wendy Ann Larson. *Literary Authority and the Modern Chinese Writer: Ambivalence and Autobiography*. Op. cit., p.131. 这里需要指出的是,拉森的记叙有误。《乐园外的苹果》不是《世间最难得者》一文的副标题。它是第五部分的标题。《世间最难得者》为第四部分,原文没有副标题。参见《郭沫若全集·文学编》第 11 卷,前面所引书,第 345 页。

② Wendy Ann Larson. *Literary Authority and the Modern Chinese Writer: Ambivalence and Autobiography*. Op. cit., pp.135-136.

③ Ibid., p.136.

④ Ibid., p.138.

依赖,它是反对个人意志和个体主观性的。在《革命春秋》中,郭沫若对文学创作进行了重新定位,认为它是有价值的社会劳动①。像鲁迅、张资平一样,郭沫若将他们逃离的"中国"概念化,到日本后却成了受到劣等民族和国家这种意识困扰的牺牲品。②

在最后一部分"解决之道"中,作者详述了郭沫若的第4卷自传体作品《洪波曲》,包括《洪波曲——抗日战争回忆录》、《苏联纪行》和《南京印象》共3部。作者在论文的最后指出,郭沫若在1949年之后被赋予了很多角色,其中之一就是"歌颂文学"的一颗星,歌颂中国的领导人,歌颂中国生活方面的进步等。③

六、朝向儒学与马克思主义相结合的解决之道: 郭沫若至1926年的思想发展

《朝向儒学与马克思主义相结合的解决之道:郭沫若至1926年的思想发展》是现在美国俄亥俄卫斯理大学历史系任教的陈晓明1995年的博士论文。在这本332页的博士论文中,作者分6个部分对影响郭沫若至1926年,即他于北伐战争期间中参加中国共产党的革命活动之时思想发展的内在和外在因素进行了逐一的详细分析,阐释了郭沫若思想至1926年发生发展的过程。除绪论和结尾2部分外,论文的主要部分共为4章。作者在《绪论》中多处指出:"郭沫若的思想发展历程在一定程度上反映出了中国的共产主义运动本身的早期发展情况。""通过如此充分、详细地表达自己,他至少可被看作是五四知识分子和早期中国共产党人某些心路历程的代言人。""希望通过对郭沫若五四时期思想复杂性的强调,该论文不仅能增加读者对郭沫若的学术成就的了解,同时也对全面了解五四一代总体思想的复杂本质有所帮助。"④与陈晓明持相似观点的英语世界学者有前面提到的戴维·罗伊。但需要加以注意的是,这两位学者都特别强调,"在一

---

① Wendy Ann Larson. *Literary Authority and the Modern Chinese Writer: Ambivalence and Autobiography.* Op. cit., p. 141.

② Ibid., p. 141 & p. 146.

③ Ibid., p. 151.

④ Chen, Xiaoming. "Towards a Confucian/Marxist Solution: Guo Moruo's Intellectual Development to 1926". Op. cit., pp. 1-2 & p. 7.

定程度上有助于",而不是说郭沫若的情况具有普遍的代表性,正如罗伊在其《郭沫若的早年岁月》的"绪论"结尾强调的,如果从郭沫若的经历去对其他的中国知识分子们在面临着同样这些事件时的反应加以概括是不大妥当的。即便是对郭沫若及其创作带有偏见的夏志清在谈到郭沫若时也认为,"而他的自传,是中国知识分子史的重要文件。"①从此评价也可看出夏志清对郭沫若的传记在一定程度上反映了与其同时代的知识分子的思想发展的观点是予以肯定的。

论文将郭沫若至1926年的生活和思想发展分为4个时期进行了详细的阐释。这4个时期恰好构成论文正文4章的内容:第1时期,从1892年至1913年,为郭沫若在四川的成长时期;第2时期,从1914年至1919年8月,为郭沫若在日本的早期岁月;第3时期,从1919年9月至1921年9月,为郭沫若的文学才能爆发期及思想解放期,这个时期是郭沫若作为五四新星诗人和作家的极盛期;第4时期,从1921年9月至1926年7月,为郭沫若对儒学和马克思主义的解决之道的寻求期。在此期间,他个人生活中的、中国的以及世界的那些困扰、问题和危机将他一步步推向理性和共产主义。

《绪论》部分首先交代了该论文的写作目的,即研究郭沫若早期和五四时期思想的复杂性,阐释他为什么会转向共产主义,并分析他早期共产主义观的本质特征。此外,《绪论》还对整个论文的谋篇布局做了简单的交代。论文正文的4章都是按几乎完全相同的结构模式对其观点进行阐发的:首先分析郭沫若生活于其中的那些历史方面的和思想方面的变动;并对郭沫若对这些变动的反应进行了详细的阐发。此外,第1和第3章还对郭沫若在那个时期的一些思想问题进行了分析。作者主要从3个方面考察了历史环境和思想环境与郭沫若之间的相互关系。首先是郭沫若生活于其中的历史与思想环境中的变动和危机对他个人生活的影响,这些变动和危机引发了一些郭沫若不得不面对并与之进行抗争的主要问题。其次,作为社会的一员,他不得不面对中国以及世界上发生的那些问题和危机。随着他在思想上的成长和成熟,他竭尽全力去帮助解决这些问题。最后是,从孩提时代起,郭沫若就受到中国传统的与西方现代的2种不同的

---

① 《创造社:郭沫若、郁达夫》,载夏志清:《中国现代小说史》,前面所引书,2005年版,第74页。

价值观、意识形态和观念的影响。为了找到一种能解决他个人生活中和历史环境中存在的问题的途径,郭沫若不得不对自己混乱的思想加以梳理,为自己和他的中国同胞们找出解决这种危机的方法。作者认为:"正是郭沫若多年来对这种解决之道的寻求最终导致了他至1926年共产主义思想的形成。这种解决之道,同时以传统的儒学价值观和现代的西方马克思主义观为基础,不仅能解决他个人生活中的问题,还能解决他所生活于其中的历史环境和现代中国思想危机中存在的问题。"①

此外,这篇论文还分析了郭沫若思想中以下这些相互对立的问题的发展情况,如传统中国与现代西方、个人主义与集体主义、国家主义与世界主义、理性与情感、唯物论与唯理论、唯灵论与唯心论、宿命论与唯意志论等。由于这些问题的不断发展,使得五四时期郭沫若的思想变得复杂起来,以致最后成了至他1926年加入共产主义之时形成的思想体系的一部分②。文章指出,郭沫若在五四时期的思想远比通常被大家所接受的反传统、浪漫主义、科学、民主以及国家主义等主题要复杂得多。作者列举了郭沫若对待传统的态度来对他的这个观点进行佐证。他指出,比如,当郭沫若对"礼教"进行攻击和谴责的同时,他却又对儒家价值观念中非礼教的大部分保持了强烈的信奉。在五四的第2个时期,他一方面热情地倡导西方的思想如浪漫主义,另一方面却又在20年代的早期和中期对除"礼教"以外的儒家学说进行了一以贯之的、公开的、热情的捍卫和倡导。他不仅常常是一个中华民族主义者,同时他又是一个一贯的、强烈的世界主义者。③

在论文的结尾,作者进一步强调了研究郭沫若至1926年的思想发展的重要性。一方面,它有助于我们更好地理解五四运动的复杂性。由于五四时期他在诸如传统中国与现代西方、个人主义与集体主义、国家主义与世界主义、物质与道德、精神与理想、理性与情感、对行动的倡导与对人的神化等思想方面的发展,作为五四运动中一个有影响力的人物,郭沫若显然超越了诸如反传统、反偶像崇拜、民主、科学、国家主义和浪漫主义等被普遍认为是五四时期特征的东西。另一方面,还有助于我们更好地了解早期中国的共产主义。郭沫若经过多年的努力形成的儒学与马克思主义相

---

① Chen, Xiaoming. "Towards a Confucian/Marxist Solution: Guo Moruo's Intellectual Development to 1926". Op. cit., p. 6.
② Ibid., p. 6.
③ Ibid., pp. 6-7.

结合的思想体系,有助于我们更好地理解早期中国共产主义思想的复杂性。其共产主义思想中较重的儒学成分是我们研究中国传统与共产主义在中国最初的起源间关系的重要参考。五四时期他对西方科学的信奉与他后来被作为"社会科学"的马克思主义所吸引表明了五四运动所倡导的"科学"主题与后来一些五四知识分子对马克思主义的接受之间存在的联系①。陈晓明认为,即便郭沫若不是早期中国共产主义运动的领导人物,但他创作的数量可观的文学作品却恰好成了早期中国知识分子中间最洪亮的声音之一。他在作品中公开表达的各种共产主义的思想观点,成了研究中国共产主义运动的起源和发展的重要参考文献。一方面,他在其儒学、马克思主义体系中提出的"精神上的无产阶级者"与"自我的道德完善"让我们自然而然地联想到刘少奇后来撰写的颇有影响力的专著《论共产党员的修养》。更为重要的是,郭沫若还是为数不多的最早公开地、明确地对马克思主义的历史唯物观持慎重的保留态度的中国共产党人之一。这种保留态度,以及以这种保留态度为基础的对马克思主义的修正,是后来中国的毛主义革命"大跃进"的核心。②

七、《从五四运动到共产主义革命:郭沫若与中国的共产主义道路》

2007年,陈晓明的专著《从五四运动到共产主义革命:郭沫若与中国的共产主义道路》由美国纽约州立大学出版社出版。在这本正文只有111页,包括文后的注释、参考书目及索引总共为156页的专著中作者分4章阐释了郭沫若从五四运动到其参加共产主义革命期间的思想发展历程。第1章题为:为个体的解放和个人的道德/精神救赎;第2章题为:为国家的拯救;第3章题为:为人类的解放;第4章题为:为现代中国思想危机的解决之道。作者强调,大多数的学者基本上都同意,一些五四知识分子在试图将中国从现代世界拯救出来的过程中所感觉到的困扰和绝望是他们在20年代转向共产主义激进事业的主要原因。陈晓明对这样的观点也表示赞同,如郭沫若在20年代中期转向共产主义是受到1917年苏联革命的

---

① Chen, Xiaoming. "Towards a Confucian/Marxist Solution: Guo Moruo's Intellectual Development to 1926". Op. cit., pp. 321–322.
② Ibid., pp. 323–324.

激励,让他认识到共产主义革命是使其国家强大,是使中国不仅能从西方与日本帝国主义的压迫和剥削中幸存下来,而且能最终打败这些强权的最有力的武器。但陈晓明认为,除此之外还有其他学者们未曾引起足够重视的原因。一是国家主义的动力,这是导致郭沫若转向共产主义革命的主要原因;二是拯救人类的世界主义的抱负,这也是郭沫若转向共产主义的重要推动力;三是为个人的解放,为自我道德与精神的解放。通过将儒学中诸如道德与精神的救赎成分注入共产主义,郭沫若不仅仅只是转向了一个现代的、西方的马克思主义的共产主义,而是创造了一个不仅是西方的,而且也是中国的全新的共产主义。而这,也就是他在20年代中期转向共产主义的第4个原因,即通过共产主义,他可以创造一个将西方的现代性和中国的传统二者之精华相结合的东西。为了寻求这种能将二者结合在一起的东西,郭沫若从五四时期开始苦苦寻觅,最后他终于找到了一个解决现代中国思想危机的满意之道。这个解决之道的核心问题就是,在现代西方与他们传统的社会相碰撞时,中国人民是该依赖传统还是现代西方思想来作为他们的价值体系和思想的引导。①

　　这本专著的结论值得引起读者的特别关注。首先作者又一次强调,是郭沫若试图解决自己所面对的这些个人生活的、中华民族的、整个世界的以及中国思想上的危机使得他在20年代中期转向了共产主义。其实许多像郭沫若一样的五四一代也或多或少地感觉到了这些危机,并促使他们中的一些人也同样转向了共产主义事业。这说明,他的经历并不是特例②。此外,陈晓明对郭沫若1949年以后的革命行为给予了特别的理解与同情。作者指出,郭沫若从20世纪50年代一直到1976年毛泽东去世这段毛主义革命时期在毛泽东的领导下担任各种高级别的职务,成了知识分子参与和效忠毛革命的一个象征。当越来越多的知识分子在毛泽东日渐激烈的革命中被异化、受迫害的时候,这种象征尤其值得关注③。尽管郭沫若自己也不时成为毛思想改造的目标,但他是自愿的,而且会做出相机应对。如此以致于许多人开始指责他,认为他在毛泽东变化多端的激进运动中是个没有原则的、可耻的幸存者。作者认为,如果还考虑到一个主要因素,即

---

① Chen, Xiaoming. *From the May Fourth Movement to Communist Revolution: Guo Moruo and the Chinese Path to Communism*. Op. cit. , pp. 1–2.
② Ibid. , p. 109.
③ Ibid. , p. 110.

郭沫若之所以紧跟毛泽东的运动,是因为他确实对此事业抱持一种信任的态度,那么这种指责就可能不正确了。换句话讲,郭沫若在毛泽东的领导下所从事的政治事业似乎缺乏原则性,事实上那正是他自己最高原则的一种表现,即他在20年代发展形成的原则,一种在本质上与毛泽东的共产主义革命原则相同的原则①。为了这个原则和事业,郭沫若付出了沉重的代价。尽管也有人为郭沫若的选择感到惋惜,认为他在将自己献身于毛主义的集体事业中,极度地、悲剧性地迷失了作为个体和知识分子的自我。然而,郭沫若自己或许并不觉得自己完全迷失在了共产主义运动中。因为从他关于儒学与马克思主义相结合的共产主义的观点来看,个体最终的完善(即修身)只能通过参与国家建设(即治国)和世界共产主义革命(即平天下)这样的集体事业才能达成,而他在毛革命中的所作所为正是自己参与这项事业的体现。在把自己投身到这么一项在他看来是崇高的、高于自己的,并且在他那个时代也大有希望的集体事业,在革命的进程中或许他也会不时有一种自我完善感。②

或许也有人认为,这条共产主义道路上的悲剧并不仅仅只是郭沫若一个人。六七十年代,数以百万计的中国人响应毛泽东的号召,以雷锋为榜样,把自己有限的生命投入到无限的为人民服务中去。不难看出,毛泽东的这个思想与郭沫若早期提出的通过参与集体事业以完善自我的儒学与马克思主义相结合的观点之间存在的相似之处。③

作者最后设问:如果从此视角出发,我们能说郭沫若和其他那些追随毛泽东的人是在这个革命中迷失了自己以致于完完全全是以失败而告终的吗?尽管从许多方面来看,这场革命确实是场灾难,但它切实加强了中国的国家力量。在毛时代之后,中国成为了世界上的一个军事强国。从某种程度上说,这场运动的国家目标是达到了的。④

通过内容分析可看出,陈晓明的这本专著中所阐释的内容与其博士论文相比,在观点和资料的新颖度上都无太多差异。不同只在于其强调的重点有所侧重以及其在专著结尾部分对新中国成立后郭沫若在毛泽东领导

---

① Chen, Xiaoming. *From the May Fourth Movement to Communist Revolution: Guo Moruo and the Chinese Path to Communism*. Op. cit., p. 110.

② Ibid., p. 111.

③ Ibid.

④ Ibid.

下的身份处境的理解与同情。这种公允的、坦然的分析与理解,在英语世界郭沫若研究学者中尚属首次,应值得充分肯定。

八、五四运动和中国人的文化身份——以郭沫若为例

除博士论文《朝向儒学与马克思主义相结合的解决之道:郭沫若至1926年的思想发展》和专著《从五四运动到共产主义革命:郭沫若与中国的共产主义道路》外,这里还要讨论一篇陈晓明研究郭沫若的学术论文《五四运动和中国人的文化身份——以郭沫若为例》。这篇论文收录在2009年8月27—28日在美国华盛顿召开的首届国际郭沫若国际会议论文汇编中。

作者在论文一开始即指出,文化身份是研究中国现代史和中国与西方在现代世界中的相互影响时的一个主要话题,而五四运动则很可能是研究中国人的文化身份最相关的语境。作者随即驳斥了这样一种常见的观点,即五四期间及其后,对那些不愿意放弃自己传统的中国知识分子来说,理由只有一个,那就是,传统是中国人和中华民族文化身份的象征,即便这些知识分子本身不再相信传统在现代社会中还有什么真正的价值或者作用。也就是说,如果失掉了其文化的成分,中华传统也就仅仅成了文化身份的一种象征,一种中国人试图在现代世界西方帝国主义的影响下幸存下来而极力需求的一种象征。①

作者以郭沫若为例对这种观点加以了反驳。陈晓明认为,对一些五四知识分子来说,在现代世界中华传统的价值仍然是存在的,这不仅是因为中国人需要将那个传统作为他们文化身份的象征,同时还因为他们确实相信传统仍然能为现代世界提供许多东西②。作者详细梳理了郭沫若受西方歌德个人主义学说影响对儒学伦理中关于家庭和礼教社会的反抗过程,并指出,郭沫若之所以成为历史上的重要人物,是由于在20年代早期,即五四运动的后半时期,将其反对包办婚姻的个人故事公开发表出来的缘故。他这一举动,在城市青年中掀起了全面攻击包办婚姻和礼教的风潮。

---

① Chen, Xiaoming. "The May Fourth Movement and Chinese Cultural Identity—A Case Study of Guo Moruo" In Wei, Chiming & Rina Fujita eds. *Proceedings of International Guo Moruo Academy*. Op. cit. pp.85-86.

② Ibid., p. 86.

正是由于他和与他同时代人的努力,才使得包办婚姻和礼教开始在现代中国消亡。但郭沫若在反对礼教的同时,却又对儒学价值观念中除礼教之外的东西一以贯之地持倡导的态度。在儒学伦理体系中,郭沫若尤其欣赏儒家对个人道德和精神方面的修养(即修身)、对国家的治理(即治国)和对和谐世界的建构(即平天下)的观点。

陈晓明认为,除了歌德,郭沫若五四时期尊崇的西方人物还包括彭斯、康德、尼采、雪莱、斯宾罗莎、托尔斯泰等。尽管郭沫若在自己五四时期写的文章中对现代西方的科学、技术表现出极大的热情,认为中国想要生存下来并在现代世界中变得繁荣昌盛,就必须得学习现代西方的科学和技术方面的成就,但即便这样,他也并不认为现代西方是完美的。郭沫若对帝国主义在中国和世界其他地区的行为以及现代西方资本主义制度下的唯利是图和物欲横流极为不满并给予了持续的批判,认为现代西方的科学文明缺乏一种道德观念。为了弥补这个缺陷,郭沫若认为在现代西方世界倡导将礼教排除在外的儒学是极为重要的。这样即可在科学与道德间获取一种平衡。郭沫若认为,解决现代世界问题的最佳之道就是将东西方的精华相结合。正是在这种语境中他看到了中国传统的历史相关性和重要性。这个阐释过程与前面已讨论过的陈晓明的博士论文和专著中的观点和材料几乎是完全一样的,在此不再赘述。

陈晓明在文章结尾处强调,作为五四运动的主要人物,郭沫若的思想证明了五四运动对待中国传统这个问题的复杂性。我们可以不相信郭沫若对传统的判断,但勿庸置疑,郭沫若确实相信传统在现代世界中所具有的那部分真正价值。陈晓明指出,郭沫若的这种坚信是在他对中国传统和现代西方文明的分析比较基础之上得来的,而不是,至少不完全是,基于一种迫切地想要将濒死的传统作为一种文化身份,以期让中国人在以西方为统治中心的世界中生存下去的愿望。①

九、郭沫若:一个现代革命的文学人物,1924—1949

《郭沫若:一个现代革命的文学人物,1924—1949》是美国宾夕法尼亚

---

① Chen, Xiaoming. "The May Fourth Movement and Chinese Cultural Identity—A Case Study of Guo Moruo" In Wei, Chiming & Rina Fujita eds. *Proceedings of International Guo Moruo Academy*. Op. cit., pp. 92-93.

大学的 Emily Woo Yuan 1979 年的博士论文,该论文探讨了 1924 年转向马克思主义之后至 1949 年新中国成立之前郭沫若的文学创作。除绪论和结尾外,论文分 3 部分阐述了郭沫若在这一时期的生活经历和文学创作。第 1 部分为"站在浪漫主义和马克思主义十字路口的作家"。在这部分中,作者首先论述的是郭沫若在五卅惨案发生前后的文学创作情况;其次是北伐战争以及作为作家和革命者的郭沫若。第 2 部分是关于郭沫若在日本流放期间的创作和研究。作者在这部分从 3 个方面对郭沫若的研究和创作进行了介绍:第一是郭沫若的考古研究和中国古代社会研究;第二是孤独中的创作——传记和讽刺作品;第三是对中国的政治和文学发展的回应。第 3 部分为宣传与文学。作者也是从 3 个方面论述了郭沫若的工作和创作。首先是郭沫若在抗日战争期间的宣传和战斗;其次是作为现在之启发的过去;最后是明日的文学。

在论文的《绪论》中,作者简略梳理了郭沫若的思想发展、1949 年前的创作以及外界对郭沫若的相关评价,本书作者认为其中有几个地方值得一提。一是,作者认为,要恰当界定郭沫若在中国现代文学中的作用,有必要将作为诗人的郭沫若与作为革命者的郭沫若分别看待。同时,他的文学创作必须放在马克思列宁主义这个在 1949 年的时候在中国大陆已经取代了作为传统思想的儒学语境中去加以阐释①。二是,1924—1949 年间,郭沫若的文学创作相当可观。但正如他自己所承认的,后来这些诗集都不及其《女神》,尽管他作为诗人的声誉仍在,但他写诗的兴趣却在消退。三是,尽管政治气候的变化在某种程度上充斥在郭沫若的创作中,但也有一些作品是受到事件转变的启发而创作的,比如郭沫若在日本进行的考古研究。要不是由于他自愿接受的流放这个非同寻常的处境,那他的研究就似乎不大可能。而他从这些研究中获得的知识,后来又对他重新划分早期中国的奴隶制和封建社会的历史阶段起到了作用②。这 3 个观点应该说形象地反映出了研究者较为客观的研究态度。有价值和启发意义的是,作者在介绍了国内的评论家如 1932 年李霖编辑的《郭沫若评传》、1936 年黄人影编辑的《郭沫若论》(也题为《郭沫若的创作道路》)、1959 年楼栖的《论郭沫

---

① Emily Woo Yuan. "Kuo Mo-jo: The Literary Profile of a Modern Revolution, 1924—1949". PhD. Dissertation, University of Pennsylvania, 1979, p.1.

② Ibid., p.8.

若的诗》对郭沫若的评价后,还提及英语世界的3位郭沫若研究者的著述。一是米列娜的《郭沫若的自传体作品》和普实克的《郭沫若》,这2篇论文研究了郭沫若1949年前的一些作品①。但应该注意的是,作者没有特别指明米列娜的《郭沫若的自传体作品》仅是收集在普实克编辑的《中国现代文学研究》论文集中的一篇文章。而后者,普实克的《郭沫若》,也仅是收集在普实克自己的专著《中国文学的三幅素描》中的一篇论文②。另一则是前面已经讨论过的罗伊的《郭沫若的早年岁月》,作者只用了一句话概述了这本著作,说它研究的是郭沫若早年的生活及其学生时代的创作。作者还提及研究者史剑。文中指出史剑于1954年在香港出版了《郭沫若批判》一书,在第1部分约占190页的篇幅中作者史剑将郭沫若刻画成了一个政治机会主义者,而在第2部分大约只有60页的篇幅中,史剑却置郭沫若所有的创作于不顾,唯独只研究了郭沫若的中国古代思想史研究。论文的研究者认为这既不符合逻辑,也不连贯。一个英语世界的郭沫若研究者早在郭沫若去世前后即能看到并指出中国学者在郭沫若研究中所存的偏见和不足,的确是难能可贵的。③

  绪论中还有一点值得所有的郭沫若研究者深思,尤其是那些戴着有色眼镜,抱着成见之人。"本文所强调的是,应该抓住郭沫若创作的本质和内容,而不是它们在中国现代文学中的价值。""在其早年岁月中,郭沫若受到了圣伯夫的影响。郭沫若和圣伯夫两人都相信,在阐释一个作家的作品,找出蕴含在其中的意义之前,必须对这个作家的性格、态度、社会环境和他的生活方式予以考察。"④

  论文作者在结尾部分的2个观点也值得予以关注。"然而,实践证明,郭沫若要将自己年轻时所研究的儒学和他后来所接受的马克思主义结合起来,融合二者之间的差异,难度是非常大的。他花了差不多20年的时间来重新确定自己的方向和使自己的思想变得理性。他之所以成功地做到

---

① Emily Woo Yuan."Kuo Mo-jo: The Literary Profile of a Modern Revolution, 1924—1949". Op. cit., pp. 9-10.

② "Kuo Mo-jo" In Jaroslav Prusek. *Three Sketches of Chinese Literature*. Prague: Oriental Institute in Academia, 1969, pp. 99-140.

③ 这篇博士论文完成的时间是1979年。但作者说:"在她写这篇论文时,郭沫若已是一个八旬老人,不再积极从事政治事务,也不再进行文学创作了。"参见 Emily Woo Yuan. "Kuo Mo-jo: The Literary Profile of a Modern Revolution, 1924—1949". Op. cit., p. 11.

④ Ibid., pp. 11-12.

了这点,很大成分在于他于1928年在日本开始的对中国古代社会的研究。"①英语世界的郭沫若研究学者中有不少提及郭沫若于1924年的思想转变,但观点都与此不同。另一值得关注之处在于,作者认为:"作为一个历史学家,郭沫若成功地使自己的观点适应了马克思列宁主义的原则。但作为一个创造性的作家,事实上,他的17卷选集没有一卷是无产阶级文学,没有任何文章传达出了他对工人、农民、士兵的生活和希望的真正了解。他是在为知识分子写作,写的也是知识分子的生活。"②此一观点尽管新颖,但有些绝对,有以偏概全之嫌。

这篇论文还有一个出彩的地方,也是其研究价值之所在。那就是作者在论文的参考文献中对文中所涉及的郭沫若作品全部按字母顺序对每一条进行了包括其韦氏拼音、中文和英文3部分的汇总,以方便后来的郭沫若研究者查找和参考。论文共涉及郭沫若的作品232种。这么相对来说比较全面的归纳在其他英语世界郭沫若研究文献中是没有的,这大概也是由本论文的研究性质所决定的。

十、人类的英雄与被放逐的上帝:郭沫若历史剧《屈原》中的中国思想

《人类的英雄与被放逐的上帝:郭沫若历史剧〈屈原〉中的中国思想》是美国底特律大学的 Rose Jui-chang Chen 1977 年的博士论文,这也是郭沫若去世前英语世界研究郭沫若的唯一一篇博士论文。该论文除绪论《沉睡之狮的觉醒:现代的中国与西方》和结尾《人类的英雄与被放逐的上帝:视野与形式》外共有5章。第1章为"宇宙的和谐与统一:中国的人文主义(一)";第2章为"人类社会的和谐与统一:中国的人文主义(二)";第3章为"被放逐的人—神:《屈原》的史料来源";第4章为"永恒的'道':《屈原》的作者";第5章为"伟大的精华:《屈原》的戏剧形式"。从论文各章的实际内容来看,该论文的核心部分为论文的第5章和论文的结尾部分。

在论文的绪论中,Chen简要梳理了20世纪初中国文学的发展情况,从以胡适、陈独秀为开拓者的新文化运动,到通过译介和被海归留学生引

---

① Emily Woo Yuan. "Kuo Mo-jo: The Literary Profile of a Modern Revolution, 1924—1949". Op. cit., p. 195.
② Ibid.

进的外国新思想,从以周作人为代言人,倡导"人的文学"的文学研究会和以郭沫若、郁达夫、田汉为主,代表创造性写作、个体和浪漫的创造社到以鲁迅为主要代表的中国左翼作家联盟。作者强调,尽管新文学中占主要地位的是短篇故事和小说,如鲁迅、老舍、茅盾给我们留下的那些融合了艺术技巧和情感张力的作品,但从形式、内容到地位都经历了激变的却是戏剧①。绪论的最后作者交代了该论文的写作目的、研究方法以及篇章的安排。这里,作者的写作目的值得加以特别交代,因为这也是此论文的价值之所在,即,通过此研究揭示出隐含在《屈原》世界中的中国人所特有的看待宇宙和人的观点。作者强调,正是这种观点塑造了隐藏在这种西方文类形式(即西方的戏剧)表面之下的中国戏剧的结构形式,而且也正是这种观点赋予了郭沫若"历史悲剧"的意义。②

为了让西方读者了解中国的人文主义思想,更加完整地了解中国人看待人和《屈原》世界的观点,作者在论文的第 1 和第 2 章阐释了中国思想和文化的主要精华,Chen 从形而上的—哲学的和社会伦理的 2 个方面对此进行了分析介绍。作者引查尔斯·摩尔(Charles A. Moore)编辑的《中国思想:中国哲学和文化的精华》(*The Chinese Mind*: *Essentials of Chinese Philosophy and Culture*)③一书的观点阐发了自己对中国人文主义的看法:中国的思想和文化传统或许可用人文主义来概括其特征。中国的人文主义强调的是伦理的、思想的、美学的以及社会的成分,而非物质利益和正常的生活享受,并且还强调人内心世界的宁静。这是一种源于人与自然的以及人与人之间的和谐感的宁静④。作者强调,正是中国人所特有的这种将宇宙看成是一个独立自足的、自为的和谐整体之全面的、人道主义的宇宙观构成了悠久的中国思想与文化。表现在郭沫若的历史剧《屈原》中的正是这种宇宙观,它构成了《屈原》这部以西方戏剧形式为表象之下的重要的中国特质。⑤

---

① Rose Jui-chang Chen. "Human Hero and Exiled God: Chinese Thought in Kuo Mo-jo's '*Chu Yuan*'". PhD. Dissertation, University of Detroit, 1977, p. 7.

② Ibid., p. 20.

③ Charles A. Moore ed. *The Chinese Mind*: *Essentials of Chinese Philosophy and Culture*. Honululu: East-West Center Press, 1967.

④ Rose Jui-chang Chen. "Human Hero and Exiled God: Chinese Thought in Kuo Mo-jo's '*Chu Yuan*'". Op. cit., p. 23.

⑤ Ibib., p. 64.

论文的第 5 章探讨了《屈原》的结构模式以及隐含在其中的思维模式。作者认为,无论是将《屈原》赞誉为 40 年代郭沫若这位中国现代剧作家和诗人的"自然流露和灵感的体现"所创作的伟大的"历史剧"和"悲剧人物",被他同时代的评论家和朋友们称为中国的《哈姆雷特》或《奥赛罗》,还是将其贬斥为是对德国的狂飙浪漫派戏剧的拙劣模仿,甚至更尖刻地认为其是一部彻底的失败之作,因为它既无形式,又无感觉,仅仅只是诗人—主人公屈原抒发其爱国情感、对他那个时代的政治意识形态不满之反抗的一个框架而已的观点,都是因为这些评论家们受到的是西方理论的训练的缘故。因为他们像西方人一样,试图在《屈原》这面镜子中寻觅自己的影子,结果发现找不到,于是他们下结论说剧中根本就没有他们要寻觅的东西。而在他们的视域之外,或许会切实存在一些轮廓和特征都无法被人清晰辨别的奇妙的、不为人知的东西①。如果我们不以西方的戏剧模式去衡量它,不从西方人的视角去看待它,或根据西方的方法和理论去分析阐释它,而是从中国的视角去理解郭沫若的《屈原》,或许能从这种"无感觉"中感知它的感觉,从完全的"无形式"中显示出它的形式来。实际上,《屈原》的戏剧世界,如果忽略其所暗示的政治的东西,本质上是传统的中国世界;而作者,尽管其试图采取的是外国戏剧这种文类形式,他的思想本质上也是中国的②。因此,如果我们从中国的视角去看的话,就会发现潜藏在《屈原》这部戏剧中的固定的思维模式,一种阴、阳规则间的相互作用,或者说光明与黑暗的相互作用。这种相互作用体现在剧中的背景、象征、人物以及人物之间的相互关系中;也体现在剧本中每一个事件和作为整体来看待的戏剧中。对这个模式而言,构成整体所必需的也最重要的是剧中人物的中心地位,即光明通过它与黑暗的每一次相互作用来显示其发光的状况③。在第 5 章中作者即对这种思想模式在《屈原》这部剧中的作用情形逐场进行了详细分析。作者在该章的结尾进一步指出,潜藏在《屈原》各个组成部分中的模式——"戏剧情节"、"人物塑造"、"背景"和"象征手法",从不同的角度看,是一个完整的统一体。它们互相交织,共同组成了一个多维的整体。这反映在蕴含在圣人—英雄身上的那种普遍的、内在的

---

① Rose Jui-chang Chen. "Human Hero and Exiled God: Chinese Thought in Kuo Mo-jo's '*Chu Yuan*'". Op. cit., p. 238.
② Ibib., p. 242.
③ Ibib., p. 243.

"人性之光"中,构成了"屈原世界"的中心和内核。《屈原》这部戏剧,是中国人世界观的一个镜像反映,可将其比作是一块通过其整体也通过其每一个侧面反映出其内在光芒的多面钻石。每个侧面都映照出一种特别的色彩,而这颗钻石则将所有光芒汇集在了一个和谐的统一体中。①

在论文的结尾部分,作者再次对这种思维模式进行了强调:这种隐含在郭沫若历史剧《屈原》中的潜在的思维模式,放射出一种对西方读者来说是特别的、前所未见的独特光芒。唯有通过中国人的宇宙观,人们方可认识到这种潜藏在他们熟悉的戏剧形式下但却并不为他们所熟识却又切实存在的易学思维模式②。随后作者首先将中国的哲学观"一阴一阳之谓道"③与德国的浪漫派戏剧、将中国传统思想所提倡的"内圣外王"之道④与英国戏剧大师莎士比亚的悲剧进行了比较。通过分析比较,作者指出,隐含在莎士比亚的《李尔王》、《哈姆雷特》、德国的浪漫派戏剧与郭沫若的《屈原》的表面相似之下的根本区别就在于读者对戏剧是对"人类生活之秘密"的模仿所持的两种根本不同的看法。是中国传统的宇宙观和人文观赋予了《屈原》真正的意义和灵魂,也是这同样的宇宙观塑造了该剧潜藏在传统模式表象之下的内在结构模式。⑤

作者对《屈原》这部历史剧的客观评价与其他英语世界郭沫若研究者的评价有所不同。她认为,尽管《屈原》这部戏剧的艺术表现手法有不完善之处,它塑造的人物也别有言外之意,但《屈原》是一部有趣的剧作,是对中国文学的全新贡献,它指明了文学表现的一个新方向。这种新的表现形式将戏剧的成分融合在抒情的成分之中,有可能将中国人的那种神秘的生命观反映出来。这种融合即便在西方的读者看起来不是互相矛盾的,也是很奇怪的。然而,如果我们从中国的宇宙观去对其进行解读,则可以切实领会其意义,正如我们从屈原自己的剧作《离骚》中所看到的,它既是一

---

① Rose Jui-chang Chen. "Human Hero and Exiled God: Chinese Thought in Kuo Mojo's 'Chu Yuan'". Op. cit., pp. 268-269.

② Ibid., p. 275.

③ 参见《周易·系辞上》。

④ "内圣外王"之道是儒家所推崇的道德人格目标和道德行为模式,最早出自《庄子·天下篇》。作者将其英译为"Sageliness within and Kingliness without" In Rose Jui-chang Chen. "Human Hero and Exiled God: Chinese Thought in Kuo Mo-jo's 'Chu Yuan'". Op. cit., p. 279.

⑤ Rose Jui-chang Chen. "Human Hero and Exiled God: Chinese Thought in Kuo Mo-jo's 'Chu Yuan'". Op. cit., pp. 293-294.

部优美的抒情诗,同时也是一部伟大的史诗。①

这篇论文最出彩的地方在于其附录。作者对中国的宇宙观和郭沫若的《屈原》中潜在的易学思维模式进行了详细的图解。此一部分笔者已将其翻译出来放在了论文后的"附录四"中。

十一、重释日本:中国视角之郭沫若

2004年,夏威夷大学出版社出版了 Lu Yan 的专著《重释日本:中国视角,1895—1945》②,作者对蒋百里、周作人、戴季陶和郭沫若这4个除均在日本留过学,对日本有着共同的兴趣外几乎没有什么共同之处的人物在日本的生活、学习、思想成长的经历、日本对他们的思想与事业的影响以及他们对日本的反应等方面做了分析考证。除序言和结论外,全书分4个部分共9章分别对4个人物进行了研究。作者分别在第2部分"中国和日本能成为朋友吗?"中的第4章"沮丧之实例"和第4部分"离开日本"中的第7章"为了生存"中对郭沫若的生活、思想、事业与其在日本长达20年的经历之间息息相关、不可分割的渊源进行了梳理和评价。

作者认为,郭沫若这个五四时期广受中国年轻读者喜爱的浪漫派诗人,为中国的文献学做出了卓越的贡献,后来在1937—1945年中国与日本的战争期间成了一个宣传家③。应予以注意的是,在该书中,作者关注的焦点是郭沫若第二次流亡日本后所从事的中国古代社会研究及其1937年回国后所从事的政治宣传工作,因此,作者在评价郭沫若时,重点和核心不在其文学创作上。在作者看来,对包办婚姻所采取的激进行为以及在文学创作中对浪漫主义的追求成就了郭沫若在中国新文化运动中的地位,而当他拥抱共产主义事业时对社会的反叛行为则具有政治意义。④

在第4章"沮丧之实例"中,有几个地方值得注意。作者首先提到了郭沫若1919年发表在《黑潮》月刊上的2篇表现其爱国主义思想的文章。一

---

① Rose Jui-chang Chen. "Human Hero and Exiled God: Chinese Thought in Kuo Mo-jo's '*Chu Yuan*'". Op. cit., p. 297.

② Lu, Yan. *Re-understanding Japan: Chinese Perspectives*, 1895-1945. Honolulu: University of Hawaii Press, 2004.

③ Ibid., p. 5.

④ Ibid., p. 6.

篇是署名为郭开贞的《同文同种辩》,另一篇是署名为夏社的《抵制日货之究竟》。作者认为,或许郭沫若最初发表的这 2 篇文章与其不久后即开始从事文学创作以及后来因其创作的浪漫诗歌而赢得全国声誉只是一种巧合。尽管这 2 篇文章跟其后来创作的那些更加多姿多彩的诗歌、小说、对中国古代社会的学术研究和历史研究相比简直可以忽略不计,但它们至少可以看成是郭沫若与日本漫长而沮丧的经历中的一抹希望的插曲①。其次,作者多次提及与郭沫若如影随形的"贫困"。作者不仅引徐志摩的日记描绘了这种贫困及其带给郭沫若的沮丧与自卑,还举了普实克对郭沫若由于贫困和不得不为创造社的 3 种期刊赶稿而不再从事像《女神》那样令人振奋的诗歌创作,转而写自传作品,在作品中描述自己与家人在贫困生活中的这种卑微与沮丧所做的评价:"这些自传体作品,就像是原材料,而非完成的艺术产品,记录的是作者个人的经历,而非公众可接受的小说或故事。"②作者还举例证明,甚至郭沫若最后说服安娜和他一起回国,也是由于他意识到,即便日本的风景再美,对一直贫困的他们来说也根本就是毫不相干的。此外,作者在这一章中还强调,尽管郭沫若在翻译了日本学者河上肇的《社会组织与社会革命》一书,在给成仿吾的信中宣布自己转向了马克思主义,但事实上,正如罗伊在《郭沫若的早年岁月》中所指出的,郭沫若并没有与他早些时期所从事的浪漫主义的实践完全划清界限,尤其是从他对待新发现的社会理论的态度来看。③

在第 7 章"为了生存"中,作者对郭沫若在 1928 年初在周恩来的安排下流亡到日本后的生活、创作、思想以及 1937 年抗日战争爆发后在朋友的安排下回国的经过、回国后的工作、创作、国人,尤其是国家领导人周恩来对他的高度评价等进行了梳理。作者认为,郭沫若在日本期间,除对中国古文字和古代历史这一深奥的领域进行研究外,还进行自传体作品的创作,其目的并非仅仅是为了赚钱,而是为了回忆战争年代自己经历的那些激动人心的事情,与自己现在远离的故土保持情感上的联系④。在这一章中,作者还清晰描述了郭沫若与金祖同的交往、郭沫若在金祖同和钱瘦铁的帮助下悄悄回国的经过、回国后受到的接待、与于立群的结合等。在该

---

① Lu, Yan. *Re-understanding Japan*: *Chinese Perspectives*, 1895–1945. Op. cit., p. 91.
② Ibid., p. 101.
③ Ibid., p. 105.
④ Ibid., p. 178.

章的最后一部分作者提及回国后的郭沫若在心中、在笔下对日本的状写，并指出这是继1919年郭沫若最早发表的2篇关于中日关系的文章后第一次如此集中的评论。作者提到郭沫若1937年8月在以中国文化界的名义写给国际友人的一封公开信中把日本侵略比作是危及世界、毁坏世界文明的霍乱和瘟疫，认为郭沫若很好地把握住了他那个时代的情绪，并且他的类比很快引起了太平洋彼岸美国总统罗斯福在其著名的"隔离演讲词"中的共鸣①。作者还注意到了1942年郭沫若对日本那种不知感恩的行为与其早些时候对待这种行为态度的不同，它们较以前有所缓和，这体现在其文《日本民族发展概况》中。作者认为，正是由于战时生活在中国的边远地区，才使得郭沫若有机会对中、日共有的过去进行重新思考，并得出与自己在早期作品中所阐发的不太一样的观点。但如果读者是在40年代早期中国政治变化的语境中去对郭沫若的这篇文章加以解读的话，就不会对它的这种态度的变化感到奇怪了。②

第二节　西方文学理论与文学批评

　　澳大利亚学者邦妮·麦杜戈尔是笔者到目前为止收集到的第一手英文资料中对郭沫若及其作品研究时间最长、研究成果最多、研究所涉及的范围最广、国内外研究学者对其作品的了解最多引用也最频繁的英语世界的郭沫若研究者。其研究成果除与我国学者彭阜民合译的《郭沫若剧作选》(1984)外，还包括与西方文学理论和文学批评相关的著述《西方文学理论与现代中国导论，1919—1925》(1971)、与凯姆·路易（Kam Louie）合著的《二十世纪中国文学》(1997)以及收入1977年由美国学者，费正清东亚研究中心研究员默尔·戈德曼编辑的《五四时期的中国现代文学》一书中的长篇论文《西方文学潮流的影响》。此外，有关郭沫若与西方文学理论和文学批评的研究成果还包括马立安·高利克的《郭沫若的唯美—印象主义批评》，《郭沫若的印象主义文学批评》和《郭沫若的无产阶级批评研究》以及威廉·舒尔茨（William Schultz）的论文《郭沫若与浪漫主义美学，1918—1925》。威廉·舒尔茨的这篇文章已经放在第1章第5节进行了分

---

① Lu, Yan. *Re-understanding Japan: Chinese Perspectives*, 1895–1945. Op. cit., p. 189.
② Ibid., pp. 191–192.

析讨论。

一、《西方文学理论与现代中国导论，1919—1925》

《西方文学理论与现代中国导论，1919—1925》一书是麦杜戈尔研究西方文学理论对现代中国作家的思想及创作之影响的专著，也有学者将其按字面意思直译为《1919—1925年间引进中国的西方文学理论》。这本书是目前国内外郭沫若研究学者对国外郭沫若研究情况了解和引用得最多的专著之一，这主要是由于郭沫若著作编委会的晨雨对此书中第3章和第5章中有关郭沫若部分的翻译。晨雨于1988年5月发表在《郭沫若研究》第5辑上的译文标题《郭沫若与西方文学理论》为其所加。该文基本上是对《西方文学理论与现代中国导论，1919—1925》一书第3章"浪漫主义与新浪漫主义"中有关郭沫若研究内容的翻译。而译者发表在《郭沫若学刊》1991年第2期上的译文标题就为《郭沫若与先锋派文学理论》，实际上也仅是对郭沫若与表现主义相关内容的翻译。此外，在第6章中，原文作者麦杜戈尔以"文学批评"为题对胡愈之、沈雁冰、郭沫若和成仿吾等作家受西方文学理论的影响进行的文学批评活动进行了介绍。①

作者在该书序言中指出，她的这本专著是以其1970年在悉尼大学的博士论文为基础，其在悉尼大学东方研究系做博士后期间加以修改完成的。这本书共分7章对西方文学理论对中国新文学运动中1919—1925年间的影响进行了详细的阐释②。除前面提及的与郭沫若相关的3章外，其余第1章题为"新文学运动"，对那个时期一些重要的期刊杂志（如《新青年》、《民铎》、《东方杂志》、《新闻副刊》等）上提及的西方文学理论按时间顺序做了详细的梳理。第2章题为"西方的现代文学运动及文学批评"，描述了西方文学和文学理论在与新文学运动中的中国作家遭遇后所呈现出

---

① 参见原文 Bonnie S. McDougall. *The Introduction of Western Literary Theories into Modern China*, 1919-1925. Op. cit., p. 196. 亦可参见译者译文《郭沫若与西方文学理论》，载《郭沫若研究》第5辑，第362页。

② 按作者的划线，中国新文学运动的时间为1917—1937年。在作者为该书写的"序言"（Preface）中说明该研究的目的在于"鉴别和评价在中国新文学运动（1917—1937）的头十年间西方的文学理论出现早期的情况"，但作者在此专著中讨论的却仅是1919—1925年间的情况。关于此一时间划线上前后不符的问题已有评论家指出。参见原文 Bonnie S. McDougall. *The Introduction of Western Literary Theories into Modern China*, 1919-1925. Op. cit., p. v.

的状况,并简要介绍了一些在中国频频出现的批评家、理论家和历史学家的名字。第4章题为"现实主义与自然主义",详细分析了李之常、胡愈之与沈雁冰受西方现实主义和自然主义的影响及创作的情况。第7章为全书的结尾部分。

在第3章中作者在论及西方浪漫主义和新浪漫主义文学理论对郭沫若的思想和文学理论的影响时有如下观点当特别注意:首先,作者指出郭沫若不喜欢抽象地讨论文学理论,而宁可通过自己的诗歌、小说创作,或者是通过翻译别人有创见性的作品来阐发自己的见解①。其次,作者认为,既然缺乏文学上的主要竞争者,那么在当时对郭沫若的思想产生影响的动力就一定是社会主义和马克思主义了。郭沫若之所以信奉宣传文学,并不在于他对宣传文学的可能性有什么热情,而是由于他勉强而又半带羞愧地摒弃了纯文学的缘故。②

在第5章《先锋派文学理论》中作者以"表现主义与郭沫若和郁达夫"、"未来主义与郭沫若、沈雁冰和郁达夫"、"达达主义、新文学运动与先锋派"等为小标题探讨了西方文学理论对中国作家及新文学运动的影响。其中有关郭沫若的部分值得特别强调的有如下观点:作者认为,郭沫若的《自然与艺术》这篇文章的写作风格与诗歌的风格极其相似:简明、扼要、富有想象力。他用比喻性的语言对19世纪的文学流派仅为了想象的缘故而牺牲理性加以了描绘。但一周后郭沫若写的一篇论述未来主义的文章,即《未来派的诗约及其批评》,表明他也能以一种更加学术性的方法来处理同样的主题③。作者指出,郭沫若是通过歌德接近表现主义的,而且他似乎并没有意识到与表现主义相关的另一个人物泰戈尔,这位在1920年访问德国时曾受到狂热追捧的作家。奥地利批评家和剧作家赫尔曼·巴尔,最有名的对表现主义予以关注的评论家中的一位,也认为表现主义运动是歌德主观主义的一种延伸。但是很遗憾没有证据表明郭沫若在这之前曾读过巴尔的那篇论述表现主义派的文章——《表现主义》——而这,也正可能是郭沫若将表现主义者们误作是歌德的热心信徒的缘故④。作

---

① Bonnie S. McDougall. *The Introduction of Western Literary Theories into Modern China*, 1919-1925. Op. cit., p. 124.
② Ibid., p. 145.
③ Ibid., p. 199.
④ Ibid.

者认为,在郭沫若看来,表现主义的一个显著特征可能就是其原始质朴的风格。郭沫若对体现在孩童和原始人身上的诗性的信仰可追溯到他的早期浪漫诗歌,他和创造社的其他作家们相信一种新的原始风尚是完全有必要的,但不是文学研究会所提倡的费边改良主义。也许惠特曼抱持的也同样是这种狂热的原始风尚:"我在世界的屋脊上发出了粗野的喊叫声。"①

在第6章中,作者详细论述了胡愈之、沈雁冰、郭沫若和成仿吾等受西方文学批评理论影响进行的文学批评活动。在此部分,作者以郭沫若的《批评—欣赏—检察》和《瓦特·佩特的批评论》为例分析了郭沫若文学批评的特点。在麦杜戈尔看来,郭沫若在文学批评方面的主要成就表现在他发表于1923年10月的这2篇文章里,并且认为,郭沫若肯定对他作为第一个文学批评家在他的这2篇中首先对佩特进行全面探讨而居功得意②。其中值得特别关注的观点有:首先,郭沫若相信真正的批评是建立在对艺术作品的理解基础之上的一种能力。艺术作品的内容、形式和题材(材料)给读者留下的印象必须根据作者的倾向加以综合,以便形成一个自给自足的完整世界。仅仅只从远距离来欣赏一部作品是不够的,必须尝试去对作品的结构、来源以及它完整的美感加以理解。瓦特·佩特就是这种批评方法的奠基者和大师③。其次,郭沫若并非把他自己仅仅限制在佩特的批评观上。郭沫若并不同意西蒙斯认为佩特只不过是忽略了那些他自认为不完美的部分,故意避免一种吹毛求疵的批评方法而已的观点。不仅如此,郭沫若还驳斥周作人对"坏脾气的吹毛求疵者"的贬斥,认为批评家的职责不仅体现在对美的欣赏方面,同时还应体现在对丑陋东西的抵制和否决方面。在当今文坛这种故意歪曲、低劣模仿、卑劣奉承和疯狂嫉妒的混乱状态下,富有思想的批评家是不得不被迫做出判断、进行谴责的。④

作者在结尾部分首先指出了中国作家用以探讨分析西方文学和历史主流的进化方法的肤浅,他们对西方文学运动的讨论、对西方文学理论从古典主义、浪漫主义、到现实主义的发展过程的探讨,就好像这些是在任何国家都会生发的唯一可能的文学发展进程似的。而且,在大部分

---

① Bonnie S. McDougall. *The Introduction of Western Literary Theories into Modern China*, 1919-1925. Op. cit., pp. 200-201.

② Ibid., p. 239 & p. 243.

③ Ibid., pp. 241-242.

④ Ibid., pp. 243-244.

中国作家的探讨中,都没有提及中国的文学实践。即便是他们的文章被翻译成西方语言,也不会有任何的线索表明作者的国籍,常常见到的是运用西方的概念来解释中国文学,但却见不到用中国的概念去解释西方的文学①。接着作者引普实克的 2 篇研究中国文学的文章《以中国文学革命为背景看传统东方文学同现代欧洲文学的对立》(*A Confrontation of Traditional Oriental Literature with Modern European Literature in the Context of the Chinese Literary Revolution*)与《中国文学中的现实与艺术》(*Reality and Art in Chinese Literature*)阐释了普实克对本土传统延续的强调②。他认为文学的革命,就如社会的革命一样,是内在因素相互作用的不可避免的结果。与普实克持相似观点的还有白之(Cyril Birch),他对胡适认为中国文化的本质并没有因为 20 世纪 20 年代的西方化而发生根本性的改变的观点表示了赞同。③

二、《二十世纪中国文学》

国内的郭沫若研究者对《二十世纪中国文学》④一书的了解及该书对国内学者的影响不及《西方文学理论与现代中国导论,1919—1925》一书。如果有人关注过它,那也仅限于英文原著,因为到目前为止还未见有学者对这本英文原著的详细介绍或部分译介,更无从说有中译本出版了。该书的中文名《二十世纪中国文学》和撰写者的中文名字"杜博尼"、"雷金庆"在英文原著中就有,出现在书的扉页上,应为这两位中国文学研究专家自译。

该书既按时间分为了 3 个阶段,每阶段又按文类形式分诗歌、小说、戏剧 3 类对中国文学的发生发展情况做了系统的线性梳理。全书包括"序言"和"结论"共 14 章。第 1 阶段为 1900—1937 年,共有 4 章;第 2 阶段为 1938—1965 年,也分为 4 章;第 3 阶段为 1966—1989 年,共有 5 章。该书第 1 阶段和第 2 阶段中有关诗歌和戏剧的部分,即第 3 章、第 5 章、第 8 章

---

① Bonnie S. McDougall. *The Introduction of Western Literary Theories into Modern China*, 1919-1925. Op. cit., p. 256.

② Ibid., pp. 261-262.

③ Ibid., p. 265.

④ Bonnie S. McDougall & Kam Louie. *The Literature of China in the Twentieth Century*. Op. cit.

和第 9 章中均有关于郭沫若的介绍。需要注意的是,3 个阶段中作者都没有对郭沫若的小说进行介绍。

在第 3 章介绍郭沫若的诗歌时,作者指出,尽管郭沫若公开宣称他认为孩子的喊叫是"真切的诗",但郭沫若并没有因此而将自己与其他作家所关心的中国社会的变化以及知识分子的命运等问题隔离开来。在他看来,作为创造者的诗人,其本质是要寻求革命的①。尽管郭沫若在他的文章中赞颂情感的自然流露,但他的诗是其特别信仰的载体,在他的诗学语汇中时见庄子、斯宾罗莎、卡比尔等思想家的名字。他最显著的理想是社会公正、反叛、反偶像崇拜、自我主义、自我表达、无神论、马克思主义和世界主义,浪漫的性爱不是他诗歌描写的重要主题②。在作者看来,郭沫若的贡献在于,他用现代诗歌对重新加工过的神话进行了再创作,尽管在其本身的社会以外还未得到一致的认可③。作者还指出了郭沫若诗歌的特点和不足之处。麦杜戈尔认为,与胡适不同的是,郭沫若通过对意象的使用而不是放弃,扩大了诗歌内容所及的范围和隐喻的使用频率。他还采用了大量新的象征物,最令人触目惊心的是"太阳"、"大海"和"血"。尤其是其后期诗歌中的红色,象征着革命而不是生育或繁殖。这些代表着不竭的力量、能量和生命的象征体,不仅对中国诗歌来说是相对较新的,而且也为中国新诗注入了非同寻常的活力。郭沫若的诗,公开地摒弃了传统,常常是夸张代替了陈述;直截了当代替了含蓄、暗示;大胆(的想象)代替了细微(的描写)④。麦杜戈尔指出,尽管郭沫若的诗歌,尤其是《女神》中的那些诗歌,在二三十年代有着广泛的影响,但诗歌中诸如对自由体诗的狂热模仿、对西方文化和时事的辛辣喻指、他的夸张与豪放以及对社会公正的关注等品质,却很快在五四文学的进一步发展中失去了魅力。他作为诗人、批评家和文学激进分子的先锋作用,以及他后来对中国文明之起源的研究,也有遮掩他创作的作品不成熟的倾向,这些作品现在仅只供那些文学研究者和历史学家偶尔查阅一下而已了。⑤

---

① Bonnie S. McDougall & Kam Louie. *The Literature of China in the Twentieth Century*. Op. cit., p. 38.
② Ibid., p. 39.
③ Ibid., p. 40.
④ Ibid., p. 41.
⑤ Ibid., p. 42.

在第5章作者仅用极短的篇幅介绍了郭沫若在抗日战争开始前的戏剧创作。作者认为，郭沫若的戏剧，如同他的诗歌和批评文章，代表的是新文化运动中与胡适相反相对的一极。要不是由于郭沫若五六十年代在政治上的名望，尽管他创作的戏剧作品要宏大得多，也更经常被搬上舞台表演，但它们留给读者的兴趣很可能不及他的其他文学作品。尽管舞台表演为它们提供了赋予其色彩的机会，但这些舞台戏剧表演中说教的话语却背离了作者文本的初衷①。郭沫若创作的 19 部戏剧，仅 1 部除外，都是以历史或神话为主题的，它们对人们对话剧的接受起到了重要的作用。而郭沫若对歌德、席勒、阿普顿·辛克莱和高尔斯华绥等西方作家的戏剧和小说的译介则开阔了年轻一代剧作家们的眼界②。作者在探讨郭沫若创作的戏剧《棠棣之花》时指出，在传统的中国历史中，秦始皇被认为是一位对旧秩序的扰乱者，不明白郭沫若这位喜欢对传统进行攻击的人何以会在这个时候选取将政治谋杀秦的统治者当作是一种英雄行为③。应该说，麦杜戈尔的不解，正反映出了中西方文化的异质性和由此带来的困惑。

第 8 章对郭沫若诗歌创作的介绍就更短了，仅有不足 20 行的篇幅。作者指出，在 1950—1966 年间，郭沫若出版了 8 部歌颂中国政府政策的诗集，其中写于 1961—1963 年间的那些诗得到了毛泽东的回应④。此外，郭沫若还在 1964 年创作了方言诗和旧体诗词对越南战争表示支持。这里，麦杜戈尔提及文化大革命初郭沫若为江青献诗，后来引起尴尬，而在 1976 年"四人帮"倒台后，郭沫若又写了好几首诗谴责他们之事。⑤

第 9 章简单梳理了郭沫若在 1937 年从日本回国后进行的戏剧创作⑥。文中，作者对 1941—1942 年间创作的戏剧《屈原》《虎符》《孔雀胆》以及改写的《棠棣之花》进行了简单的分析，并认为《蔡文姬》一剧最引人注目的特征是在剧中插入了著名汉末长篇骚体叙事诗《胡笳十八拍》。此剧最大的创新之处则在于把当时的将军后来的魏王当作英雄进行了重新评价。

---

① Bonnie S. McDougall & Kam Louie. *The Literature of China in the Twentieth Century*. Op. cit., p. 166.

② Ibid.

③ Ibid., p. 167.

④ Ibid., p. 265.

⑤ Ibid.

⑥ 在第 8 章麦杜戈尔说郭沫若从日本回国的时间是 1937 年（参见第 265 页），而在第 9 章则说郭沫若回国的时间是 1938 年（参见 298 页）。正确的时间应是 1937 年。

作者在文末还提及《蔡文姬》《武则天》和《虎符》因创作者郭沫若的高位而在1956—1966年间被导演焦菊隐搬上舞台之事。①

三、西方文学潮流的影响

麦杜戈尔的这篇文章被收入1977年由默尔·戈德曼编辑的《五四时期的中国现代文学》一书。该书的"前言"向读者交代了其成因。"五四时期的中国现代文学"原本是一次会议的议题。该会议于1974年8月26—30日在马萨诸塞州举行。书中收入的文章即是这次会议的与会论文,共有米列娜·多莱热诺娃—沃林戈诺娃、邦妮·麦杜戈尔、郑清茂、杜威·佛克马、魏爱莲②、伊爱莲③、傅高义、李欧梵、哈雷特·密尔斯④、白志昂⑤、陈幼石、梅仪慈⑥、迈克尔·伊根⑦、林培瑞⑧、毕克伟⑨、白之⑩在内的16位学者的17篇论文(其中收录了米列娜的论文2篇)。编者将这些论文分为

---

① Bonnie S. McDougall & Kam Louie. *The Literature of China in the Twentieth Century*. Op. cit., pp. 299–301.

② 魏爱莲(Ellen Widmer),美国卫斯理大学(Wesleyay University)东亚系主任,一直从事明清小说与妇女文学研究。

③ 伊爱莲(Irene Eber),耶路撒冷希伯来大学教授,长期从事圣经文化与中国文化的研究。代表作品有:《文化的冲突:中国人与犹太人》《儒学:传统的动力》《圣经与近代中国》等。

④ 哈雷特·密尔斯(Harriet Mills),鲁迅研究专家。著有:《鲁迅:文学与革命——从摩罗到马克思》,龚文庠译。见乐黛云编:《国外鲁迅研究论集,1960—1981》,北京:北京大学出版社,1981年版,第1页。

⑤ 白志昂(John Berninghausen),美国佛特蒙州明德学院(Middlebury College)中文系主任,著名汉学家。

⑥ 梅仪慈(Yi-tsi Mei Feuerwerker),梅光迪之长女,美国著名汉学家,现任美国密西根大学教授,以研究中国白话新文学为志业,是著名的丁玲研究专家。其代表作有专著《20年代和30年代的女作家》《女作家》以及收入默尔·戈德曼编辑的这本《五四时期的中国现代文学》中的研究文章《变化中的文学与人生之间的关系:作家丁玲的某些方面》。

⑦ 迈克尔·伊根(Michael Egan),其文《郁达夫与中国现代文学的过渡》收入默尔·戈德曼编辑的《五四时期的中国现代文学》中。

⑧ 林培瑞(Perry Link),知名汉学家,普林斯顿大学东亚研究系教授。

⑨ 毕克伟(Paul G. Pickowicz),加利福尼亚大学教授。与爱德华·弗里德曼(Edward Friedman)、马克·塞尔登(Mark Selden)合著《中国乡村,社会主义国家》(*Chinese Village, Socialist State*. New Haven: Yale University Press, 1991),陶鹤山译以及《中国农村的革命、对抗和改革》(*Revolution, Resistance, and Reform in Village China*. New Haven: Yale University Press, 2005)。

⑩ 西里尔·伯奇,也作西里尔·白之(Cyril Birch),美国当代著名汉学家,柏克莱大学的教授,是第一位将《牡丹亭》全本英译介绍给西方的学者。

了3个部分。第1部分是本国与外国的影响,共包括6篇论文。这些文章从现代中国文学的起源、西方文学潮流和日本文学潮流对中国文学的影响、俄国文学对鲁迅和瞿秋白的影响、被压迫民族的形象与中国现代文学等方面分析阐释了本国与外来文学、文化对中国五四时期文学的影响。第2部分是五四作家,共包括8篇文章,其中只有1篇总体论及五四时期的作家,即傅高义的《未必可能的英雄:五四作家的社会作用》。其余则分别探讨了鲁迅、茅盾、丁玲和郁达夫。其中论及鲁迅的有3篇,论及茅盾的有2篇。第3部分为延续与间断,共包括3篇文章。一是林培瑞的《20世纪10年代和20年代都市小说中流行的传统风格》;二是毕克伟的《瞿秋白对五四一代的批评:中国早期的马克思主义文学批评》;三是白之的《中国小说的变迁与延续性》。

麦杜戈尔的《西方文学潮流的影响》对西方文学理论对中国文学的影响做了线性梳理。这篇文章尽管不是专门论及郭沫若的,但有几处值得读者注意。

一是作者在综述西方文学潮流在中国的发生发展情况时指出,20、30年代,中国知识分子阶层对文学理论和文学批评研究同对作品的研究是差不多一样的热切的,随后这种热情开始慢慢地减弱。30年代早期,中国作家们开始意识到自己的写作还不能满足大众的阅读需要,于是引进现代西方文学以满足当下对现实主义和自然主义文学作品的需求和译介西方古老的经典以促进写作质量的提高成了必然。而抗日战争的爆发和随后的内乱则又使得国人对西方文学的关注减少①。此外,作者引郭沫若给宗白华的信和他的批评文章《生活的艺术化》、《艺术家与革命家》、《文艺家的觉悟》和《文学与革命》中的观点阐释了郭沫若的诗学观,如"诗是人格的表现,人格比较完满的人才能成为真正的诗人"、"一切真正的革命运动都是艺术运动,一切热诚的实行家是纯真的艺术家,一切志在改革社会的热诚的艺术家也便是纯真的革命家"、"作家对人间事物敏锐的感受性使得他能在自己的作品中预言社会的变革,充当了文学的晴雨表"以及郭沫若运用表现主义的理论来阐发艺术与生活之间牢不可破的联系:艺术是表现,表现即是生活②。作者指出,郭沫若在自己的文章中列举了作家对法

---

① Merle Goldman ed. *Modern Chinese Literature in the May Fourth Era*. Op. cit., pp. 37–38.
② Ibid., p. 39.

国和俄国革命的贡献,更举高尔斯华绥的剧本《法网》(Justice)对英国社会改革所产生的效果。郭沫若和郁达夫在20年代早期所抱持的表现主义的文学观同时还鼓励作家们肩负起革命的作用。但在实践中,表现主义其实是极具个人主义倾向的,因而也是不稳定的。因此,在1923年写文章谴责艺术的宣传作用是对作家内心真挚情感的亵渎的郭沫若,到1926年却参加了北伐战争,去从事宣传工作了①。作者认为,即便是郭沫若在他那篇著名的《革命与文学》中正式宣布为了无产阶级的文学而放弃浪漫主义时,他仍然坚持将文学作为革命的先驱。在催促中国作家们反对帝国主义,加强革命文学的力量时,郭沫若强调中国文学必须紧跟已成为世界化的欧洲文学潮流的步伐。总体说来,那时的中国作家们认为西方文学要比他们自己的经典和民间传统优越②。作者强调,是郭沫若的作家性格中对物质轻视的观念使得他逐渐对马克思主义发生兴趣的③。麦杜戈尔最后对西方文学对中国文学的影响做了归纳:总的说来,西方文学也激励了中国作家的改革意识和对待现代主义的态度。但西方的影响既是广泛的,也是多方面的:左派作家将他们看作是预言家、改革家和革命家;自由民主派则将他们看作是反抗政府和政党派别的独立作家;而保守派或右翼作家们则坚信他们个人对现实的逃避和守旧思想。由于他们的热情,也因为他们所取得的成就,五四运动的作家们将中国文学带进了世界文学的大框架中,凸显了在世界语境中去研究这个新文学运动的必要性,而不是仅仅将其看作中国所特有的一种孤立的现象。④

四、郭沫若的唯美—印象主义文学批评

《郭沫若的唯美—印象主义批评》一文最初发表在德国汉堡1974年第21期《远东学报》上⑤。1980年出版的《中国现代文学批评发生史,1917—1930》第2章《郭沫若:从唯美—印象主义到无产阶级批评》⑥梳理了郭沫

---

① Merle Goldman ed. *Modern Chinese Literature in the May Fourth Era*. Op. cit., pp. 41-42.
② Ibid., pp. 44-45.
③ Ibid., p. 60.
④ Ibid., pp. 60-61.
⑤ 马立安·高利克:《郭沫若的唯美—印象主义批评》(*The Aesthetico-Impressionistic Criticism of Kuo Mo-jo*),载《远东学报》(*Oriens Extremus*)第21期,1974年,第53—66页。
⑥ 马立安·高利克:《中国现代文学批评发生史,1917—1930》,前面所引书,第28—62页。

若文学批评的发生发展过程,共包括其先后发表的3篇论述郭沫若文学批评研究的文章。《郭沫若的唯美—印象主义批评》是这3篇中写作时间最晚的一篇,书中的内容与文章最初发表时的文本有所改动和增删。该节将结合其最初的文本和收录进专著《中国现代文学批评发生史,1917—1930》的文本对高利克的郭沫若唯美—印象主义批评的研究进行综合的阐释与说明。

郭沫若在20年代前半期的(文学)批评尝试代表着中国现代文学批评史上有趣的一页。这篇文章试图考察其或可称作唯美—印象主义批评的部分。在呈现郭沫若论述文学与艺术的那些最初的观点之起源与发展时,可分为几个时期。文章采取比较的方法,首先指出了郭沫若的文学批评与欧洲美学和批评之间的联系,然后指明了它与中国传统之间的关系,与此同时在整个研究中自始至终呈现出郭沫若的批评观和理论观。

18世纪末,康德(Immanuel Kant)在《判断力批判》(*Kritik der Urteilskraft*)中论述了美学的许多重要方面。在康德看来,天才就是"赋予艺术以规则的才能(或者天赋才能)"。而郁达夫在《艺文私见》中则认为:"文艺是天才的创作,不能以任何标准来衡量。"当批评家沈雁冰(即茅盾)以"损"为笔名发表文章评论抨击这个观点时,郭沫若在他的一篇题名为《批评与梦》的文章中对"天才"这个问题做出了自己的反应。

在郁达夫和郭沫若的观点中有2个陈述应该予以注意,那就是,"天才的存在"和"用来衡量艺术的标准的不存在"。郭沫若在《批评与梦》中用不同的术语表达了自己的观点,但他同样也在其中论及"漫无标准的文艺界"和文艺作家的"漫无限制"。他认为,在前者中能寻求到真正的文艺,而在后者中,则能找到真正的天才。根据康德、郭沫若和郁达夫关于"天才"的看法的相似性可做如下推论:"美的艺术必被认为是天才的艺术",或者,"只有天才才能创造出美的艺术"。这种观点郁达夫是完全接受的,而郭沫若,则仅能接受一部分。在郭沫若那里,"每个人都可以创作,但不可以说每个人创作出来的都是文艺作品。"①对郭沫若来说,天才应是那种具有特别的天赋,同时又非常勤奋的人。而在康德,天才是一种先天的智力倾向,艺术是不能学的,不可学是艺术的法则、规则,艺术总是独创的。

---

① 郭沫若此一句的原文是这样的:"要完成这种任务,这也是甚么人都可以做,但也却不是甚么人都可以做得到的。"可参见《郭沫若全集·文学编》第15卷,前面所引书,第214页。

康德的艺术的概念是先假设了规则的存在,"对每种艺术来说,必须先预设规则。如果一种产品要被称为是艺术的,就必须通过这种规则来加以证明。"康德的这种观点是与他生活的时代相关的。他生活在新古典主义和浪漫主义的转折时期,因此,他尊重规则,同时也尊重独创性的天才。而郭沫若则生活在一个与之完全不同的时期。他写作时是近代先锋派运动时期,对文学和艺术规则的尊重久已不在,每件严肃的艺术品都与独创性原则相关。郭沫若在表述他的文学理念的另一个重要论题时也采用了康德的这个观点。他在《文艺之社会的使命》中说:"文艺也如春日的花草,乃艺术家内心之智慧的表现。诗人写出一篇诗,音乐家谱出一支曲子,画家绘成一幅画,都是他们感情的自然流露;如一阵春风吹过池面所生的微波,应该说没有所谓目的。"这些话以其自己的方式表达出了整个欧洲从康德起至现代时期对美学批评的确信①。郭沫若明确地声称"艺术是无目的的"(art has no purpose),但他同时又指出艺术具有两个重大的使命,即在它奋力使生活变得更加美好的同时,统一人类的感情,提高个体的精神。与他的同伴们相比,郭沫若更像一个探索者。他的文学批评的构成体系绝大部分来自欧洲批评家中的那些唯美—印象主义作家,但他同时也接触到其他学派的代表作。在郭沫若看来,文学是一种社会现象,因而它有社会影响,或者说要产生社会的作用。文学通过自己本身固有的艺术本质产生作用,与此同时开拓读者的情感能力。

郭沫若也受到了托尔斯泰的"感染力"(infection)批评理论的影响,并在他的文章《艺术的评价》中清楚地表明,他经常遭遇到作品的价值与其情感之影响二者间的关系这样的问题②。托尔斯泰认为,那些没有受过教育的人更易于接受伟大的艺术和文学作品,因为他们的趣味还没有受到现代颓废艺术的败坏。而郭沫若却与之相反,认为读者的感受力是与他所受到的艺术之"趣味的教养"(education of taste)直接成正比的。可以看出,实际上,郭沫若从托尔斯泰那继承来的仅有一点,那就是,艺术是人类进步

---

① 马立安·高利克:《郭沫若的唯美—印象主义批评》,前面所引书,第54页。郭沫若的观点原文可参见《郭沫若全集·文学编》第15卷,前面所引书,第177页。

② 马立安·高利克:《郭沫若的唯美—印象主义批评》,前面所引书,第55页。原文为:"艺术的特征,诚然如托氏所说在有感动人的力量,然而这种力量之发动也须视受者之感动性如何。故自受者的方面而言,感动力之有无不能定艺术之真伪。"可参见《郭沫若全集·文学编》第15卷,前面所引书,第174页。

的手段。①

　　令人惊异的是,在当时中国的文学批评背景下郭沫若竟然对心理批评产生了兴趣,正如他在《批评与梦》和《〈西厢记〉艺术上的批判与其作者的性格》中所展示的那样。前一篇是根据作者的唯美—印象主义观进行心理批评的例子,而后一篇则是对 13 世纪末王实甫的名剧《西厢记》中所体现的话题进行心理分析阐释的尝试。《批评与梦》是这样开始的:"批评没有一定的尺度。批评家都是以自己所得到的感应在一种对象中求意义。"这些话让人想起了法朗士(Anatole France)。在他看来,文艺批评只是"批评家的心灵在杰作中的冒险"。粗粗一看是这样,但郭沫若头脑中另有其他的想法。他相信某些批评标准的存在,即便这些标准是不固定的。在《批评与梦》中,郭沫若阐释了这个观点。根据此观点,一个批评家是必须知道如何根据所研究的作品的本质采取多种不同的批评方法和步骤的。这就是郭沫若为什么宣称(文艺批评)没有固定的标准的原因。②

　　作为在艺术作品中运用梦的一个"非常自然的"例子,郭沫若举了《西厢记》中的一幕。剧中男主人公梦见崔莺莺,而崔莺莺也向往与之同生共死。郭沫若从梦中看到了建构艺术作品的一种手段,一种必然的、将真实事件加以诗意化的手法,即"真实的描写"(a genuine description)。运用这种手法,即便是最苛求的分析者也找不出什么破绽来。在郭沫若看来,梦应该像日常生活中发生的事一样是自然而然的,是应该符合生理学和心理学的现实的。③

　　郭沫若在对梦的本质进行解释时始终坚持现实的原则。有趣而令人惊异的是,后一篇文章《〈西厢记〉艺术上的批判与其作者的性格》论述的是关于东方的弗洛伊德心理分析方法。文章将普遍性的假设,即文学是反抗精神的象征当作出发点。传统的中国社会在某个方面,即两性关系方面来说,就是这种反抗精神的滋养地。在郭沫若看来,实际上所有的中国男人都是足的崇拜者(foot-fetishists),因为他们对(女人)缠足是赞赏的;而所有的中国女人都是性受虐狂(masochists),因为她们用畸形的脚作为服务男人使其获得性满足的工具并让自己从中获得快感。因此,郭沫若将王实

---

① 马立安·高利克:《郭沫若的唯美—印象主义批评》,前面所引书,第 56 页。
② 同上。
③ 同上,第 57 页。

甫当作性欲反常者也是相当自然的事了。①

与绝大多数的弗洛伊德心理批评家一样,郭沫若的这篇文章也是很表面很肤浅的,原因之一在于郭沫若对弗洛伊德的了解不甚深入。原因之二则在于中国的文学作品中适合运用弗洛伊德的心理分析方法的作品太少。在唯美—印象主义批评家中,瓦特·裴特(Walter Pater)给郭沫若留下的印象最深刻。所有的批评家中,郭沫若唯独只为他一人写过一整篇介绍性的文章。文章的第1部分是说明性的,第2部分则对裴特的《文艺复兴期之研究》(Studies in the History of the Renaissance)"序论"中最重要的段落做了翻译。裴特是郭沫若推荐阅读的唯一一个批评家,正如他在《瓦特·裴德的批评论》中所写的,他极希望"我们从事文艺的人,能读他《文艺复兴论》的全部。"②同时,裴特的追随者,著名的"为艺术而艺术"的拥护者王尔德,也给郭沫若留下了深刻的印象,但这种印象仅限于王尔德的实用唯美主义的理念。

"天才"是一个不可或缺的条件,同时它也是构成郭沫若的唯美—印象主义批评的基础。当然,"天才"也是任何文学和艺术的条件与基础。1923年郭沫若曾在《天才与教育》一文中夸张地说现代世界没有哪一个国家就天才的问题所做的文章能比中国的多③。郭沫若毫无疑问是熟悉克罗齐(Benedetto Croce)的《美学》(Aesthetic)的,或者至少熟悉它的第1部分《美学原理》(Theory of Aesthetic),这部分中有2处论述天才的问题。克罗齐认为天才或艺术天才与普通人之间的不同在于量而非质。郭沫若在其《天才与教育》中对此观点表示了赞同:"天才是人,绝不是人以外的甚么怪物。他与凡人的区别只有数量的相差,而没有品质的悬异。譬如对于美的感受性这便是在极原始的人也是有的,文艺家的感受性不过比常人更

---

① 马立安·高利克:《郭沫若的唯美—印象主义批评》,前面所引书,第57页。
② 同上,第58页。中文原文为:"我希望我们从事文艺的人,能读他《文艺复兴论》的全部;假使有人读了我这篇小文,生出了研究裴德的兴趣,我的目的也就达到了。"可参见《郭沫若全集·文学编》第15卷,前面所引书,第226—227页。
③ 马立安·高利克:《郭沫若的唯美—印象主义批评》,前面所引书,第58—59页。中文原文为:"天才这一个名词,用得比我们中国再滥的国家,恐怕没有了。"可参见《郭沫若全集·文学编》第15卷,前面所引书,第153页。

丰富,更敏锐一点罢了"。在他看来,天才就是天赋加适当的教育①。克罗齐认为:"艺术上、科学上、道德上被赋予天才的人或者英雄,总是被认可的。但是纯粹经济上的天才却令人厌恶。"郭沫若对这2个说法都表示认可。在他看来,如果一个民族忘了道(the Way [tao])与义(righteous [i]),怎么可能产生伦理的天才呢? 在缺乏逻辑和科学的穷乡僻壤怎么可能诞生伟大的科学家或学者呢? 中国在过去的几百年间没有创造出任何伟大的文艺作品。伟大的音乐传统中除了胡琴和锣鼓这种只会使普通人的神经变得迟钝的东西外什么都没有被保留下来;古代的舞蹈不再;文学失了活力;绘画、雕刻、建筑在僵死的传统的束缚下变得麻木。②

但郭沫若的文艺观的基础并非康德或者克罗齐,他的观念的中国渊源可以追溯到庄子。如果我们想要了解郭沫若的艺术天才观的话就必须得注意庄子。郭沫若在他的文章《生活的艺术化》中全文抄引了《庄子·达生》中"梓庆削木为鐻"的故事,只是省略了最后几句:"则以天合天,器之所以疑神者,其是与!"③文中郭沫若特别强调了故事中的如下几句:"不敢怀庆赏爵禄,不敢怀非誉巧拙,辄然忘吾四肢形体也。"随后郭沫若对"天才"加以了阐释:"这便是天才的秘密,便是艺术的生命所在的地方。我们的艺术家,如果能够做到这一步,就是能够置功名、富贵、成败、厉害于不顾,以忘我的精神从事创作,他的作品自然会成为伟大的艺术,他的自身自然会成为一位天才。"并引德国哲学家叔本华(Schopenhauer)的观点总结道:"天才即纯粹的客观性。所谓纯粹的客观性,便是把小我忘掉,溶合于

---

① 马立安·高利克:《郭沫若的唯美—印象主义批评》,前面所引书,第59页。这是克罗齐的话,郭沫若的原文为:"天才与非天才的区别,不包含有数量以上的意义。"可参见《郭沫若全集·文学编》第15卷,前面所引书,第154页。

② 马立安·高利克:《郭沫若的唯美—印象主义批评》,前面所引书,第59页。郭沫若的原文为:"更说到狭义的天才——文艺方面的天才上来,我们真是可怜到万分了! 美的观感麻木了,无论是音乐、绘画、建筑、舞蹈、文学,近百年来我们究竟有哪几样可以目无古人而夸耀今世? ……我们古时大规模的音乐是失传了,只剩下些胡琴、锣鼓,每日乱弹乱打,麻痹国民的神经。舞是失传了,文学是化了石,绘画、雕刻、建筑,都不脱前人窠臼。"可参见《郭沫若全集·文学编》第15卷,前面所引书,第158页。

③ 马立安·高利克:《郭沫若的唯美—印象主义批评》,前面所引书,第60页。高利克没有指明该故事选自《庄子》外篇《达生》。可参见陈鼓应注译:《庄子今注今译》,北京:中华书局,2009年版。本文作者注。

大宇宙之中,——即是无我。"①这给我们指明了郭沫若的批评观产生的根源:他在接触康德、托尔斯泰、裴特和克罗齐之前,就已经通过他所受的教育与道家的艺术传统紧密相连,并对其深信不疑。庄子的言论构成了他逐渐形成的批评理论的坚实基础。

通过郭沫若对待王尔德这个个例,或许可以清楚地知道他是如何走近欧洲的批评家的。郭沫若曾2次提及王尔德。第1次他对其观点进行了反驳,不同意王尔德的"一切艺术是完全无用的"观点。郭沫若的观点恰恰与其相反,认为每种艺术都是有用的,即便它可能(表面上看起来)似乎有点多余②。第2次是在宣传生活的艺术化观点时提到王尔德③。郭沫若断然地对唯美主义运动加以谴责。在他看来,这种运动完全是表面的,与内在的问题一点关系也没有。但是,他却支持生活艺术化的思想,尽管他是以一种完全不同的态度来对待它的。有趣同时也完全可以理解的是,在郭沫若看来,生活的艺术化只不过是中国古代的哲学家和文人的某些道家理想的移植而已。生活的艺术化之作用应该是"借助于艺术,美化我们的内在生活,亦即艺术的精神必须成为我们的精神生活。"④

郭沫若在思考艺术的精神时,还是更喜欢中国古代的艺术多于欧洲古老的艺术。在郭沫若看来,只有20世纪最初几十年间欧洲先锋派运动的艺术才满足了"动"的基本条件,而在此之前,欧洲的艺术是"静"的。郭沫

---

① 马立安·高利克:《郭沫若的唯美—印象主义批评》,前面所引书,第60页。高利克的文章将"无我"翻译为"没我"(mei-wo),且在其下脚注中用中文标明。

② 原文为:"有人说:'一切艺术是完全无用的。'这话我也不承认。我承认一切艺术,虽然貌似无用,然而有大用存焉。它是唤醒社会的警钟,它是招返迷羊的圣篆,它是澄清河浊的阿胶,它是鼓舞革命的醍醐,它的大用,说不尽,说不尽。"可参见《郭沫若全集·文学编》第15卷,前面所引书,第204页。

③ 高利克没有将郭沫若在《生活的艺术化》一文中对王尔德的看法标明。郭沫若提及王尔德时的原文为:"今夜的讲题为《生活的艺术化》。提到这个题目,各位一定会联想到英国的十九世纪末期的唯美主义的运动上来。他们的主张就是要用艺术来使我们的日常的生活美化的。那很有名的王尔德,他便是这项运动中的一位健将。他曾经穿着很奇怪的服装,在伦敦街市上游行,逗得当时的人们的注目,这是大家都知道的。他这当然也是一种'生活的艺术化',不过是偏于外部生活去了。我今晚所说的与此稍微不同。我的意思是要用艺术的精神来美化我们的内在生活,就是说把艺术的精神来做我们的精神生活。我们要养成一个美的灵魂。"可参见《郭沫若全集·文学编》第15卷,前面所引书,第183页。高利克将"生活的艺术化"英译为"Practical Aestheticism"。

④ 马立安·高利克:《郭沫若的唯美—印象主义批评》,前面所引书,第61页。此句的原文是:"我的意思是要用艺术的精神来美化我们的内在生活,就是说把艺术的精神来做我们的精神生活。"可参见《郭沫若全集·文学编》第15卷,前面所引书,第183页。

若宣称，较之欧洲古老的艺术，动的原则在很大程度上更适合于中国古代的艺术①。文章将郭沫若在《生活的艺术化》一文中对南齐谢赫的"画的六法"之第一法"气韵生动"的理解与法国批评家马利坦（Jacques Maritain）在《艺术与诗歌中的创造性直觉》（Creative Intuition in Art and Poetry）对谢赫第一法的理解做了对比，认为马利坦的理解比郭沫若的更深刻，但郭沫若在文中抄引《庄子·达生》中的故事来说明问题，取得了相同的效果。②

郭沫若的批评似乎不太需要借助于王尔德，同样也许可以说不必借助于其他的欧洲美学家和批评家，如康德或克罗齐，可裴特是个例外。但这里需要强调的是，如果郭沫若在中国古代艺术，以及部分文学作品中已经发现的要点与裴特的相矛盾的话，或者不能支撑裴特这个批评家的观点的话，那么他可能也不会走得离他那么近了。③

郭沫若是没有分清"为人生的艺术"与"为艺术的艺术"之间的不同的。郭沫若宣称艺术和生活就是（人的）身体与精神，是相等的，是相互依存的，相互间是没有主次之分的。这种说法正是针对王尔德的观点的。王尔德认为艺术是至高无上的现实，而生活仅仅是虚构的形式④。而文中刚才在谈到法朗士时引用过的几句话表明法朗士与郭沫若之间观点的接近仅仅只是表面的、不可靠的。郭沫若在《批评—欣赏—检察》中清楚地说明了他是反对纯印象主义的批评的。对法朗士的批评理念，郭沫若同样也持反对的态度。⑤

文中还提及郭沫若在文章《批评—欣赏—检察》中将圣伯夫（Sainte-Beave）看作是近代第1个批评家并认同其对文学批评史的看法，强调了郭

---

① 马立安·高利克：《郭沫若的唯美—印象主义批评》，前面所引书，第61页。此句的原文是："动的精神便是西洋近代艺术的精神。从这一点来说，我觉得中国的艺术实在比他们先进了。"可参见《郭沫若全集·文学编》第15卷，前面所引书，第185页。

② 马立安·高利克：《郭沫若的唯美—印象主义批评》，前面所引书，第62页。

③ 同上。

④ 同上，第63页。

⑤ 同上，第64页。中文原文为："但是佛朗司等的印象批评，也只有批评之名而无批评之实。佛朗司自己便是否定批评的人，他以为关于艺术的批评对于艺术的创作不唯无益并且有害。他们彻底的怀疑，彻底的享乐，他们以为学说、主义、好尚等均是一时的流行，个人的感想是孤独的梦想。艺术批评家只须在别人作品之前保持着微妙的感受性，如实地谈说他所得的印象。艺术的批评不在乎忠实地理解别人的作品，倒在乎以作品为媒介所生出的感想的艺术表现。他们受动的情思，犹如小小的灯蛾，在灯前栩栩飞舞。这怕就是佛朗司所说的'灵魂的冒险'吧。"可参见《郭沫若全集·文学编》第16卷，前面所引书，第133页。

沫若认为裴特关于"审美的批评家"的理想可以作为对于真正的批评家的要求的批评理念,并补充了郭沫若在其文章最后的态度,即,批评家及其批评还应该具备一种品质,即阿诺德(Mathew Arnold)所说的"一种没有利害的努力"(disinterested endeavor)的品质。①

与收录进《中国现代文学批评发生史,1917—1930》中的文本相比,最初发表的文章最后还有2段,对郭沫若的唯美—印象主义批评的特点进行了总结。郭沫若批评观的基础是传统,这不仅体现在他的批评理论所涉及的范围上,同时他对诗歌种类及其韵律给予关照时的观点也主要是以传统为基础的。只不过这些看法不在本研究的范围之列。1920—1925年间,郭沫若的批评理论经历了一些演进。1923年的时候,这个时期同时也是他进行文学批评的顶峰时期,我们可以看出他的批评观开始从唯美—印象主义的立场转变到一个我们或许可以将其命名为印象主义的立场。值得注意的是,尽管看起来有些互相矛盾,郭沫若在这一年中简明扼要地以最显著的形式表达出了他的唯美—印象主义的批评观点。印象的和激进的情绪,于是成就了这种向无产阶级的(文学)批评的舞台转变的基础。②

五、郭沫若的印象主义文学批评

《郭沫若的印象主义批评》发表在《东京汉学学会通报》1967年第13期上③,后被收录在1980年出版的《中国现代文学批评发生史,1917—1930》第2章《郭沫若:从唯美—印象主义到无产阶级批评》中。在收录进《郭沫若:从唯美—印象主义到无产阶级批评》时,文本内容无论是正文还

---

① 马立安·高利克:《郭沫若的唯美—印象主义批评》,前面所引书,第65页。高利克将"无利害的努力"英译为"disinterested behavior"。本书作者注。
② 马立安·高利克:《郭沫若的唯美—印象主义批评》,前面所引书,第65—66页。此两段,在收录进1980年《中国现代文学批评发生史,1917—1930》一书第2章《郭沫若:从唯美印象主义到无产阶级批评》时取消了。该文共涉及郭沫若的文学批评文章14篇,具体情况如下:1)批评与梦 2)文艺之社会的使命 3)艺术的评价 4)孤鸿——致成仿吾的一封信 5)《西厢记》艺术上的批判与其作者的性格 6)瓦特·裴德的批评论 7)天才与教育 8)生活的艺术化 9)革命与文学 10)艺术家与革命家 11)批评—欣赏—检察 12)论国内的评坛及我对于创作上的态度 13)儿童文学之管见 14)批评《意门湖》译本及其他。本书作者注。
③ 马立安·高利克:《郭沫若的印象主义批评》(The Expressionistic Criticism of Kuo Mo-jo),载《东京汉学学会通报》(The Bulletin of the Tokyo Sinological Society)第13期,1967年,第231—243页。

是原为文后的尾注,后为当页脚注的部分都有较明显的改动。删省的文字,尤其是中文及段落对读者准确、详细地了解郭沫若的印象主义批评有一定的影响。

被省略的原文本的第 1 段简单明了地指出了郭沫若是个毋需向汉学家做介绍的作者,其诗歌、戏剧和散文相对来说要更著名些,而这篇文章则试图引起研究者们对郭沫若文学批评观点的些许关注。

文章的一开头即引了郭沫若写于 1932 年的自传体作品《革命春秋》中关于自己"做诗的经过",引文的后半部分为:"助成这个影响的不消说也还有当时流行着的新浪漫派和德国新起的所谓表现派。特别是表现派的那种支离灭裂的表现,在我的支离灭裂的头脑里,的确得到了它的最适宜的培养基,托勒尔的《转变》和凯惹尔的《加勒市民》,是我最欣赏的作品。那一派的人有些是崇拜歌德的,特别把歌德的'由内而外'(von Innen nach Aussen)的一句话做为了标语。在把《浮士德》第一部译过了之后的我,更感觉着了骨肉般的亲热。"①

美国学者罗伊(David Tod Roy)说表现主义戏剧的特点与郭沫若于 1920—1922 年间写的第 1 批戏剧的特点是一致的。如果真是这样的话,那就意味着表现主义作为有影响力的艺术先锋运动在中国的艺术创作中也有其具体的表现。郭沫若在 1921—1924 年上半年间写的诗歌和短篇小说能否看成是表现主义的还值得做进一步彻底的研究。但无论如何,毫无疑问的是,表现主义的确在郭沫若发表于 1923 年的那些文学批评见解中得到了具体的表现。②

[这里有一个非常有趣的、值得研究者注意的观点。高利克指出,为了全面理解中国现代文学史上这有趣的一页,有必要先说几句。他列举了郭沫若创作于 1923 年 5 月 27 日的《我们的文学新运动》一文,认为论文的结尾是一些口号,表明了郭沫若和他的朋友们所代表的新文学运动是"反对

---

① 马立安·高利克:《郭沫若的印象主义批评》,前面所引书,第 66 页。收录进 1980 年《中国现代文学批评发生史,1917—1930》一书第 2 章《郭沫若:从唯美印象主义到无产阶级批评》。注释中高利克用的是罗伊的论文《郭沫若接受马克思主义之前的时期,1892—1924》。而最早发表的文章中高利克用的是罗伊的专著《郭沫若的早年岁月》。

② 马立安·高利克:《郭沫若的印象主义批评》,前面所引书,第 243—244 页。罗伊的观点可参见罗伊:《郭沫若的早年岁月》,前面所引书,第 97 页:"表现主义的戏剧常常被认为具有如下的特征:以观点的交换取代戏剧性的行为;以类型代替人物;缺乏背景的介绍;没有心理发展。郭沫若早期的戏剧尝试恰好具有这些特征。"

资本主义的毒龙"、"反对不以个性为根底的既成道德"、"反对否定人生的一切宗教"、"反对盛容那种有趣的奴隶根性的文学"的。新文学运动提倡"爆发出无产阶级的精神、精赤裸裸的人性"。罗伊认为郭沫若的这篇论文"充满了马列主义的词句",但高利克认为这个观点不符合事实。高利克在文章的注释中指出,这个观点仅在发表于 1958 年第 12 期的《哈佛中国研究论文集》中罗伊的论文《郭沫若接受马克思主义之前的时期,1892—1924》中,在其《郭沫若的早年岁月》(Kuo Mo-jo: The Early Years)一书中没有提到这个观点。郭沫若在这篇论文中甚至一点也没有离开表现主义文学运动中各种要求的框框①。本书作者注]

文章指出了发表在 1923 年 9 月 12 日第 19 期《创造周报》上的郭沫若的文章《文艺的节产》所犯的一处错误。郭沫若文中引用了未注明出处的德国批评家朗慈伯格(Franz Landsberger)的话:"艺术是现,不是再现"(Kunst ist Gabe, nicht Wiedergager)。其实,那不是朗慈伯格说的,他只是在他的著作《印象和表现》(Impressionismus und Expressonismus)中使用过这句话而已。这句话出自德国表现主义者创办的最重要的刊物之一《狂飙》(The Sturm)的发行者瓦尔登(Herwarth Walden)之笔②。"文学是现,不是再现"构成了郭沫若的印象主义文学批评的最重要的前提。在郭沫若看来,朗慈伯格的这些话"把艺术的精神概括无遗了"③。

文章分析了郭沫若对这句话中的 2 个关键词的翻译。"Gabe"一词在德语中意为"天赋"或"才能",郭沫若将其译为"现"(Hsien)。"现"这个字很难翻译,郭沫若将"艺术"解释为"从内部的自然的发生",就像"由种子化而为树木,由鸡卵化而为鸡雏"。"Wiedergabe"在德语中意为"再生产",郭沫若将其译为"再现",并用了《论语》中的故事来加以说明。郭沫若评注说:"'向邻居借来的醋不是"制作",'向自然转借来的醋也不是制作',因为'一切从外面借来的反射不是艺术的表现。"从 1923 年 8 月 21 日郭沫若写的《自然与艺术》中可以看出,郭沫若是不喜欢亚里士多德的"模仿说"(mimests)的,至少从他所理解的角度,即"极力模仿自然,复制自然"这

---

① 马立安·高利克:《郭沫若的印象主义批评》,前面所引书,第 241 页。
② 同上。
③ 郭沫若的观点原文为:"'艺术是现,不是再现'(Kunst ist Gabe, nicht Wiedergager)——朗慈白曷教授(Prof. Landsberger)这句简明的论断,把艺术的精神概括无遗了。"可参见《郭沫若全集·文学编》第 15 卷,前面所引书,第 193 页,《文艺的生产过程》一文。

个意义上讲是不喜欢的。在郭沫若看来,艺术只能存在于内部与外部的结合之中,存在于灵魂与自然的结合之中①。艺术受外界的同化和养育,但不是由外界那些真实的东西创造出来的。一件艺术品就好像是来自母亲子宫里的孩子,母亲和胎儿均由自然界的物体所养育,但是孩子与其被创造过程中起帮助作用的自然之物并无相似之处,但却像生育他的母亲。这些观点或多或少在朗慈伯格的研究中也能找到。收录进 1980 年《中国现代文学批评发生史,1917—1930》第 2 章《郭沫若:从唯美—印象主义到无产阶级批评》的文本省略了朗慈伯格《印象与表现》中的一段话,此引用意在让读者能将朗慈伯格与郭沫若的观点做比较:

> 曾经受到高度赞扬的理想如今被判决为艺术的死亡,恰是自然阻碍了作品成为艺术。自然是可像一页书或一个章节那样被随意翻转的,由是而赋予艺术作品以如此特征,那就是,只有片段能代替其呈现全貌。甚至,自然在哪被接受,观看者就将被养育的物体与外在世界之间的关系建立在哪;他将会被从画面那引开而不是以画面为依赖的对象;自然使得艺术在应该绝对的地方变得相对。由此可以得出结论:通过重塑自然,艺术家将屈从于外部世界而不是遵从自己内心的召唤,他将不得不使用那些并非源自自己心灵的形状与色彩,或者只能迫于对象的要求而非考虑某处因画面整体的节省之需。因而,在原本应该由他自由主宰的地方他却成了奴隶。基于这样的原因,让我们远离所有对自然的模仿,远离那些反映我们空间的观点,艺术不需要这样的人为加工。其真理不是"与外部世界之间的和谐而是与艺术家的内心世界的和谐"……。②

郭沫若认为中世纪和近代的艺术都受到了自然的束缚。是到了 20 世

---

① 这是收录进 1980 年《中国现代文学批评发生史,1917—1930》一书第 2 章《郭沫若:从唯美印象主义到无产阶级批评》中的意思,也比较接近郭沫若的原意。而在此文最初发表时意思却与此相反,为"只存在于灵魂与自然不相结合的所在。"高利克的文章英文原文为"… is connected, only where spirit is not become linked with nature." 马立安·高利克:《郭沫若的印象主义批评》,前面所引书,第 240 页。本书作者注。

② 马立安·高利克:《郭沫若的印象主义批评》,前面所引书,第 240 页。

纪艺术才得以复兴，获得了自由，摆脱了自然的统治。是艺术家赋予自然生命，是艺术家使得自然复苏。是艺术家将潘（Pan）带入森林，使神话和传说的时代得以再生①。文艺复兴时期就是表现主义时期，它的实现者就是德国的表现主义者。但除了上述刚引用的研究外，从郭沫若作品的研究者所能得到的资料还很难说郭沫若的哪些批评作品与表现主义的批评著作相关。但可以肯定的是，郭沫若很了解巴尔（Hermann Bahr）的《表现主义》（Expressionismus）。巴尔和郭沫若都认为，人类是文学创作的开端和结尾。巴尔在《表现主义》中指出："问题在于，人类想要重新找到自己。"郭沫若则以诗意的语言来加以表达，他转向上帝，指责他按自己的形象创造人类，但同时却造出了最失败的作品。相比较，巴尔写得更实际更具体些："所有我们经历的、体验的，只不过是一场为人类的巨斗，一场与机器间的精神之战，我们不能再生存下去了，我们已经活过了。我们已不再有自由，我们不能再自己做决定，我们已经逝去了，人类的灵魂已经被带走，自然已经被非人性化……问题是，当人被夺了灵魂、沉沦下去、被埋葬后还能再复活吗？"②

最初发表的论文此后的两段在收录进1980年的《中国现代文学批评发生史，1917-1930》第2章时被省略了，而这两段对读者深入理解巴尔和郭沫若之间观点的异同颇为有益："巴尔的观点与尼采的相反。尼采认为，艺术的任务在于'润饰'生活和'将生活中那些丑陋的东西隐藏起来或者加以重新阐释'。巴尔赞同的是另一个观点，他说这个观点是歌德的：'艺术必定能带给我们生活，从我们中创造生活，让人类将生活当成其原本该做的事情那样去生活。'郭沫若的观点与此相似。在巴尔看来，现代时期的人通过逃进自己的内心世界以极力逃避文明。人们被在他们自身中找到的不可摧毁的最后力量之文明摧毁了。这种力量存在于'我们自身不可知的信号中，它是我们所信仰的、必定可以拯救我们的信号，是受到束缚的精神的信号，是想要挣脱监禁获得自由的信号，是警告所有受到惊吓之灵魂

---

① 马立安·高利克：《郭沫若的印象主义批评》，前面所引书，第239页。高利克在收录进1980年《中国现代文学批评发生史，1917-1930》第2章的文后注释中说："非常有趣的是，由阿尔弗雷德·克尔（Alfred Kerr）编辑的一份表现主义的刊物名字就叫潘（Pan）。从中我们可以清楚地看到郭沫若理论中的王尔德式（Wildean kind）的神话倾向。"可参见马立安·高利克：《中国现代文学批评发生史，1917-1930》，前面所引书，第44页。但最初发表的论文后的注释只有前一句。可参见马立安·高利克：《郭沫若的印象主义批评》，前面所引书，第233页。

② 马立安·高利克：《郭沫若的印象主义批评》，前面所引书，第239页。

的信号。"①

郭沫若认为艺术的创造力肯定不在一般的自然主义的(现实主义的)和前表现主义的描写式的、照相式的实践中,而是如前面已经说过的,认为艺术产生于"内在本质"。当然,郭沫若没再进一步对这个"内在本质"做进一步的定义。在阅读郭沫若表现主义时期写的那些论文时,我们可以看出,他确实不仅仅是与表现主义文学批评站得非常近,而且更多地接近于行动主义的要求②。从前面引用过的《我们的文学新运动》中可以看出郭沫若反对资产阶级和帝国主义的态度。他认为生活的炸弹是用来摧毁资本主义这条龙的,因为他相信第一缕曙光之前必有喧嚣混乱,因此,创造开始之前必定先有毁灭。凤凰自焚后方能从灰烬中再生。

郭沫若对世界主义的信仰可从文章《国家的与超国家的》中显示出来。文中他谴责现代国家是"人类的牢狱",他反对它,并希望中国能很快成为一个新的世界主义的国家,中国作家能成为世界主义的宣传家。郭沫若与许多行动主义者如鲁宾纳(Ludwig Rubiner)或托勒(Ernest Toller)一样,也是反对宗教的,他希望艺术家能在与资本主义的斗争中成为战士。但一开始郭沫若与那些人一样,在1924年以前还不是马克思主义者,即便他宣称他对"无产阶级精神的发展"给予过关注,但他不是从资本主义时期或帝国主义时期马克思与恩格斯的革命概念出发的,不是从资本主义时期或帝国主义时期无产阶级的任务以及阶级这一概念的无产阶级的本质等出发的。郭沫若所关注的是"以复兴人类的名义,各族人民的,包括被压迫民族的兄弟情义。"③

郭沫若对托勒作品的赞赏也证明他对行动主义的表现主义的同情。另外还有一件事也可说明郭沫若与部分德国表现主义者和行动主义者之间的联系,那就是,郭沫若对尼采作品的崇拜④。尼采被卡尔·斯特恩海姆(Carl Sternheim)所崇拜,他也在希勒(Hiller)、亨利希·曼(Heinrich Mann)、弗里茨·翁鲁(Fritz von Unruh)以及表现主义作家佐尔格(Reinhardt J. Sorge)或许还有其他许多人的作品中都留下了深深的烙印。那么,郭沫若的作品中有没有留下尼采的痕迹呢?这个问题至少是目前这

---

① 马立安·高利克:《郭沫若的印象主义批评》,前面所引书,第239—240页。
② 同上,第238页。
③ 同上,第237页。
④ 同上。

个研究阶段所不能回答的。但可以肯定的是,1923年的时候,郭沫若是非常崇拜尼采的。他在《创造周报》的专栏上发表了他翻译的尼采最重要的作品《查拉图斯特拉如是说》的第1卷和第2卷的部分章节。在《雅言与自力》一文中,郭沫若认为尼采是个相当难理解的哲学家,他是没有勇气去解释他的。在郭沫若看来,每个读者都应该自己去解释尼采,去批判性地评价尼采。①

在表现主义的文学批评领域中,郭沫若的作品成了一个非常有趣的综合体,它结合了关于艺术作品本质的表现主义的观点和关注要达到的目的之行动主义的要求。在第一次世界大战后的德国,表现主义的发源地,我们可以异常清楚地看到完全的表现主义者与表现主义—行动主义者之间的分界线。这种分别首先是由于他们属于不同的团体,其次是由于参与者内在性情的不同,再就是他们想达到的目标不同。泡尔森(W. Paulsen)相当准确地刻画了表现主义者和行动主义者之间重要的差别:"表现主义者是诗人,是自我世界的创造者,是梦想家和预言家……,"而"行动主义者不是诗人,而是理论家。"而郭沫若毫无疑问两者皆是。由于在他所处的情况下不必有任何表现主义的宗派活动,因而他只从表现主义和行动主义中去选取那些遵从他内心世界的东西,只需考虑那些中国现代文学的发展所需要的东西,以及社会和中华民族再生所要求的东西。

文章随即比较了郭沫若与表现主义作家朗慈伯格和巴尔之间的作品与思想。他认为,如果将郭沫若的观点与朗慈伯格和巴尔的作品进行比较的话,我们可以找到它们之间重要的一致性。然而,如果我们进一步将这2个德国作家的作品与郭沫若的观点进行比较的话,我们就会发现在这种

---

① 马立安·高利克:《郭沫若的印象主义批评》,前面所引书,第236页。郭沫若的原话为:"《查拉图司屈拉》一书便在他的本国,便在他的亲近者中,也是如何难解的一部书了。我们现在要来理解他,要来参预他的权威,恐怕连我自己也是使他寒栗的全无资格者的一个。""我希望读者不必过信我的译书,尤不必伸长颈项等待我的解释。读一切深邃的书都应该如是:第一,要用自己的能力去理解,第二,要用自己的能力去批评。"可参见《郭沫若全集·文学编》第15卷,前面所引书,第166页和第167页。

一致性中缺了点什么东西①。实际上,郭沫若没有考虑需要关注的每一个问题。在他的论文中,我们既找不到像巴尔那样对东方艺术的崇拜,也找不到如朗慈伯格那样对儿童和原始人的荒诞、幼稚的艺术的兴趣。依靠现有的资料,还不能证明郭沫若的行动主义的观点与主张的根源。然而,通过深入研究行动主义的问题,我们会发现德国行动主义者的观点以及他们具体的社会与政治主张同郭沫若的观点与主张非常接近。但即便如此,还是有例外,那就是,在郭沫若的观点中缺乏"对纯粹理性力量的近乎着魔般的信仰"。别无其他,郭沫若随后对自然主义的反对和对直觉的信仰,正是造成这种现象的原因②。文后的注释引了郭沫若于1922年5月发表在《创造季刊》第1卷第1号上的话来对此加以证明:"歌德这句话,我看是说尽了我们青年人的矛盾心理的。真理要探讨,梦境也要追寻,理智要扩充,直觉也不忍放弃。这不单中国人的遗传脑精,这确是一切人的共有天性了。歌德一生只是一些矛盾方面的结晶体,然正不失其所以为[完满]。我看我们不必偏枯,也不要笼统,宜扩充理智的地方,我们尽力地去扩充,宜运用直觉的地方,我们也尽量地去运用。沫若"③

文章最后对郭沫若的表现主义文学批评及其转向无产阶级的文学批评做了总结和提示。1924年1月4日郭沫若到日本福冈,利用业余时间研究日本的马克思主义者河上肇(Kawakami Hajime)的《社会组织与社会革命》(Social Organization and Social Revolution)。这本书对郭沫若产生了立竿见影的影响。他转向马克思主义,由此结束了其表现主义文学批评的短暂时期④。他的观点相对来说变得非常激进,其作品和文学批评也呈现出不同的特征。毫无疑问,是他思想中的那些行动主义的成分在这种转变过

---

① 马立安·高利克:《郭沫若的印象主义批评》,前面所引书,第236页。收录进1980年《中国现代文学批评发生史》第2章的文本中"Comparing further these two German works with Kuo Mo-jo's considerations"一句有两个单词做了改动,"works"改成了"authors","considerations"改成了"essays",并省略了"郭沫若并不是一个机械的应用者,他对要运用的材料采取了批判的态度"一句。(Kuo Mo-jo was not a mechanical applicator; he took a criticl attitude to the material to be take over.)本书作者注。

② 马立安·高利克:《郭沫若的印象主义批评》,前面所引书,第235页。

③ 同上,第232页。原文可参见《创造季刊》第1卷第1号,第121页。

④ 马立安·高利克:《郭沫若的印象主义批评》,前面所引书,第235页。在收录进1980年《中国现代文学批评发生史,1917-1930》第2章时,高利克将"时期"(period)一词改为了"插曲"(intermezzo)。本书作者注。

程中起了重要的作用①。在那个时期的中国文学背景中,郭沫若的表现主义似乎处于孤立的地位。然而,某些表现主义的倾向,某些与表现主义产生共鸣的言论,以及促使它被接受的努力,都成了特别是20世纪初期中国文学思想的特征。②

最初发表的论文中还有1段,在收录进1980年《中国现代文学批评发生史,1917—1930》第2章时被省略了。文中呼吁对中国表现主义的文学批评给予同样的关注:"因此,表现主义是中国文学史上的一个(存在的)事实吗?可以说,它是中国现代文学批评史上的一个既存事实,但这个事实仍需进行更加深入的调查研究。就创作领域而言,即使它不值得引起更多的关注,至少也应该对其给予同样平等的注意。"③

六、郭沫若的无产阶级文学批评研究

《郭沫若的无产阶级文学批评研究》最初发表在1970年的《亚非研究》第6卷上④,在收录进1980年《中国现代文学批评发生史》第2章时被省略了不少段落,也有不少地方做了删改。最初发表的论文的前3个自然段中,第1段在收录进1980年《中国现代文学批评发生史》第2章时被省略,该书第2章的第1段对原第2、3段的部分内容进行了综合,其中一半的内容被省略了。被省略的第1段对郭沫若的无产阶级文学批评做了简要的评价:"郭沫若20年代后半期的批评实践呈现了中国现代文学批评史上特殊的一页。说它独特,是由于无论从那些年的无产阶级文学批评来看,还是从他创造社的那些同仁的文学批评来看,在某种程度上,都是显而易见的。这种独特性,在很大程度上也是由他在20年代前半期的文学批评的准备造成的。"⑤

最初发表的论文的第2段指出,1914年1月4日郭沫若离开中国达到

---

① 马立安·高利克:《郭沫若的印象主义批评》,前面所引书,第235页。
② 同上。
③ 同上。
④ 马立安·高利克:《郭沫若的无产阶级文学批评研究》(Studies in Modern Chinese Literary Criticism. IV. The Proletarian Criticism of Kuo Mo-jo),载《亚非研究》第6卷,1970年,第145—160页。
⑤ Ibid., p.145. 这一段的第一句与最初发表在《远东学报》上的《郭沫若的唯美—印象主义文学批评》第一段第一句的内容是基本相同的,不同只在将原来的"有趣的"(interesting)换成了现在的"特别的"(peculiar)。本书作者注。

日本时给自己订的其中一个目标就是研究生理学。尽管他原本是打算为之付出毕生精力的,实际上却并非如此,郭沫若只研究了很短一段时间的生理—心理学。在收录进 1980 年《中国现代文学批评发生史,1917-1930》第 2 章时省略了其后的一句:"然而,这种研究的结果的确也对他写于 1925 年的文章以及其后几年的部分批评文章产生了影响。"①

  论文的第 3 段论及郭沫若的注意力随即被马克思主义哲学所吸引,并写信给成仿吾说他们的时代是"最有意义的",是"人类的大革命时代",并告诉成仿吾自己已经成了一个"彻底的马克思主义的信徒了"。郭沫若将马克思主义说成是"唯一的宝筏"②。在收录进 1980 年《中国现代文学批评发生史,1917-1930》第 2 章时作者省略了其后对"宝筏"进行的解释:"应该注意的是,在佛教术语中,'宝筏'是佛祖教义的同义词,它能将信佛之人渡到幸福的彼岸。或许可以说,马克思主义——恰好是以'宝筏'的形式,成为解决各种问题,甚至是文学批评领域的问题的线索。"③

  文章整段引用了《孤鸿——致成仿吾的一封信》中郭沫若论述自己与文学的新关系的内容,并总结说,至此所说的足以证明郭沫若即便是在这个时期仍然是坚信文学或艺术的天才就是创造者。郭沫若已经不再相信克罗齐所谓的 4 种天才了,他宣称并不存在什么纯粹的科学家、纯粹的作家、纯粹的艺术家和纯粹的哲学家。在他看来,政治家也不再是他曾经所谓的"恶天才"。参与政治和社会成了人类活动必需的形式和各种天才的一部分。到了 20 年代的后半期,当论及作者主体与被加工的客体,或者与其他的主体之间的关系时,郭沫若不再坚持文艺是"无目的而合目的性"④,也不再宣称作者主体的"无利害关系"了。⑤

  郭沫若的观点是经历了巨大的变化,但要因此说它们完全变了那是不

---

① 马立安·高利克:《郭沫若的无产阶级文学批评研究》,前面所引书,第 145 页。
② 郭沫若给成仿吾的信原文为:"芳坞哟,我们是生在最有意义的时代的!人类的大革命时代!人文史上的大革命时代!我现在成了个彻底的马克思主义的信徒了!马克思主义在我们所处的这个时代是唯一的宝筏。"可参见《郭沫若全集·文学编》第 16 卷,前面所引书,第 8 页。
③ 马立安·高利克:《郭沫若的无产阶级文学批评研究》,前面所引书,第 145 页。
④ 原文为:"文艺也如春日的花草,乃艺术家内心之智慧的表现。诗人写出一篇诗,音乐家谱出一支曲子,画家绘成一幅画,都是他们感情的自然流露:如一阵春风吹过池面所生的微波,应该说是没有所谓目的。"可参见《郭沫若全集·文学编》第 15 卷,前面所引书,第 177 页。
⑤ 原文注释中,郭沫若对"无利害关系"做了解释:"即是无我一句,最初发表时为:即是没我。——即是没有丝毫的功利心(disinterestedness),这没功利心便是艺术的精神。"可参见《郭沫若全集·文学编》第 15 卷,前面所引书,第 187 页。

真实的。首先郭沫若从自己的批评准则中去除了那些传统的道家思想中的重要因素,而这些因素是郭沫若前期文学批评的基础之一。另一方面,郭沫若则发展了(即便是无意识地)那些传统的儒家思想中的因素,如他仍然相信文艺的巨大力量,尽管不及他20年代前半期那样的程度;他还继续相信文艺与社会和政治的关联。

《文艺家的觉悟》是郭沫若无产阶级文学批评的开始。他把既决定于理性因素也决定于感性因素的人类精神活动的两重性当成出发点,认为正是理性因素使得人们去进行思想方面的研究。只有当文学表现了整个的人,表现了其性格中感性的和理性的成分时,这样的文学才是理想的文学。虽然郭沫若赞同同时表现人个性中的感性和理性两个方面,但在他的批评文章中他总是更多强调感性的一面。如果说郭沫若在20年代前半期的批评系统的基础是"天才"的话,那么他现在的基础则是"革命"。他现在已经从主观的、内向的批评系统转变为力求客观、外向的批评系统。郭沫若并没有否定文艺天才在这个新系统中的作用,只是他认为文艺天才只有在新的社会主义社会中才能发挥充分的作用。当郭沫若要求新的无产阶级文学应该是现实主义的,这个时候他默认了时代精神,但与此同时却抛弃了之前的艺术主张。郭沫若此前从未对现实主义和自然主义表示过赞同。这段其后的意在对其进行总结的几句,在收录进1980年《中国现代文学批评发生史》第2章时被省略:"通过类比我们或可猜测出,在郭沫若看来,在即将来临的社会主义中对自由和个性的获得也有可能意味着对现实法则的背离,或者至少意味着对自由、心灵手巧的个人来说一种自由选择的可能性的失去。但郭沫若没有提及这个问题"①。《文艺家的觉悟》这篇文章既是郭沫若个人观点的表达,同时也是他的无产阶级文学批评的纲要,而他其余的东西则不过只是这篇文章的发展而已,它们的框架是他无产阶级批评的框架,其中蕴含的思想则构成了其无产阶级文学批评的精华。

文章将郭沫若的《革命与文学》中论述将文学用于革命的目的之更为仔细的分析做了引用,并强调说引用这段文章的目的并不仅仅在于让读者熟悉其中所蕴含的信息,而且也是为了让读者了解郭沫若20年代后半期的说理方法,那就是,直接、坦率、有些机械。这一段在论述"将文学用于革命的思想在中国屡见不鲜"时,其后的说明在收录进1980年《中国现代文

---

① 马立安·高利克:《郭沫若的无产阶级文学批评研究》,前面所引书,第148页。

学批评发生史,1917—1930》第2章时被省略:"早在1923年,一些年轻的共产党人,如邓中夏、恽代英等提出了这个思想,郭沫若和成仿吾也对同样的观点进行了详细的论述。只是,这些思想或多或少有些喊口号的嫌疑。在1926—1927年的北伐战争爆发后,郭沫若马上就对这个问题给予了足够的回答。"①

在刚引用的那一段的末尾郭沫若将文学分为革命的和反革命的2类是不充分也不准确的。郭沫若之所以会这么分类,与他机械的推理方法有关,并最终使得他得出这样的结论:不革命的文学根本不算是文学,真正的文学总是革命的,也只能是革命的。②

郭沫若运用数学的方式就革命与文学关系的探讨"对中国的无产阶级文学批评做出了有趣的、创新的(尽管有可能是荒谬的)贡献"③。我们没有必要让读者了解他关于从革命文学转化为反革命文学的全部看法,但是却需要指出那些与现代相关的观点。"在资产阶级,尤其是以个人主义和自由主义为特征的资产阶级出现以后,就逐渐产生了被压迫的无产阶级。这时浪漫主义文学早就成了反革命的了,自然主义文学也没有摆脱其个人主义和自由主义的趣味。自然主义之后的各种文学流派都只是相似的过渡时期的文学思潮。他们的代表人物没有认识到阶级斗争的意义,以及发展趋势的不稳定。20年代后半期及其后一段时期最进步的是无产阶级新文学运动。就其'精神'或'内容'而言,它是社会主义的,就其'形式'而论,它则是现实主义的。"④从郭沫若的这些观点可以看出他在欣赏趣味和作品评价方面都有了很大的改变。如果以前他觉得浪漫主义文学,尤其是歌德和雪莱的作品以及先锋派文学(尤其是德国表现主义作家的)很有价

---

① 马立安·高利克:《郭沫若的无产阶级文学批评研究》,前面所引书,第149页。
② 同上,第150页。中文原文为:"那吗,我们更可以归纳出一句话来:就是文学永远是革命的,真正的文学是只有革命文学的一种。所以真正的文学永远是革命的前驱,而革命的时期中总会有一个文学的黄金时代出现。所以我在讨论文学和革命的关系的时候,我始终承认文学和革命是一致的,并不是两立的。"可参见《郭沫若全集·文学编》第16卷,前面所引书,第31页。
③ 郭沫若用数学的方式论述文学与革命的关系的原文为:"这用言语来表现时,就是文学是革命的函数。文学的内容是跟着革命的意义转变的,革命的意义变了,文学便因之而变了。革命在这儿是自变数,文学是被变数,两个都是X,Y,Z,两个都是不一定的。在第一个时代是革命的,第二个时代又成为非革命的,在第一个时代是革命文学,在第二个时代又成为反革命的文学了。所以革命文学的这个名词固然固定,而革命文学的内涵是永不固定的。"可参见《郭沫若全集·文学编》第16卷,前面所引书,第33页。
④ 马立安·高利克:《郭沫若的无产阶级文学批评研究》,前面所引书,第150—151页。

值的话,那么现在他则对那些或多或少新颖的东西予以谴责,仅只那些现实主义的和无产阶级的作品例外。

在1928年发表的《桌子的跳舞》中,郭沫若不再提"革命时期将是文学的黄金时代"了。事实上,他自己已经认识到情况并不一定如此。但是他的其他观点显而易见地并没有改变。相反,郭沫若认为自己所处的是一个伟大的时代,然而就艺术对中国的影响而言,却是"一张白纸"。在他看来,20年代前半期由创造社成员倡导并实践的自我表现的原则总是被强加于文学创造活动中。很显然,郭沫若自己帮着培育的果实却很少合乎他自己的口味。而对于1928年中国文学批评家们经常谈论的时代精神及其与文学的关系问题,郭沫若则坚持只有那些反映自己时代的作品才可算是伟大的作品。

实际上郭沫若20年代后半期的整个文学批评都是在针对所谓的今日的文艺,也有部分是针对昨日的文艺的。而对明日的文艺,仅提及一次。这些年的无产阶级文学批评中出现了不少关于文学中的辩证唯物主义的方法问题的讨论文章。尽管我们不能确切了解到"辩证唯物主义方法"这个术语是何时开始在文学关系中被使用的,仅知道1928年5月在苏联被这样使用过,1929年也在中国风行过。但其实在中国,在文学上应用这种方法的类似要求早就有文章提及过,如在北伐战争时期郭沫若就听到"大地的最深处有极猛烈的雷鸣"。在他看来,资产阶级文学家的"王宫"、"象牙塔"、"铜柱床"就要倒塌了,只有一件事才能拯救他们,那就是必须参加革命,停止"乱吹你们的破喇叭","暂时当一个留声机器"。然而,"当留声机器"的思想甚至都没有被创造社的成员所完全接受,如李初梨就在文章《怎样地建设革命文学》中建议郭沫若将其改为"不当一个留声机器"。尽管郭沫若在《留声机器的回音》中对自己的说法进行了辩护,对这个概念做了进一步的阐明,但其能否将辩证唯物主义降低理解为"留声机器"是值得质疑的。①

---

① 郭沫若认为准备当还是不准备当客观真实的"留声机"是文学家和批评家的革命性或反革命性的指示剂,并将自己观念和态度的转变做了对照,为中国青年文学家做了榜样。原文为:"不信就把我前几年的几句话引来看看吧。我在一九二三年三月做的《批评与梦》里有这样的几句话:我只想当个饥则啼、寒则号的赤子。因为赤子的简单的一啼一号都是他自己的心声,不是如象留声机一样在替别人传高调。——《文艺论集》你看这是多么十足的一个小有资产者意识的表白!他们这些小有资产者就是不愿意当留声机器了,你还要叫他们'不当留声机器'吗?但我自己是已经忏悔了。"可参见《郭沫若全集·文学编》第16卷,前面所引书,第62页。

郭沫若 20 世纪 20 年代前半期文学批评系统的基础是天才,而这时的基础则是革命。但这并非就是说革命也是这个系统的中心思想,其中心思想仍然是天才,但只是一种小天才,即革命的"留声机器"。之所以这么说,是因为即便是郭沫若对马克思主义的革命理论很熟悉,他也在很大程度上将革命本身理想化和浪漫化了。在他的文学作品和批评文章中,除了关于"大地最深处的雷鸣"这几句话外,几乎就没有更多关于革命的话了。尽管在他的观念中革命确确实实是应该写的主题,但当他认识到实际上自己并没有写过什么关于革命的文章时,他没有开始去思考革命,尽管这应该更符合逻辑些,而是去继续写与"留声机器"相关的东西。在郭沫若看来,错误不在革命,而在革命作家。因此,他把自己的注意力更多地集中在了作家身上。郭沫若关于充当"留声机器"的理论要求是很宽泛的,但实际上他不如其他的无产阶级批评家那样严格。当别人不断批判和谴责那些看来不如他们那样传统的人时,郭沫若只是批评那些他认为完全不愿意当革命现实的留声机器的人。比如他称"新月社"成员徐志摩为"文学小丑",说"语丝派"成员如周作人、钱玄同、林语堂、鲁迅等不关心政治。①

郭沫若这一时期对于文学基础的看法与前一阶段没有什么不同。他在写于 1925 年的《革命与文学》中认为文学的本质是始于感情、终于感情的。文学家把自己的感情表现出来,而他的目的,总是要在读者的心中引起同样的感情作用的观点是托尔斯泰观点的回声,尽管在 20 世纪 20 年代前半期郭沫若对其文学思想是谴责的。根据托尔斯泰的"感染力"理论(doctrine of infection),艺术活动是,某人在通过听觉或视觉接受另一个人表露的情感时,能够感受到那个人的感情。20 世纪 20 年代后半期郭沫若不再因为托尔斯泰的文学理论假设作者的巨大激情和读者大众显著的接受性这个简单的理由而对其进行谴责了。但郭沫若前些年的观点是不一样的,从他所写的文章中可以推测,他当时不相信那些没有接受过教育的

---

① 原文为:"但是语丝派的不革命的文学家,我相信他们是不自觉,或者一部分是觉悟而未彻底。照他们在实践上的表示看来倒还没有甚么积极的反革命的行动。我现在且举一派积极的有意识的反革命派的革命文学观来检点一下吧。研究系的文学小丑徐志摩——他和他第 X 次的爱人听说在上海串演过一次'小放牛',不消说他演的是小丑——在他和某女士合译的小说《玛丽,玛丽》上,他明目张胆地说:……"可参见《郭沫若全集·文学编》第 16 卷,前面所引书,第 60 页。

人有接受文学作品的能力,因而他认为读者的感情反应不是文学和艺术作品价值的标志。而现在他认为这是衡量的标准了,并因此十分欣赏那些具有感染力的作品。

在对文学的本质基于感情这个观点的背景了解之后我们便找到了郭沫若文学思想的另一条线索。虽然郭沫若的无产阶级文学纲领宣称文学只有表达出人的个性中的感性和理性两个方面时才是理想的,但实际上他在文学批评实践中却并没有坚持这么做。他在强调感情时忽略了作家仅凭感情力量是不足以创造出一部好的艺术作品的,因为作家的感情与读者的接受能力之间没有必然的联系。而不了解这点,正是 20 世纪 20 年代末中国无产阶级文学和左翼文学批评比较薄弱的主要原因之一①。郭沫若的大部分文章都是带着感情写的,并蕴含着表现主义的风格。

郭沫若在 20 世纪 20 年代前半期虽然没有直接论及文学的宗旨这个问题,但他似乎仍是承认文学是全人类的,否则的话他就不会在《文艺之社会的使命》中写出文学的使命是统一人类的情感这样的话了②。但是在 20 世纪 20 年代后半期,在相信文学的宗旨就是一个阶级的宗旨之后,他改变了自己的看法。郭沫若采用比较简单的方法驳斥了那些认为文学是全人类的、不属于一个阶级的、因而与革命无关的观点的人。他指责那些近代的坚持文学是全人类的人已经把无产阶级"牛马"排除在"人类"之外,他们拒绝承认无产阶级,他们在原则上就是反对革命的,所以他们在革命或者不革命这个问题上没什么好说的。这种说法也是带着感情色彩的,它既没有说服力,也不准确。即便是最有名的无产阶级文学的反对者梁实秋也没有在文章中说过无产阶级不是一个阶级这样的话。最初发表的论文中该句后还有两句,在收录进 1980 年《中国现代文学批评发生史》第 2 章时被省略了:"尽管他对'支持革命',即对'无产阶级文学'这个概念持反对态度,他也一样承认革命,一样支持革命,尽管他对马克思—列宁主义的革命观是持反对态度的。"③

文章论述了 20 世纪 20 年代后半期另一个引起讨论的话题,那就是文

---

① 马立安·高利克:《郭沫若的无产阶级文学批评研究》,前面所引书,第 155 页。
② 原文为:"艺术有此两种伟大的使命,——统一人类的感情和提高个人的精神,使生活美化——已经够有不朽的价值了。"可参见《郭沫若全集·文学编》第 15 卷,前面所引书,第 181 页。
③ 马立安·高利克:《郭沫若的无产阶级文学批评研究》,前面所引书,第 156 页。

学的永远性的问题。文章将郭沫若对这个问题前后不同的看法做了比较。20年代前半期郭沫若是相信伟大的作品能超越产生它们的时代延续下去并享受读者千百年的赞美的。而后半期,郭沫若把文学的"永远性"(perenniality)与"变易性"(changeability)融合在了一起。郭沫若认为,文学的变易性是使其成为伟大作品的一种因素,它决定文学的性质。文学的永远指的是在千百年间保持其价值,这是它的真实性。但正是这种"永远性"给无产阶级读者带来了危险:"文艺的创作有时是处于无意识的冲动而且有满足人爱美本能的一方面。这是它对于社会的经济基础呈出不变易性——所谓永远性——的原因。但纯粹代表这一方面的作品就是不革命乃至反革命的作品。"①

此后有2个自然段在收录进1980年《中国现代文学批评发生史》第2章时被省略了:"郭沫若引用了卢那察尔斯基在1924年5月9日在会上的发言中讨论有关苏联文艺领域内党的政策的一段。卢那察尔斯基是反对反革命的作品的。反革命的作品应该被毁掉,即便它们是如托尔斯泰或者陀思妥耶夫斯基这样的天才写的反革命的作品。卢那察尔斯基只能忍受那些对于政治上冷淡,在行文上有些不太好的倾向的作品。显而易见,卢那察尔斯基的观点全都是针对新的文艺作品而言的。"②"郭沫若是同意卢那察尔斯基的观点的。他警告中国的那些不革命的作家不要高兴得太早,在新的中国现实中只有'艺术的、天才的作品'才有希望,只有像托尔斯泰和陀思妥耶夫斯基那样的艺术天才写的天才的小说才有希望。"③

---

① 可参见《郭沫若全集·文学编》第16卷,前面所引书,第50页。

② 马立安·高利克:《郭沫若的无产阶级文学批评研究》,前面所引书,第157页。原文为:"现在我们假定在我们的面前有这样的作品,虽然是艺术的,天才的,然而于政治上是不能满足的作品:就譬如托尔斯泰或者达世多奕夫斯基一类的大作家在现在写了一个在政治上与我们隔离的天才的小说。这样的小说假如是反革命的,在我们的斗争的各种条件上,我们虽然很感觉着遗憾,然而不得不挥泪杀此小说,这我们不消说是能够了解的。但是,假如这种反革命性并没有,只是在行文上有些不好的倾向,或者就譬如对于政治上的冷淡之类,那我们不消说是不能不许这样的小说存在的。(卢那察尔斯基《文艺领域内的党的政策》)"可参见《郭沫若全集·文学编》第16卷,前面所引书,第50页。

③ 马立安·高利克:《郭沫若的无产阶级文学批评研究》,前面所引书,第157页。原文为:"这可以说是最公平的态度。但是不革命的作家们哟,你们不要欢喜,以为得了一个护符;须要晓得我们所能听其存在的不革命的作品,那是有限制的,那是要'艺术的,天才的作品'才行呀!你们要有托尔斯泰或者达世多奕夫斯基那样的天才,而且写的还要是'天才的小说'!"可参见《郭沫若全集·文学编》第16卷,前面所引书,第50页。

郭沫若后来在《关于文艺的不朽性》中改变了自己对文学的永远性这个问题的看法,并承认这个问题困扰过自己①。其后一句被省略:"可能连他自己也未能理解为什么文学中的'永远性'恰恰应该与反革命是同义的。"②郭沫若不太重视屠格涅夫(Ivan Turgenev)通过《处女地》(*Virgin Soil*)中借巴克林(Paklin)之口表达出的观点。当他读《政治经济学批判导言》(*A Contribution to the Critique of Political Economy*)时发生了其他的什么事,使他说自己的忧虑消除了,因为马克思早就解决了文学的永远性的问题。③

不知道郭沫若在马克思的这篇《政治经济学批判导言》中读到这些话时有什么感想:"关于艺术,大家知道,它的一定的繁荣时期同社会的普遍发展并没有直接的关联,也与其物质基础和社会组织的结构没有直接的关系。将希腊人与现代人、甚至莎士比亚做比较就可作为例证。"④事实上,这些话可以间接地反驳20年代后半期郭沫若的文学批评系统中的一个基本论点,那就是,革命时期即是文学的黄金时代。我们读《政治经济学批判导言》可以明白,马克思其实并不关心如何给文学的"永远性"做解释,他作文的目的在于解释生产方式如何在与社会的和政治的关系中起决定性的作用。郭沫若基于马克思的观点,断定"永不复归的社会性"是艺术永远性的原因所在⑤。但马克思是不大可能这样看待问题的。或许马克思只是利用了人类心理学方面的成果,并通过对席勒(J. F. von Schiller)的"游戏本能"说(play instinct)的某种阐释来解释希腊艺术的特征。郭沫若概括得太随心所欲了,并且

---

① 原文为:"文艺的不朽性,或者是悠久性——这个问题我在前曾经肯定过,高调过;到后来又曾经否认过,但是苦闷过。"可参见《郭沫若全集·文学编》第16卷,前面所引书,第85页。

② 马立安·高利克:《郭沫若的无产阶级文学批评研究》,前面所引书,第157页。

③ 郭沫若的观点原文为:"马克思在他一八五七年所做的《经济学批判导论》上,端地论述了这个问题。""在这儿我们可以看出马克思对于所谓艺术的不朽性是并不否认的,他不惟不否认,而且对于这个问题,就豫先知道了我们的'困难',早就替我们克服了。"可参见《郭沫若全集·文学编》第16卷,前面所引书,第89页和第91页。

④ 马立安·高利克:《郭沫若的无产阶级文学批评研究》,前面所引书,第158页。

⑤ 原文为:"这几句简单扼要的话,真是道破了几千年来艺术学上的秘密,新兴艺术学或美学的胚芽便含蓄在这儿。我们透过了优越的民族性、美的人性,现在是得到一个永不复归的社会性来把这个艺术的不朽性的问题解决了。"可参见《郭沫若全集·文学编》第16卷,前面所引书,第91页。

完全是错误的①。因为对马克思来说，这里根本性的东西不是"永不复归的社会性"，而是那个"历史上的人类的童年时代"，它所获得的全部艺术魅力似乎与不成熟的社会条件是相矛盾的。②

郭沫若论文艺的不朽性的文章，是他相当持久的、相对来说比较丰富的文艺批评活动的尾声。这个时期包含了整个20年代。此后，郭沫若对文学批评问题便不那么关注了。

最初发表的论文的最后两个自然段在收录进1980年《中国现代文学批评发生史》第2章时被省略了。这两段对郭沫若的无产阶级文学批评做了客观的总结：

> 20世纪20年代前半期临近结束时，是日本学者河上肇翻译的马克思的作品决定了郭沫若的无产阶级文学批评的方向，是郭沫若所翻译、阅读的马克思的那些东西摧毁了20年代末郭沫若无产阶级批评的基本主题之一。③
>
> 20世纪30年代，郭沫若主要投身于历史和哲学的研究。很有可能是来自外界的对这种新的研究方向的某种刺激导致了他的无产阶级文学批评的失败。当一个革命时期不能创造一个文艺的黄金时代时，而且，当把社会的发展与文艺领域的完善荒谬地联系在一起时，那么，通过作为一种社会发展的固定形式的革命来理解文艺批评的基础，就几乎没有什么道理或完全没有作用了。④

这篇文章涉及的郭沫若文学批评文章共有8篇:1)孤鸿——致成仿吾的一封信 2)文艺家的觉悟 3)革命与文学 4)桌子的跳舞 5)英雄树 6)留声机器的回音 7)批判与梦 8)关于文艺的不朽性

---

① 马立安·高利克：《郭沫若的无产阶级文学批评研究》，前面所引书，第159页。
② 同上。
③ 同上。
④ 同上，第160页。

七、重新勾画真实与虚幻的界限及民族文学与世界文学

1990年获哈佛大学比较文学博士学位,曾先后在伯克利加州大学和密歇根大学任教的刘禾的专著《跨语际实践——文学、民族文化与被译介的现代性(中国,1900—1937)》于1995年由美国斯坦福大学出版社出版①,其中译本由宋伟杰等翻译,于2002年由北京三联书店出版②。在该书中,作者借跨语际实践这一观念,对比较文学、历史研究以及文化研究中一些重要的方法论问题进行了重新处理。在专著的核心部分,作者从跨语际实践的视角,分别对翻译中生成的现代性的不同层面、民国时期现代文学批评的功能以及经典形成的环境、国粹作为一种文化建设话语的论战进行了详细的考察和重新思索。专著共有3章的部分内容论及郭沫若的文学批评,涉及其作品《残春》、《批评与梦》、《文艺之社会的使命》、《文艺家的觉悟》和《革命与文学》。

在第5章"欲望的叙事:现实与梦想的争辩"中"重新勾画真实与虚幻的现实"一节,刘禾首先对1922年郭沫若在《创造季刊》第2卷上发表的短篇小说《残春》的内容进行了简要的概述,并提及在该小说发表后的一年,郭沫若在该刊物上推出的《批评与梦》一文意在告诫读者应该如何去理解《残春》这篇小说中梦境的象征意义。刘禾质疑,作家直接站出来维护其作品的情形在文学史上并不少见,但郭沫若为何要花费力气拿弗洛伊德来使他的小说合法化呢?又是什么原因促使郭沫若如此不假思索地将"欲"与"情"嵌入文章新造出来的一套词汇之中?这套词汇所指代的意思被想当然地设定了外文对应词:"欲望"="desire"、"潜意识"="subconsciousness"、"精神分析"="psychoanalysis"。作者认为,表面看来,围绕小说《残春》展开的批评挑起的似乎只是创作界和文学圈对西方的现实主义、浪漫主义、印象主义、象征主义与中国文学相关性的论争,但在中国文学界,郭沫若对弗洛伊德的援引似乎使争论超出了表面的问题而指向了日趋动摇的阐释权威的地位。作者指出,就在《批评与梦》这篇文

---

① Lydia H. Liu. *Translingual Practice: Literature, National Culture, and Translated Modernity—China, 1900-1937*. Stanford, California: Stanford University Press, 1995.

② 刘禾著,宋伟杰等译:《跨语际实践——文学、民族文化与被译介的现代性(中国,1900—1937)》,北京:三联书店,2002年版。

章中,当郭沫若把精神分析方法拓展到中国古代哲学家庄子以及传统戏剧《西厢记》时,他的阅读就不可避免地使传统文本的意义"现代化"了,而梦境象征主题的阐释也发生了逆转。由此,人们可觉察到思想话语深刻的时代变化,而阐释行为在这个时代里也变成了各种不同理论与话语竞相登场争夺各自合法性与权威的场所。而其对郭沫若的审视则在于期望其有助于将心理现实主义问题纳入到诸多跨语际表现模式的框架中,并通过上述的诸模式,阐明是理论、批评与创作相互决定着现代文学写什么以及如何写的问题。①

在第 5 章中"梦幻的心理化"一节,刘禾指出,从施蛰存早期对弗洛伊德的迷恋,以及"分裂的身份"、"移置"、"无意识"、"性压抑"这些概念在其二三十年代为数不多的几篇小说中得心应手的运用程度来看,精神分析方法已经非常成熟,其他几位现代作家对它的运用同样也获得了不同程度的成功,其原因就在于这是一批有意尝试在中国小说和弗洛伊德主义之间建立一种跨语际关系的中国作家和批评家,是他们用弗洛伊德术语来重组欲望的做法有力地推动了精神分析式的阅读。而郭沫若在《批评与梦》中对《残春》的解释则为我们提供了一个中国作家如何借助弗洛伊德主义重组欲望本质以及如何用现代文学语言来表现它的绝好例证。②

在专著的第 7 章"作为合法性话语的文学批评"中"民族文学与世界文学"一节,作者指出,尽管郭沫若这位因翻译歌德的作品而赢得"中国的歌德"这一可疑头衔的作家并不赞成郑伯奇关于国民文学的特定看法,但他关于文学和艺术的论点,即他视之为现代世界的美学所具有的民族建设功能的一部分,却比郑伯奇的爱国取向表现出更高的理论水准。作者举郭沫若在上海大学所做的《文艺之社会的使命》的演讲为例,阐明郭沫若关于艺术家与作家职能的论点主要来自一种比较的视角。在这种视角的关照下,中国的民族文学与文化如果不参照国际舞台或"世界文学"的话,就无法进入繁盛期。作者认为,郭沫若的这个观点所表述的与郑伯奇的立场

---

① 刘禾:《跨语际实践——文学、民族文化与被译介的现代性(中国,1900—1937)》,前面所引书,第 185—188 页。
② 同上,第 188—189 页。

大相径庭①。而对于郭沫若1926年发表的《文艺家的觉悟》一文中所讨论的世界市场上中国与西方列强间不平等的境遇,作者认为,这让她情不自禁地要把其解读成对于经济比喻的一种反讽式的颠覆,而这些比喻原本是歌德在阐述"世界文学"这一概念时所使用的。就在歌德看到不同民族普遍交换的愉快场景的地方,郭沫若发现的却是跨越民族界限并在东西方之间所发生的剧烈的阶级冲突。郭沫若的这一立场使得他在《革命与文学》一文中对国民文学发出了"我们的国民革命同时也就是世界革命,我们的国民革命的意义,在经济方面讲来,同时也就是国际间的阶级斗争"的召唤。这种阶级斗争的理论,尽管为郭沫若提供了一种被认为有助于重新界定中国现代文学功能的无产阶级世界主义的语言,但它却同时陷入了一种困境,也就是表述的问题,而这一问题有代表性地对抗着阶级理论的倡导者。②

专著的第8章"《中国新文学大系》的炮制"一章中作者提及赵家璧邀请当时已被查禁的郭沫若作《新文学大系》客座编辑,而在最后关头迫于压力不得不被朱自清取而代之之事。

第三节 诗歌与戏剧

郭沫若的诗歌和戏剧作品既是英语世界学者译介的关注之所在,同时也是英语世界学者学术研究兴趣之所指。笔者收集到的研究成果中既有对郭沫若早期诗集如《女神》、《瓶》、《前茅》中诗歌意象、精神、主题的分析解读和郭沫若诗歌创作与其他诗人诗歌作品的比较研究,也有对郭沫若戏剧如《蔡文姬》、《武则天》、《卓文君》、《屈原》、《三个叛逆的女性》、《虎符》、《孔雀胆》的鉴赏与批判。令人遗憾的是没有英语世界学者对郭沫若的革命诗歌创作如《百花齐放》、《新华颂》等表示关注和青睐,仅偶见研究者在著述中对其做出泛泛的批判。

---

① 刘禾:《跨语际实践——文学、民族文化与被译介的现代性(中国,1900—1937)》,前面所引书,第274页。

② 同上,第274—276页。

一、《中国现代小说和戏剧 1500 种》中的郭沫若小说与戏剧

1948 年，北平辅仁大学出版社出版了由法国神父善秉仁编撰的《中国现代小说和戏剧 1500 种》①。该书《中国现时的小说和戏剧》一节由苏雪林撰写，《作者简介》部分由赵燕声撰写。善秉仁在《序言》中指出了编撰此书的 2 个目的，一是保护青年不受有害读物的侵害，这显而易见地体现在作者在对 1500 种小说和戏剧进行简要概述之后附在末尾的一句话说明："此书适合……阅读"。在"当代中国小说"一节中，苏雪林在介绍文学研究会之后介绍了创造社，认为创造社的影响与文学研究会相当。在介绍创造社最主要的成员之一郭沫若时，作者认为，郭沫若借用了鲁迅先生《故事新编》作模型，创作出了像《一个昏君的末日》（应为《秦始皇将死》）、《孟子休妻》（应为《孟夫子出妻》）、《孔子绝粮》（应为《孔夫子吃饭》）这样的故事。这些故事显示出作者郭沫若的精明，但跟鲁迅相比，则缺乏其睿智。郭沫若的那些纪念和回忆自己生活的文章则收在他的自传性作品《黑猫》和《橄榄》中，但这些作品给人的印象却显得相当粗糙和幼稚②。在"当代中国戏剧"一节中作者苏雪林认为，郭沫若的《三个叛逆的女性》结构松散，语言粗俗，剧中的历史人物只不过是作者借以表达自己思想和观点的传声筒，她们没有行动，唯在于向观众说教。因此，这样的剧作是不能被称作历史剧的，只能看成是说教剧或宣传作品③。而郭沫若在抗战期间创作的《屈原》、《高渐离》、《虎符》、《南冠草》和《孔雀胆》这些全都以历史故事为创作素材的剧本，均受郭沫若的主要缺点之害，显得结构松散。在创作《孔雀胆》时，尽管郭沫若试图模仿莎士比亚的创作风格，但他完成的却仅仅是个普通的闹剧而已。④

由赵燕声撰写的《作者简介》中共简要梳理了 200 位作家的传记。关于郭沫若的传记部分涉及郭沫若的生平、作品、译文、抗战后已经出版的《郭沫若文集》第 1 系列 10 卷本、郭沫若的自传体作品，以及关于郭沫若的

---

① Joseph Schyns ed. 1500 *Modern Chinese Novels and Plays*. Peiping, China: Sole Distributors, Catholic University Press, 1948.

② Ibid., p. xii.

③ Ibid., p. xxxvii.

④ Ibid.

评论文集,如黄人影的《郭沫若论》和李霖的《郭沫若评传》。

在对 1500 种中国现代小说和戏剧进行介绍时,作者分"现代小说"、"杂记"、"古代小说"、"现代戏剧"、"戏剧译介"、"古代戏剧"几个部分进行了分类整理。"现代小说"部分介绍了郭沫若的小说《落叶》、《水平线下》、《郭沫若选集》、《黑猫与塔》、《归去来兮》、《黑猫》、《苏联纪行》、《郭沫若代表作》和《塔》共 9 种。在简要介绍了《落叶》的故事大意之后作者指出,由于这部作品中充满了感伤的气氛,并且里面谈论的是对一个已婚男人的爱,因此本书只适合那些有见识的读者阅读。而《水平线下》这本书最让人印象深刻的是作者郭沫若的社会主义观,因为文集中有好几篇故事都在公然谈论社会主义和共产主义。《郭沫若选集》中共选入了郭沫若的 15 个故事,但作者都没有标出原来的故事标题,只是将每个故事用一个句子或短语做了描述。作者强调,由于此书中的一些故事有着危险的描写,同时作者郭沫若似乎赞成自杀,尤其对上帝的存在持否定的态度,因此只适合那些有见识的读者阅读。作者将郭沫若的《归去来》介绍成了《归去来兮》,并认为郭沫若似乎没有对宗教问题进行过调查,因为他在文中胆敢宣称天主教堂不允许人洗澡。在作者看来,郭沫若的《苏联纪行》是其对苏联政权表示拥护的辩护词。由于他被苏联政府邀请去苏联免费旅行,为了表示感激郭沫若写了这本书。在《郭沫若代表作》中,作者选了 5 个故事,同《郭沫若选集》中选入的故事一样,作者都没有标明原来故事的标题,让读者不明所指。对于《塔》,作者建议所有读者都应对其避而远之,因为其内容是关于年轻男人爱上自己的嫂子,以及描写自杀行为这些不被基督徒容忍接受之事的。①

在"多位作者的小说选集"中还有多处提及郭沫若的小说。一是《现代记叙文作选》中郭沫若的《今津纪游》;二是《现代小说杰作选》中郭沫若的《叶罗提之墓》;三是《现代小说文库第十六辑》中郭沫若的《人力以上》;四是《日记与游记》中关于郭沫若在日本的生活(作者没有标明故事的标题);五是《现代十六家小品》中与郭沫若相关的小品(作者也没标明文本的标题)。

在"杂记"部分,作者概述了郭沫若的《创造十年》、《我的幼年》、《反正前后》、《沫若诗集》和《北伐途次》共 5 种。作者认为,《我的幼年》不适

---

① Joseph Schyns ed. 1500 *Modern Chinese Novels and Plays.* Op. cit., pp. 221-223.

合推荐给青年人看。而对于《沫若诗集》,作者则认为,此书可适合高中学生在严肃的老师的引导下阅读。假如在学生使用之前能对一些内容加以删除,将会是非常有用的读物。作者强调,此书极易引起异议。①

在"现代戏剧"部分,作者概述了郭沫若的《屈原》、《虎符》、《棠棣之花》、《孔雀胆》、《筑》和《南冠草》。对这些戏剧,作者仅是对其内容加以简要陈述,并无任何评论,只是作者认为《筑》不适合孩子阅读。

二、郭沫若《女神》中的五四运动精神

1989年3月13—17日,在捷克斯洛伐克布拉迪斯拉发附近的著名丝莱莲旎翠古堡举行了以"中国1919年五四运动的文学间的和文学内部的各个方面"为题的国际汉学专题研讨会。与会的部分论文以《中国1919年五四运动的文学间性和文学内部的各个方面》为书名,由马立安·高利克编辑,于1990年由捷克斯洛伐克科学院出版②。论文集中收录了2篇研究郭沫若的文章。其中一篇是罗马大学专门研究中国现代文学的意大利汉学家安娜·布亚蒂的《郭沫若〈女神〉中的五四精神》③。另一为奥地利维也纳大学东亚研究系主任、孔子学院院长理查德·泰普(中文名为李夏德)的《论中国诗歌的现代主义和外国影响:以郭沫若早期诗歌与顾城诗歌为例》。④

安娜·布亚蒂在文章的一开始就提及闻一多对郭沫若《女神》诗集的评价,即闻一多的那篇著名的评论文章《〈女神〉之时代精神》来阐释自己的观点,那就是,《女神》表达出了那个时代的根本精神。并认为,实际上1919年的后半年和1920年的前半年,即五四运动达到高潮的时期才是郭沫若"诗歌创造的爆发期"。正如郭沫若所喻,他把那时的中国当成是一

---

① Joseph Schyns ed. 1500 *Modern Chinese Novels and Plays*. Op. cit., p. 339.
② Marián Gálik ed. *Interliterary and Intraliterary Aspects of the May Fourth Movement* 1919 *in China*. Bratislava: Veda, 1990.
③ Anna Bujatti. "The Spirit of the May Fourth Movement in *The Goddesses* of Guo Moru" In Marián Gálik ed. *Interliterary and Intraliterary Aspects of the May Fourth Movement* 1919 *in China*. Ibid., pp. 101–110.
④ Richard Trappl. "Modernism and Foreign Influences on Chinese Poetry: Exemplified by the Early Guo Moruo and Gu Cheng" In Marián Gálik ed. *Interliterary and Intraliterary Aspects of the May Fourth Movement* 1919 *in China*. Op. cit., pp. 83–92.

个年轻的女郎,而把他自己想象成她的情郎①。布亚蒂从3个方面分析了郭沫若《女神》中与五四运动的主流最为相关的特征。

在布亚蒂看来,《女神》与五四运动精神最为息息相关的特征就是"再生"(rebirth)。布亚蒂首先引李大钊发表于1916年的《青春》一文通过生与死、开敷繁荣与荒凉废落、青春与白首的往复循环这几组辩证的意象来表达自己对"一个年轻的新中国的再生"的坚定信仰。"白首中华者,青春中华本以胚孕之实也。青春中华者,白首中华托以再生之华也。"②布亚蒂认为,其实早在1907年,鲁迅就在其文《摩罗诗力说》中表达过类似的观点,只不过其中并无李大钊文中所蕴含的五四前夕那种闪烁着的希望。再生的精神弥漫在整个《女神》中,在《女神》的开篇诗作《女神之再生》中尤见明确。其诗《凤凰涅槃》对这种精神的赞颂则更加明显。此外,《棠棣之花》中聂嫈最后说的那些话以及《浴海》的结尾部分这种精神也表达得非常明确。布亚蒂指出,"再生",同时也意味着死亡与毁灭,意味着特立独行,不守常规,就如诗人在《我是个偶像崇拜者》中大声高喊的那样:"我又是个偶像破坏者哟!"唯有像《凤凰涅槃》中所高唱的,通过摧毁那个腥秽腐烂的世界,一个"新鲜"、"净朗"、"华美"、"芬芳"的新生活才有可能出现。正如郭沫若在《日出》中所描绘的,正是在与生命和死亡的斗争中,太阳才能最终升起③。布亚蒂再一次引李大钊《青春》一文中的话来证明自己的观点,并认为从李大钊的观点可以看出,"再生"的观念是与民族遗产的重新估价和民族意识与民族自豪感的重新恢复息息相关的,而屈原就是"再生"的先锋。40年代,在郭沫若以一种爱国精神抗击日本侵略为目的构思其历史剧《屈原》的时候,为使五四运动的精神与屈原的诗学二者之间可以相提并论而显得更加合理,郭沫若阐发了如下的观点:"在两千年前的那个时代,也是有过一次'五四运动'的。屈原是古'五四运动'的健

---

① Anna Bujatti. "The Spirit of the May Fourth Movement in *The Goddesses* of Guo Moruo". Op. cit., p. 101.

② 中文可参见《青春》,载《李大钊文集》(上),北京:人民出版社,1984年版,第201页。布亚蒂将《青春》英译为 Spring,即"春天"、"活力"。引文部分英译为:"Old Age, is the fruit from which young China is born, young China, is the flower by means of which old China has a new birth." In Anna Bujatti. "The Spirit of the May Fourth Movement in *The Goddesses* of Guo Moruo". Ibid., p. 101. 译者的英译,无论标题,还是引文,都非常准确。

③ Anna Bujatti. "The Spirit of the May Fourth Movement in *The Goddesses* of Guo Moruo". Op. cit., pp. 101–102.

将。"布亚蒂认为,这种牵强的比附,是应该予以,并且已经遭到了猛烈批判的,但是勿庸置疑,其中却蕴含着诗情。布亚蒂强调,自我的表达、个体的解放、英雄—诗人罗曼蒂克的狂喜,正是五四运动和《女神》的显著特征。它们是自我的真实发泄,就如《天狗》一诗的结尾所宣布的那样:"我的我要爆了!"这种情绪贯穿了整个《女神》。《女神》诗集中还没有哪首诗中的"我"如《天狗》中开首第一诗行中的"我"那么突出显眼。①

布亚蒂认为,《女神》与五四运动精神相契合的第1个特征是"创造一个新的世界"。正如在《女神之再生》中女神的歌唱"我们要去创造个新鲜的太阳",并强调"新造的葡萄酒浆不能盛在那旧了的皮囊。"布亚蒂反问道:但是要创造的究竟是什么样的新世界呢?是赛先生(科学)和德先生(民主)的新世界吗?在《日出》中,20世纪的阿波罗被摩托车明亮的前灯所包围;从笔立山头诗人极力展望大都会的脉搏、鼓动、喘息、咆哮,而黑色的牡丹花正从行进着的轮船上开出来。布亚蒂对此表示了质疑:这就能足以说明工业城市的真正诗歌是如何诞生的吗?答案是否定的。她赞同鲁迅先生1926年在译介俄罗斯白银时代的著名诗人亚历山大·勃洛克的《十二个》时所持的观点,认为中国那时还没有"都会诗人"②。布亚蒂认为,实际上,对诗人具有吸引力的是大海、是波浪汹涌的海洋,它们是不懈运动和创造的象征。《晨安》一诗就具有惠特曼般的海洋气息。传统的中国诗是"山水诗"、"山湖诗",而海洋和大海则是五四时期诗歌中西方主义的象征。西方主义在《女神》中是显而易见的特征。但我们同时也不能忘记,我们在诗中所发现的每一处具有西方主义的因素都再次浸润着郭沫若对中华传统因素的理解与运用。布亚蒂指出,假如"西方主义"的本意指的是文化开放或不同文化间的互动的话,那么《女神》则是其成功的典型例证。③

社会—政治态度被布亚蒂看作是《女神》中所蕴含的第3个五四运动精神。但她指出,郭沫若在《女神》序诗《我是个无产阶级者》中对"无产阶级"的公开宣称与罗马对无产阶级这一概念的界定相关,而与马克思主义并无关联。创作《女神》时的郭沫若,还不是一个共产主义者,尽管那时的

---

① Anna Bujatti. "The Spirit of the May Fourth Movement in *The Goddesses* of Guo Moruo". Op. cit., p.103.

② Ibid., pp. 103-104.

③ Ibid., p. 104.

他对某些共产主义思想产生了共鸣①。此一观点与马立安·高利克在《中西文学关系的里程碑》一文中所持的观点相同。郭沫若则早在刊登在1921年5月于日本出版的《学艺》月刊上的文章《我国思想史上之澎湃城》中就表达了如下观点:"井田制是这个国家最早的共产主义的实践。"在戏剧《棠棣之花》中郭沫若又一次借聂嫈之口一针见血地指出正是井田制度和土地私有种下了永恒战争的根本②。布亚蒂认为,除了人道主义思想,郭沫若对工人阶级的态度——一种困惑的但却强烈的团结意识,甚至崇敬感,也值得关注。这种感觉在《辍了课的第一点钟里》、《雷峰塔下》和《女神之再生》中得到了象征性的表述。然而,那时绝大部分五四运动的参与者并没有清醒地意识到其中所蕴含的政治意义,这一点在周策纵那本著名的《五四运动史》的结尾部分引邓颖超对此观点的看法中得到了有效的说明③。但是,在1924年前,不仅马克思主义的意识形态还没有被郭沫若所吸纳,甚至民主的观念也还不是一个清晰的政治概念,而只不过是普遍意义上的直觉灵感而已。在为《浮士德》译本所写的《〈浮士德〉简论》中,郭沫若表达出了他对代表独立、自主的男性的反对,而对代表和谐、宽厚、仁慈的女性则持肯定态度。在他看来,男性堕落成专制与独裁,而女性则导向民主与和平。在《女神之再生》一诗的篇首,郭沫若即引《浮士德》结尾赞扬永恒的女性本质的诗句。布亚蒂指出,道家的女性观在整个《女神》中随处可见,尤在《地球,我的母亲!》中达到极致。充满女性慈祥的女神自始至终贯穿着整个《女神》④。在布亚蒂看来,郭沫若对时代的变迁和每种经历短暂的本质极其敏感,在《鸣蝉》中,鸣蝉之歌成了时代变迁的最有效的象征:"声声不息

---

① Anna Bujatti. "The Spirit of the May Fourth Movement in *The Goddesses* of Guo Moruo". Op. cit., pp. 104-105.

② 《郭沫若全集·文学编》第1卷,前面所引书,第27页。

③ Anna Bujatti. "The Spirit of the May Fourth Movement in *The Goddesses* of Guo Moruo". Op. cit., pp. 105-106. 周策纵的《五四运动史》的英文原著为:Chou Tse-Tsung. *May Fourth Movement: Intellectual Revolution in Modern China*. California: Stanford University Press, 1967. 可直译为:《五四运动:现代中国的思想革命》。《五四运动史》为作者自署的书名。引文在该书的第354页,这一段可汉译为:"反对帝国主义和反对封建主义的思想似乎在1920之后大体上得到了发展。但至少,在那之前,大部分参与此运动的人并没能意识到这一点。他们之所以参加五四运动,其意图仅在于要抗击日本的入侵和反对那些亲日的官僚们。这一点被另一个共产党的领导人,也是这一运动的参加者,周恩来的妻子邓颖超意识到了。"

④ Anna Bujatti. "The Spirit of the May Fourth Movement in *The Goddesses* of Guo Moruo". Op. cit., p. 106.

的鸣蝉呀！时浪的波音哟！"表达出了五四运动短暂的本质特征。①

三、论中国诗歌的现代主义和外国影响：
以郭沫若早期诗歌与顾城诗歌为例

李夏德的文章《论中国诗歌的现代主义和外国影响：以郭沫若早期诗歌与顾城诗歌为例》收录在1990年出版的会议论文集《中国1919年五四运动的文学间性和文学内部的各个方面》第83—92页。在其文一开始便交代了选取郭沫若和顾城诗歌来论述现代主义和外国因素对中国诗歌影响的2个原因。李夏德认为，尽管将郭沫若这位在其《女神》出版后成为他同时代人偶像的大人物，与顾城这位曾梦想或许可以或应该在中国的"小"中去寻找其"身份"的"朦胧派"年轻诗人相比会大大地冒犯不少的中国学者，但一位著名的中国文学理论家和批评家在1980年为顾城辩护时也曾提及郭沫若和其他的五四作家②。而且，郭沫若与顾城二人均受过美国诗人瓦尔特·惠特曼的影响。③

李夏德首先指出威廉·泰伊（William Tay）在其著作《朦胧诗：中国后毛主义时代的论战》④中引北大教授谢冕为80年代初受到严肃批判的顾城的"朦胧诗"进行辩护的文章，认为顾城诗歌让人联想到郭沫若，这位中国现代诗歌的开拓者早期诗歌在形式和内容上对外国因素的吸收⑤，并认为正是80年代对文学的积极梳理导致了文学表达形式多样化的出现。"小说"、"报告文学"等成为吸引读者最迅速、最便捷的文学形式，而诗歌，则成为那些最敏锐的观察者在黑暗中找寻那不可见的、在寂静中聆听那不可听的武器，正如顾城的"黑夜给了我黑色的眼睛，我却用它找寻光明。"

---

① Anna Bujatti. "The Spirit of the May Fourth Movement in *The Goddesses* of Guo Moruo". Op. cit., p. 106. 此一观点，布亚蒂文中并无注释或文字说明。

② 结合作者在文后的注释分析，这位著名的文论家和批评家应为当时北京大学的教授谢冕，其曾撰文《凤凰，在烈火中再生——新诗的进步》，载《长江》1980年第2期，第163—168页。

③ Richard Trappl. "Modernism and Foreign Influences on Chinese Poetry: Exemplified by the Early Guo Moruo and Gu Cheng" In Marián Gálik ed. *Interliterary and Intraliterary Aspects of the May Fourth Movement 1919 in China*. Op. cit., pp. 83-84.

④ William Tay: "'Obscure Poetry': A Controversy in Post-Mao China" In J. C. Kinley ed. *After Mao: Chinese Literature and Society*, 1978-1981. Cambridge: Council on East Asian Studies, Harvard University, 1985, p. 152.

⑤ Richard Trappl. "Modernism and Foreign Influences on Chinese Poetry: Exemplified by the Early Guo Moruo and Gu Cheng". Op. cit., p. 84.

五四文学中所表现的那种"惊醒了沉睡的中国社会",就如郭沫若的诗《上海印象》中所描绘的"我从梦中惊醒了,幻灭的悲哀哟!"那样。80年代的文学,尤其是诗歌,则反映出了"黑暗的10年"觉醒后的那种幻灭感①。在中国,"怀疑"这个主题,不仅表现在对这黑暗的10年,也表现为对这些经历过这黑暗10年的人本身,甚至表现为对普通的人,对整个人类的关照上。如根本的质疑,像朦胧诗派著名诗人北岛的《我不相信》;如极度的同情,像舒婷的《我希望》;如静静的内省,像顾城的《社会调查》。五四时期的诗,如郭沫若的,仍然能够表达出那种坚定的信念,这种信念也转变为一种感觉,一种如顾城诗歌《感觉》中所描绘的那种感觉,相信在这个灰色的世界里仍有一丝光明,一些色彩存在的感觉。②

李夏德以3个实例分析探讨了郭沫若诗歌与顾城诗歌的异同。实例1是两位诗人都喜欢以"太阳"或"光明"为喻。作者认为郭沫若在诗歌《新阳关三叠》中对太阳的发问与自己的表白:"你要叫我跟你同路去吗?""我也想跟你同路去哟!太阳哟!"给人留下一种感觉,那就是,抬高自我是人类能挑战宇宙的唯一恰当准确的办法。而顾城诗歌《摄》中的"阳光","在天上一闪/又被乌云埋掩",然后暴露着,就好比是被"暴雨冲洗着,我灵魂的底片"。在诗歌《天狗》中,郭沫若自己就是"光":"我是月底光,/我是日底光,/我是一切星球底光,/我是光线底光";而对顾城而言,"光"则包含在与"你"的关系中:"我低声说了声你的名字/光需要一个地址"③。对郭沫若来说,自我就是"能量"的化身;而对顾城,能量则是大自然温柔的礼物:"和煦温暖的太阳光将使早晨的葡萄变得甜美。"④李夏德认为,处于

---

① Richard Trappl. "Modernism and Foreign Influences on Chinese Poetry: Exemplified by the Early Guo Moruo and Gu Cheng". Op. cit., p. 86.

② Ibid.

③ 李夏德的英译为"I silently said your name/ Light needs an address." Ibid., p. 87. 但顾城原诗《来源》如下:"我所有的梦/都从水里出来/ 一截截阳光的铁链/ 木盒带来的空气/ 鱼和鸟的姿势/ 我低声说了声你的名字。"英译从德文翻译过来。德文见:Gu Cheng: *Herkuenfte* In China Blaetter, 10, 1985, p. 39. 英译文与原诗有较大出入。

④ 李夏德的英译为 "The warm gentle sunlight will sweeten the grapes in the morning." In Richard Trappl. "Modernism and Foreign Influences on Chinese Poetry: Exemplified by the Early Guo Moruo and Gu Cheng". Op. cit., p. 87. 但顾城原诗《安慰》如下:"青青的野葡萄/ 淡黄的小月亮/ 妈妈发愁了/ 怎么做果酱/ 我说/ 别加糖/ 在早晨的篱笆上/ 有一枚甜甜的/ 红太阳"。英译从德文翻译过来。德文见:Gu Cheng: *Ein Trost* In Mayer, R.: *Zwischen den Waenden*. Muenchen, 1986, p. 45. 英译文与原诗有较大出入。

不同社会背景下的两个诗人对社会的期盼和对存在主义问题的理解能够异常清晰地通过他们对自我本身的直接表达和比喻性的语言呈现出来。①

实例 2 是两位诗人对待"自我"的态度。李夏德认为郭沫若的诗歌可看作是将"自我"绝对化的典型。那种个体在宇宙间的爆发、炸裂,实际上是一个作为客体的宇宙在高估了的自我的完全主体性中的爆炸。读者在惠特曼的《自我之歌》中也可发现这样的诗行:"瓦尔特·惠特曼,一个宇宙,曼哈顿之子"。对顾城来说,对自我的寻求遗失在了"无限的夜空"中,不是通过占有它,而是通过得到宇宙的"光华"而觅得它。②

实例 3 为视觉感知与省思。李夏德试图通过此实例说明郭沫若和顾城对那些具有挑战性的时代问题的不同回答是如何通过视觉感知、认知过程以及省思得来的。正如郭沫若在诗歌《上海印象》中所描绘的,他从梦中"被惊醒",感觉到的是"幻灭的悲哀"。而顾城,则在诗歌《眨眼》的第一行中看见自己被迫让因与果颠倒了个:"我坚信/我目不转睛"。为了能保持一个人的坚定的信仰,他不得不"双目圆睁"。

李夏德还分析了郭沫若、顾城两人受瓦尔特·惠特曼诗歌的影响。李夏德认为,不仅仅是这两位诗人,而是整个中国现代诗歌都受到了惠特曼的影响。为了使自己的观点具有说服力,他列举美籍华裔学者方志彤 1955 年在文章《从意象主义到惠特曼主义的近代中国诗:探索不成功的诗作》中的 3 个观点对自己的看法加以了佐证。一是方志彤认为惠特曼不仅影响了郭沫若,而且影响了"整个 1917 年的文学革命"。其次,方志彤甚至把郭沫若称作是"惠特曼主义在中国的传道者"。再就是方志彤认为郭沫若的《我是个偶像崇拜者》是对惠特曼《别离的歌:再见》中那长达 15 行的"我宣告"(I announce)的直接模仿。李夏德还举马立安·高利克《中西文学关系的里程碑》一书中《郭沫若的〈女神〉:与泰戈尔、惠特曼、歌德的创造性对抗》来证明自己的观点。他指出,高利克在文中称郭沫若的诗歌《天狗》既是郭沫若"泛神论思想的自我表现的极致",同时也是"诸天体的毁灭与创造的表现"。李夏德认为,在《天狗》一诗中,除了那些对天狗的语义的、神话的、哲学的阐释外,或许还可以加上一个符号学的甚或系统的

---

① Richard Trappl. "Modernism and Foreign Influences on Chinese Poetry: Exemplified by the Early Guo Moruo and Gu Cheng." Op. cit., p. 87.

② 可参见顾城诗歌《我赞美世界》。

分析:"我"作为一个具有象征意义的结构装置和这首诗的语义内涵在诗行"我便是我呀!"中得到了歌颂。①

李夏德在文中强调了"重复"手法在两位诗人作品中的运用。郭沫若的长诗《凤凰涅槃》中更生的凤凰反复吟唱的"火便是你。火便是我。火便是他。火便是火"便是这种重复手法的体现。而顾城的《感觉》一诗,"天是灰色的/ 路是灰色的/ 楼是灰色的/ 雨是灰色的/ 在一片灰色之中/ 走过两个孩子/ 一个鲜红/ 一个淡绿",尽管诗的格式变化有所限制,但是四处弥漫的"静止的""灰色"却让位给了"动":穿着鲜艳的新一代的来临。②

李夏德将二者的异同做了归纳。一是郭沫若在"大"与"热情坚信"中找到自我,顾城却在"小"与"自我调整"中发现自我;二是郭沫若是在五四运动这个大背景中思想开始觉醒,以至于发展到要爆炸、呐喊,而顾城却在其诗中隐隐地暗示该如何克服可能出现的幻灭感和怀疑。③

在文章的结尾李夏德谈到了"现代主义"。他认为,在将一个五四时期的诗人和一个80年代的诗人进行比较时,"现代主义"这个概念很可能意指的是将"外国的替代物"——一个相异的世界,最终本质化为"外国影响"的革新力量并对其予以概念化并对其进行创造性的回应。④ 这种"外国影响"对中国来说在于对内在的心理分析和社会分析及其文学和美学的处理方式起到一种催化剂的作用,但它却又极易被那些胆小的批评家们误作本土的现代化进程异化的一种方法。李夏德认为,为了应对因现代中国社会的经济化所引起的文化身份的丧失,唯一可行的就是要消解喧嚣,要聆听如顾城诗歌中所描绘的那种静默而微小的声音。顾城的诗提醒我们去进行批判性的反思,告诉我们中国的"现代主义"根本就不能依靠"外国影响"来解决自身的问题,而是呼吁要有一个勇于思考的自我,一个能意识到其作为一个可自治的、有责任感的实体之作用的自我,一个与大宇宙和谐一致的小宇宙⑤。李夏德认为,在不同的时代背景、不同的中国文学史

---

① Richard Trappl. "Modernism and Foreign Influences on Chinese Poetry: Exemplified by the Early Guo Moruo and Gu Cheng." Op. cit., p. 89.
② Ibid.
③ Ibid.
④ Ibid., p. 90.
⑤ Ibid.

与中国诗歌史的语境中,郭沫若和顾城这2位诗人都可称得上是一个新的纪元。郭沫若标志着中国现代抒情诗的开始,标志着自我的解放,而顾城则可被誉为是中国当代抒情诗的代表。①

四、渐进身体的辩证统一:
郭沫若《女神》中的自我、宇宙与国家/民族身份

2004年,美国新泽西大学英语系米家燕的专著《中国现代诗歌的自我塑造和反身现代性》出版②,作者在书中探寻了1919-1949年间中国现代诗歌在中国现代性的曲折形成过程中自我塑造的多种模式。研究主要以1949年前中国现代诗歌的4位代表人物郭沫若、李金发、戴望舒和穆旦为例,对塑造一个与民族—国家息息相关的、全新的、现代的自我主体之历史复杂性的动态轨迹进行了新的、具有洞见的分析。此书由奚密作序,除序言"身体诗学:朝向自我与国家/民族相融合的身份"和结尾"自我塑造、现代性和成熟的欲望"外,共有3章。从篇章结构看,尽管作者以郭沫若、李金发、戴望舒、穆旦4位现代诗人为研究对象,但其并没有立专章阐释穆旦的诗歌创作。

在分析郭沫若诗歌及创作一章中,米家燕引了《天狗》一诗中的"我便是我呀!我的'我'要爆了!"和《夜步十里松原》中的"他们一枝枝的手儿在空中战栗,我的一枝枝的神经纤维在身中战栗"作为序引来表达自己在文中将要表达的主题"我"③。作者强调,不管今天人们对郭沫若或他的生活、他的创作抱持什么样的看法,但在提及"在中国现代性的形成轨迹中自我的话语是何时,又是从哪里开始的?"这个问题时,郭沫若是一个无论如何都不该绕过去的人物。尽管批评家对郭沫若的诗歌技巧有激烈的批判,对他的意识形态立场总体上来说持的是怀疑的态度,但他创作于1928年前的那些诗歌,尤其是在中国的现代性与启蒙这个总体框架中创作的、收录在《女神》诗集中的那些诗,还是值得读者认真地加以重新阅读、研究,

---

① Richard Trappl. "Modemism and Foreign Influences on Chinese Poetry: Exemplified by the Early Guo Moruo and Gu Cheng." Op. cit., p. 90.

② Mi, Jiayan. *Self-fashioning and Reflexive Modernity in Modern Chinese Poetry*, 1919-1949. Lewiston: The Edwin Mellen Press, 2004.

③ Ibid., p. 15.

并对这些诗歌的特征、文本性和多元性进行重新整理分类的①。作者特别强调他在此一文章中探讨的是《女神》诗集中新生的自我,那个要爆炸的、具有创造性的、渐进的、解放的、具有毁灭性和破坏性的、超然的,那个与占主导性的新知识分子等同的宇宙生灵,只能在身体中,通过身体,并被身体所塑造、所配置、所创造②。文章共分 4 个部分阐释了郭沫若《女神》诗集中与"身体"(body)相关的 20 首诗歌来佐证他的观点。

在"影响源:现代身体的出现"一节中,米家燕指出,通过分析郭沫若《女神》中出现的大量与身体相关的词汇,可以看出郭沫若将身体作为自我创造的最初源泉这个观点直接或间接地源自西方,并主要是从惠特曼、尼采以及柏格森那儿得来的。从惠特曼那里,郭沫若吸收了"身体的生命动能"(the bodily life-force)这个理念,并将与身体相关的词汇借用于他的新诗中;从尼采那里,郭沫若接受了"身体本能"(bodily-instinct)这个理念;对于柏格森,郭沫若则采纳了他的"身体能量"(bodily-energy)这个理念③。米家燕同意罗伊的观点,认为郭沫若绝大部分最优秀的诗歌都是在惠特曼的直接影响下创作出来的。这些诗包括《立在地球边上放号》、《地球,我的母亲!》、《晨安》、《凤凰涅槃》、《炉中煤》、《匪徒颂》、《天狗》、《心灯》以及《大炮之教训》④。米家燕指出,除诗学技巧外,惠特曼对人的身体的过分赞颂也起到了将郭沫若的注意力引向此一主题(即对身体的关注)的决定作用,早在 1920 年郭沫若创作的《湘累》中,他就已经开始用身体语汇来描绘被放逐的诗人屈原那无法控制的情感。将这些强烈的身体经历融入其诗歌中,郭沫若创作出了中国现代文学中还未曾有过的"身体诗学"。⑤

在米家燕看来,尽管尼采对郭沫若的影响是有限的,而且很可能甚至是间接的,但其对形成郭沫若的"身体—本能"(bodily-instinct)这一理念所产生的效果却是重要的。从 1920 年左右郭沫若开始阅读尼采的作品,到

---

① Mi, Jiayan. *Self-fashioning and Reflexive Modernity in Modern Chinese Poetry*, 1919–1949. Op. cit., p.15.

② Ibid., p. 17. 其英文原文为:"The newborn self in *The Goddesses* can only be fashioned, configured, and created in the body, by the body, and through the body." 此借用的是亚伯拉罕·林肯在葛底斯堡演讲中的"民有、民治、民享的政府不致从地球上消失"(the government of the people, by the people, for the people will not perish from the earth)这一句式。

③ Ibid., p. 18.

④ Ibid., p. 19.

⑤ Ibid., p. 21. 中文可参见《湘累》一文,收录在《郭沫若全集·文学编》第 1 卷,第 19 页。

1923年他开始翻译尼采的《查拉斯图拉如是说》,从他的文章《雅言与自力》、《论中德文化书》,到他的诗歌《匪徒颂》,郭沫若多次提及尼采及其哲学思想。正是在尼采的本能力量哲学(philosophy of instinctual force)的启发下,郭沫若认为人的本能应该得到解放和提升。他甚至将尼采比作中国的哲学家老子,认为老子与尼采的思想之中并无什么根本的差别,而在《匪徒颂》一诗中,郭沫若更是高呼"倡导超人哲学的疯癫,欺神灭像的尼采"万岁!而尼采哲学的主题正是身体。①

米家燕强调,柏格森对郭沫若的影响也是不可否认的。柏格森的生命—能量的哲学观反映在郭沫若的文章《生命底文学》中,而在1923年的《印象与表现》一文中,郭沫若则指出他相信柏格森的"生命的动流"哲学(philosophy of the dynamic life),认为创造性的、持续的生命流动是世界的根本,是完全正确的。正是在这种生命观的影响下,郭沫若将艺术的本质定义为是"对主体精神本身的创造性表现"。②

米家燕指出,尽管这3个影响郭沫若对于身体的理解的来源不同,但它们都具有相似的观点,那就是,身体是生命和自我身份的创造性源泉。他认为,通过细读,至少可以发现《女神》中与身体相关的诗歌中所具有的5个特征。其一是外在身体部位的那种可触、可视的外形的呈现;其二是对不可视但却存在的内在身体部位的呈现;其三是对身体由内及外或由外到内所获得的普遍感觉的描写;其四为由于身体的运动所能看到的身体反应;其五为由身体的各部分和各种意象组成的比喻性和象征性的运动。《女神》中蕴含了这5个特征的与身体有关的诗包括如下20首:《女神之再生》、《湘累》、《棠棣之花》、《凤凰涅槃》、《天狗》、《炉中煤》、《笔立山头展望》、《电火光中》、《浴海》、《地球,我的母亲!》、《雪朝》、《光海》、《夜步十里松原》、《我是个偶像崇拜者》、《太阳礼赞》、《新阳关三叠》、Venus、《春之胎动》、《上海印象》和《西湖纪游》③。米家燕强调,郭沫若诗歌中这些与身体相关的文本显然对读者理解自我及其相关的东西是如何形成的有着

---

① Mi, Jiayan. *Self-fashioning and Reflexive Modernity in Modern Chinese Poetry*, 1919-1949. Op. cit., pp. 21-23.

② Ibid., p. 23. 中文可参见郭沫若:《印象与表现》一文,收录在郭沫若:《郭沫若佚文集(1906—1949)上册》,成都:四川大学出版社,1988年版,第122页。

③ Mi, Jiayan. *Self-fashioning and Reflexive Modernity in Modern Chinese Poetry*, 1919-1949. Op. cit., pp. 23-25.

极为重要的意义。正是由于身体所培养的这种新的感官冲动,才使得自我塑造的行为、新的自我塑造的完成,以及在中国现代性语境中现代自我的诞生这一划时代的大事之最终实现成为可能。《湘累》就是对这种个人觉醒和自我创造行为的形象表达。①

米家燕认为,像惠特曼一样,郭沫若对女性身体特别着迷。《女神》中诗人要创造的不是一个有着特权的男性身体,而是一个女性身体,一个赋予了"怀孕、孕育胚胎、肚子长大、胎动、再生、生产时流血"等功能的女性身体。在诗中,诗人郭沫若还赋予了这个女性身体强大的再生能力,这就使得新自我的塑造、创造以及新生不仅成为可能,而且是不可阻挡的。《地球,我的母亲!》中即可见郭沫若对这种具有强大再生能力的女性身体的理性认同,《女神之再生》则表达出了这个新生的自我一出现便马上获得了五四时期知识分子的普遍认同的原因,而《日出》则形象地再现了自我的塑造和重生辩证地在一系列互相矛盾的行为中完成的过程。②

在"作为渐进自我之创造物的本能身体"一节中,米家燕归纳了郭沫若"身体诗学"文本中身体的特征、身体所呈现的形式以及所起的作用。在此部分,他对《天狗》这首明确强调了郭沫若最根本的自我理念、与身体功能相关的时间以及现代性的诗进行了详细的文本分析。米家燕认为,郭沫若的这首《天狗》可看作是中国现代自我出现的标志性转折点③,并把这首表面上看起来非常简单地叙述"我"吞吃了宇宙之后所发生变化的诗,按照叙述者"我"的一系列"吞咽"行为的时间顺序,将其结构分成了两个部分:一是"从外到内"及"从内向外"的运动;二是"从高到低的垂直运动"及"从后向前的水平运动",并对此运动变化过程进行了极为详细的阐释。

在"作为宇宙自我之变形的象征性身体"一节中米家燕指出,郭沫若关于宇宙的本性是动的、充满了活力和创造性的因素、拥有巨大的不断的能量的观点不可避免地导致了他的泛神论思想。米家燕认为,在宇宙的泛

---

① Mi, Jiayan. *Self-fashioning and Reflexive Modernity in Modern Chinese Poetry*, 1919–1949. Op. cit., pp.25–26.

② Ibid., pp. 28–31.

③ Ibid., pp. 31–34. 文中提及《现代性的后果》一书,其英文文本为:Anthony Giddens. *The Consequences of Modernity*. Stanford: Stanford University Press, 1990. 中译本有安东尼·吉登斯著,田禾译:《现代性的后果》,南京:译林出版社,2000年版。本书对现代性的来源、特征及其全球化扩散等问题进行了考察,着重讨论了现代性所带来的严重后果,诸如极权的增长、经济增长机制的崩溃、生态环境的破坏、核冲突与大规模战争等,并探讨了人类在这些后果面前的出路。

神的、动态的观点影响下,郭沫若创作了大量的诗歌,如《天狗》、《女神之再生》、《凤凰涅槃》、《日出》、《金字塔》、《梅花树下醉歌》、《我是个偶像崇拜者》、《湘累》、《太阳礼赞》、《晨安》、《浴海》、《光海》、《雪朝》、《地球,我的母亲!》、《立在地球边上放号》、《三个泛神论者》以及《夜步十里松原》。这些突出了郭沫若个人主义的泛神—英雄哲学观点的诗,是他泛神论世界观的再现,可分为两种比喻化的表现形式:一种为宇宙化了的身体;另一为肉体化了的宇宙①。它们在郭沫若浪漫的泛神—英雄的诗作中起着4种特殊比喻性的作用:一是升华的作用;二是催化的作用;三是净化的作用;四是更生的作用。他强调,正是通过身体的诸多比喻性的叙事方式,郭沫若的泛神论思想得到了从"小自我"(the self)到"大自我"(the Self),从"身体的有限"到"宇宙的无限"的相互转变。

在文章的最后一节"作为为新的国家/民族身份而自我牺牲的狂热身体"中米家燕强调,创造一个新国家的愿望弥漫在整个《女神》中,从《女神之再生》中女神们决心要驱逐那"倦了的太阳",创造一个"新光、新热、新鲜的太阳";《棠棣之花》中聂嫈的"我望你鲜红的血液,迸发生成自由之花,开遍中华!";《凤凰涅槃》中凤凰最后从灰烬中再生后欢唱那个已死的世界新生并赋予这个新生的世界一个全新的身份到《晨安》中诗人歌唱"晨安!我年青的祖国呀!晨安!我新生的同胞呀!"这种以未来主义的、目的论的叙事口吻来叙述一个新的国家/民族身份的创造不仅是郭沫若民族英雄主义的投射,同时也是那种强烈的、先在的民族文化—历史统一(时空的统一)的自我意识的再现。在米家燕看来,郭沫若在《女神》中抒发了3种自我牺牲的理想境界。一是为爱人而自我牺牲;二是为母亲而自我牺牲;三是为家而自我牺牲。在这3种境界的核心部分,是自愿为了爱、国家和家而勇于自我牺牲的激情的身体建构起了一个超越了个体牺牲的身份。②

米家燕在文章的结尾部分留下了这样一些问题待读者思考:在甘于为了新的国家/民族身份之梦想而勇于自我牺牲的激情身体被为了建立一个新国家的强烈的民族狂怒所破坏或被替代后,这个激情燃烧的身体还能持

---

① Mi, Jiayan. *Self-fashioning and Reflexive Modernity in Modern Chinese Poetry*, 1919-1949. Op. cit., p. 55.

② Ibid., pp. 67-74.

续多久？当郭沫若所信奉的太阳、火、光以及黎明等暂时的叙事（物体）转变成了黑暗、谦卑、夜、寒冷等叙事之后，什么样的自我、身体以及时间模式又是恰当的呢？又将建立起什么样的具有无处不在的能量之现代性，或者所谓的欲望经济学呢？谁又会得到郭沫若火热的身体中那燃烧着的、正在逐渐"衰减"的热量呢？①

五、郭沫若少年诗稿浅谈，1904—1912

该文是斯洛伐克年轻的学者，彼时还在奥地利维也纳大学东亚研究所读硕士研究生的巴巴拉·巍白碧向在俄罗斯圣彼得堡举办的郭沫若文献史料国际学术研讨会暨IGMA学术年会提交的会议论文②。文章经修改后发表在2012年的《中国文学研究前沿》上③。该文后由本书作者译为中文，发表在《平顶山学院学报》2013年第4期上④。

1904—1912年间，年轻的郭沫若创作了他最早的文学作品。在20世纪的头十年间，中国正经历着一系列的变革，出生于1892年的郭沫若就成长于这样一个时期。当时的新儒家思想正经历着危机，新的教育体制于1904年建立。此外，社会关系也遭受到源自日本的革命实践的影响。⑤

出生于一个正试图获得上层社会地位的"新兴富裕"⑥家庭，郭沫若没有面对太长时间的家庭传统，尽管他仍然受了4年的传统教育⑦。年轻的郭沫若生活中所有这些影响或许同时也成了世界留给他的印象和他表达它们的方式。从郭沫若的自传体作品《少年时代》可以看出，家庭对他的影响是最重要的，尤其是他的母亲。对于文学创作的引导作用和对郭沫若

---

① Mi, Jiayan. *Self-fashioning and Reflexive Modernity in Modern Chinese Poetry*, 1919-1949. Op. cit., p. 75.

② Vesterova Barborá. "Some Remarks on the Earliest Poetry of Guo Moruo, 1904-1912", 载《郭沫若文献史料国际学术研讨会暨IGMA学术年会论文汇编》，2010年，第184—199页。

③ Vesterová Barbora. "Some Remarks on the Earliest Poetry of Guo Moruo, 1904-1912". *Frontiers of Literary Studies in China*, Vol. 6, No. 4, 2012, pp. 539-552.

④ ［斯洛伐克］巴巴拉·巍白碧著，杨玉英译：《郭沫若少年诗稿浅谈，1904—1912》，载《平顶山学院学报》2013年第4期，第73—78页。

⑤ John King Fairbank. *China, a New History*. Cambridge, Massachusetts: Belknap Press of Harvard University Press, 1998, pp. 257-265.

⑥ David Tod Roy. *Kuo Mo-jo: The Early Years*. Op. cit., p. 2.

⑦ Ibid.

的自身文学作品而言,她或许都应该是一个举足轻重的人物。①

郭沫若少年诗稿的主要特征表现为本性、情感和主观印象。当然,他的这些诗歌跟唐诗相比较,不如唐诗那么有价值。然而,当分析他的这些诗歌时,或许会让人想到严羽(1180—1235)的观点:"诗者,吟咏情性也。盛唐诗人惟在兴趣;羚羊挂角,无迹可求。故其妙处,透彻玲珑,不可凑泊。如空中之音,相中之色,水中之月,镜中之象,言有尽而意无穷。"②

郭沫若的家庭生活与旧体诗歌

郭沫若的父亲是一个成功的商人,母亲则来自一个父母均受人尊敬的上层社会家庭,因此,这让郭沫若意识到了"寻求权利和名誉的不同方式"③。从他的自传《少年时代》的开头几章可以看出,作为主要人物的母亲在叙事者的印象中是一个"开明的、乐观的"人④。她头脑聪明,心灵手巧,甚至教了郭沫若不少唐诗⑤。"郭沫若的父母恒以少年失学为憾,所以对子女的教育是非常重视的,专门设立家塾'绥山馆'。"⑥为什么自传的主人公那么早就开始"发蒙读书"呢?⑦ 原因之一可在他的这首诗中,这首他母亲教他的诗中找到答案:"翩翩少年郎,骑马上学堂。先生嫌我小,肚内有文章。"⑧

通过这样的方式,郭沫若的母亲促进了郭沫若对学习的兴趣,同时也激励了他的好奇心。《三叶集》中郭沫若证实了母亲对他教育的影响⑨:

---

① 郭沫若:《少年时代》,北京:人民文学出版社,1979年版。

② J. Y. Liu. *Chinese Theories of Literature*. Chicago: University of Chicago Press, 1975, p. 39; G. Debon. *Ts'ang-Lang's Gespräche über die Dichtung*. Weisbaden: Otto Harrassowitz, 1962, p. 61.

③ M. Doleželová-Velingerová. "Kuo Mo-jo's Autobiographical Works" In Jaroslav Průšek ed. *Studies in Modern Chinese Literature*. Berlin: Akademie Verlag, 1964.

④ Guo Moruo. *Kindheit (Childhood)*. I. Schäfer trans. Frankfurt a. M., Insel, 1981, p. 38.

⑤ Guo Moruo. *Kindheit*. Op. cit., p. 40; David Tod Roy. *Kuo Mo-jo: The Early Years*. Op. cit., p. 12.

⑥ 王锦厚、伍加伦:《郭沫若是怎么样走上文学道路的》,载《郭沫若研究论集》,四川人民出版社,1980年版,第95页。

⑦ David Tod Roy. *Kuo Mo-jo: The Early Years*. Op. cit., p. 12.

⑧ Guo Moruo: *Kindheit*. Op. cit., p. 44; M. Doleželová-Velingerová. "Kuo Mo-jo's Autobiographical Works" In Jaroslav Průšek ed. *Studies in Modern Chinese Literature*. Op. cit., p. 52.

⑨ 黄侯兴:《家在峨嵋画里》,载《郭沫若的文学道路》,天津:天津人民出版社,1981年版,第1—5页。也可参见 Leo Ou-fan Lee. *The Romantic Generation of Modern Chinese Writers*. Cambridge: Harvard University Press, 1973, p. 179.

"假如我也可以算得个诗人,那这个遗传分子确也是从我母亲来的了。"①他的大哥郭开文(1877—1936)也对郭沫若的早期发展和教育产生了极大的影响:"在郭沫若一生好几个关键时刻,都是他大哥给了他以决定性的帮助。"②

根据中国的模仿传统观(Chinese epigonistic tradition),年轻的文学爱好者受到中国诗学大家的影响是不足为奇的。郭沫若最早时期作品的主要特征是其受到了唐诗的影响。《少年时代》的叙事者提及"我"尤其喜欢唐朝诗人王维(699—759)、孟浩然(691—740)、李白(701—762)和柳宗元(773—819)③以及东晋陶渊明(365—427)④的诗。毫无疑问,郭沫若最早时期的作品受到了唐朝绝句(quatrain⑤)和律诗(regulated verse⑥)的影响。

在郭沫若最早创作的诗歌之一《早起》⑦中,就包含了也可在李白诗歌中找到的传统元素。

> I wake up early, full of wishes and sadness,
> 早起临轩满望愁,
> In a cold courtyard is the sound of chirping tits to be heard.
> 小园寒雀声啁啾。
> This night wind was blowing and snow falling without an end,
> 无端一夜风和雪,
> The peak of Mountain E'mei became white.
> 忽使峨嵋白了头。⑧

这首诗的韵律是七言绝句或七句,与其相关的是五言绝句。此外,甚至诗行的数目(8行或4行)以及七言和五言也在郭沫若所继承的法则之

---

① 王锦厚、伍加伦:《郭沫若是怎么样走上文学道路的》,前面所引书,第95页。
② 同上,第98页。
③ Guo Moruo. *Kindheit*. Op. cit., p.54. 也可参见黄侯兴:《家在峨嵋画里》,前面所引书,第4—5页。
④ 王锦厚、伍加伦:《郭沫若是怎么样走上文学道路的》,前面所引书,第95页。
⑤ J. Y. Liu. *Chinese Theories of Literature*. Op. cit., p.191.
⑥ Ibid., p.44.
⑦ 龚继民、方仁念:《郭沫若年谱》(上),天津:天津人民出版社,1995年版,第10页。
⑧ 乐山市文管所编:《郭沫若少年诗稿》,成都:四川人民出版社,1979年版,第3页。

列。四行诗与律诗很接近,因为二者有着相同的音调和节奏规则,但是,这种形式的诗有 8 个音节①。诗的前 2 行表达的是一颗年少的心,在一个寒冷的、有着啁啾鸟鸣的院子里,早起后内心充满了希望、期盼和梦想。第 3 行描绘了前夜的雪和风染白了峨眉的美丽景观。通过这样的方式,年轻的诗人表达出了他在春天开始时的那种情感②。早晨的寒冷和景物的描写表明了一种永恒的出现,这种永恒不受作者,处于无助之境的作者的影响。此外,所选取的对象和空间(鸟与山)以及不可掌控的雪与静止的山之间的那种对抗的关系营造出了一种张力。这种张力源自诗歌的平行结构。这些强烈的视觉特征和遥不可及的空间逐渐从小园中伸出到达无垠的山顶。此外,尽管故事从听见鸟的啁啾声到夜间的狂风是变化的,但山及其固定性则象征着某种能使作者心灵平静下来的永恒。

1904 年春时③,郭沫若年仅 13 岁,住在沙湾④。这首诗描绘了一幅早春的景象。诗意的自然景物的描写使读者联想到文学与自然以及唐诗之间的传统关系⑤。在绝大部分的少年诗稿中郭沫若都将自然融入其中。景物描写一方面可使他表达自己的情感,同时还能让他在自己的抒情作品中保留一些客观的成分。四川的自然景物不仅刻画了情感与外在世界之间的反差,而且也反映出了唐代文学对后代的巨大影响。

列举传统的唐诗表明,事实上,郭沫若在诗中提及一个永久存在的历史地(峨眉山),由此构成了艺术作品的可塑性⑥。李白诗《独坐敬亭山》也是对一个真实世界中的人物内心体验的描绘。此外,那一瞬间的视角呈现毫无疑问与郭沫若的《早起》一诗极为相似。

The birds have all flown to their roost in the tree,
众鸟高飞尽,

---

① J. E. Kowallis. *The Lyrical Lu Xun. A Study of his Classical-style Verse*. Honolulu:University of Hawai'i Press, 1996, p. 56.
② 龚继民、方仁念:《郭沫若年谱》(上),前面所引书,第 11 页。
③ 同上。
④ Currently known as *Shawan* 沙湾区 district of Sichuan province 四川省 under the administration of the city of *Leshan* 乐山。
⑤ O. Lomová. *Čítanka tangské poezie* (*Textbook of Tang Poetry*). Praha:Univerzita Karlova, 1995, pp. 21–28.
⑥ Ibid., p. 28.

The last cloud has just floated lazily by;
孤云独去闲。
But we never tire of each other,
相看两不厌,
As we sit there together - the mountain and I.①
只有敬亭山。②

李白诗《独坐敬亭山》中使用鸟与山的意象不仅在主题上与郭沫若诗相关联,而且也与景物构成了一种平行的关系。至于主题方面的相似,李白的另一首诗《静夜思》则更加值得注意。

I wake, and moonbeams play around my bed,
床前明月光,
Glittering like hoar-frost to my wondering eyes;
疑是地上霜。
Up towards the glorious moon I raise my head,
举头望明月,
Then lay me down——and thoughts of home arise.
低头思故乡。

当将这些诗与郭沫若诗相比较时,它们在主题上的、形式上的、结构上的以及构成上的相似性是不容置疑的。孩提时的郭沫若一定知道第二首诗,但也很可能对李白的第一首诗非常熟悉。然而,《早起》描绘的是一种瞬间的印象,而非一种如李白诗那样对恒久状态的描写。而且,郭沫若诗描绘的瞬间不会如李白诗的视觉呈现或他所描绘的山间景物那样持续很长的时间。

王夫之(1619—1692)③认为,每一首诗所呈现的"都是一系列变化的

---

① H. A. Giles. *Gems of Chinese Literature*. Shanghai: Kelly & Walsh, Ltd., 1923, p.78. The poem's title in this translation is "Companions"。

② 舒芜编:《李白诗选》,北京:人民文学出版社,1955年版,第137页。

③ Well-known philosopher of late Ming and early Qing Dynasties.

印象,没有哪一首诗包含的是单一的、不变的'意思'"①。然而,在《早起》一诗中,郭沫若只勾画了一种视觉印象,一幅画面,而非一个故事。

假如我们将这些诗之间的细小差别看作是不同内心经历的表达,假如它们所呈现的是内心自我与外部世界之间的某个世界,那么我们确实应该好好思考思考王夫之的这些话:"情是阴与阳之间的活动;物是在天与地(景)之间成长起来的东西。当这种阴、阳间的活动在人的内心产生时,就会有在天、地之间成长起来的东西从外在世界对它予以回应……"②

情与景

李白诗与郭沫若少年诗稿的不同表明,自然景物常会生发作者的诗意行为③。在王夫之的文艺批评文章中他用语言这样描绘了自然对诗歌的重要影响:"……只有通过写景来达情,你才能成功地、毫不费力地表达出你身体和头脑的特别经历。"④

此外,严羽也在他写于12世纪的《沧浪诗话》中指出,复杂的情感和内心的沉思只有通过短小精悍的诗才能表达出来⑤。只有那些最重要的事才能通过诗加以表达。⑥

通过这样的方式,李白的短诗表达出了自然与个人情感相互交织的复杂思想,正如王夫之所指出的:"音调是一致的。李白诗《古风》的第三、四两行试图传达一种感觉,但其中对景物的描写却又非常唯美,这就是所谓的一箭双雕,是最高的写作技巧。"⑦进一步比较郭沫若少年诗稿可以推断出,尽管郭诗对自然的描写受到他之前的那些诗人的直接影响,但即使是郭沫若写于孩提时代的那些诗歌,也与这些诗有着不同,他的少年诗稿跟唐诗的形式一样丰富。"(在王夫之看来)最好的诗源自对外部世界的视觉体验,源自对韵律的运用,而非刻意的设计。"⑧

---

① Siu-Kit Wong. "Ch'ing and Ching in the Critical Writings of Wang Fu-chih" In A. A. Rickett ed. *Chinese Approaches to Literature from Confucius to Liang Ch'i-ch'ao*. New Jersey: Princeton University Press, 1978, p. 140.

② Ibid.

③ Ibid., p. 122.

④ Ibid., p. 124.

⑤ J. Y. Liu. *Chinese Theories of Literature*. Op. cit., 1975, pp. 39–40 & pp. 132–133.

⑥ Ibid., p. 37.

⑦ Siu-Kit Wong. "Ch'ing and Ching in the Critical Writings of Wang Fu-chih". Op. cit., p. 126.

⑧ As cited from Wang Fuzhi, from Siu-Kit Wong. "Ch'ing and Ching in the Critical Writings of Wang Fu-chih". Op. cit., p. 138.

在《少年时代》的前几章中，郭沫若描绘了他时常听到哥哥背诵古文来学习作诗的法则①，同时也让自己学会作诗②。而且，《少年时代》的叙事者与他的哥哥同时上家塾。1905 年春，14 岁的郭沫若作了一首《正月四日茶天岗扫墓中途遇雨口占一律》(On the Fourth Day of the First Month Composing a Regulated Verse③ whilst Getting Caught in the Rain Halfway to Grave Tending④ in Chatiangang⑤)，描绘了扫墓途中遇雨的经历。这是一首五言律诗(five-character regulated verse)。⑥

The mountain mass is overcast by mist,
山体素凝雾，
Traces of bluish-green moss break through the haze.
苔痕碧入烟。
Raspberries and treetops are opening in the rain,
蓬松头上发，
And slowly leaking through, as if felt.
渗透已如毡。⑦

尽管情节本身在整首诗中举足轻重，但它受到了这首诗的后半部分所描写的自然景物的影响。因而，这首诗的前 2 行描绘了一种相互矛盾的情景，这种情景使人产生了一种对未知事物的恐惧感，而后 2 行则营造出一种平静的气氛。更为重要的是，这首诗描绘的不仅仅是一种视觉感受，诗的用词营造出一种矛盾以及从熟悉到未知、从主动到被动的变化。前面 2 行引起变化，但用词的选择如"渗"则让读者的情绪平静下来。静物的连续性和变化的事物的非连续性表达出了一种如文本叙事所描绘的那种对变化着的世界的主观感受。

---

① Guo Moruo. *Kindheit*. Op. cit., p. 46.
② Ibid.
③ 律诗。
④ 中途。
⑤ Literally meaning "Tea-sky-hill", a place in Sichuan.
⑥ J. E. Kowallis. *The Lyrical Lu Xun. A Study of His Classical-style Verse*. Honolulu：University of Hawai'i Press, 1996, p. 110.
⑦ 郭沫若：《郭沫若少年诗稿》，成都：四川人民出版社，1979 年版，第 5 页。

一种稍微不同的情绪在郭沫若1908年作的《咏佛手柑》(An Ode on Buddha's Hand)一诗中通过对景物的描绘得以表达出来。诗的前2行描绘了一种与绿色景物相对应的秋天的颜色和味道,而在后2行中诗人指出,即使年老了,仍有绿色的元素存在,就如同世界处于和谐之中,如同一切事物皆美好一样。诗的形式与唐诗的七言律诗或七律相同,然而,当把它与中国文学中的其他经典诗歌相比较时,年轻的郭沫若的个人表现力则显而易见了。诗的最后2行,即第7、第8行抓住了读者的注意力,让人想起著名诗人杜牧(803—852)的诗和孔子《论语》中的语句。非常有意思的是,"霜叶经秋颜更绿"(During autumn the colours of frozen leaves are still green)①这行诗与杜牧《山行》(Travelling in the Mountains)中的"霜叶红于二月花"(The leaves after early frost are as crimson as the flowers of the second month)②很相近,尽管这2首诗所描绘的颜色和味道稍有不同,但二者在组成成分、结构和词语的选择上的关联却是显而易见的。

《咏佛手柑》的最后1行"岁寒松柏莫须夸"③(When year grows cold we see pine trees and cypresses, nothing fades)可与孔子的"岁寒然后知松柏之后凋也"④(Only when the year grows cold do we see that the pine and cypress are the last to fade)⑤相比。此外,这2首诗表达的主题都是中国诗歌的传统主题。根据中国美学,"四季"在中国诗歌中增加了对自然的韵律感和抽象感,它们因此而将诗与现实联系起来,这对于抒情诗的创作是至关重要的。⑥

亚里士多德对"艺术"下的定义是,"艺术是对自然的模仿"(art imitates nature)⑦。像贝特教授这样的研究者认为,在古欧洲诗歌中,作者与现实之间的传统关系不在于对艺术本身感兴趣⑧。然而,自然是最重要

---

① 郭沫若:《郭沫若少年诗稿》,前面所引书,第5页。
② 叶莽:《中国文学》(古代诗歌卷),北京:中国文学出版社,1999年版,第198—199页。
③ 郭沫若:《郭沫若少年诗稿》,前面所引书,第16页。
④ Original text see in D. C. Lau. *Confucius. The Analects*. Hong Kong: The Chinese University Press, 1983, p. 84.
⑤ Arthur Waley trans. *The Analects of Confucius*. London: G. Allen & Unwin, Ltd., 1964, p. 144.
⑥ O. Lomová. *Čítanka tangské poezie* (*Textbook of Tang Poetry*). Op. cit., 1995, p. 27.
⑦ W. K. Wimsatt. *Literary Criticism. A Short History*. New York: Alfred A. Knopf, 1966, p. 26.
⑧ W. J. Bate. *From Classic to Romantic, Premises of Taste in Eighteenth Century England*. New York: Harper Torchbooks, Academy Library, 1965, p. 187.

的。中国的传统将自然定义为"无为自然"(something one should not intervene in)①,对自然景物的描写在于试图接近对自然的这个定义,从而表达出作者某一时刻的自我。②

刘若愚认为:"……,将对诗歌的新的理解作为一种自我表达的方式。"③这种观点,这种认为诗能表达情感和愿望的观点也可见于刘勰(465—522)的《文心雕龙·明诗》(The Literary Mind and the Carving of Dragons, Chapter Mingshi)中④。因此,郭沫若与诗学大家们之间的差别,或许可以从外部世界的变化或者诗人们对它的感知中推测出,从而对内心自我与外在世界之间的、情感与景物之间的或者诗与现实之间的张力的重要性予以重视。

二十世纪初的一颗童心

在艺术史上,一种艺术形式取代另一种艺术形式是很常见的,而且这些艺术形式往往彼此间是互相矛盾的。20世纪初,中国正寻求反对旧体制的方式,表现主义以同样的方式对印象主义和新艺术发起了挑战。在中国,这种历史性的对抗模式或许可在与传统的哲学流派的遭遇中看出。这些对立在某种程度上反映在儒学异端李贽(1527-1602)的文本中⑤。他的文学批评表现理论"童心说"据说受到佛教⑥和新儒学哲学家⑦的影响。更为重要的是,与孟子(372 B. C.—289 B. C.)一样,他也鼓励对失去的本性的寻找,推崇寻求一颗单纯的、未被忽略的心,一颗只有孩子才有的心。⑧

---

① J. Y. Liu. *Chinese Theories of Literature*. Op. cit., p. 30, p. 36 & p. 39; O. Lomová. *Čítanka tangské poezie* (*Textbook of Tang Poetry*). Op. cit., p. 22.

② J. Y. Liu. *Chinese Theories of Literature*. Op. cit., p. 39.

③ J. Y. Liu. *The Art of Chinese Poetry*. Taibei: Shulin chuban youxian gongsi, 1962, p. 76.

④ Liu Xie. *The Literary Mind and the Carving of Dragons*. Vincent Yu-Chung Shih trans. New York: Columbia University Press, 1959, pp. 31-32.

⑤ S. Wilfried. Die kritische Philosophie des Li Zhi (1527-1602) und ihre politische Rezeption in der Volksrepublik China (*Critical Philosophy of Li Zhi and Political Perception in the People's Republic of China*). Weisbaden: Otto Harrassowitz, 1984, pp. 5-7.

⑥ Ibid., p. 5.

⑦ Marián Gálik. "The Concept of Feeling in Chinese, English and German Literary Criticism". *Neohelicon*, Vol. X, No. 1. Budapest: Akadémiai Kiadó, 1983, p. 125.

⑧ S. Wilfried. Die kritische Philosophie des Li Zhi (1527-1602) und ihre politische Rezeption in der Volksrepublik China (*Critical Philosophy of Li Zhi and Political Perception in the People's Republic of China*). Op. cit., pp. 148-153.

尽管年轻的郭沫若的少年诗稿显而易见受到传统的启发,但它们同时又与传统相矛盾,并对传统发起了挑战。因此,这些诗很好地反映出了郭沫若年幼的心灵,因为它们比他的那些前辈榜样们似乎更表达出了一种独特的感知。这种表达感觉的方式不仅出现在郭沫若的少年诗稿中,同时,在一定程度上也体现在他的自传体作品中。

在《少年时代》中叙事者第1次明确地表达了他自己的感情:"我的母亲爱我,我也爱她。"这种爱,或者儿子与母亲之间的特殊关系,在《少年时代》中传达出一种忧郁或者忧伤感,这种感情也在自传的最后一部分,当年轻的郭沫若与他母亲分别时可见。事实上,郭沫若是在21岁时真正离开家乡到日本去学习的①。他的母亲试图说服他:"八儿,你要听娘的话。娘已经老了,你不要又跑到外洋去罢!"②这种戏剧性的时刻也在他作于1912年的3首诗《舟中偶成》(*Casually Composed on the Boat*)中有所描写,其中第2首最让人感兴趣,因为这首属于少年诗稿之一的诗歌,描写的是他的母亲。并且,这首诗也以《休作异邦游》(*Happily Going to an Exotic Land*)为题收录在《郭沫若全集》中。③

  Old mother's soul was mourning,
  老母心悲切,
  As she was sending her son off on a boat.
  送儿直上舟。
  [She] wiped withered tears from [her] eyes,
  泪枯维拭恨,
  The banquet being put up, there was no way to glance back.
  席挂未回头。
  Each sound of flutes was full of sadness,
  风笛声声恨,
  Weeping of apes everywhere evoked the feeling of melancholy.

---

 ① 卜庆华:《〈郭沫若少年诗稿〉订补》,载《娄底师专学报》1985年第3期;唐明中、康鉴:《郭沫若少年诗稿浅谈》,载《郭沫若研究专刊》,四川大学出版社,1979年版,第56—58页。

 ② Guo Moruo. *Jugend*. I. Schäfer trans. Frankfurt a. M., Insel, 1981, pp. 186-187; Guo Moruo: *Shaonian shidai*, pp. 292-293.

 ③ 郭沫若:《郭沫若全集》(第2卷),北京:知识产权出版社,2004年版,第448页。

啼猿处处愁。

It is hard to forget the language of the Yangtze riverside,

难忘江畔语,

I am cheerfully①rising up and travelling to an exotic land.

休作异邦游。②

为了用五言律诗这种形式来表达他的感情,郭沫若如他以前那样对自然景物进行了描写。然而,似乎(诗中所讲述的)故事远比自然景物更重要,尽管最后一行是乐观的,但那些描写出来的自然景物却相当悲伤。

然而,在他到达异邦之前,他在第6行中却表达了一个有趣的时刻。猿猴的高声啼叫也在高适(702—765)诗《送李少府贬峡中,王少府贬长沙》的第3行"巫峡啼猿数行泪"(Crying of apes in Wuxia Gorge accounts for the tear-streaks)③中提到。这种戏剧时刻使得视觉效果更加形象生动,同时也更为悲伤。因而,在郭沫若的《少年时代》中,尤其是当他母亲出现时,郭沫若向读者展现出了用以表达他的忧郁的成分。

表达忧郁或忧伤是中国文学的典型④。在唐明中和康鉴看来:"《早起》一诗却是写的峨眉山的'愁'。这一'笑'一'愁'都反映了郭老幼小心灵里诚挚的'惜春'之情。"⑤在美国学者寇志明(Jon Kowallis)研究鲁迅写于1907年的文章《摩罗诗力说》(*On the Power of Mara or Satanic Poetry*)的文章中,他认为那些忧郁的成分可能也表明了一个民族的社会状况:"……当他们意识到自己被隔离、被抛弃时,那些喜好思考的人如何对自己不能掌控的状况做出反应呢?其中之一就是忧郁和……。我认为,这也是对鸦片战争之后中国所面临的现实处境的一种合乎情理的反应。"⑥

根据李贽和他的文学理论,我们的生活始于少年时代,它是我们心灵

---

① Character 休 may also mean the same as xi 喜, according to *Chengyu diangu* 成语典故 *Idiomatic Dictionary*, 沈阳:辽宁教育出版社,1988 年版,第 1002 页。

② 郭沫若:《郭沫若少年诗稿》,前面所引书,第 53—54 页。

③ *Gao Shi quanji* 高适全集:〈www.lvsetxt.com/ebook/shici/73723.html〉(17.2.2012);〈www.shigeku.com/xlib/lingshidao/gushi/gaoshi.htm〉(17.2.2012)。

④ W. Kubin ed. *Symbols of Anguish*: *In Search of Melancholy in China*. Bern: Peter Lang, 2001.

⑤ 唐明中、康鉴:《郭沫若少年诗稿浅谈》,前面所引书,第 56 页。

⑥ J. E. Kowallis. "Melancholy in Late Qing and Early Republican Era Verse". Op. cit., p. 290.

的自然的、单纯的源泉。这种单纯是我们真实的本性,是真理①。这篇文章中所分析的郭沫若少年诗稿中的那些成分均从过去那些诗人大家中所借鉴,然而,对这些成分是如何言说,又是如何对现在加以表现的是极为重要的②。遵从自己少年时代的内心或本性,他对母亲之爱所表达的文字,或者那种忧郁感,使得郭沫若诗歌确确实实非常独特,它们甚至很好地反映出了中国历史上过去时代所发生的那些真实的史实。

结语

郭沫若因为其作品中所表现出的个人主义和浪漫主义思想,同时也因为他的叛逆个性而出名,但他的作品同时也清晰地反映出他所生存的整个时代,那个"突然陷入冲突和喧嚣的时代"③的情况。

郭沫若的少年诗稿反映了作者对外在世界的感知,他自己把他创作于1919年五四运动之前的那些作品评价为"相当的平淡、简单,没有多少价值"④。然而,(笔者)却很难认同他的这个自我评价。他的少年诗稿不仅源自那些与典型的情与景相关的古典诗歌,同时也暗含了个体的情感表述,与他孩提时学的那些古典诗歌是不同的,将它们看作是他年幼心灵的独特理想和愿望或许更恰当些⑤。由于成长在中国革命时期(1911年),他的诗歌中呈现出在对景物进行传统的描写时所充满的忧伤感和忧郁感的那种瞬间印象。在郭沫若年轻时代的后期,当他在1919—1927年间翻译歌德的《浮士德》第1部分时,正是表现派在德国的极盛时期,之后是印象派,郭沫若倾向于认同印象派的观点:"那一派的人有些是崇拜歌德的,特别把歌德的'由内而外'(Von Innen nach Aussen)的一句话做为了标语。

---

① S. Wilfried. Die kritische Philosophie des Li Zhi (1527–1602) und ihre politische Rezeption in der Volksrepublik China (*Critical Philosophy of Li Zhi and Political Perception in the People's Republic of China*). Op. cit., p.149.

② J. E. Kowallis. Op. cit., pp.293–294.

③ M. Doleželová-Velingerová. Op. cit., p.45.

④ David Tod Roy. "Kuo Mo-jo: The Pre-Marxist Phase, 1892–1924". *Papers on China*, No.12. Harvard University, East Asian Research Center, 1961, p.105.

⑤ According to a definition of expressionist elements in poetry as argued in B. Zeller's "Preface" to *Expressionismus*, *Literatur und Kunst* 1910–1923. Stuttgart, 1960: "The poets of expressionism are not only representative for their own era; other literary trends are parallel [with expressionism] [...]. Expressionism is not a question of art form, it is rather at the same time an expression of a new attitude to life."

在把《浮士德》第一部译过了之后的我,更感觉着了骨肉般的亲热。"①

很遗憾郭沫若失去了他的"童心"。他是那些没有能如歌德那样,在自己年近80高龄时还写下如下诗行,回归自己本根的人之一。

  I nothing had, and yet enough for youth—
  我是一无所有而又万事具足,
  Joy in Illusion, ardent thirst for Truth.
  我向真理猛进又向梦境寻乐。
  Give, unrestrained, the old emotion,
  请整个地还我那冲动的本能,
  The bliss that touched the verge of pain,
  那深湛多恨的喜幸,
  The strength of Hate, Love's deep devotion,—
  那憎的力量,爱的权衡,
  O, give me back my youth again!②
  还我那可贵的,可贵的青春!③

六、郭沫若诗歌中表达的变化与变化的表达

巴巴拉·巍白碧的文章《郭沫若诗歌中表达的变化与变化的表达》发表在《灵的文学:中国与圣经的创作及其互动》上④。为了试图描绘出20世纪中国年轻的知识分子们寻找新的、现代的表达方式,文章详细审视了郭沫若早期和晚年的诗歌创作。更重要的是,文章将其表达形式的发展变

---

① Marián Gálik. "The Expressionistic Criticism of Kuo Mo-jo". *Bulletin of the Tokyo Sinological Society*, No. 13. Tokyo, 1967, pp. 2-14. 中文原文可参见《郭沫若全集·文学编》第12卷,前面所引书,第66页。

② J. W. Goethe. *Faust*. Bayard Taylor trans. Penn State Electronic Classics Series, 2005 (originally translated in 1871), p. 17.

③ 歌德著,郭沫若译:《浮士德》,上海:现代书局,1929年版,第15页。

④ Barbora Vesterová. "Changing the Expression and Expressing the Change in Guo Moruo's Poetry" In R. D. Findeisenand & M. Slobodnik eds. *Talking Literature. Essays on Chinese and Biblical Writings and Their Interaction*, Vol. 99. Wiesbaden: Harrassowitz Verlag, 2013, pp. 195-208.

化与歌德晚年创作的著名作品《玛利浴场哀歌》做了尽可能的平行研究①。特别的是,本文分析中所涉及的对象在类型上是不同的,这主要是由于时空的不同所造成的。然而,本文借鉴比较文学的平行研究法,将歌德和郭沫若联系在一起,分析他们晚年的诗歌创作中的形式和内容,却给我们提供了一种关于他们诗意的自我是如何与外界遭遇的解读。作者在作品中使用了传统的语言形式没有?他们年老时的内在自我的表达方式有多大程度的不同?他们的诗与他们自己的以及周遭世界的时空之间存在什么样的关系?②

在"郭沫若少年诗稿中内在与外在世界间的变化关系"③一节中,作者与上一篇文章一样,论及郭沫若在《少年时代》中谈到自己对唐朝诗人王维、孟浩然、李白、柳宗元和东晋诗人陶渊明诗歌的喜爱。他自己的早期诗歌创作在总体上说来毫无疑问也受到了唐朝"绝句"和"律诗"的影响。作者列举了《早起》一诗为证:

> 早起临轩满望愁,
> 小园寒雀声啁啾。
> 无端一夜风和雨,
> 恶使娥眉白了头。

作者认为,这首旧体诗介于古典与现代之间。通过运用传统的描绘四川风景的诗学传统,年轻的郭沫若刻画出了他的情感与外在世界之间的矛盾。对他年少的心和对自然的描写于是融为一体。而且,诗歌的意象集中在描写早晨的自然景观,这让人想到文学与自然之间的传统关系,特别是

---

① "In order to describe their attempts on finding novel, modern ways of expression, this article looks more closely on Guo Moruo and the poetical writings composed in his early as well as advanced age. More importantly, development of his forms of expression will be studied in respect to possible parallels with the later poetical work of Goethe, his famed *Marienbad Elegy*". Barbora Vesterová. "Changing the Expression and Expressing the Change in Guo Moruo's Poetry". Op. cit., p.196.

② "However, with respect to the parallels drawn between Goethe and Guo Moruo in comparative literary studies, analysis of forms and contents of their later poetical writings nevertheless provides us an idea of how their poetical selves encountered the outside world." Ibid., p.196.

③ "Changing Relationship Between the Inner and Outer Worlds in Young Guo Moruo's Poetry". Ibid.

唐诗的风格。尽管郭沫若的《早起》一诗不及唐诗的价值，但是它具有自然、情感、主观表达等唐诗的特征。因而，当我们分析这首诗的时候，读者可能会想到严羽的观点：诗是对个体情感和自然的吟咏。外在世界与内在世界是相关联的。内在的愿望能自然地找到一些相关的外在形式或行为。在传统中国，个体及其情感由是能反映外部世界，甚至影响政治和宇宙的秩序。①

在分析的这首郭沫若早期诗歌中，自然与自我的关系与其成人后所作的诗歌中自然与自我的关系有很大的不同。在诗集《女神》中，正是歌颂的主要对象"我"创造出了郭沫若的中国现代主义的版本，鼓舞了后代诗人如冯至。这个主观的自我，受到西方哲学和开始于浪漫主义作家继而是德国的表现主义作家的文学发展的影响，是一种对周遭世界施加影响之现实的新形式。作者列举了《晨安》一诗。

作者指出，这首诗中由于对外来词语和自由体诗形式的使用，西方文学的影响是非常显而易见的。20世纪初中国社会和政治的变化导致了中国文学向以胡适的文学主张为根本的变化，如务必去除滥调套语，不避俗字俗语等。郭沫若言说形式的创新意味着从中国传统诗歌所鼓励的形式到东西方文学传统相结合的表达形式的变化。而且，这样一种通过诗学传统和向整体，如"大海"、"旭光"、"鲜血"等象征体所呈现出的新、旧世界的结合，构成了一种被沃尔夫冈·顾彬（Wolfgang Kubin）称作"新象征主义"或"虚构的现代"的可视化。②

在"郭沫若少年诗歌在20世纪中国和19世纪德国歌德哀歌中的内在沉思语境"③一节中，作者指出，从美学的视角看，诗人言说的形式表明了他对外在世界的看法以及他与外在世界的关系，并由此可使其定义他内在

---

① "The individual and his feeling in traditional China can thus reflect on the outside world or even influence its political and cosmic order." Barbora Vesterová. "Changing the Expression and Expressing the Change in Guo Moruo's Poetry". Op. cit., p. 198.

② "Guo Moruo's innovative form of speech means a change in expression from the one inspired by Chinese classical poetry towards a combination of western and eastern literary traditions. Moreover, such a connection between the old and the new world represented by poetic conventions and symbols, such as 'the sea', 'sun', or 'blood' constitutes a visualization, called 'new symbolism' or 'mythological modern' by Wolfgang Kubin." Ibid., pp. 199-200.

③ "Contexts of Inner Contemplations in Young Guo Moruo's Poems in 20th Century China and of Goethe's Elegy in 19th Germany". Ibid.

的存在。作者尝试着比较抒情主体与外在客体之间的关系,并以少年郭沫若的诗歌 Venus 为例分析了其形式与用词:

> 我把你这张爱嘴,
> 比成着一个酒杯。
> 喝不尽的葡萄美酒,
> 会使我时常沉醉!
>
> 我把你这对乳头,
> 比成着两座坟墓。
> 我们俩睡在墓中,
> 血液儿化成甘露!

与《女神》中的其他诗一样,诗中的抒情主体"我"起着关键的作用,但表现主义者的影响也通过将女性的乳头比作"两座坟墓"而体现出来。更为重要的是,即便年轻的郭沫若明显是在使用新的语言"白话文",但至少在主题方面他没有完全独立于中国的诗学传统。而且,汉诗中通常使用的主题如"美酒"、"花蜜"、"酥胸",甚至"坟墓"等也给了作者一定的自由以表达自己与中国传统一致的情感。汉诗中这种表达形式的连续性仅通过"时常"一词或一种抽象的、诗意的感觉"不竭地"得到加强。这些元素使得诗无损而纯洁,独立于变动不安的外在现实。而这,又让我们想到歌德诗歌中内在自我的力量与纯洁性。对此,沃尔夫冈·普里斯丹日(Wolfgang Preisedanz)是这样描绘的:"语言形式的力量表明了一种经验的范式,在那里,才开始出现的东西与反复出现的东西结合在了一起。"①

因而,郭沫若最早的诗集中《女神之再生》的开头引用歌德的《浮士德》中"神秘的合唱"的最后几行是一点也不足为怪的:

---

① "Such continuity of the Chinese forms of expression is only strengthened by the word *shichang*, meaning 'often, frequently, now and again' or in an abstract poetic sense 'inexhaustible'. These elements make the poem intact and pure as it is independent from the ever-changing outside reality. Once again it reminds us of the power and purity of inner self in poems of Goethe, which Wolfgang Preisedanz depicted with the following words: 'power of language forms points to a paradigm of experience, where that what begins and that what recurres conjoins.'" Barbora Vesterová. "Changing the Expression and Expressing the Change in Guo Moruo's Poetry". Op. cit., p. 201.

  一切无常者
  只是一虚影；
  不可企及者
  在此事已成；
  不可名状者
  在此已实有；
  永恒之女性
  领导我们走。

  正如比较文学家马立安·高利克60年代指出的那样，也正是多亏了歌德与西方的表现主义者，中国的学者文人才开始不仅着重于模仿，同时也关注内在自我的表达。而且，对环境的主观操控的创造性的连续，以及短语、传统的修辞、谚语等的格式化，也可在郭沫若的诗歌中见出。作者着重分析了歌德最后的作品，创作于1823年的《玛利浴场哀歌》的3个诗节，即第3诗节、第8诗节和最后一个诗节。

  白昼怎么不鼓起迅捷的羽翼，
  分分的光明仿佛都逼着赶来！
  黄昏底吻，一个忠实结合的印记，
  纵使当着明日的太阳，它也存在。
  时辰彼此相似，在温柔游荡，
  姊妹般，却又不完全相像。

  在此节中，诗人对时间飞逝到黄昏之吻作了主观的描写。这样，诗人内在与外在的世界被诗人个体的经验明显地分割。同时，相互关联的象征体与诗人的意识的体系为诗歌整体的情感背景做了铺垫。在该诗第8诗节中，诗人周遭的世界成了他内在自我的一部分，使其在质和张力上都发生了演化。换句话说即是，这位18世纪的浪漫诗人显而易见地将其从一个景物的被动接受者转换成了景物的主要源泉。①

> 可是你只可以在瞬间把牢
> 一个空中的幻影来替代她；
> 回到心里来吧,心里更容易得到,
> 在心里,她在许多形象中演化
> 一个人演变成无数的形象,
> 越变越可爱,千番百样。

作者认为,在这样一种形式的诗中,是可以发现在对一些永恒的法则进行沉思时那种哀伤的令人想要对其给予安慰的情感的。当年老的歌德沉浸在自己的心事中,如同在找寻一种深层的意义那样,不忧郁几乎是不可能的。②

> 一切属于我,我自己却已失落,
> 我曾经是群神的爱宠。

在《玛利浴场哀歌》的最后一节,歌德将其关注给了外在的世界,不是乌尔里克(Ulrike von Levetzow):

> 永远前进吧！你们的世界没有关闭,
> 地也广,天也伟大庄严；
> 他们观察、研究,事事搜罗,
> 自然的神秘被你们摸索。

---

① "Thus, the inner and external worlds of the poet are divided very clearly by his personal experience. At the same time, the system of interrelated symbols and author's awareness paves the way to the emotional landscape of the whole poem.... In other words, it becomes evident that the romantic writer of the 18th century had transformed from the passive receptor of pictures to their primary source." Barbora Vesterová. "Changing the Expression and Expressing the Change in Guo Moruo's Poetry". Op. cit., p. 203.

② "Moreover, in such a form of poetry, the emotion finds consolation in the contemplation of some permanent princiles. It is almost impossible not to sense melancholy of the lyrical subject, when elderly Goethe devotes himself to his own heart affairs as if searching the deepest meaning." Ibid., p. 204.

诗人用了"天"和"地"两个象征体来表明他的爱与忧郁的本质。更重要的是,诗人将自己的感受转变成了一个意象,将无形入有形。

在"晚年郭沫若作品在表达形式上的变化,但仍与传统相关联"①一节中,作者指出,尽管郭沫若在其晚年创作的作品中仍然提及自然,但已经分析的《女神》中的这些让人想到"魏玛古典文学"或者其他的德国文学作品的成分已经在他的晚年作品中找不到了。正如郭沫若自己在《创造十年》中所说的那样,他的第1段是"五四"的泰戈尔时期,值得引起最多的关注。但对于自己的第3段,他甚至没有称自己是个革命作家,而仅只是一个"韵文的游戏者"②。这是因为在歌德创作正在分析的《玛利浴场哀歌》和他最伟大的作品《浮士德》的岁月里,郭沫若却在写作一些关于旅行或者政治的诗。70 岁时他写了一首题为《看渔民出海》的诗③。诗是以描绘自然环境开始的:"珊瑚满岸布云霞"。在该诗中郭沫若甚至提到了"童心",这让人联想到儒家异端分子李贽和他论真文学的理论。根据李贽的观点,我们的生活始于童年,它是我们心灵自然而简单的源泉。这种简单就是我们的真心。

然而,郭沫若诗中的"童心"与李贽的理论不同,它仅仅只是诗的一个背景,为衬托那些显而易见更为重要的东西:

  到此赞皇曾望阙,
  笑他坡老苦思家。
  童心喜入金银岛,
  鹞眼惊看宝石花。

例如,诗中的嘲笑"苦思家"(hard thinker),将由现代的词语与中国诗

---

① "Late Guo Moruo's Writings Change in Forms of Expression, but Stay Connected to Tradition". Barbora Vesterová. "Changing the Expression and Expressing the Change in Guo Moruo's Poetry". Op. cit.

② 作者的说法与郭沫若在自传体作品《创造十年》中的自述有出入,可能是记错了。原文如下:"我的短短的做诗的经过,本有三四段的变化。第一段是太戈尔式,第一段时期在'五四'以前,做的诗是崇尚清淡、简短,所留下的成绩极少。第二段是惠特曼式,这一段时期正在'五四'的高潮中,做的诗是崇尚豪放、粗暴,要算是我最可纪念的一段时期。第三段便是歌德式了,不知怎的把第二期的情热失掉了,而成为韵文的游戏者。我开始做诗剧便是受了歌德的影响。"可参见《郭沫若全集·文学编》第12卷,前面所引文,第65—66页。本书作者注。

③ 郭沫若这首诗创作于1962年2月3日。本书作者注。

学传统之间产生的对照进一步推到了读者关注的焦点之中。在此意义上，诗人写下了最后两行①：

欲伴渔民浮海去，
欢迎春节出天涯。

这2行诗仅只强调了内在经验和外在事件之间的边界。与歌德的《玛利浴场哀歌》相比，郭沫若想要融入发生在其自我世界之外的事件中的尝试创造出了一种孤独感，因为作者避免提及他内在的经验和看法。

而且，郭沫若从如此远的距离来处理传统的抒情主题的方式也意味着要在他晚年的作品中，在他自己的，或者甚至是中国传统的诗学间找到平行是相当困难的。他晚年创作的这些作品也因而有助于读者发现他早期作品与晚期作品之间的差别，这些晚期的作品构成了一种与所谓的"纯"诗和政治诗之间差异的对比。在郭沫若晚期的作品中，个人的经验与个体对这些经验的表达是缺席的。②

然而，如果就这样得出结论说晚年郭沫若无论怎样都没有再回归他的少年时代是极不客观的。60年代早期，他的确创作了一些有关传统中国及其文学传统的散文。而且，在1969年，郭沫若也开始翻译英诗，这些诗后来成为《英诗译稿》的一部分③。译稿中一首查尔斯·狄更斯的"Wind

---

① "However, in contrast to Li Zhi's theories, the young heart in Guo Moruo's poem is only but a background for clearly more important elements...Laughing at the *kusijia* (hard thinker) in the middle part of the poem, for instance, moves the contrast created between modern wording and the Chinese poetic tradition ever more to the core of the reader's attention. In this sense, the last two verses only but strengthen the border between the inner experience and the outside events." Barbora Vesterová. "Changing the Expression and Expressing the Change in Guo Moruo's Poetry". Op. cit., pp. 205-206.

② "What is more, Guo Moruo's way of dealing with the traditional lyrical subject from such a distance also means it is very hard to find parallels with his own, or rather the Chinese traditional poetics in his late writings...Accordingly, in Guo Moruo's later works private affairs and their expressions are absent." Ibid., p. 206.

③ 1969年三五月间，郭沫若选译的《英诗译稿》经女儿郭庶英和郭平英整理，于1981年由译文出版社的编辑以日本学者山宫允先生编译的《英诗详释》中的日注为参考，并由李赋宁教授修改订正后出版。该译稿共选译了英国诗人的诗歌50首，大致是按诗歌歌咏的主题，如春天、生命、花、月、树、鸟、战争等进行分类的。从保留于译文后的8处批注，即附于译诗后的"附白"来看，这些诗并没有经过郭沫若严格的选择，有的诗他很喜欢，有的则不那么欣赏。但这些批注，尽管文字简短，却能形象地反映出晚年郭沫若对于诗歌创作的独特见解。本书作者注。

Rose"，被郭沫若译作《风中蔷薇花》。在完成这些翻译后，他于 1971 年出版了《李白与杜甫》。尽管这些作品可能会引导读者得出这样的结论，认为郭沫若年老的时候，头脑变得清醒了，但是要认为他想要利用李白和杜甫这两位中国诗人或者英国诗人来表达自己的感情，就仅仅只能算是一种推测。当然，是可以得出这样的结论的，那就是，郭沫若在每一个创作的时期，他的作品都契合了社会和政治的立场，而非站在与其相反的对立面。①

　　文章的"结语"部分指出，通过上述各种诗歌作品的分析，尤其是在与歌德比较后可以显而易见地发现，晚年郭沫若的创作远没有关注自己丰富的内心世界。他的作品与外在世界相关联到如此的程度以致于读者可能会说郭沫若的诗学发展是以他迅速而有技巧地适应那个时代广泛流行的政治潮流为标志的。然而，尽管在讨论的两位老年诗人之间存在着巨大的文学代沟，通过透视歌德之眼似乎可以看出，郭沫若的翻译和文章都显示出了他需要为自己早期的兴趣和经验寻求表达之法。问题仍然是，是否郭沫若晚年的诗歌，或者甚至他论述中国传统诗人的作品和译著都应该被视作是一种"瑕疵"（das Fehlerhafte）、一种不足呢？②

七、男性化诗学的跨国产儿：郭沫若的《女神》

　　《男性化诗学的跨国产儿：郭沫若的〈女神〉》是密执安大学的 Meng Liansu 2010 年的博士论文《地狱探戈：性别政治与中国现代诗歌，1917—

---

　　① "He did devote some prose writings to the theme of traditional China and her literary tradition during the early 1960s.…Although these works may lead to the conclusion that when older, Guo Moruo became clear-headed, but claiming that he wanted to use these two Chinese poets or the English ones in order to express his own feelings, would be a mere speculation. It is certainly possible, though, to claim that in each of his creative periods Guo Moruo was writing in accordance, and not in opposition to the social and political situation." Barbora Vesterová. "Changing the Expression and Expressing the Change in Guo Moruo's Poetry". Op. cit., pp. 206-207.

　　② "… it becomes apparent that, especially in comparison to Goethe, elderly Guo Moruo was far less concerned with an inner lyrical world. His works are connected to the outside world to such a degree that one might say Guo Moruo's poetic development was marked by quickly and skillfully adapting to prevailing political trends of the time. However, inspite of the huge literary gap dividing the discussed elderly poets, looking through Goethe's eyes it is likely that Guo Moruo's late translations and essays express his need to make way for his own earlier experiences and interests…The question that still remains is whether Guo Moruo's late poetry, or rather his writings on traditional Chinese poets and translations should be understood as das Fehlerhafte, that is the 'flawed'." Ibid., pp. 207-208.

1980》的第 1 章。①

作者指出,很大程度上,由于郭沫若作为一个与孤独天才一样具有浪漫理念的孤独、高贵的诗人形象被推崇,同时,也由于他在诗文中无限制地使用那些诸如"热情"、"直觉"、"灵感"和"想象"等这些中国新诗中基本的浪漫的概念,他常被作为一个彻底的浪漫派诗人被称赞。然而,关照郭沫若追求自由恋爱与其新诗创作之间的关系的研究却没有。文章通过细读郭沫若《女神》诗集中相关诗歌的创作背景,详细阐释了郭沫若男性化诗学的建构与 20 世纪 10 年代和 20 年代中国和日本的技术现代化和性别话语之间的关系。文章试图证明郭沫若男性化诗学的产生是与他在工业化程度先进的西化国家如日本所受到的文学和科学教育密切相关的;是与他同佐藤富子的国际婚姻相关的,这是他们反对各自的包办婚姻,追求自由恋爱的结果②。由于诗歌在中国历史上根深蒂固的位置,现代诗歌成了中国男性知识分子建构一种新的男性话语的主要工具。而在作者看来,郭沫若之所以在中国现代男性知识分子中间迅速成名主要原因之一即是他的新诗为此话语提供了一种急需的、强有力的表达方式。文章主要分析了郭沫若《女神》诗集中最具影响力的几首诗、郭沫若与佐藤富子的通信以及他与宗白华、田汉在《三叶集》中的通信。

在"反对包办婚姻,或是追求男性欲望"一节中,作者叙述了郭沫若对包办婚姻的拒绝,更是在更宽泛的历史语境中对其行为进行了解读。作者提及金天翮于 1903 年出版的中国第 1 部论述妇女问题的专著《女界钟》,提及郭沫若婚前对浪漫爱情的见解大都源自译介的欧洲浪漫小说,提及林

---

① Meng, Liansu. "Chapter One: The Transnational Production of a Masculine Poetics in Guo Moruo's *The Goddesses*" In "The Inferno Tango: Gender Politics and Modern Chinese Poetry, 1917-1980". PhD. Dissertation, University of Michigan, 2010, pp. 22-70.

② "I demonstrate that Guo's production of such a poetics was closely related to his literary and scientific education in an industrially advanced Westernized nation such as Japan, as well as his transnational common-law marriage with Satō Tomiko, the result of their pursuit of free love in rebellion against their respective arranged marriages." Ibid., p. 23.

纡翻译的哈葛德的《迦因小传》(Joan Haste)对郭沫若的影响①以及陈晓明在《从五四运动到共产主义革命：郭沫若与通向共产主义中国的道路》一书中对郭沫若对这种浪漫爱情之愿望的简略概括②。作者强调，即便是在郭沫若对浪漫爱情的迷恋中，美（即，完美的女性形象）仍然常常是女性最重要的品质，而非所受的教育或者是否是天足这些中国新女性的象征符号。这种对完美女性的着迷仍然是后来郭沫若在日本时所建构的新诗学概念的决定性因素。③

　　文中，作者特意指出，在对佐藤富子（安娜）进行叙述的所有英文成果中，Lu Yan是唯一一个没有引用郭沫若的自叙而引其他资料指出安娜是位新女性的。有趣的是，郭沫若在自叙中选择了对佐藤富子的宗教背景进行强调，而对其作为现代女性的抱负却轻描淡写④。尽管还不清楚佐藤富子决然反对家庭的包办婚姻和追求独立的事业是否是因其在教会学校的

---

　　① 文中作者用的是李欧梵的《中国现代作家的浪漫一代》中郭沫若的反应，没用郭沫若在《少年时代》中的原话："那女主人公的迦因是怎样的引起了我深厚的同情，诱出了我大量的眼泪哟。我很爱怜她，我也很羡慕她的爱人亨利。……我想假使有那样爱我的美好的迦因姑娘，我就从凌云山的塔顶坠下，我就为她而死，也很甘心。"李欧梵此书的出版信息如下：Leo Ou-fan Lee. *The Romantic Generation of Modern Chinese Writers*. Cambridge：Harvard University Press，1973. 原文可参见《郭沫若全集·文学编》第11卷，前面所引书，第101—102页。本书作者注。

　　② 文中作者引用的是陈晓明一书的第13页上对郭沫若在《黑猫》一文中的观点。中文原文可参见《郭沫若全集·文学编》第11卷，前面所引书，第232页："梦想的是几时当如米兰的王子在飓风中的荒岛上遇着一位绝世的王姬；又当如撒喀逊劫后的英雄在决斗场中得着花王的眷爱。这样高级的称心的姻缘就算得不到，或当出以偶然，如在山谷中遇着一株幽兰，原野中遇着一株百合，那也可以娱心适意。"陈晓明一书的出版信息如下：Chen，Xiaoming. *From the May Fourth Movement to Communist Revolution：Guo Moruo and the Chinese Path to Communism*. Albany：State University of New York Press，2007. 本书作者注。

　　③ "It is worth noting，though，that in Guo's fantasy of romantic love，beauty (i.e.，that is，perfect female form) is always the most important quality of the female lover，not education or unbound feet，symbolic qualities of the Chinese new women. As I will show below，this obsession with the ideal female form remained the most decisive element in Guo's conception of a new poetics later in Japan." Meng，Liansu. "Chapter One：The Transnational Production of a Masculine Poetics in Guo Moruo's *The Goddesses*". Op. cit.，p. 27.

　　④ "Of all descriptions of Satō Tomiko in English，Lu Yan's is the only one that cites sources other than narrative and gives due note to Satō's identity as a new woman. …It is interesting that Guo would choose to highlight Satō's religious background and downplay her aspirations as a modern person." Ibid.，pp. 27-28. 文中作者引用了Lu，Yan引日本学者久枝泽地（Sawachi Hisae）对富子的访谈中的一段。出版信息为：Sawachi Hisae. *Zoku Showwashi no onna*. Tokyo：Bunkei Shunju，1986，pp. 127-130. Lu，Yan一书《重释日本：中国视角之郭沫若》的出版信息如下：Lu，Yan. *Re-understanding Japan：Chinese Perspective*，1895-1945. Honolulu：University of Hawaii Press，2004.

课程或课外的阅读而产发的,但显然二者都与那时激进的女性理想是一致的。

  作者认为,从 1914 年 1 月郭沫若开始居住在日本,一直到 1919 年夏天,郭沫若并不清楚中国的变化,因而他在日本对自由恋爱的追求是独立于中国的新文化运动的。只是在 1920 年 5 月《三叶集》出版后对这场运动起到了促进作用。此观点值得商榷。作者认为,这个观点换句话说即是,郭沫若的诗歌不仅是基于他自身的经历,同时也是中国现代男性知识分子所从事的这场核心的现代运动的先驱个案,是反对传统的性别话语体系,尤其是这个体系中的象征包办婚姻的重要基础。①

  作者强调,郭沫若在自传中宣称他与安娜的浪漫爱情将他从想要自杀的危机中拯救了出来,但事实证明他不过是又陷入了另一场危机中而已②。作者举了郭沫若的《夜哭》和《春寒》为例进行阐述。这 2 首诗都是在郭沫若获得了自己的自由浪漫爱情之后创作的,形象地描绘了郭沫若在新的婚姻家庭中绝望的精神状态。作者认为,从这 2 首诗可以看出,实际上郭沫若对自由浪漫爱情的追求是以完全的灾难结束的。他对包括源自自由浪漫爱情的伴侣婚姻的完全否定,在他于 1920 年 3 月 30 日给宗白华的信中表达得更加直接:

>   寿昌问我"结婚之后,恋爱能保持么?"我说"结婚是恋爱之丧礼。"寿昌也说"有人说结婚是恋爱之坟墓的。"他接着又说道:他现在正在研究中,如莫有好方法时,他不想结婚。我说:能永不结婚,常保持 pure love 底心境,最是理想的。结了婚彼此总不自由。这层倒还容易解决。有了生育更不自由。这层简直莫有解

---

  ① "Having lived in Japan since January 1914, Guo Moruo did not learn about the changes in China until summer 1919, thus his pursuit of free love in Japan was independent of the New Cultural movement in China and only became a compelling force in the movement after the publication of *Cloverleaf* in May 1920. In other words, Guo's poetry was not only based on his own personal experience, but a pioneering case of a pivotal modern project embarked on by modern Chinese male intellectuals and an important basis for the discourse against the traditional gender system, especially the symbol of this system, arranged marriage." Meng, Liansu. "Chapter One: The Transnational Production of a Masculine Poetics in Guo Moruo's *The Goddesses*". Op. cit., pp. 29—30.

  ② "Guo claimed that his romantic love with Satō rescued him from that crisis. It turned out that he was only plunged into another crisis." Ibid., p. 34.

决的方法。儿童公育对于儿女的感情教育上会生出个莫大之缺陷。人间世中除去了感情这样东西,不会变成了 Sahara 底大沙漠么？我悔我见到时过晚。①

郭沫若在婚姻中的这种强烈的失败感和对在身体与社会上的变动之极度渴望在另一现代事业中找到了出口,即,加入中国现代男性知识分子这个圈层。在他 1920 年 1 月 18 日写给宗白华的信中,郭沫若称自己的旧体诗词是"破铜烂铁",并表达了自己对新出现的那些在《少年中国》上发表诗文的中国现代男性知识分子的羡慕。他感叹自己是个"坏了的人",自己"很想能如 Phoenix 一般,采集些香木来,把我现有的形骸烧毁了去,唱着哀哀切切的挽歌把他烧毁了去,从那冷净了的灰里再生出个'我'来!可是我怕终竟是个幻想罢了!"郭沫若在这些诗和信中对自己跨国婚姻的那种强烈的困扰感的描绘,其态度很好地表明了他诗学观念的转变,即从现实到幻想,尽管他在给宗白华的信中是拒绝将幻想作为出路的。②

在郭沫若的新诗学中,在他最初的关照中没有留下女性平等的言论。作者举了郭沫若的《雨中望湖》、《女神之再生》和《湘累》中的女神为例。作者认为,郭沫若笔下裸浴的西子以及中国古代历史或传说中描绘的裸体女神,都是作为一个现代男人的郭沫若之渴望的象征承受者。在具象征意义的新女性和实际的新女性这 2 种女性的关系中,男性诗人显然都占据着权威的位置。

作者通过列举郭沫若在自传中描绘自己作诗的经过,描绘自己是如何通过有岛武郎认识惠特曼,以及米家燕的《渐进身体的辩证统一：郭沫若〈女神〉中的自我、宇宙与国家/民族身份》来阐述了郭沫若诗学中无力的、

---

① "Thus, Guo's pursuit of free romantic love ended up in complete disaster. His complete rejection of marriage, including the companionate marriage resulting from free romantic love, was more explicitly expressed in his letter to Zong Baihua dated March 30, 1920." Meng, Liansu. "Chapter One: The Transnational Production of a Masculine Poetics Guo Moruo's *The Goddesses*". Op. cit., p. 36. 中文原文可参见《郭沫若全集·文学编》第 15 卷,前面所引书,第 107—108 页。

② "Yet, considering the realistic depiction of his overwhelming sense of being besieged in his transnational companionate marriage in these poems, Guo's attitude could as well indicate his shift of poetics, which is turning his gaze from reality to fantasy, despite the fact that Guo rejected fantasy as a way out in his letter to Zong." Meng, Liansu. "Chapter One: The Transnational Production of a Masculine Poetics Guo Moruo's *The Goddesses*". Op. cit., pp. 37-38. 中文原文可参见《郭沫若全集·文学编》第 15 卷,前面所引书,第 17—18 页。

被困扰的男性是如何转换为权威的男性,即他的高度男性化诗学是如何被建构的。

在"地球,我的母亲或对权威的再利用"一节中,作者考察了与郭沫若的跨国婚姻相关的最著名的几首诗,试图证明郭沫若对新诗的追求是怎样表现为新生的一种尝试,他高度男性化诗学的建构也是反驳由于失败的伴侣婚姻中家庭生活所引发的无能为力的一种尝试,是他最初的、受挫的作为一个现代男性建构自己身份的努力。

作者指出,《地球,我的母亲!》中唯一的幻想是诗中角色的转换:诗的男性叙述者是个需要母亲关爱的孩子,而非自己的跨国婚姻中为了满足孩子的各种需要而把自己搞得筋疲力尽的母亲①。诗中,郭沫若设计的新的家庭范式具有2个特征:一是男性的卓越。诗中的农人、矿工是儿子,所有的植物和动物,地球母亲的后代,都是男性。新的家庭结构根本上是男性的,没有女性的位置。这与郭沫若和安娜的浪漫爱情是完全不同的。二是将农人、矿工抽象为象征对象的承受者而非对他们所处的复杂的社会政治背景进行刻画。

诗的第10—14节中显示出了男性叙述者为什么要在地球与天空之间被迫做出选择。而且,这些诗行特别表明了叙述者试图与地球建立密切的联系,与强有力的母亲和孩子们建构一个强固的家庭范式,即,给地球和男性叙述者注入力量与权威,推翻天上父亲的权威。从第10节开始,诗的男性叙述者不再是处于一个无力的孩子或孝顺的儿子这种低下的地位,而是与父权相遇时的那种强有力的联盟的位置。读者需要注意的是,所有这些否定都是对基督教根本信仰的直接反驳。②

值得注意的是第14节最后的一行似乎是在重复第10节中叙述者的

---

① "The only fantasy would be the role-switching in the poem—the male speaker is the baby son whose physical needs are all taken care of rather than the mother figure that exhausts herself satisfying the needs of the baby." Meng, Liansu. "Chapter One: The Transnational Production of a Masculine Poetics Guo Moruo's *The Goddesses*". Op. cit., p. 43.

② "What is more, they also reveal the intention behind the speaker's effort to establish a close affinity with the earth and the construction of a strong family paradigm with a powerful mother figure and numerous sons: It is to imbue both the earth and the male speaker with the power and authority to overthrow the authority of the father figure in the sky…Note that from stanza ten, the male speaker, … no longer occupies the lower position of a defenseless baby or a devoted son, but assumes the more powerful position of the spokesman for their alliance in confrontation with the father authority." Ibid., pp. 45-47.

话。然而,叙述者不是在重复"你是我实有性的证明",而是宣称地球母亲"是实有性的证明",因而就将个体的存在转换为了一个普遍性的真理。这样,叙述者从一个无力的婴孩转变为一个孝顺的儿子,到同盟者和发言人,再到宇宙真理的持有者,最后的权威从精神之父上帝转换成了诗中的男性叙述者。尽管郭沫若常被看成是一个浪漫主义诗人,但他诗中的男性叙述者取代上帝无疑使他远离了19世纪的浪漫主义一大步,为其作为一个无处不在的上帝似的男性诗人的建构铺就了道路。①

在"天狗:自我的开始"一节中,作者一开始即指出,尽管《地球,我的母亲!》和《天狗》在形式和内容上都完全不同,但经过细读会有趣地发现,《天狗》一诗可被看成是《地球,我的母亲!》的续集,2个重要的主题从前一首诗开始在后一首中得到了彻底的发展与完善。作者认为,郭沫若不仅试图表现一个强健的个人主义,同时也试图建构一个适用于他那个时代的所有中国现代男性知识分子的普遍的现代身份。而且,中国现代的男性知识分子们很快就认识到了郭沫若此现代身份建构的价值。②

文中,作者将郭沫若对天狗的描写与《周书》、《山海经》、黑洞理论、马克斯·普朗克的量子力学原理、柏格森的《创化论》等做了分析比较,引用了郭沫若于1920年2月23日发表在《时事新报·学灯》上的文章《生命底文学》予以分析,认为这篇文学理论文章与《天狗》一诗的理论基础是相同的。它与《地球,我的母亲!》和《天狗》一样,是证明作者在现代事业中的存在与声明的一种尝试。③

---

① "Thus, the speaker evolves from a defenseless baby boy, to a devoted filial son, to an ally and spokesman, finally into the holder of universal truth, the ultimate authority is shifted from God the spiritual father to the male speaker. Though Guo was mostly regarded as a Romantic poet, the replacement of God with the male speaker is definitely a big step away from nineteenth century Romanticism and paves the way for the construction of the male poet as an omnipotent god-like figure." Meng, Liansu. "Chapter One: The Transnational Production of a Mansculine Poetics Guo Moruo's *The Goddesses*". Op. cit., p. 48.

② "Yet, interestingly, upon close reading, it could very well be taken as a sequel to 'Earth, My Mother!' Two important themes are carried over from the former and developed to fullest in this poem...I argue that Guo is not only attempting to express a strong individualism, but also constructing a universal modern identity that works for all modern Chinese male intellectuals of his time. And the modern Chinese male intellectuals quickly recognized the value of Guo's construction." Ibid., p. 50.

③ "I want to examine part of this piece which is a companion piece of 'Celestial Dog' both in terms of the time of composition and its therotical basis...This piece of literary theorization, similar to poems such as 'Earth, My Mother!' and 'Celestial Dog', is an attempt at justifying the existence of the author and his profession in the modernization project." Ibid., pp. 54-56.

文中作者还分析了《天狗》一诗中的动态的倾向,并指出,在郭沫若后来的诗歌中,从众多意象中剥离出来的《天狗》一诗中"火车飞奔的节奏"这一意象有助于新诗学的形成,并成为郭沫若继续建构的那个无处不在的、自主的、永生的诗学形象中的主要比喻。作者在"新生活"一节中分析了一系列与机器相关的郭沫若诗歌,试图证明郭沫若对不停歇的运动和不竭的能量的着迷是与他渴望从他之前所追求的自由浪漫爱情中的男子汉气概所导致的家庭生活中的那些束缚中获得自由的强烈愿望相契合的。

作者首先分析了1920年3月3日郭沫若写给宗白华的信,信中描绘了他在飞驰的火车中以及听到火车哐当哐当节奏时的感觉:

> 今日天气甚好,火车在青翠的田畴中急行,好象个勇猛忱毅的少年向着希望弥满的前途努力奋迈的一般。飞!飞!一切青翠的生命灿烂的光波在我们眼前飞舞。飞!飞!飞!我的"自我"融化在这个磅礴雄浑的 Rhythm 中去了!我同火车全体,大自然全体,完全合而为一了!我凭着车窗望着旋回飞舞的自然,听着车轮鞺鞳的进行调,痛快!痛快!①

作者认为,这种狂喜是马克斯·韦伯的《瞬间》(*The Eye Moment*)中急行的火车与"磅礴雄浑的韵律"相融合的效果。郭沫若在文中全文引用了《瞬间》的英文,并将其译成了汉语。他认为对"飞!飞!飞!"的欢呼是他的"立体的"诗。认为"此时在火车中诵着才知道它的妙味。它是时间底记录,动底律吕。"②

写这封信3个月后,这种机器运动的断断续续的节奏又在《笔立山头展望》中呈现了出来③。与3月间乘火车时的狂喜相似,这首诗也描绘出了叙述者、工业技术与大自然间的和谐。"心跳"和着"大都会的脉搏",一起跳动出断断续续的节奏。作者指出,诗的最后郭沫若用了"严"一字来

---

① 原文可参见《郭沫若全集·文学编》第15卷,前面所引书,第108页。
② 同上,第109页。
③ 文中作者在注释中将"笔立山"写成了"笔力山",将"登山一望,海路船廛"的"廛"写成了"只"。"廛"在古代指的是一户平民所住的房屋。"海路船廛"即是指海上的船只和陆上的房屋。

修饰"近代文明之母"表明他还没有意识到工业进程的负面作用。①

作者分析了郭沫若于1921年4月1日在日本居住了7年多回中国时写的《新生》一诗,认为《地球,我的母亲!》中地球的开旷、《天狗》中不停地飞奔、1920年3月间乘火车时兴高采烈的欢呼"飞！飞！飞！"以及郭沫若从韦伯的《瞬间》中收集来的火车"哐当的韵律",全都天衣无缝地融汇在这首诗里火车的断断续续的节奏中了②。正如郭沫若在急行的火车上读《瞬间》的狂喜之后所表达的,"在火车中观察自然是个近代人底脑筋"③,这首诗也是他将"自我"融合在火车强有力的节奏中的又一个例子。郭沫若将自己牢牢地与未来品牌的机器概念绑在了一起。

在1921年4月3日轮船快靠近上海时,郭沫若为黄浦江沿岸的工业化景象,"工厂中的作业声,煤烟,汽笛,起重机,香烟广告,接客先生"感到吃惊。他坦言:"……中世纪的风景画,一转瞬间便改变成为未来派。假使那些工厂是中国人在主宰,那面未来派的画幅是中国人画出来的,再不然我自己不是生在中国的人,或许也未尝不可以陶醉一下摩登的风物。"④

作者考察了郭沫若与机器相关的浪漫诗歌与他在跨国婚姻的实际生活中对失去自由的无望,提及1920年3月19日郭沫若写给宗白华的信中告诉他田汉的来访:"19日午前,我正在厨下烧火煮水,手里拿着一本Symons英译的Verhaeren底诗剧在读。门外有叩门声。……"当郭沫若恭维田汉"谈笑有鸿儒"时,田汉则回他"往来有产婆"。田汉评价了郭沫若的忙于家务事,并表达了自己对郭沫若在家庭生活中的无助及其与郭沫若

---

① "Similar to the ecstatic train-riding experience in March, this poem depicts a harmonious unity among the speaker, industrial technology and Nature. The beat of 'my heart' resonates with 'pulse of the metropolis', both pulsating to the staccato rhythm of the train… Using 'stern' to qualify 'mother of the modern civilization' shows that Guo was not unaware of the negative side of industrial progress." In Meng, Liansu. "Chapter One: The Transnational Production of a Masculine Poetics in Guo Moruo's *The Goddesses*". Op. cit., p. 64.

② "Guo wrote "Xinsheng" (New Life). In the poem, the vast openness of the earth in "Earth, My Mother!" the relentless 'hurtling' in "Celetial Dog', the elated cries of 'Fly! Fly! Fly!' during the train ride in March 1920, and the clanging rhythm of the train Guo gleaned from Weber's 'The Eye Moment', all merged seamlessly together in the staccato rhythm of the train." Ibid., pp. 64-65.

③ 可参见《郭沫若全集·文学编》第15卷,前面所引书,第110页。

④ 原文可参见《郭沫若全集·文学编》第12卷,前面所引书,第76—77页。

在其诗歌中所建构的高度男性化诗学形象形成的巨大反差的失望。①

1920年11月23日,郭沫若一家挤在九州帝国大学医院的一间小病室里,守着正在发高热的病重的仅有8个月大的儿子,"一个因饥饿与痛苦而啼哭着的半死的婴儿",郭沫若写了《蜜桑索罗普之夜歌》。用他的话说,"那是在痛苦的人生的负担之下所榨出来的一种幻想。"②诗中叙述者将自己描绘成是一位孤独的王者形象,主宰者无边的天海,并又一次求助于火车强有力的断断续续的节奏和向前的急行,代替自己现实生活中令人落泪的无助。该诗对郭沫若此后将影响一代又一代中国青年的诗学理想提供了优美的描写。③

八、骸骨的迷恋:民国早期的郭沫若旧体诗词创作

新加坡国立大学林立的《骸骨的迷恋:论新文学家创作旧体诗的缘由》发表在2012年《东方文化》第43卷第1、2期合刊上④。文章指出,五四一代的新文学家,如鲁迅、郁达夫、郭沫若、老舍等,均在创作白话诗文的同时,兼写旧体诗。另外如臧克家、何其芳等,在中晚年亦相继涉足旧体诗词的创作。此一新旧相容的现象,自20世纪80年代开始,即受到学术界的广泛关注。文章尝试透过新文学家对新旧2种诗体的看法,从文类形式、书写功能以及社会情境、民族文化心理等方面对新文学家们创作旧体诗词的原因进行了探讨。作者认为,旧体诗在当代社会仍有一定的生存价值。

除"前言"和"结语"外,作者从"禁忌下低调的创作与自我辩解"、"带着镣铐跳舞——新文学家眼中旧体诗的优点"和"形式以外——民族、文

---

① Meng, Liansu. "Chapter One: The Transnational Production of a Masculine Poetics in Guo Moruo's *The Goddesses*". Op. cit., p. 67. 中文可参见《郭沫若全集·文学编》,第12卷,前面所引书,第60页。

② 中文可参见《郭沫若全集·文学编》第12卷,前面所引书,第60页。

③ "…the poem depicts the poetic speaker as a solitary kingly figure in sole dominance of the infinite space of Nature and once again resorts to the powerful staccato rhythm and forward motion of the train ('Forward!… Forward!') to replace the fate of teary emasculation with unbound mobility." Meng, Liansu. "Chapter One: The Transnational Production of a Masculine Poetics in Guo Moruo's *The Goddesses*". Op. cit., p. 69.

④ Lam Lap. "Fetishizing the Past: Writing Classical Poetry in the Early Republican Period". *Journal of Oriental Studies*, Vol. 43, No. 1/2, 2010, pp. 197-233.

化因素"3个方面对新文学家迷恋旧体诗词的原因进行了详细探讨。文章多处提及郭沫若的观点。遗憾的是,作者引用来作为依据的文献材料,署名郭沫若、陈明远著的《新潮:纪念郭沫若先生诞辰一百周年》是本存伪之作,收录在其中的《〈新潮〉后叙》也被认为是陈远明伪作的。①

"前言"中,作者在引用郁达夫 1925 年创作的《骸骨迷恋者的独语》和朱自清 1931 年 8 月发表在《清华中国文学会月刊》上的文章《论中国诗的出路》,直言许多人"不信这经过多少代多少作家锤炼过的诗体完全是塚中枯骨"后,引郭沫若在 1964 年 10 月的《〈新潮〉后叙》中忆述中年时期重写旧体诗,并不完全是出于对"骸骨的迷恋",而是苦于无法找到"适合的形式"来表达内心激荡的情绪②。这一说法无疑是暗示了新兴的白话诗并不能完全满足他的创作需求。

文章作者将这类徘徊在新旧文学之间的"两面派"作家按其写作历程分为了 3 类:一是一直以来只写旧体诗而不写或甚少写新诗的,如鲁迅和郁达夫;二是先有写旧体诗的经验,其后创作或是提倡新诗,到后来又旧调重弹的,如郭沫若、叶圣陶、王统照、田汉和老舍;三是本来是以写白话文或新诗为主,后来涉猎旧体诗的,如臧克家、聂绀弩、冯至、卞之琳、何其芳等。既然意识到了旧体诗词与主流话语之间的矛盾,那作家们为何还是要迷恋旧体诗词这副骸骨呢?作者从外在表层的因素,即新文学家对旧体诗词在形式、艺术和表意功能方面的"优点"认同与内在深层的因素,即民族情绪、国家意识以及作家对传统文化的眷顾两个方面进行了分析。

在谈及诗歌的"音韵形式"时,作者指出,正是因为对新式的长诗不够满意,故而有作家认为旧体诗较容易写,至少不必为形式的问题伤脑筋。王统照说得很清楚:"旧体诗有现成格律,借以纪感,图省气力。"③郭沫若和老舍也曾说过相似的话:"新诗比旧诗难作。旧诗有个格律,套上去就行了;而新诗尚无格律,不好作。我自己是知难而退,不敢作了。"④"我作过旧诗,不怎么高明,可是觉得十分有趣,而且有格律管着,是并不很难凑起

---

① 郭沫若、陈明远:《新潮:纪念郭沫若先生诞辰一百周年》,北京:中国文联出版社,1992 年版。
② 同上,第 6 页。
③ 中文可参见姚素英编著:《王统照诗词解析》,长春:吉林文史出版社,1999 年版。
④ 中文原文摘自陈明远:《郭沫若与"颂内体"》,载郭沫若、陈明远:《新潮:纪念郭沫若先生诞辰一百周年》,前面所引书,第 289 页。

那么一首两首的。……现在我要作的是新诗。真难：没有格式管着，写着写着就失去自信。"①

在分析旧体诗的"抒写功能"一节时，文章作者再次引了前面所引郭沫若的观点：

> 进入中年以后，我每每作一些旧体诗。这倒不是出于"骸骨的迷恋"，而是当诗的浪潮在我的心中袭击的时候，我苦于找不到适合的形式把意境表现出来。诗的灵魂在空中激荡着，迫不得已只好寄居在畸形的'铁拐李'的躯壳里。②

作者强调，无论郭沫若在心中袭击的"诗的浪潮"到底属于什么样的情感或者意境，它们大抵都是极为内敛隐蔽的。对于郭沫若来说，只有在"畸形"的旧体诗里，才能恰当地将这种不便言说的情感表达出来，而他借以成名的新诗，却无能为力。他与郁达夫一样，都认为旧体诗是个人的遣兴工具，在其中可以将最私我、最压抑的情感以简约而幽微的方式畅快地表达出来。③

在"民族意识的刺激"一节，文章作者指出，新文学家个人的诗集，亦显示了旧体诗数量增加的趋势，如郭沫若1938年出版的《战声集》，就收录了旧体诗7首，虽然数量不多，却相当触目，包括唱和鲁迅的七律《归国杂咏》，其中第2首云：

> 又当投笔请缨时，别妇抛雏断藕丝。
> 去国十年余泪血，登舟三宿见旌旗。
> 欣将残骨埋诸夏，哭吐精诚赋此诗。
> 四万万人齐蹈厉，同心同德一戎衣。

此篇是郭沫若1937年从日本回国时所作。文章作者认为，虽然"别妇

---

① 中文原文可参见老舍：《〈剑北篇〉附录——致友人函》（1942年），载张桂兴主编：《老舍旧体诗辑注》，北京：中国国际广播出版社，2000年版，第355页。
② 郭沫若、陈明远：《新潮：纪念郭沫若先生诞辰一百周年》，前面所引书，第6页。
③ Lam Lap. "Fetishizing the Past: Writing Classical Poetry in the Early Republican Period". Op. cit., p. 212.

抛锥"一句是个人情思的表达,但整体而言,确是面向公众的,如结尾的"四万万人齐蹈厉"等句,与口号无异。由此可见,旧体诗虽被某些作家们认为最适合表达内敛含蓄的情感,但因时代环境的不同,也会被采用来唱咏"集体意识"。刘纳在其文《旧形式的诱惑——郭沫若抗战时期的旧体诗》中分析郭沫若的新旧两种诗体时,却没有注意到这点。然而,郭沫若以及其他作家抗战时期的旧体诗都有近乎"标语"、"口号"的性质,这是因为他们的创作目的之一,就是要唤起民众的爱国情趣。①

在"对传统文化的眷恋"一节,作者指出,那些早年已写旧体诗的,如郁达夫、王统照、郭沫若、老舍和鲁迅等,则在年轻时代因热切投身于新文学而暂时辍笔,然后在中年以后回归旧体诗的创作。这一现象使他们的旧体诗词创作在自遣之外,不约而同呈现出另一特征,仿佛旧体诗是属于中晚年时期的文学体裁。相反,新诗则属于青年时期。郭沫若在自叙中就表明,"进入中年以后",因袭击其内心的一股"浪潮"而重新创作旧体诗,并称"新诗应该是年青的"②。田汉也说他和郭沫若因年龄渐长,都"怕写新体诗"③。这些观点透露出两个信息:一是由于旧体诗的形式已具,方便创作,是一种"稳妥"的文学体裁,新诗则要另造音节和形式。二是步入中晚年后,这些作家变得较为恬退,随着人生阅历日渐丰富,开始对过往的言行进行内省,对旧有的人事容易产生眷恋的情愫,此时的心境,最适宜用他们眼中具有"含蓄"或"内敛"特质的旧体诗来抒写。④

作者认为,回归旧体诗也与后来新文学家对新文化运动的反省不无关系。为救治空疏滥俗的文风及充实自我修养,曾经站在文学革命最前列、开一代风气的胡适、闻一多、朱自清、郭沫若等,都转而从事整理国故的工作。对旧体诗的重新审视和借鉴,也是整个反思过程中的重要一环。⑤

---

① Lam Lap. "Fetishizing the Past: Writing Classical Poetry in the Early Republican Period". Op. cit., p. 218.
② 郭沫若、陈明远:《新潮:纪念郭沫若先生诞辰一百周年》,前面所引书,第6页。
③ 陈明远:《诗歌——我生命的翅膀》,载郭沫若、陈明远:《新潮:纪念郭沫若先生诞辰一百周年》,前面所引书,第13页。
④ Lam Lap. "Fetishizing the Past: Writing Classical Poetry in the Early Republican Period". Op. cit., p. 223.
⑤ Ibid., pp. 227-228.

九、中国文学指南:《女神》、《瓶》与《前茅》

《中国文学指南》①是欧洲科学基金会②中国研究项目的研究成果,共包括《小说卷》、《短篇小说卷》、《诗歌卷》和《戏剧卷》。在由荷兰莱顿大学汉学家汉乐逸(Lloyd Haft)编辑的第3卷《诗歌卷》中,共收录了3篇分别评论郭沫若的诗集《女神》、《瓶》和《前茅》的文章。在由汉乐逸撰写的"序言"中,作者首先提及"文化大革命"期间国家媒体为毛泽东和郭沫若之间旧体诗词的彼此唱和提供方便之事。但就是这同样的作者郭沫若,在1921年将瓦尔特·惠特曼的诗歌形式和韵律大胆引进了中国的诗歌创作。甚至到了70年代,一些受到广泛阅读和引用的诗歌仍然是用这种"过时的"旧体诗歌形式和古老的习语,或者用"新民歌"形式,这种在过去常被理论家们看成是与古典传统相一致,而非"新诗"的子类形式进行创作的。至于那些新诗作家,甚至到了80年代初,都还在反反复复地挑战,试图证明这些旧体诗词的形式、语汇、意象的艺术价值,尽管在很多情况下,那些涉及的东西几乎与它们半个世纪前被白话诗人使用时并无什么区别③。此外,在"序言"中,作者还指出,当郭沫若在其颇具影响力的早期诗集《女神》中坦率地提及庄子时,庄子就已经不再是个静思人类在宇宙中之地位的哲学家了,而是成了"无产阶级"生活方式的早期拟人化形象,一个,据传说,靠打草鞋为生的左派诗人。④

评论《女神》的文章是由瑞典学者 Lars Ellstrom 撰写的,文中有不少新颖的观点值得读者关注。作者认为,《女神》的意义,如果从历史的观点来看的话主要体现在2个方面。首先它是使用现代白话和自由体诗学形式

---

① Bernd Eberstein ed. *A Selective Guide to Chinese Literature*, 1900-1949. Volume 4: *The Drama*. Leiden: E. J. Brill, Netherlands, 1990.

② "欧洲科学基金会"(European Science Foundation),于1974年成立,由隶属于24个国家的67个国家级科学研究委员会、科学院、研究院和其他资助科学研究的基金组织组成。基金会涉及自然科学、物质科学和工程科学、医药科学、生命科学和环境科学、人文科学和社会科学等领域的基础研究。欧洲科学基金会在鼓励研究人员接触、集中协调和实施欧洲科学计划(组织专家评审、科学合作考察和欧洲学术会议)、给予欧洲科学家资助方面,起到了催化剂的作用。

③ Lloyd Haft. "Introduction" In Lloyd Haft ed. *A Selective Guide to Chinese Literature*, 1900-1949. Op. cit., p. 13.

④ Ibid., p. 3.

来表达对于生活和社会的新观点的第 1 次成功尝试。《女神》常被描绘成是对五四一代的感情、态度和渴望的表达。其次,《女神》的出版标志着年轻一代作家组成的新团体——"创造社"进入中国文学界,该文学社团,以不同的方式,在后来,对中国文学和政治的论争产生了重大的影响,特别是郭沫若以及这个社团中持马克思主义或共产主义立场的其他领军人物后来的宣传,与现代中国思想和政治发展的主流相契合,并为其做出了卓越的贡献①。作者认为《女神》中共有 62 首含标题的诗歌,作者郭沫若将其划分为序诗和 3 辑主要是基于主题与结构的考虑,这对作者观点和立场的阐释是有意义的②。其中,第 1 和第 2 部分共同的特征是感情高涨、激情澎湃,如《女神之再生》和《湘累》中所表达的那样,或充溢着爱国的热情,如《棠棣之花》所颂扬的。相反,第 3 部分则被诸如爱、美丽的大自然、作为一种存在现象的死亡以及绝望和孤独的经历等主题和感情所占据。对危机四伏、秩序混乱的社会的沮丧失望,以及建造一个新的、更好的社会秩序的希望是《女神》第 1 部分的主题,这个主题在该诗集中得到了反复的阐释,尤其是在第 2 部分的长诗《凤凰涅槃》中。而《女神之再生》中对超自然的神秘力量,这种能将世界从毁坏和喧嚣中拯救出来的动力的信仰,是诗中所表达的又一主题,这同时清晰地体现在《立在地球边上放号》中③。英雄崇拜是《女神》的第 3 个重要主题,这在《湘累》、《胜利的死》、《三个泛神论者》和《凤凰涅槃》中都可清晰地看出。文章的最后作者指出,从《女神》这部具有政治思想倾向的作品中不难看出郭沫若后来朝向马克思—共产主义立场发展的源头。对现存社会秩序的拒绝、通过暴力对旧体制的破坏以及由此而建立一个新的、更好的社会的观点,这些都与马克思和共产主义革命的理论非常相似。而其相信这样的社会巨变可以由某些具有非同寻常的远见之人来促进的观点,则与黑格尔的马克思主义的历史分析理念和列宁主义—共产主义的假设,即认为革命必须由那些坚信社会局势必须通过马克思主义的历史分析来建立,由有特别深刻的理解能力之先锋人士来

---

① Lloyd Haft ed. *A Selective Guide to Chinese Literature*, 1900–1949. Op. cit., p. 108.

② 根据作者自己在文章第一段的交代,其分析所根据的版本是 1982 年版的《郭沫若全集·文学编》第 1 卷。此版本中的《女神》加上前面的《序诗》共有 57 首诗,而不是 62 首,作者有误。本书作者注。

③ Lloyd Haft ed. *A Selective Guide to Chinese Literature*, 1900–1949. Op. cit., p. 111. 作者文中对《立在地球边上放号》的英译采用的是约翰·勒斯特和巴恩斯译本的译文,但并没有对此加以说明。

组织和领导的观点有着惊人的一致,由此可见未来的种子已经在《女神》中播下了。①

对郭沫若第 3 本诗集《瓶》的品评是由波兰华沙大学的汉学家耶日·谢·格拉博夫斯基(Jerzy Sie-Grabowski)完成的。在简要介绍了《瓶》的内容之后,作者指出,女性不可能是,也不是中国爱情诗中的缪斯,因为中国的"比阿特丽斯"(Beatrice)直到 20 年代初才开始出现。而"瓶",也就是这个诗集标题的来由,显然是具有象征意义的:作者正是将女孩送给他的孤山的梅花,这象征青春与活力的事物插入这个容器中的。诗人与女孩的关系让他恢复了青春,而这种关系的保持却是年轻人的特权,因此诗人在诗中表达了他对年老与死亡的想象。正如插在瓶中的梅花的短命,这段爱情也没能维持多久。因此可以说,诗人在诗集中描绘的是一个"空瓶",一段没有结果,无法完成的爱情。②

作者指出,尽管郭沫若是最早将惠特曼的自由体诗引介到中国现代诗歌的作家,但在诗集《瓶》中,大部分的诗却是押韵的,尤其体现在由相对平稳的诗行数目构成的诗节上,但作者对韵律的处理却又不是那么严格,那么不遗余力。在作者看来,郭沫若诗歌最显著的特点之一即是其音乐性和优美的旋律。这不仅体现在长诗《凤凰涅槃》中,在诗集《瓶》中也可见基本的音乐元素如韵律、和声、散文的特别旋律在诗中起着极其重要的作用。另一特征便是为了强调其诗歌的力度,郭沫若常常过度使用感叹句,在《瓶》中,他也没能完全摆脱过度使用自己最喜欢的这种手法的危险。但他在使用感叹句时更谨慎些,偶尔这些感叹句还极大地丰富了一些诗中声音的质量。作者认为,欣赏郭沫若对词语声音的巧妙探索也是一件非常有趣的事,如《瓶》第 2 首诗中的:"一空,二空、三空。……一冬、二冬、三冬。"第 10 首中的:"你真冷,真冷,真冷,比这寒天的深夜还冷!"③在作者看来,中国古典诗歌的影响在《瓶》中也是显而易见的。如第 3 首就很像《诗经》中的歌,因为其 3 个诗节中只有每节中的第 2 行是变化的。而第 33 首中:"她的手,我的手,已经接触久,她的口,我的口,几时才能够?"则无论是在形式上还是在主题上,都情不自禁地让读者联想到中国的

---

① Lloyd Haft ed. *A Selective Guide to Chinese Literature*,1900-1949. Op. cit., pp. 113-114.
② Ibid., pp. 115-116.
③ Ibid., pp. 116-117.

"词"①。作者强调,由于主题的缘故,《瓶》在郭沫若众多文学作品中占有特别的地位。但更让人吃惊的是,评论家们基本上都不怎么关注这部诗集,那些更喜欢从革命诗人这个角度去欣赏郭沫若的评论家甚至根本就不曾提及过它。只有许芥昱教授敢于宣称:"郭沫若的《瓶》这部写于1925年,发表于1927年的唯一一组关于爱情的诗,显示出比《女神》更高层次的完美。"这个评价是大胆的,但也是完全以事实为基础的②。作者最后强调,可以十分肯定地说,郭沫若征服诗歌界靠的是《女神》,但《瓶》却起到了对诗歌界加以修饰润色的作用。无论在何种情况下,如果读者承认郭沫若是一个抒情诗人的话,那么他的诗集《瓶》都必须加以特别的对待和鉴赏。③

香港中文大学的孔慧怡对郭沫若第4部诗集《前茅》做了鉴赏。孔慧怡一开始即指出,《前茅》中写于1921—1928年间的这15首诗常常被认为是郭沫若从泛神论思想转向马克思主义的标志。尽管影响他思想转变的是郭沫若在1924年5月完成的对日本学者河上肇的著作《社会组织与社会革命》的翻译,但实际上,早在他与马克思主义的思想产生实际的接触之前,他创作于1923年的8首收录在诗集《星空》中的诗就已经反映出了他的态度。《瓶》这部诗集的总体思想在序诗中即可见出:"这几首诗或许未免粗暴,这可是革命时代的前茅。"诗集中的大部分诗,包括其中2首用传统形式作的,都在号召人们起来反抗压迫④。写于1922年早期的那些诗显示出郭沫若的同情之所在。与他的信条一致,他的同情不是表现为悲怜,而更在于激励他们起来造反,尽管他仍然未能完全彻底摆脱他早期对与自然和谐相处的简单生活的那种向往⑤。作者认为,尽管这些诗的语言大都未经修饰,但郭沫若仍然从传统的诗学中借用词汇,这些词汇由于与新的意象相联系,有时会被赋予新的意义,如《我们在赤光之中相见》:"焦灼的群星之眼哟,你们不会望穿。"而有时,那些古典的词汇如"玉兔"、"杜鹃"则显得做作而不自然,与他这部诗集中那种稳健的风格前后矛盾。在

---

① Lloyd Haft ed. *A Selective Guide to Chinese Literature*, 1900-1949. Op. cit., p. 117.
② Ibid., 原文可参见 Hsu, Kai-yu ed. & trans. *Twentieth Century Chinese Poetry. An Anthology*. Op. cit., p. 28. 该文作者文中标示的页码为第31—32页,是错误的。
③ Lloyd Haft ed. *A Selective Guide to Chinese Literature*, 1900-1949. Op. cit., p. 117.
④ Ibid., p. 118.
⑤ Ibid., p. 119.

作者看来，郭沫若的《前茅》之所以引起读者较多的注意，不在于其创作技巧或者对创作风格的改革创新，而在于它记载了郭沫若信仰的转变。郭沫若是最早倡导无产阶级革命文学的人之一，而《前茅》中则充满了诸如"红旗"、"红灯"、"赤县"等革命的字眼。①

十、历史剧中的政治：《蔡文姬》与《武则天》

1990年，欧洲汉学学会秘书长，德国海德堡大学汉语研究系教授鲁道夫·瓦格纳的研究专著《现代中国的历史剧：四个实例研究》由美国加利福尼亚大学出版社出版②。除"序言"外，该书共为4章。第1章题为：田汉的《关汉卿》与新历史剧。第2章题为：田汉的京剧《谢瑶环》；第3章题为：《孙悟空三打白骨精》——中国神话研究；第4章题为：历史剧中的政治。在第4章中，鲁道夫在以"历史剧中的政治：叙事历史"为标题的小节中分析比较了郭沫若分别于1959年和1960年创作的历史剧《蔡文姬》和《武则天》。在"郭沫若的《蔡文姬》"中，鲁道夫首先指出，从诸多方面来看，《蔡文姬》都是对田汉的《关汉卿》的挑战。郭沫若创作此剧的目的，用他自己的话说，意在为曹操翻案③。鲁道夫认为，《蔡文姬》中曹操在家时随便而俭约，当曹操阅读蔡文姬的诗《胡笳十八拍》时，他的夫人卞氏正在为他缝补一床已经用了十来年的破旧被子这个情景，是对共产党领导人的真实写照。曹操和夫人在讨论为什么蔡文姬的父亲被董卓强迫利用时，曹操认为知识分子的问题在于他们也想着要逃走（在不远的过去则是指跑到延安去），但却无法下定决心④。鲁道夫指出，为了回应田汉以忽必烈的形象暗指毛泽东，郭沫若则试图在剧中（通过曹操）恢复毛主席被诋毁的形象。尽管有谣言指责曹操无情、狡猾、凶残，但实际上他却是一个盖破被子、热爱诗歌的人，为促进中华文化尽了自己最大的能耐⑤。关汉卿被看作是田汉自己的化身，同样，郭沫若则在该书的"序"中引福楼拜的话："波

---

① Lloyd Haft ed. *A Selective Guide to Chinese Literature*, 1900-1949. Op. cit., p. 119.
② Rudolf G. Wagner. *The Contemporary Chinese Historical Drama：Four Studies*. University of California Press, 1990.
③ Ibid., pp. 247-248.
④ Ibid., p. 249.
⑤ Ibid., p. 250.

娃丽夫人就是我——是照着我写的。"但他认为,福楼拜与他却又有不同。尽管福楼拜说波娃丽夫人就是他,但其实《包法利夫人》完全是根据福楼拜的想象所创造的。郭沫若自己写道:"我也可以照样说一句:'蔡文姬,就是我!——她是照着我写的。'"①确实,正如郭沫若在"序"中所言,与《包法利夫人》不同的是,《蔡文姬》有一大半是真的。其中有不少关于他自己感情的东西,也有不少关于他生活的东西。在生活中,他与蔡文姬有过类似的经历和相近的感情②。鲁道夫认为,田汉创作《关汉卿》的目的在于"翻案",在于反对"反右运动"中无数知识分子的牺牲。郭沫若创作《蔡文姬》,也意在翻案,在于驳斥一种在学者和民间都广为流行的看法,那就是,曹操与毛泽东都是暴君。鲁道夫最后指出,当蔡文姬直接面对曹操为那个被诬受处治的人——董都尉董祀辩罪的时候,读者能在此情景中感觉出那种即将引起把历史剧推向既显著又臭名昭著的位置的政治论争来。③

鲁道夫认为,是为了阻止历史剧对帝王的咒骂与鞭打,郭沫若才进行了第 2 次的尝试,创作了《武则天》一剧。并且在《蔡文姬》和《武则天》2 剧中郭沫若运用了相似的创作技巧④。在鲁道夫看来,通过武则天,毛泽东的作用得到了讨论。武则天不是为了自己的利益,而是为了唐帝高宗的利益,并且是以他的名义,通过文中的双关 Tang/Dang(Party)(唐/党)显示出其主体作用,使唐帝成为党的对立面的。因为如果武则天不起来治理朝政,唐朝就将垮台⑤。鲁道夫指出,郭沫若的《武则天》显然是对 1959 年"庐山会议"做出的最早反应。郭沫若认为毛泽东在会议上呼吁大家进行批评(总结过去的经验教训,调整指标,继续纠正"左"倾错误),因此,剧中郭沫若让上官婉儿作了武则天的锤子,时刻提醒敲打她。郭沫若这么做似乎是想指出,毛泽东正是在"帝王也会犯错,会犯那种导致海瑞行为的错"的前提下严肃倡导"海瑞精神"的。鲁道夫认为,郭沫若的《武则天》与其他有关武则天的戏剧一样,有着相同的人物,相同的情节,但他的《武则天》对这些人物与情节都做了重新评价。该剧显然很受周恩来的青睐,这

---

① Rudolf G. Wagner. *The Contemporary Chinese Historical Drama: Four Studies*. Op. cit., p. 250.
② 参见《郭沫若全集·文学编》第 8 卷,前面所引书,第 3 页。
③ Rudolf G. Wagner. *The Contemporary Chinese Historical Drama: Four Studies*. Op. cit., p. 250.
④ Ibid., pp. 282-283.
⑤ Ibid., pp. 286-287.

很可能与周恩来、郭沫若二人对《武则天》一剧所持的政治姿态相似的缘故①。在鲁道夫看来,随着时间的推移,武则天与唐帝高宗的关系变得越来越像江青与晚年毛泽东之间的关系。不少反映这个主题的研究在于表现那个时代人们对江青显著地位的不满和通过对武则天的宣传来谴责人们的这种不满态度,而郭沫若创作的《武则天》则不经意间成了对江青的颂歌②。鲁道夫在文章的最后列举了高国平的文章《翻案何妨傅粉多》③来印证一方面学者试图恢复郭沫若《武则天》地位的努力;另一方面则是对郭沫若此剧的尖锐批判,其代表作则为曾立平的文章《评历史剧创作中的反历史主义倾向》④,文中对郭沫若的批判,对这位对毛泽东的奉承也并不能有助于其立于知识分子这个阵营中,相反却极易受到攻击之人,却大大地消减了。⑤

十一、女性主义戏剧与理论:《卓文君》与《蔡文姬》

由加州大学圣地亚哥分校的海伦·凯莎编辑的《女性主义戏剧与理论》一书于1996年出版⑥,书中共收录了12篇女性主义戏剧理论、创作与批评实践的文章。颜海平的文章《男性思想与女性身份:中国现代四大历史剧中的女性形象》是其中第12篇⑦。文章对郭沫若《三个叛逆的女性》中的《卓文君》、《蔡文姬》以及曹禺的《王昭君》和陈白尘的《大风歌》共4部历史剧中的女性形象进行了精妙分析。在"序言"中,凯莎对颜海平的这篇文章给予了充分的肯定。她认为,在颜海平分析这些全部由男性作家创作的戏剧是如何从历史的叙事中借用女性形象来解构、调停、改变、重新记录"男权"时,它们对读者来说是必然存在着启发意义的。尽管颜海平

---

① Rudolf G. Wagner. *The Contemporary Chinese Historical Drama: Four Studies*. Op. cit., pp. 287–288.

② Ibid., pp. 288–289.

③ 高国平:"翻案何妨傅粉多——读郭沫若历史剧《武则天》",载《河南大学学报(社会科学版)》1982年第5期,第64—69页。

④ 曾立平:《评历史剧创作中的反历史主义倾向》,载《戏剧艺术》1981年第1期,第67—68页。

⑤ Rudolf G. Wagner. *The Contemporary Chinese Historical Drama: Four Studies*. Op. cit., p. 289.

⑥ Helene Keyssar ed. *Feminist Theatre and Theory*. New York: St. Martin's Press, 1996.

⑦ Yan, Haiping. "Male Ideology and Female Identity: Image of Women in Four Modern Chinese Historical Plays" In Helene Keyssar ed. *Feminist Theatre and Theory*. Ibid., pp. 251–274.

在文章中没有用女性主义的戏剧文本来向读者展示女性主义的戏剧批评，尽管那些比郭沫若20年代创作的戏剧文本更加强烈地反对"男权"的戏剧文本还只是她的想象之物，但颜海平文章中的观点与凯莎自己在戏剧批评中对复调戏剧(polyphony)和对话性(dialogism)的强调是一致的。①

在文章中，颜海平简略提及了五四新文化运动中《新青年》首先对中国传统戏剧的激进批判，并通过诗人、戏剧家、小说家郭沫若在20年代的创作追溯了中国"现代"戏剧的开始。颜海平指出，与当时一些知识分子猛烈抨击中国传统戏剧，认为历史剧只会重复过去的习俗和故事不同，激进的活动家，中国现代文学的奠基者之一的郭沫若对此却持相反的看法。他要做的，正如他在1923年宣布的那样，就是要"借古人的骸骨来，另行吹嘘些生命进去"，创作一种新形式的历史剧，将过去、现在融合在未来的意象中。三部曲《三个叛逆的女性》即是郭沫若对自己的这种历史戏剧理论的首次实践，同时，它也是中国现代历史剧的开端②。文中颜海平提出了几个不同于以往研究者对戏剧主人公卓文君的叛逆行为以及作者郭沫若的态度的看法。作者指出，在卓文君为自己的反叛行为进行雄辩的长篇大论中，可听出几个彼此交织的声音。一是西方的人文主义。人在本质上是平等的，在如父、女这样的社会身份之前，存在的是普遍的人的平等权利和独立。其次是与这种人文主义的本体论相联系的，即西方人看待历史的理性观③。颜海平质疑，读者看过该剧后所关心的问题，诸如文君这个叛逆的女性，在反抗自己的父亲后会得到什么？在如剧中所勾画的"未来"里，文君究竟会有什么样的社会地位和身份？颜海平认为，了解该剧作者郭沫若的态度是极为重要的。尽管郭沫若在他反对旧式父权制等道德观念时显得强大有力，但他对于女性在自己建构的天堂般的人类未来中的地位的态度却是模棱两可的。戏剧的结尾并非是偶然的，文君决然与自己的父亲决裂，而毫无疑问地与她的爱人结合其实是作者自己的愿望。叛逆的女性与父权道德之间的矛盾冲突，简单地说，就是旧式男人与新式男人之间的冲突，文君仍然只是一个最终由她的男性伴侣来定义的客体，而非由她的

---

① "Introduction" by Helene Keyssar In Helene Keyssar ed. *Feminist Theatre and Theory*. Op. cit., p. 16.

② Yan, Haiping. "Male Ideology and Female Identity: Image of Women in Four Modern Chinese Historical Plays". Op. cit., pp. 251-252.

③ Ibid., p. 253.

自我来定义的主体①。而如果经这么一分析,郭沫若的卓文君这个意象便具有了复杂的、多重的意义。文君是作为本体化的人文主义的代言人出现在剧中的,她对爱人毫无条件的崇拜可看作是不仅仅只需要跟从,同时还需要理想女性去崇拜的男性愿望的一种外化。在这个过去的女性意象中,存在着一个正与现在相斗争的男性,一个创造者。②

颜海平认为,郭沫若在剧中创造的文君这个形象可看成是反抗父权的年轻的叛逆者,这种反叛与女性对根深蒂固的中国家长制传统的反抗极为相关,但并不等同。中国男人在这种传统中的历史复杂性——比如说对男性间那种绝对残酷的,对政治、社会、道德方面差别的认识、他们与女性完全不同的关系中所具有的复杂性等,在郭沫若的戏剧中都没有表现出来。在《卓文君》中,文君这个中国女性被作者用来充当社会变革的象征和暂时的先锋。这是因为女性在社会、政治和经济上的边缘性在一个以男性为中心的社会中更容易被男性们用来充当社会变革代理机构的象征③。颜海平最后指出了郭沫若对《卓文君》主题处理的不足。作者认为,在郭沫若指出社会变革和女权主义运动共有的革命核心,以及在以男性为中心的道德观念下,受压迫的不仅是女性,男性也一样是受害者时,郭沫若似乎完全忽略了男性和女性在被受到残害时所呈现出的不同过程与机制,以及在特定的历史时期和地点不同的过程作用在男人和女人身上时产生的不同含义和后果。有趣的是,郭沫若在自己的作品中无意识地但又显而易见地将其关注的焦点不时在女性和男性间变换。到了戏剧的最后,郭沫若实际上直接谈论的已是男人,而非女人了。尽管他是未来女性和男性的积极拥护者,并反对"旧式的男性"秩序,但最后,他强调的中心已经在"旧式"而非"男性",更不用说将"旧式"和"男性"两者紧密结合了。④

相比之下,颜海平对《蔡文姬》的分析则要简单得多,而且没有什么新观点的阐发。在她看来,《卓文君》中所表现的那种压制人的父亲形象消失了,老人与年轻女性间充满矛盾的关系由一种崇高的和谐所取代。假如把郭沫若创作于1959年的《蔡文姬》与他1926年打算创作的《蔡文姬》相

---

① Yan, Haiping. "Male Ideology and Female Identity: Image of Women in Four Modern Chinese Historical Plays". Op. cit., pp. 254-255.
② Ibid., p. 256.
③ Ibid., p. 257.
④ Ibid., p. 258.

比,读者会很难相信这是由同一个作者创作的关于同一女性的东西。颜海平认为,正是郭沫若1959年所陈述的创作《蔡文姬》的"主要目的"与其描绘的1926年打算创作这部戏剧的"主要动机"之间的差别,说明了为什么郭沫若1959年对作为一国之领导的"父亲"的基本看法变得与其1926年的看法完全相反①。而郭沫若1959年直接将自己等同于剧中的女主人公蔡文姬,指的是自己与日本妻子安娜的经历。他投射到文姬身上的感情,那种对祖国的情感与对家庭的依恋所引发的精神上的分裂,实际上,正是作为一个男人和丈夫的他所亲身经历过的②。时隔30多年,郭沫若的2个历史剧《卓文君》与《蔡文姬》中女性主人公与既定的社会秩序之间关系的转变,既是讽刺性的,同时也是极其复杂的。假如将不同年代特别的历史变化与不同予以考虑,读者会发现郭沫若在20年代对以男性为中心的道德的完全否定与其50年代对一个重新建构的社会和道德秩序中父亲形象的完全认同这2种态度间具有内在的联系,但却又不仅仅只是一种简单的延续。③

十二、郭沫若戏剧作品中的女性形象:以武则天为例

1987年美国纽约国立大学出版社出版了由纽约国立大学中国语言文学系的康斯坦丁·唐和澳大利亚格里菲斯大学研究中国戏剧的科林·马克勒斯合编的《中华人民共和国戏剧》一书④。该书是1984年10月15—19日在美国纽约国立大学举行的"中国当代戏剧国际会议"的部分与会论文集。编者康斯坦丁·唐为该书写了题为"中华人民共和国戏剧的传统与实践"的序。此书的结语则是由编者科林·麦克勒斯所做。澳大利亚汉学家陶步思的论文《郭沫若戏剧中的女性形象:以武则天为例》⑤被放在第1

---

① Yan, Haiping. "Male Ideology and Female Identity: Image of Women in Four Modern Chinese Historical Plays". Op. cit., p. 262.
② Ibid., pp. 262-263.
③ Ibid., p. 263.
④ Constantine Tung & Colin Mackerras eds. *Drama in the People's Republic of China*. Albany: State University of New York Press, 1987.
⑤ Bruce Gorden Doar. "Images of Women in the Dramas of Guo Moruo: The Case of Empress Wu" In Constantine Tung & Colin Mackerras eds. *Drama in the People's Republic of China*. Ibid., pp. 54-91.

部分"基于历史主题的戏剧"中。根据作者在文后的注释读者可以看出陶步思在这篇研究论文撰写过程中的认真与严谨。作者在此感谢那时还在哥伦比亚大学任教的夏志清给他提出的诸多建议和鼓励、在加拿大多伦多大学任教的米列娜对郭沫若剧本中女性形象的恰当评论、与澳大利亚麦考瑞大学亚洲语言系的张典姊对《镜花缘》的讨论,以及与悉尼大学的罗伯特·米勒和苏·德瓦对罗马晚期女性地位与女权主义话题的讨论。

在文中,陶步思认为,尽管作为剧作家的郭沫若不如作为诗人或历史学家的他那么有名,但是他对20世纪中国戏剧的影响却是相当大的。对他无论哪一方面成就的评价都存在着争议:既有藐视,也有无尽的崇拜。他之所以会被人藐视,乃是因为他对权威的那种"席勒似的"卑躬屈膝;而他之所以会受到极度的崇拜,则是由于他渊博的才华。大批的学者在研究他,在中国大陆,"主流意识"甚至把他神化①。这里,陶步思所指乃是如其在文后注释4中列举的邓小平"在郭沫若追悼会上的致辞"中对郭沫若的评价:"他和鲁迅一样,是我国现代文学史上一位学识渊博、才华卓具的著名学者。他是继鲁迅之后,在中国共产党领导下,在毛泽东思想指引下,我国文化战线上又一面光辉的旗帜。"②

文中陶步思将关注的目光集中在了郭沫若的《武则天》创作过程中3个与文本和主题相关的方面。一是20世纪50年代末和60年代初中国对历史剧的争议;二是中国的历史学家和文学家们长期以来对武则天性格和事业的各种不同的评价处理;三是郭沫若作品中女性形象的发展过程③。作者同意李贽在《史纲评要》一书中所持的观点,认为武则天完完全全颠倒了性别的作用,像个男性一样没有丝毫分别地对待她的权位④。而郭沫若的《武则天》中武则天的那些美德可概括为同情、宽容、耐心和克制,她的女性特质完完全全蕴含在这些民族美德中。她对那些犯了错的人的教

---

① Bruce Gorden Doar. "Images of Women in the Dramas of Guo Moruo: The Case of Empress Wu". Op. cit., p. 55.
② Ibid., p. 82.
③ Bruce Gorden Doar. "Images of Women in the Dramas of Guo Moruo: The Case of Empress Wu". Op. cit., p. 56.
④ 此处作者引李贽对武则天的评价。"武氏之罪种种,不容诛矣。独秽德彰闻一罪,差为可原。何也? 渠既自以为皇帝,则不甘心为女子矣。如张昌宗、张易之等,则女子矣。盖女子既不为女子,则男子又何为男子哉。况乎若是男子,绝不以莲花之面为人主所宠幸矣。"见李贽评纂:《史纲评要》,北京:中华书局,1974年版,第548页。

化之举实际上蕴含着孟子认为君王须负责民众的生育长养和教化之责,当视民如子的观点①。陶步思认为,郭沫若在剧中试图将武则天从权威这个形象中解放出来,而将其女性特质与慈祥、关爱的母亲形象联系在一起②。陶步思对郭沫若剧中的"讨武檄文"发表了自己的看法,认为此一幕是整个戏剧的核心,它是郭沫若对武则天翻案的枢轴。骆宾王的"讨武檄文"不仅是一篇脍炙人口的古文经典,同时也是一部体现了儒家的"厌女"思想的大作。陶步思认为,郭沫若的武则天是根据《资治通鉴》上的记载来塑造的,这与晚清李贽所表现的"圣主"是一致的,二者在选取材料时都直接将重点放在了对儒家"厌女"思想的批评揭发上。而郭沫若,在其经过改编的、以历史素材为背景的、意在反映其社会、政治功能的历史剧《武则天》中运用骆宾王及其"讨武檄文"的目的也正在于反映出政治权利与作家之间的关系。就如武则天自己在听完上官婉儿念给她听的檄文后所做的评论:"最后两句也结得满好。文章是做得不错,调子满铿锵。不过,丝毫力量也没有。几百个字中没有一个打中我。看看,这文章里面可有一句话说到老百姓吗?古人说'吊民伐罪'。他们在讨伐我,却不替老百姓说一句话。"③陶步思认为,郭沫若的武则天这个女性形象与其早期作品中所塑造的女性不同,女性意识成了他"翻案"作品中主人公的一个明显特征。在郭沫若的诗歌、诗论和戏剧中,女性都是其突出的人物形象。而郭沫若1926年的《写在〈三个叛逆的女性〉后面》则清楚地表明了他自己对女性所持的态度:"我们来看看历史上有名的女性。仅就中国而论,像卓文君、蔡文姬、武则天、李清照,她们的才能和力量都并不逊于男性。而她们之所以能够成人,能够高于男性,其原因正在于她们不肯服从以男性为中心的道德教条。不是因为她们才力过人,所以她们才成为叛逆的女性。相反,是由于她们成了叛逆之人,所以她们的才力才有所发展。"④从对历史传说中女性形象的歌颂,到对那些女性社会反叛者和暗杀者形象的刻画,郭沫若的女性形象在某种程度上反映出了在郭沫若不同的创作时期共产党的地位、社会个体的地位以及郭沫若本人地位的变化——从最初的受激发、被

---

① Constantine Tung & Colin Mackerras eds. Drama in the People's Republic of China. Op. cit., p. 71.
② Ibid., p. 72.
③ Ibid., pp. 76-77.
④ Ibid., pp. 78-79. 中文可参见《郭沫若全集·文学编》第6卷,前面所引书,第136—137页。

流亡、抗争、受围攻、被围困、到最终掌权①。陶步思在文章的最后再一次强调了郭沫若在《武则天》一剧中没有将武则天塑造成传统的放荡之人,而是强调了其作为一个母亲的作用。不过,她的这个母亲形象是一个没有性别差异的母亲形象,与其生理特征没有相关性。母—子、君—臣的关系一方面表明的是儒家伦理所提倡的忠孝,另一方面则显示出彼此之间的互惠互利。陶步思认为,郭沫若的这部剧同时还从新的角度对权力进行了关照:探讨了当权者与反对者之间的关系以及以作家为主轴的势力对社会的不满。而武则天的女性性别在剧中仅仅只是一个衬托,与武则天作为一个统治者的形象身份没有什么关系。批评家们常常将郭沫若《武则天》中的武则天与江青等同,尽管郭沫若在创作此剧时江青在政治上还并不那么权势显赫。但此观点也常遭到一些研究者的反驳,如在 1979 年郭沫若去世一周年后在四川举行的纪念会上两位与会者谭洛非与陆文璧所指出的那样:"特别是那个江青,身上没有一点武则天的长处,却集中了历史上一切坏女人的坏处,还狂妄地想当女皇,结果如何呢?"②

十三、中国文学指南:
《三个叛逆的女性》、《屈原》、《虎符》与《孔雀胆》

《中国文学指南:1900—1949》的第 4 卷《戏剧卷》是由德国汉学家艾伯斯坦编辑的。在介绍入选作家的每部作品的文章后,均有关于该作品舞台演出的情况概述、文章的资料来源以及文本在海外被译介的版本介绍(如果有的话)。该卷中共收录了 4 篇分析研究郭沫若戏剧作品的文章。其中关于《三个叛逆的女性》的鉴赏由捷克斯洛伐克学者安娜·多勒扎洛娃(Anna Doležalová)完成,对《屈原》的品评由艾伯斯坦自己撰写,对《虎符》的分析是由邦妮·麦杜戈尔完成的,对《孔雀胆》阐释的文章则是由朱炳荪撰写的。此外,在艾伯斯坦撰写的《序言:梨园里的泰斯庇斯》中,作者指出了郭沫若早期戏剧的两个共同特征:一是在戏剧文本中夹杂着作者卓越的理论陈述,另一则是作者显而易见地把关注的重点放在了女性人物

---

① Constantine Tung & Colin Mackerras eds. *Drama in the People's Republic of China*. Op. cit., pp. 79–80.

② Ibid., p. 80. 中文可参见谭洛非、陆文璧:《论郭沫若历史剧中光辉的妇女形象》,载《郭沫若研究论集》,前面所引书,第 298 页。原文引文有些随意,缺乏学术论文应有的严肃感。

身上,这些女性人物不仅在表述与女性自身相关的问题上是开拓先锋,在反映自己同时代人所面临的共同问题时同样是楷模。①

安娜在文章中首先论及《三个叛逆的女性》中所包含的 3 个历史剧《聂嫈》、《王昭君》和《卓文君》出版、上演的情况,并分别对每部戏剧的故事梗概做了交代。作者认为,郭沫若是在其浪漫主义时期创作的这个戏剧三部曲《三个叛逆的女性》,其创作受到了外国浪漫主义和表现主义的影响。这种影响既反映在这些戏剧的风格和气氛上,同时也表现在一些特别的细节上,如《王昭君》中将斩下来的毛延寿的头呈给皇帝,显然是受到了奥斯卡·王尔德戏剧《莎乐美》的启发;戏剧结尾的歌咏部分,尤其是在《聂嫈》中,则受到了中国传统戏剧美学的激发②。在安娜看来,3 部戏剧中《聂嫈》这部剧中"叛逆女性"的作用是最被动的,仅通过 2 个女主人公对聂政行为的确认而表现出来,她们本身的叛逆思想却不那么明显。而在《王昭君》中,王昭君仅在第 2 幕中出场,在第 1 幕中仅仅只是被别的角色谈论的话题,她的叛逆一直到剧终时才表现了出来。而在此之前,她留给读者和观众的只是无助和痛苦的牺牲。即便是她拒绝贿赂画师毛延寿,也仅是由于她没有钱,而不是出于自己行事的原则。她拒绝了皇帝让她住进宫去的建议,也不是出于她对北方匈奴生活的任何关心,而是由于她对自己悲惨命运的坚信,认为到哪去生活都无所谓。戏剧的最后她与皇帝的唯一一次对话倒确实强调了她对封建社会的反抗。在这 3 部剧中,《卓文君》最鲜明和直接地表明了对新与旧的态度,并且对旧道德的不人道给予了最猛烈的批判。这 3 部剧反映了作为作家和历史学家的郭沫若利用历史主题普遍性的特点来表达他反传统的社会态度,尤其是对中国妇女解放的呼吁和倡导③。难得的是,在安娜介绍《三个叛逆的女性》在海外被译介的版本时,提及了 1974 年由美国学者哈罗德·伊萨克选译的《草鞋脚》中伊萨克节译的《卓文君》。这是在笔者收集整理英语世界郭沫若研究资料时第一次见到此剧被译介的版本介绍。

在艾伯斯坦品评《屈原》的文章中,作者指出郭沫若创作的《屈原》可称得上是中国现代文学中最重要的戏剧。这一方面在于郭沫若剧本本身

---

① Bernd Eberstein. "Introduction" In Bernd Eberstein ed. *A Selective Guide to Chinese Literature*, 1900-1949. Volume 4: The Drama. Leiden: E. J. Brill, Netherlands, 1990, pp. 20-21.

② Ibid., p. 113.

③ Ibid., pp. 113-114.

确实写得好,同时也在于剧本所歌颂的对象屈原自身被广泛接受的缘故。艾伯斯坦认为《橘颂》中的"橘"在该剧中是一个非常重要的象征:完善、正直、和谐、统一、无畏、英勇。正如每一部好戏剧一样,《屈原》也被认为是一部反映时代重大问题、关照人类普遍命运的作品①。在艾伯斯坦看来,《屈原》、《虎符》以及郭沫若其他的历史剧,是他对中国悲剧的贡献。若从政治范畴看,《屈原》是郭沫若对抗日文学最主要的贡献②。艾伯斯坦认为郭沫若终身关注的另一问题是诗人在社会中的作用。屈原自身,既是一个诗人,又是一个政治人物,可能是其身上的诗人成分太重了,才使得他无法成为一个成功的政治人物。屈原被谗言中伤后的疯癫是他从一个宫廷诗人转向一个人民诗人的痛苦的精神净化剂。在愤怒和疯癫的状况之下,他作为一个崇高梦想被现实所粉碎的伟人的悲剧令观众扼腕③。作者认为,《屈原》这部剧紧跟欧洲经典戏剧共5幕的戏剧模式,但更重要的是,它将中国文学和哲学的传统强烈地渗入其中。这首先表现为屈原自己的颂诗被大量引用、被翻译成现代白话版本。在2个重要的场景中,颂诗中神秘而具有象征意义的人物赫然出现在舞台上。《雷电颂》既是对屈原《离骚》和《天问》的借鉴,只不过是用现代诗人的语言表达出来罢了,另一方面,它也反映出受莎士比亚《李尔王》第3幕中李尔王独白的影响。《雷电颂》中的这段独白被看成是中国现代戏剧史上最富戏剧性和最出色的戏剧独白。总体说来,音乐也在这部戏剧的舞台表演中起到了重要的作用。因此,可将《屈原》看作是融现代话语与传统为一体的尝试④。这篇鉴赏的价值还在于作者在参考文献中注引了英语世界郭沫若研究的2篇重要的博士论文,一篇是完成于1977年的Rose Jui-chang Chen的《人类的英雄与被放逐的上帝:郭沫若〈屈原〉中的中国思想》,另一篇是1979年Emily Woo Yuan的《郭沫若:一个现代革命的文学人物,1924—1949》,这在笔者收集的有关英语世界的郭沫若研究中是难得一见的。另外,作者在《屈原》被海外译介的文本中提及了1953年的英语版本、1957年的法语版本和1980

---

① Bernd Eberstein ed. *A Selective Guide to Chinese Literature*,1900-1949. Volume 4:The Drama. Op. cit., p. 115.

② Ibid., p. 117.

③ Ibid., p. 118.

④ Ibid., p. 119.

年的德语版本。①

《虎符》的评论由麦杜戈尔所作。作者在简要介绍了剧情后指出,郭沫若1948年在为新版本所写的后记中表达了自己对该剧结尾的不满,将其称为"蛇足",建议导演在演出时将其删去,并于1956年对结尾进行了重写。改后的效果使得剧中的对话不那么文绉绉,而是变得更加口语化。此外,作者认为,在郭沫若的《虎符》中,郭沫若将最多的精力放在了关注如姬这个角色的发展和对角色的刻画上。后者是郭沫若在听取了周恩来的建议,刻画一位东方的理想而完美的母亲形象后创作的。两位女主人公中,信陵君的母亲魏太妃是传统女性的典范,而如姬则更接近二三十年代后易卜生时期的"现代女性"。麦杜戈尔在此文中对《虎符》更多抱持的是批判。她指出,"美德"是《虎符》一剧中不时出现的关键词,但作者郭沫若对"美德"究竟是由什么组成的表达得却并不总是很清楚②。麦杜戈尔认为,尽管这部剧是以真实的历史故事为背景用来指涉当代的人与事,并且加入了音乐,但剧最终却并无说服力,而且也不吸引人。剧中男女主人公的道德弱点并不能使他们变得仁慈博爱,如《史记》中所记载的信陵君一样。相反,呈现在读者和观众面前的他们就像是自以为是的伪君子,他们嘴里关于责任、义务和美德的长篇大论显得夸张、做作和空洞。③

朱炳荪在把《孔雀胆》的每一幕介绍后指出,这部戏剧刻画的并不是暴力,而是残暴的环境对人精神的影响,其目的在于探寻人所具有的高贵与同情的品质,而这也正是该剧大受欢迎的原因。作者认为,该剧之所以在各地演出时广受观众青睐,是由于它动人心弦的情节、人物间生动的对话,以及剧中人物在极其困难的环境中所表现出的善。在作者看来,这部戏还有一个值得一提的特点,那就是作者对人物对照手法的运用,如女主人公阿盖对丈夫深沉的爱,以及她承受大苦大难的勇气与残暴、毫无廉耻感的继母之间的对照:阿盖对继子们视若己出,而继母却冷血地杀掉自己亲生的孩子。再如段功不愿反击自己的对手与杨渊海知道如何对待自己对手的鲜明立场之间的对照。这些相反相衬的人物的呈现,极大地凸显了

---

① Bernd Eberstein ed. *A Selective Guide to Chinese Literature*, 1900-1949. Volume 4: The Drama. Op. cit., pp. 119-120.

② Ibid., p. 123.

③ Ibid., p. 124.

戏剧的主题。①

十四、着中国服装的莎乐美:郭沫若的《三个叛逆的女性》

香港浸会大学黄佩玲博士的《着中国服装的莎乐美:郭沫若的〈三个叛逆的女性〉》于2002年发表在《爱尔兰研究》第17卷上②。解志熙指出,现代中国所知的所有西方美学家中,奥斯卡·王尔德是最受关注的,中国读者认为与他们自己的关注一致的王尔德主题有爱、对美的大胆追求和对自由的寻求。③

1915年,陈独秀将王尔德视为最具代表性的现代作家之一。1917年,他鼓励中国的知识分子追随王尔德。这些文章产生了非同寻常的影响力,提高了王尔德在中国的声誉。1919年,他的《快乐王子》被译成古文,随后有对他的小说和戏剧的译介。20世纪20年代和30年代,《莎乐美》受到了特别的接受,有好几个译介的版本出版。新文化运动标志着中国女性的解放。郭沫若的《三个叛逆的女性》于1926年在上海出版,是一部包含了《卓文君》、《王昭君》和《聂嫈》的新型历史戏剧三部曲。剧中,郭沫若吸收了王尔德《莎乐美》的主题,并借其女主人公莎乐美来表达了他对女性问题的关注。

郭沫若被认为是一个大胆而且成功吸纳西方哲学和文学技巧的文化巨人,他将这些元素与中国传统元素和他自己独特的艺术处理手法融合在一起。他的历史剧被认为是革新社会的典型模式。郭沫若自己曾说,他想要写一部关于女性的三部曲,这些女性不愿遵从传统赋予她们的角色:未嫁从父,既嫁从夫,夫死从子。郭沫若并不是第一个描写女性的斗争的戏剧家,但他第一个成功运用了著名的历史人物以催生他那个时代女性的革命热情。学者们到目前为止只对《莎乐美》对这些戏剧的影响进行了简要

---

① Bernd Eberstein ed. *A Selective Guide to Chinese Literature*, 1900-1949. Volume 4: The Drama. Op. cit., p. 127.

② Linda Wong. "Salome in Chinese Dress: Guo Moruo's *Three Rebellious Women*". *Journal of Irish Studies*, Vol. 17, pp. 118-125.

③ "The Wildean themes that Chinese readers considered relevant to their own concerns were love, bold pursuit of the aesthetic and the search for freedom." Ibid., p. 118. 作者没有标注解志熙引文的出处。

的评价,几乎没有出版任何有关《莎乐美》对郭沫若戏剧的主题、文本和风格等方面产生的影响的东西。作者认为,《莎乐美》在人物刻画、文学和诗学的策略方面,是郭沫若《三个叛逆的女性》中3部戏剧的主要副本,它们从王尔德那儿借来了更宽泛的文本间的象征性超越表象的复杂性。而且,郭沫若自己也不太肯定,他塑造的那些叛逆女性是否使其他的性别困境变得困惑了。由于违背了性别的传统约束,郭沫若作品中的这些女性被边缘化,成了社会的和文化的弃儿。从私奔,到自我流放,再到性别否定,郭沫若使其女主人公一步步远离中心。①

《卓文君》、《王昭君》和《聂嫈》中3个女性的语境看起来是不同的,但他们有着相似的文本和风格特征。3个剧本中的女性都有忠诚的女伴与她们分享梦想,愿意为她们牺牲,而剧中的男主人公则是权威的压制。对郭沫若而言,《莎乐美》当然是对权威的挑战,而自私、野心、背叛、拒绝、疯狂与死亡则是其他爱尔兰戏剧与中国戏剧中相关联的主题。

在《卓文君》和《王昭君》中,月亮都与女主人公息息相关,正如其与莎乐美相关一样。月亮与疯狂和死亡相连。月亮冷冰冰的美也预示着女主人公非同寻常的个性和力量,她们的坚定与自信将她们与其他人物区分开来。而在中国封建社会里,不随波逐流的或者是具有叛逆精神的女性是被视作疯狂的。

正如莎乐美被乔卡南的声音吸引一样,寡居的卓文君也被司马相如弹奏的音乐所吸引。于是浪漫从这里开始。文君的丫头红箫,一个大胆忠诚的女伴,认为儿女自己的命运应该自己去开拓,由自己做主,而不是父母。当那个程家的翁翁程郑悄悄地亲吻文君的绿绮琴时,他的虚伪在读者面前表露无遗。他的吻让读者想到《莎乐美》中的吻。当文君的父亲卓王孙发现文君想要私奔的打算时,文君当着翁翁和父亲的面说:"我现在是以人的资格来对待你们的。"尽管二者都将她视作不遵守旧礼制,但是文君却自信地宣称自己的行为是在为天下后世提倡风教:"你们男子们制下的旧

---

① "I would argue that while *Salomé* is a major subtext behind the characterization, and the literary and poetic devices, of these three plays, there is a broader intertextual symbolism and complexity beyond the surface borrowing from Wilde. I would also argue that Guo Moruo was not so affirming his rebellious women as mystifying other gender dilemmas. Transgressing gender conventions, the women in his works are further marginalized by the fact that they become outcasts socially and culturally. From elopment to self-exile and then to gender-denial, Guo Moruo gradually removes his female characters from the center." Linda Wong. "Salome in Chinese Dress: Guo Moruo's *Three Rebellious Women*". Op. cit., p. 119.

礼制,你们老人们维持着的旧礼制,是范围我们觉悟了的青年不得,范围我们觉悟了的女子不得!"①

读者会发现,莎乐美与郭沫若的女主人公们的性格中都融合着爱与恨。红箫杀了背叛她的秦二,在她自杀之前她说出她是怎样喜欢他的面孔、头发和眼睛。她的话让人想到莎乐美对乔卡南说的话。同样,最后一幕中,当司马相如从黑暗中出现时,他着白色寝衣的形象是莎乐美站在周遭黑暗中的月光下的最后意象的复写。这个意象对文君而言也象征着新生的希望,为她的性格增添了神秘感和美感,因为这是读者或观众唯一一次得见这个文君事事为其冒险的人一眼。

郭沫若在《王昭君》和《聂嫈》中采纳了莎乐美性格中的自恋情节。与莎乐美这个世纪末的坏女人一样,郭沫若剧中的王昭君也蕴含了所有男性的愿望。在《王昭君》中,当汉元帝发现王昭君是个非常美的女子想要立她为后时,她拒绝了:"你的权力可以生人,可以杀人。你今天不喜欢我,你可以把我拿去投荒。你明天喜欢了我,你又可以把我来供你的淫乐,把不足供你淫乐的女子又拿去投荒。投荒是苦事,你算知道了。但是你可知道,受你淫弄的女子又不自以为苦吗?你究竟何所异于人,你独能恣肆威虐于万众之上呢?你丑,你也应该知道你丑!豺狼没有你丑,你居住的宫廷比豺狼的巢穴还要腥臭!"对王昭君而言,元帝、画师、匈奴单于都是一丘之貉,以淫弄女子为乐。画师的女儿淑姬将其父之首授予汉元帝,这一情节显然是对莎乐美手捧装着乔卡南脑袋的容器的回应。当莎乐美亲吻割下的脑袋时,希罗底下令立刻将她处死。希罗底实际上是在莎乐美身上看到了他自己。②

正如莎乐美和希罗底是镜像一样,元帝与割下的毛延寿的头也是镜像。剧的最后,元帝连连亲吻毛延寿的左右颊,因为他的脸曾被昭君披打过的缘故。他决定把毛延寿画的美人王昭君挂在壁间,把毛延寿的头供在书案上。元帝最后的举动让人同时想到莎乐美的痴迷与希罗底的罪过。

---

① Linda Wong. "Salome in Chinese Dress: Guo Moruo's *Three Rebellious Women*". Op, cit., p. 120. 中文引文可参见《郭沫若全集·文学编》第6卷,前面所引书,第45页。

② "When the painter's daughter Shuji presents the head of her father to the Emperor, it is (a) clear echo of the way Salomé holds the charger with Jokanaan's head. After Salomé kisses the severed head, Herod orders that she be killed at once.…Herod is in fact seeing himself in Salomé." Linda Wong. "Salome in Chinese Dress: Guo Moruo's *Three Rebellious Women*". Op. cit., pp. 120-121. 中文引文可参见《郭沫若全集·文学编》第6卷,前面所引书,第72页。

将美与恐惧和死亡并置在一起,表明了郭沫若对王尔德戏剧的着迷。①

淑姬,在发现自己的情人背叛她之后,决定与王昭君一起去沙漠。大胆、坚强、自信,两个女性离开了男主人公。她们去沙漠的举动进一步加强了她们的决心和反叛赋予女性的传统秩序与作用。

《聂嫈》明显要比其他2部戏剧更具政治性。正如黄侯兴所说,郭沫若的《聂嫈》反映了现代中国军阀造成的黑暗现实和反抗传统封建主义的斗争,但他天真地以为一旦不再有帝王丞相就可以获得平等。②

在这部戏剧中,有些情节似乎与政治不相关,但是它们呈现出了与《莎乐美》的作者王尔德相似的美学主张,其传统的性别作用受到了削弱。艺术方面,这部剧不如另外2部连贯。然而,正是这种离题使得王尔德的影响显得最明显。第2幕中,2个卫士在帐篷中看守聂政的尸体,希望有共犯现身。其中一个卫士回忆起最初将聂政看成是女的,因为他显得文雅,面孔漂亮。他的苍白和漂亮的面孔让读者想到《莎乐美》,因为银色和白色常是与莎乐美相关的颜色。另一个卫士甚至想象假如看守的是女尸,要抱着她亲个嘴,这正是对莎乐美对割首的亲吻这种可怕情感的参照。

剧中另一个受到王尔德影响的实例是其中一个卫士讲述一个男人改扮女装,涂脂抹粉梳着女人头,两手紧紧捧着一面铜镜,最后由于自恋将自己杀死的故事。这个显然是参照了那喀索斯因自恋自己水中的倒影相思而死的故事。在王尔德的故事《信徒》中,当池子被问及在那喀索斯死后为什么忧伤,连水也变成了咸的时候,它回答说:"在镜中他的眼睛里我看到自己的美。"实际上,郭沫若是打算将性别逆转,让弟弟看起来像女性,而姐姐改扮成男性的。这次的离题又一次显示出郭沫若对王尔德的着迷。③

郭沫若在《王昭君》和《聂嫈》这2部戏剧中描绘了深厚的兄弟姐妹之爱以加强性别间的混淆,且讽刺性地抑制了他们激进的精神。《聂嫈》这

---

① "Being daring, strong and assertive, both women are set apart from the male characters. Their going to the desert enhances further their determination and their rebellion against the traditional order and the role assigned to women." Linda Wong. "Salome in Chinese Dress: Guo Moruo's *Three Rebellious Women*". Op. cit., p. 121.

② 引文没有指明出处。本书作者注。

③ "This is a clear reference to the tale of narcissus, whose self-love is fatal. ... Guo in fact proposes gender reversal: the brother looks feminine while the sister is dressed as a man. The digression again reveals the playwright's fascination with Wilde." Linda Wong. "Salome in Chinese Dress: Guo Moruo's *Three Rebellious Women*". Op. cit., p. 122.

部戏剧中激昂的年轻人的死表明了郭沫若的悲观和他对自我牺牲的浪漫阐释,而这却是女性参与到政治中所排斥的。尽管她们已经从传统责任的束缚中觉醒是好的,但她们的叛逆表明那是需要付出相当高昂的代价的。①

在《卓文君》、《王昭君》和《聂嫈》这3部戏剧中都呈现出主人公从封建家庭逃出,转向民族的、共和国的、革命的这样一条线路。郭沫若从父亲、君王、政治领导人等不同的层面上来描写女性的叛逆。这种分层表明郭沫若为女性开创空间的抱负,她们正从个体的家中走向公共的空间。他的戏剧的每一个场景都可见中国历史的和文化的背景。然而剧中仍然存在悲伤的信息:女性们抗争过,但是失败了;她们从一个环境换到另一个,只是遭遇更多的痛苦。②

叛逆带来被弃,因而男性与女性之间的冲突仍然悬而未决。戏终以被弃或者死亡,女性人物的心结并未解开。总之,甚至在她们的身体离开之后,她们的问题也仍然没有被解决。③

十五、崇高起源的塑造:郭沫若的《屈原》

澳大利亚悉尼大学郑怡的《崇高起源的塑造:郭沫若的〈屈原〉》发表

---

① "Guo Moruo writes about deep sibling love in these two plays so as to reinforce gender confusion, and ironically to dampen their radical spirit. The deaths of the passionate young people in this drama reveal Guo's pessimistic and romanticized interpretation of self-sacrifice, which actually marginalize women's participation in the political arena. Though it is good that they are awakened from their confinement to traditional duties, their rebellion is shown to be extremely costly." Linda Wong. "Salome in Chinese Dress: Guo Moruo's *Three Rebellious Women*". Op. cit., pp. 122-123.

② "In these three plays, there is a transgression from a feudalistic home to a national palace and then to a republican and revolutionary arena. Guo shows women's rebellion in different degress, from father to king and then to political leaders. This kind of gradation reveals Guo's ambition to open up space for women, who are seen to travel from private home to the public sphere. Each setting can be seen to represent a historical and cultural stage in Chinese history. The sad message, however, remains: women fight, yet have to fail; they are translated to another sphere only to suffer more." Ibid., p. 125.

③ "Rebellion brings rejection, and so the conflict between men and women remains unsolved. Outcastor dead at the end, the female character's psychological knots are not yet untied. In short, even after they are dismissed physically, their problems remain." Ibid.

在《中国现代文学与文化》2004年的春季号上①。该文主要研究了中国现代诗人郭沫若在戏剧作品中所建构的现代美学理念及其文学观。文章探寻了郭沫若为了阐释其崇高与美的美学理念,在将屈原塑造成中国"最早的""伟大"诗人的过程中所表现出的两种相反的倾向。文章着重分析了郭沫若的历史剧/诗剧《屈原》中的《橘颂》和《雷电颂》,以探寻在塑造一种"全新的"、"时代的"中华史诗文化美学的过程中,崇高美学发生变形的文化含义。文章认为,郭沫若及其新文化同伴们对异质因素的超越——为了抗拒现代性的恐惧,对一种无限的美学运动的拥护和美化——其实是对一种不同的文学机构的崇高建构。这样,郭沫若为了建立一个不同的世界,在转化和重塑一种崇高诗学的过程中所表现出的抱负与困境就集中体现为:由于内心的痛苦与焦虑,中国的现代知识分子们试图转化和重新建构一种文化的现代性。

作者一开始便指出,郭沫若在其诗学作品和文学观中将作为一种现代美学理念的"浪漫的崇高"做了转化,创造出了一种"时代的"诗学和一个新中国的史诗文化英雄,并将此作为对现代性之重负的一种文化回应。这种转化和创造集中体现在郭沫若对历史—诗学人物屈原的重新塑造以及郭沫若那些常常被认为是中国现代文学史上最崇高的诗剧的创作上②。郭沫若戏剧的结尾,常伴着美丽的超越和高贵的愤怒,其实是一种美学的和解与妥协,这种妥协不太稳定地朝崇高——作为历史和文化之拯救的诗学力量——发展。这可从郭沫若早期的诗剧《湘累》及《屈原》中的抒情诗《橘颂》和《雷电颂》中看出。③

在"作为时代美学的崇高"一节中,作者指出,在1921年7月出版的《创造季刊》创刊号中,郭沫若在《创世工程之第七日》一诗中以那时对中国读者来说还很陌生的浪漫的、崇高的权威意象宣布:"我,一个创造者",将呼唤"喷裂的火山"和"狂飙的宇宙"的力量来"创造一个光明的世界"。总体上,郭沫若的这个宣告不仅被看作具有创造社宣言的性质,同时也被

---

① Zheng, Yi. "The Figuration of a Sublime Origin: Guo Moruo's *Qu Yuan*". *Modern Literature and Culture*, Vol. 16, Issue 1 (Spring, 2004), pp. 153-198. 杂志的封面将此刊物译为《中国现代文学》。
② Ibid., p. 153.
③ Ibid., p. 154.

认为是强调灵感、情感和想象的中国浪漫主义①。郑怡认为,对崇高的寻求是从结构和感情两方面来界定的,要求的既是范围的宏大同时也是感情的高尚,而这反过来又成就了诗人的伟大,一种能够成就诗人的"新"与"伟大"的"崇高"的诗应该是"雄浑"、"有力"、结构"宏大"的,且常常是英雄式的,或至少在主题上是"大胆无畏的"、"具有挑战性的"。这个要求不仅仅是美学上的,而且也是文类的要求,更是时代的要求,是时代的"精神"所需要的。②

在"崇高起源的变形"一节的开始,郑怡指出,尽管郭沫若的《凤凰涅槃》常常被认为是诗人对传统观念进行攻击的诗学主张的最佳代表作,但是该诗最后一节《凤凰更生歌》实际上更像是那些来庆祝它们的群鸟们的一种衬托,一个附录,与其说它是该诗真正的结尾,还毋宁说它仅是一个后记③。作为新诗"真正的"先驱,郭沫若的寻求不可避免地会导致他对来源进行追寻,这体现在郭沫若在一开始的新诗创作以及后来的文学创作中均涉及历史—诗学人物,尤其是他对古代诗人屈原的塑造。对郭沫若来说,屈原的历史性不仅在于他作为悲剧时代的典型悲剧英雄的作用,同时还在于他作为中国第一个"伟大"诗人在中国文化史上的令人尊崇的地位,郭沫若对屈原理想化的重新阐释具有里程碑式的意义。④

在"《屈原》戏剧性的结局"一节中,郑怡认为郭沫若重塑的屈原是符合鲁迅先生对"悲剧"所下的定义的,那就是,"将人生的有价值的东西毁灭给人看"。这部戏剧像他的早期凤凰挽歌一样,是对崇高人物被毁灭的那种可怖的重塑。郭沫若一再坚持进行抒情作品的创作不仅再一次肯定了屈原在建立中国现代的崇高方面的中心地位,同时也强调了对屈原的现代重塑不在于过去,而是在于用以匡正过去的现在,即郭沫若所谓的,借历

---

① 但郭沫若在《创世工程之第七日》一诗中并没有明确宣布说"要创造一个光明的世界",而是宣称"我们是不甘于这样缺陷充满的人生,我们是要重新创造我们的自我。"而郭沫若在《创造日》的第二诗节中提及"火山之将喷裂,宇宙之将狂飙";在第三诗节中提到"创造个光明的世界"。应该是郑怡弄错了。参见:《〈女神〉及佚诗》,北京:人民文学出版社,2008年版,第223—224页及第267—269页。

② Zheng, Yi. "The Figuration of a Sublime Origin: Guo Moruo's *Qu Yuan*". Op. cit., p. 157.

③ Ibid., pp. 162-163.

④ Ibid., pp. 163-164.

史的外衣来表达他的想望和情感,尤其是"时代的愤怒"①。郑怡认为,整个剧作的剩余部分似乎都是婵娟这个预言的实现。婵娟从一个无足轻重的女孩转变为一个崇高的侍女代表的是从诚实的、非情欲化的女性到男子气概与伟大的融合,在她那执着的、毫不妥协的,但最终得到了完全的理解与同情的奉献中,婵娟最终取代宋玉,成了屈原的理想和郭沫若的《屈原》关于美这个主题的补充。婵娟独自的、忠贞不二的奉献带给《屈原》一个崇高的结局,使得屈原与死亡近在咫尺,却又能死里逃生,逃离所有的黑暗与威胁,而这正是所有崇高的戏剧所必需的。②

在郑怡看来,《屈原》中最崇高的篇章并不是《橘颂》而是最后一幕中的《雷电颂》。随着屈原充满正义的愤怒的咆哮和郭沫若对于他那个时代的恐怖的感情,屈原的独白使全剧达到高潮,接近尾声,从而言之有理地被看作是整部戏之戏剧和抒情的高潮。然而,这必须得建立在读者首先接受这个前提,那就是,剧情的发展是"时代的愤怒"这个主题的再现和彰显。屈原的愤怒是他对那个"时代"和"国家"情感的直接表达,《雷电颂》被看作是伟大和崇高的载体,也因此被看作是时代的愤怒的表达,被放置在了历史的位置上并得到了戏剧性的彰显③。在《屈原》中,郭沫若崇高的愿望只是到了全局的结尾,再一次回到《橘颂》时才得以实现。这首诗将诗人的愤怒从病态的维度转化为理想的、抒情的维度。婵娟成了《橘颂》的典型,拯救了后半部分的戏,这部分是诗人屈原崇高追求和向往的更加外露直率的表达,她才真正是"诗歌的灵魂",屈原《橘颂》的象征④。出现在同一幕中的《雷电颂》和《橘颂》,是郭沫若对崇高和美的美学理想的2种相反的表达,但实际上它们却又赋予了整个戏剧一种必需的平衡感。郑怡强调,正是郭沫若对异质因素的超越,即他对作为一种无限运动的"西方"浪漫的崇高的借用和转化,以及他对具有破坏作用的、革命的现代性的不可遏制的追求,使得他去探索一种具有起源意义但却不再被需要的过去的回归与转化。⑤

---

① Zheng, Yi. "The Figuration of a Sublime Origin: Guo Moruo's *Qu Yuan*". Op. cit., pp. 177-178.
② Ibid., pp. 183-184.
③ Ibid., p. 186.
④ Ibid., p. 189.
⑤ Ibid., p. 191.

十六、中国现代戏剧的英译:郭沫若的历史剧

《亚洲戏剧》2009 年秋季刊刊载了一篇由加拿大英属哥伦比亚大学的 Liu Siyuan 和美国洛约拉·马利蒙特大学凯文·韦特莫尔(Kevin J. Wetmore)研究中国现代戏剧英译情况的文章①。文中 2 位研究者多处提及郭沫若的戏剧创作和译介情况。

在"序言:现代中国戏剧简史"中,作者提及在(抗日)战争时期,戏剧活动在 3 大地区较为繁盛。一是西南地区,那里有着不少与国民政府一起撤退的戏剧作家。二是上海的租界区。三是共产党统治的延安。当时在西南地区最盛行的戏剧形式是历史剧,一种通常运用历史人物来对现实状况予以间接批判的戏剧类型,其代表人物就是郭沫若。他创作了历史剧《棠棣之花》、《屈原》和《虎符》②。在论及 1949 年新中国成立后的戏剧发展时作者指出,由于利用戏剧来为党的政策服务的迫切性的加剧,50 年代至 60 年代间出现了大量的戏剧。这个时期的另一种戏剧形式是历史剧,其中最出名的就是郭沫若的《蔡文姬》和《武则天》,以及田汉的《关汉卿》。③

在"中国戏剧的英译简史"一节中,作者对中国现代戏剧在喜欢传统戏剧或中国现代文化的其他方面的西方常常存在被忽视的倾向发出感叹。作者举 1995 年刘绍铭和葛浩文(Howard Goldblatt)编辑的《哥伦比亚中国现代文学选集》为例④,指出该书就只有诗歌、小说和散文部分,而无戏剧部分。此外,甚至在该书的"序言"中连戏剧作家的名字也没有被提及。而早在 20 世纪 30 年代初,话剧即开始被英译,英译的曹禺戏剧《雷雨》在

---

① Liu, Siyuan & Kevin J. Wetmore Jr. "Modern Chinese Drama in English: A Selective Bibliography". *Asian Theatre Journal*, Vol. 26, No. 2 (Fall, 2009), pp. 320-351.

② Ibid., p. 322. 这里需要特别说明的是,作者在此处和后面提到《棠棣之花》时,其英文用的都是 *Twin Flowers*,但在后面的括号中都将其用拼音注为(Nie Ying),而不是(Tang Di Zhi Hua)。这种处理法是不恰当的,容易引起误读。

③ Liu, Siyuan & Kevin J. Wetmore Jr. "Modern Chinese Drama in English: A Selective Bibliography". Op. cit., p. 323.

④ Joseph S. M. Lau & Howard Goldblatt eds. *The Columbia Anthology of Modern Chinese Literature*. 2nd ed. New York: Columbia University Press, 2007.

1936—1937年间就在上海的《天下月刊》上开始连载。①

作者接着对中国现代戏剧的英译版本进行了整理归类。第1部分,作者按被译介作品的作者姓氏排名,根据作品出版时的来源将其分为传统戏剧的现代版本、1949年以前的中国大陆、1949年以后至今的中国大陆、1949年至今的台湾以及回归前的香港(1897—1997)5类。据作者统计,郭沫若被译介的戏剧作品共有《蔡文姬》(邦妮·麦杜戈尔和彭阜民译,1984年)、《屈原》(共有2个版本。一是杨宪益和戴乃迭译,有1953年版、1955年版和1978年版;二是邦妮·麦杜戈尔和彭阜民译,1984年版②)、《虎符》(邦妮·麦杜戈尔和彭阜民译,1984年)、《棠棣之花》(邦妮·麦杜戈尔和彭阜民译,1984年版)、《武则天》(邦妮·麦杜戈尔和彭阜民译,1984年)等5个。但根据本书作者在资料搜集整理过程所得信息,此统计遗漏了美国学者哈罗德·伊萨克选译的郭沫若三幕短剧《卓文君》(*Cho Wen-chun*),该剧收录在1974年出版的《草鞋脚》英文版本中。

在第3部分关于中国现代戏剧的英文学术专著中,作者搜集的资料中有涉及郭沫若戏剧研究或戏剧译介的,尽管作者并没有标明,但翻阅其内容可知。如1990年由艾伯斯坦编辑出版的《中国文学指南:戏剧卷》③中即收录了评论郭沫若的《三个叛逆的女性》、《屈原》、《虎符》和《孔雀胆》的文章。在由康斯坦丁·董和科林·麦克勒斯编辑的《中华人民共和国戏剧》④中则收录了陶步思的论文《郭沫若戏剧中的女性形象:以武则天为例》。在鲁道夫·瓦格纳的《当代中国的历史剧:四个实例研究》中⑤,作者

---

① Liu, Siyuan & Kevin J. Wetmore Jr. "Modern Chinese Drama in English: A Selective Bibliography". Op. cit., p. 326.《天下月刊》(*T'ien Xia Monthly*)于1935年8月在上海创刊,1941年8、9月由于太平洋战事而停刊,总共56期。它由南京中山文化教育馆资助创办,吴经熊任总编,温源宁为主编,前期林语堂、全增嘏任编辑,而后姚莘农(姚克)、叶秋原也参与过其编辑工作。其"译文"专栏发表了大量中国古代及现代经典文学作品的英文译文,为中国文学尤其是现代文学向外传播开拓了先河。

② 但实际上,在1984年邦妮·麦杜戈尔和彭阜民选译的《郭沫若戏剧选》中,《屈原》采用的是杨宪益和戴乃迭的译本,书中是清楚地标示出了译者的。因此,它们实为一个版本,而非两个。

③ Bernd Eberstein ed. *A Selective Guide to Chinese Literature*, 1900-1949. Volume 4: The Drama. Op. cit.

④ Constantine Tung & Colin Mackerras eds. *Drama in the People's Republic of China*. Op. cit.

⑤ Rudolf Wagner. *The Contemporary Chinese Historical Drama*. Berkeley: University of California Press, 1990.

鲁道夫分析阐释了《蔡文姬》和《武则天》中所蕴含的政治意味，这些在前文中已有详述。

尽管文章对英语世界中国戏剧的研究文献收录不全，但其为研究者了解中国现代戏剧的英译，了解郭沫若历史剧的英译和研究情况提供了宝贵的可资参考的信息。

第四节　小说与其他

一、心理分析与世界主义：郭沫若的作品

《现代的诱惑：半殖民地中国的现代主义书写》一书是美国加州大学洛杉矶分校比较文学系史书美以1917—1937年间的小说为例阐释中国现代主义的专著。该书的英文版于2001年由加利福尼亚大学出版社出版①。何恬翻译的中译本于2007年由江苏人民出版社出版。中译本将该书书名译为《现代的诱惑：书写半殖民地中国的现代主义》。该书名的翻译值得商榷。史书美的这本书被认为是英语世界第1本对"民国时期中国文学中的现代主义"进行全面考察的学术专著，也是中国现代文学和比较文学研究方面的重要著作。该书对主要海派作家和京派作家的"现代主义"诉求进行了细致的探讨和颇具理论深度的分析，为读者勾画出了中国、日本与西方现代主义的交叉之处，从多重殖民方式和文化相遇中考察了中国现代文学的跨国路线图，进而解构了比较文学研究中常预设的"中心/边缘"、"东方/西方"的二元对立的思维和研究模式，并指出了中国"半殖民主义"不同于正式殖民主义的文化和政治特点。

在该书的第3章《精神分析与世界主义：郭沫若的作品》中，作者分析了郭沫若"超国家的世界主义"观念以及郭沫若对弗洛伊德精神分析方法的运用，认为通过郭沫若在20年代中期转向马克思主义之前所写的小说和文学批评的文章，可以尝试回答诸如弗洛伊德的精神分析学说在中国语境中的接受与传播、在"五四"语境中遭遇到精神分析学说的中国文学界

---

① Shih, Shumei. *The Lure of Modern*: Writing Modernism in Semicolonial China, 1917–1937. Berkeley: University of California Press, 2001.

发生什么、精神分析学说是如何适应现代中国知识分子的需要和事业的,以及在地区和全球化语境中使用精神分析学说背后的多重含义等问题。作者指出,郭沫若作为诗人、戏剧家、学者和其首先作为马克思主义文化领袖的声名地位使得他的叙事作品和批评散文遭到了蒙蔽,而郭沫若的心理分析小说便是这些被轻易忽略的多余作品中的一类①。这就难怪,郭沫若的心理分析小说,尤其是他于1919—1925年间创作的那些对以"性冲动"的探讨为主题的小说会被认为与其在文化意识形态层面上获得的崇高政治形象不相符合。

史书美认为,郭沫若对弗洛伊德精神分析方法的运用主要体现在他对中国13世纪作家王实甫的《西厢记》的分析以及运用心理分析方法创作的小说《牧羊哀话》、《残春》、《阳春别》和《喀尔美萝姑娘》上,而郭沫若的批评文章《"西厢记"艺术上的批判与其作者性格》正是精神分析学说被超时空的运用。但颇具讽刺意味的是,正是中国文化的精髓(儒道精神)超国家地对西方文化做出了回应,中国文化的糟粕(裹小脚)才恰恰也使得精神分析学说在中国语境中的运用变成了可能。尽管如此,精神分析学说在中国语境中的运用仍然带有明显的痕迹。对郭沫若来说,精神分析学说主要是用来对性欲和梦之间的联系进行探索②。作者指出,郭沫若的第1篇小说《牧羊哀话》就采用了梦境来传达主人公在白天听到的一个悲惨的爱情故事带给他的恐惧感。而郭沫若最突出的心理分析小说应是《残春》,他在创作这个故事时不仅参考了心理分析的框架,之后还特意写了一篇文章对心理分析手法在该故事中的运用做了解释③。而小说《残春》也很可能是意识流内心独白手法首次在中国小说中的运用。作者指出,这篇小说中意识流叙事手法人为设计的痕迹仍然表露无遗,主要是因为这种叙事是一种极具自觉意识的实验,同时这种内心独白的技巧在中国文学中还尚无先例。④

作者最后总结道,从根本上讲,心理分析是中国五四时期的一种含有

---

① Shih, Shumei. *The Lure of Modern: Writing Modernism in Semicolonial China*, 1917-1937. Op. cit., p. 98.
② Ibid., p. 102.
③ 参见《批评与梦》,载《郭沫若全集·文学编》第15卷,前面所引书,第236页。
④ Shih, Shumei. *The Lure of Modern: Writing Modernism in Semicolonial China*, 1917-1937. Op. cit., p. 105.

多重意义的话语方式。当这种方式被放置在五四对封建道德的反抗这个中国内部的语境中时,心理分析提供的是一种用以记录和命名压抑感和性焦虑的语汇。而当心理分析这种方式被放置在将中国与西方和日本相对的位置时,它则既变成了将认知和心理结构强加于被支配者这种行为的动因,同时又成了这种行为的结果。但无论在何种情况之下,心理分析都绝对成了主体身份的话语方式。①

而对于郭沫若的世界主义理念,作者的如下观点值得读者关注。作者首先指出郭沫若在20年代中期逐渐转向马克思主义之前,他在各种批评散文和小说作品中所表现出的对中国和西方传统的独特理解给读者留下了深刻的印象。早期的世界主义者郭沫若,是一位美学的先驱者、泛神论者和为艺术而艺术的拥护者②。其次,在写于1922—1923年间的4篇重要散文中,郭沫若对"普遍性的信仰实际上是建立在泛神论和超国家这两个孪生之物的基础之上的"这个观点做了详细的解释。这4篇文章为《〈少年维特之烦恼〉序引》、《中国文化之传统精神》、《国家的与超国家的》以及1923年郭沫若写给宗白华的一封信。作者认为,从郭沫若的这几篇文章中,可以毫不夸张地说,他对于"超国家"这个概念中的"传统中国精神"的解释严重偏离了人们惯常的理解。但同样必须给予肯定的是,郭沫若的这种解释在五四中国这个文化语境中具有"即时的"政治和文化紧迫性③。作者强调,郭沫若和鲁迅都主张现代中国应该毫不犹豫地采取世界主义的开阔视野,接受西方所提供的东西。对郭沫若和鲁迅来说,从西方寻求现代性,同时意味着对其他非西方文化和西方内部其他文化的排斥。超国家的关系其实仅仅局限在了中国和希腊—西方之间④。作者最后指出,在郭沫若的超国家的系统框架中,现代西方所能提供的东西早已镶嵌在了中国文化的精华之中,变成"西化的"就等同于变成"更加真正中国的"。在郭沫若那里,古代与现代之间、中国与外国之间不存在什么区别。在他泛神论的超国家主义中,矛盾和差别也可以被调和、被融合。⑤

---

① Shih, Shumei. *The Lure of Modern: Writing Modernist in Semicolonial China*, 1917-1937. Op. cit., p. 108.
② Ibid., p. 98.
③ Ibid., p. 100.
④ Ibid., p. 101.
⑤ Ibid., p. 102.

二、西方主义与五四时期偶尔的马克思主义:郭沫若与先锋派

史书美1992年的博士论文《传统与西方间的书写:中国现代小说,1917—1937》①分3个部分详细介绍了1917—1937年间的中国现代小说。第1部分"序言"题为"对中国现代小说的书写或整理";第2部分为论文的主体章节,共有3章。作者在第1章的第2节中探讨了郭沫若、陶晶孙与先锋派的关系。这部分的内容与其专著《现代的诱惑:半殖民地中国的现代主义书写》第3章《精神分析与世界主义:郭沫若的作品》的内容有部分相同之处。这2部分都探讨了郭沫若在其小说《牧羊哀话》、《残春》、《阳春别》和《喀尔美萝姑娘》中对弗洛伊德心理分析方法的运用。这篇博士论文中论及郭沫若与先锋派关系的部分最特别之处在于作者对郭沫若作品中所表现出的现代主义思想的认知和给予的评价:郭沫若不仅将心理分析方法运用于他的文学创作中,他还是中国最早在文学批评中运用心理分析手法的作家之一,郭沫若配得上被称作中国现代心理分析小说之父。作者强调,郭沫若对心理分析手法的运用其实是很有限的。他主要是通过梦的呈现来阐释他的理论,但他却没有坚持在他的其他小说中运用这种分析方法。也就是说,他的小说在很大程度上在观念上是现实的,只是在它们对梦进行处理时变成了现代的。除了前面已经讨论过的小说和另外的一两部小说外,他的绝大部分小说都没有运用心理分析的方法,并且在形式和技巧上也并无多少改革创新。他对把心理分析作为一种新的知识和新的科学有着浓厚的兴趣,但是作为一种文学实践,他在运用时并没能将其与写作的技巧精心地结合起来。因此,郭沫若不能算是一个严格意义上的现代主义者,尽管他在其小说中使用了现代主义的哲学观和技巧②。作者认为,以心理分析的形式表现出来的现代主义对他来说意味着的只是郭沫若采取的一种国际主义的姿态,并且是一种他借此来使其作品产生一种特别效果的技巧。他反对将其作为一种工具,但却又从来不曾全心全意地将其与他的美学理论或实践相结合以使其创作具有一种整体感。因此郭

---

① Shih, Shumei. "Writing Between Tradition and the West: Chinese Modernist Fiction, 1917-1937". PhD. Dissertation, University of California, Los Angeles, 1992.

② Ibid., p.76.

沫若只能是作者所说的"偶尔的"(occasional)现代主义者。①

此外,这部分论及郭沫若与西方主义和现代主义之关系的文章,值得读者特别注意的地方有以下几处:作者首先指出了鲁迅与郭沫若对待现代性和传统的不同做法。鲁迅通常是从与主流传统相对的现代性去看待传统的,郭沫若却主要是从传统中为自己的世界主义和泛神论思想寻找依据。郭沫若没有去详细论述传统的局限,而是通过辨别传统与现代性之间的相似性去寻求国家与国家间边界的消融。在他看来,后者对所有类似的国家来说都是一个共同的特征,尤其是对中国,因为现代性的首要特征——世界主义,常常体现在对中国文化和哲理的维持上②。其次,作者认为,对作为作家的郭沫若来说,能从西方的先锋派那里捡拾起并从中选择出对自己有用的东西,就好像这些东西原本就是自己的一样,却是一种可采取的非常实用的态度。表现主义、唯美主义和未来主义全都在他的写作中加以了实验。他在许多文章中都声明了自己对表现主义的美学观所持的赞赏态度③。作者最后指出,郭沫若不仅将艺术的创作置于更大的社会语境中,对艺术的无目的性加以强调,他更回应道家对"无用之用"的倡导,将主观性的重要性和美学的快感强调为艺术的条件和产生的效果④。郭沫若将其对美学的关照置于其叙事性的写作中加以了充分的阐释。这些具有代表性的叙事性作品即是郭沫若运用弗洛伊德的心理分析手法进行创作的小说和文学批评文章。

三、西方主义:郭沫若和郁达夫早期小说的西方想象

《西方主义:郭沫若和郁达夫早期小说的西方想象》是现在香港城市大学的新加坡籍学者吴耀宗于 2010 年发表在《东方文化》第 43 卷第 1、2 期合刊上的文章⑤。作者受美国学者陈小眉的"西方主义"或"中国西方主

---

① Shih, Shumei. "Writing Between Tradition and the West: Chinese Modernist Fiction, 1917-1937". Op. cit., p. 78.
② Ibid., pp. 68-69.
③ Ibid., pp. 69-70.
④ Ibid., p. 71.
⑤ Wu Gabriel. "Occidentalism: Imaging the West in the Early Fiction of Guo Moruo and Yu Dafu". *Journal of Oriental Studies*, Vol. 43, No. 1, 2010, pp. 175-197.

义"此一概念之启发(陈小眉认为后毛泽东时代的中国知识分子和戏剧界并不完全服膺于"东方主义",反而是利用"西方"此一象征去建构一种东方的话语体系以陈述和应付中国自身所面临的问题,甚至中国现代文学),指出早在五四时期,郭沫若和郁达夫即已积极地在小说中表现"西方主义"。文章指出,郭沫若和郁达夫这2位创造社的大员,寓居东瀛,但写小说却喜欢描写西方人物情态,和西方文本对话、互涉,展现出了一种处处让西方介入,又处处介入西方的奇特情境。作者尝试解析这种现象,指出郭沫若和郁达夫喜从"西方主义"本位出发,以东方特有之眼凝视和想象西方,再从这凝视和想象中去反思自身与中国,建构了中国小说的现代性。

除"绪言"和"结语"外,文章分"西方主义的启迪"、"对于西方的中介想象"、"从拒绝日本出发"、"背离西欧的转向"4个部分详细阐述了郭沫若和郁达夫早期小说中的西方想象特质。

在"西方主义的启迪"一节中,作者交代说自己对"西方主义"一词的认识,源于翻译美国学者陈小眉的《西方主义:后毛泽东中国的反话语理论》①。该书以中国20世纪80年代的文学和媒介话语作为主要研究对象,梳理、归纳出后毛泽东时期(1978—1988)基于特殊历史语境建构起来的3种主要话语:官方西方主义话语、反官方西方主义话语和中国西方主义话语。文章作者受陈小眉一书启发,在审视中国现代文学时发现,早在五四初期即存在另一种"西方主义话语"。这种西方主义话语同样据西方为己用,但却不同于80年后所出现的话语那样具有官方与非官方之分,而是和当时的主流书写相对抗的一种新兴的表述方式。其主要集中体现在郭沫若和郁达夫的早期小说中,呈现出与其他作家相异的现代性,是另一种文学特质与风貌。

在《对于西方的中介想象》一节中,作者指出,其实中国学者对西方的想象并非始于郭沫若和郁达夫。清初已有赵翼的《檐曝杂记》对明末欧洲传教士与商贾东来的记载。魏源的《海国图志》、王韬的《漫游随录》、《法国志略》等也为中国读者勾勒出西方地理人文风情的轮廓。林纾背离西方,用文言将西方的茶花女变异为中国侍女,体现出中国旧文人的审美情趣。而真正开始在自己创作的小说中想象西方的,是鸳鸯蝴蝶派的周瘦

---

① Chen, Xiaomei. *Occidentalism*: *A Theory of Counter-Discourse in Post-Mao China*. Lanhan, Boulder, New York and Oxford: Rowan & Littlefield Publishers, 2002.

鹃,他在《行再相见》中对男主人公马希尔·弗利门的刻画平板无奇,是英国小说评论家福斯特(E. M. Forster)所谓的"扁平人物"(flat character)①。值得注意的是,小说作者并不曾去过欧洲,却在中国的土地上想象西方人。文章作者将这类想象称为"隔地想象",而将源自作者本身的旅居经验,在西方亲自观察取材的创作称为"处地想象",如徐志摩的《肉艳的巴黎》和老舍的《二马》。郭沫若和郁达夫可谓是最早发挥西方主义的现代小说家,他俩想象西方的情形与"隔地想象"和"处地想象"不同,或在日本想象西方,或通过中国人主人公在日本想象西方。文章作者将这种通过第三地的想象称为"中介想象"。郭沫若和郁达夫的早期小说广受日本私小说的影响,大量书写个人在日本的身边题材,频频运用"中介想象",发挥"西方主义"。文章作者认为这有助于郭沫若和郁达夫独特的小说现代性的建构,成因有3个:日本高等学校在20世纪初所提供的西方语言教育、寓居日本时所感受到的普遍歧视、对当时国内文坛主流书写的不满。②

日本向往欧美,高等学府的教育尤其强调学习西方语言如德语、英语和拉丁文。郭沫若在《创造十年》中回顾了当时学习外语的情形:

> 准备学医的人,第一外国语是德语。日本人教语学的先生又多是一些文学士,用的书大多是外国的文学名著。例如我们在高等学校第三年级上所读的德文便是歌德的自叙传《创作与真实》(Dichtung und Wahrheit),梅里克(Morike)的小说《向卜拉格旅途上的穆查特》(Mozart auf Reisenach Prague)。这些语学功课的副作用又把我用力克服的文学倾向助长了起来。③

而郁达夫对西方文学的兴趣,与郭沫若相比,更是有过之而无不及,正如他在《五六年来创作生活的回顾》中所言:

"这一年的功课虽则很紧,但我在课余之暇,也居然读了两本俄国杜儿葛纳夫的英译小说,一本是《初恋》,一本是《春潮》。和西洋文学的接触开始了,以后就急转直下,从杜儿葛纳夫到托尔斯泰,从托尔斯泰到陀思妥耶

---

① E. M. Forster. *Aspects of the Novel*. New York: Harcourt, Brace & Co., 1927.

② Wu Gabriel. "Occidentalism: Imaging the West in the Early Fiction of Guo Moruo and Yu Dafu". Op. cit., pp. 180-185.

③ 中文原文可参见《郭沫若全集·文学编》第12卷,前面所引书,第57页。

夫斯基、高尔基、契诃夫。更从俄国作家,转到德国各作家的作品上去,后来甚至弄得把学校的功课丢开,专在旅馆里读当时流行的所谓软文学作品。在高等学校里住了四年,共计所读的俄德英日法的小说总有一千部内外,后来进了东京的帝大,这读小说之癖,也终于改不过来,……"①郁达夫在《屠格涅夫的〈罗亭〉问世以前》中更是称自己"开始读小说,开始想写小说,受的完全是这一位相貌柔和,眼睛有点忧郁,绕腮胡长得满满的北国巨人的影响。"②

郭沫若和郁达夫在日时目睹的日本,是明治维新后因努力学习西方而变得现代化的强国。在这比中国小得多却强盛的日本土地上,中国留学生普遍遭受歧视。郁达夫在《忏余独白》中谈及创作小说《沉沦》时言:

> 人生从十八九到二十余,总是要经过一个浪漫的抒情时代的,……我的这抒情时代,是在那荒淫惨酷,军阀专权的岛国里过的。眼看到祖国的陆沉,身受到异乡的屈辱,与夫所感所思,所经所历的一切,剔刮起来没有一点不是失望,没有一处不是忧伤,同初丧了夫主的少妇一般,毫无气力,毫无勇毅,哀哀切切,悲鸣出来的,就是那一卷当时很惹起了许多非难的《沉沦》。③

在日10年的屈辱和压抑使得郭沫若和郁达夫在早期创作的小说中将目光转向启迪日本现代化的西方,通过中介想象以求心灵的慰藉与平衡。

郭沫若和郁达夫初涉文坛时虽身在日本却对国内文坛相当关注且十分不满当时国内文坛的主流书写,郭沫若、郁达夫、成仿吾、郑伯奇、张资平和田汉等一起酝酿并成立创造社即是出于振兴中国文学的愿望。郭沫若在《创造十年》中如是回顾:

> 我是三年没有回国的人。又住在乡下,国内的新闻杂志少有机会看见,而且也可以说是不屑于看的。那时候我最不高兴的是

---

① 中文原文可参见郁达夫:《五六年来创作生活的回顾》,载《郁达夫全集》第10卷,第310页。
② 中文原文可参见郁达夫:《屠格涅夫的〈罗亭〉问世以前》,载《郁达夫全集》第11卷,第89页。
③ 中文原文可参见郁达夫:《忏余独白》,载《郁达夫全集》第10卷,第499页。

商务印书馆出版的《东方杂志》和《小说月报》,那是中国有数的两大杂志。但那里面所收的文章,不是庸俗的政谈,便是连篇累牍的翻译,而且是不值一读的翻译。小说也是一样,就偶尔有些创作,也不外是旧式的所谓才子佳人派的章回体。报章的乱七八糟,就在今天也还没有脱出旧态,那可以不用说了。①

郭沫若和郁达夫在早期小说中想象西方,反复描摹再现西方人物的情态,勤于和西方文本对话,处处让西方介入,又处处介入西方,更是一种寻求耳目一新的尝试,希望借此颠覆当时以鸳鸯蝴蝶派为代表的主流书写模式,建构中国小说的现代性。②

在"从拒绝日本出发"一节中,作者详细分析了郁达夫就读东京帝国大学经济部时创作的《沉沦》中所收的3篇小说:《沉沦》、《南迁》和《银灰色的死》。作者认为,《银灰色的死》中,郁达夫借小说主人公Y君在爱情失意时浮现出的德国瓦格纳的歌剧《唐怀瑟》(Tannhäuser)中人物沃福兰(Wolfram)的唱词,意在强调一个在日本落魄失意的中国人,只能反复引用德文文本来表情达意,只能通过想象西方来安抚自己的悲伤,正是暗示了中国当时处在日本与西方夹缝中卑屈尴尬的处境。而故事最后提及Y君的遗物中有一册英国诗人道森的诗文集,则指涉了类似Y君这样的中国人,即使博学多识,满腹西方经典,在日本终究无用,终致一死的悲惨命运。

《沉沦》中博学的中国留学生"他"则因受日本人的歧视而多愁善感,患上忧郁症。小说开篇他手捧的是华兹华斯的诗集,从东京去N市的火车上他翻阅的是海涅的诗集,在旅馆他阅读的则是英国小说家吉辛的作品。他平日好学,对西方学人如爱默生、梭罗、尼采的作品多有涉猎。作者认为,乍一看,小说主人公仿佛不是旅居日本,而是生活在西方世界,这正好反衬了其对于异邦的憎恶和假象的怨愤:

> 我何苦要到日本来,我何苦要求学问。既然到了日本,那自然不得不被他们日本人轻侮的。中国呀中国!你怎么不富强起

---

① 中文原文可参见《郭沫若全集·文学编》第12卷,前面所引书,第39—40页。
② Wu Gabriel. "Occidentalism: Imaging the West in the Early Fiction of Guo Moruo and Yu Dafu". Op. cit., p. 184.

来,我不能再隐忍过去了。①

《南迁》中,郁达夫继续随心所欲地引用西方文本,包括海涅、道森、歌德、汤姆森、亚历山大·史密斯、乔治·摩尔,甚至《圣经》中的片段。而且,郁达夫更是描写了主人公伊人到东京的北条医院疗养时想象起西方的地理风光来:

> 安房半岛,虽然没有地中海内的长靴岛的风光明媚,然而成层的海浪,蔚蓝的天色,柔和的空气,平软的低峦,海岸的渔网和村落的居民,也很有南欧海岸的性质,能使旅客忘记他是身在异乡。

作者对中世纪浪漫时期南欧乡村景色的想象是借一个英国人与伊人的对话来证实的。文中郁达夫还描写了女学生反复吟唱歌德的《迷娘的歌》。郁达夫在小说后附录了中译的《迷娘的歌》,益发凸显了中国人身在日本而寄情于西方文本的徒劳与悲哀。②

文章作者指出,从出版《沉沦》到1922年年中离开日本回到中国期间,郁达夫继续在日本小说场景中发挥西方主义的想象,如《胃病》和《空虚》。郁达夫留日多年,对于日本文学的熟悉不在话下,然而他在其早期小说中却很少引用,为的正是在日本发挥中介想象为中国小说建构一种特殊的现代性。这种西方主义,在郁达夫回到中国后随着日本题材的减少而不复使用了。③

"在背离西欧的转向"一节中,作者详细梳理了郭沫若在留日期间1924年8—10月短短2个月内创作的9篇小说中的《Löbenicht的塔》、《三诗人之死》、《阳春别》、《喀尔美萝姑娘》和《万引》,认为郭沫若在日期间创作的早期小说集中体现了"西方主义"。

将康德为"讲中国的事情"而备课的描写与郭沫若在《创造十年续编》中所述相结合,就能看出郭沫若之想象康德是别有居心的:

---

① 中文原文可参见《郁达夫全集》第1卷,第46页。

② Wu Gabriel. "Occidentalism: Imaging the West in the Early Fiction of Guo Moruo and Yu Dafu". Op. cit., p187.

③ Ibid., p. 188.

> 做这篇文章的用意,与其说为了纪念康德,倒是想借以讽喻哲学家。尽管哲学家或思想家是怎样的冷静,超然,过着如冰霜、如机械的理智生活,但是人生的情趣终不免要来萦绕,而且在暗默中还要给他以助力。①

在他笔下,一个素以理性批判为毕生事业的西方哲学家,在讲授遥远的东方时却是草草应付,滑稽可笑,其"东方主义"式的话语,是多么偏执。郭沫若的"西方主义"式的嘲讽,又是何其辛辣露骨。引文前后另外的文字透露出郭沫若之所以如此"重视"康德,是另有原因的:

> 1924年是文艺界相当多事的一年。那年是英国诗人拜伦死后百年祭,也是德国大哲学家康德的诞生二百年祭。这都是操觚者做纪念文章的资料。关于纪念拜伦的文章虽然没有做,但关于纪念康德的文章却是做了的,便是《Löbenicht的塔》。……这意思可惜没有表现十足,曾蒙受一位作家的讥评说:"文艺作品是人生的反映,不是古人的形状。"是的,我本来是没有意思替康德作形状。②

郭沫若生于中国而身在东瀛,身在东瀛而思接欧陆,通过中介想象所塑造出来的康德,并无应时文章的歌颂渲染,却有日常生活的琐碎烦恼以及对于中国的平庸见识。这样的逆向书写,旨在表现郭沫若虽然困滞东瀛,却仍然坚持追求"文学再现人生,不作古人形状"的现代性书写。③

文章作者指出,郭沫若在写作《Löbenicht的塔》之前几个月,因翻译河上肇的《社会组织与社会革命》而受到马克思主义的影响,由"浪漫主义诗人"转变成了"彻底的马克思主义的信徒"。1924年7月初,郭沫若在其翻译的屠格涅夫的《新时代》序中又发现:"这部书所能给我们的教训只是消

---

① Wu Gabriel. "Occidentalism: Imaging the West in the Early Fiction of Guo Moruo and Yu Dafu". Op. cit., p.190. 中文原文可参见《郭沫若全集·文学编》第12卷,前面所引书,第176页。
② 中文原文可参见《郭沫若全集·文学编》第12卷,前面所引书,第175—176页。
③ Wu Gabriel. "Occidentalism: Imaging the West in the Early Fiction of Guo Moruo and Yu Dafu". Op. cit., p.191.

极的,他教我们知道涅署大诺夫的怀疑是无补于大局,马克罗夫的躁进只有失败的可能,梭罗明的精明稳慎只觉得日暮途遥,玛丽亚娜的坚毅忍从,又觉得太无主见了。我们所当仿效的是屠格涅夫所不曾知道的'匿名的俄罗斯',是我们现在所已经知道的'列宁的俄罗斯'。"因而郭沫若在八月创作的小说,其实是在这种觉识下与他过去所追崇的浪漫主义西方作别,如在8月14日写的《三诗人之死》即为象征性的告别。主人公将为孩子们买的母兔产下的三只小兔分别以英国浪漫派诗人拜伦、雪莱、济慈的名字来命名。三只小兔的悲惨命运暗示着小说中介想象下的潜台词:无力抵抗的浪漫主义,已经不能适应残酷的现实世界了。①

  文章作者认为郭沫若在后一天完成的《阳春别》中,此一"别"字,正好点出了前一篇小说暗喻的主题,不妨将其视之为"再别","别"的是无望的东方和过去误解了的西方。"别"的方式是嘲讽西方,重新想象西方②。小说描写中国青年王凯云在上海码头买船票时遇一位也是去日本长崎的比利时人 A. H.,二者聊天的内容。比利时人言及生活了16年的中国时的不满与无奈:

> 我要走之前,在北京开了一次个人展览会……但是中国人不行,中国人的脚是走八大胡同的,不是走展览会的。……中国人是"西班牙的村落"——莫名其妙。就譬如中国人做教授,不怕口头在反对北政府,但是教授是要做的;不怕没米下锅,没学生上课,但是教授是要做的。简直是莫名其妙,莫名其妙。③

  当王凯云诉苦说到日本去谋生是因为中国不容真正的人才时,比利时人先是嘲讽中国的精神文明是"无"的精神文明:"学问总也要'无'才行,有了学问是应该吃糟粕的呢。"然后指着楼口站着的一位红头发巡捕讽刺道:

> 那位吃英国饭的伟人,也怕在做梦,想把东方的精神文明来

---

 ① Wu Gabriel. "Occidentalism: Imaging the West in the Early Fiction of Guo Moruo and Yu Dafu". Op. cit., p. 192.

 ② Ibid.

 ③ 中文原文可参见《郭沫若全集·文学编》第9卷,前面所引书,第135页。

做全世界的救主罢?……我在没有到东方来的时候,也常常梦想着东方的黄金国,但我现在是醒了。未来的天国在北方的俄罗斯……朋友,你为什么不到俄国去?到俄国去做工不比日本更有意义吗?①

文章作者认为,对1924年后的郭沫若,重振中国这个"西班牙的村落"的希望已不再是学习英法意等资本主义列强,而是效尤俄罗斯。因而当他创作小说想象西欧时,往往倾向负面的叙述,如在《喀尔美萝姑娘》中讲述主人公"我"在提及倾慕的卖糖的日本少女时将其昵称为Dona Caraméla(源自西班牙的女性名字Caranelo),还叙述西班牙女人是如何凶悍恐怖,把前来求婚的男子打得鲜血淋漓。郭沫若将这样负面的西方想象加在主人公深爱的东方女子身上,恐怕不仅仅是由于婚外情的犯罪感和愧疚感。他借助西方主义以建构小说现代性的微妙心理,值得读者深思。

文章作者还分析了郭沫若的《万引》。文中郭沫若通过一个喜欢读西方文学的日本人松野去想象西方。松野尤其熟悉法国喜剧,自比Chatterton和Bergerac等薄命诗人。苦于囊中无钱,遂起了在书店窃书的念头。在想象西方的过程中,郭沫若将主人公犯罪的源头归于资本主义唯利是图的经济运作(欧美的书,最新流行的装订是不加裁截。……所以松野拿着这本书便想立读也不能办到了!②)。

1926年1月,郭沫若将其在日创作的9篇早期小说中的5篇收入小说戏剧集《塔》中。文章作者认为,以"塔"命名,有代表此一阶段小说的象征意义。郭沫若在该书的"前言"中如是说:

> 我把我青春时期的残骸收藏在这小小的"塔"里。无情的生活一天天地把我逼到了十字街头,象这样幻美的追寻,异乡的情趣,怀古的幽思,怕没有再来顾我的机会了。啊,青春哟!我过往了的浪漫时期哟!我在这儿和你告别了!③

---

① 中文原文可参见《郭沫若全集·文学编》第9卷,前面所引书,第135—136页。
② 中文原文可参见《郭沫若全集·文学编》第9卷,前面所引书,第153页。
③ 参见《塔》"前言",上海:商务印书馆,1926年版。《塔》小说部分收入的不是其中5篇,而是4篇,分别是:《Löbenicht的塔》、《万引》、《阳春别》和《喀尔美萝姑娘》。本书作者注。

文章作者指出,往日沉醉于浪漫主义,经历了"幻美的追求",误解了西方"异乡的情趣",错发了"怀古的幽思",如今信仰社会主义的郭沫若要与其一一作别了。此后,郭沫若在小说中发挥西方主义的次数大为减少。其作于1927年10月的《一只手》,文中虚构了"尼尔更达岛",可说是对西方无产革命的想象。

文章作者在"结语"中总结说,在郭沫若和郁达夫的早期小说中探索一种罕见的有别于其他作家笔下的现代性,以说明这些文本在"新文学"中之所以被称为"新"、被视为"前驱"的原因。这种现代性建构于小说家对西方的中介想象,既得益于日本此一特殊背景,亦为其所局限。一旦脱离了作为中介的创作地或叙事场景,就失去了西方主义的特殊性,自动消泯于文化进程中。这正是郭沫若和郁达夫后期小说丧失表现力度的重要原因之一。①

四、郭沫若对日本私小说的吸收与再创造

2000年,华盛顿大学克里斯托弗·凯维尼的博士论文以《创造社对日本私小说的吸收》②为题比较研究了日本私小说对中国五四一代作家的影响。2004年,凯维尼以其博士论文为基础的专著《中国现代文学中的颠覆性自我:创造社对日本私小说的再创造》出版③。论文与专著内容及篇章的布局有部分相同。除绪论外,专著共有6章。第1章为"日本的私小说理论与创造社在形式上的冲突";第2章为"创造社小说与五四文学的主题性质";第3章为"'Bundan'(日语的'文坛')与'Wentan'(中文的'文坛'):文学社团的动力与其读者";第4章为"创造社对日本私小说的改造";第5章为"颠覆的局限性:创造社早期小说对政治与社会的批判";第6章为"日本私小说在中国文学中的遗产"。

偶尔会有学者从跨文化的影响或从在东亚语境中的密切关系的角度

---

① Wu Gabriel. "Occidentalism: Imaging the West in the Early Fiction of Guo Moruo and Yu Dafu". Op. cit., p194.

② Christopher T. Keaveney. "The Assimilation of the Shishosetsu by China's Ceation Society". PhD. Dissertation, Washington University, 2000.

③ Christopher T. Keaveney. *The Subversive Self in Modern Chinese Literature: The Creation Society's Reinvention of the Japanese Shishosetsu*. Palgrave: Macmillan, 2004.

探讨日本"私小说"和21世纪中国版本自传体小说。与现代中国的史学家相比,北美从事中国现代文学研究的同行则很少努力去探寻中日关系,在作品中探讨现代日本与中国作家间的相似性或影响也不多,值得庆幸的是,麦杜戈尔的《西方文学理论与现代中国导论》和厨川白村的《近代文学十讲》等专著的某些章节中探讨了这种关系。可以说,凯维尼的研究在一定程度上填补了现代中国文学研究的空白。在凯维尼的专著中,作者有几处独到的看法。首先,他指出了创造社对日本私小说接受的本质以及二者的根本区别与相同之处。作者认为,创造社对私小说并不仅仅只是通过对作品本身的研究而简单地模仿这种日本的文学形式。通过考察这种自我指涉的文本,创造社的作家们是想通过一种独特的文学创作,生产出一种在精神和实践上都不同于日本私小说这种文类形式的文学形式。二者间根本的区别体现在创造社作家的自传体小说中的主人公并不与他生活于其中的社会环境相隔绝。创造社"中国化"的自传体小说强调的是主人公与其同辈、家人,并最终与其祖国之间的那种关联,这些主观主义作家们对日本私小说最主要的创新体现在将主人公的自我呈现与政治保护或审查相结合中,而这一点在日本的私小说中是绝不会找到的。而两者之间的相似则表现在小说叙事者的那种特别的、主观的声音,这种声音蕴含着一种迫使读者去感知小说作者—主人公的自信的力量①。在作者看来,早期的创造社小说大都反映出日本大正时期自传体小说的那种张力和倾向,正是创造社作家小说中所描写的经历中所表现出的主人公那种行事的方式让读者联想起日本的私小说。这些故事都有一种诚挚的表白的韵味,在日本的小说中也有类似的倾向②。作者举了郭沫若的《残春》为例,认为它像郁达夫的《沉沦》一样,随意地将那些具有自传性质的事件与显而易见是虚构的东西并置在一起。同样,在《漂流三部曲》中,郭沫若也自由地将那些具有自传性的与虚构的因素结合在叙事中,大胆地展示出了他早期小说中所塑造的叙事者。③

在作者看来,日本的私小说与创造社小说都依赖叙事者的观点,并将其看作是对作者本人经历的记录。这种自传体作品有趣的讽刺性之一就

---

① Christopher T. Keaveney. *The Subversive Self in Modern Chinese Literature*: *The Creation Society's Reinvention of the Japanese Shishosetsu*. Op. cit., pp. 27–28.

② Ibid., p. 38.

③ Ibid., pp. 39–41.

在于它从来都不是对一个已经完满的自我的被动记录,而是作家对自我定义的一生中某个完整阶段的呈现①。作者认为,郭沫若《未央》的写作风格和小说内容都让人感觉到日本私小说的影响。《未央》中所描写的危机感,既是个人的,又是意识形态的。这种危机感,强调了作者不愿在两国关系紧张时期的日本身为中国人的感觉,它同时也是一种家庭的危机感②。同日本的私小说一样,《未央》是通过主人公的意识叙述了其所有的经历,其行为也因此受到了限制。但与私小说不同的是,"种族"显然是这个叙事文本中至关重要的语境,对归属感和完满感的质疑是主人公对儿子最关心的所在。完全不可想象会有哪部私小说会将"种族"问题放在一个显著的位置。③

作者认为,私小说被创造社作家所吸收并将其融入他们自己的叙事手法中的其中一种特性就是危机意识,一种通过自我指涉的叙事以克服某些作者生活中出现的具有决定性意义的危机的挣扎。日本私小说作家尾崎加寿夫将私小说中反映出来的这种危机意识划分为4类:健康危机、经济危机、家庭危机和意识形态危机。而大部分创造社作家的自我叙事小说都围绕着意识形态危机,而将至少一种其他种类的危机融入其中,只是偶尔会将其叙事集中在表现主人公经济方面的危机,如郭沫若的小说《未央》④。作者强调,正是这种在自我指涉的叙事矩阵内试图去对社会进行批评的尝试使得创造社作家们的小说与日本的私小说模式有很大的差异。以"对自我的寻求"为特征的日本私小说被创造社作家加以了拓展,扩及对国家和文化之重新定义的寻求。⑤

作者最后指出,他这本专著试图证明的是,在创造社作家的手中,私小说这种文学形式被转变成了一种独特的东西——一种既能让创造社作家们往后看以便能正确评价中国的社会弊病并提供治愈的药方,同时又能向内看(内省)以便形成新的、多样化的、自我指涉的表达方式之文学形式。在其模糊性、复杂性中,这种将真实的自我暴露出来的文学形式反映出了

---

① Christopher T. Keaveney. *The Subversive Self in Modern Chinese Literature*:*The Creation Society's Reinvention of the Japanese Shishosetsu*. Op. cit., p. 67.
② Ibid., pp. 82–84.
③ Ibid., p. 85.
④ Ibid., p. 117.
⑤ Ibid., p. 126.

现代性在遭遇五四知识分子后的两难困境。①

五、男性的性反常行为：郭沫若作品中受虐的男性主题

这篇文章摘自 Tsu Jing 于 2000 年 8 月发表在美国杜克大学出版社出版的期刊《立场：东亚文化批评》上的《男性的性反常行为：郁达夫、郭沫若和弗洛伊德作品中受虐的男性主题》②中与郭沫若相关的内容。文中评论与郭沫若相关的观点值得注意的有如下几处。作者首先指出了鲁迅和郭沫若这两位文化大家同时都在其创作中率先运用心理分析方法，借用中国古典传统对历史和神话进行重新阐释并非是偶然的巧合。在中国男性知识分子的作品中，"自我剖析"成了一种不仅被鲁迅，同时也被郭沫若和郁达夫运用来进行文化批评的方式。"自我剖析"同时也上升为一种比喻，一种借以表达人物对自身遭受的痛苦进行自我反省的表达方式③。作者认为，正是由于个体和国家之间那种能够被认知的联系，才使得他们对国家的失败和存亡的困扰以一种受虐的痛苦方式在文学作品中找到了表达的方式。而在郭沫若和郁达夫的作品中，这种由自我反省而引起的受虐的痛苦更是与男性身份的问题混杂在一起④。作者指出，在众多的现代小说家中，最显而易见地在自己的叙事作品中对弗洛伊德梦的分析方法加以运用的就是郭沫若。在写于 1922 年的短篇小说《残春》中，郭沫若试图描绘出一个已婚男性因对一位照顾他生病的朋友的护士所产生的性吸引而造成的矛盾心理和无意识的罪恶感。但郭沫若在文本中运用心理分析手法来释梦的做法引起了批评家的指责，1923 年他只好决定写一篇文章来对自己在小说《残春》中对此方法的运用进行解释，这篇文章即是《批评与梦》。作者指出，在这篇文章中，郭沫若在总结了各个西方心理分析学家对梦的解析之后，转到了他自己特别的文化语境中："更借句简单的话来说，便是我们俗语所说的'日有所思，夜有所梦'。这句话把精神分析学派对

---

① Christopher T. Keaveney. *The Subversive Self in Modern Chinese Literature: The Creation Society's Reinvention of the Japanese Shishosetsu.* Op. cit., p. 133.

② Tsu Jing. "Perversion of Masculinity: The Masochistic Male Subject in Yu Dafu, Guo Moruo, and Freud." *Positions: East Asia Cultures Critique*, Fall, 2000. Vol. 18, Issue 2, pp. 269-316.

③ Ibid., p. 271.

④ Ibid.

于梦的解释的原理说完了。"①

作者指出,"性受虐狂"这个术语至少有 2 次以其英文的形式"masochism"出现在郭沫若的作品中。一次是在 1921 年,另一次是在 1924 年。至于这 2 次是在哪 2 篇文章中提及的,作者没有直接交代。但从其文章的引用分析来看,写于 1921 年的那一篇应是《〈西厢记〉艺术上的批判与其作者的性格》一文;写于 1924 年的应是《古书今译的问题》一文。作者认为,尽管"性受虐狂"这个术语首次被翻译成中文是什么时候并不清楚,但可以肯定的是早在 20 世纪 20 年代初它就已经被广泛地用来代指一种文化症状,尤其是中国的男性知识分子那种被挫败的现代感和民族主义感②。对国家身份的忍耐在主人公们受虐的陈述中被成功地进行了心理分析并被赋予其性别特征。正如郭沫若创作于 1924 年的小说《喀尔美萝姑娘》,就沉溺在被虐的快感中,从中可辨别出隐含其中的那种深深的焦虑感和失落感③。作者在分析郭沫若的短篇小说《残春》对心理分析手法的运用时指出,因为在中国文化传统里,"春"字常含有色情的意思,因此这篇小说的标题就已显示出故事所含的"性"主题④。同样的观点也出现在郭沫若自己的文章中。在《喀尔美萝姑娘》中,郭沫若就提及"我们古代的诗人把'春'字来代替女色"⑤。作者在文后注释 2 中特别强调,与大多数研究者看法不同的是,卜庆华认为郭沫若首次使用意识流技巧,更确切地说,是分析叙事手法的首次实验,是在其诗剧《湘累》中,而不是在短篇小说《残春》中。⑥

六、论阿普顿·辛克莱经创造社从日本到中国的接受

《论阿普顿·辛克莱经创造社从日本到中国的接受》一文是收入 2009 年 8 月 27—28 日在美国华盛顿举办的首届郭沫若国际会议论文汇编中的

---

① Tsu, Jing. "Perversion of Masculinity: The Masochistic Male Subject in Yu Dafu, Guo Moruo, and Freud". Op. cit., p. 274-275.
② Ibid., p. 278.
③ Ibid., p. 294.
④ Ibid., p. 298.
⑤ 郭沫若:《喀尔美萝姑娘》,载《郭沫若全集·文学编》第 9 卷,前面所引书,第 215 页。
⑥ Tsu, Jing. "Perversion of Masculinity: The Masochistic Male Subject in Yu Dafu, Guo Moruo, and Freud". Op. cit., p. 310. 作者把研究者卜庆华(Bu Qinghua)误作 Bu Guanghua。

2篇英语世界学者的相关研究论文中的一篇,是美国维拉诺瓦大学周海林教授的研究成果。该文详细分析评介了辛克莱的3篇小说《石炭王》、《屠场》和《煤油》在日本以及经由创造社主要成员之一的郭沫若将其译介到中国的情况。

作者指出,1930 年的 5 月,日本剧作家久保荣报道一则新闻说大夏大学和复旦大学都演出了辛克莱的《小偷》(The Second-Story Man),尽管没有确切的证据表明辛克莱的戏剧《小偷》像杰克·伦敦作品的情形一样是经由日本介绍到中国的,但却由此引出了辛克莱究竟是如何被介绍到中国的这样一个问题。大正时代晚期至昭和时代早期,即大约 1925 年至 1930 年间,阿普顿·辛克莱在日本广受欢迎,而他在中国开始引起关注则仅比所谓的日本"辛克莱时代"晚两到三年的时间,郁达夫、郭沫若、冯乃超、郑伯奇、李一氓这些创造社的成员是将辛克莱译介到中国的先锋,再加上黄药眠和陶晶孙①,可以毫不夸张地说,辛克莱的作品被介绍到中国的真正功臣是创造社。②

作者认为,郭沫若 1928 年译介的《石炭王》(King Coal)的发表标志着辛克莱在中国文坛的真正出现③。作者接着阐述了郭沫若译本与其日译本之间的关系。1925 年 3 月,日本的白杨社出版了堺利彦(Sakai Toshihiko)的日译本。堺利彦是日本译介辛克莱文学作品的先锋,早在 1907 年他就以《屠畜场》(Tochikujyo)为书名译介了辛克莱小说《屠场》的第 3 章,这是辛克莱的文学作品首次被介绍到日本。尽管郭沫若(译文以笔名"易坎人"发表)在其"译后记"中解释说译本是以 1927 年纽约先锋出版社出版的原文作品的第 3 版为蓝本翻译的,是从英文译成中文,而不是从日文译成中文的,但郭沫若译本的书名与堺利彦日译本书名极为相似,尽管还不能断定郭沫若的译文参考了堺利彦的日译。因为堺利彦的日译本是以原文的第 1 版为蓝本的,而郭沫若的译本使用的却是第 3 版④。在作者看来,郭沫若并不像郁达夫一样从人道主义的角度去看待辛克莱的作品。在《屠场》的"译后记"中郭沫若没有提及自己对《屠场》这部小说主题

---

① 作者将其名字误作陶孙晶(Tao Sunjing)。
② Wei, Chiming & Rina Fujita eds. *Proceedings of International Guo Moruo Academy*. Op. cit., pp. 179–180.
③ Ibid., p. 181.
④ Ibid., pp. 181–182.

的看法,他仅是简要介绍了这部小说并对其情节做了简单的评论。但在郭沫若翻译的辛克莱另一本小说《煤油》的"写在'煤油'前面"中,他以明确而严肃的口吻谈到了自己对辛克莱的看法:"这位作家的立场并不是马克思—列宁主义的。但要说他是社会民生主义者,他又多少超脱了。他假如是生在苏俄斯,可以称呼为'革命的同伴者'。所以我译他的作品,并不是对他的全部的追随。"①这正如郭沫若自己所说,他喜欢辛克莱但并不完全赞同他的意识形态,原因在于"苏俄新兴作家的作品中所有的那种尖锐意识,在辛克莱的作品中我们是追寻不出的。他因为受着社会条件的缚束,无意识地或者有意识地,总是在藏蓄着自己的锋芒。"因此,在郭沫若看来,正是由于辛克莱生活在美国这个资本主义国家,他的观点也必然会受他周围社会环境的"束缚",因此他不可能创作出同苏俄作家一样优秀的作品。但郭沫若表示了自己对辛克莱"强有力地、勇敢地暴露资本主义社会的丑恶"的佩服。②

作者还比较了日本文艺评论家千叶龟雄(Chiba Kameo)与郭沫若对辛克莱作品的不同看法。尽管郭沫若与千叶龟雄一样,对辛克莱的观点均有所保留,但二者对辛克莱的批评却不相同。郭沫若对辛克莱文学作品的形式和技巧印象深刻,但却不满意辛克莱在作品中对革命意识和共产主义理想没有进行足够的宣传。而与郭沫若的看法恰恰相反,千叶龟雄认为,社会主义和真正的艺术是水火不相容的。辛克莱的作品之所以对他来说没有吸引力,是因为辛克莱作品中对无产阶级和共产党过于强烈的宣传,而这,破坏了美学的原则。③

作者最后进一步强调了郭沫若与辛克莱的关系,认为尽管郭沫若译介了辛克莱的3部小说,但他并没有采纳辛克莱所谓的"调查的艺术"去创作自己的作品,因为对想象力丰富的郭沫若来说,仅仅以事实为根本去进行文学作品的创作是不可能的。但是,通过对辛克莱小说的译介,郭沫若认识到对马克思主义文学来说,宣传是非常重要的,所有的艺术都只不过是宣传的观念就像启示录似的突然在他的头脑中闪现。同时,在遭遇到辛克

---

① Wei, Chiming & Rina Fujita eds. *Proceedings of International Guo Moruo Academy*. Op. cit., pp. 183-184. 参见郭沫若译《煤油》中"写在'煤油'前面",第1页。

② [美]阿普顿·辛克莱著,易坎人译:《煤油》,上海:光华书局,1930年版,第2页。

③ Wei, Chiming & Rina Fujita eds. *Proceedings of International Guo Moruo Academy*. Op. cit., pp. 187-188.

莱的作品后,郭沫若开始将文学的宣传作用看作是比文学的艺术效果更为重要的东西。通过他的创作,郭沫若更加热情地加入到了政治运动中。郭沫若倡导的利用文学作为宣传工具的观点也在此之后成了主流。尤其是在20世纪五六十年代,几乎没有作家会或敢于质疑文艺的本质和目的就是宣传了。周海林最后指出,尽管辛克莱的作品进入中国的途径不同,但不可否认的是,日本的辛克莱热对中国的文学界产生了极大的影响,而那时正在日本学习的创造社成员们对他的译介起到了重要的作用。①

七、革命儿童文学:郭沫若的《一只手》

在澳大利亚格里菲斯大学从事中国研究的玛丽·法夸尔的文章《革命儿童文学》中,作者分析了郭沫若的短篇小说《一只手》②。在"战前上海的儿童文学"一节中,作者提及由于1927年国民党与共产党之间血腥而出乎意料的决裂对20世纪30年代革命文学产生了深远的影响,并认为其主要表现为3个方面。一是著作出版的问题。二是为了隐藏自己的真实身份,作家们常常使用笔名,郭沫若的《一只手》即是其中的一例③。作者认为,这个故事只是作家郭沫若对上海一家工厂的恶劣条件以及工人运动需要团结和忍耐的一个简单的虚构。故事的背景选在小岛上一个童话般的都市中。很显然,这个都市就是上海。这个繁华的城市,由于社会上"大部分的钱财集中到少数人的手里",不可避免地引发了大量穷人的出现。作者简要概述了这个故事的内容。在法夸尔看来,这或许可称得上是一个充满了血腥的可怕故事,但故事中有一点是肯定的,那就是,尽管存在着各种阻碍,但工人们想要取得胜利,就必须得拥有强大的力量和付出巨大的牺牲。而郭沫若在故事中使用暴力的革命行为的终极目的在于阐明一个基于人的尊严和平等的道德问题,这正如故事中工人们心中的怒吼:"我们不是人

---

① Wei, Chiming & Rina Fujita eds. *Proceedings of International Guo Moruo Academy*. Op. cit., pp. 188-192.

② Mary Farquhar. "Revolutionary Children's Literature". *The Australian Journal of Chinese Affairs*. No. 4 (July, 1980), pp. 61-84.

③ 文章作者法夸尔没有说明郭沫若的《一只手》连载的具体时间、刊物和笔名。小说《一只手》最初发表于1928年2月1日、3月1日和5月1日的上海《创造月刊》第1卷第9、10、11期上,用的是笔名麦克昂。本书作者注。

吗？我们只不过是少了几个臭钱罢了！"①法夸尔随即指出，人与人之间、不同的性别、阶级和国家之间平等的观念是1949年以前中国儿童文学所关注的最主要的问题。从这个意义上讲，郭沫若的《一只手》是对早期五四运动以进化论为基础的论争的一个发展，而不是背离。五四青年和共产主义作家们都对富人和穷人之间的这种不平等给予了关照。为了消除幻想与现实之间的巨大差距，他们对这种状况进行了准确的刻画。只不过五四文学是描述性的，而共产主义文学则是说明性的，它对那些复杂的阶级术语进行了分析，并倡导武装的阶级斗争。②

　　法夸尔认为，国共决裂对20世纪30年代革命文学产生深远影响的第3个方面便是作家情感和思想的反应。郭沫若的反应是愤怒。当叶圣陶和其他作家们30年代在左翼作家联盟的庇护下又开始创作的时候，他们将关注的目光投向了穷人的困境与权力，光明与黑暗被清晰地界分为富与穷，如郭沫若的《一只手》，反映出了逐渐增长的阶级意识和团结。③

　　在"革命儿童文学的观念"一节中，法夸尔指出了在短短50年的时间里，儿童文学令人惊异地记录了从"拯救中国"到"中国已被拯救"，从"黑暗"到"黎明"，从"阿Q"到"牧童海娃"的转变。它不那么显眼地开始于20世纪初，它相信科学是实现现代化的工具。这点在郭沫若的传记中有详细的记载，梁启超和鲁迅也各自为中国的青年一代翻译了3部法国作家于勒·凡尔纳的科幻小说。但这还不够，是五四时期开始的儿童文学让人们逐渐相信，个体的解放和信念是实现中国解放的前提条件，于是，中国人才"发现"了儿童，并为他们创作了一种新的文学形式。但就这样也还不够。最后，儿童文学采纳了马克思的唯物主义观，相信在理论上人应该是平等的，他们必须得先决定自己的生存环境才能获得平等与幸福。鲁迅为孩子们翻译的作品标示着这个转变过程中每一步的开始。④

---

① Mary Farquhar. "Revolutionary Children's Literature". Op. cit., p. 64. 中文引文可参见《一只手》，见《郭沫若全集·文学编》第10卷，前面所引书，第7页。
② Mary Farquhar. "Revolutionary Children's Literature". Op. cit., p. 64.
③ Ibid.
④ Ibid., p. 80.

八、"浪漫的左派"与"文学的趋势":郭沫若及其文学创作

"浪漫的左派"是李欧梵的专著《中国现代作家的浪漫一代》中的第3部分。该书于1973年出版,是由李欧梵1970年的博士论文删节改编而成的,其中译本为香港中文大学翻译系的王宏生所译,于2005年出版。作者自己认为这本专著的一个缺陷是没有专章讨论女作家,也没有关注女性的角度。①

"浪漫的左派"一部分共讨论了郭沫若、蒋光慈和萧军3位作家。在第9章对郭沫若的评介中,李欧梵将研究的重点放在了阐释郭沫若从早年的反叛者和泛神论者到自称马克思主义者的转变过程,文中有不少观点值得读者特别关注。作者首先论及郭沫若性格中的两大组成部分:多愁善感和英雄崇拜,并认为郭沫若的多愁善感是"表面的而不是真实的,是为了公开展示而并非私人情感"②。作者认为,要正确理解郭沫若的泛神论思想,就不能脱离他性格上的英雄主义倾向和思想上的"反叛"主题,构成这两者的基础,是一种激进主义特质。这一特质不仅巩固了郭沫若的性格,并把它加诸其对生命及社会的一般看法。郭沫若后来的知性发展也与他的这种激进主义特质相关。③

作者指出,1924年8月9日,郭沫若这位自封的马克思主义支持者给成仿吾的那封信中的个人宣言,除了带有感情色彩地对那句口号"各尽所能,各取所需"的描述,并没有显示出任何马克思或马克思主义者的重要理论。如果去查究郭沫若在1924年前后的作品,便会发现他宣称的从浪漫主义到马克思主义的转变其实是"表面多于真实的",并且这个观点也逐渐得到了诸如戴维·罗伊和秋吉久纪夫的认同④。作者举了郭沫若在宣称转向马克思主义之前的诗作《太阳没了》、《晨安》和《女神》序诗来证明郭沫若自由地运用马克思主义术语来丰富自己关于英雄的词汇并没有任何问题。郭沫若的马克思主义的英雄在他成为马克思主义者之前,作为英

---

① 李欧梵:《中译本自序》,载李欧梵著,王宏志等译:《中国现代作家的浪漫一代》,北京:新星出版社,2005年版,第2页。
② 同上,第185页。
③ 同上,第186页。
④ 同上,第196和198页。

雄被崇拜远多于作为马克思主义者①。作者强调,如果对郭沫若自1924年转向马克思主义之后的主要活动做个简单的勾画,即可看出"他似乎能轻松地游走于文学创作、学术研究与政治活动的范畴中。尽管他被指责为狡猾的两面派,这个令人钦佩的记录至少能证明他的一些关于一个革命作家的角色的理论是正确的。"②

作者在这篇文章的末尾也提及郭沫若对毛泽东个人的狂热崇拜,认为郭沫若那些"诗意的颂辞"只是代表了"他那几乎无穷无尽的英雄云集里的一个新高峰。"而对郭沫若1966年的"忏悔",作者则认为"可被理解为他先发制人的手段,以免除"文化大革命"时期年轻激进分子可能对他的指责,是可以理解的。"但是,"如果我们相信郭沫若的忏悔是真诚的,那么我们也要接受一个令人沮丧的事实,那就是,这位最成功的、从浪漫主义作家转变而成的共产主义者,姗姗来迟地意识到一些存在已久的错误。"③对于外界对郭沫若的批评与指责,作者给予了相当的理解。

在《文学的趋势I:对现代性的追求》④一章中,李欧梵在论及与郭沫若相关的文学思想与创作时,特别值得关注的有如下观点:一是作者认为,五四时期一般知识分子尤其是作家们的特征,是一种高度的活力,这种活力给了五四文人们更加积极的品德,并且这种青春活力的很大一部分自然是用来摧毁传统的,就正如郭沫若《凤凰涅槃》的主题所极其生动地表现出来的那样:个人的烈火和集体的热情将焚毁一切旧时代的残余,从它们的灰烬中新中国的凤凰将获得新生⑤。其次,作者提到了苏曼殊将拜伦偶像化并自比拜伦这种遗风为徐志摩、郁达夫以及创造社的其他成员所继承,发展成了一种新的传统:外国文学被用来支持新的中国作家的想象和生活方式。作者认为,是由于"他们自己膨胀了的自我和崇拜英雄的狂热",于是这些杰出的文人才建立了一种个人认同的偶像,郭沫若自比雪莱和歌德

---

① 作者注释中《太阳没了》一诗的发表时间有误。注释为1924年1月13日。根据王继权、童炜钢编:《郭沫若年谱》(上)和龚济民、方仁念编:《郭沫若年谱,1892—1978》(上),应为1924年1月25日。

② 李欧梵著,王宏志等译:《中国现代作家的浪漫一代》,前面所引书,第202页。

③ 同上,第203页。

④ 费正清:《剑桥中华民国史:1912—1949》(上卷),北京:中国社会科学出版社,1993年版,第505—566页。该章为第9章。

⑤ 同上,第533页。

即是此类①。作者在论及早期的新体诗时指出,"形式都很粗陋,更不用提内容的浅薄了。20年代最有才华的诗人是郭沫若,他的诗受到意象主义派和沃尔特·惠特曼的影响。郭沫若的诗,有意识地用粗糙的形式表达"②。言外之意,尽管郭沫若的诗也与他同时代的其他诗人的诗一样,形式很粗陋,但其诗的粗陋形式是有意而为之的,而这,与其他诗人的作品相反,是使得郭沫若成为20年代最有才华的诗人的原因之一(形式的)。作者在论及中国作家对先锋派倾向的兴趣时指出,中国作家们所说的"先锋派",虽然也是从艺术方面对传统的一种反叛,却仍然局限于"生活"的范畴。换句话说,他们的愤怒、挫折和对当前显示出的厌恶等等情绪,使他们采取一种根植于社会—政治关系的反叛立场。创造社的"为艺术而艺术"的口号,既不是追随戈蒂埃的艺术的非功利主义思想,也不是响应象征主义者对超越现实的优越性的论战性主张——更不用提创造一个比当代生活和社会那种浅薄外部世界更"真实"的新的美学世界这一有特点的现代主义者的主张了。③

而在"文学的趋势Ⅱ:通向革命之路:1927—1949"一章中④,作者在评介闻一多的《死水》一诗时指出,这首诗中阴郁的意象,与郭沫若启示录般的谶语大相径庭。腐朽和再生的象征手法,能使读者模糊地联想到郭沫若的《凤凰涅槃》,但闻一多对中国的看法———潭死水,可以发酵而化为神奇,具有郭沫若的丰富想象中所缺乏的思想深度⑤。言外之意,尽管郭沫若的这首具有启示意义的《凤凰涅槃》想象力丰富,但无思想深度,不及闻一多《死水》一诗更具有思想性和现代性。这个评价有失偏颇和不公。作者还提到了1926年郭沫若写的一篇题为《革命与文学》的文章,认为这是"一篇带有倾向性的,论证不周并富有感情色彩的文章。"他由此得出了武断的结论,认为郭沫若参加北伐战争前写的这篇文章中没有提及马克思主义理论,表明郭沫若似乎急于表明他对扮演转向革命的文艺知识分子的新角色是胜任的。作者认为文章的"夸张言词清楚地显示了他的满腔热

---

① 费正清编:《剑桥中华民国史:1912—1949》(上卷),前面所引书,第550页。
② 同上,第557页。
③ 同上,第563页。
④ 费正清、费维恺编:《剑桥中华民国史:1912—1949》(下卷),北京:中国社会科学出版社,1993年版,第478—562页,该章为第9章。
⑤ 同上,第511—512页。

忧",也标志着文人首次介入政治活动。①

九、中国现代作家:文学创作收入与畅销书作者

有意思的是,法国汉学家,巴黎第七大学的老舍研究专家巴迪一篇于1981年发表在《中国季刊》上的文章研究了中国现代作家的文学创作收入以及最畅销书作者的排名情况②。在文章开篇第一句,巴迪即开门见山地指出,文学显然是个质量而非数量的问题。作者举周恩来的讲话来引出他的议题。这个讲话发表于1961年的6月19日,但直到1979年2月才在《文艺报》上登载出来。讲话中周恩来将文学的创作与工业的产出二者间做了粗糙的比较,并举陈毅和毛主席的创作为例:"在我们的领导干部中,陈毅喜欢写诗。他创作的速度很快,是个多产的作家。在这方面他是个天才。但毛主席的情况就有些不同了。他只在深思熟虑之后才会动笔。尽管他写的不多,但这些东西都很有意义,很重要,是难得的好诗。我们不能要求毛主席每天写一首诗,也不能让陈毅同志少写点。脑力劳动是不能均衡的。"③巴迪随即提出了这个我们仍然需面对的问题:文学,尤其是中国当代文学,该不该用社会经济学的方法来加以控制呢?

作者首先分析了二三十年代出现的大量的文学社团和期刊,但大部分都寿命不长,并且大部分作家都不能让自己的创作处于令人尊敬的地位的事实。巴迪特举了郭沫若和臧克家为例。他指出,由于稿酬是根据作品的字数来决定的,因而诗人的地位实际上也是最不稳定的。在郭沫若最具自传性的作品《橄榄》中,他描述了一个被迫与家人分离而成为流盲的作家的倒霉际遇。而10年后的1933年,另一位诗人臧克家,则不得不在闻一多和王统照的慷慨资助下才将自己的第一部诗集《烙印》出版。④

在巴迪看来,战争时期这种情形更加恶化,这既是由于内地与上海之

---

① 费正清、费维恺编:《剑桥中华民国史:1912—1949》(下卷),前面所引书,第480页。
② Paul Bady. "The Modern Chinese Writer: Literary Incomes and Best Sellers". *China Quarterly*, No. 88 (Dec., 1981), pp. 645-657.
③ Ibid., p.645. 中文可参见《文艺报》,1979年第2期,第4—5页。译文可参见 *Beijing Review*, No. 13, 1979, pp. 10-11.
④ Paul Bady. "The Modern Chinese Writer: Literary Incomes and Best Sellers". Op. cit., p.648.

间的联系几乎中断,也由于审查制度的更加严格。那时,除了像郭沫若、田汉这样一些受雇于国民党宣传机构的作家还能谋生外,大部分作家都处于绝望的、没有保障的生存状态。一开始,戏剧创作在重庆和上海似乎还比其他的文学形式容易挣钱些,但后来由于极度的通货膨胀,中华全国作家和艺术家反侵略协会(作协)不得不在1939年12月发起了营救运动(即保障作家生活运动),目的就在于要"保障作家生活"。①

巴迪认为,到国民党被战败,共产党作为中国的统治政党建立起来之后,实际上再没有作家会去思考曾两次被鲁迅所讥讽的"海涅的梦想"会变成现实的问题。即便是没有上帝对诗人表示欢迎,赠予他们馅饼或糖果,但许多"爱国"作家的生活条件确实在新政权下得到了改善。实际上,"劳动阶级"给了他们大部分人如鲁迅所预言的"特别优待"。除了付给干部和作家联盟的专业作家们稿酬和工资外,作家和高级干部们得到了许多特别待遇如房子、车子、免费的娱乐、宴会以及晚会。其中那些最著名的作家,如郭沫若、巴金、茅盾、老舍、田汉、夏衍等,还被选入全国人大或被派担任文化部门的工作。②

随后巴迪附录了2张最畅销书作者的名单。一张是人民文学出版社付给17位作家在《风雷》上发表文章的酬稿清单,上面清楚地标示出那个时期最畅销书作者的收入情况(作者没有说明具体时间)。首当其冲的是巴金,酬稿是229 624(元)。其次是茅盾,酬稿是182 266(元)。丁玲、艾青、李劼人、周而复、杨波、沙汀、周立波、梁冰等也榜上有名。另一张是1967年5月13日《文艺战报》上刊出的稿酬名单。巴金居第二位,是76 800(元),周而复、杨冰、梁冰等榜上有名。很显然,榜首的位置已被巴金、茅盾所占据,但奇怪的是,这2份名单中却都未见郭沫若和老舍的大名。③

巴迪还看到,现在(他写该文时,即1981年)的情形已经和"四人帮"统治时大不一样了,正如许芥昱在他1973年的专著《中国文学风景》中所说的,"稿酬已变得无关紧要"④。而浩然即是被作者巴迪挑出来作为典范

---

① Paul Bady. "The Modern Chinese Writer: Literary Incomes and Best Sellers". Op. cit., p. 649.
② Ibid., pp. 650-651.
③ Ibid., p. 654.
④ Hsu, Kai-yu. *The Chinese Literary Scene: A Writer's Visit to the People's Republic*. Harmondsworth: Penguin, 1976. 巴迪认为该书是1973年出版的,有误。引文参见该书第9页。

的一位无产阶级作家,他对个人的名利得失全无兴趣。现在,已不再要求作家们具有同样的无私精神,尽管仍有像《创业史》的作者柳青那样在1978年去世时将自己的稿酬(16 000元)捐献出来修建医院而受到称赞的作家。

在文章的结尾,巴迪举1956年刘白羽抱怨全职作家只占作家总数的百分之五,以及邓小平曾在讲话中对仍在文化界和其他管理部门蔓延的"衙门"或"工作中的官僚作风"给予谴责这2种情况来阐明,现代作家,在当今的政权统治下,无论是在经济上,还是在政治上,仍没能获得完全的独立的观点。①

十、中国文学指南:《落叶》、《我的幼年》、《橄榄》与《地下的笑声》

《中国文学指南》的第1卷《小说卷》和第2卷《短篇小说卷》中共收录了4篇分别评论郭沫若的《落叶》、《我的幼年》、《橄榄》和《地下的笑声》的文章。现将它们放在一起做个简单的梳理。

在《中国文学指南》第1卷的"前言"中,负责这个研究项目的瑞典汉学家马悦然②介绍了这个始于1976年,历时达14年的艰辛的研究计划、最初计划编辑5卷本1900—1949年间的中国文学手册,经最后讨论删去《论说文》卷、编排的体例(如每卷应该大约包括100部左右的著作或集子;其质量应该可作为衡量文学质量的主要标准、应考虑选入作品产生的社会影响、其读者应包括中国文学和比较文学专家和普通读者)、每部分应包含的内容(应包括传记的基本信息、包括其第1版的全部书目信息、对作品内容的概述、当代对其评论的情况、重要的第2手信息来源,以及其被译成英语和其他欧洲语言的情况)、参与的学者(来自欧洲11个国家的100多个学者)等情况。

---

① Hsu, Kai-yu. *The Chinese Literary Scene: A Writer's Visit to the People's Republic*. Op. cit., p. 657.

② 马悦然(N. G. D. Malmqvist),瑞典人,曾师从高本汉先生学习古代汉语、先秦文学和中国音韵学。大学毕业后到中国四川做方言调查,钻研过方言学、语音学、历史语音学、现代和古代语法、语义学、格律学等。先后执教于伦敦大学中文系、澳洲国立大学中文系、瑞典斯德哥尔摩大学中文系,还在瑞典驻中国大使馆担任过文化秘书。曾当选为瑞典皇家人文科学院院士,瑞典学院院士("诺贝尔文学奖评选委员会委员"),瑞典皇家科学院院士,也曾两度当选欧洲汉学协会主席。

《小说卷》是由当时在加拿大多伦多大学任教的米列娜编辑的,该卷的"序言"和第1、第2卷中关于郭沫若的4篇鉴赏文章也都是由她撰写的。在简要概述了《落叶》的内容之后,作者分析了这部小说的鲜明特征。米列娜指出,与"前言"不同,小说的核心部分没有任何身体体能方面的活动。相反,故事的情节却集中在描述女主人公的精神状态,其多变的情绪上,从她回忆起与洪在一起时的欢乐,到与日俱增的孤独、绝望,到圣诞节期间最后的绝望和抑郁的咆哮。这些用充满哀婉动人的词句写成的信,不时伴随着感叹句、疑问句、对话,反映出的与其说是一个恋爱中的女人的心理,还不如说是一个被异化的个体的那种感觉和抑郁①。米列娜认为,《落叶》是中国现代文学作品中最早的书信体小说之一,毫无疑问是郭沫若在其1921年翻译歌德的《少年维特之烦恼》后创作的。故事中没有结果的悲剧式的爱情主题以及洪和女孩神秘的消失都可见欧洲浪漫主义的影子。"前言"中故事叙述者说一些信没有写完或缺失了也是欧洲浪漫主义作家常用的手法,但《落叶》的主题和风格显然仍是20年代中国小说中所常见的②。作者认为,尽管"前言"中叙事者交代这些信是情书,但故事中涉及的一些以过分感性的口吻表述出的社会主题使小说变了味,其核心主题变成了一个现代男人的异化以及他对发展持续关系的无能。这不仅可从男女主人公的故事所呈现出的诸多主题和故事的标题中,更从郭沫若对书信体小说的修改中得到证明。《落叶》仅由两者中其中一个通信者的信,即女孩的41封信构成,而没有构思成两者间的书信往来,因为在最后一封信中,女孩交代她把洪写给她的信都烧毁了。这样,41封信就不能展现给读者主人公之间书信往来的情景,而只能呈现出一种连续的、坦诚的独白,这就表现出了主人公那种不断增加的孤独和沮丧感。③

作者强调,郭沫若对书信体小说的修改使得《落叶》更接近日记或回忆录的形式,这种文学形式是20年代的文学经常采用的文类,因为这种文类特别适合用来表达作家的主观经历和情感。另一方面,日记体、书信体,或回忆录形式的文学作品发展成了一种较之纯粹的个人文件更适当的手法。在"前言"中,文本总是交代这些是他人的而不是作者本人的东西,这

---

① Milena Dolezelova-Velingerova ed. *A Selective Guide to Chinese Literature*, 1900-1949. Volume 1: The Novel. Leiden: E. J. Brill, 1988, p. 87.

② Ibid., pp. 87-88.

③ Ibid., p. 88.

样,就带给这些文件一种更强的真实感和权威感,使得文本中所表述的作家个人的经历和感情也就转变成了整整一代的经历与感情。①

米列娜认为郭沫若在其自传体小说《我的幼年》"前言"中的坦言,"我写的只是这样的社会生出了这样的一个人,或者也可以说有过这样的人生在这样的时代",表明了1924年在郭沫若阅读和翻译了日本著名的马克思主义经济学家河上肇的作品后马克思主义的历史观对郭沫若的强烈影响。但郭沫若的自传体作品绝不仅仅只是对事例的分析研究,因为他在作品中描述的全都是他自己亲身经历的历史事件②。米列娜认为,《我的幼年》的风格完全是传统的笔记,一种中国文人用来对各种主题,诸如历史事件、经典的文本、个人的经历等发表评论,而又没有打算对其进行连续描写的文学形式。像笔记一样,《我的幼年》是按时间顺序来安排记叙的,由不同的片段、多样的主题描述所构成。但与笔记这种要求压抑个体作家的主观看法、绝少描述作家个人经历的特征不同的是,郭沫若的主观体验和对他所见证的事件的情感反应却构成了他自传的主体。正是这种主观视角带给那些不相关联的事件一种整体感和历史意义,并赋予了其作品一种诗学品质③。作者在文章的最后对郭沫若的自传体作品给予了高度评价,认为正如那些经历过艰苦年代,在作品中表述了自己亲身经历的古代诗人一样,郭沫若也留下了具有高度文学价值的独特的历史史料,因为他在作品中从一个个体的主观视角,即个体为自己的解放而进行的挣扎,描绘出了中国现代化的复杂过程。④

米列娜在分别概述了《橄榄》中每一部分的故事内容后,指出了这部故事集所具有的诸多特征。其第一个特征与《落叶》相似,即叙事缺乏传统故事中由主人公的身体行为引发的情节。相反,故事的戏剧张力是由主人公的脑力活动,即通过主人公在危机或困境中的思想和感情来引发的。这样,为了腾出可供主人公来内省、反思和幻想的空间,传统故事中对流畅发展的各个事件所做的记叙在小说中就完全被化解了。其次,故事中叙述的时间是自由地来回运动的,常常是最近发生的事情与孩提时的记忆和临

---

① Milena Dolezelova-Velingerova ed. *A Selective Guide to Chinese Literature*, 1900–1949. Volume 1: The Novel. Op. cit., P. 88.
② Ibid., p. 90.
③ Ibid., p. 91.
④ Ibid.

时发生的史事交织在一起。这样,叙事者也就可以避开传统的叙事者那种无所不知与闯入进去进行干预,并以主人公的视角将其呈现出来的特点。作者指出,正如20世纪20年代文学中时兴的那样,《橄榄》的故事文本中也常常夹杂有英文的词汇或其他的西方语言,甚至有对欧洲文学作品的参照或逐字逐句的引用。米列娜认为,《漂流三部曲》和《行路难》这2部表达了郭沫若的愤怒、焦虑和罪恶感的小说,充满了那种激昂的、间断式的风格,在这方面,2部小说都拥有一些与西方的浪漫主义那种生气勃勃的特征相似的地方,但故事中那些将主人公的思绪和情感联系在一起的自由联想却又特别的现代。与此相反,《路畔的蔷薇》中那些引人深思的散文却又引起了一种让读者回复到中国古典诗文的诗学情绪。①

在米列娜看来,由于郭沫若在20世纪50年代及以后都没有再创作过有意义的小说,因此他的短篇小说集《地下的笑声》可被看成是他一生小说的代表作。这部小说集共有2个主题,一是自传性主题,另一为历史主题。像小说《骑士》,尽管同样也是自传性质的,由于它是郭沫若在其短暂军旅生涯北伐战争中所见证的对汉口政府1927年最后时期的记载而显得更加有趣。相反,《地下的笑声》中以抗日战争为背景的简洁的抒情描写,却没有什么有意义的史诗般的情节,但却抓住了那个时期那种仇恨、怀疑和绝望的情绪。作者认为,郭沫若之所以选择《地下的笑声》这个短篇故事的标题来作为整个故事集的标题,显示出了作者郭沫若的那种极度怀疑的态度②。米列娜认为那些以历史为主题的故事中,写得最好的就是那些关于中国古代著名历史人物的故事,如关于哲学家老子、庄子、孔子和墨子的;关于秦始皇的、项羽的、历史学家司马迁以及诗人贾谊的。由此可以看出,郭沫若对这些伟大人物的个人喜爱,清楚地表明了他受欧洲浪漫主义和苏格兰评论家、讽刺作家、历史学家托马斯·卡奈尔的《论英雄、英雄崇拜和历史上的英雄业绩》的影响。其中的每一个历史的,或者非历史的英雄故事都可被看成是一个缩微的戏剧,剧中,那个历史英雄恰巧在郭沫若生活的关键时刻"入关"。于是,戏剧性的转折点总是出现在主人公长长的戏剧独白中(常以与另一个人物的对话为框架)。主人

---

① Zbigniew Slupski ed. *A Selective Guide to Chinese Literature*, 1900–1949. Volume 2. The Short Story. Op. cit., p. 68.

② Ibid., pp. 71–72.

公在独白中回望自己的生活,对自己先前的行为或思想进行谴责或辩护①。米列娜认为,这些故事其实都是郭沫若进行自我表达的论坛。那些创作于20年代初期的故事最具讽刺性,而对道家最著名的哲学家老子和庄子,其语气中则充满了过度的忧伤。郭沫若对孔子和孟子更加尖锐的嘲讽文章创作于倡导反对偶像的五四时期,文中作者对中国古代的文化进行了嘲笑和谴责。而写于20世纪30年代的那些故事,由于郭沫若那时已经成为一个马克思主义者,他在文中表达的则是社会的力量总是比个人的力量要强大这样的思想。郭沫若在故事中强调,如果一个人(如秦始皇、项羽)不能认识到自己在历史发展中的局限性,那他是肯定会被打败的。只有个人的正直和正义感(如司马迁、贾谊)才能保障其在一个不利的社会环境中取得胜利。②

第五节 郭沫若的《浮士德》翻译研究

一、歌德的《浮士德》在郭沫若作品与译著中的接受与幸存

1991年,第1篇研究郭沫若对歌德代表作《浮士德》译介的文章《歌德的〈浮士德〉在郭沫若作品与译著中的接受与幸存》发表在《亚非研究》第26卷上③。该研究为高利克1987年11月至1988年1月3个月间在德国慕尼黑大学的研究成果,其目的在于分析中国现代诗人郭沫若对歌德《浮士德》的翻译及其对郭沫若20世纪20年代初创作的影响。

对接受文学结构上的需求以及一定程度的重要性,对被翻译的文本,至少是其中所蕴含的信息来说,年轻文学(二三十年代的中国新文学当属此列)相对来说要更容易理解些。这个事实在《浮士德》在中国的接受与幸存上同样起着至关重要的作用。《浮士德》不在被读者所普遍接受的作

---

① Zbigniew Slupski ed. *A Selective Guide to Chinese Literature*, 1900–1949. Volume 2. *The Short Story*. Op. cit., p. 71.

② Ibid., p. 72.

③ 马立安·高利克:《歌德的〈浮士德〉在郭沫若作品与译著中的接受与幸存》(*Reception and Survival of Goethe's Faust in Guo Moruo's Works and Translations*, 1919–1922),载《亚非研究》第26卷,1991年,第49—70页。

品之列。此文将《浮士德》在中国的接受研究限定在1918年之后,因为即便1918年前对它的接受存在的话,其相对于中国文学史及其与世界文学的关系来说也完全是微不足道的。①

中国新文学社团的历史始于1921年5月成立的文学研究会,但其实早在1920年初一个由"三个同志"(three comrades)即郭沫若、宗白华、田汉组成的小社团已经成立,并于1920年的5月出版了一本名叫《三叶集》(*Kleeblatt*)的小集子。田汉、宗白华为集子写了简短的序,而郭沫若却采取一种不同的方式,不是写序,而是将他翻译的《浮士德》第1112—1121行这10行与"*Zwei Seelen*"(两个心儿)相关的著名诗行作为代序:

> 两个心儿,唉!在我胸中居住在,
> 人心相同道心分开:
> 人心耽溺在欢乐之中,
> 固执着这尘浊的世界;
> 道心猛烈地超脱凡尘,
> 想飞到个更高的灵之地带。
> 唉!太空中若果有精灵,
> 在这天地之间主宰,
> 请从那金色的霞彩中下临,
> 把我引到个新鲜的,绚烂的生命里去来!
> (沫若自哥德之《浮司德》中译出,即以代序)②

郭沫若译文中的"两个心儿"(two minds)与歌德的"*Zwei Seelen*"有些不同。郭沫若的"两个心儿"是《书经》(*Book of History*)中所划分的儒家哲学的2个类别:一类是指身体的、"低下"的心灵,就如"浸在不洁的水中的珍珠"③,因此会受到性欲、私欲的影响。另一类则指精神的、"高尚"的心灵,就如"躺在清冽的水中的宝珠"④,为修身服务。我们不清楚郭沫若是

---

① 马立安·高利克:《歌德的〈浮士德〉在郭沫若作品与译著中的接受与幸存》,前面所引书,第49页。
② 参见《郭沫若全集·文学编》第15卷,前面所引书。
③ 冯友兰:《中国哲学史》第2卷,前面所引书,第560页。
④ 同上,第559页。

否关心修身,但他对"身体之心"的密切关注却是显而易见的,这或可从他在《三叶集》中的几次坦言得到证实。①

　　文章的第 3 部分提及 1918—1921 年间郭沫若 3 次搬家,在 1920 年 3 月 20 日田汉到郭家去拜访时,郭沫若已经翻译完《浮士德》的第 1 部,但这个版本却没能保存下来之事。那天郭沫若与田汉一起诵读《浮士德》的前部,田汉最喜欢的是从"街道"(Street)(第 2605 行)到"马尔特之花园"(Martha's Garden)(第 3543 行)这一部分(即第 1 部第 11—16 节);而郭沫若却对"井畔"(At the Well)(即第 1 部第 17 节)至葛丽卿死在狱中这部分印象最深。当读到"城曲"(A Shrine in the Ramparts)这一节时,郭沫若流泪了。这是可以理解的,因为田汉与郭沫若的生活经历不同、两个人对男女之间的关系、对爱情甚至对婚姻的理解都不同。郭沫若的移情能力在他对葛丽卿悲剧的态度上得到了充分体现。葛丽卿生活中的两个时刻给郭沫若留下了深刻的印象:一是她意识到自己的"犯罪"而且将忍受自己所受到的伤害;另一则是在狱中,她失去理性,等待执行她死刑的人到来的时候。郭沫若受《浮士德》的激发写了一首题名为《泪之祈祷》的诗,诗的开篇描写的即是葛丽卿面对圣像所做的祷告词:"我这心中,这彻骨髓的苦痛,谁能知道?"②

　　文章的第 4 部分概述了郭沫若翻译《浮士德》的情况。1920 年 3 月 21 日晚郭沫若创作《泪之祈祷》3 个月后,"三个同志"分散了。1920 年 7 月 17 日,郭沫若收到《时事新报》主笔张东荪的信,请他翻译海外名著《浮士德》。郭沫若回信接受了提议,但很快就感到力不从心。经过 4 个星期的艰苦努力,郭沫若只翻译出了第 1 部,接下来的 1 个月里他将译文抄写在日本的"改良半纸"上,并开始着手第 2 部的翻译工作。但显然,除了第 1 场中的"风光明媚的地方"(Pleasing Landscape)一幕外,郭沫若什么也没有译出来。对此,郭沫若仅在 12 年后做了解释,认为《欧北和酒寮》(Auerbach's Celler)、《魔女之厨》(Witch's Kitchen)、《瓦普几司之夜》(Walpurgis Night)和《夜梦》(Walpurgis Night's Dream)都没有诗意(unpoetic),而且相当游戏(burlesque)。郭沫若借口这几幕"没有诗意"是

---

①　马立安·高利克:《歌德的〈浮士德〉在郭沫若作品与译著中的接受与幸存》,前面所引书,第 53—54 页。

②　同上,第 58—59 页。

极不公正的,而用"游戏"(burlesque)一词来评价歌德的诗作倒是比较恰当、一语中的。当然,郭沫若说的这几幕的确是很难理解的,难怪他会认为第 2 部比第 1 部难译。①

郭沫若认为《浮士德》第 2 部甚至比第 1 部中包含了更多的"文字游戏"("burlesque" messages),全剧的构成过于支离破碎,而且里面所包含的帝王思想、反对革命(尽管郭沫若自己也的确承认,过去革命的意义与现在的不同)让他难以忍受。应该注意,1932 年郭沫若对于他与歌德以及他与浮士德之间的关系与他在 1919—1922 年间与歌德和浮士德的关系是完全不同的。②

郭沫若是一个极力想要忠实于自我的诗人,即便是在他痴迷于歌德艺术的那段时间,即在 1920 年的前几个月里,在一封他写给宗白华的信中他仍然宣称:"我想我今后也不学许雷(指雪莱),也不学哥德(指歌德),我只忠于我自己的良心罢。"③

歌德,也因而浮士德,对郭沫若的个人性格产生了强烈的影响。在《凤凰涅槃》、《女神之再生》和《湘累》中都可见歌德的《浮士德》或多或少,或大或小的影响。对于《夜》(Midnight)一幕的翻译,有一半多郭沫若都翻译得相当准确,而其余译文,则是郭沫若对于他与浮士德和歌德之间关系的理解之反映:

> 地上的事物我已尽知,
> 我终不能向天外逃去;
> 馋眼望天,幻想有个上帝的,
> 只是痴愚!
> 立定脚根且向周围看吧!

---

① 马立安·高利克:《歌德的〈浮士德〉在郭沫若作品与译著中的接受与幸存》,前面所引书,第 61 页。郭沫若原文为:"象那《欧北和酒寮》、《魔女之厨》、《瓦普几司之夜》及《夜梦》要算是最没有诗意的地方。那些文字搀杂在诗剧里面而滥竽诗名,仅是在有韵调的铿锵而已。……用韵文译出,也不外是下乘的游戏文字而已。"可参见《郭沫若全集·文学编》第 12 卷,前面所引书,第 64 页。

② 马立安·高利克:《歌德的〈浮士德〉在郭沫若作品与译著中的接受与幸存》,前面所引书,第 62 页。

③ 同上。中文可参见《郭沫若全集·文学编》第 15 卷,前面所引书,第 123 页。

世界对于有为之人不是无语。
何用在永远之中盘旋去！①

1920年之后，郭沫若对《浮士德》的兴趣减弱，而将注意力转向《少年维特之烦恼》便是他努力的自然结果。相比之下，维特更符合郭沫若的诗学主张和性情。1928年2月郭沫若(重新)翻译了《浮士德》。他对歌德最初的爱变成了完全的恨。1932年他将卡尔·马克思(Karl Marx)比作"太阳光"(the brightness of the sun)，而将歌德比作"太阳光中的萤火虫"(the flicker of a firefly)。但郭沫若这么说显然是没有意识到歌德是马克思最喜欢的诗人，而葛丽卿是整个世界文学中最受欢迎的女主人公。②

郭沫若的确从不曾将自己比作歌德，但他却在《湘累》中将自己比作屈原，实际上是"夫子自道"。而屈原，从描绘他的书或与他相关的传统中我们可以看出，自然与歌德的浮士德有一些相似之处。那么，"在中国是否真正存在浮士德这样的人？""他就是根据郭沫若的方式所理解的屈原吗？""而不仅仅只是一个模仿？"③

如果说中国文学创造了一部《浮士德》的话，充其量也仅仅只是一部译著，很可能郭沫若的《浮士德》是其中最有趣的一部，对它的研究或可丰富我们对作为现代文学整体之一部分的中国新文学中的翻译现象的了解。④

（该文中高利克分析、阐释的内容与其第2篇文章《郭沫若与歌德的〈浮士德〉在中国》有部分相同，本书作者省略了相同的部分，以方便在第2篇文章中做比较分析。本书作者注）

---

① 马立安·高利克:《歌德的〈浮士德〉在郭沫若作品与译著中的接受与幸存》，前面所引书，第62—63页。（原文注释可译为：郭沫若:《波斯诗人莪默·伽亚谟》，载《文艺论集》，上海，1929年版，第321—322页。）

② 马立安·高利克:《歌德的〈浮士德〉在郭沫若作品与译著中的接受与幸存》，前面所引书，第67页。

③ 同上。

④ 同上，第69页。

二、郭沫若与歌德的《浮士德》在中国

高利克的《郭沫若与歌德的〈浮士德〉在中国》发表在《国际南社学会丛刊》1992年第3期上①。高利克对文章的发表做了说明:"将这篇文章发表在《国际南社学会丛刊》上不是我自己的本意。柳无忌教授在1991年5月20日写信给我:'能将您所做的关于《浮士德》在中国的演讲文章发表一篇在《国际南社学会丛刊》第3期上吗?'"②文章的最后补充说明这篇文章原是1991年4月12日在德国巴塞尔理工学院做的一次演讲。

歌德的作品中,《少年维特之烦恼》和《浮士德》引起的反响是最大的。但前者对中国文学结构所产生的影响更加显而易见,尽管文学间的影响不能确切地加以衡量。它更多地受到接受文学之需要的限制,而非所翻译的、阅读的、评论的或接受的文学作品之文学价值的限制。当《浮士德》在1919年和随后的10年里第一次与中国这块文学土壤产生联系的时候,它对其产生了极大的影响,之后它被研究,更多是被翻译。但是,并没有证据表明它将对中国的诗人和作家产生更深远的影响而因此对中国新文学的结构,即文学作品的形式,留下任何显而易见的痕迹。③

《浮士德》的影响与文人郭沫若的生活和创作息息相关。众所周知,在1917—1918年上学期间,他与自己的同学们一起读过歌德的半自传性作品《诗与真》(*Dichtung und Wahrheit*),并由此接触了《浮士德》。由于郭沫若17岁时听力出现问题,这使得他能如歌德的浮士德那样不安地坐在桌边,仔细研究哲理、医典、法律和神学一样,将歌德的《浮士德》第1部翻

---

① 马立安·高利克:《郭沫若与歌德的〈浮士德〉在中国》(*Goethe's Faust in China and Guo Moruo*, 1919-1947),载《国际南社学会丛刊》1992年第3期,第143—153页。这篇文章的获得有些曲折。国内数据库中找寻不到,笔者与高利克先生邮件联系,遗憾的是这篇文章在先生的图书馆中也没有。本意欲请香港的朋友代为查找,先生知道后建议说你不如直接请柳无忌教授的亲属,现在南社的董事高铦先生帮忙吧。高利克先生把高铦先生的联系方式给我,高铦先生复印好后挂号寄给了我。在他随复印资料寄来的信中,还有高铦先生的手写的信:"小杨老师:高利克的文章已复印好,那篇文章后面,我发现有郭沫若翻译的 *Faust* 的诗,一并印出奉上。收到后请告。高铦 2013年1月2日。"高利克先生文中研究涉及的郭沫若译诗,皆是根据这附在此文后的郭沫若最初的译文,即郭沫若译于1919年10月10日,并于同日发表在《时事新报·学灯》第五张的译文:"*Faust* 钞译(沫若)"。本书作者注。

② 马立安·高利克:《郭沫若与歌德的〈浮士德〉在中国》,前面所引书,第143页。

③ 同上,第144页。

译成中文。郭沫若在自己的自传中没有提及,在阅读和翻译这些诗行时他如歌德的浮士德一样有着自杀的快感,但他承认感觉就如浮士德在独白中诅咒中世纪的学问,却是出自他自己的,而非浮士德的内心。这种对待原文本的态度,这种因他自己的内在性格、经济上的窘境和家庭的问题而引发的态度,必然导致翻译过程中的某些转变。这可以从郭沫若翻译歌德的《浮士德》之"月光"一幕中得到证明。①

郭沫若采用了"自我表现的"方法来将其翻译成中文:

> 中宵倚案,
> 烦恼齐天。
> 牙签筒页堆满前,
> 一轮明月来相见。
> 月儿呀!我幽静的朋友!
> 我愿你见我的烦闷儿呀,
> 今宵算最终一遍!
> 啊!我愿能载着你的爱光儿登上山巅,
> 同那些精儿灵儿
> 在那崖间草上伴你盘旋。
> 我愿能除去这一切的学枷智梏,
> 浴你的清露之中,得健痊。②

而如果将郭沫若的译文英译成散文诗则可如下:
Till midnight I used to lean over this desk
And I was bored the whole day
Over the heap of bone book signs and bamboo scrolls.
Bright moon has come to visit me.
Oh Moon, thou melancholic friend,
I wish thou couldst see my grief!
This night might be considered as the last!

---

① 马立安·高利克:《郭沫若与歌德的〈浮士德〉在中国》,前面所引书,第145页。
② 同上,第144—145页。选自《时事新报·学灯》,1919.10.10. 第五张。

In thy mellow, bright light I would like to climb the peaks of hills
Together with the spirits to accompany thee over meadows and mountain gullies,
To get rid of all the fetters of study and knowledge,
To bathe in thy healthy, pure dew. ①

可以看出,郭沫若将原文本中的"月光"转换成了"明月",这更符合中国诗学。因为"月光"仅仅只是"明月"的一部分,而且这样的比喻在中国旧体诗歌中也并不常见②。可以说他是把诗的整个情景都转换成了中国式的,也可以说是他自己的现实处境。译诗的前2行中郭沫若描写了他在日本箱崎所居住的那间离博多湾不远的可怜的房间的情形以及他自己的内心感情。在译诗中他注入了一些歌德原文本中没有的东西,如残书、散帙以及齐天的烦恼。这种"置换"手法是郭沫若诗歌的一种表现方式,而且在他翻译的歌德《浮士德》中时常可见。③

对郭沫若来说,是不存在非自我表现的文学或艺术创作的。歌德,尤其是《浮士德》对郭沫若来说就等同于人生,通过他从那个时期开始的翻译,郭沫若成功地将歌德及其作品介绍给了中国读者。于是他翻译了《献诗》(*Dedication*)④中歌德对戏剧中所有的那些文学的和真实的、一些虽然还活着,但当他写下这些诗行时大部分已经死掉了的人物所朗诵的如下诗行:

> 昔年间曾现在我朦胧眼中的幻影,
> 于今又来相近。
> 难道说我这回会将你们把定?
> 我觉着我的心儿还倾向在那样的梦境?

---

① 马立安·高利克:《郭沫若与歌德的〈浮士德〉在中国》,前面所引书,第145页。高利克没有说明英译为谁所译,只是在注释中注明中文引自:《时事新报·学灯》,1919.10.10 [*Shishi xinbao* (*The China Times*), October 10, 1919.] 本书作者注。
② 马立安·高利克:《郭沫若与歌德的〈浮士德〉在中国》,前面所引书,第145—146页。高利克在注释中指出,这个观点可以参见《李太白诗集》,台北,1966年版,第11页和《三叶集》,上海,1930年版,第14页。
③ 马立安·高利克:《郭沫若与歌德的〈浮士德〉在中国》,前面所引书,第146页。
④ 指《浮士德》第1部中《天上序幕》前的《献诗》,本书作者注。

你们逼迫着我的胸襟,你们请!
你们尽可得云里雾里地在我周围飞腾!
我的心旌感觉着青年时代的摇震,
环绕着你们行列的神风又来摇震我的心旌。①

若将郭沫若翻译成的中文诗再译成英文的话可如下:

You, erstwhile hazy shadows, today approach my cloudy sight.
Am I perhaps to say that this time I shall retain you?
I feel my heart aiming towards such dreamy vision.
You are pressing on my breast. Well, then!
You may float about me in the manner of clouds and mists!
My open heart feels the commotions of youth,
The bewitching breath that envelops your ranks, shakes my open heart. ②

从译文感觉郭沫若倒更像是在改述而非翻译。他没有扮演老歌德的角色,却将他的话语变换成了这样一种方式,以使得他显而易见就是诗中的主人公。原诗中歌德使用了人称代词"我"的主格2次,宾格和所有格同样也是2次。而译诗中郭沫若使用了相应的中文人称代词2次,以及其适当的变换形式6次,数量恰好是原文本的2倍。原文本中歌德只用了1次"心"(heart),郭沫若的译文则用了2次,并且将其限定为"心旌",即像背在东亚战士背上飘动的旗帜,每一刻都显示出这是一个记录着郭沫若生活的那个时代的,而非歌德时代的年轻人的每一次心跳。这些诗行中所蕴含的精神,在他的诗集《女神》之《序诗》的第2诗节得到了体现。诗中他呼吁书中的人物去寻那些与他的振动数相同的人,去寻那些与他的燃烧点相

---

① 参见《郭沫若全集·文学编》第15卷,前面所引书,第46页。
② 马立安·高利克:《郭沫若与歌德的〈浮士德〉在中国》,前面所引书,第146—147页。高利克没有说明英译为谁所译,只是在注释中注明中文引自《三叶集》,第51—52页。

等的人。①

如果说年轻的苏曼殊与沙恭达罗(Sakuntala)产生了强烈的共鸣,年轻的柳无忌对洛特(Lotte)喜爱有加的话,年轻的郭沫若则在读歌德《浮士德》,从读"井畔"开始到葛丽卿(Margareta)死在狱中时"莫有不留眼泪的时候"②。郭沫若受《浮士德》的激发写了一首题为《泪之祈祷》的诗,诗的前3行即是葛丽卿面对圣像所做的祷告词的原文:

> Wer fuhlet,
> Wie wuhlet
> Der Schmerz mi rim Gebein?

将该诗命名为《泪之祈祷》不如《葛丽卿之祈祷》(A Prayer to Margareta)更恰当,这首诗应归在郭沫若写得较差的诗之列。但由于它反映出作者郭沫若是如何理解葛丽卿,同时也在一定程度上,尽管是间接地,反映出了郭沫若是如何理解《浮士德》的,作者因而将其进行了全文英译。③

通过分析这首诗可以看出,郭沫若的译诗并没有依照歌德原诗的形式,也没有顾及原诗的风格与其他的技巧,但却在他自己的作品中蕴含了源自惠特曼的"罗列技巧"(catalogue technique)的影响因素。诗中的主要意象是"眼泪",是眼泪的奔流。23行诗中,就有18行与眼泪直接相关,4次提及歌德的悲剧女主人公,这表明她们与眼泪的变形相关,并且对郭沫若来说,它们(应指眼泪)被歌德的葛丽卿人格化了。唯一例外的是最后一行,它(I)代表该诗的主人公,也就是作者自己,同时也是眼泪的变形,是《泪之祈祷》的美化或高潮。这首诗,很可能是中国历史上最悲哀的一首,它与郭沫若的太阳宇宙、与太阳宇宙的能量、乐观、光、凤凰以及作为其整

---

① 马立安·高利克:《郭沫若与歌德的〈浮士德〉在中国》,前面所引书,第147页。中文可参见《郭沫若全集·文学编》第1卷,前面所引书,第3页。"《女神》哟!你去,去寻那与我的振动数相同的人;去寻那与我的燃烧点相等的人。你去,去在我可爱的兄弟姊妹胸中,把他们的心弦拨动,把他们的智光点燃!"

② 马立安·高利克:《郭沫若与歌德的〈浮士德〉在中国》,前面所引书,第147页。中文可参见《郭沫若全集·文学编》第15卷,前面所引书,第101—102页。

③ 马立安·高利克:《郭沫若与歌德的〈浮士德〉在中国》,前面所引书,第147—148页。高利克没有说明英译为谁所译。

个一生之象征的再生的女神不相符,郭沫若也没有将其收录在自己的任何一本诗集中。①

郭沫若是充分意识到了那些浮士德式的局限的重要意义的,即创造力、极力追求某些并不存在的东西、想将可能的东西转变成现实或变成行动、走得太远而自己却意识不到等。他后来转向翻译《少年维特之烦恼》(*The Sorrows of Young Werther*)可解释为是一种与他们的心灵的和谐与共振。在郭沫若所生活的20世纪20年代的前半期,他还不能想象出任何积极的、成功的、浮士德所理解的"行动",找到一种"狂人"的哲学或诗学的替代办法,或者个体的反叛。"狂人"这个主题在郭沫若的《湘累》中得到了最佳的体现。②

郭沫若翻译《浮士德》的第2部只用了不足1个月的时间。他是将其当作世界进化的预言来理解的,尤其是在反封建斗争时期,郭沫若将其看成是18世纪末、19世纪初德国的"悲剧情绪"的一种讨论,这让郭沫若联想到那个时期中国的"悲剧情绪"。正如郭沫若所言:"在中国的浮士德,他是永远不会再老,不会盲目,不会死的。他无疑不会满足于填平海边的浅滩,封建诸侯式地去施予民主,而是要全中国成为民主的海洋,真正地由人民来作主。"③

三、"果提克"式的居室与箱崎的一间小屋:
散议郭沫若1919年10月10日对歌德《浮士德》的翻译

2010年8月20—22日期间,高利克应邀参加了在中国济南举办的"郭沫若文献史料国际研讨会暨IGMA学术年会"。他提交的论文即是这篇《"果提克"式的居室与箱崎的一间小屋:散议郭沫若1919年10月10

---

① 马立安·高利克:《郭沫若与歌德的〈浮士德〉在中国》,前面所引书,第148—149页。
② 同上,第149页。
③ 同上,第151—152页。中文可参见歌德著,郭沫若译:《〈浮士德〉简论》,北京:人民文学出版社,1959年版,第13页。

日对歌德〈浮士德〉的翻译》①。文章的开头 2 个自然段强调了一些中国传记作者以及大部分中国现代学者因为如原始资料寻找困难等原因而对自己提供给读者的资料没有足够用心的问题。这篇文章和前 2 篇文章《歌德的〈浮士德〉在郭沫若作品与译著中的接受与幸存》与《郭沫若与歌德的〈浮士德〉在中国,1919—1947》中都提及郭沫若翻译的《浮士德》(Faust)的《夜》(Night)一幕最早于 1919 年 10 月 10 日发表在《时事新报·学灯》的第五张上,而非像姜铮在《人的解放与艺术的解放——郭沫若与歌德》一书中认为是发表于 1928 年 2 月 1 日。在《郭沫若与歌德的〈浮士德〉在中国,1919—1947》后,附有选自"《时事新报·学灯》,1919. 10. 10. 第五张"的《Faust 钞译(沫若)》②。3 篇文章中,高利克在分析郭沫若对《浮士德》中《夜》一幕的翻译时都用了这个原初版本。

1919 年郭沫若翻译的这个版本与郭沫若翻译的 1928 年那个版本之间的差别仅看诗文的前 2 行就显而易见了。郭沫若在前言中告诉读者说他译文所依为 Reclam Publishers 德文原本,同时也参考了 John Auster 的英译,但对于 2 种版本的出版时间郭沫若都没有交代。某种程度上,他的"拙劣之手笨"极大地泄露了他的能力。歌德很可能对郭沫若的翻译不是非常满意的。③

郭沫若在读《浮士德》第 1 部中的《献诗》、《舞台上的序剧》和《天上序幕》时,一定不会如《夜》一幕中浮士德在书房中的深思部分留给他的印象一样。《"果提克"式的居室与箱崎的一间小屋》这篇文章也如郭沫若一样采用了 Reclam Publishers 德文原本,是 1975 年版本。郭沫若在前言中说也参考了 John Auster 的英译,其采用的不大可能是该译本的 1835 年版本,

---

① 马立安·高利克:《"果提克"式的居室与箱崎的一间小屋:散议郭沫若 1919 年 10 月 10 日对歌德〈浮士德〉的翻译》(Gothic Chamber in Goethe's Faust and a Tiny Room in Hakozaki: Some Comments on Guo Moruo's Translation from October 10, 1919),载魏启明(Wei, Chiming)、藤田梨那(Rina Fujita)编:《国际郭沫若会议论文集》(Proceedings of International Guo Moruo Academy),2009 年,第 410—419 页。未正式出版。本书作者注。

② "Faust 钞译(沫若)Faust 是德国文豪(Goethe)氏所著的一部神伟大的剧曲。我今不揣鄙陋,把他那'夜'一幕里面 Faust 述怀一节迻译在下面。译本依 Reclam 德文原本。兼参考以 John Auster 的英译,我在译录之前,敢敬告我 Goethe 先生的灵示:请赐我以神慧的天光,使我得完全之了觉,以补我拙劣之手笨。(选自《时事新报·学灯》,1919. 10. 10.第五张)"载马立安·高利克:《郭沫若与歌德的〈浮士德〉在中国》,前面所引书,第 154—157 页。

③ Wei, Chiming & Rina Fujita eds. Proceedings of International Guo Moruo Academy. Op. cit., p. 410.

倒更可能是其 1867 年版本。①

《"果提克"式的居室与箱崎的一间小屋》一文对郭沫若在翻译《浮士德》时对一些词语和诗行翻译处理的恰当与否与歌德的原作和约翰·奥斯特(John Auster)的英译进行了分析比较。文章分 4 个小节来探讨了这首诗中出现的 4 个主要意象。

夜(Night)

假如我们对郭沫若第 1 句的翻译感到部分满意的话,他对最后一个短语"作烦恼态"的表达则多过了浮士德的"内心不安"态(restless state of mind)。"烦恼态"意为一种难受的状态(the state of sorrow),在德语中为"leiden",是各种感受中最深的一种痛苦感觉,当然比纯粹的不安、纯粹的困扰程度要深。1929 年上海现代书局出版的《浮士德》版本是对 1928 年上海创造社出版部出版的郭沫若翻译的《浮士德》第 1 部的重印,该句被译为"呈不安态",是对歌德原意的如实翻译。句中"小小的一间"并不与歌德原文本中的"eng"相等,也不同于 John Auster 英译的"narrow chamber",而是指他在箱崎的寓所中一个有一扇窗户的面向博多湾的、非常小的房间。②

郭沫若这种自我表现式的倾向在翻译悲剧的开始部分,即描绘浮士德的独白时更加显而易见。文章同时比较了歌德的原文、奥斯特的英译和郭沫若的汉译(歌德的原文本书作者省略不录):

Auster	郭沫若
Alas! I have explored	哲律医祝,我已不息气的——钻研遍。
Philosophy, and law, and Medicine;	我如今措大依然,
And over deep Divinity have pored,	比从前全不精憐半点!
Studying with ardent and laborious zeal;	
And here I am at last, a very fool,	
With useless learning curst,	
No wiser than at first!	

---

① Wei, Chiming & Rina Fujita eds. *Proceedings of International Guo Moruo Academy*. Op. cit., p.411.

② Ibid.

郭沫若的译文不当。奥斯特将歌德的 6 行英译成了 7 行,而郭沫若的翻译仅仅只有 3 行,这是由于他的"白话"中却有着强烈的"文言"味造成的。他的"哲律医祝"4 个汉字就表达出了歌德前 3 行诗中的内容,大约只有他自己没有研究的神学除外。郭沫若的浮士德也不称自己为"armer Tor"或"a very fool"(一个傻子),而仅仅是"措大依然"。在郭沫若的翻译中,也没有字与原文的"klug"或"wise"(聪明)相关,郭沫若强调的是"自怜"(self-pity)①。对于与知识或者智慧相关的另一句,歌德原文本所表达的意思也与郭沫若的译文不同,郭沫若的译文对歌德的原意做了不同的解读:10 多年后他成了学术和研究的奴仆——"我心焦欲燃,究竟所知有限!"这与浮士德对这些年他所获得的所有知识的否定是完全不同的。

文章将奥斯特和郭沫若对浮士德自我宣言的翻译做了比较:

Auster	郭沫若
Without dominion, rank, or treasure,	我既无德器又无钱,
Without one joy that earth can give,	既无名誉又无权。
Could dog—were I a dog—so live?	谁想这条狗命儿片刻再残延!

奥斯特英译中的问号改变了原诗学话语的意思。歌德原文中浮士德将自己比作一条狗,而郭沫若的译文将自己的生活比作狗的生活,甚至短暂的一刻也不愿意延迟。在郭沫若翻译《浮士德》的那个时期,他常常思考自杀的问题。大约在他翻译《浮士德》中《夜》这一幕前几个月他作了题名为《死的诱惑》的诗。文章对《死的诱惑》第 2 诗节做了解读。②

明月(Bright Moon)

文章分析了《夜》一幕中郭沫若对"月"的 4 行译诗:"中宵倚案,烦恼齐天。牙签筒页堆满前,一轮明月来相见。"紧随其后的"月儿呀!我幽静的朋友!"要比歌德的"Trubsel'ger Freund"更亲近,多少反映了郭沫若的"他我"(alter ego)在其自称的生命的最后一个晚上月儿来拜访他时的快乐。郭沫若翻译的"明月"这个情景会让中国读者联想到李白的《月下独

---

① Wei, Chiming & Rina Fujita eds. *Proceedings of International Guo Moruo Academy*. Op. cit., p. 413.

② Ibid., pp.414–415.

酗》一诗。但郭沫若的浮士德对死亡的沉思——"今宵算最终一遍!"在歌德的文本中却不是那么显而易见的。奥斯特将浪漫主义派最重要的口号"Flieh! Auf! Hinaus ins weite Land!"翻译成"Away——away and far away"是不太恰当的,因为"far away"(离开、远离)不是浪漫主义的表达,而是回归自然。而郭沫若将其翻译为"啊!飞!飞!你快飞上天!"又过分夸大了浮士德的原话,因为悲剧第1部中的歌德的浮士德,并没想要上天堂的目的。①

在翻译"明月"这一情景时,郭沫若的自我表现欲克制了许多。对于浮士德的疑问:"Bin ich ein Gott? Mir wird so licht!"奥斯特将其英译得太随意"Am I a god?——Can mortal sight/ Enjoy, endure this burst of light?"郭沫若则将其翻译成:"难道我便是位天神? / 我怎得这样的天光生宇泰?"当然,很可能歌德原文本中的"Gott"在亚伯拉罕诸教(Abrahamic religions)中意指的是"异教的神"(a pagan god)而非"上帝"(not God)。②

大宇宙篇之符迹(The Sign of Macrocosm)

歌德观念中的大宇宙之符迹可以帮助我们理解天堂、地狱、天使、恶魔、人类以及所有生物。正如歌德的浮士德,郭沫若的浮士德也马上忘记了他那种忧郁的、悲伤的情绪,而对学问之新的可能性和获取新知识充满了热情。

Auster	郭沫若
Ha! What new life divine, intense,	哈哈!快哉!快哉!
Floods in a moment every sense;	我的五官中此刻儿突然生出光明来!
I feel the dawn of youth again,	我顿觉返老还童,心畅神开。
Visiting each glowing vein!	敢莫那是位天神
Was it a god——a god who wrote these signs?	画出这些符徽在?

通过比较可以看出,奥斯特的英译忠实翻译了歌德原文第1行,而郭

---

① Wei, Chiming & Rina Fujita eds. *Proceedings of International Guo Moruo Academy*. Op. cit., pp. 415-416.

② Ibid., p. 416.

沫若的译文则忽略了。德语中"Ha"既不同于英语中的"ha",也不同于汉语中的"ha",与中国古代汉语的意思也不一样。郭沫若将歌德原文本第 1 行中的"Wonne"概括为"快乐",甚至"欲望",用了文言"快哉"。奥斯特的第 2 行译文在一定程度上紧随歌德的原意,而郭沫若的译文则强调了歌德原文本第 2 行中并不存在的"光明"。"光明"这个词在现代汉语中有不同的意思,很难说郭沫若在翻译此句时头脑中想到了什么,很可能他是将德语词"blick"理解为对大宇宙中各种成分以及它们之间关系的一种犀利的洞察。郭沫若与奥斯特一样,比歌德对"返老还童"给予了更多的强调。①

地祇篇上的符迹(The Sign of the Spirit of Earth)

当浮士德看到大宇宙之符迹和地祇篇上的符迹时他看待世界、看待生活和看待他自己的态度可能是完全不一样的。他第一眼看到地祇篇上的符迹时感觉到的快乐与他在看第二眼时是一样的。

Auster	郭沫若
How differently this sign affects my frame!	啊!这符徵又换了新样!
Spirit of Earth! My nature is the same,	地祇呀!要你几近我的身旁
	〔注:原文如此〕;
Or near akin to thine!	我已觉兴儿高,气儿壮,
How fearlessly I read this sign! 〔…〕	好像狂饮葡萄酕,
I feel within my soul the birth	人世无敢当,
Of strength, enabling me to bear,	愿把这地上的苦果一般尝。
The fortunes, good or evil, of the Earth;〔…〕	

郭沫若的解读对克服生活中的苦难和悲伤给予了特别的强调。"苦果"是一个众所周知的佛教词汇②。当然,是郭沫若自己的生活条件和个人经历让他在翻译这一段时选取了这个术语。而奥斯特与歌德一样,同时强调了生活的好与坏这两个方面,但郭沫若只对坏的一面加以了强调。③

文章还分析比较了地祇篇中的最后一个情景:

---

① Wei, Chiming & Rina Fujita eds. *Proceedings of International Guo Moruo Academy*. Op. cit., p. 417.

② Ibid., p. 418.

③ Ibid.

Auster	郭沫若
How my heart is torn in sunder——	嗳哟！我心痛得慌！
All my thoughts convulsed with wonder——	我五官又新觉痹障！
Every faculty and feeling	我全身心都放在你身上！
Strained to welcome thy revealing.	地祇呀！你定要！你定要相帮！
	［注：原文如此］
Spirit, my heart, my heart is given to thee,	我便死，也无妨！
Though death may be the price, I cannot choose but see!	

可以看出，分析的这段文本中，歌德原文本共用了6个感叹号，奥斯特的英译只用了1个，而郭沫若的译文则用了8个感叹号。歌德原文本中的"Du must！Du must！"常常意为"愿望"，而郭沫若则用了表示需要的"定要"（necessity）一词。由此可见，想要追随地祇的意愿，尽管有可能面临死亡，是浮士德的也是郭沫若的决心。①

文章结尾强调，郭沫若对此一文本的解读不是由于误读（misreading），而是由于他的总体的状态（the overall conditions）和内心的困惑（inner disposition）。正如他自己宣称的那样，在那些时刻，他不是在翻译歌德的《浮士德》，而是在写他自己的诗。箱崎的一间小屋就是其中最重要的状态之一。②

附录：(附于《国际南社学会丛刊》1992年第3期，第154—157页)
(*Guoji nanshe xuehui congkan*, Vol. 3, 1992, pp. 154—157.)

Faust 钞译（沫若）

　　Faust 是德国文豪（Goethe）氏所著的一部神伟大的剧曲。我今不揣鄙陋，把他那"夜"一幕里面 Faust 述怀一节迻译在下面。译本依 Reclam 德文原本。兼参考以 John Auster 的英译，我在译录之前，敢敬告我 Goethe 先生的英灵：请赐我以神慧的天光，使我得完全之了觉，以补我拙劣之手笨。

---

①　Wei, Chiming & Rina Fujita eds. *Proceedings of International Guo Moruo Academy*. Op. cit., p. 419.

②　Ibid.

(小小的一间"果提克"式的居室,屋顶穹余,佛司德坐在案旁椅上,作烦恼态。)

哲律医祝,我已不息气的一一钻研遍。
我如今措大依然,
比从前全不精憐半点!
称什么先生,道什么博士,
颐指了一群弟子东西南北十余年。
我心焦欲燃,
究竟所知有限!
我比那些博士先生文人方士,
纵算稍加优贤;
我纵无疑无惑;
不怕妖魔,不怕阎罗殿!
然我的乐意娱情究在那边?
再休想格物能致知,
再休想敷文布命能把黎民变。
我既无德器又无钱,
既无名誉又无权。
谁想这条狗命儿
片刻再残延!
我所以才舍命学神仙;
不可思议万和千,
要借神权神舌为我宣;
我可毋再挥酸汗逞雄辩;
宇宙的核核心心我能知见,
我可得意而忘言。
中宵倚案,
烦恼齐天。
牙签笥页堆满前,
一轮明月来相见。
月儿呀! 我幽静的朋友!

我愿你见我的烦闷儿呀，
今宵算最终一遍！
啊！我愿能载着你的爱光儿登上山巅，
同那些精儿灵儿
在那崖间草上伴你盘旋。
我愿能除去这一切的学枷智梏，
浴你的清露之中，得健痊。
啊！我难道还要坐监？
这瘟唅的窗棂，污浊的玻片，
便是那美丽的天光。
通过后，也生了沈淀！
虫糟尘布的书丛遍；
蒙烟纸壁高齐屋巅；
周遭的杯瓶箱屉画了一个圆，
狼藉的祖传家具不计其年！
啊！这便是你的大千！
心脏儿在你心中倒悬；
一种无名的痛苦儿
已碍断了你的生命泉；
你还不知道是什么情缘。
上天造了人。
放在那自然里面。
你背弃了那儿的自然，
埋没在那儿的尘烟。
你只与些枯髅死骨相周旋！
啊！飞！飞！
你快飞上天！
诺时托罗大牟士的奇书
正是你导引的方便。
自然正你师，
神慧来心田；
你自会能九天星路，会解神言。

拘泥着古人的糟粕何谓焉?
你围绕我的精灵儿们!
你们快应我一声!
我的话儿究竟可曾听见?
(开卷,凝视大宇宙篇之符迹)
哈哈!快哉!快哉!
我的五官中此刻儿突然生出光明来!
我顿觉返老还童,心畅神开。
敢莫那是位天神
画出这些符徽在?
令我烦恼齐消,
区区方寸真欣快。
周遭自然界
恍似大午台。
难道我便是位天神?
我怎得这样的天光生宇泰?
灵符照眼,
神慧开怀,
快哉!快哉!
我才知道古哲的佳言意有在:
"是你眼儿锁了,心儿死了,
并非天界不开。
后生们!快快!休再迟捱!
快在那晨光之中涤荡尘怀!"
万象本一如,
全盘动着在。
相依为命,
那可分开?
盈虚消息有真宰。
神钧转轮言诠外。
天香弥宇宙!
天床快悠哉!

啊！好似一座幻景台！
无限的大宗师！
我怎能把你拥抱哉？
你的胸儿究何在？
你那生命泉中，乾坤流徙，万象胚胎？
你自翻波涌浪，
我只神猜鬼猜！
(愤愤然翻换书页，看弥地祇篇上的符迹)
啊！这符徽又换了新样！
地祇呀！要你几近我的身旁；
我已觉兴儿高，气儿壮，
好像狂饮葡萄觥，
人世无敢当，
愿把这地上的苦果一般尝。
神风无究，游荡四方，
我便在破舟之中也不惊慌。
黑云起！
月光无！
又息灭了灯亮！
狂雾弥天！
光火万道闪头上！
暴雨天降，
捉拿我正忙！
我慈悲的地祇！
我觉得你环护着我的身旁。
你请环护着我的身旁！
嗳哟！我心痛得慌！
我五官又新觉痹障！
我全身心都放在你身上！
地祇呀！你定要！你定要相帮！
我便死，也无妨！
(选自《时事新报·学灯》，1919.10.10.第五张)

第六节　与郭沫若相关的其他研究

一、人、个人与人民：新人的前史与郭沫若的"人民"

纽约大学东亚系王璞的文章《人、个人与人民：新人的前史与郭沫若的"人民"》发表在 2012 年《中国文学研究前沿》第 1 期上①。文章旨在梳理中国现代文学中对"社会主义新人"的不间断论争。作者以人道主义、个性和人民为中心，试图表明"新人"的前史，即人道话语中"人民"这个概念形象的产生。文章从"人道主义：一个不确定的观点"、"'人的文学'，个性与'大我'（共我）"、"一种人类学—历史学观：从卢梭到摩尔根到恩格斯到郭沫若"、"'人民'的概念与郭沫若的'人民本位主义'" 4 个方面对"新人"的前史和郭沫若的"人民"做了阐述。

在"人道主义：一个不确定的观点"一节，作者分析了 1959 年郭沫若和周扬合编的《红旗歌谣》，指出郭沫若和周扬二人在不同的场合都宣称过，"新人"形象在新民歌中形成了。他们相信，在共产主义社会中，每个人都是诗人，每个人都是劳动者。这些民歌，既是对党的歌颂，对领袖的歌颂、对人民祖国的歌颂，也是对诗意化了的"新人"理想的预言。新人抒情化的参与是毛泽东发起的大跃进的关键因素，与毛泽东自己认为在社会主义革命和建设中每个中国人都可比传说中的圣人尧舜的观点是一致的②。在毛泽东的这个思想背后，新人的创造有 3 个主要的因素：一是，新民歌应该是中国诗歌应采取的形式，新人应该克服资产阶级现代性的人道主义个性。二是，郭沫若和周扬决定在《红旗歌谣》中选编 300 首民歌，这个数字与孔子决定在《诗经》中选入的数字是一样的。二者制造经典的野心由此可见。它也将社会主义新人的制造与中国传统的"诗学教育"结合在一起。对此，郭沫若更是直言不讳。他将新民歌与国风和楚辞相比，称赞其

---

① Wang Pu. "Ren, Geren and Remin: The Prehistory of the New Man and Guo Moruo's Conception of 'the People'". *Frontiers of Literary Studies in China*, Vol. 6, No. 1, 2012, pp. 78-94.
② Ibid., p. 79.

是社会主义的人民大众创作的新国风和楚辞①。三是,新民歌运动也有一种"浪漫集体主义"的卢梭式的潜在含义。在新民歌中,"人民"与其"共同意志",代表着其自身不仅是一种政治的主权,同时也是一种抒情的主权。政治的解放,"生产力的解放",以及诗,三者成了一体——一种个体的自发活动,或者是作为集体的、不可分割的历史中介的"人民"的自发活动。"人民",成了毛泽东文化政治事件的典型注释:新的共和国拥有的是人民共和国的头衔。作为一个文学的、政治的与思想的符号,从鲁迅到毛泽东,"人民"都要求给予批判性的解释。即便新民歌运动长久以来与大跃进的狂热和失败密切相关,但是"革命浪漫主义"却能够帮助我们对其进行好好的内省式的欣赏。

文章认为,社会主义的新人理想有漫长的现代人文主义的前史和从启蒙运动到浪漫主义、马克思主义的人类学哲学史。在俄国和社会主义中国,对新人的教育旨在克服人放纵的性格和自由个性的资产阶级思想。对新人的期望也可被看成是与失败了的"和谐人的资产阶级理想"的一种互动。作为对破碎的承诺的理性回应,社会主义新人的计划也是人的现代化理想的一种资产阶级计划的逻辑延续。《共产主义宣言》的核心观点可以为证:"每个人的自由发展是一切人的自由发展的条件。"②

在最具体的意义上,社会主义新人的计划成了俄国和中国革命最重要的一项任务,因为对其而言,哲学式的"扬弃"已经不够了,他们需要的是真正克服这种不足。人性的资产阶级观与新人的理想之间的联系与张力在中国革命中强烈地表现了出来。对人和人性的讨论贯穿了从鲁迅的呼吁"立人"到后毛泽东时代的"人的现代化"整个中国革命的进程。在中国,对人性的启蒙,是与新人的理想相交叉与重合的。从当代自由主义的"后见之明"角度看,新人的计划与80年代的"新启蒙运动",像是一种激进的背离或者是越轨。③

在"'人的文学',个性与'大我'(共我)"一节,文章作者首先列举了

---

① 中文原文为:"正是在这个意义上,新民歌可以说是群众共产主义文艺的萌芽。这是社会主义新时代的新国风。"可参见《红旗歌谣》中"编者的话"。

② Wang Pu. "Ren, Geren and Remin: The Prehistory of the New Man and Guo Moruo's Conception of 'the People'". Op. cit., pp. 80-81.

③ "With the 'New Enlightenment' of the 1980s, the project of the New Man now looks, with the hindsight of contemporary liberalism, like a radical deviation or aberration." Ibid., p. 82.

周作人的《人的文学》,指出其"人道主义"的 2 个维度:一是,采取了进化的态度,即对人性弱点的承认和对其改进的信任。二是,其理性的人道主义也是近似于人性发展和"人的宗教"的浪漫理想的。有趣的是,作为一个启蒙主义的知识分子,他居然列举了威廉·布兰克自创的"新圣经"来支持现世主义和身心的解放的观点。文中周作人引用了源自布兰克的《地狱与天堂的结合》的观点:

"人并无与灵魂分离的身体。因这所谓身体者,原只是五官所能见的一部分的灵魂。""力是唯一的生命,是从身体发生的。理就是力的外面的界。""力是永久的悦乐。"①

这种世俗的"人的宗教"不可避免地是与"能量"和"爱的肉体"交织在一起的。在文学创作领域,这种理性的人道主义很快就让位给了 20 世纪 20 年代早期新文学的个性特征的浪漫表达。郁达夫曾经宣称,五四运动最大的成功在于对"个人"的发现。同样,郭沫若的早期诗歌也被认为是现代中国新的自我的开创。对偶像的破坏、抒情的自我、对英雄崇拜,这些都是相似的。但是应该注意的是,郭沫若和郁达夫所使用的方法是截然不同的。在郭沫若的早期作品中,"自我扩张"导致了自我升华为创造者、宇宙的无神论的能量,最后成了一个集体自我。在其最受赞誉的一首诗《天狗》中郭沫若写道:

我便是我了!
……
我是一切星球底光,
我是 X 光线底光,
我是全宇宙 Energy 底总量。

---

① "Two dimensions of this conception of humanity are worthy of notice in this essay. First, he adopts an evolutionist attitude. Yet this does not mean a social Darwinism; rather it means an admission of the weakness of humanity and a belief in its amelioration. Second, his rational humanism also borders on a romantic ideal of the development of humanity and of 'human religion'." Wang Pu. "Ren, Geren and Remin: The Prehistory of the New Man and Guo Moruo's Conception of 'the People'". Op. cit., pp. 82-83.

与布兰克一道,郭沫若创造了一个泛神/无神的宗教,这种宗教使人之创造力得到了升华。正如马立安·高利克的评价,"我便是我了"一行呼应着以色列的神耶和华在《旧约·出埃及记》中的宣称,但是诗中这个人的自我占据的位置要先于万能的上帝。诗中的"我",不再是个体人格。在为《创造》季刊的第 1 卷所写的宣言诗《创造者》中,郭沫若已以赞美的口吻宣称创造者是"大我":"我要高赞这开辟洪荒的大我。"①

作者指出,尽管自己还没有证据证明郭沫若的"大我"观与卢梭的作为道德与政治的集合体之"共我"(moi commun)的政治哲学观有直接的关系,但郭沫若在其 20 世纪 20 年代的作品中相当频繁地参照卢梭的作品,如《社会契约论》和《论人类不平等的起源和基础》,而且在其"人"的理想中也有卢梭式的成分。与许多浪漫主义作家一样,郭沫若也表达了他对自然的热爱,为现代中国文化创造了一个自然人的意象。郭沫若的"人性"的特征包括 5 个方面:主情主义、泛神思想、对自然的赞美、对原始生活的景仰和对小儿的尊崇。郭沫若对"自然人"/新人的赞美与"和谐人"的资产阶级的、浪漫的理想是相似的。②

在"一种人类学—历史学观:从卢梭到摩尔根到恩格斯到郭沫若"一节,作者认为,郭沫若与卢梭对人之自然状态的赞美包含了现代性的特征和现代性的政治批判。尽管我们不清楚郭沫若对卢梭的《社会契约论》的了解究竟有多深入,但早在 1921 年他即已开始引用它。那时的郭沫若还不是一个社会学家,但在其题为《我国思想史上之澎湃城》,对中国国故的重新评价的文章中,他描绘了一个中国古代的黄金时代:

> 我国国家之起源由民约而成,我与国俱来之思想,又为一种平等无差别的理想主义。所以一切个体当然平等,而一切国家土

---

① "As Slovakia sinologist Marián Gálik insightfully comments, the line 'I am that I am' resonates with the declaration that the Israelite god Yahweh—the first monotheist god—makes in *Exodus* in the *Old Testament*; but here the human ego occupies the place previously held by almighty God. This 'I', however, is no longer an individual personality." Wang Pu. "Ren, Geren and Remin: The Prehistory of the New Man and Guo Moruo's Conception of 'the People'". Op. cit., p. 84.

② "Guo invoked Goethe's conception of *Sturm und Drang* to characterize humanity into five elements: sentimentalism, pantheism, the praise of nature, the pursuit of the primitive life, and worship of children. Guo's praise for the 'natural man'/New Man was similar to the bourgeois, romantic ideal of the 'harmonious man'." Ibid.

地当然为人民全体所共有。井田制度始于黄帝,实为我国实行共产主义之最初的历史。

应该特别注意的是郭沫若在刻画神话时期的特征时提及社会契约、平等个体以及共产主义。郭沫若提及共产主义让人想到马克思的"原始共产主义"这个概念。在其《中国古代社会研究》的前言中,郭沫若将自己的使命描绘成是撰写"恩格斯的《家庭、私有制和国家的起源》一书的续集",并且把恩格斯当作是他的方法论的向导。①

对1930年的郭沫若而言,他对"恩格斯著作"的续写是对其早期的卢梭主义的重新整理,是对摩尔根和恩格斯的观点的采用,也是对儒家思想的重写和对古代文本的理性阅读。他是这样概括中国文明及其起源的:

这在社会的表现上便是男权的抬头,私有财产制的成立,奴隶的使用,阶级的划分,帝王和国家的出现。这儿是文明的开始,然而也就是人榨取人的悲剧的开始。②

这种对人性的沉思构成了历史想象的浪漫传统,它为人性的堕落和得到救赎提供了一种人类学—历史学观。郭沫若在这种传统中的位置是重要的,在此传统中,他从一种对国故的独出心裁的浪漫化进化为一种马克思主义的历史观,将原始的(或者是自然的)与新的(或者是革命的)二者之间的联系转变为了一种与自己的国故和"通史"都相关的现代中国的新

---

① "We should pay particular attention to his bold reference to a social contract, equal individuality, and communism in characterizing the mythological age.... In 1921, he was not yet converted to Marxism, but by the end of the 1920s, Guo had evolved into a Marxist historian in exile in Japan. In the preface to his *Study of Chinese Ancient Society*, his first Marxist study of ancient China, he characterizes his mission as writing 'a sequel to Engels's *Origins*,' and takes Engels as his methodological guide." Wang Pu. "Ren, Geren and Remin: The Prehistory of the New Man and Guo Moruo's Conception of 'the People'". Op. cit., pp. 85-86.

② "As for Guo Moruo in 1930, his 'sequel to Engels's work' is a re-arrangement of his early Rousseauism, an adoption of Morgan and Engels, a rewriting of Confucian ideas and a radical reading if ancient texts." Ibid., p. 87. 中文原文可参见《中国古代社会研究》第6页。

的、激进的自我理解。①

在"'人民'的概念与郭沫若的'人民本位主义'"一节,作者指出,"人民"作为一个政治概念源自卢梭的《社会契约论》,它是与政治集体,即"共我"和主权这个概念相关的。在中国革命的语境中,绝大多数学者将其与毛泽东探讨"人民"的那些主要的文本相联系。如毛泽东的《论新民主主义》和《论人民民主专政》都为新的人民共和国的缔造提供了决定性的原则和政治观。文中,作者将关注的焦点放到了20世纪40年代郭沫若的"人民"和"人民本位主义"上,因为这些概念在为中国人民建立一种新的历史主体性的斗争中代表着另一种文化战线。②

郭沫若研究学者将郭沫若20世纪40年代主要的文化和政治原则概括为"人民本位主义",或是"人民意识"、"人民史观"等。这些概念在郭沫若20世纪40年代的作品中随处可见。对"人民史观"的倡导似乎是郭沫若作为一个共产党的理论家和"民主运动"的政治家的主要使命。

在《十批判书》中题为"古代研究的自我批判"一文概括了郭沫若研究中国古代的方法,在其第5节"申述人民身分的演变"中,郭沫若集中探讨了商周时期人民的地位:

> 横目而带刺,盖盲其一目以为奴征,故古训云"民者盲也"。这也可见古人对待奴隶的暴虐。……盲双目以为音乐奴隶之事则仍未绝灭。

郭沫若认为,商周时期,"人民本是生产奴隶",而且也是社会变革的中介。他相信过渡时期的主要任务是"人民解放"和对人之价值的重新发

---

① "Such a reflection on human nature constitutes the romantic tradition of historical imagination. It provides an anthropological-historical vision of humanity's deterioration and redemption. Guo's position in this tradition is crucial, in that, evolving from an inventive romanticization of nation antiquity to a Marxist historical outlook, he transformed the linkage between the primitive (or natural) and the new (or revolutionary) into a radical new self-understanding of modern China in relation to both its own antiquity and 'universal history'." Wang Pu. "Ren, Geren and Remin: The Prehistory of the New Man and Guo Moruo's Conception of 'the People'". Op. cit., p. 87.

② "I would like to draw attention instead to Guo's conception of 'the people' and his 'people-centrism' developed in the 1940s, because they represent another cultural front in the struggle to make the Chinese people a new historical subjectivity". Ibid., p. 88.

现。他将儒家的人道主义看成是那个时代的革命思想。然而,人民革命的这个成果被新兴的地主阶级给篡夺了。①

在《浮士德简论》中,郭沫若将浮士德的旅行定义为是灵魂的忠实记录与时代发展的忠实反映,他甚至在其阅读浮士德最后的命运时加入了"人民意识":

> 这种的-自我中心主义正是资本主义的核心。由封建社会到资本制度是一种进步,由奴性的皈依到自我中心主义不用说也是一种进步。但《浮士德》的中心思想并没有停留在这一阶段,而是比这更前进了。虽然是出于幻想,但浮士德却满意于……在自由的土地上住着自由的国民。这是由自我中心主义发展而为人民本位主义,……这一发展是一个时代的飞跃,浮士德——歌德并没有完成,但他是心向往之的。因此,整部《浮士德》悲剧的发展,我们可以说,也就是向着人民意识觉醒的一个自然发展。②

重新阅读郭沫若的历史作品和他对《浮士德》的阐释,我们可以更好地理解他对自己的文学作品和在解放区由中国共产党发展起来的所谓的"人民文艺"之态度。《棠棣之花》、《屈原》、《虎符》和《高渐离》是抗战时期他创作的主要作品。郭沫若相信,他的这些历史剧都抓住了从奴隶制到封建制过渡时期的"时代精神",是对人之价值的认识,是对现代中国之战

---

① "Scholars of Guo's works have long characterized the main cultural and political principle of Guo in the 1940s as 'people-centrism'. Variants on his term include 'the people consciousness', 'the people-centered perspective of history', and so on…. Advocating the 'perspective of the people' seemed to be Guo's central mission as CPC-affiliated ideologue and a politician of the 'democratic movement'… He believes that themes of this transitional period were the 'liberation of the people' and the rediscovery of human values." Wang Pu. "Ren, Geren and Remin: The Prehistory of the New Man and Guo Moruo's Conception of 'the People'". Op. cit., pp. 88-90.

② "Guo's introduction to his translation, titled *A Brief Discussion of Faust* defined the journey of Faust as the development of the soul and the Zeitgeist. Guo even added the 'consciousness of the people' into his reading of the final fate of Faust." Ibid., pp. 90-91. 中文原文可参见《浮士德简论》。

争的反应。①

郭沫若对"人民至上主义的文学"的呼吁是对新的"大我"的出现和新的"国家"(body politics)的形成之认识。因而,他的"人民",与恩格斯一样,是一种为将人民从剥削、压迫和苦难岁月中解放出来的坚持不懈的斗争之政治、历史观。②

二、权利与知识:郭沫若职业生涯中的几个关键性时刻

美国欧道明大学学者金秋的《权利与知识:郭沫若职业生涯中的几个关键性时刻》发表在2010年《当代中国研究》第17卷第2期上③。文章对1949年后郭沫若在他的职业生涯中同中国共产党及其领导人的关系方面的几个关键时刻进行了考察,探讨了有关郭沫若的一些问题,揭示了很多中国知识分子在1949年后都经历过的一种困境。文章指出,作为中国学术界的领导者,郭沫若不断地被迫放弃自己的政治或学术见解,以便不越党所限定的雷池一步。而当其宁愿遵从党的决定时,他常常要为他的选择付出高昂的代价,包括个人名誉的牺牲、以往对其学术著作的高度评价以及2个儿子性命的断送。从更广的意义上讲,郭沫若的生活和学术经历,活生生地展示了中国知识分子所经历的激烈的冲突和痛苦的挣扎。他们中的许多人被迫放弃有史以来由儒家传统所限定的知识分子的身份,屈从党的权力,从而被动地接受作为党的喉舌的新身份。许多人同郭沫若一样,既是教育者又是受教育者。在这一过程中既成为害人的帮凶,又最终成为中国高度政治化社会的牺牲品。

---

① "Revisiting Guo's historical writings and his interpretation of Faust, we can better understand his attitudes to his own literary productions and to the so-called 'people's literature and art' developed by the CPC in the 'liberation areas'…Guo believed that his plays grasped the 'Zeitgeist' of the transition from slavery to feudalism, and that Zeitgeist, being the recognition of human value, corresponded to the struggle in contemporary China." Wang Pu. "Ren, Geren and Remin: The Prehistory of the New Man and Guo Moruo's Conception of 'the People'". Op. cit., p. 91.

② "Guo's call for 'people-first literature' was the recognition of the emergence of a new 'common self' and a new 'body politic' to come. His discourse of 'the people', therefore, as in Engels, was a political and historical vision of the ever-lasting struggle for human liberation from ages of exploitation, oppression, and hardship." Ibid., p. 92.

③ Jin, Qiu. "Between Power and Knowledge: Defining Moments in Guo Moruo's Career". *Modern China Studies*, Vol. 17, No. 2, 2012, pp. 127-168.

文章详细考察了郭沫若政治生涯中的5个关键性时刻：1926年与周恩来的会面、1926年与毛泽东的会面、1951年对《武训传》的批判、1955年的"胡风事件"以及1966年的"文化大革命"。

1926年郭沫若与周恩来的会面是郭沫若与中国共产党的长期关系中最重要的关键性时刻之一。是周恩来介绍郭沫若入党的。1938年，在周恩来的建议下，中国共产党中央委员会和毛泽东决定由郭沫若代替已于1936年去世的鲁迅成为中国革命文化的领军人物。后来，周恩来在1941年在重庆举行的郭沫若的50岁生日宴会上的讲话中又重申了这个决定，称他是"新文化运动的主将"，"郭沫若创作生活25年，也就是新文化运动的25年。……鲁迅如果是将没有的路开辟出来的先锋，郭沫若便是带着大家一道前进的向导。"①周恩来是郭沫若终身的保护人。

郭沫若一生中另一个更为重要的关键性时刻是他1926年与毛泽东的会面以及他后来与这位领导人亲密的关系。郭沫若在诗歌方面的才能对其与毛泽东之间的关系起到了极为重要的作用。毛泽东喜欢写旧体诗词，常邀请郭沫若与其交换探讨旧体诗词创作的技巧。郭沫若、毛泽东如是成了"诗友"，之间常有诗词唱和。二者间诗词的唱和使得郭沫若成了毛泽东发表的诗词最权威的解读者之一。文章作者举了毛泽东读了郭沫若的《看〈孙悟空三打白骨精〉》后写的和诗《七律·和郭沫若同志》。"文化大革命"中，郭沫若的朋友们大都遭受极大的痛苦折磨，由于其与毛泽东和周恩来之间的私人关系，郭沫若却幸运地逃过了被剥夺权利或被流放到农村去劳动改造的命运。

对郭沫若而言，与作为"笔友"的领袖间的这种"友谊"是不确定的，危险的。他不得不当心不要冒犯了刚愎的领导，尤其是当领导犯了错误的时候。廖名春在其文《毛泽东郭沫若〈孙悟空三打白骨精〉唱和诗索引》中认为，"毛泽东的和诗实质上是误读了郭沫若的诗句"②。郭沫若心里知道这个，但他不得不假装不知道。为了不让毛泽东感到尴尬，郭沫若又回应了第3首诗，诗中他根据毛泽东的解读改变了自己最初的意思，巧妙地掩盖

---

① Jin, Qiu. "Between Power and Knowledge: Defining Moments in Guo Moruo's Career". Op. cit., p. 137. 引文原文可参见周恩来：《我要说的话》，1941年11月16日《新华日报》代论。
② 中文原文可参见廖名春：《毛泽东郭沫若〈孙悟空三打白骨精〉唱和诗索引》，载丁东编：《反思郭沫若》，北京：作家出版社，1998年版，第201页。

了毛泽东的错误①。文章作者还列举了发表于1965年2月11日的郭沫若对毛泽东诗词《清平乐·蒋桂战争》的评论。毛泽东的书法中有几处排印错误的地方,但郭沫若将这些错误称为是毛"随意挥洒的证据","多么生动、多么潇洒、多么磊落",聪明地掩饰过去了,指出全诗"每一个字和整个篇幅都充满着豪放不羁的气韵"。②

　　文章作者认为,郭沫若是将旧体诗词作为表达自己对共产党领袖的崇拜和忠贞的载体,如1956年毛泽东发动"大跃进"运动后郭沫若马上就创作的,意在歌颂新的社会主义精神的《百花齐放》组诗,整个诗集中充塞着党的标语口号,如"赶上英国只需十五年"、"亿吨钢铁,加紧地将社会主义建设"。③ 正如李辉在其文《阳光下的蜡烛》中的感慨:"'女神'消失得无影无踪了"。④

　　郭沫若反复地奉承毛泽东为"红太阳"。在其诗《题毛主席在飞机中工作的摄影》中,郭写道:"难怪阳光是加倍地明亮！机内和机外有着两个太阳。"在《歌颂群英大会》一诗中,郭说:"在今天我们有两个太阳同时出现,一个是在天上,一个是在天安门前。"似乎歌颂毛泽东为"红太阳"对郭沫若来说已经成了一种条件反射。⑤

　　但是,郭沫若与共产党重要领导人之间的友谊并不能完全解释1949年后郭沫若在政治上取得的成就。在中国的政治传统中,权利与知识常常是紧密相关的。为了赢得知识分子的支持,共产党选中了郭沫若以显示在党的领导下知识分子如何为国家工作的。党给了郭沫若大量的重要头衔,而且由于郭沫若的学术声望和他的合作态度,使得他一直是学术界和中国

---

　　① 郭沫若原诗为:《看〈孙悟空三打白骨精〉》:"人妖颠倒是非淆,对敌慈悲对友刁。咒念金箍闻万遍,精逃白骨累千遭。千万当剐唐僧肉,一拔何亏大圣毛。教育及时堪赞赏,猪犹智慧胜愚曹。"毛泽东的和诗为:《七律·和郭沫若同志》:"一从大地起风雷,便有精生白骨堆。僧是愚氓犹可训,妖为鬼蜮必成灾。金猴奋起千钧棒,玉宇澄清万里埃。今日欢呼孙大圣,只缘妖雾又重来。"郭沫若的第三首诗为:"赖有晴空霹雳雷,不教白骨聚成堆。九天四海澄迷雾,八十一番弥大灾。僧受折磨知悔恨,猪期振奋报涓埃。金睛火眼无容赦,哪怕妖精亿度来。"
　　② Jin, Qiu. "Between Power and Knowledge: Defining Moments in Guo Moruo's Career". Op. cit., p.139. 中文可参见邢小群:《才子郭沫若》,北京:中国工人出版社,2004年版,第149—150页。
　　③ 中文原文可参见凯源:《郭沫若的大跃进诗词》,载《报刊荟萃》,2007.8,第18版。
　　④ 原文可参见李辉:《阳光下的蜡烛》,载丁东编:《反思郭沫若》,前面所引书,第222页。
　　⑤ Jin, Qiu. "Between Power and Knowledge: Defining Moments in Guo Moruo's Career". Op. cit., p.141.

革命文化的领导者。

　　郭沫若政治生涯的第 3 个关键性时刻是 1951 年对《武训传》的批判。郭沫若参与核心政治,既是为自我的利益,也是为自身的建设。1951 年 5 月 20 日,毛泽东发表了其对电影《武训传》的批评文章,认为武训在中国人民反对外国侵略者和反对封建统治者的时候乞讨兴学是对封建文化的捍卫,是对统治阶级的屈服。毛泽东在文中谴责了同意发行电影《武训传》的领导干部,认为他们忘记了马克思列宁主义的原则。毛泽东对电影《武训传》的批评让包括郭沫若在内的许多人感到震惊。郭沫若曾对武训和电影《武训传》发表了肯定的意见,而且曾为《武训画传》题了书名,题了辞,还在评论中认为"武训的出现是一个奇迹"。在毛泽东的批评文章发表后,郭沫若马上进行了自我批评:"我最不应该的是替《武训画传》——可以说是电影的姊妹,题了书名,还题了辞。"①

　　对电影《武训传》的批判,只是针对知识分子的政治运动的开始。毛泽东对武训的批评后,紧跟着的是对与其持不同意见的人的清理。此时的郭沫若大约也意识到了,在此关键时刻,他别无选择,只能跳到针对所有知识分子问题的风口浪尖上。郭沫若并非做此决定的唯一一人。这次运动以及后来的政治运动,尤其是 1957 年的"反右"运动中,大部分知识分子在表达自己的看法时都变得更加谨慎。郭沫若从上次的教训中可能学得更多。在这之后的许多场合,他都会重复自己在《武训传》批判事件中的做法——为政治而妥协自己作为知识分子的节操。②

　　"胡风"事件乃郭沫若政治生涯中的第 4 个关键性时刻。当许多的知识分子在后来的政治运动中保持消极状态时,郭沫若却急于取悦党的领导。1955 年,当党刚刚发表了反对所谓的"胡风反党集团"的首批资料时,郭沫若立即紧跟着在《人民日报》上发表了《请依法处置胡风》。文章标题表明郭沫若是同意党的决定将胡风当成是一个反革命分子而非有不同学术见解的人来看待的。几个月后,同样的言论又出现在《文艺报》上,只是添加了一个更具有攻击性的标题:《全国人民一致声讨胡风反革命集团的罪行》。

---

　　① 郭沫若:《联系着武训批判的自我检讨》,载《人民日报》,1951 年 6 月 7 日。可参见龚济民、方仁念:《郭沫若年谱》(1892—1978)(下册),天津:天津人民出版社,1992 年版,第 822 页。
　　② Jin, Qiu. "Between Power and Knowledge: Defining Moments in Guo Moruo's Career". Op. cit., pp. 142—143.

有趣的是,有些领先知识分子,如郭沫若和周扬,在清理胡风和其他人的过程中起着重要的作用。"胡风"事件反映出知识分子与国家之间以及知识分子自身之间的复杂关系。如果说郭沫若在对武训的批判运动中仍然还是诚挚的自我检讨的话,那他这次却变得更加急迫地妥协自己的意见以表达毛泽东和党想要他说的话。用他自己的话说,是"党喇叭":"党决定了,我就照办;要我做喇叭,我就做喇叭。"①

"文化大革命"可说是郭沫若一生最重要的关键性时刻之一,不仅严重影响了其学术著作的质量而且影响了其个人生活,使他承受了比其他时期更多的痛苦与屈辱。"文化大革命"时期,由于他从自己之前的经历中得到了教训,郭沫若似乎更加急切地追随党的领导。1966 年 1 月,郭沫若提出了辞去各种领导职务的请求,然而,党组织拒绝了他。于是他仍然采用一贯的顺从与奉承的手段。1966 年 3 月,当郭沫若得知毛泽东在中央政治局常务委员会上的讲话时,他也谴责吴晗和翦伯赞 2 位历史学家的反党行为。在 1966 年 4 月 14 日人大常委会第 30 次会议上,郭沫若主动作了自我批评,让大部分与会者感到惊讶:"在一般的朋友、同志们看来,我是一个文化人。甚至于好些人都说我是一个作家,还是一个诗人,又是一个什么历史学家。几十年来,一直拿着笔杆子在写东西,也翻译了一些东西。按字数来讲,恐怕有几百万字了。但是,拿今天的标准来讲,我以前所写的东西,严格地讲,应该全部把它烧掉,没有一点价值。"发言中,郭沫若批判了自己的大部分作品,并宣称要"改造自己的思想"。毛泽东对郭沫若的自我批评很满意,同意其在《人民日报》和《光明日报》上发表,将其作为即将发生的对更多知识分子进行清理净化的理由②。有人据此指责郭沫若这番话是开了"文化大革命"期间大规模焚书的先河。郭沫若后来解释说,他是借"烧书"这一比喻以表明"彻底改造自己的决心"。1966 年 10 月 19 日,郭沫若在纪念鲁迅的集会上又一次表示了他对"文化大革命"的支持:"鲁迅如果还活在今天,他是会多么高兴啊!他一定会站在"文化革命"战线的前头行列。"这次他用了一个适时的时髦标题:"纪念鲁迅的造

---

① Jin, Qiu. "Between Power and Knowledge: Defining Moments in Guo Moruo's Career". Op. cit., p. 143. 中文原文可参见邢小群:《才子郭沫若》,前面所引书,第 149—150 页。

② Jin, Qiu. "Between Power and Knowledge: Defining Moments in Guo Moruo's Career". Op. cit., pp. 144—145. 中文原文可参见丁东编:《反思郭沫若》,前面所引书,第 9 页。

反精神"。①

郭沫若通过作诗来继续支持革命。郭沫若为毛泽东1966年6月在长江游泳一事作诗,在其读了毛泽东的"炮打司令部"(我的一张大字报)之后也作诗表示崇拜。1966年12月29日,他在《水调歌头》中表达了自己紧跟毛主席的决心:"天可坠,地可毁,海可枯,主席思想,瞬息之间不可无。"②1967年6月5日,郭沫若在北京举行的一次文艺国际会议上将一首诗献给江青:"亲爱的江青同志,你是我们学习的好榜样/你善于活学活用战无不胜的毛泽东思想/你奋不顾身地在文化战线上陷阵冲锋/使中国舞台充满了工农兵的英雄形象。"③"文化大革命"时期,郭沫若通过诗歌来紧跟发生的重大事件,后来这些诗词只是成了令其感到尴尬的东西。

郭沫若急于取悦政治权威使得他甘愿对自己人格的完整性给予批评。对于郭沫若在各种政治运动中的表现,大陆出版的书籍和发表的文章有不同的看法。有的认为他这样做是其所处的环境使然,尽管有个人的缺陷,他仍然是一个伟大的学者。追随权威们的意愿只不过是他在那些危险的政治形势中采取的策略而已,很多人在这样的情形下也会这么做的④。然而,有的人却不同意这个观点,他们认为郭沫若是以牺牲自己个人人格和学术的完整性来推进自己的政治生涯的,是一个牺牲自己的人格和他人的事业以追求个人利益的无耻之徒。而陈寅恪与其相比,则形成了鲜明的反差。

私下里,郭沫若对自己不得不选择的公众人物的身份显得相当的不自在,常常将自己的公开讲话和表现说成是"逢场作戏":"现在,我们两个在一起谈话,是有什么谈什么,你也不会作戏。可是一转眼,我跟别的人,往往就不得不逢场作戏了。这是很悲哀的。凡是逢场作戏的人,写出来的东西,都会遭到后人的嘲笑。歌德最痛苦的,是理想的不能实现,实现的不是理想。如今有人说我是中国的歌德,这实际上是在骂我,在打我的耳光。

---

① Jin, Qiu. "Between Power and Knowledge: Defining Moments in Guo Moruo's Career". Op. cit., p.145. 中文原文可参见丁东编:《反思郭沫若》,前面所引书,第25页。

② Jin, Qiu. "Between Power and Knowledge: Defining Moments in Guo Moruo's Career". Op. cit., p.145. 中文原文可参见丁东编:《反思郭沫若》,前面所引书,第26页。

③ 中文可参见《人民日报》,1967年6月6日。

④ Jin, Qiu. "Between Power and Knowledge: Defining Moments in Guo Moruo's Career". Op. cit., p.146.

而我还要谦虚地说,'我哪比得上歌德'。"①

另一次,郭沫若表达了自己写政治诗的难堪。他对直接写信告诉自己不喜欢《百花齐放》中的那些诗的陈明远说,他的批评是十分"中肯的":"我自己重读一遍也赧然汗颜,悔不该当初硬着头皮赶这个时髦。多年以来,我是愈加体会到:新诗,真是太难写了。所以当诗兴偶发,每每起笔就做成旧体诗。……我何尝不想写出像样的新诗来?苦恼的是力不从心。没有新鲜的诗意,又哪里谈得上新鲜的形式!"②

郭沫若的儿子郭汉英也认为郭沫若的问题与他是国家领导人有关。作为党的领导人,他不能只按照自己的意愿说话做事。这种情形在中国叫做"官身不由己"。

对郭沫若人格与政治行为的争议进一步扩至对他的学术著作价值的争议。由于他全神贯注于政治,一些学者对其创作于20世纪六七十年代的学术成果的质量产生了质疑。其中质疑最多的是他的政治诗。其次是那个时期的政治对其历史剧的巨大影响。我们可在其后期作品中找到大量的例子,如他关于曹操的文章,关于唐朝诗人李白和杜甫的书,以及他对新疆发现的《坎曼尔诗笺》的评价等。

总而言之,郭沫若的生活与事业引发了中国关于国家与知识分子之间的关系,因而是权力与知识之间的关系的许多复杂问题。甚至余英时本人也仍然对郭沫若及其著作,包括《十批评书》给予高度的评价。在最近接受《南方周末》主编的采访时他对郭沫若做了如下的评价:

他不但才气横溢,国学基础也相当深厚。在甲骨文、金文研究方面,他确有原创性的贡献。即以《中国古代社会研究》、《十批判书》、《青铜时代》几部书而言,其中仍有不少自己的见解。他虽然也遵从"一家之言",却与套用公式有别。我曾严厉批判过他袭用他人研究成果而不坦然承认,犯了

---

① Jin, Qiu. "Between Power and Knowledge: Defining Moments in Guo Moruo's Career". Op. cit., p.147. 中文可参见石湾:《郭沫若与陈明远》,载丁东编:《反思郭沫若》,前面所引书,第343页。

② Jin, Qiu. "Between Power and Knowledge: Defining Moments in Guo Moruo's Career". Op. cit., p.148. 中文可参见邢小群:《才子郭沫若》,前面所引书,第150页。

学术研究的大忌,然而我并未对他一笔抹杀。①

对郭沫若人格和学术著作的很多争议都源自在中国既是政治的害人者又是高度政治化社会的牺牲者的许多知识分子所扮演的双重角色。从此一意义上看,郭沫若的生活和政治生涯与那些自由的或者反对的知识分子,如周扬、吴晗、翦伯赞、邓拓等等并没有太多的不同。在毛泽东的政治环境下,反对与合作之间并无永久的界限。正如郭沫若,时常扮演着作恶者的角色,但他这样做的时候,他也伤害到了自己和自己的家人。因而,郭沫若的故事不仅为1949年后中国的知识分子所经历的悲剧冲突提供了具体的例证,而且也提醒我们中国革命所产生的复杂影响。此话题值得进一步研究。②

第七节 书 评

一、评《郭沫若的早年岁月》

1971年,戴维·罗伊的专著《郭沫若的早年岁月》由哈佛大学出版社出版。同年的11月,《亚洲研究期刊》上刊发了富兰克林·豪③对此书的评论④。豪一开始即指出,正如其副标题所示,这本专著不是研究从出生到现在的郭沫若,而是集中在其性格形成期,对那个时期那些最终导致了郭沫若在1924年的夏天转向马克思列宁主义的思想和态度的发展的因素加以了特别的强调。豪认为,这本专著的特点体现为材料的丰富、翔实,尤

---

① Jin, Qiu. "Between Power and Knowledge: Defining Moments in Guo Moruo's Career". Op. cit., pp. 155-156. 中文可参见余英时:"中国学术传统被破坏得太厉害",载李宗陶:《思虑中国:当代36位知识人采访录》,深圳:新星出版社,2009年版。

② Jin, Qiu. "Between Power and Knowledge: Defining Moments in Guo Moruo's Career". Op. cit., pp. 156-157.

③ Franklin W. Houn(富兰克林·豪),也名侯服五,中国问题研究专家。代表作有《中国的中央政府,1912—1928年:制度研究》《汉代文官延揽制度》。早在1957年,豪就针对中共建国之后的第八届中央委员会开展研究,这是目前比较早利用背景履历分析研究中国高层政治精英的文献。在这篇文章中,豪的研究对象是第八届中央委员的年龄、性别、地域分布、家庭背景与社会阶层、教育程度等基本群体特征,这一分析传统也极大地影响了后续类似研究的方法路径。

④ Franklin W. Houn. "Kuo Mo-jo: The Early Years" (book review). *Journal of Asian Studies*, 31:1 (1971, Nov.), pp. 193-194.

其是郭沫若数量可观的自传体作品和其他作品;对郭沫若生平的叙述系统、简洁,语言显得活泼。书开头部分的精彩绪论对那些促成郭沫若对革命意识形态的接受起到主要作用的因素进行了概述,而后5章则分阶段描绘了郭沫若的思想发展状况。

作者认为,罗伊这本专著的主要论点是,郭沫若1924年的思想转变既不是突然发生的,也并不表明他的思想发展出现了急剧的断裂。罗伊试图想要证明的是,在郭沫若的青少年时期所接受的中国传统、1919—1923年间所信奉并阐释的浪漫主义思想以及1924年后他所接受的马列主义思想之间存在着某些连续性。作者指出,在该书中,罗伊除追溯了郭沫若的思想转变之外,还用相当可观的细节讨论了郭沫若的私人生活及其广阔的社会和政治环境。

豪指出了他对罗伊这本出色专著的2处明显的质疑。一是罗伊在167页上所抱持的观点:"显然,是马列主义的目标而不是其手段将郭沫若吸引到了那种意识形态中。"豪解释说,他之所以不同意罗伊的这个看法,是因为郭沫若早期的一些创作中,包括他1920年5月20日写给宗白华的那封信,都明确地表明,郭沫若对马列主义的兴趣主要源于他对马列主义的信仰。他认为马列主义不但对现代社会的弊病进行了尖锐透彻的分析,而且还开出了根治这些弊病的药方。豪进一步说明,他的这个观点可以从郭沫若对毛泽东近几年反对修正主义的运动始终不渝的支持中得到进一步的证实。在豪看来,罗伊这本专著的另一处败笔在于它没有指明郭沫若对帝国主义的痛恨是他转而信奉马列主义的主要原因。郭沫若本人认为帝国主义是资本主义的产物,应该毫不含糊地予以推翻。这种强烈的情绪表现在郭沫若早年生活的许多事件中,即便是郭沫若在1924年成为了马列主义思想的信奉者之后,他仍然常常发泄自己的这种强烈的反帝情绪。

最后,豪建议,尽管这本专著在他看来存在这些不足之处,他仍然想建议罗伊对郭沫若1924年转而信奉马列主义之后的思想和政治活动进行更具挑战性的研究。

卜立德的评论文章于1972年发表在《现代亚洲研究》上[1]。书评总体上对罗伊的《郭沫若的早年岁月》一书持批判的态度。

---

[1] David E. Pollard. "Kuo Mo-jo: The Early Years by David Tod Roy" (book review). *Modern Asian Studies*, Vol. 6, No. 3 (1972), pp. 367–369.

卜立德一开始即指出了该书篇幅出人意料的短小。正如作者罗伊在该书的"序言"中所说,他开始认真研究郭沫若是在1957年,收集整理了很多相关的资料,而该书却仅涵盖了郭沫若1924年之前的生活,篇幅只有165页。没错,罗伊自己在全书的末尾一句对其相关研究的前景设置了悬念,"欲知后事如何,且听下回分解"①,但是此书确实不具备一部不朽之作的视野。对此困惑我不知道该如何解释,或者仅仅是因为出版费用的原因。但是西方读者对于像郭沫若这样的成长在那个令人困扰的时期的人却会提出令人困惑的问题,那就是,为什么罗伊博士认为最好的办法是首先呈现那些传记史事,且将其评论保留在那些众人皆知的郭沫若的经历的特征上。确实,该书用英文对郭沫若的早年岁月有一个坚实的、权威的描述,是有价值的。而且这样做也可以免于投机的包袱。然而,已经从郭沫若自己的传记作品中知道了书中所写的大部分事实且对他的作品多少有了了解的读者情不自禁地会希望对这些事实丛林的周遭有所探索,且质疑罗伊博士强调的重点。如果他对自己使用的方法更加自信的话,这些质疑和不满有可能就不会出现了。

卜立德认为理想的传记处理方式有两种。一种是将事实与事件的砖块累积,周围伴以对象个人的生平故事,这些故事要传达出对象所生活于斯的那个年代的时代感。另一种是集中于对象的思想,探讨对象思想与情感的发展,讨论那些书和人的影响,最后考察对象那些思想的价值,而忽视那些事件或者史事,除非他们与对象的思想相关。如果在传记中同时使用这两种方法,那做出来的传将会是一本很厚的书。而罗伊博士的这本书,由于篇幅短小,不可能令人满意地将二者结合运用,尽管作者也有这种打

---

① David E. Pollard. "Kuo Mo-jo: The Early Years by David Tod Roy" (book review). Op. cit., p. 367. 罗伊原文参见:David Tod Roy. *Kuo Mo-jo: The Early Years*. Cambridge, Massachusetts: Havard Universcity Press, 1971, p. 171. "Epilogue": "If I may borrow a stock phrase from the repertory of the traditional Chinese story-teller: 'If you want to know what happened next, pray wait for the explanation in the next installment.'"

算①。他使用的方法,对于读者在由那些众所周知的郭沫若的后期岁月所决定的那些我们意欲知晓的"早年岁月",是不理想的。虽然事实上,对他自己和他的同时代人来说,郭沫若那时是一个诗人,并非政治思想家。②

"追踪"是罗伊博士感兴趣的主要方法。其原则之一是足迹应该显示出将会导向什么地方。卜立德列举了《郭沫若的早年岁月》一书第21页和第29页2次提及"犯罪感"在郭沫若的早期创作中所占据的显著位置。不去管引起郭沫若犯罪感的那些司空见惯的事情究竟为什么对他那么重要,但是罗伊博士却从未告诉读者这种"犯罪情节"本身是如何显示出来的。同样,第32页上罗伊说郭沫若的耳疾是造成他的"疏离感"的催化剂,但是读者在该书中仅有一处可以看出这种疏离感,这种感觉广义上看是政治的,其他许多听力没有问题的人同样也有。尽管罗伊博士试图搭建的主要的桥梁,一是中华文化中的庄子与王阳明之间,另一是歌德与惠特曼,因为在其早年岁月中郭沫若主要是将其热情放在了他们的身上。罗伊例举了相当的名字,诸如"泛神论"、"对自我的尊崇"、"完全的自由",读者可以一时将他们联系在一起,但是卜立德认为,罗伊没有认真想过,至少他没有这么去做,读者有可能会走得更远。毕竟两个概念之间是有不同的,如可最初在《大学》中找到其出处的"直觉知识的统一"与"民主的理想"之间,"对自我的尊崇"与"对自我的坚持"之间,"自由的源泉"与"做什么的自由"之间。没错,这些思想确实在郭沫若的头脑占据着共同的空间,但没有理由就认为它们之间有关联。

在卜立德看来,理想的思想史传记应该是对这些概念加以分别考察,然后再探讨这些作家和思想家对郭沫若产生的影响,以及他对这些影响所做出的反应。应该试图去辨别那些深层的与肤浅的,最终使得郭沫若那些

---

① "Ideally there are two alterative approaches to biography: One builds with the bricks of fact and incident, and by surrounding the individual's life story with circumstantial detrail tries to convey a sense of what it was like for the subject to live that life; the other concentrates on matters of the mind, deals with intellectual and emotional development, discusses the influence of books and people, finally examines the subject's ideas for what they are worth—and disregards incident except as it has issue in the man's thought. If the two approaches run in harness the result is a long book." David E. Pollard. "Kuo Mo-jo: The Early Years by David Tod Roy" (book review). Op. cit., p. 367.

② "Again the approach falls short of the ideal in that what we are to know of the 'early year' has been determined by what we know of the later years. This is in spite of the fact that to himself and to his contemporaries Kuo was at that tone a poet, not a political thinker." Ibid., pp. 367-368.

连续不断的哲学观点的自发转变在读者看来是令人信服和满意的。

卜立德指出,罗伊的《郭沫若的早年岁月》一书没有分析讨论郭沫若的诗歌和戏剧,而仅将其看成是他思想的指示剂。假如把罗伊博士的这本书看作传记的话,读者就可能会合理地反驳是否他没有分支开去探讨文学批评,也许有人不会自相矛盾地感到遗憾郭沫若文学批评的长处不能通过考察他将这些理论运用于创作实践的程度去衡量。如果可以去衡量的话,那将会获得一些有趣的发现的。①

卜立德认为,郭沫若很好地阐明了那些夸夸其谈之人的劣根性:他们在耗尽了其思想资本,不再相信那些曾经激发过他们的思想后,却仍然继续夸夸其谈着。不管郭沫若的热情转变得有多迅速,那些永远都填不满他内在的空洞,其相关性超出了他个体对于中国知识分子的普遍困境之认识的不足。他们在某一时期当其底部也被从中国的世界中被抽掉的时候变得成熟起来。而时代的这一面在罗伊的这本书中得到了很好的体现。1924年,当郭沫若转而信奉马克思—列宁主义时,读者对他还是感到安慰与同情的。与他早期反复唠叨却可随时摒弃的话题不同,用汉语讲,这次他是骑虎难下了。②

二、评《从五四运动到共产主义革命: 郭沫若与中国的共产主义道路》

2007年,陈晓明的专著《从五四运动到共产主义革命:郭沫若与中国

---

① "As I have intimated, Kuo's poetry and plays are not discussed for themselves, only as indicators to his thought. Having assumed Dr. Roy's book to be biography, one cannot legitimately object if he does not branch off into literary criticism, though one less inconsistently regret that the strength of Kuo's literary convictions is not measured by ascertaining the degree to which he puts them into practice. If this were done, some of the findings would be quite interesting." David E. Pollard. "Kuo Mo-jo: The Early Years by David Tod Roy" (book review). Op. cit., p.368.

② "I am glad to say this aspect of the age comes through well in this book. One's final feeling is of relief and sympathy with Kuo when he committed himself to Marxism-Leninism in 1924. Unlike his erlier hobby-horses which he could discard at will, that, in the Chinese phrase, was to mount a tiger which he would have to stay on." Ibid., pp. 368-369.

的共产主义道路》由纽约州立大学出版社出版。著名汉学家舒衡哲①,现美国康州卫斯理大学东亚研究中心主任,对该书的评论于2008年9月发表在《中国季刊》上②。舒衡哲首先称赞陈晓明的这本著述没有试图将郭沫若这位中国最健谈的共产党人的思想发展过程予以简单化的处理。该书作者能够游刃有余地穿梭在郭沫若早期对儒家理想主义的信奉和后期对共产主义革命的拥护之间。而这条思想发展的轨迹并没有被作者描绘成是不可避免的或单向度的,最终呈现在读者面前的郭沫若既是一个浪漫的诗人,同时也是一个其观点对20世纪20年代中期的其他中国知识分子产生了极大影响的马克思主义者这样一个复杂的形象。③

　　接着评论者从比较文学的视角出发,将陈晓明的这本《从五四运动到共产主义革命:郭沫若与中国的共产主义道路》与目前英语世界的另一本颇具影响力的郭沫若研究专著,即罗伊的《郭沫若的早年岁月》进行了比较研究。与其他的评论者看法不同的是,舒衡哲认为这本专著同罗伊的《郭沫若的早年岁月》一样,显而易见并不是一本关于郭沫若的传记,而只是关于郭沫若这么一位诗人形成期的一种思索或者一种反省。郭沫若这一时期的思想、感情、甚至性欲的经历似乎成了宏大历史现象中的一种象征,或许每个时代的学者都需要自己心目中的郭沫若④。在1971年罗伊的《郭沫若的早年岁月》与2007年陈晓明的《从五四运动到共产主义革命:郭沫若与中国的共产主义道路》相隔的这36年岁月中,无论中国还是日本都挖掘出了大量有关五四时期的新史料,而郭沫若碰巧留下了比20世纪20年代的其他作家都要多得多的自传资料,信件、文章、诗歌这些郭沫若留下的宝贵资料在罗伊和陈晓明的专著中都得到了很好的展示。舒衡哲归纳出了这2本专著的3个相似之处。一是二者都将研究的时间范

---

① 微拉·舒瓦茨(Vera Schwarcz),其中文名为舒衡哲,主要从事中国现代史研究。生于罗马尼亚,犹太人。1979—1980年曾在北京大学中文系学习。除了历史研究之外,她还创作诗歌和短篇小说。著有《中国启蒙运动》(1990)、《张申府访谈录》(*Time for Telling Truth is Running Out*: *Conversations with Zhang Shenfu*,1992)、《在断裂的时间之河架桥:论中国人和犹太人的文化记忆》(*Bridge across Broken Time*: *Chinese and Jewish Cultural Memory*,1998)、《漫漫回家路:一部中国日志》(*Long Road Home*: *A China Journal*,1984),以及诗集《一勺光》(*A Scoop of Light*,2000)等。

② Vera Schwarcz. "From the May Fourth Movement to Communist Revolution: Guo Moruo and the Path to Communism" (book review). *China Quaterly*, Issue 195. Sept., 2008, pp. 710-712.

③ Ibid., p. 710.

④ Ibid.

围限定在1927年前,即郭沫若正式成为中共党员之前。二是2本书都强调了郭沫若在四川的家庭生活对他产生了重要影响。三是二者都阐述了郭沫若对日本马克思主义的探索以及他与日本爱人佐藤富子之间的同居关系所带来的沉重的罪恶感①。在舒衡哲看来,这2本著作之间的差异则体现在作者对郭沫若所富有的那种具有象征意义的激情强调的分量的不同上。罗伊认为诗人郭沫若在转而信奉共产主义之前和之后都是浪漫的,而陈晓明则将郭沫若刻画成了一个更加伟大的人物形象,这个形象预示着共产主义思想将对五四时期的知识分子们产生极大的吸引力。②

舒衡哲指出这2本出色的专著都同样存在着相似的令人遗憾的不足之处,那就是二者都没有探究郭沫若生活的全貌。这体现在2个方面:一是均未探讨郭沫若在1927年加入共产党后所写的那些关于历史和考古方面的文章。二是都没有进一步将郭沫若的故事延续至文化大革命这一见证了郭沫若变得更加唯命是从的时期,一个甚至在自己的2个儿子都被红卫兵迫害致死后还对毛泽东路线的每一次转向都趋之若鹜的人的悲剧性的时期。而且,诗人郭沫若在1978年6月12日去世前不久还空洞地呼吁"科学的春天"的极具讽刺性的一幕在陈晓明的故事中也被删掉了。这与1971年出版的罗伊那本《郭沫若的早年岁月》中对其他许多事件的处理方式是一样的,似乎当我们只看郭沫若的早年岁月而不去管他那充满妥协的晚年,郭沫若才真正具有价值似的。评论者认为,陈晓明的著作中指出的那些大量存在于哲学与政治之间的矛盾到今天仍然对中国的知识分子产生着影响。③

舒衡哲所极力肯定的是,陈晓明这本专著颇有技巧地指出了郭沫若与1919年的思想(或者更好地、更宽泛地说,是与"新文化"理想)的交锋并不具有真正的破坏力。像其他许多年轻人一样,他选择了儒家信念中的一些,同时也摒弃了其中的另外一些。此书的特别价值在于作者阐明了郭沫若这位浪漫诗人是如何一方面摒弃礼教,而同时又热切地信奉王阳明的新儒家哲学。实际上,真正使得这本书出色的是20世纪20年代中国年轻知

---

① Vera Schwarcz. "From the May Fourth Movement to Communist Revolution: Guo Moruo and the Path to Communism" (book review). Op. cit., p. 711.

② Ibid., p. 711.

③ Ibid.

识分子们所信奉的各种各样的思想信念之间富含哲理的区别①。此外,该书的价值,如同罗伊的《郭沫若的早年岁月》一样,让新一代的读者感知到了郭沫若的思想节奏。陈晓明对郭沫若1921年4月归国后写的几首诗的优美翻译,很好地抓住了一个从日本回国后急切地想要热爱自己的祖国旋即却又反感地发现了她的那些令人无法容忍的恶处的年轻人那种矛盾的情感。而这些诗行,在评论者看来,即便是到现在,仍然反映出了许多爱国的中国人那种复杂的感情。②

比利时学者,英国牛津大学的魏希德③评论陈晓明的《从五四运动到共产主义革命:郭沫若与中国的共产主义道路》的文章于2009年6月22日登载在《历史学家》夏季刊上④。魏希德首先指出,1924年转向了共产主义的郭沫若在一年后放弃自己学习了10多年的医学而追求文学事业,并在文章《马克思进文庙》中称赞孔夫子早在两千多年前已经形成了至高至远的理想的共产主义的概念。

对那些通过流行杂志、报纸、博客等了解中国现在的发展状况的读者来说,这似乎并没什么令人惊奇的地方:孔夫子又卷土重来了!近几年,孔子学院正在世界各地逐渐建立起来。陈晓明的这本专著告诉我们,这在中国现代社会并不是什么新鲜的现象,而不过只是儒学思想和中国的现代主义这二者间的综合关系在历史上的又一次迂回曲则罢了⑤。作者指出,陈晓明的文本将其研究范围限制在20世纪10—20年代,也就是郭沫若及其他的中国青年们正热情地参与到关于传统与现代对个人、对国家、甚至对人类来说其意义究竟是什么的辩论时期。但陈晓明的这本学术专著的目的在于回答一些超越这个狭窄主题范围本身的问题,它探讨的是中国的知识分子们为什么会对马克思列宁主义产生兴趣?又是如何对其产生的?

---

① Vera Schwarcz. "From the May Fourth Movement to Communist Revolution: Guo Moruo and the Path to Communism"(book review). Op. cit., p. 711.

② Ibid., p. 712.

③ 魏希德(Hilde De Weerdt),英国牛津大学教授,曾在美国田纳西州立大学任历史系助理教授。其修订的美国哈佛大学包弼德(Peter Bol)教授原作《宋代研究工具书刊指南》(*Guide to Reference Works for Song Dynasty Research—Revised Edition*)于2008年3月由广西师范大学出版社出版。

④ Hilde De Weerdt. "From the May Fourth Movement to Communisst Revolution: Guo Moruo and the Path to Communism" (book review). *Historian*, Vol. 71, Issue 2, Summer, 2009, pp. 389-390.

⑤ Ibid., p. 390.

为什么他们对马列主义的理解会与苏联、西欧或日本等国家对其不同的理解又有交叉之处?① 魏希德强调,陈晓明的专著以郭沫若为例,令人信服地证明了郭沫若既信奉又持批判态度的儒学价值不仅对他被马列主义吸引,而且对其以特别的方式理解马克思和列宁都起到了至关重要的作用。在这本篇幅并不厚重的专著中,作者在 4 章中将郭沫若对个体的解放、国家的拯救、人类的解放以及五四时期及 20 世纪 20 年代中期中国知识分子的危机进行了对照。陈晓明有力地阐明了即便是在郭沫若最初对儒家的家庭伦理道德进行反抗以及其热衷于浪漫的个人主义,到后来开始关心集体,并逐渐转而关心共产主义革命的时候,儒学思想始终是个恒定不变的参考,对其产生着影响。郭沫若对孔夫子的认知、对儒学价值的体现是与他的这些思想的一步步转变相一致的,从一个对社会现状持批判态度的浪漫主义英雄,他逐渐变成了一个修身、社会理想主义和行动主义的典范。陈晓明认为,对郭沫若来说,个人的以及社会的危机只有通过西方的和中国传统的融合才能予以解决。郭沫若在儒家的理想社会中发现的平等主义只有通过马克思的社会学原理才能实现。同时,儒家思想中对道德完善和人的主体性的强调导致了他对历史唯物主义和工业无产阶级的卓越产生怀疑并在革命中对其进行修正。②

魏希德认为,这本薄薄的专著对儒学在五四时期的作用提供了不一样的认知,并通过详细的例证阐明了对儒学价值的肯定和对它的批判是如何对一位知识分子转而信奉马克思主义产生作用的③。而在魏希德看来,这本小书的不足之处在于作者陈晓明在自己的著述中宣称,郭沫若的共产主义思想中的儒家思想的成分"也或多或少可以在毛泽东思想以及实践"中找到。④

三、评《五四时期的中国现代文学》

1977 年,哈佛大学出版社出版了默尔·戈德曼编辑的以"五四时期的

---

① Hilde De Weerdt. "From the May Fourth Movement to Communisst Revolution: Guo Moruo and the Path to Communism" (book review). Op. cit., p.390.
② Ibid.
③ Ibid.
④ Ibid.

中国现代文学"为主题的会议论文集——《五四时期的中国现代文学》。该文集出版后,多篇书评见于较有影响力的研究期刊。其中较具代表性和影响力的是柳无忌[①]发表在《亚太地区国际评论》[②]以及夏威夷大学东亚语言文学系的罗锦堂发表在《亚非研究期刊》上的书评。[③]

柳无忌一开始即指出,20世纪60年代中后期,继夏志清的《中国现代小说史》于1961年出版之后,对五四时期中国现代文学的研究取得了较好的发展,出现了大量的研究专著、译著以及未出版的学位论文。但无论是从研究的广度,还是从研究的深度来看,戈德曼编辑的这本《五四时期的中国现代文学》都是无可比拟的。显然,西方学界在中国现代文学这个领域中的研究已经到了仿效夏志清里程碑式的研究的时期。从其中所收录的会议论文的内容来看,这本书无疑可称得上是一本对博大精深的中国文学进行百科全书式的审视的佳作。在其有用的序言中,编者巧妙地将所有的论文简洁概要地呈现出来,以精心的模式将它们编织在了一起[④]。这里评论者柳无忌指的"精心的模式",应该就是该文集按3个部分将论文进行分类呈现,即本国与外国的影响、五四作家以及延续与间断。

在柳无忌看来,这些由不同作者贡献的学术论文,无论是作者创作的目的、写作的技巧,还是文本呈现的模式都不尽相同。有的富含信息,以分析为特色;有的则富于想象,是阐释性的。其丰富多变的内容、各具特色的创作风格并没有分散读者的注意力。相反,这种视角取向和方法的多样性实际上丰富了本文集的内容,使得这本文集在富有学术性的基础上更添趣味性。同时,也让人感觉到文集在构思设计上的有机统一。[⑤]

柳无忌认为,这本专著中也存在着偶尔的不足,如杜威·佛克马那篇文章就没能清楚地描绘出俄国文学对鲁迅的影响;在某种程度上讲,米列娜·多莱热诺娃—沃林戈诺娃对中国现代文学起源的探讨则因她对中国"白话"过于简单化的概述而受到了妨碍。

---

① Liu, Wu-chi(柳无忌),著名教授、学者、诗人,一生致力于中西文化交流事业,为著名诗人柳亚子之子。

② Liu, Wu-chi. "Modern Chinese Literature in the May Fourth Era". *Pacific Affairs*, Vol. 52, No. 1 (Spring, 1979), pp. 123-124.

③ Lo, Chin-tang. "Modern Chinese Literature in the May Fourth Era". *Journal of Asian and African Studies*, 17:1/2 (1982:Jan/Apr.), pp. 153-155.

④ Ibid., p. 123.

⑤ Ibid., p. 124.

柳无忌认为戈德曼编辑的这本《五四时期的中国现代文学》总体上说来对西方读者了解中国现代文学,尤其是中国小说做出了重要的贡献。他也因此希望戈德曼能够弥补这本文集的标题与其所含内容的不符,再编辑一册包括主要中国现代诗歌和戏剧作品的文集。并且,在这本文集有机会重印的时候,希望编者能够将文集中所出现的中文人名、地名、术语、参考书目等附录在后,这样更利于读者参阅。

在其发表于1982年的这篇评论《五四时期的中国现代文学》的书评中,罗锦堂首先指出了这本文集中的作者与其他完全以西方式的态度来看待这些产生于1919年五四运动开始至20年后日本入侵中国这段动荡骚乱时期的作品的不同之处,这些敏感而又富有学养的研究者的论文阐释了西方的观点和文化对五四时期中国作家创作的影响以及影响的深度。但他们一刻也没有忘记这些作家及其创作的作品所深植其中的他们自己的文化。尽管其中对像茅盾、鲁迅、郁达夫等的某些关键性问题的阐释也存在着分歧,正如戈德曼在其序言中指出的:"这些入选的论文表明,五四时期的中国文学是融合了本土和外国双重影响的混合物。"但罗锦堂在此评论中强调的是,五四时期的文学确实是受到了2种不同文化的影响,但其并不仅仅是一种衍生物。①

罗锦堂提及了文集中提出的几个有关鲁迅的严肃问题。其一是哈佛大学傅高义论述自佛克马强烈谴责对1957—1958年版《鲁迅全集》的禁印后,文化大革命对鲁迅的影响。收入此文集的佛克马的《俄国文学对鲁迅的影响》一文认为文化大革命对读者大众对鲁迅的广泛接受产生了不利的影响,而傅高义的看法则截然相反,认为文化大革命时期鲁迅受喜爱的程度较以前有所增加。罗锦堂则强调两位学者在提及诸如近期发生的事件"中国媒体反对20世纪30年代文学的运动"时都应该特别注意对自己的参考做出更加详细的说明。

罗锦堂指出,尽管这本文集涉及内容较广,但遗憾的是,没有收录有关巴金、冰心这样的文学大家的论文,并且也没提及著名作家老舍。

此外,罗锦堂还指出了文集中存在的大量拼音错误,他认为出现在论文主要部分的中国字的斜体也前后不一致。同柳无忌一样,罗锦堂也建议应以英、汉对应表的形式在文本后附录论文所涉及的中国术语,以方便读

---

① Lo, Chin-tang. "Modern Chinese Literature in the May Fourth Era". Op. cit., p. 153.

者参阅。

四、评《中国现代文学研究》

1964年,由捷克斯洛伐克汉学家雅罗斯拉夫·普实克编辑的《中国现代文学研究》出版。杜威·佛克马的评论发表在《通报》第52卷上①。这篇颇具影响力的评论简略梳理了普实克编辑的这本文集中的每一篇文章,并对它们给予了较客观中肯的评价。佛克马在评论的一开始即指出,对中国现代文学的研究一直都是一种对方法论的挑战。历史与批评之间不可避免的两难处境在于(用美国新批评派的代表人物、耶鲁大学教授维姆萨特的话来说就是),对任何一位史学家来说,过去是什么和现在是什么。但是由于1962—1963年间普实克与夏志清两位教授在《通报》上的激烈论争这个问题已经变得异常清楚了。两位教授对中国现代文学的描述显示,他们对其阐释是不同的,但更为重要的是,由于他们研究的前提,甚至研究的客体是不一样的,因此,他们的研究得出的结果相同的可能性就很小了。而研究者们情不自禁地会认为,普实克编辑的这本捷克斯洛伐克和一位东德的汉学家们的研究成果是普实克本人所持观点的延续。②

佛克马认为,这本文集的巨大价值主要体现在其蕴含的信息中。在普实克那篇同样对西方和中国现当代研究产生巨大影响的《〈中国现代文学研究〉引言》之后,共收录了6个研究者的研究论文。作者认为,米列娜·多莱热诺娃—沃林戈诺娃的《郭沫若的自传体作品》和玛塞拉·波斯科娃《论冰心的小说》这2篇文章含有极大的信息量,是所有已经出版的对该作家的研究中最好的。佛克马指出,米列娜将其论文的研究范围限定在郭沫若的浪漫的主观主义、郭沫若对历史的兴趣以及他对自身经历的喜好这个框架内。她指出郭沫若自己选定的8部自传体作品,其创作目的在于描绘自己身处的时代和社会的历史画卷,而不在于创作艺术作品。对文学史家来说,这8部自传体作品中的《创造十年》和《创造十年续编》尤其重要。

佛克马还指出了这本文集,正如编者普实克在1961年为此文集撰写

---

① D. W. Fokkema. Jaroslav Prusek ed. "Studies in Modern Chinese Literature" (book review). *T'oung Pao*, Vol. 52, 1965/1966, pp. 211-215.

② Ibid., p. 211.

的引言中解释的,其中所收录的全部都是1959年以前的研究成果,因此没有提及夏志清那本影响广泛的《中国现代小说史》。夏志清的这本《小说史》可与普实克的这本文集互相补充,尽管不可能互为折中。夏志清是将"优美作品之发现和评审"①当作自己的首要工作的批评家,而普实克则用历史学家对待异质文化的方法来研究两次世界大战之间的中国文学,将中国现代文学看作是对历史间各种关系的理解,而不是对文学价值做出评判。除卡登博士的文章讨论当代作家赵树理外,这本文集中收录的文章所涉及的研究时间都在1917—1937年间。普实克认为,这个时期"是从鸦片战争甚至早在18世纪中国就已经开始了的革命进程发展到高潮的时期"。这个时期对每一个研究人类历史的人都具有特殊的重要性②。但除了因为历史的原因而调查史料外,作家还应对某些文学理论进行阐释。普实克在文中写道:"实际上,我们可以察觉到决定文学发展的那些力量,从而解决文学的发展究竟是一个内在的过程还是由社会力量所决定的这样一个问题。如果它是由社会力量所决定的,那么这种社会力量又是什么。"③

佛克马指出,尽管普实克认为在旧文学中抒情文学所占据的统治地位现在已被叙事性作品所占据,而这个事实本身就表明了作家对待现实的态度的转变。但遗憾的是普实克并没有能令人信服地证明这种态度的转变与20世纪初中国社会的变革有着某种关系。而且,由于普实克不能拿出更多的论据来对此加以证实,我们也会因此而质疑其观点的正确性。

佛克马最后阐明了自己对这本文集价值的看法。他认为,这本文集的价值并不体现在普实克和文集中所涉及的研究者们对解决文学与社会之关系这个问题的方法所提供的建议,而在于这本文集中有几篇论文对中国现代文学中一些还不太引人注意的问题做出了深入的分析探讨。这几篇文章根据佛克马在前面的分析指的应是米列娜的《郭沫若的自传体作品》、玛塞拉的《论冰心的小说》以及雅米拉研究田汉戏剧的论文。

柳无忌对普实克的《中国现代文学研究》的评论则发表在1966年第25卷第3期的《亚洲研究期刊》上④。与佛克马的评论对普实克著作的肯

---

① 夏志清《中国现代小说史》初版原序。
② Jaroslav Prusek ed. *Studies in Modern Chinese Literature*. Op. cit., p. 4.
③ Ibid., p. 5.
④ Liu, Wu-chi. "Studies in Modern Chinese Literature" (book review). *Journal of Asian Studies*, Vol. 25, No. 3 (May, 1966), pp. 527-528.

定与褒扬相反,柳无忌则着重分析指出了这本著作中存在的诸多不足。柳无忌首先指出这些收录在《中国现代文学研究》中的文章,根据普实克自己在该书引言中的介绍,大致只相当于美国大学本科学生的水平,他们的优点只在于这些年轻的汉学研究者在分析和研究中文作品原作时所体现出的严肃和勤奋,其中米列娜的《郭沫若的自传体作品》是其中所含信息较丰富,写得也较好的一篇。文中呈现了一些关于郭沫若及其创作的有用的背景信息,同时还显示出作者对中文资料的扎实掌握①。柳无忌指出:"然而,令人吃惊的是,书中存在的大量错印的汉字,尤其体现在普实克的'引言'中,但我们认为这些错误不能仅仅归于是印刷者造成的。除这些错误外,普实克'引言'中的陈述也值得高度质疑。当然,考虑到普实克对现代中国社会和文学的态度,一种典型的中国大陆中国共产党的态度,我们就不去考虑其会是意识形态的原因所致了。然而,他的陈述有些显得极度的夸张和令人质疑。"柳无忌接着举了3个例子。一是在提及现代时期的知识分子时,普实克在文中这样描写:"即便是在大学,一个教师的职位也是很不牢靠的,教师们就像佣人一样受雇或者被解雇。"这样的陈述既是对那些碰巧在那个时期在中国的大学任教的人来说的一种严重歪曲,同时也是一种侮辱。而普实克断定现代作家和知识分子常常对自己过去的生活"充满愤恨",以致于千方百计地逃离自己的家庭也是缺乏根据的。柳无忌还强调,普实克认为闻一多"在战争年代不断用诗歌和批评文章表现中国爱国青年的不满和激进情绪"的说法也有待进一步论证。在闻一多生活的晚年,他确实偶尔写一些抨击性的文章,也参加一些学生的集会,但作为西南联合大学的一名中文教授,他的主要工作是从事诸如楚辞等中国古文经典和杜甫作品的研究。而据我们所知,自19世纪闻一多在学生时代出版过2卷诗集后他就再也没有写过诗了。②

此外,在论及"这就是'太平'的口号。在中国所发生的一系列重大革命事件都使用过这样的口号,从公元2世纪的黄巾起义到19世纪中叶以这一口号命名的大革命"时,普实克将"太平"翻译为"Great Equality"也是有问题的,值得商榷。③

---

① Liu, Wu-chi. "Studies in Modern Chinese Literature" (book review). Op. cit., p. 527.
② Ibid., pp. 527–528.
③ Ibid., p. 528.

五、评《西方文学理论与现代中国导论,1919—1925》

1971年,澳大利亚学者邦妮·麦杜戈尔的《西方文学理论与现代中国导论,1919—1925》出版。专著出版后,出现了多篇评论文章。现分析其中颇具代表性和权威性的3篇。

首先是1972年发表在《亚洲研究期刊》上由美国布朗大学的戴安娜·梅撰写的文章①。这篇评论在简要提及了麦杜戈尔的这本文学理论专著的优点之后,着重分析了其中存在的不足。在梅看来,这本著述的长处在于,麦杜戈尔试图从一个占支配地位的西方的有利视角去看待中国的新文学运动,试图同时对"文学研究会"、"创造社"等读者熟悉的文学社团进行讨论,并雄心勃勃地试图对新作家们与西方文学的遭遇进行一个全景式的描绘。作者成功地再现了一些现在已被遗忘的名字,使那些重要的西方文学理论如何被引进的真实情况重新浮出水面,并且揭示了那些理论最初的来源,如注重理论研究的美国文学史家和批评家 C. T. 温彻斯特和 R. G. 穆尔顿。②

梅认为这本专著的不足主要体现在以下4个方面。一是,作者在详细地阐释她书中提及的这些人名和著作时没有对它们在新文学运动这个语境中所起的相关重要性给予批判性的评价。这样,读者便不能对温彻斯特与托尔斯泰作为文学理论家在中国的作用分别做出相应的评价,或对田汉与郭沫若的相对价值进行估量。二是,在第2章中,作者主要是通过那些本人并不是文学理论家的作品来讨论西方文学理论的,而没有对作品的传播者与原作品进行区分。三是,作者缺乏对中国作家创作的根本动机的调查。这些作家有时是为了增进对西方文学潮流的总体知识的了解,有时在于寻求"新文学"创作的规则与模式,有时则同时本着这两种动机。由于这种方法上的弱点,再加上这种情况的反复出现,减少了这本批判性研究专著的价值。第4个不足在于其对一些术语的翻译和事实的注释欠准确,如其对"黑幕小说"的解释,对"名师"、"学灯"的翻译,对"学灯"栏目历届

---

① Diana Mei. "The Introduction of Western Literary Theories into Modern China, 1919-1925" (book review). *Journal of Asian Studies*, Vol. 32, No. 1 (Nov., 1972), pp. 144-145.

② Ibid., p. 144.

主编的排序等。①

梅最后强调,对本书中提到的那些新的事实,如美国和日本的学者作为中间调停人在西方文学理论介绍到中国的过程中所起的作用,应予以重视。但阅读时也应对作者对这些事实以及其他一些更为熟悉的事实的阐释持谨慎态度。

杜威·佛克马对该专著的评论发表在《通报》第59卷上②。在这篇书评中,佛克马着重分析指出了这本专著存在的不足之处,强调了作者麦杜戈尔的某些观点,并对其贡献给予了肯定。佛克马一开始便指出这本书与其他已出版的许多书不同的是,这本值得称赞的专著的书名已经将其内容涵括其中。它对文学理论给予了广泛的关照,追溯了像浪漫主义与新浪漫主义、现实主义与自然主义、先锋派文学理论等概念被引进中国期刊的过程。在第2章中作者试图从我国的文学理论批评家们最初获得的那些她所讨论的概念去阐释西方文学运动和文学批评。③

佛克马首先分析了这本文学理论的缺点。他认为并不是作者所有的论述都是令人满意的,比如关于新文学运动的章节就连续罗列了大量的文学期刊及其内容,其重点更多地放在了人名和题名的介绍而不是对刊物本质特征的评价上。④

在佛克马看来,麦杜戈尔很幸运地找到了西方文学批评领域里令人信服的领军人物,如美国学者沃伦·韦勒克和意大利学者雷纳托·波吉奥利,但她的辨别能力并不是那么强,她接受了苏珊·桑塔格的那些激进而武断的观念并将它们看作权威。作者只用了仅仅30页的篇幅来对西方文学理论进行简单的概述,这样势必会导致其过于简单化,有时甚至会出现令人尴尬的情况。

佛克马指出,尽管读者会对这本专著中所蕴含的学术知识留下深刻的印象,但他们同样也会很容易就被其中罗列的大量的"主义"以及中国作家们对这些"主义"的不同阐释搞得晕头转向。作者对这些文学运动特征

---

① Diana Mei. "The Introduction of Western Literary Theories into Modern China, 1919–1925" (book review). Op. cit., pp. 144–145.

② D. W. Fokkema. "The Introduction of Western Literary Theories into Modern China, 1919–1925". *T'oung Pao*, 59 (1973), pp. 328–329.

③ Ibid., p. 328.

④ Ibid.

的概述只会让它们变得更加混淆不清。在佛克马看来,主要的困难可能还在于麦杜戈尔的主观意识抽象的本质特征。而这,正是影响文学思想的主要因素。①

佛克马认为这本专著的优点主要体现在以下几个方面。首先这本专著提供了我们了解这个时期的相关知识,可以把它看作是周策纵和马立安·高利克早期研究成果的补充。书中麦杜戈尔将其专著的重点放在了介绍沈雁冰、郭沫若、郁达夫、田汉、周作人、郑振铎、成仿吾以及其他较次要的批评家的文学批评上。佛克马着重列举了麦杜戈尔其中一个主要论点:"总体说来,评论20世纪中国文学的现代评论家们承认西方文学理论对中国文学的影响的重要性,但同时仍然保留他们的看法,那就是,本土的传统仍然存在着最根本的延续。至于下意识的文学理论,西方的影响则似乎要显得深远得多。从该研究过程中所收集到的资料来看,似乎表明,尽管对待文学的根本态度可能会持续整个文学革命时期,然而,中国的各类作家们都求诸西方的文学批评权威以支撑自己最根本的信仰。"②

在佛克马看来,这本专著的另一个特点或优点则体现为书后长达38页的翔实的参考文献,并附有中文和日文的人名、书名、术语及刊物表、人名和书名的索引以及标题和术语的索引。

美国南加州大学的H. C. Chuang对麦杜戈尔这本专著的书评发表在《评论》的第15卷上③。与佛克马和梅对这本专著的评价不同的是,这篇书评更多地分析了此书的优点并提出了自己的建议。在Chuang看来,这本专著其中一个突出的优点在于其资料的具体、翔实,尤其是附录,对研究者来说极为有用④。Chuang认为,麦杜戈尔显然是达到了自己对本书所预设的目标,那就是,"容易辨别、分析、比较那些西方的文学概念。毫无疑

---

① D. W. Fokkema. "The Introduction of Western Literary Theories into Modern China, 1919-1925". Op. cit., 328-329.

② Bonnie S. McDougall. *The Introduction of Western Literary Theories into Modern China*, 1919-1925. Op. cit., pp. 266-267.

③ H. C. Chuang. "The Introduction of Western Literary Theories into Modern China, 1919-1925" (book review). *Criticism*, 15:2 (1973: Spring), pp. 182-184.

④ 这本专著的注释、参考文献、附表、索引从第275—368页,共达94页。此一特色或优点佛克马在其书评中也有提及。

问,这些概念现已存在于中国作家们自己的思想中。"①她尽自己最大的努力耐心细致地将自己的这些特别的观点融入这本长篇大作中。她对自己所拥有的这些资料的控制给读者留下了深刻的、范围极广的印象。更令人难忘的一个优点则在于麦杜戈尔对本书中所论及的作者所抱持的客观、公允的态度。该研究所涉及的 6 年正是中国的新作家们,像其他领域的同胞们一样,渴望新的,或更确切地说,西方模式的时期。那个时候,"新"字无所不在,除"新文化"和"新文学"这两个最神圣的思想运动外,还有无数的期刊、报纸将"新"字蕴含在他们刊物的名字中。事隔近半个世纪之后,对麦杜戈尔来说,要模仿其他学者对中国新作家们疯狂引进外国"先进"的文学观念进行评判是很容易也很方便的②。麦杜戈尔在本书的结尾对雷纳托·波吉奥利在《多功能的巧匠》一文中的观点"尤其是在现代时期,国别文学通过其自身的特性和大量的译者表现出其更新和复兴的力量。它之所以能生存下来有时仅仅只是因为这些译者的努力。我们也非常清楚,仅只通过国别文学对变革的挑战做出恰当的回应,通过对继续模仿这种行为本身适时地予以拒绝,一种文化就可以生存下去"③的引用再一次证明了她所秉持的公正而客观的态度——我想要对文学运动中那些精力充沛、具有独立精神的年轻开拓者们表达我个人的钦佩之情。④

尽管佛克马在评论中认为麦杜戈尔的这本专著对西方的文学理论给予了广泛的关照,但 Chuang 并不认为她试图在对西方文学理论进行一个全景式的描绘,而是试图将其研究的重点集中在那些碰巧被介绍到中国的现代西方文学理论上。正因为这样,读者不仅能见到那些已经熟悉的人物如奥斯卡·王尔德、格奥尔格·勃兰兑斯、厨川白村,而且也了解了 C. T. 温彻斯特的影响。在对中国这一方面,作者也同样对那些最具活力的传播

---

① Bonnie S. McDougall. *The Introduction of Western Literary Theories into Modern China*, 1919-1925. Op. cit., p. 264.

② H. C. Chuang. "The Introduction of Western Literary Theories into Modern China, 1919-1925" (book review). Op. cit., p. 183.

③ 引文译文为本书作者自译。原文可参见 Renato Poggioli. "The Added Artificers" In *On Translation*, edited by Reuben Brower. New York: Galaxy, 1959.

④ Bonnie S. McDougall. *The Introduction of Western Literary Theories into Modern China*, 1919-1925. Op. cit., p. 268.

者的作品给予了强调,而对其他的作家作品则仅只做了随意的参考。①

Chuang 认为这本专著的不足在于其文本对研究的时间限定上。在该书的《绪论》中作者指出她关照的是"新文学运动"(1917—1937)的头 10 年。但实际上,该书的副标题显示出,她仅将其研究的范围选定在 1919—1925 年这 6 年间,但作者却未对前后两处有关时间的说明的不一致或为什么要选取 1919—1925 这个特别的时间段做出任何的解释。在评论者 Chuang 看来,这是个令人遗憾的疏忽。②

评论者最后建议麦杜戈尔将研究的时间范围扩大,更全面地进行研究,并希望她能继续进行 1925 年后的时期,比如 1926—1930 年,或 1926—1936 年间的类似的研究。

六、《重释日本:中国视角,1895—1945》

俄裔美籍学者,现任职"台湾中央研究院"的沙培德评论 Lu Yan 的专著,2004 年由夏威夷大学出版社出版的《重释日本:中国视角,1895—1945》的文章于 2005 年发表在《亚洲研究期刊》上。作者认为,几乎没有哪 2 个国家的关系像日本与中国那样纠缠交错。不可否认,两者之间的关系是悲剧式的,两国的外交政策和国内政策纠结在一起,并最终导致了战争的发生。即便到现在,两国间的关系仍然是迷雾重重。通过对蒋百里、周作人、郭沫若和戴季陶这 4 位曾与日本有着广泛接触的名人的精妙分析,Lu Yan 把读者带回到了 20 世纪初两国关系友好的时期,并追溯了三四十年代两国间关系的紧张与恶化。沙培德指出,作者为读者提供的并非是一个对日本进行全面考察的中国视角,而是分专章对 4 人的观点与事业的一个全新描述。这种方法不仅让作者对日本从深度上进行了特别的诠释,同时也使其对这几位名人做出了新的解读。③

沙培德认为,尽管 Lu Yan 在该书中指出了中国在多方面将日本作为西方主义的一个典型,将日本文化看成是根据自身实际情况对中国文化的

---

① H. C. Chuang. "The Introduction of Western Literary Theories into Modern China, 1919-1925" (book review). Op. cit., p. 183.

② Ibid., p. 184.

③ Peter Zarrow. "Review: Re-understanding Japan: Chinese Perspective, 1895-1945". *Journal of Asian Studies*, Vol. 64, No. 4 (Nov., 2005), pp. 985-987.

一致的、创造性的同化,视日本文化为广义上的中国儒家文化这个大团体中的一员,但此书的重点不在其指出的这些普遍性,尽管它们的价值是无可否认的,而在于作者对这4个人物的具有作者独特魅力的个人观点与分析。①

沙培德强调,该书的意义在于,它是对关于中国人在日本经历的文学、对日本对中国产生的影响以及不同文化间对话的一个补充,但我们不能因为这4个人物的经历而夸大日本的作用。有时作者对人物观点的讨论会让读者对日本产生一种陌生的距离感,一种不太重要的,或许是不可避免的不平衡,但更为重要的是,作者不断地展示出日本是如何改变自己并与中国新的社会状况发生遭遇的。②

最后沙培德指出,假如从美国读者的视角去解读此书的话,读者不禁会对资本主义语境下不同文化之间的联系产生警觉。从4个人物的经历可以设想,邀请外国学生去美国留学,毫无疑问将会使美国增加更多的专业人才,但大多数的外国留学生最终还是会回到他们的祖国,并对美国是如何行事的做出自己最终的判断。在沙培德看来,中日之间原本和谐的共鸣是因为日本人自己的行为而遭破坏的,并最终促使了中国人对日本的入侵进行抵抗。4个人物的留日经历让蒋百里获得了军事防御的策略,赋予了郭沫若宣传抗日的深度,带给了戴季陶拒绝泛亚主义的辛辣,也赠予了周作人对日本文化之疾病的诊治以见微知著的能力。③

---

① Peter Zarrow. "Review: Re-understanding Japan: Chinese Perspective, 1895 – 1945". Op. cit., p. 986.

② Ibid., pp. 986–987.

③ Ibid., p. 987.

第四章
英语世界郭沫若研究的借鉴

尽管中国的郭沫若研究不可能将英语世界学者的郭沫若研究经验作为自身学术关照的基本模式,然而,英语世界的郭沫若研究有着其自身的特点,研究者独特的研究视角、异于中国学者的研究方法、不同的文化背景、价值理念以及审美立场必然会带来与中国学者不一样的认知和诠释。开展对异质文化语境中的郭沫若研究,对相关的研究成果进行深刻的分析、批判和借鉴,吸取对自身有益的营养,能开阔国内郭沫若研究学者的视野,听到一些来自异域"他者"不同的声音,从而促使我们从不同的视角对自己的政治、文化与学术研究进行反思。本章通过对英语世界的郭沫若研究范式进行整理归纳,探寻了英语世界郭沫若研究与中国郭沫若研究间的互动与互补,以及英语世界的郭沫若研究对中国现当代文学研究的启示。

第一节 英语世界的郭沫若研究范式

范式理论(Paradigm Theory)是由美国著名科学哲学家托马斯·库恩(Thomas S. Kuhn)在《科学革命的结构》(The Structure of Scientific Revolution)①中率先提出的。范式概念是库恩范式理论的核心,而范式从本质上讲是一种理论体系。库恩在该书中指出:"按既定的用法,范式就是一种公认的模型或模式。"②并对自己使用这个概念的目的加以了交代:"我采用这个术语是想说明,在科学的实际活动中某些被公认的范例——

---

① Thomas Kuhn. The Structure of Scientific Revolutions. Chicago:University of Chicago Press,1962.
② [美]托马斯·库恩著,李宝恒、纪树立译:《科学革命的结构》,上海:上海科学技术出版社,1980年版,第19页。

包括定律、理论、应用以及仪器设备通通在内的范例——为某一种科学研究传统的出现提供了模型。"①库恩将范式的特征归纳为 3 个:首先,范式在一定程度内具有公认性;其次,范式是一个由基本定律、理论、应用以及相关的仪器设备等构成的一个整体,它的存在给科学家提供了一个研究纲领;此外,范式还为科学研究提供了可模仿的成功的先例。库恩强调:"在新的或者更严格的条件下,范式是一种需要进一步分析并具体化的东西。"②可以看出,在库恩的范式论里,范式归根到底是一种理论体系,范式的突破将可能导致科学革命,从而使科学获得一个全新的面貌。

1978 年匈牙利裔英籍著名哲学家伊姆雷·拉卡托斯(Imre Lakatos)的《科学研究纲领方法论》(*The Methodology of Scientific Research Programmes*)出版③。该书对库恩提出的范式理论有所修正和发展。拉卡托斯在文中指出,研究纲领是由最基本的硬核、辅助假说构成的"保护带"以及各自精心考虑的、有力的解题手段等构成的④。当理论和实际的经验不相符时,"正是这一辅助假说保护带,必须在检验中首当其冲,调整、再调整、甚至全部被替换,以保卫因而硬化了的内核。"⑤这样,原有的理论就可能新生,从而转化成进步的研究纲领。拉卡托斯不同意库恩认为常规科学时期只有一种垄断的研究范式的观点,指出科学史始终是多种研究纲领的相互竞争史。在拉卡托斯看来,研究范式的转换并不是理论硬核的改变,而是保护带的调整。拉卡托斯对理论的坚韧性、科学增长的连续性和理论多元论要优于理论一元论的强调有值得借鉴之处。

英语世界的郭沫若研究也存在着不同的研究范式。梳理其从 1936—2014 年间的研究成果可以看出,因研究者所处的不同时代、各自相异的研究兴趣、审美情趣甚至意识形态,他们采取的研究范式也有所差异。1978 年前的郭沫若研究,主要是对郭沫若诗歌、戏剧、短篇小说、传记进行译介以及运用相对较传统的研究范式进行研究。而 1978 年后至今的郭沫若研究,研究者则相对更多地运用现代的或后现代的研究理论范式对郭沫若及

---

① [美]托马斯·库恩著,李宝恒、纪树立译:《科学革命的结构》,前面所引书,第 8 页。
② 同上,第 19 页。
③ Imre Lakatos. *The Methodology of Scientific Research Programmes*, edited by John Worrall and Gregory Currie. Cambridge: Cambridge University Press, 1978.
④ [英]伊姆雷·拉卡托斯著,兰征译:《科学研究纲领方法论》,上海:上海译文出版社,2005 年版,第 5—6 页。
⑤ 同上,第 67 页。

其作品进行多角度、多层次的全方位解读。现将英语世界郭沫若研究的范式做一扼要的归纳整理。这里需要说明的是,所分析的文本,并不是说作者在文中只运用了该研究范式,而是相对该文本中所运用的其他研究范式,此范式为其主要的研究范式。

文本研究范式

研究者在研究过程中立足于对文本的分析和解读,使其分析、说理、结论更加令读者信服。1964年普实克编辑的《中国现代文学研究》中收录的米列娜的《郭沫若的自传体作品》、1969年普实克的《中国文学的三幅素描》中《郭沫若》一文对郭沫若1937年前的短篇小说创作的详细分析、1972年朱莉娅·林的《现代中国诗歌概论》对郭沫若诗歌的分析与鉴赏、1977年Rose Jui-Chang Chen的博士论文《人类的英雄与被放逐的上帝:郭沫若历史剧〈屈原〉中的中国思想》以其独特的视角对《屈原》中潜在的易学思维模式的探讨、1979年Emily Woo Yuan的博士论文《郭沫若:一个现代革命的文学人物,1924—1949》对转向马克思主义之后至新中国成立前郭沫若的思想及其文学创作的探讨以及1980年马立安·高利克的《中国现代文学批评发生史,1917—1930》一书中《郭沫若:从唯美—印象主义到无产阶级文学批评》对郭沫若的文学批评理论及实践的详细评介都是采用文本研究范式对郭沫若及其作品进行解读的代表作。

1969年,布拉格东方研究所出版了普实克的《中国文学的三幅素描》。该书为东方研究系列论文的第20卷[1]。根据该书封底目录所示,该系列研究论文共出版了21卷,出版时间从1964年至1969年,且还将有研究论文陆续出版[2]。但根据该书的"序言",此书的书名与封面上或传世的书名并不一致,作者在"序言"处的书名后用括号以副标题的形式注明,写于1959—1960的这3篇论文原是为一个更大的出版计划而准备的,只可惜此

---

[1] Jaroslav Prusek. *Three Sketches of Chinese Literature* (Dissertationes Orientales, Vol. 20). Bratislava: Orental Institue in Academis Prague, 1969.

[2] 中国国家图书馆馆藏有该书封底所载的21卷中的7卷(Vol. 10, Vol. 13, Vol. 14, Vol. 16, Vol. 17, Vol. 18, Vol. 21)。笔者所得此书(Vol. 20)国家图书馆无馆藏,从Amazon.com上购得,为David Tod Roy 1973年所购旧书。在国家图书馆公共查询系统中输入关键词Dissertationes Orientales,另有6卷(Vols. 22, 23, 31, 33, 38, 46)为该书出版后陆续出版的东方研究论文集。

计划未能实现①。在"序言"中作者交代,该书之所以选择茅盾、郁达夫和郭沫若3位著名的文学人物来介绍中国新文学,是因为这3位作家大致能代表五四运动后文学的主要趋势。茅盾可以代表成立于1921年的"文学研究会";郁达夫和郭沫若则是成立于同一年的"创造社"的两个主要代表人物。本书的目的在于强调某些能够对新作家们对现实最可能准确的理解所持的不同创作态度产生影响的极端趋势。②

在《郭沫若》一文中,普实克共分析比较了郭沫若创作于1937年抗日战争爆发前的19个短篇故事:《歧路》、《炼狱》、《行路难》、《万引》、《十字架》、《落叶》、《叶罗提之墓》、《喀尔美萝姑娘》、《菩提树下》、《三诗人之死》、《芭蕉花》、《卖书》、《阳春别》、《曼陀罗花》、《骑士》、《马克思进文庙》、《柱下史入关》、《楚霸王自杀》、《Löbenicht的塔》。普实克首先系统分析阐释了中国新文学中的主观主义和浪漫主义倾向。在分析郭沫若的小说创作时,普实克在文中将郭沫若与郁达夫进行了多方面的比较。作者首先指出郭沫若、郁达夫的作品对故事地点和背景根本不同的处理方式:郁达夫常将它们限制到最小的范围。最为典型的就是郁达夫仅用字母来表示故事发生的地点,如《茫茫夜》中主人公去的小镇名为A镇;《一个人在途上》中作者要去执教的地名也是用字母表示的③;《过去》中主人公首先去了C省的医院,然后又去了M港。作者认为这是因为郁达夫的兴趣在于集中精力表达出自己强烈的情感历程的缘故。而正如米列娜在《郭沫若的自传体作品》一文中所指出的,郭沫若的目的则在于以一个历史学家和编年史家对待历史的特别兴趣,描绘出特定时代和背景中人物的性格特征。《橄榄》正是郭沫若对自己最切身经历的记录,郭沫若固执地与自己的抑郁和绝望抗争着,他的内心生活就是自己的绝望情绪、自责、渴望自毁与自己对生活,尤其是对家庭的责任感之间连续不断的戏剧性冲突。④

普实克认为郭沫若的这种绝望情绪弥漫在他的第1部自传体小说《歧路》中。在对小说的细节分析后普实克指出,该作品是郭沫若对自己最近

---

① "序言"中书名根据字面可译为《中国新文学的三幅素描》(Three Sketches on the New Chinese Literature (Prepared in 1959-1960 for a Larger Publication, which was not Realized), p. 5. 该书由普实克的《茅盾》、《郁达夫》和《郭沫若》三篇论文组成。

② Jaroslav Prusek. "Introduction" to Three Sketches of Chinese Literature. Op. cit., p. 9.

③ 文中并没有用字母表示叙事者要去的确切地点,只模糊地说是"南方"。本书作者注。

④ Jaroslav Prusek. Three Sketches of Chinese Literature. Op. cit., pp. 99-102.

10 年生活（1914—1924）的一个盘点，一个总结性的写照。主人公爱牟这种试图以写作为生，但迫于家庭的离散却又不得不放弃的行为引起的绝望感是很自然的。但郭沫若的这种源于某种特殊状况的抑郁感，不仅仅只是郁达夫常有的那种"情绪"①。在作者内心燃烧的这种戏剧性挣扎还表现在他的另一部小说《炼狱》中，作者描绘了自己不同的性格因素之间产生的冲突。普实克认为，抑郁与绝望只是郭沫若内心斗争的一个方面。正如郭沫若将自己的生活比作一座随时都会爆炸的坟墓一样，在《歧路》和《炼狱》中他恰如其分地表达出了那些不断挤到自己意识表面，想要找到发泄之处和表述之地的紧张感、压迫感、激情、向往等情绪。这些情绪的爆发以郭沫若作品中不断出现的内心独白、祈祷、反问、突然的喊叫、感叹词、呼语等形象地表现出来。重复手法（词语甚至整个从句）的使用使修辞效果和情感得到了加强，并列的或平行的文本结构呼应了主人公发自内心的喊叫。②

　　普实克指出，抒情和极度的夸张是郭沫若小说的两个特点。这些手法成了表达人物粗暴个性和不能忍受任何束缚的情感的工具，但这些情感的爆发和内心的独白并不仅仅用以抒发人物个体的经历和感情，更在于表达出人物的世界观、他的不满以及仇恨。更为重要的是，它们是一种激情的反叛与革命，是呼吁行动的号角，是进攻的召唤。而这，正是郭沫若以诗歌和后来以戏剧为主要文学形式的作品产生极大的社会影响之根本原因。郭沫若展示出了文学作品是如何成为革命的武器的。通过文学作品，他找到了革命思想和革命行动的捷径。《歧路》中强烈的反叛成分，尽管在郭沫若的早期小说中并不常见，但它却是导向郭沫若后来革命文学创作的开端。③

　　引起作家精神骚动的强烈感情迫使他直接地不假思索地把它们表达出来，而不允许他将这些复杂的诗学意象或结构关系加以重塑或将其理想化。《万引》和《十字架》即形象地再现了郭沫若的自传体作品和诗歌自然诞生的生动画面。也许正是这种自然流露与直接性为郭沫若赢得了那些渴望诚挚而坦率地表露自己心声的年轻人的共鸣。同样，这些前面已论及

---

① Jaroslav Prusek. *Three Sketches of Chinese Literature*. Op. cit., p. 103.
② Ibid., pp. 105-107.
③ Ibid., pp. 108-110.

的郭沫若小说中也蕴含着强烈的浪漫色彩。把自然现象加以拟人化的手法使得诗人与自然的创造物比肩而立,达到它们的高度,把诗人自己的经历和感情投射到宇宙太空。为了更好地展现对某一特定自然景色的描写是如何被高山和泉水的强烈呼喊、被中国历史上某个浪漫情景的回忆、被对人生无常的叹息所激活的,普实克再次对《歧路》中的一个片段加以了形象的分析①。普实克强调,郭沫若的很大一部分小说都是围绕自己的生活经历,将其以浪漫悲剧的形式重新加工塑造的。这种手法在郭沫若那部由41封信件构成的中篇小说《落叶》中尤见突出。同样,郭沫若采用的这种形式也显示出其与欧洲浪漫主义和中国旧文学传统之间的联系。在这些信件中,郭沫若运用了充满悲伤的夸张风格,主人公个人的言语被不断地重复,其间更充满了大量的感叹句和疑问句。而这种手法、同样的悲剧框架中的相似情绪和背景,普实克认为,一样被用在郭沫若的另外两个故事,即《叶罗提之墓》和《喀尔美萝姑娘》中。而信件和日记这两种最主观的媒介手段,更是常常出现在郭沫若的文学作品中②。此外,这些以郭沫若自身各种不同经历为素材的作品也显示出郭沫若的艺术与欧洲的自然主义、浪漫主义之间的联系,如《菩提树下》、《三诗人之死》、《芭蕉花》、《卖书》、《万引》、《阳春别》。而在主题和人物方面与这些抒情故事不同,在《橄榄》中并不多见的是《曼陀罗花》,其中可见自然主义的色彩,而相似的自然主义成分也出现在郭沫若未完成的、具有明显自传成分的故事《骑士》中③。《骑士》向读者描绘出了郭沫若的向往英雄生活并非仅仅是空洞的梦想,而是他为之生活的理想。普实克分析了这个故事所运用的主要表现手法:对话,并认为这个故事是郭沫若集中精力向戏剧创作的过渡性作品。同时,也是在这个故事中,郭沫若第一次鲜明地表明了自己的政治立场。从故事中读者可以看出郭沫若是如何逐渐克服其主观性,从仅狭隘地表现自己个人的经历转变到对社会问题表示关注的。同样,郭沫若从一个激进作家转变为一个革命战士的轨迹也清晰可见④。普实克对郭沫若这些主要以个人经历为写作根本的小说的特点做了归纳总结,他认为这部分作品都具有痛苦与夸张、主观色彩,尤其是充满感情的、焦虑的、常通过一

---

① Jaroslav Prusek. *Three Sketches of Chinese Literature.* Op. cit., pp. 112-113.
② Ibid., pp. 115-120.
③ Ibid., pp. 123-125.
④ Ibid., pp. 125-126.

连串的感叹句加以表现出来的独白和浓烈的浪漫成分。①

在普实克那里,郭沫若的这些战前小说还显而易见地与历史有着极近的渊源关系,而读者从这些历史小说又能看出极其强烈的主观倾向。1923—1936年间,郭沫若创作了10部与历史素材有关的故事,这些作品收录在《地下的笑声》中以《入关》为总标题的文集中②,其中两部属讽刺性的戏仿之作。普实克分析了《马克思进文庙》的主题思想,并将其批判的主题与郭沫若后来对同一主题的研究之作《十批判书》中《孔墨的批判》相比较。普实克自信地指出,所有这些传统的价值观都是错的,那些反对旧观念旧秩序的人是正确的,正如郭沫若的诗歌表达出了年轻一代的感情和情绪一样,他的这些故事表明了新一代对所有旧传统的批判③。普实克特别分析了这个系列中的《柱下史入关》和《楚霸王自杀》两个故事。他指出,故事中主人公的内心独白和话语中充斥着的大量感叹句、感叹词和重复的短语,都表明了作者将自己的身份等同于故事的主人公,并让主人公以自己的话语方式进行言说。而在风格上,这些故事也显示出强烈的主观色彩,《Löbenicht的塔》则可能是这种主观色彩最为强烈的故事。④

文章的最后,普实克将郭沫若创作于抗战前的小说与郁达夫小说的相似之处做了分析归纳。他认为二者的共同点体现在6个方面。首先是二者强烈的主观色彩。读者在二人的作品中都能寻见这种对作家自身情感经历高度主观的描述。有时,郭沫若的风格比郁达夫更加强烈,更富激情。二者表达这种情感的主要手段都是大量感叹句和反问句的使用。将差不多同样长度的故事相比较,如以郁达夫的《十一月初三》⑤和郭沫若的《歧路》为例。郁达夫在此故事中共用了27个感叹句和21个反问句,而郭沫若的《歧路》中可见感叹句46个,反问句31个,差不多是郁达夫的两倍。

---

① Jaroslav Prusek. *Three Sketches of Chinese Literature.* Op. cit., p. 127.

② Ibid., pp. 127-128. 这里,普实克的说法有误。《地下的笑声》总标题下共收录有《金刚坡下》、《月光下》、《波》和《地下的笑声》4个故事。以《豕蹄》为总标题下共有《漆园吏游梁》、《柱下史入关》、《马克思进文庙》、《孔夫子吃饭》、《孟夫子出妻》、《秦始皇将死》、《楚霸王自杀》、《齐勇士比武》、《司马迁发愤》和《贾长沙痛哭》10个故事。这里应改作"收录在以《豕蹄》为总标题的文集中"。现收录在《郭沫若全集·文学编》第10卷中。本书作者注。

③ Jaroslav Prusek. *Three Sketches of Chinese Literature.* Op. cit., p. 130.

④ Ibid., pp. 132-135.

⑤ Ibid., p. 138. 普实克在文中第138页将郁达夫的《十一月初三》译成了 *December the Third*(《十二月初三》),但在该书第148页对书中所涉及的作品与人名的中文汇集中,普实克又正确地将其译为《十一月初三》。

第2个相似之处表现为这些强烈的情感抒发都是对二人自身生活现实的描写，而非仅仅是对情绪或个人经历中那些不重要的、琐碎的虚假之事的渲染。第3个显而易见的共同点即是二者受浪漫主义思想的影响，这在郭沫若的作品中表现得更加突出。第4是弥漫在二者作品中的强烈的悲剧感。在郁达夫的故事中更多地表现为郁闷的个人悲剧，而在郭沫若的作品中则表现为主人公对伟大生活的勇敢追求，即便是面临牺牲生命也绝不畏缩，更重要的表现为主人公对平淡、平庸的存在的藐视①。第5个相似之处体现在郭沫若、郁达夫二人与旧式文人作品间的紧密联系，尤其是他们对某些文学类型的特别喜爱，有时表现在他们对主题的选择上，有时则表现为风格的相似。第6个相同之处体现在自然主义对二者的影响，这很可能与当时占统治地位的日本私小说的那种强烈的自然主义色彩有关联。②

比较文学研究范式

研究者在研究的过程采用比较文学的理论、方法对研究对象进行分析研究，探讨研究对象之间的影响、接受、变异等文学现象。跟运用其他研究范式的成果相比较，英语世界采用比较文学研究范式的研究成果相对较为丰富。下面的文章都是运用比较文学理论与方法对郭沫若及其作品进行研究的典范。有的从影响与接受的角度论及文学理论与作品间的流传与变异，有的则运用比较的方法分析了不同年代的作品间的异同以及同一主题在不同国家作品之间的不同表现。1955年，霍斯特·弗伦茨和G. A. 安德森编辑的《印第安纳大学东西方文学关系讨论会论文集》中收录的方志彤的《从意象主义到惠特曼主义的近代中国诗：探索不成功的诗作》一文对郭沫若受惠特曼诗歌创作的影响以及郭沫若诗歌作品中2首失败之作进行了分析与评论③。1971年，麦杜戈尔的《西方文学理论与现代中国导论，1919—1925》一书分时期分析探讨了西方的文学理论，如浪漫主义与新浪漫主义、先锋派文学理论、西方的文学批评理论对郭沫若的影响，以及郭沫若对这些文学理论的过滤、接受、改造与应用。1986年，马立安·高利克的《郭沫若的〈女神〉：与泰戈尔、惠特曼、歌德的创造性对抗》详细分析

---

① Jaroslav Prusek. *Three Sketches of Chinese Literature*. Op. cit., p. 138.
② Ibid., pp. 138–140.
③ Horst Frenz & G. A. Anderson eds. *Indiana University Conference on Oriental-Western Literary Relations*. Chapel Hill: University of North Carolina Press, 1955.

了郭沫若受外国作家泰戈尔、惠特曼、歌德的影响,以及郭沫若根据自己和时代的需要对这些影响因素进行的创造性接受。1987年,陶步思的论文《郭沫若戏剧作品中的女性形象:以武则天为例》运用比较文学中的形象学理论与研究方法研究了作为"他者"的异国形象——郭沫若戏剧作品中塑造的女性。1990年,李夏德的《论中国诗歌的现代主义和外国影响:以郭沫若的早期诗歌和顾城诗歌为例》分析了外国诗歌对郭沫若早期诗歌创作的影响,以及郭沫若早期诗歌与顾城诗歌的相似之处与不同点。2000年,克里斯托弗·凯维尼的博士论文《创造社对日本私小说的吸收》以及2004年其以该博士论文为基础改写的专著《中国现代文学中的颠覆性自我:创造社对日本私小说的再创造》论及日本的私小说对创造社成员,尤其是对郁达夫与郭沫若的影响,以及郁达夫与郭沫若对日本私小说的选择性接受及再创造。2009年,周海林的会议论文《论阿普顿·辛克莱经创造社从日本到中国的接受》从论文题目即可看出作者研究的是美国作家作品的流传与接受。作者通过实际的分析,探讨了作品的流传及流传过程中的变异情况。此外,2008年舒衡哲的评论将陈晓明的《从五四运动到共产主义革命:郭沫若与中国的共产主义道路》与罗伊的《郭沫若的早年岁月》做了比较,详细分析了两本专著的同与异,并指出了他们共同的不足之处。

　　英语世界的郭沫若诗歌研究中,1955年方志彤《从意象主义到惠特曼主义的近代中国诗:探索不成功的诗作》①一文是继英国学者阿克顿和白英的郭沫若译介和评论之后,美国的郭沫若研究中最早论及郭沫若诗歌创作的文章。在分析和评价郭沫若其人其诗时,方志彤首先指出郭沫若这个真正多才多艺的人是惠特曼主义在中国最初的传道者。他在文学创作、哲学和史学方面的研究以及从政方面很大程度上来说是成功的。作者认为,郭沫若受惠特曼诗歌创作风格的影响是显而易见的。只要读者将郭沫若的《我是一个偶像崇拜者》中连续7行的"我崇拜"(I worship)与惠特曼的《别离的歌:再见》中那长达15行的"我宣告"(I announce)相对照,便立刻可以看出郭沫若的这首诗与惠特曼的诗行表面上是何其相似,以至于会让人情不自禁地将郭沫若的诗当成是对惠特曼诗歌的又一仿效之作。但作

---

① Achilles Fang. "From Imagism to Whitmanism in Recent Chinese Poetry: A Research for Poetics that Failed" In Horst Frenz & G. A. Anderson eds. *Indiana University Conference on Oriental-Western Literary Relations*. Op. cit., pp. 177–189.

者认为郭沫若的戏仿之作是错得太无以复加了(Nothing can be more errorous):"毫无幽默感的真诚、死板的严肃、甚至死气沉沉的呆板,——这些读者很少能在中国的传统诗歌中找到的特征,却成了郭沫若诗歌的标志。"①作者接着引兰德尔·贾雷尔(Randall Jarrell)《论惠特曼的诗》一文中的话证明像惠特曼这样一个"有胆量的",一个"最不顾后果的、最令人费解的、也最不可能存在的"诗人②,是郭沫若这样性格的人和其创作的诗歌所不可能模仿得了的:"有一个像惠特曼这样的奇迹已经足够了。如果再有一个惠特曼出现,那一定得等到世界末日的到来。"③所以作者认为,硬要去对惠特曼的诗进行生搬硬套的模仿,结果只能是他认为的那样,"错得不能再错了"。

另一方面方志彤却又认为,郭沫若的诗歌显而易见地标志着中国诗歌历史的新纪元。郭沫若的诗,既不是华兹华斯诗学所倡导的那种"平静中回忆起来的情感",也不是柯勒律治诗学所认为的"好诗是最佳词语的最佳排列"④。中国传统诗歌的绝大部分都适合这两种诗学对诗歌所下的定义。而对郭沫若和惠特曼来说,诗歌应该是对那种抑制不住的自我和自由的宣泄,这两种情绪恰好是传统观念的抱持者所要竭力压制的东西。"郭沫若在中国诗坛的出现几乎是奇迹般的,它标志着中国传统诗歌的结束。"⑤需要特别指出的是,方志彤在这里对郭沫若诗歌的两个评价显然是互相矛盾的,这点朱莉娅·林在《中国现代诗歌概论》中译介郭沫若的诗歌时也有所指出。如果郭沫若的诗真像方志彤的前一个评价那样是毫无幽默感、死板而严肃、呆板而又死气沉沉的话,那它们就不可能是中国诗坛的奇葩,也不可能标志着中国传统诗歌的结束。

方志彤指出,郭沫若在接触惠特曼的《草叶集》之后便立即开始了他

---

① Achilles Fang. "From Imagism to Whitmanism in Recent Chinese Poetry: A Research for Poetics that Failed". Op. cit., p. 186.

② Randall Jarrell. "Some Lines from Whitman" In *Poetry and the Age*. Gainesville: University Press of Florida, 2001, p. 131.

③ Achilles Fang. "From Imagism to Whitmanism in Recent Chinese Poetry: A Research for Poetics that Failed". Op. cit., p. 186.

④ Samuel Taylor Coleridge. "Prose and Poetry" In *Table Talk*. London: Routledge, 1990, p. 45. "I wish our clever young poets would remember my homely definitions of prose and poetry: that is, prose = words in their best order; poetry = the *best* words in the best order."

⑤ Achilles Fang. "From Imagism to Whitmanism in Recent Chinese Poetry: A Research for Poetics that Failed". Op. cit., p. 186.

对惠特诗歌的翻译并模仿惠特曼的诗歌创作风格进行创作。收录在《女神》这本不太像中国风格的书名中的诗大约有三五首具有这样的风格。《匪徒颂》歌颂了政治上的反叛者、宗教异教徒、科学家的先驱者、文学传统的反叛者，诸如乔治·华盛顿、马克思、惠特曼、托尔斯泰、卢梭、泰戈尔等所取得的成就。《地球，我的母亲！》则是被认为是一首十足惠特曼风格的诗，是对地球母亲的深情歌唱。而《三个泛神论者》这首短诗则显然是受到了惠特曼的泛神论思想的影响而创作的歌颂庄子、卡比尔和斯宾罗莎的诗歌。①

方志彤强调，《女神》之后郭沫若创作的 3 部诗集中的大部分诗歌显示出郭沫若在创作技巧上的进步，但从诗的角度看，却变得不那么像诗了，就正如郭沫若对自己惠特曼式诗歌创作后期的诗歌的评价也不那么高一样，认为他作为一个诗人的事业在《女神》之后结束了②。尤其是原本就不该再重操旧业进行诗歌创作的郭沫若在 1950 年写的那首《六一颂》，显然证明了一个原本具有叛逆精神的诗人在变成了一个随波逐流的人之后会写出多么平淡而乏味的东西这种论断是多么的正确③。就正如托马斯·劳伦斯（Thomas Lawrence）在其《智慧七柱》（*Seven Pillars of Wisdom：A Triumph*）中所指出的："反叛者，尤其是那些成功的反叛者，注定会是糟糕的臣民和更糟糕的君主。"④而这首诗，包含了中国最近的诗歌创作中的两个典型特征，即热情洋溢的民族精神和对工人阶级的颂扬。这两个特征，倒是十足惠特曼式的。因为惠特曼曾在自己的文章《回首往事》中自豪地宣称："真正伟大的诗作总是民族精神的结果，就如荷马史诗和圣经中的颂歌一样。丝毫不能妥协让步的是，男女工人将是我的文章中从头至尾始终描写的对象。"⑤

作者最后总结说，惠特曼主义成了新诗的主要特征这一事实不容否认，但这种对文学反叛者进行革命文学创作具有促进作用的诗学理论，并

---

① Achilles Fang. "From Imagism to Whitmanism in Recent Chinese Poetry：A Research for Poetics that Failed". Op. cit., p. 187.

② Ibid.

③ Ibid., p. 189.

④ T. E. Lawrence. *Seven Pillars of Wisdom：A Triumph*. New York：First Anchor Books，1991，p. 649.

⑤ Walt Whitman. "A Backward Glance over Traveled Roads"（1888）In Michael Warner ed. *The Portable Walt Whitman*. Penguin Books，2004，p. 394.

没有在中国成功地起到让那些受其影响的诗人们创作出伟大的诗歌作品的作用。对一种可起作用的、一种能诚实地、认真地解决艺术家和社会所面临问题的诗学的寻求还将继续。①

心理分析范式

新时期文学的心理批评主要是以心理透视为基点而取法于西方的心理分析、荣格心理学影响下的原型批评和现代心理学的系统分析为主要特征的3种批评范式。这3种批评范式是心理批评主要的子模式,彼此之间也存在着相对分立而又有所交叉的复杂关系。心理分析范式是直接脱胎于弗洛伊德心理分析学说的批评范式,其主要分析的对象是文学活动中个体无意识的种种存在和作用。这一批评范式早在"五四"时期就对中国批评家产生过明显的影响。郭沫若就曾在自己的小说创作如《牧羊哀话》、《残春》、《喀尔美萝姑娘》和文学批评文章如《〈西厢记〉艺术上的批判与其作者性格》中,运用弗洛伊德的心理分析方法对人物的心理进行过细致入微的刻画。同样,如同古今中外的许多其他知名作家一样,郭沫若也被置于心理分析的烛照之下,有不少批评文章对他及其作品运用心理分析范式进行研究。国内运用心理分析范式研究郭沫若的代表作品有涂鸿的《在毁灭中再生——郭沫若早期诗歌创作的原型批评分析》。英语世界的郭沫若研究成果中,史书美的专著《现代的诱惑:半殖民地中国的现代主义书写,1917—1937》中第3章《精神分析与世界主义:郭沫若的作品》及其博士论文《传统与西方间的书写:1917-1937年间的中国现代小说》第1章《西方主义与五四时期偶尔的现代主义》中的第2节《郭沫若、陶晶孙与先锋派》、温蒂·拉森的专著《文学权威与中国现代作家:矛盾心理与自传》的第5章《郭沫若:"中国"与中国》、Helen Strand Tokuyama 的博士论文《压力、中国作家和中国的短篇小说》、Tsu Jing 的《男性的性反常行为:郁达夫、郭沫若和弗洛伊德作品中受虐的男性主题》等都是运用心理分析范式进行郭沫若研究的典范。在分析中,研究者大都采取了将作家的个体无意识与其创作活动紧密结合的分析方法,在相互参照中侧重揭示作家的深层心理内涵对其创作的影响。

---

① Achilles Fang. "From Imagism to Whitmanism in Recent Chinese Poetry: A Research for Poetics that Failed". Op. cit., p. 189.

在 Helen Strand Tokuyama 的博士论文《压力、中国作家和中国的短篇小说》中①,社会学专业的作者用统计学和心理分析的方法分 5 个部分阐释了压力与中国作家的短篇小说创作之间的关系。除绪论和结语外,正文共为 3 章,分别检验了 3 个心理学的理论。第 1 章分析的是作家所处的位置与中国短篇小说中所表现出的压力,检验的是心理学的刺激—反应理论。该假设认为,那些处于暴力冲突,通常是军事冲突环境中的作家创作的短篇小说要比那些处在没有暴力冲突事件环境中的作家创作的短篇小说中含有更多与压力相关的词汇;第 2 章以作家所受的教育与中国短篇小说中所表现出的压力为题,以认知理论为基础,检验的是作家是否受外国教育与他们随后是否从政对他们短篇小说创作的影响;第 3 章则以郭沫若和鲁迅为切入点分析了压力与中国作家的创作之间的关系。该章检验的是创造理论,着重强调的是刺激—反应活动的一个方面。作者认为,对创造来说,当事人需要的是不被干扰、不被约束的宁静。当这种环境不能被满足时,尤其是当一个作家开始从事与文学不相关的工作时,他的文学创作便终止了,郭沫若就是这种模式的最好说明。当他去从事别的工作时,他便不再能创作出小说或诗歌。而鲁迅,则在全职从事教育期间创作出了自己最优秀的短篇小说。

  Helen 用文字和图表的形式将郭沫若 1918—1943 年间的文学创作情况做了详细的说明。该统计表是作者根据 1957 年版的 17 卷本《沫若文集》的第 5 卷关于郭沫若 1918—1947 年间所做中短篇小说创作的内容,由于该文集关于郭沫若小说创作的情况并不全面,再结合罗伊的《郭沫若的早年岁月》一书的信息和作者自己从原文期刊上收集的信息加以综合整理而成的。统计表内容包括 1918—1943 年间郭沫若每年创作的小说、诗歌、戏剧的数量及其每个部分的页码和总的页码。作者指出,除 1924 年外,郭沫若创作的丰产期都在其文学生涯的早期,即郭沫若的学生时代。但需要指明的是,作者这样笼统的概括既不准确也不全面,根据作者自己的统计表,郭沫若 1941 年和 1943 年的创作也应该算是创作的丰产期。1941 年郭沫若创作了 1 篇 10 页的小说和一部 82 页的戏剧,总页码为 92。而 1943 年,郭沫若则创作了 2 部总页码为 236 页的戏剧。这两年的创作总页码都

---

① Helen Strand Tokuyama. "Stress, Chinese Authors, and Chinese Short Stories, 1917-1933". PhD. Dissertation, University of California, 1980.

跟作者所谓的郭沫若早期创作的多产时期差不多。而实际上,1941年至1943年间应是郭沫若戏剧、散文、论文集创作的一个高峰期。仅1942年,郭沫若就创作了《屈原》《虎符》《高渐离》,而作者的统计中则无一篇关于郭沫若在这一年的创作。作者通过梳理郭沫若逐年的生活和工作经历,得出了郭沫若的创作在量和质上的下降显而易见地与政治和哲学的审查、郭沫若自己所从事的与文学无关的工作(如郭沫若宣布脱离蒋介石、加入共产党、被迫流亡日本等)、日渐增加的家庭重担都有关系。作者指出,1949年之后,郭沫若更是只写些演讲词、空泛的论文、让非共产党的人读了感到恶心的赞美诗以及就任新中国的管理职务等。郭沫若的创作与这些外在因素之间的关系进一步增加了蒂莉·奥尔森观点的可信度①。此外,像鲁迅一样,担心被捕的个人压力,也使得郭沫若的创作有所下降。②

实证性研究范式

首届郭沫若国际会议与会论文中有一篇用英语撰写的论文可说是以研究文本为基础,运用实证性研究范式对研究对象进行考察研究的典范,即日本东京国士馆大学藤田梨那的《郭沫若诗歌中的医学概念》。③

在《郭沫若诗歌中的医学概念》一文中,藤田梨那从"作为学生的医学经验"、"《天狗》《解剖室中》与人体解剖"、"解剖精神的扬弃"和"结语"4个部分详细分析了郭沫若的《天狗》和《解剖室中》两首诗中所蕴含的哲学和科学思想,认为这两首诗都表达了诗人对自我和自我完善状态的那种欣喜之情。尽管如其他学者所指出的那样,这两首诗是受了歌德的泛神论思想的影响而作的,但藤田梨那在论文中把阐释的重点放在了以下两个方面:一是该如何阐释理解郭沫若的科学精神;二是通过解剖实验,郭沫若究竟受到了什么影响,又得到了什么样的结果。作者认为,《天狗》和《解剖室中》这两首诗都是郭沫若以其自身的医学经验为基础进行构思的。解剖

---

① Tillie Olsen(蒂莉·奥尔森)(1912—2007),美国著名犹太女作家。在作品 *Silences* 中,蒂莉·奥尔森以艾米莉·狄金森和弗吉尼亚·伍尔芙为例,探讨了女性作家的创作欲望如何被生育子女以及文学创作领域本身男性作家所占支配地位的影响而被抹杀掉。她认为,那些导致作家的创作"沉寂"的非自然因素主要包括:作家取得成就之后会有很长一段时间的"沉寂期";隐性的因素如失业、工作的延误或被否定;(出版商的、作家自己的、政府的)审查制度等。

② Helen Strand Tokuyama. "Stress, Chinese Authors and Chinese Short Stories". Op. cit., p. 92.

③ "Medical Concept in the Poems of Guo Moruo" In Wei, Chiming & Rina Fujita eds. *Proceedings of International Guo Moruo Academy*. Op. cit., p. 223.

对郭沫若来说既是一种令人振奋的惊喜,同时也是一件严肃的事情。对郭沫若来说,最重要的是,他在日本所学的包括解剖实验在内的医学知识给了他了解事实真相和认识自我的新观念,有趣的是,解剖的经验还常促使郭沫若产生创作的冲动。这些新观念促使郭沫若对自我进行分析,去体验自然与精神之间的那种客观存在的相互关系。事实上,那个时期郭沫若创作的作品反映出了这种体验。①

藤田梨那同意武继平在其专著《郭沫若留日十年》中所持的观点,认为《天狗》一诗才是郭沫若诗集《女神》中最伟大的杰作。她认为,假如从郭沫若在东京帝国大学医学部的学医经历出发去对这首诗进行分析阐释,我们就会发现隐含在《天狗》夸张的表达之后的那种踏实的精神,辨识出《天狗》真正的内蕴。而这种内蕴,也同时可以在《解剖室中》一诗中找到,因为两首诗的主题几乎是一样的。

作者认为《天狗》一诗有着非同寻常的观点。诗人把自己比作天狗,充分展示了自己的内心世界。天狗,这个在天上并无固定位置、可以在天空奔跑的、不受束缚的神象征的是诗人郭沫若,可将其看作是整个宇宙能量的总和,聚合了宇宙的全部生命。《天狗》一诗让读者感受到了解剖对诗人创作的极大影响。尽管《天狗》是浪漫的,但与其相对的却是诗人自己真实的人生体验,即解剖的实际经验。在诗集《女神》中,《天狗》被放置在靠前的位置,在《凤凰涅槃》之后,其原因正在于这首诗所蕴含的自我完善的状态和高昂的精神这样的主题,这样的主题同时也是诗集《女神》最重要的主题,但它们在《天狗》中远比在《凤凰涅槃》一诗中表现得更为清楚和强烈。但是,《天狗》一诗中的那种随心所欲和粗暴遮蔽了郭沫若单纯的科学经验和科学精神,只有那些完全了解现实的人才能表达出蕴含其中的超现实,这就是为什么在诗集《女神》中,《天狗》一诗被称作是郭沫若最重要的诗作,是现代精神之象征的缘故。②

而写在《天狗》之前的《解剖室中》一诗详细描写了解剖的过程。在诗中,郭沫若将解剖的目的看成是"人生的真谛",是对包括人的精神世界在内的人类本质的探寻,而不是对身体结构的医学阐释,通过对尸体的解剖,

---

① Wei, Chiming & Rina Fujita eds. *Proceedings of International Guo Moruo Academy*. Op. cit., p. 236.

② Ibid., p. 237.

期待重新开始新的生活。作者认为,诗人在诗中提到"新岐黄"(即中国古代黄帝和岐伯的合称,作中医学的代称),是将自己作为一名医学生的身份比作"岐伯",目的不仅仅在于医治病人,同时也在于医治中国,在于缔造一个新的中国。这首诗显示出了郭沫若伟大的抱负。①

作者强调,《天狗》和《解剖室中》2 首诗都有着从现实到超现实、从直觉到哲学的沉思的逻辑性跳跃特征,都显示出现代解剖给人们的精神带来的巨大影响。郭沫若的文艺短论《生命的文学》从自然科学和哲学的角度重新审视了文学的重要性,其中对人类与宇宙关系的探讨对我们正确理解《天狗》给予了重要的启示。②

此外,藤田梨那还有一篇用中文撰写的研究论文运用了实证性研究的范式对郭沫若的文本进行考证。这篇题名为《关于郭沫若〈牧羊哀话〉背景及创作意图的考察梗概》的文章于 2003 年发表在《郭沫若学刊》上。作者指出,郭沫若的第 2 篇小说《牧羊哀话》是他受了 1919 年巴黎和平会议所争执的"山东问题"的激发,借朝鲜为舞台,把排日的感情移到朝鲜人民的心里来创作的一篇小说。这在郭沫若的《创造十年》中也曾有所交代。作者强调,对"山东问题"和朝鲜人民的反日感情的关心是关系到《牧羊哀话》创作背景和创作意图的重要焦点,同时也反映出作品所具有的浓厚的社会性。此外,《牧羊哀话》通过故事中少年和少女的悲恋故事来反映出对日本侵略的反抗,反映了作者自己的悲恋与反日的创作意图,具有悲剧性。

意识形态分析范式

意识形态这一概念是特拉西于 18 世纪末法国大革命时期首先提出来的。意识形态即是观念、意识,是对社会存在的反映。在 1846 年马克思和恩格斯合著的《德意志意识形态》中,马克思对德国思辨哲学产生的原因及其特征进行了分析并指出德国的思辨哲学是对德国社会歪曲的反映③。英国的哲学家雷蒙德·威廉斯运用马克思理论的意识形态观念,表达了自

---

① Wei, Chiming & Rina Fujita eds. *Proceedings of International Guo Moruo Academy*. Op. cit., p. 229.

② Ibid., p. 231.

③ [德]马克思、恩格斯著,郭沫若译:《德意志形态》第 2 版,北京:全国图书馆文献缩微中心,2003 年版。

己对于英国底层社会和工人阶级的关注。在他看来,意识形态是一种虚假的形式,是对社会扭曲的反映,从中可以看出社会的真实现象①。法国哲学家阿尔都塞给意识形态下的定义则更加宽泛,他认为意识形态是人对于自己与环境之关系的想象性反映,其有如空气一样是无所不在的。人在社会中不可能逃避意识形态对他的影响②。法兰克福学派的阿多诺、马尔库塞则从社会学角度展开了对资本主义社会的文化秩序、社会秩序、美学秩序等的批判。为了寻求文学与社会之间的内在关联,法兰克福学派提供了许多的思维方式,值得我们在分析文本或文本现象时加以借鉴和使用。

  英语世界郭沫若研究的成果中采用意识形态研究范式的主要包括夏志清的《中国现代小说史》中的第 4 章《创造社》、普实克为《中国现代文学研究》撰写的《引言》、《普实克中国现代文学论文集》、陈晓明的博士论文《朝向儒学与马克思主义相结合的解决之道:郭沫若至 1926 年以前的思想发展》及其专著《从五四运动到共产主义革命:郭沫若与中国的共产主义道路》、李欧梵的专著《中国现代作家的浪漫一代》中的第 3 部分"浪漫的左派"中"郭沫若"一节以及《文学的趋势》、杨昊昇的博士论文《以前现代为基调的现代性:论郁达夫、郭沫若及周作人的旧体诗词》中的《从现代浪漫诗人到"口号诗人":论郭沫若及其与毛泽东之间往来唱和的旧体诗词》③。在研究过程中,研究者主要运用马列主义的观点与方法去分析、评论或阐发郭沫若的文学创作道路、思想发展和转变的过程、世界观、文艺观、对中国革命的文化贡献及对晚年郭沫若的功过评价等。与基于研究文本为基础的文本研究方式、实证性研究范式、心理分析方式、价值学研究范式不同的是,意识形态研究范式的研究者在分析、评价研究对象时,不是以具体的文本分析为基础,而更多地在于利用相关的话语批评的理论和方法来分析、评价研究对象的思想、观点、创作、言语行为等。而读者通过研究者在研究结果中的语言使用、观点、对研究对象所持的态度等可感知研究者对研究对象所抱持的各种意识形态。这样的研究,绝不只是不偏不倚地、公允地向读者传递信息的工具,而且是赋予了意识形态意义的,因为研究者的情感喜好、研究兴趣、政治倾向、宗教信仰等等都会对其研究产生不

---

① Raymond Williams. *Marxism and Literature*. Oxford: Oxford University Press, 1977.

② [法]路易·阿尔都塞著,李其庆、冯文光译:《读〈资本论〉》,北京:中央编译局出版社,2001 年版。

③ [美]费正清、费维恺编:《剑桥中华民国史》(上卷),前面所引书。

可避免的影响,产生或公正、或偏颇、或中庸的意识形态取向。

夏志清和普实克的文学论战可谓是20世纪60年代初学者尽知之事。而这2位研究者的观点与对对方研究的评价应该算是不同意识形态在研究个体中生动而鲜明的体现。夏志清的《中国现代小说史》英文版于1961年由耶鲁大学出版社出版后,其最新的第3版也于1999年由印第安纳大学出版社出版。本书的中译本初版于1979年,是由刘绍铭翻译的,后有2001年香港中文大学出版社版本和2005年复旦大学出版社重印本。在这部可谓划时代的经典之作中,夏志清以过人的远见,对许多现代小说家进行了重新评价,其中最为人称道的便是"发掘"出了钱钟书和张爱玲。在这部颇多争议的作品中,夏志清没有立专章对现当代文学大家郭沫若进行评介即是争议的主题之一。但他在其"作者中译本序"中清楚地交代:"本书写作期间,我尽可能浏览了长短篇小说单行本,同杂志上刊登的短篇小说和长篇连载,藉以选定哪几位小说家值得专章处理。"①从中可看出夏志清对入选作家的态度和标准是认真严谨而不是任意而为的。并且在《中国现代小说史》的"初版原序"中,他特别强调身为文学史家,他的首要工作是"优美作品之发现和评审"②。按这两个标准去衡量,夏志清的《中国现代小说史》一书没有设专章研究郭沫若,应是因为其作品不"优美"。

香港中文大学出版社2001年版的中译本增收了王德威为《中国现代小说史》英文第3版撰写的《导论》的中译文《重读夏志清教授〈中国现代小说史〉》。在这篇同样具有相当影响力的文章中,王德威有两个观点可以解释何以夏志清的这部杰作没有入选郭沫若。一是:"由于夏从不避讳他的反共的立场。夏对那些立场鲜明的拥共作家如郭沫若、蒋光慈、丁玲等殊乏好感,更不提延安时期及以后的毛派追随者如赵树理、周立波、杨朔等人。"③二是:"夏推崇文学本身的美学质素及修辞精髓。他在《中国现代小说史》中不遗余力地批判那些或政治挂帅或耽于滥情的作者,认为他们失去了对文学真谛的鉴别力。"④王德威的这两个观点可解释为是郭沫若对文学真谛失去了鉴别力,或政治挂帅、耽于滥情、拥共等导致了夏志清对

---

① 夏志清著,刘绍铭等译:《中国现代小说史》,香港:香港中文大学出版社,2001年版,第xlvii页。
② 同上。
③ 同上,第xxv至xxvi页。
④ 同上,第xiv页。

他的反感,不将他入选其大作。这与2001年版出版时"出版人的话"中"他(指夏志清)更超越政治立场及门户之见,并深入探求文学的内在道德情操"①是相矛盾的。

夏志清在第4章讨论"创造社:郭沫若、郁达夫"时清楚地表明了他对郭沫若及其创作的看法,或说偏见,有几处值得读者特别关注。夏志清首先指出:"这个人干劲十足,胸怀大志。表面看来,可以说是成就辉煌。"②也就是说,郭沫若的成就在他看来,只是表面现象,深究其里,则完全不是那么回事。夏志清对郭沫若的创作也表示质疑:"他的译作是否可靠,译文是否可读,大有研究的余地。他对古代中国的研究有无价值,也有问题。至于文名所系的创作,实在说来,也不过尔尔。"并认为民国以来所有公认的著名作家中,郭沫若传世的希望是最小的。"到后来,大家只会记得,他不过是他那个时代一个多姿多彩的人物,领导过许多文学与政治的活动而已。"③

夏志清接着泛泛地评论了郭沫若的诗集《女神》,并认为这部诗集在其出版后立即引起社会注意的原因在于郭沫若大胆的作风。夏志清对郭沫若的创作手法和态度给予了批评:"把这种浪漫主义手法和态度拿来混用,自然可以把当时没有读过西洋诗的读者弄得目迷五色。这种诗看似雄浑,其实骨子里没有多少真正内在的感情:节奏的刻板,惊叹句的滥用,都显示其缺乏诗才。"但作者也没有对郭沫若的创作进行全盘否定,承认郭沫若早期的诗"还有点诗意","早期的诗在技巧上有值得注意的地方"④,并认为郭沫若最好的诗是"在40年代所写历史剧里穿插的几首歌词",由于运用了传统的节奏和感情,"朗朗可诵",并在脚注中指出这几首歌词为《棠棣之花》、《虎符》和《屈原》中的歌词⑤。言外之意,显然是对绝大部分读者喜爱的《女神》诗集中诸多优秀诗篇的否认。

夏志清还对郭沫若的戏剧创作进行了点评,认为郭沫若最好的剧本是《棠棣之花》,而《三个叛逆的女性》则可能是他最糟的作品,原因在于"里面有对于社会不满的抗议,完全不顾中国古代的社会情形",其结果就成了

---

① 夏志清著,刘绍铭等译:《中国现代小说史》,前面所引书,第v页。
② 同上,第68页。
③ 同上,第70页。
④ 同上,第70和74页。
⑤ 同上,第70页。

"虽然没有存心写喜剧,却成了笑料的源泉。"怕读者会对其评价产生有失公允的怀疑,夏先生在注中解释说,读者可参考其他的批评家和作家们在郭沫若未跃登和鲁迅等量齐观的"文化英雄"、"中国第一代诗人"的宝座前对他作品所做的评价,建议读者去读读向培良的《所谓历史剧》和沈从文的《郭沫若论》①。夏志清对郭沫若的自传体作品也提出了自己的看法,认为"他的自传,是中国知识分子史的重要文件。"②如果考虑到夏志清的《中国现代小说史》评价的是中国现代作家优秀的小说创作,他在自己的专著中不设专章评介郭沫若的小说创作倒是可以理解的。但同时我们更应该注意到的是,在他这本评论小说史的专著中,夏志清评论或贬抑的却是郭沫若的诗歌和戏剧创作,而根本没有提及郭沫若的小说创作。

《普实克中国现代文学论文集》是由李欧梵编辑、李燕乔等翻译的普实克论及中国现代文学的论文选集。该书英文版于1980年由美国印第安纳大学出版社出版③,中译本则于1987年由湖南文艺出版社出版。书中共选入普实克论中国现代文学的文章9篇。这些文章中的第1篇《中国现代文学中的主观主义和个人主义》、第3篇《以中国文学革命为背景看传统东方文学同现代欧洲文学的对立》和第9篇《中国现代文学史的根本问题——评夏志清的〈中国现代小说史〉》尤其受到国内外学者,尤其是现当代学者的广泛关注。"前言"中李欧梵讨论了普实克论述中国现代文学的最重要的题目、普实克对中国现代文学中抒情的与史诗的特征研究、普实克与夏志清评价文学的不同标准及二者之间的论争以及普实克中国现代文学研究的意义等。在阐明普实克中国现代文学研究的意义时李欧梵提及默尔·戈德曼编辑的《五四时期的中国现代文学》一书以及这本书的扉页上的献辞:"献给雅罗斯拉夫·普实克,他的研究使本书得以问世。"④

李欧梵在"前言"中提及的关于夏志清和普实克二者之间的那场在学

---

① 夏志清著,刘绍铭等译:《中国现代小说史》,前面所引书,第70—71页。
② 同上,第74页。
③ Jaroslav Prusek. *The Lyrical and the Epic: Studies of Modern Chinese Literature.* Leo Ou-fan Lee ed. Bloomington: Indiana University Press, 1980. 此书题名可按字面意思可译为:《抒情诗与史诗:中国现代文学研究》。本书作者注。
④ 献辞原文为"To Jaroslav Prusek, whose work made this book possible"。但书中关于这次会议的时间有误。这本书中收录的会议论文出版时间是1977年,但德达姆学术会议举行的时间是1974年8月26—30日,而不是李欧梵所说是1970年。不知是译者的错误还是李欧梵原文的错误。该书中也收录了李欧梵研究鲁迅的文章《作家的产生:论鲁迅1881—1909年间的教育经历》。

术界广为人知、影响深远的论争是于 1961—1963 年间在《通报》①上展开的,论争的主要对象是夏志清的《中国现代小说史》。面对众多的批评,夏志清几乎只对普实克的诘难进行了反驳。先是普实克题为《中国现代文学史的根本问题——评夏志清的〈中国现代小说史〉》的文章,发表在 1962 年第 4 期《通报》上。1963 年,夏志清《论对中国现代文学的"科学"研究——答普实克教授》也在《通报》上刊登了出来。在长达 48 页的论文中普实克分 3 部分,即概论、方法的对比、作家群像、对夏志清书中的观点、论证方法等进行了逻辑严密的有力论证,并指出了夏志清《中国现代小说史》的不足之处。面对来自国际汉学界权威的挑战和指责,夏志清不得不对此进行辩解。夏志清的文章分基本问题、鲁迅、其他作家 3 个部分对普实克进行了针锋相对的反驳。普实克在他的文章中通过实例来证明了夏志清的著作缺乏科学性与客观性,而是充满了政治偏见与主观性。夏志清对普实克的"客观"进行了指责,认为所谓客观,只不过是指迎合权威观点而已。普实克主张把文学放到时代、社会和历史关系中去理解,认为夏志清用以评价和划分作者的标准首先是政治性的,而不是基于艺术标准,批评夏志清忽略了文学的社会作用。夏志清则在小说史的撰写中注重文本的细读②,指责普实克执迷于文学的历史使命和文学的社会功能,表面看来较少政治和意识形态的干扰而注重艺术标准。两人的笔战反映出了两人不同的意识形态、方法论和价值评判标准。

在《中国现代文学史的根本问题——评夏志清的〈中国现代小说史〉》中,普实克对郁达夫和郭沫若作品中那些常常修饰过多的发泄给予了理解,认为它们是"奋力要最终打碎封建社会枷锁的个人的抗议呼声",而为了能建立一种以人类真正本性为基础的新道德观,"有必要表现人的真实面貌,包括他的全部缺点乃至罪恶"。从文学角度看,"也有必要对人类错综复杂的心理活动进行探讨"③。而在《〈中国现代文学研究〉引言》一文

---

① 《通报》(*T'oung Pao*),创刊于 1890 年,出版地为荷兰莱登,是第一份国际性的汉学杂志。《通报》与《哈佛亚洲研究期刊》(*Harvard Journal of Asiatic Studies*)、《亚洲研究期刊》(*Journal of Asian Studies*)被称作西方世界当今最具权威性的三种汉学学报。后两种都在美国发行。

② 但在评价郭沫若及其创作时,夏志清却完全忽略了郭沫若的文本。

③ 普实克:《中国现代文学史的根本问题——评夏志清的〈中国现代小说史〉》,载李欧梵编,李燕乔等译:《普实克中国现代文学论文集》,长沙:湖南文艺出版社,1987 年版,第 248—249 页。

中,普实克多次提及郭沫若及其创作。在"引言"中,除前面在分析《中国现代文学研究》一书中收录的米列娜的《郭沫若的自传体作品》时指出的2次有关郭沫若的自传性作品的创作及其特征的评论外,普实克对郭沫若的评介还有如下值得引起读者特别的注意。普实克认为,与郁达夫一样,郭沫若也想克服表现其内在心理状态时所受到的单线索发展的束缚,但他所选择的把个人经历再现于文学形式的方式却与郁达夫不同。由于郭沫若更深地受到浪漫主义的影响,所以他的生活经历的再现具有浪漫主义的基调和悲剧性的色彩。郭沫若之所以这么做是为了表达一种对更宏伟、更壮丽的生活进行追求的浪漫主义的愿望①。郭沫若对历史的兴趣,他的浪漫主义的愿望,再加上他对现实的强烈感受,都促使他创作出不同的作品以反映他个性的各个方面。有时他从一个历史学家的观点出发来积累他的个人经历,在作品中客观地描写现实,展现时代和环境的面貌,尽量避免虚构成分;有时他运用历史题材来表达他的思想与感情,创作了一批主观色彩很强的历史小说。这些历史小说和他的历史剧一样,作品中的历史人物成了郭沫若自己的代言人,他们表达的是作者自己的意见和观点。同时郭沫若又紧紧把握着时代的脉搏,并在描写中充满了鲜明的浪漫主义色彩,因此,"他的创作是完美的历史画卷。"②普实克还指出,郭沫若小说的主观意义和浪漫主义情调首先是他在伟大的民族斗争和社会斗争中献身的强烈愿望的表达,这种浪漫主义的愿望使他手中有了斗争的武器。而在其他场合,郭沫若则把自己在政治上和哲学上的革命观点通过其历史剧和历史小说中的主人公之口表达出来。③

迈阿密大学杨昊昇的博士论文《以前现代为基调的现代性:论郁达夫、郭沫若及周作人的旧体诗词》④对前现代诗学与中国文学的现代性之间颇有争议的关系进行了探讨。论文的第3部分以《从现代浪漫诗人到"口号

---

① 普实克:《中国现代文学研究〈引言〉》,载《普实克中国现代文学论文集》,前面所引书,第68—69页。
② 同上,第69页。
③ 同上,第78页。
④ Yang, Haosheng. "A Modernity in Pre-modern Tune: Classical-style Poetry of Yu Dafu, Guo Moruo and Zhou Zuoren". PhD. Dissertation, Harvard University, 2008.

诗人":论郭沫若及其与毛泽东之间彼此唱和的旧体诗词》①为题对郭沫若与毛泽东之间唱和的旧体诗词创作及其作用进行了分析解读。作者首先指出了郭沫若与毛泽东之间旧体诗词的彼此唱和是毛泽东统治时期中国最重要的文化现象之一。这种重要性主要表现在两个方面。一是旧体诗词在现代中国的政治文化史上起到了极其重要的作用。毛泽东和郭沫若创作的大量旧体诗词促进了旧体诗词在中国的流行,尤其是在大跃进和"文化大革命"期间,但是这种令人印象深刻的现象并不意味着整个国家都致力于这种优秀的诗学传统。相反,传统文化被普遍认为是对人们的共产主义理想和革命精神有害的东西②。这种重要性的另一方面则在于郭沫若从一个五四时期优秀的浪漫主义诗人转变为一个共产主义的宣传家引起了不少现当代文学研究者的关注。从郭沫若对毛泽东诗词的唱和,以及其1949年之后创作的其他文学作品,可以看出他一如既往对毛之领导的绝对崇拜,对中国政权的虔心与忠诚,对中国共产党进行现代化建设所采取的现代方法的极大热情。但总体上说来,这些诗作对评论家们对郭沫若的批评和评价起到的是负面的影响。③

在作者看来,郭沫若对诗歌与政治之间关系的看法显然是有问题的,因为他自愿将诗看成是服务政治的宣传工具。同样,他的人格方面也存在着问题,因为他扮演了毛时代最著名的善于谄媚的宫廷文人之一的角色。但那些促成郭沫若的"臭名昭著的"行为远比用机会主义去概括要复杂得多。一个最简单的证明就是:一个机会主义分子是不会为了任何不利于自己的事而牺牲自己的,而郭沫若至少在20世纪20年代真诚地将自己奉献给了中国的民主革命④。作者指出,郭沫若为学者考察现代语境中政治与作家之间的相互关系提供了极佳的例证,这些特征在不同程度上为许多其他中国现代作家和知识分子所共有,如蒋光慈、钱杏邨、丁玲。从这些左翼作家对共产党政治的反应来看,郭沫若的个案在中国现代文学史上是具有代表性的。

---

① Yang, Haosheng. "From a Modern Romantic Poet to a 'Slogan Man': Guo Moruo and His Classical-style Poetry in Response to Mao" In "A Modernity in Pre-modern Tune: Classical-style Poetry of Yu Dafu, Guo Moruo and Zhou Zuoren". Op. cit., pp. 122-183.
② Ibid., p. 122.
③ Ibid., p. 124.
④ Ibid., p. 126.

文中作者主要以郭沫若的《拟屈原答渔父辞》、《访三门峡》、《满江红·元旦书怀》、《看"孙悟空三打白骨精"书赠浙江省绍剧团》、郭沫若对毛泽东和诗《七律·和郭沫若同志》一诗的和诗《再赞〈三打白骨精〉》和毛泽东的《长征》、《念奴娇·昆仑》、《满江红·和郭沫若同志》、《七律·和郭沫若同志》等旧体诗词为切入点分析探讨了郭沫若发生转变之思想的和意识形态的动机以及毛泽东、郭沫若在1949年之前及其后对中国共产主义革命中的英雄主义和政治立场所表现出的默契配合。作者特别强调,郭沫若从一个浪漫诗人转变为对毛"共产政权"的忠诚宣传并不表明其思想发展过程的突然断裂,而是可以理解为他对人类历史上英雄人物和英雄行为始终如一的浪漫信仰。①

在对郭沫若的英雄主义和革命浪漫观进行分析时作者阐明了两个主题:一是儒家思想对道德的关照、新儒家思想对直觉知识和世界的客观阐发、老子和庄子将道作为使万物秩序有常的第一法则的哲学体系、五四时期黑格尔—达尔文社会发展进化论,所有这些因素都促进了郭沫若浪漫的诗人—政治家理想的形成,促成了他把毛泽东当作是他此一理想的实现者来崇拜,并最终导致了郭沫若堕落成一个毛时代臭名昭著的宫廷御用文人②。二是旧体诗词在中国语境中的政治含义。在郭沫若、毛泽东的旧体诗词创作中,除旧体诗词所赋予的审美享受外,古典的诗学语言和文学类型所具有的最重要的社会功能也必须予以注意,那就是,诗决定了人们的部分社会生活。郭沫若与毛泽东之间的旧体诗词唱和,并不仅仅只是一个有才华的诗人和国家领导人之间的文学神话,而且也是史诗时期抒情诗浪漫变形的最佳例证,它为探讨浪漫主义与革命、政治与诗学、意识形态与文学形式之间的关系提供了最好的研究案例。③

作者指出,在毛泽东公开发表的39首旧体诗词中,有2首是直接唱应郭沫若的,至少有8首在公开发表前送给郭沫若阅读过。郭沫若对毛泽东此举做出了积极的回应,与其讨论作诗的技巧,在其指导下写宣传社会主义的东西,并且从不曾忘记对毛泽东的革命思想和政治主张予以称颂。作者公允地认为,尽管在共产党统治期间,郭沫若写了那些饱含对毛泽东及

---

① Yang, Haosheng. "From a Modern Romantic Poet to a 'Slogan Man': Guo Moruo and His Classical-style Poetry in Response to Mao". Op. cit., pp. 126-127.

② Ibid. p. 131.

③ Ibid., pp. 131-132.

共产党奉承讨好的文章,但他对毛泽东旧体诗词的热情唱和仍然实实在在地蕴含着部分的真挚情感,尤其是在"文化大革命"之前。他发自内心地喜欢毛泽东的政治成就和艺术创作,因为他总体上是把毛泽东看成是他诗人—政治家理想的具体体现的①。郭沫若在 1944 年创作的《拟屈原答渔父辞》中就以屈原的口吻阐释了自己对寻求政治成就和承担社会义务的热情。他不仅创作了许多以屈原的崇高人格、诗学成就、政治理想为主题的作品,而且在许多场合直接把自己比作屈原。屈原的事例尤其巩固了郭沫若的信念,那就是,诗人的敏感性与政治能力的发展是可以兼容且同等重要的②。可贵的是,作者再一次客观公正地指出,将郭沫若看成是一个彻底的政治机会分子予以抨击是不公平的。尽管郭沫若对马列主义和中国共产主义的信仰是天真的,但那也是他在对中国伟大转变时期的现实处境经过认真思考之后的严肃选择。因为在他看来,只有共产主义才能带给中国一个光明的未来,而这也正是他自愿转向中国共产党的原因。在这样的背景前提下,20 世纪 40 年代,当郭沫若终于在自己的同辈中找到了毛泽东这样一个活生生的完全符合他的诗人—政治家理想的榜样时,他那种极度的兴奋就可想而知了。③

  作为一个旧体诗词的创作者,毛泽东是 20 世纪中国最受欢迎的诗人之一,在中国现代文学史上产生了极大的影响,同时在他那个时代受到了狂热的崇拜。其旧体诗词之所以广受欢迎,并不简单地因为他当时所拥有的极大的政治权力,而是因为那些旧体诗,尤其是宋词对读者产生了极大的吸引力。运用旧体诗词这种诗学形式来作为连接现代政治家的诗学情感与政治主张之间的桥梁,毛泽东表达了自己内心的感情、自己对大自然的感想,以及作为一个最浪漫的诗人想要将历史与政治现实融为一体的愿望。他甚至创造了"革命浪漫主义"这种中国文学传统。即便是在描写最残酷的、最血腥的战争场面时,毛泽东的诗行间也充满了抒情的浪漫模式,如他的"战地黄花分外香"④。在许多方面,毛泽东与郭沫若具有相似的政治观和美学观,如毛泽东写于 1935 年的《念奴娇·昆仑》与《长征》。相似

---

  ① Yang, Haosheng. "From a Modern Romantic Poet to a 'Slogan Man': Guo Moruo and His Classical-style Poetry in Response to Mao". Op. cit., pp. 133-134.

  ② Ibid., pp. 137-141.

  ③ Ibid., pp. 142-143.

  ④ Ibid., p. 144.

的自然观、历史观以及诗人的主观性可同时在他的这首《念奴娇·昆仑》和郭沫若五四时期的诗歌中找到。毛泽东对昆仑山的描绘受到了他对革命可以战胜一切的超能力的浪漫信仰的影响,这种对精神力量的迷信同时让读者联想起郭沫若五四时期的著名诗篇《天狗》。在诗中,毛泽东和郭沫若都将自然和宇宙作为衡量浪漫诗人的伟大与能力的标准,都对人类力量的无穷无尽表示出极度的痴迷。不过这两首诗的不同在于一个是从真正的政治家的视角,另一则是从想象的政治家的视角来创作的。即便是在北伐战争中赢取了自己的革命身份之后,郭沫若诗歌的主要赞美对象仍然是自我才能的完全发展,而不是阶级斗争或群众革命。而毛泽东的视角必然是政治的。作为一个浪漫的革命者,他所关注的是社会、自然和文化环境的变化,这种抱负给予了他大胆的政治视域,正如在《念奴娇·昆仑》这首词中所体现的。①

作者认为,在与毛泽东相识的30多年中,郭沫若所创作的那些互相唱和的旧体诗词总体上来说不如毛泽东的诗词有吸引力,郭沫若在毛政权下所写的白话诗甚至比他的旧体诗词质量更差。诗人作品质量的下滑,正在于郭沫若诗人—政治家理想本身内在根本矛盾的存在,更在于诗人个性与共产党政策对不同己见与个性的压制之间的矛盾。②

与郭沫若自愿将诗歌放在从属于政治的位置相反的是,作为一个国家的最高领导人和浪漫诗人,在政治领域中,毛泽东的思想与实践则充满了狂热的浪漫之情和非现实的幻想,而对为经济和政治活动所付出的人力损失完全不闻不顾。作者认为,实际上,当郭沫若将政治作为判断文学的主要标准时,他就不再是一个"纯粹的"诗人了,而只不过成了共产党宣传机器上的一颗螺丝而已,其旧体诗词不仅成了为共产党的宣传服务的工具,而且成了为毛泽东的人格唱赞歌的工具,其为贺毛泽东70岁生日所做的《满江红·元旦书怀》即是一典型例证,充满了革命浪漫主义的精神和对共产党的宣传。在那些真正懂得鉴赏旧体诗词的人眼里,他的书怀,只不过是空洞口号的粗糙堆砌而已③。而毛泽东对郭沫若这首词的唱和之作《满江红·和郭沫若同志》中的"多少事,从来急;天地转,光阴迫,一万年

---

① Yang, Haosheng. "From a Modern Romantic Poet to a 'Slogan Man': Guo Moruo and His Classical-style Poetry in Response to Mao". Op. cit., pp. 150-151.

② Ibid., pp. 154-155.

③ Ibid., pp. 165-170.

太久,只争朝夕"则直接与郭沫若《女神》时期的诗歌《浴海》中的诗行"太阳的光威,要把这全宇宙来熔化了。弟兄们!快快!快也来戏弄波涛!"相呼应。尽管相隔了50多年,五四时期的浪漫诗人郭沫若与共产中国的浪漫诗人毛泽东之间仍有尽早实现中国现代化的相同目标。①

像往常一样,毛泽东仍然是从一个政治领导人的视角来解读郭沫若的旧体诗《看"孙悟空三打白骨精"书赠浙江省绍剧团》的,他不同意郭沫若诗中对待唐僧的态度。在读过郭沫若的诗后,毛泽东马上作诗《七律·和郭沫若同志》对其观点进行了驳斥,诗中毛泽东将批判的主体由唐僧转为了白骨精的邪恶精神。在郭沫若诗中唐僧应该"千刀万剐",但在毛泽东唱和的诗中唐僧只是个无知的人,是"僧是愚氓犹可训"。之所以会产生这样两种截然不同的态度,是因为郭沫若是从文学批评家的角度来看此剧,而毛泽东则不是简单地将此剧看成一件艺术作品,而是将其与当时的政治形势联系在了一起,找到了剧中每个人物角色在中国实际的政治斗争中的作用:孙悟空代表的是革命;白骨精代表的是反革命,尤其是苏联;唐僧代表的是中间政治力量②。郭沫若在和诗中完全改变了自己此前的看法:"僧受折磨知悔恨,猪期振奋报涓埃。金睛火眼无容赦,哪怕妖精亿度来。"毛泽东在回信中对郭沫若的态度给予了肯定:"和诗好,不要'千刀当剐唐僧肉'了。对中间派采取了统一战线政策,这就好了。"③此一评价如实说明了毛泽东的文学功能的观点,那就是,诗应服务于政治。

作者对郭沫若在毛专政之下不能随心所欲地过自己的生活和从事自己的事业给予了同情,引其给自己年轻笔友陈远明的私人信件的内容展示了一个事业几乎达到末日的诗人的悲哀与痛苦:"我的那些分行的散文,都是应制应景之作,根本就不配称为是什么'诗'。回顾我的过去,我对于自己发表过的'诗'已经没有多大兴趣,任它们作为历史的陈迹,自生自灭吧。"④

作者最后强调,1949年后郭沫若、毛泽东将彼此间旧体诗词的唱和作

---

① Yang, Haosheng. "From a Modern Romantic Poet to a 'Slogan Man': Guo Moruo and His Classical-style Poetry in Response to Mao". Op. cit., p. 173.

② Ibid., pp. 177-178.

③ Ibid. p. 179.

④ Ibid., pp. 179-180. 作者在此处的引文中没有标明出处。中文可参见郭沫若1963年5月5日致陈明远的信。载黄淳浩编:《郭沫若书信集》(下),北京:中国社会科学出版社,1992年版,第142页。

为传达党领导人心声的工具,而不是为艺术欣赏的文学创作。这种现象同时也引出了一个问题,即旧体诗词在现代中国,尤其是在毛时代的政治特征的问题。二者那些成功的旧体诗词的政治特征是与二位浪漫诗人对待历史、道德以及人类进步的理想归宿的总体看法分不开的①。毛泽东的诗学世界是一个既定的政治园地,在这样的地方是不允许非革命的抒情成分存在的。因此,在他的统治下,诗歌自身受到了亵渎,并最终堕落成了一种十足的口号的堆砌。郭沫若唱和毛泽东的那些旧体诗词也一方面成了一种教条式的宣传,而另一方面则成了政治秀。用郭沫若的儿子郭世英的话说,那就是"装饰这个社会的最大的文化屏风"。这种对旧体诗词的运用成了对政治权力和诗学美学及个性的滥用,同时,这也是为什么在毛时代拥有众多读者的旧体诗词却不能取得持久的文学成就的缘故。②

2010年8月20—22日在山东济南举办的"郭沫若文献史料国际学术研讨会暨IGMA学术年会"上,杨昊昇将其论文中与郭沫若相关的章节内容与与会学者做了交流,她的题目是《浪漫抒情的政治转变:郭沫若与毛泽东的诗词唱和》。其内容与博士论文中该章节的内容相同,不过在做文章的陈述时,杨昊昇着重强调了毛泽东与郭沫若之间往来唱和的旧体诗词的政治功能。

第二节 英语世界郭沫若研究与中国郭沫若研究的互动与互补

国内的郭沫若研究几乎是与郭沫若登上文坛同步的。从五四时期闻一多那两篇颇具影响力的评论文章《〈女神〉之时代精神》和《〈女神〉之地方色彩》,到20世纪50年代末楼栖的研究专著《论郭沫若的诗》,到20世纪80年代王训昭、卢正言等编的《郭沫若研究资料》(上、中、下),再到21世纪诸如蔡震、魏建、李怡、陈俐、税海模、刘纳、廖久明、刘悦坦等郭沫若研究学者的系列研究文章和专著,郭沫若研究无论是从研究范式、研究的方法与视角、还是研究的话语方式都经历了逐步的演化和发展,也取得了可

---

① Yang, Haosheng. "From a Modern Romantic Poet to a 'Slogan Man': Guo Moruo and His Classical-style Poetry in Response to Mao". Op. cit., pp. 180-181.

② Ibid., pp. 182-183.

观的学术积累。

国内郭沫若研究的范式经历了从革命意识形态话语即主流意识形态话语模式到现代和后现代理论研究模式,从直观印象式的评论到回归研究文本,从以正确的文本阐释为基础的文本研究范式和注重史料考证的实证性研究范式,从整体性分析和阐释的研究范式到多学科、多角度、多层次的立体化研究范式的发展过程,研究的角度和方法也从最初的单一和主观逐步发展为多样化和注重客观分析及阐释。

同英语世界的郭沫若研究一样,注重文本,以研究对象为阐释基础的文本研究范式、实证性研究范式、价值学研究范式及心理分析范式也是国内郭沫若研究的主要研究范式。90年代以来,文本研究逐渐成为我国郭沫若研究的主要研究范式和研究路向。其中,郭沫若著作文本研究取得了显著的成果,呈现出良好的发展态势。长期以来,一些学者崇尚思辨,而梳理、考证方面的工作则做得相对较少。其实,抽象、空洞的探讨既无助于学术本身的积累,更谈不上对现实问题的回应与解答。当然,文本研究和实证性研究并非郭沫若研究的全部内容,但它是任何一种研究的基础。在新的历史条件下,我们应充分认识郭沫若文本研究的重要性,通过开展文本研究,矫正对郭沫若著作的误读、误用,准确全面地展示郭沫若的真实思想面貌,揭示它的当代价值和意义,全面提升我国郭沫若研究的学术水平。

在我国的郭沫若文本研究范式的成果中,具有代表性的研究成果包括楼栖的《论郭沫若的诗》、张仲浦的《郭沫若的历史剧〈屈原〉》、陈永志的《试论〈女神〉》、秦亢宗的《郭沫若代表作赏析》、刘纳编著的《〈女神〉导读》、陈俐和陈晓春主编的《郭沫若经典作品多元化解读》等。郭沫若文本研究范式的研究成果主要包括以下几个关注的主题。

一是关于文本研究的方法。最引人注目的是"以平常心多元开放地研究郭沫若"、"回到郭沫若"和"知人论世"。学者们提出这些口号,是希望能廓清笼罩在郭沫若身上的迷雾,还原郭沫若及其思想的真实面貌,能客观、科学、辩证、不拘泥于某一固定模式地对待原本就复杂的郭沫若、郭沫若的思想及其创作。传统阐释学追求文本"唯一正确"的原意,认定原作者是主宰文本意义的最高权威。19世纪德国哲学家狄尔泰看到了文字阐释过程中的"阐释的循环"这一现象,认为文学是一个由各个局部构成的整体,局部与整体之间相互依存,不可分割。一部作品的整体要通过局部来了解,局部又必须在整体联系中才能被了解①。20世纪,德国哲学家海德格尔从哲学的角度,重新评价了"阐释的循环"。他认为,我们在开始系统的思想以前已经分享了一大堆互相心照不宣的假定。这些存在于我们头脑意识中的"成见"使我们对任何对象的理解和阐释总带着解释者自己历史时代的色彩,因此阐释的循环是不可避免的②。美国阐释学家赫希则认为,作者的意图本身就是一篇复杂的"本文",它像其他任何文本一样,是可以加以争辩、翻译、进行各不相同的解释的③。德国哲学家伽达默尔在海德格尔思想的基础上,在《真理与方法》中提出了"理解的历史性"、"视界融合"和"效果历史"三大哲学阐释学原则。在伽达默尔看来,理解就是读者现在的视界与研究对象所包含的过去视界相融合的过程。有些学者却认为,尽管"视界融合"的积极意义不容否认,但严格说来,真正的"对话"其实是很难实现的,因为读者与作者并不处于同一时空语境中,无法进行面对面的交流,只有读者去接受作者的思想,而作者却无法接受解读者的反馈。这些阐释理论,深化了人们对郭沫若文本研究方法的认识,强调要真正科学、客观、准确地研究郭沫若及其相关的东西,必须回归文本本身。

二是关于郭沫若文本研究史的整理。一些学者花了很大精力来进行文本研究史的清理工作,如1995年魏建的《郭沫若文学研究十五年》对郭沫若去世后15年的文学研究情况做了详细梳理,指出在这15年里郭沫若研究非但没有因为研究对象的盖棺而论定,反而出现了歧义叠生、观点多变的研究景观,再次显示出活跃生机的势头;1996年王爱军和魏建的《郭沫若诗歌研究述评》把过去70多年的郭沫若诗歌研究情况分3个阶段即1949年以前的郭沫若诗歌研究、"十七年"的郭沫若诗歌研究、新时期的郭沫若诗歌研究分别予以了评述。2006年夏敏的《郭沫若文学研究述评——以1992年以后的郭沫若研究为重点》总结了郭沫若文学研究80年来取得的进展,指出郭沫若文学研究经历了特点鲜明的4个研究阶段,并对第4个研究阶段,即20世纪90年代至今的研究成果进行了梳理,从研

---

① 胡经之、张首映:《西方二十世纪文论史》,北京:中国社会科学出版社,1988年版,第246页。

② 特雷·伊格尔顿著,伍晓明译:《二十世纪西方文学理论》,北京:北京大学出版社,2007年版,第70页。

③ 同上,第77页。

究视角、研究范围、研究方法上指出了郭沫若文学研究的亮点与不足;2009年陈晓春和税海模的《新中国成立以来郭沫若研究话语演化简要述评》简要概述了改革开放以来郭沫若研究在以前单一的主流意识形态话语之外逐步演化成的另外3种话语:学院派话语、自由主义话语和民间草根话语,并指出由于研究对象郭沫若极其复杂,这4种话语对他的叙述可能都有片面性,这些话语在相互驳难之时,都有必要进行自我反思。更有2015年度廖久明主持的国家社科基金重点课题《回忆郭沫若作品收集、整理、研究》。该课题拟对人们回忆郭沫若的作品进行系统收集、整理,为方便人们阅读、使用,拟按照其性质分成以下各卷:《文学生涯忆沫若》、《史学生涯忆沫若》、《考古生涯忆沫若》、《政治生涯忆沫若》、《编辑生涯忆沫若》、《教科生涯忆沫若》、《艺体生涯忆沫若》、《亲友忆沫若》。并拟对其中的错误叙述进行考证。

三是关于文本个案的研究。这方面最显著的成果是对郭沫若的《女神》和《屈原》的研究。1979年陈永志的《试论〈女神〉》是第一部系统研究《女神》的专著,对《女神》的泛神论思想和艺术价值等进行了富有独到见解的论述。1990年阎焕东的《凤凰、女神及其他:郭沫若论》论述了诗集《女神》诞生的主观因素和条件,认为《女神》集中地表现了五四时代人的觉醒,表现了个性解放和自由发展的思想欲望,并详细分析了其火一样的反抗叛逆精神,炽热的爱国主义激情和社会主义思想的闪光。1998年沈光明的《〈女神〉与太阳崇拜》一书则直接深入到《女神》文本的深层结构之中,着重考察了《女神》中太阳这一意象的精神构成,探讨太阳意象的精神实质与内外联系,并从太阳崇拜的皈依倾向、宗教激情和价值追求上探讨了诗人对太阳这一神圣存在的体认。除专著外,更有无数的研究论文,如周海波的《失落的女神——〈女神〉及其新诗"现代性"问题》、《郭沫若诗歌研究的时代性特征分析——以〈女神〉研究为中心》。而对历史剧《屈原》的研究,专著有张仲浦的《郭沫若的历史剧〈屈原〉》、黄中模的《郭沫若历史剧〈屈原〉诗话》。学术研究论文也不计其数,如方仁念的《〈屈原〉人物论》、何益明的《历史剧〈屈原〉的艺术结构特征》、闵晓东的《〈屈原〉与〈哈姆雷特〉悲剧性之比较——兼论比较文学的方法问题》。

四是关于专题史的研究。1992年税海模的《郭沫若与中国传统文化》一书在梳理郭沫若与中国传统文化的深层联系的基础上,揭示出民族文化传统是潜存在郭沫若心灵深处的根本文化因子,它对形成郭沫若学贯中西的文化品格具有无法估量的意义这样一个问题。1994年林林主编的《郭沫若诗词鉴赏》共收郭沫若诗词100余首,每首后面附录一篇鉴赏文章。2005年魏红珊的《郭沫若美学思想研究》是在对郭沫若文学、文化生涯的全面把握的基础上去提取郭沫若美学思想的精华的。全书共分6章介绍了郭沫若的生平与创作、郭沫若研究状况述评、郭沫若美学思想的理论来源、郭沫若的文艺美学的思想历史考古与美学阐释以及郭沫若文艺批评。这些都是郭沫若专题研究的典范之作。

再就是关于国外郭沫若研究的研究。为了让国内的郭沫若研究学者,尤其是对外语不太精通的研究者了解国外郭沫若研究的状况,在国内外的郭沫若研究者之间搭建起一座互相了解的会通之桥,对国外郭沫若研究的成果进行详细的收集、梳理是极为必要的,同时也具有显著的价值。在这方面,2001年武继平的《郭沫若留日十年,1914—1924》一书运用实证性研究范式,从考据学的角度将郭沫若1914—1924年间在日本的学习、创作及生活情况进行了客观的梳理和理性的阐释,为国内郭沫若研究及1914—1924年间中国留日学者的研究提供了新材料及新的研究视角,其价值尤其体现在该书的附录一"在日郭沫若研究文献详细目录"和附录二"郭沫若在日留学时代文学作品一览"中。再如2005年蔡震的《文化越境的行旅:郭沫若在日本二十年》,全书分上篇留学篇和下篇流亡篇共10章对郭沫若在日本20年的经历做了详细的梳理和解读。作者指出,郭沫若的日本生涯不仅仅属于他自己人生经历的一个时段,它们也见证着两个民族之间时代关系的一个侧面,更见证着两种文化在那一时代的交流。此外,1994年秦川的论文《国外郭沫若研究述略》就日本对郭沫若的研究进行了较为详细的概述。此外,作者还对苏联、意大利、欧美等国以及亚洲的尼泊尔的郭沫若研究略有提及。

国内运用实证性研究范式进行郭沫若研究的成果较具典型性和代表性的文章不少。其中1991年卢正言的文章《从"于硕"是否是郭沫若的笔名谈起》考证了上海师范大学中文系1980年编印的《郭沫若著译系年目录,1949—1979》里面收录的2篇署名为"于硕"的文章《〈兰亭序〉并非铁案》和《东吴已有"暮"字》是否为郭沫若所做的问题。1993年丁茂远的《郭沫若部分诗词创作年月释考》从文字校勘的角度,对照不同版本,从原诗所标时间明显有误、原诗所标写作年月需要存疑、编者订正写作年月体例不一以及有些诗词未标写作年月该如何处理这4个方面具体探讨了《郭沫若全集·文学编》中的部分诗词创作年月校勘方面的问题。而2007年金宏宇的《〈屈原〉版(文)本演进考释》一文则对郭沫若历史剧《屈原》复杂的版本谱系做了详细的考证,指出在这些版本研究的过程中,曾有两次重大的修改,一次是从初版本到群益本,另一次是从群益本到人文二版。这些修改涉及面广,主要是在"古"与"今"、"事"与"似"之间做内容与艺术的微调,但却改变了剧作的版本特性和文本本性。

关注研究文本的文学性、艺术性的研究范式,即价值学研究范式也是以研究文本为基础,对研究对象进行分析阐释的郭沫若研究主要范式之一。国内运用价值学研究范式对郭沫若的思想和文学创作进行深度挖掘的成果相当丰富,较具代表性的有1988年傅正乾的《表现自我:郭沫若早期散文化抒情小说的艺术功能》。该文作者对郭沫若小说研究中的"错位"现象,即以"再现论"的小说创作论来评价以"表现说"为其理论基础的小说创作;以传统的叙事型的小说模式来要求现代散文化的抒情小说;以现实主义的尺度来衡量浪漫主义的作品。作者对郭沫若的小说创作进行了历史的反思,并对这些"错位"现象进行了"对位"的尝试。而1993年魏建的《得失之间的戏——郭沫若历史剧戏剧本体的再探讨》分析了郭沫若历史剧中最具戏剧艺术力量的"抗战史剧",作者从戏剧情境、戏剧结构、戏剧场面等几个方面探讨了郭沫若写于抗战时期的历史剧如《棠棣之花》、《虎符》、《屈原》、《高渐离》、《孔雀胆》、《南冠草》)的戏剧得失,还原了郭沫若历史剧真正的艺术价值。1996年季桂起的《论郭沫若对中国小说模式的革新》探讨了作为小说家的郭沫若对中国现代文学发展的存在意义。作者指出,作为五四时期心理—情绪小说最积极有力的倡导者和实践者,郭沫若的《牧羊哀话》、《残春》、《未央》、《月蚀》、《圣者》从精神追求和艺术追求两方面摆脱传统情节—性格小说的构成方式和表现方式,而把心理—情绪模式作为其明确的艺术追求。《落叶》以书信体为五四时期的抒情小说做了成功的尝试,而《塔》和《橄榄》则体现了郭沫若对小说艺术模式的探索取向,即心理分析小说和纪实性的情景小说。郭沫若对中国小说模式的革新价值体现在郭沫若小说以比较深入的艺术探索和比较成功的创作实践为心理—情绪这一现代小说的重要形式在中国小说史上的确立奠定了一定的基础,同时,它们对中国现代小说的发展还具有小说形态学和修辞学的价值。

国内运用心理分析范式对郭沫若及其作品进行研究的成果也是比较

显著的。与文本研究范式、实证性研究范式一样的是,心理分析范式也是首先要着眼于研究的文本本身,以研究对象文本为研究的基础,运用心理分析的方法和理论,对研究文本进行详细的心理分析和阐释,以揭示出隐含在文本之中和之下的深层意义。这些研究成果中比较具有代表性的成果有1983年龚济民的《郭沫若·〈残春〉·意识流》,文章探讨了郭沫若将意识流手法运用于小说的创作和文学批评的情况。作者认为,郭沫若最早的一篇小说《骷髅》所采用的方法就已含有意识流的因素,而小说《残春》正是郭沫若有意识地采用意识流手法的代表作。他的文学评论文章《批评与梦》既是对自己在《残春》中运用"梦"这一解析手法的解释,也可看作是他对意识流手法的宣传。作者还指出郭沫若的学医生涯、其具备的生理学和医学知识都对他借鉴和运用意识流手法进行文学创作有很大的帮助。1992年,张洪的《郭沫若史剧中女性形象的原型分析试例》运用原型批评分析方法分析了郭沫若创作的史剧如《女神之再生》、《三个叛逆的女性》、《王昭君》、《棠棣之花》、《虎符》、《屈原》等中栩栩如生的一系列女性形象。作者指出,郭沫若可说是用"女神"开创了一代文坛之先,并认为这是郭沫若的女性崇拜意识使然。在作者看来,郭沫若一度对心理分析理论的深切信奉有助于他对文学传统化的解释,他刻意追求特定原型场的成因及必然性,从而强化了原型的社会含义。2004年,徐鸿的《在毁灭中再生——郭沫若早期诗歌创作的原型批评分析》认为郭沫若早期诗作中反复出现的"毁灭"与"创造"的诗歌意象,实际上是诗人诗作中存在的一个重要的原型模式,它是郭沫若早期诗歌创作的一个重要的精神载体与集体无意识的显现,同时也是诗人独特的人格精神和独特的诗歌艺术得以充分显示的重要原因。作者进一步指出,郭沫若诗歌创作中原型情景的发生与西方文化的影响是分不开的,是西方文化的冲击唤起了郭沫若早期诗歌创作中原型情景的发生。

可以看出,同英语世界的郭沫若文本研究范式、实证性研究范式、价值学研究范式和心理分析范式相比,国内的郭沫若研究成果无论在研究的量与质、研究的深度与广度、研究的视角与方法上都要显著得多。对包括英语世界在内的国外郭沫若研究者来说,要真正有效地运用文本研究范式、实证性研究范式、价值学研究范式或心理分析范式等以研究对象文本为基础的研究范式对异质文化语境中的郭沫若及其作品进行正确的解读,就必须得下大功夫掌握中文,了解中国文化,了解郭沫若的创作与思想及其创作的时代背景,领会郭沫若文本创作的意旨及其文本的正确含义,这比国内的郭沫若研究者解读国外郭沫若的研究成果难度要大得多。而这也正是英语世界郭沫若研究者运用文本研究范式、实证性研究范式、价值学研究范式或心理分析范式对郭沫若及其思想或创作进行研究不多的根本原因。语言的和文化的障碍成了英语世界研究者作为中国文化的"他者"最根本的问题与困扰。但为了真正有效地解读郭沫若及其思想与作品,无论对英语世界还是对国内的郭沫若研究者来说,进一步认识以文本为基础的研究在郭沫若研究整体格局中的地位和价值都是必要的。因为对文本的正确解读本应是每个郭沫若研究者的基本功。因此,进一步推动国际郭沫若研究首先应强调的就是消除对文本研究的意义和作用的误解。

除以文本为基础,注重研究文本的分析考证的文本研究范式、实证性研究范式、价值学研究范式和心理分析范式外,英语世界的郭沫若研究和国内的郭沫若研究的另一个显著特征就是现代和后现代理论研究范式的运用和多学科、多角度、多层次的立体化研究范式对整体性分析和阐释的研究范式的取代。英语世界的郭沫若研究较国内郭沫若研究晚和受国内革命意识形态话语的影响更少的缘故,研究者对现代或后现代理论在郭沫若研究中的运用也较国内的郭沫若研究者要积极些。他们更多地把研究的重点放在运用这些理论来对郭沫若及其思想与创作的探讨上,而较国内的学者更少将关注的焦点放在官方对郭沫若的评价和定位上,或从政治层面来看待郭沫若的创作、影响及其地位与贡献上,如麦杜戈尔的《西方文学理论与现代中国导论,1919—1925》、朱莉娅·林的《中国现代诗歌概论》。此外,英语世界的郭沫若研究者所采用的方法和切入的角度也有令人意想不到之处,如前面分析过的社会学专业的博士论文运用统计学方法和图表以及心理分析的理论与方法来对郭沫若的文学创作与其所处的环境、所承受的压力之间关系的探讨;英语世界的第 1 篇关于郭沫若的博士论文也从一个新颖的角度,即从中国人的宇宙观和阴阳规则详细分析了郭沫若历史剧《屈原》中潜在的易学思维模式,并通过详细的八卦图解,结合文字予以分析说明。但较之国内郭沫若研究的深度和广度,研究成果的量和质,英语世界的郭沫若研究都还需加大研究的力度,注意研究的方法与角度,并同时加大和加快与国际,尤其是中国和日本的郭沫若研究的交流,尽快融入国际郭沫若研究的整体框架中。

对现代或后现代研究理论的运用。从研究成果来看,国内 20 世纪 90

年代以前的郭沫若研究主要以主流意识形态阐释系统来研究郭沫若,着重从政治层面来看待郭沫若的成就、影响及其地位和贡献。由于阐释系统的单一性,无法形成研究范式的多样性,致使郭沫若研究成果呈现出单一、乏味、印象式、说教式的点评,同时也更增加了对郭沫若进行多元化阐释的难度。可喜的是,在纪念郭沫若百年诞辰之后,国内和国际的郭沫若研究力度均有所加大,各种主题的郭沫若研讨会相继举办,研究成果变得更加丰富多样,其中一些以其理论视角的新颖和长于思辨而见长的论著尤其引人注目。如黄曼君的《郭沫若前期浪漫诗学的现代性观照》从浪漫诗学精神的丰富性与复杂性、注重浪漫主义艺术表现的特征并将浪漫主义与现代主义相交融、渗透生命本真情绪的诗学价值观和形式论、主体"发现"与客观"检察"并重的诗学批评观4个方面对郭沫若前期浪漫诗学的现代性特征给予了详细而客观的探讨;周海波的《失落的女神——〈女神〉及其新诗的"现代性"问题》则从中国现代新诗所具有的鲜明的平民化特征分析了郭沫若《女神》中所具有的现代性特征。作者指出,如果在现代平民文化发展的格局中看《女神》,这部诗集无论其精神特征还是审美艺术特征,都显示了一种前所未有的诗歌平民化精神,诗中那种毫无节制的感情"泛滥"也正是现代自由体诗歌的艺术追求,体现的正是平民化的艺术特征。税海模的《郭沫若与20世纪中国现代化选择》在现代化的语境中对郭沫若在不同时期对中国现代化的思考、贡献及其历史局限进行了简略的梳理。作者认为,郭沫若与20世纪中国的现代化选择大体上是处于"与时俱进"的同步关系的。石万鹏的《〈蔡文姬〉:新中国知识分子的精神图像》从话语理论的角度,以《蔡文姬》为研究个案,将研究对象置于文本最初形成的历史语境中去分析文本形成的原因,阐释了创作主体与既定社会秩序和政治权威的关系;更将研究的重点放在了考察文学话语如何将零碎散乱的历史组织成一个完整的叙述过程,并对文本话语与意识形态之间的支持、利用、破坏等复杂关系、权力话语对文本话语的渗透、压制与遮蔽,以及创作主体的个人话语对权力话语的反抗与消解进行了系统的分析,勾勒出了五六十年代中国知识分子的精神图像。肖伟胜的《郭沫若浪漫诗学的现代性批判》对郭沫若做了现代性的反思与批判。作者认为,郭沫若独特的生存遭际、文化际遇,以及他富有强烈个性色彩的创作实践,决定了郭沫若诗学的核心是以现代性价值为主轴的浪漫性。郭沫若浪漫诗学的现代性价值主要体现在崇尚主体自发生命冲动的高峰极端体验、受现实逆境压抑而通过潜意识的愿望投射和自我向外扩张来宣泄、抒发、寄托内心的自由企盼以及追求个人情感的本真流露这3个方面。他的《作为生命救赎形式的自叙传小说——论郭沫若早期小说》则认为,作为生命救赎之重要形式的郭沫若自叙传小说,表现出来的并不仅仅是诗学的问题,而且还是一个现代性的问题,是作者的"心灵"找寻相应的"形式"进而实现"真实生命"的问题。这些论著或采用西方马克思主义意识形态理论,或采用现代、后现代理论等学术前沿的新理论,突破了既有的郭沫若研究框架,显现了可喜的学术新质,共同显示出郭沫若研究也具有多种阐释系统共生互补的可能性。

  研究视角与方法的变化多元。刘悦坦的系列文章从不同的角度分析探讨了郭沫若及其创作。《"相对论"视角下的郭沫若研究》从"相对论"的视角分析了郭沫若思维方式中相对的时空关系,认为正是郭沫若思维方式中的这种相对促成了郭沫若早期浪漫诗作和后来诗学研究的融合。他的《"泛神论"与郭沫若的创造性思维》则从思维方式的角度切入,认为"泛神论"是一种原逻辑思维,是郭沫若创造性思维的根本生长点,并从创造学的角度分析了郭沫若的创造性特征。李怡的《时空的自由与郭沫若的感受方式》论述了郭沫若狂飙突进时期对生命的那种"超越于时空之上的绝对自由"的感受方式,指出正是这种感受方式给予了五四时期的郭沫若动人的艺术创造力,同时也正是它使得郭沫若陷入了不可克服的矛盾中。他的《郭沫若与二十世纪学院派文化的分离》则将郭沫若放在了"学术文化"发展的背景上来加以探讨,指出了郭沫若与学院派人士明显不同的从事学术研究的方式。作者认为,胡适这样的知识分子开创的是现代中国知识分子执着的专业追求,而鲁迅、郭沫若这样的社会派知识分子则为现代中国人的生存、为现代中国社会的改革而殚精竭虑,作为推动社会进步的现实力量,他们的价值是极其重要的。徐鸿的《在毁灭中再生——郭沫若早期诗歌创作的原型批评分析》运用原型批评的理论与方法对郭沫若早期诗歌中反复出现的"毁灭"与"创造"的诗歌意象进行了分析阐释;而陈俐的《郭沫若研究中的文学人类学视野》则对郭沫若研究领域中研究者运用文学人类学视野与相应的原型批评方法对郭沫若传统与现代话语共生的深层原因的分析和阐释的情况做了概述,包括从80年代初萧兵从文学人类学的角度对《凤凰涅槃》神话原型的考究、到90年代初沈光明比较系统地运用原型批评的方式来对郭沫若早期诗歌《女神》与原始先民的太阳崇拜进行阐释、再到新世纪吴翔宇对郭沫若作品中的神话原型的现代转型进行的进一步分析与阐释。邓芳的《作别病态青春——解读郭沫若性心理分析小说〈叶罗提之墓〉》则从文化和现代心理学的视角分析了郭沫若根据自我生命体验写成的性心理分析小说《叶罗提之墓》,并进一步阐释了郭沫若的自我重建的创作动机,以及性心理分析小说在文化重建方面的价值。潘晓生的《在历史与现实的撞击中追问——对郭沫若的历史剧创作的新历史主义的批评》运用新历史主义的批评方法提出的"历史诗学"的观点对郭沫若的历史剧创作进行了分析解读。作者指出,正是郭沫若对历史的"诗意"理解,才使得他往往能避免某些历史偏见,而从大文化的观念去思考问题。

对待研究对象的理性倾向。税海模不仅在《郭沫若研究的双重祛魅》中强调郭沫若研究应该回到理性地将郭沫若看成一个"人"的郭沫若研究,而且在《关于创建郭沫若学的思考》中指出,只要我们在郭沫若研究中严肃学理,为郭沫若学奠基;纯净学术,为郭沫若学立命;熔铸学统,让郭沫若学扎根,这样,学术界期盼已久的郭沫若学的创建就会大有希望。马识途的《评价历史人物必须"知人论世"——谈正确评价郭沫若》强调,要正确"评价历史人物的是非,必须在特定历史的全过程中,把历史人物的有根有据的全过程,进行全景式的透彻的考察,不仅听其言,更要观其行。"①黄淳浩在《以平常心多元开放地研究郭沫若》中呼吁:"搞学术研究切忌感情用事,对郭沫若一生的功过是非,我们必须把它放在当时的社会环境、现实政治情况与文学和学术的氛围中去进行考察。"②魏建早于1986年在湖南益阳召开的"郭沫若文学研究的现状与展望"讨论会上即提出:"要把郭沫若研究从庸俗化的政治学探究,转变为丰富的文化学研究,应该从尽可能宏观的文化背景上综合透视这一现代文化人的一种典型,现代中国知识分子的一种典型,现代中国革命者的一种典型,现代中国文学家的一种典型。"③程光炜在其《"鲁郭茅巴老曹"是如何成为"经典"的》的结尾指出:"仅仅就'文学史'而言,'鲁郭茅巴老曹'已经是一些无生命的文学'材料'了,尽可以对他们说三道四、指手画脚。但如果在'历史现场',在研究

---

① 马识途:《评价历史人物必须"知人论世"——谈正确评价郭沫若》,载《文史杂志》2000年第4期,第19页。
② 黄淳浩:《以平常心多元开放地研究郭沫若》,载《郭沫若学刊》2001年第1期,第2页。
③ 杨均照:《"郭沫若文学研究的现状与展望"讨论会简介及部分代表发言》,载《郭沫若研究》第5辑,1988年,第269页。

者的心目中,他们又是有'生命'的,是活生生的现代中国知识分子群体的一员。"①因此,需谨慎地面对他们,对他们"设身处地"地加以研究,这样更有利于问题的展开和深入。而英语世界关于郭沫若研究的第 1 篇博士论文的研究者更是早在 1979 年即特别强调了用理性态度来对待研究对象的观点:"更为重要的是,郭沫若的创作是对一位挣扎着想要保持领先地位的中国传统文人的编年记录。作家活动于其中的各种环境因素必须予以考虑。当他的各种作品,包括那些出于工作需要而创作的东西,在具体的时间、地点和环境中加以系统的研究时,它们会呈现出一种被他的批评家们所忽视了的意义。"②

无论是英语世界的还是国内的郭沫若研究者,都有权选择尽可能合理的、自己擅长的郭沫若研究范式,但同时也有责任营造、维护理性而公允的、多元化的研究环境和研究氛围。传统的研究范式也好,现代或后现代的研究理论与方法也罢,在这种意义上,它们在郭沫若研究中是可以相通相容的。但运用现代与后现代眼光来审视不同时期的郭沫若及其思想和创作,肯定会得到比单一而相对保守的传统模式所得出的结果更加丰富,更加客观与正确,也更令人深省。正如税海模所说:"如果说,既有的'光辉旗帜'范式主要凸现了郭沫若在革命斗争和文化战线上值得人们效仿的典范意义;那么,'现代学'范式则具有镜像功能,透过它可以相当地折射中国 20 世纪现代化事业的某些正反经验和现代化进程的坎坷曲折,可以折射包括郭沫若在内的中国知识分子现代化进程中的种种功过得失。用不同阐释系统去阐释郭沫若,只会更好地发掘郭沫若的潜在研究价值,更好地'走近'郭沫若。"③

从前面的分析与综述可以清楚地看出,英语世界的郭沫若研究无论是研究范式还是研究的视角与方法都与中国的郭沫若研究有相通之处,两者间既可产生互动,也有互补之处。为了缩小国内与包括英语世界在内的国际郭沫若研究的差距,提高文本研究的国际化水平势在必行。因为要更加

---

① 程光炜:《"鲁郭茅巴老曹"是如何成为"经典"的》,载《南方文坛》2004 年第 4 期,第 11 页。

② Emily Woo Yuan. "Kuo Mo-jo: The Literary Profile of a Modern Revolution, 1924—1949". Op. cit., pp. 11-12.

③ 税海模:《郭沫若研究的潜在价值及其生态优化与范式突破》,载《郭沫若学刊》2004 年第 4 期,第 15 页。

准确、更加迅速地了解国际郭沫若研究的成果,最理想的状态应是研究者直接从第一手研究资料出发展开研究,这就要求研究者具有较高的外语水平,能直接阅读第一手郭沫若研究资料和成果。尤其是对国外的郭沫若研究者来说,掌握中文是他们正确理解郭沫若文本的关键,只有正确理解了原文本,才可能以文本为根本,真正从事有价值的郭沫若研究。此外,为了顾及相当部分不懂外语,或外语水平达不到能进行学术研究的郭沫若研究学者,同时也为了更加全面、迅速地了解国际郭沫若研究的成果和研究态势,应加大、加快郭沫若作品以及我国在该领域的研究成果的对外译介以及国际郭沫若研究成果的译介及系统的整理。尽管近年来国内与国外郭沫若研究界的交流加强了,但是大部分研究者和一般普通读者对国际郭沫若研究的情况并不是太了解,一个重要原因是我们的郭沫若研究成果很少被翻译成外文发表,而国外的郭沫若研究成果也很少被译介到中国。再就是国内外的郭沫若研究者应积极参与国际郭沫若研究的交流工作,积极、主动、及时地了解国际郭沫若研究的最新研究动态,借鉴研究成果,互相交流研究心得与研究资料,开阔视野,丰富研究内容,尽力拓展郭沫若文本研究的广度与深度。在研究的过程中,应将郭沫若及其文本置于人类思想史的进程和图景中,通过与其他流派、人物、文本的比较,凸显其内涵与特点。在研究过程中,将其放在历史变迁与当代社会的格局中,通过理论与实践的对照,阐发其现实价值与意义。只有这样,才能不断拓展郭沫若文本研究的广度与深度。

第三节 英语世界的郭沫若研究对中国现当代文学研究的启示

正如魏建、税海模、蔡震、李怡等长期从事郭沫若研究的学者在自己的研究成果中所强调的,郭沫若是一个不可多得的特殊"标本"[1],"他与五四以后在中国文坛上争议不休的众多文化与文学思潮发生着关系,而且还继续地'与时俱进',不断地在历史的复杂运动中添加着自己的复杂。"[2]他创

---

[1] 魏建:《从鲁迅研究看郭沫若研究》,前面所引书,第64页。
[2] 李怡:《时空的自由与郭沫若的感受方式》,前面所引书,第134页。

作的那些作品,"堪称当时中国知识分子的心灵'档案'"①,"郭沫若的人生旅程经历了中国现代历史的各个时期,他的人生活动又涉及政治、历史的许多方面,因此,郭沫若的一生可以说包含着非常丰富的历史文化信息。""但无论如何,对现代中国的文化反思,对现代中国知识分子精神历程的反思,都肯定要涉及郭沫若研究。"②同样,英语世界的郭沫若研究者在对郭沫若进行认知考察的过程中也没错过郭沫若与中国现当代文学、中国复杂的历史以及中国知识分子的心灵发展之间那种复杂而又具代表性的关系。"郭沫若的思想发展历程在一定程度上反映出了中国的共产主义运动本身早期的发展情况。""通过如此充分、详细地表达自己,他至少可被看作是五四知识分子和早期中国共产党人的代言人。"③"更为重要的是,郭沫若的创作是对一位挣扎着想要保持领先地位的中国传统文人的编年记录。"④"而他的自传,是中国知识分子史的重要文件。"⑤可以看出,中国的郭沫若研究者和英语世界的郭沫若研究者都清楚地认识到了郭沫若与中国现当代文学之间那种窥一斑而知全豹的关系。英语世界的郭沫若研究不仅对国内的郭沫若研究,无论在研究范式、研究的角度与方法、研究的态度与偏见等方面都有着促进甚至反思的作用。同时,由于郭沫若与中国现当代文化之间这种复杂而具代表性的特殊关系,英语世界的郭沫若研究则对我国的现当代文学和文化研究以及海外的中国现当代研究也有着积极的借鉴和启示作用。

"知人论世"与马克思历史唯物主义的研究方法。"知人论世"原是孟子提出的文学批评的原则和方法,它语出《孟子·万章下》:"颂其诗,读其书,不知其人,可乎?是以论其世也,是尚友也。"⑥孟子认为,文学作品和作家本人的生活、思想以及时代背景有着极为密切的关系,因而只有知其人、论其世,即了解作者的生活、思想和写作的时代背景,才能客观地、正确

---

① 税海模:《郭沫若研究的潜在价值及其生态优化与范式突破》,前面所引书,第10页。
② 蔡震:《郭沫若研究与文化反思》,载《郭沫若学刊》2000年第4期,第62页。
③ Chen, Xiaoming. "Towards a Confucian/Marxist Solution: Guo Moruo's Intellectual Development to 1926". Op. cit., pp. 1-2.
④ Emily Woo Yuan. "Kuo Mo-jo: The Literary Profile of a Modern Revolution, 1924—1949". Op. cit., p. 11.
⑤ 夏志清:《中国现代小说史》,前面所引书,2005年版,第74页。
⑥ 《孟子·万章下》,载朱熹撰,徐德明校点:《四书章句注》,上海:上海古籍出版社,2001年版。

地理解和把握文学作品的思想内容。孟子的这一文学批评原则对后世的文学批评产生了深远的影响,为历代文学批评家所自觉或不自觉地遵循。清代著名学者章学诚在《文史通义·文德》中也表达过相似的观点:"不知古人之世,不可妄论古人之辞也。知其世矣,不知古人之身处,亦不可以遽论其文也。"①鲁迅也曾对此观点发表过自己的看法:"我总认为倘要论文,最好是顾及全篇,并顾及作者的全人,以及他所处的社会状态,这才较为确凿。要不然,是很容易近乎说梦的。"②马克思历史唯物主义认为,人不是处在某种幻想的、与世隔绝和离群索居状态的、抽象的人,而是处于可以通过经验观察到的发展过程中的、现实的、活生生的人。历史唯物主义认为,现实的人无非是一定社会关系的人格化,他们所有的性质和活动始终取决于自己所处的物质生活条件。只有从那些使人们成为现在这种样子的周围物质生活条件去考察人及其活动,才能站在现实历史的基础上描绘出人类发展的真实过程。而英语世界郭沫若研究的意识形态偏见告诉我们,由于研究者在对郭沫若及其思想与创作进行研究时,没有本着"知人论世"和历史唯物主义的研究原则,其研究成果中所表现出的态度、研究方法、研究结果对研究对象郭沫若来说都是非理性、非客观而有失公允的,同时也是非真实的和不正确的。有的研究者如美国学者奚密,对郭沫若对中国现代新诗的贡献及其所处的位置视而不见,在其2本论及中国现代新诗的理论与实践的专著中完全忽略了郭沫若作为诗人的存在。也有的研究者如英国学者白英,认为郭沫若的诗不可译,也完全没有向英语世界读者译介的价值。更有学者如夏志清认为,郭沫若是"表面看来,可以说是成就辉煌。"他的那些诗,"看似雄浑,其实骨子里没有多少真正内在的感情。"郭沫若这样一个被绝大多数读者所公认的中国现当代文学的代表人物,在英语世界"他者"的眼中尚且受到如此的不公允待遇,不能以理性的、实事求是的、科学而客观的态度去给予研究与评价,那么,其他的中国文学人物在异质文化"他者"那里所遭遇到的情景则更可值得思考与质疑。

  回归文学文本和提高文本研究的国际化水平。无论是从事郭沫若研究还是从事其他现当代文学研究的学者都对国内当前的现当代文学研究

---

① 章士诚:《文史通义·文德》,上海:上海书店,1988年版,第81页。
② 鲁迅:《且介亭杂文二集·〈题未定〉草(七)》,载《鲁迅全集》第6卷,1987年版,第425页。

状况表示出各种不同程度的担忧。而对国外中国现当代文学的研究状况，同对海外的郭沫若研究的研究一样，由于缺乏系统的了解和整理，还无暇顾及。本书通过对英语世界郭沫若研究资料的广泛搜集和整理，为国内外广大郭沫若研究者提供了全面、系统的资料参考。而正如前面资料的分析中所表明的，由于英语世界研究者自身对属于"异质文化"的汉语言文化、历史和研究对象的了解程度，直接影响了其以文本解读和阐释为研究基础的文本研究、实证性研究、心理分析研究、价值学研究的广度、深度及研究结论的准确性。在相对来说不太多的英语世界郭沫若研究成果中，由于研究者对研究文本及相关文化背景、历史背景的准确理解不到位，造成研究者对研究对象的误读、误释、误译，从而对那些不了解或只能借助于这些研究者的研究成果来了解外国文学和文化的读者造成了有意或无意的误导，其影响是极其严重的。为了提高国内外中国现当代文学研究的深度、广度与准确度，大力提倡对研究对象文本的回归势在必行。由于当代过度强调文学理论，盲目借用20世纪西方批评理论的"批评理论化"，且由于我们没有以文本细读为研究基础的研究意识，在批评实践中不得不走上一条大而无当的理论批评之路，结果造成文学理论、文学批评与创作实践的断裂。针对现当代文学研究的困境，越来越多的学者开始重新意识到强化文本研究的重要性，倡导应该把文本作为研究的基础和前提，一切研究活动都要回到具体的文学现象，回到文本本身。由于文本研究在性质上是强化研究者与研究对象之间的平等对话，所以研究者通过对文本的细读可以从认识论的角度对文本进行多角度、全方位、多层次的切入和解读，生发出无数的文本阐释并产生出新的意义网络，从而让文本具有长盛不衰的生命力。但异质文化的"他者"由于语言和文化的关系，不能像国内研究者那样更少受到语言障碍的干扰，更多、更深、更准确地从事基于文本为基础的文学和文化研究，这就对文本研究的国际化水平提出了更高的要求。一方面研究者要加强自身的外语修养，争取能直接接触和阅读第一手原文研究资料，亲临文本现场，根据自身的研究需要恰当而正确地把握和取舍研究需要的信息。但我们都知道，作为处于异质文化语境中的"他者"，不可能人人都掌握足够可以做研究需要的多种外语，这就要求国内从事现当代研究的学者们加强对我国现当代文学的广泛宣传和译介。毋庸置疑，翻译不仅是不同文学间彼此交流和接受的"王道"，也是汉学在海外发展的核心推动力。

通过翻译,可让"他者"通过我们对现当代文学的译介及时了解最新的研究状况,获取最前沿的研究资料和研究成果。对于国内的研究者来说,通过对国际中国现当代文学研究的研究情况、研究资料的搜集和系统化的整理,如我们这个以导师曹顺庆为核心的博士生团体目前所做的研究课题"英语世界的……研究"那样(该系列博士论文的选题从我国的古文经典到现当代文学,涉及的课题有"英语世界的《孟子》研究"、"英语世界的《庄子》研究"、"英语世界的《道德经》研究"、"英语世界的《孙子兵法》研究"、"英语世界的《楚辞》研究"、"《周易》在英语世界的接受与传播"、"英语世界的《红楼梦》研究"、"英语世界的《论语》研究"、"英语世界的《文心雕龙》研究"、"英语世界的苏轼研究"、"英语世界的《人间词话》研究"、"英语世界的鲁迅研究"、"英语世界的郭沫若研究"、"英语世界的张爱玲研究"、"英语世界的胡适研究"、"英语世界的曹禺研究","英语世界的茅盾研究"等等),通过对英语世界学者对我国经典和文学大家的研究成果的系统梳理,给国内和国外的研究者提供一个系统完整的资料参考,以便让国内外的中国现当代研究者能系统、准确、全面地了解国外的相关研究成果,及时调整和修正自己的研究方法、研究视角,尽快站到该学科领域研究的最前沿。

多元研究视野与多层次的研究范式。国内的郭沫若研究学者不但早就注意到了国内郭沫若研究与鲁迅研究,或其他的现当代作家研究在研究范式、研究的系统性、研究成果的深度与广度等方面呈现出的差距,并且对这种现象产生的深层原因与缩小差距的方式方法提出了建设性的意见。如税海模的《郭沫若研究的潜在价值及其生态优化与范式突破》以及他的 2 篇有关创建"郭沫若学"的文章:《关于创建郭沫若学的思考》和《郭沫若学资料学建设二题》。魏建的《从鲁迅研究看郭沫若研究》、《郭沫若文学研究十五年》等文章都从当前郭沫若研究的低迷现象中深入分析了导致这种研究困境的诸多原因,并提出了独到的建议。税海模认为在郭沫若研究中出现"三多三少"的现象,即"1949 年以前的郭沫若研究多,1949 年以后的郭沫若研究少;情绪化的颂扬或贬抑多,学理学术方面的研究少;生平思想创作的梳理评述多,立足当代理论语境发掘其文化价值的少。"[①]

---

① 陈晓春:《立足当下 深化郭研》,载《郭沫若学刊》2001 年第 1 期,第 6 页。

并认为原因在于研究者在总体上未能正视和深入思考郭沫若和郭沫若研究的复杂性。① 在税海模看来,郭沫若研究之所以被鲁迅研究拉下这么远的差距其根本就在于鲁迅研究经过多年耕耘,已经形成了一个多元化研究生态群落。而郭沫若研究在生态上则呈现为相对单一的局面。税海模提出的解决之道即为采用现代化、现代性、后现代性等学术前沿的新理论、新视角、新方法,突破既有的郭沫若研究框架,使郭沫若研究呈现出生态优化的态势。魏建则认为,郭沫若研究与鲁迅研究的差距不在于研究成果的数量上和研究队伍的规模上,而是在于郭沫若研究的系统性、科学性与当代性上,体现在学术品位的层次上。只有把这几个根本性的问题解决了,才能切实缩小郭沫若研究与鲁迅研究的差距,走出"以鲁视郭"的偏颇和阴影,建立起一个新的自我。② 而时下研究者对中国现当代文学研究范式危机和研究视角、研究方法的单一不时发出的那些担忧和建议,也可让研究者们清醒地意识到目前包括郭沫若研究在内的中国现当代文学研究已到了需要认真思考和采取切实的措施面对其研究所面临的困境的时刻了。徐志伟的《中国现代文学研究的危机》认为,要解决研究范式的危机,首先应该打破中国现当代文学研究的学科界限及"本位"意识,重建中国现当代文学与中国经验的联系。问题的解决更在于要开放研究者的研究视野,丰富研究的手段,广泛吸取其他学科的优长,这样才可能进入文本所可能呈现的不同世界。英语世界的郭沫若研究学者,特别是 2 篇郭沫若研究博士论文的研究者,他们在研究过程中所采取的视角和研究方法,为国内郭沫若研究学者和其他现当代文学者提供了学习和借鉴的榜样。一篇是英语世界研究郭沫若的第 1 篇博士论文《人类的英雄与被放逐的上帝:郭沫若历史剧〈屈原〉中的中国思想》,作者为美国底特律大学的 Rose Jui-chang Chen,她从中国人的宇宙观的视角切入,以图文并茂的方式详细分析了蕴含在郭沫若历史剧《屈原》每一幕、每一场中的易学思想。另一篇是美国加利福尼亚大学社会学专业的博士运用心理学的方法和统计学的理论与图式分析压力对中国作家如郭沫若、鲁迅短篇小说创作数量和质量的

---

① 税海模:《郭沫若研究的潜在价值及其生态优化与范式突破》,前面所引书,第 9 页。
② 魏建:《从鲁迅研究看郭沫若研究》,载《鲁迅研究月刊》1994 年第 12 期,第 64—67 页。相似的观点也可参见魏建:《郭沫若文学研究十五年》,载《中国现代文学研究论丛》1995 年第 2 期,第 25—26 页。

影响。英语世界的郭沫若研究的实践经验表明,只有拓宽我们的研究视野,丰富我们的研究层次,博采其他学科的资源优长,才能从研究对象身上发现新的问题,打开新的研究突破口,不断丰富研究的内涵,赋研究对象以强盛的生命力。

结 语

正如魏建所指出的,自 1978 年郭沫若去世后,国内对郭沫若的研究,尤其是文学研究的势头并没有因为其"盖棺而论定",相反,却呈现出"歧义叠现,观点多变"的研究景观,使这一研究领域再次显示出生机活跃的势头。正是这一研究景观结束了郭沫若去世前研究格局狭窄、研究视角单一、研究方法陈陈相因的历史[①]。英语世界郭沫若研究的情形也显示出相似的趋势走向,无论是高级别的博士研究论文,还是对郭沫若思想及其创作进行探讨的学术专著,都在国内郭沫若研究的再次兴盛后呈现出相似的生机与活力。国内外郭沫若研究的生机与活跃主要表现为以下几个显而易见的方面。

郭沫若学术研究机构的相继建立。1979 年 6 月 12—19 日,由四川大学和乐山市联合主办的"郭沫若逝世一周年及郭沫若研究学术讨论会"在郭沫若的家乡乐山举行,来自全国 23 个省、市、自治区的 130 多位研究者、出席了会议。讨论围绕郭沫若的早期思想发展问题、诗歌和戏剧创作、历史及考古研究、郭沫若与外国文学、郭沫若著作编辑出版方面的情况等问题热烈展开。这次会议拉开了新时期全国郭沫若研究的序幕,在郭沫若研究史上具有重大意义。一周后,四川大学率先成立了郭沫若研究室,四川大学学报在郭沫若研究室成立后的次月即 1979 年 7 月开始连续出版了 6 期"郭沫若研究专刊"。1983 年 5 月下旬,中国社会科学院郭沫若著作编委会、历史研究所、文学研究所和中国文学艺术节联合会联合发起的"郭沫若研究学术座谈会"在北京召开,并成立了中国郭沫若研究学会。会上周

[①] 魏建:《郭沫若文学研究十五年》,载《中国现代文学研究论丛》1995 年第 2 期,第 20 页。

扬、石西民等发表了学习郭沫若、研究郭沫若的讲话。李一氓和夏衍也分别发表了"正确评价郭沫若"和"实事求是地评价新文化运动的先驱者郭沫若"的讲话。《郭沫若研究》专辑收录了这次学术座谈会的会谈纪要。此后,《郭沫若研究》每年1辑,连续出版了12辑,刊登国内外郭沫若研究的高质量研究成果。继1983年5月中国郭沫若研究会成立之后,同年的10月和11月四川郭沫若研究学会和山东郭沫若研究会相继成立。2003年,日本郭沫若研究会成立,研究会选举出以日本九州大学教授岩佐昌暲为代表、以郭沫若的外孙女,日本东京国士馆大学教授藤田梨那为理事、以上海财经大学的武继平教授为秘书长的干事会。研究会的主要活动,一是发行研究会的会报,另一是以开座谈会等多种形式交流学术研究成果以及加深会员之间的了解。2008年,在藤田梨那等的倡议下,国际郭沫若研究会(The International Guo Moruo Academy [IGMA])成立,创始会员包括来自美国、德国、法国、澳大利亚、意大利、中国、韩国、日本、新加坡、中国香港和中国台湾等地的郭沫若研究者。

郭沫若学术研讨会的频繁举行。自1979年郭沫若去世后的周年暨研究学术研讨会在四川乐山大佛凌云寺举行后,全国性,甚至国际性的郭沫若学术研讨会在中国郭沫若研究会、四川郭沫若研究学会、山东郭沫若研究会和日本郭沫若研究会的组织下频繁召开,几乎每年都有一次(2005年甚至多达4次),从不同的角度对郭沫若研究中的各种相关主题进行了积极的、较为系统的探讨。如1986年在湖南益阳召开的"郭沫若文学研究的回顾与展望"学术讨论会;1989年在青岛召开的"我的郭沫若观"学术讨论会;1993年在山东曲阜召开的"郭沫若与儒家文化"学术讨论会;1995年在厦门举办的"郭沫若的女性观及其作品中的女性形象"学术研讨会;1996年在乐山举办的"郭沫若与乡土文化"学术讨论会;1997年在成都举办的题为"郭沫若与世界文化"的国际学术研讨会;2001年在乐山召开的"郭沫若与新世纪"学术研讨会;2005年在日本福冈举行的"郭沫若与日本"国际学术研讨会;2008年在日本九州大学举行的"郭沫若研究国际学术研讨会";2009年在美国约翰·霍普斯金大学举行的首届郭沫若国际会议,2012年在俄罗斯圣彼得堡举办的"远东文学研究第五届国际学术研讨会暨纪念郭沫若先生诞辰120周年研讨会"、2014年在奥地利维也纳大学举办的"医学·文学·身体——郭沫若学术国际研讨会"等。这些研讨会的举行,不仅加深了研究者对郭沫若研究中许多问题的认识,也加强了研者之间各自学术研究情况的相互交流、沟通,促进了郭沫若研究的深入与发展。

郭沫若学术研究成果在数量和质量上的提高。根据杨胜宽教授编辑的《郭沫若研究文献汇要》(1920—2008),仅关于郭沫若研究的专著即有总论41本,生平传记81本,思想文化17本,文学52本,研究资料(工具书及其他)24本。其中具较大学术影响的有:王锦厚等选编的《百家论郭沫若》、魏建的《郭沫若:一个复杂的存在》、卜庆华的《郭沫若研究新论》、黄侯兴的《〈女神〉时期的郭沫若》、李霖的《郭沫若评传》、王继权和童炜钢的《郭沫若年谱》(上、下)、魏红珊的《郭沫若美学思想研究》、楼栖的《论郭沫若的诗》、阎焕东的《凤凰、女神及其他:郭沫若论》、王训昭等编的《郭沫若研究资料》。英语世界郭沫若研究的专著中最具影响力的有罗伊的《郭沫若的早年岁月》、邦妮·麦杜戈尔的《西方文学理论与现代中国导论,1919—1925》、邦妮·麦杜戈尔与彭阜民合译的《郭沫若剧作选》、杨宪益与格兰蒂斯(戴乃迭)合译的郭沫若历史剧《屈原》、马立安·高利克的《中国现代文学批评发生史,1917—1930》、李欧梵的《中国现代作家的浪漫一代》以及夏志清的《中国现代小说史》。英语世界和国内以郭沫若作为研究对象的博士论文也呈逐渐增加的趋势,研究者运用各种不同的研究范式与方法,对郭沫若及其创作进行了不同视角、不同层次的深入探讨,对国内外的研究者对郭沫若及其思想与作品的理解与认识,以及对郭沫若研究的发展都起到了积极的促进作用。同样,在学术刊物上发表的郭沫若研究论文更是不计其数。这些研究成果表明了郭沫若研究的繁荣与进一步深入、壮大的可能性。

值得欣慰的是,国内外的郭沫若研究者并不是盲目地对自己喜爱的研究对象郭沫若一味持乐观、肯定与褒扬的态度,他们都在研究的过程中意识到了郭沫若研究圈内与圈外的不同情绪、态度、甚至因意识形态的不同而产生的非理性偏见,体会到了郭沫若研究的低迷与疲软,认识到了郭沫若研究中研究范式、研究视角与研究方法的相对单一与狭窄,以及它们在新世纪郭沫若研究中的逐渐改善。研究者对郭沫若研究中的这些情况进行了理性的反思与展望,并对走出这种困境的有效出路进行了积极探寻。如在2009年4月四川郭沫若研究中心成功举办的"郭沫若研究90周年"学术研讨会上,《中国现代文学研究丛刊》主编吴福辉、北京师范大学的刘勇、中国社科院的张中良、中国郭沫若研究会的蔡震和谢保成、山东师范大学的魏建、北京师范大学的李怡等来自中国现当代文学界多方面的专家,就推进乐山的郭沫若学术研究、申报郭沫若研究的国家社科基金项目、宣传沫若文化、使学术研究为地方经济文化建设服务等问题展开热烈讨论,积极建言献策。专家们认为,研究郭沫若不应该,也不必回避质疑,相反,我们应该"在质疑中来完成郭沫若的经典化过程",这既需要研究者的"理解",也需要"回到文学",恢复郭沫若在中国现代文学史上的原貌。专家们指出,郭沫若研究最主要的任务之一在于培养、积累人才,增加"实力派"学者。正如魏建在《郭沫若文学研究十五年》中指出的,在新时期的中国现当代文学研究领域中,是"第三代"学者开创了鲁迅研究全新的学术格局,取得了卓越的研究成绩,而郭沫若研究之所以被鲁迅研究落下那么大的差距,就在于富有实力的"第三代"研究者的缺少①。可喜的是,在2010年8月在山东济南举行的国际郭沫若学术研讨会上,大家欣喜地发现了不少新鲜的面孔,听到了这些大都是博士的年轻学者们发出的清新的学术之音。

郁达夫在纪念鲁迅的文章《忆鲁迅》中怒斥政府当局对这样一位杰出的文学家不知爱戴时说:"没有伟大的人物出现的民族,是世界上最可怜的生物之群;有了伟大的人物,而不知拥护、爱戴、崇仰的国家,是没有希望的奴隶之邦。"②在1978年6月18日为郭沫若举行的追悼会上,邓小平对郭沫若的一生下了最权威的评价,称郭沫若是"继鲁迅之后,在中国共产党领导下,我国文化战线上又一面光辉的旗帜。"③此后,郭沫若和鲁迅被称为是中国现当代文学的"双子星座"的地位被绝大部分知识分子予以肯定。王瑶、张毕来、丁易和刘绶松等的文学史研究使得"鲁郭茅,巴老曹"成为中国现当代文学研究界的公认排序。唐太宗在魏征死后曾对仕臣们说:"夫以铜为镜,可以正衣冠;以古为镜,可以知兴替;以人为镜,可以明得失。朕常保此三镜,以防己过。"④其实,郭沫若就是一位极具"史鉴"价值的文化人物。既往的学术史反复证明,只有像孔子、老子、庄子这些在不同历史语境中都能唤起后人从不同阐释系统对其反复阐释的大家,才会

---

① 魏建:《郭沫若文学研究十五年》,前面所引书,第26页。
② 郁云:《郁达夫传》,福州:福建人民出版社,1984年版,第136页。
③ 邓小平:《在郭沫若同志追悼会上的悼词》,载王训昭等编:《郭沫若研究资料》(上),前面所引书,第1页。
④ 吴兢:《任贤第三之"魏征"》,载《贞观政要》卷二,谢保成集校,上海:中华书局,第33页。

真正"不朽",才是永远生活在后人心中的文化巨人。同样,用不同阐释系统去阐释郭沫若,只会更好地发掘郭沫若的潜在研究价值,更好地"走近"郭沫若。在当下浮躁的学术风气下,研究者更应该保持冷静的思考和淡定的心态,踏踏实实做好自己的研究工作。在郭沫若研究者的共同努力下,客观、公正、理性、多元的郭沫若研究定将成为国际郭沫若研究的必然发展趋势。

附 录

一、首届国际郭沫若研讨会英文论文目录

1.［美］The May Fourth Movement and Chinese Cultural Indentity——A Case Study of Guo Moruo by Chen Xiaoming（五四运动和中国人的文化身份——以郭沫若为例）

2.［美］On the Reception of Upton Sinclair from Japan to China：A Route through Chuangzao She（Creation Society）by Zhou Hailin（论阿普顿·辛克莱经创造社从日本到中国的接受）

3.［韩］Critical Examination on the Phenomenon of Guo Moruo：Centering the Concept of the Individual and Aesthetic Autonomy in the Theory of Rewriting Literary History by Lee Jongmin（基于文学史重写理论的郭沫若现象的批判性调查：以个体和美学的自主性概念为中心）

4.［日］Medical Concept in the Poems of Guo Moruo by Rina Fujita（郭沫若诗歌中的医学概念）

5.［日］Five Early Poems of Guo Moruo——English and Japanese Translations with Commentaries by Yorio Otaka（郭沫若早期诗歌五首——英、日译文及评论）

6.［日］A Glance over Guo Moruo's Calligraphy by Toshiharu Kawachi（郭沫若书法一瞥）

7.［澳门］On the Area Background of Guo Moruo's Writings by Zhu Shoutong（论郭沫若创作的地域背景）

二、郭沫若文献史料国际学术研讨会暨 IGMA 学术年会英文论文目录

1. [美] The Political Transformation of Romantic Lyricism: Guo Moruo's Exchange of Poems with Mao Zedong by Yang Haosheng(浪漫抒情的政治转变:郭沫若与毛泽东的诗词唱和)
2. [斯洛伐克] Gothic Chamber in Goethe's *Faust* and a Tiny Room in Hakpzaki: Some Comments on Guo Moruo's Translation from October 10, 1919 by Marián Gálik("果提克"式的居室与箱崎的一间小屋:散议郭沫若1919年10月10日对歌德《浮士德》的翻译)

三、英语世界郭沫若研究者对郭沫若作品的题名英译

哀歌:Song of Woe
岸上:On the Shore
暗无天日的世界:This Dark and Sunless World
芭蕉花:Plantain Blossom; The Banana Blossom
抱箭集: *Armed with Arrows*; *A Sheaf of Arrows*
北伐途次: *One Stage in the Northern Expedition*; *In the Path of the Northern Expedition*; *Halts on the Northern Punitive Expedition*; *A Poet with the Northern Expedition*; *On the Road of the Northern Expedition*
笔立山头展望: *On the Summit of Mount Hekilitsuyama*; *Panorama from Fudetate Yama*; *Standing Looking afar on the Top of the Mountains*; *Unfolding the Vision from the Top of Mount Fudetate*; *Looking out from the Summit of Fudetate Yama*
别离:Parting; Separation
别须和田:Farewell, Xu Hetian
波:Waves
波斯诗人莪默伽亚谟:Persian Poet Omar Khayyam
蔡文姬:Ts'ai We-chi
残春:Withering Spring; Lingering Spring; Late Spring
晨安:Good Morning; The Good Morning; Morning Peace

晨兴：Stirrings of Morning；The Stirring of the Morning；At Dawn；Dawn

楚霸王自杀：The Lord-protector of Ch'u Commits Suicide；Suicide of the King and Hegemon of the Ch'u；The Hegemon of Chu Dies by His Own Hand

初出夔门：First Time out of K'uei-men；The First Time through K'uei-men；My First Trip out of Szechwan

创造十年：Ten Creative Years；Ten Years of Creation；Ten Years of the Creation Society；Ten Year Creation；A Decade of Writing

创造十年续编：Ten Creative Years Continued；Ten Years of Creation Continued；The Continuation of Ten Years of Creation；Continuation of "Ten Years of the Creation Society"；Supplementary to Chuangzao Shinian；A Sequel to Ten Years of Creation：A Memoir

创造者：Creator；Demiurge；The Creator

春蚕：Spring Silkworms

春愁：Worries in Spring；Spring Melancholy；Spring Sadness

春寒：Spring Chill

春莺曲：The Song of the Oriole in Spring

春之胎动：The Stirring of the Spring

达夫的来访：Ta-fu Came to Visit

到宜兴去：A Trip to I-hsing

到浦东去来：Going to P'utung and Back

等于打死了林肯和罗斯福：As if Lincoln and Roosevelt were Shot to Death

抵制日货之究竟：The Inner Story of the Anti-Japanese Boycott

地球，我的母亲！：Earth, My Mother！；Oh, Earth, My Mother！；Globe, My Mother！

地下的笑声：Underground Laughter；Laughter Underground

电火光中：In the Electric Lights；By Electric Light

冬景：A Winter Scene

读《武训历史调查记》：A Reading of "An Investigation of the History of Wu Xun"

断断集：Speaking Frankly

断线风筝：A Broken-off Kite

对于文化人的希望：Expectations Regarding Cultural Workers

多谢：Many Thanks

儿童文学之管见：My Opinion on Children's Literature

反帝斗争的连锁反应：The Chain Reaction of the Anti-imperialist Struggle

反正前后：Before and After the Revolution；Transformation of a Historical Epoch；Before and After the 1911 Revolution

沸羹集：*Restless Voices*；*The Turmoil*

匪徒颂：In Praise of the Rebels；Hymn to the Bandits；Ode to the Bandits；Ode to the Vagabonds；Hymn to the Rebels

疯狗礼赞：In Praise of a Mad Dog

凤凰涅槃：The Resurrection of Feng-Huang；The Resurrection of Feng-huang；The Phoenixes' Committee；The Nirvana of the Feng and Huang；The Nirvana of the Phoenixes；Phoenix Nirvana；Feng Huang Nie Pan；The Legend of the Phoenixes；Nirvana of the Feng and Huang

《浮士德》简论：A Short Critique of *Faust*；A Brief Discussion of *Faust*

《浮士德》第二部《译后记》：After the Translation of the Part Two of *Faust*

复兴民族的真谛：Restore the True Spirit of the Nation

橄榄：Olives；The Olives

甘愿做炮灰：Willing to Die in War；Volunteering to be Cannon Dust

高渐离：Kao Chien-li；Gao Jianli

告国际友人书：An Open Letter to International Friends

歌颂群英大会：Applaud to the Conference of Many Heroes

歌笑在富儿们的园里：Singing and Laughing in the Gardens of the Rich；Song and Laughter in the Gardens of the Rich

革命春秋：*The Revolutionary Years*；*Annals of the Revolution*；*Spring and Autumn of the Revolution*；*The Years of Revolution*；*Revolutionary Annals*；*Ke-ming ch'un-ch'iu*

革命与文学：Revolution and Literature

共产与共管：Communism and Collectivism；Communism and Common Goverment

古代铭刻彙考：*Collected Studies on Ancient Inscriptions*

古代铭刻彙考续编：*Collected Studies on Ancient Inscriptions Continued*

孤山的梅花：*Plum Blossom at Kushan*；*Plum Blossoms on the Lonely Mountain*

孤竹君之二子：*The Two Princes of Ku-chu*；*The Two Sons of the Lord of Ku-chu*；*Kua Chu-chun chih erh-tzu*；*Two Sons of Guzhujun*

古代研究的自我批判：*Self-Critique of Studies of Antiquity*

古书今译的问题：*Problems in Translating the Classics into the Vernacular*；*The Problem of Translating the Classics into Vernacular*

孤鸿——致成仿吾的一封信：*A Solitary Wild Goose*：*A Letter to Ch'eng Fang-wu*；*The Lonely Swan*

关于"接受文学遗产"：On "*Accepting the Literary Inheritance*"

关于文学的不朽性：*The Eternal Quality of Art and Literature*；*On the Perennial in Literature*

归来：*The Return*

归去来：*Return*；*Returning, Going, Coming*

郭沫若集外序跋集：*Unpublished Prefaces and Postscripts Written by Guo Moruo*

郭沫若旧体诗词系年注释：*An Annotated Chronological Collection of Guo Moruo's Old-style Poems*

郭沫若《女神》集外佚文：*Guo Moruo's Writings Uncollected in The Goddesses*

郭沫若少年诗稿：*Guo Moruo's Early Poems*；*Guo Moruo's Childhood Poetry*；*Guo Moruo's Poetry of Young Years*

郭沫若全集：*Comprehensive Works of Guo Moruo*；*Collected Works of Kuo Mo-jo*

郭沫若全集·文学编：*Complete Works of Guo Moruo——Literature*

郭沫若全集·历史编：*Complete Works of Guo Moruo——History*

郭沫若选集：*Selected Works of Guo Moruo*

郭沫若研究：*Study on Guo Moruo*

郭沫若研究论集：*Anthology of Research Essays on Guo Moruo*；*Materials for the Study of Guo Moruo's Life and Work*

郭沫若研究专刊：Research on Guo Moruo, a Special Issue

郭沫若研究资料：References for the Study of Guo Moruo; Research Materials on Guo Moruo

郭沫若佚文集：Guo Moruo's Uncollected Works

郭沫若著译系年：A Chronology of Works Written or Translated by Guo Moruo

国防、污池、炼狱：Out of Purgatory

海涛集：Surging Seas; Collection of Ocean Billows; Ocean Waves; Sea Waves

海外归鸿：The Swan Returning from the Other Side of the Sea

海舟中望日出：Sunrise Seen from a Boat

函谷关：Han Gu Guan; The Han-ku Pass

洪波曲：Song of the Rolling Billows; The Song of the Waves; Songs of Great Waves

黑猫：Black Cat

黑魆魆的文字窟中：In the Dark Prison of Letters

后悔：Repentance

虎符：Tiger Pass; The Tiger Tally; Hu Fu; The Marshal's Credentials

浣溪沙：To the Melody of Wan Hsisha

黄河与扬子江对话：The Conversation between the Yellow and Yangtze Rivers; The Dialogue Between the River Yangtze and Huangho

黄浦江口：Estuary of the Huangpu; The Mouth of the Huang-p'u; At the Mouth of the Huang-P'u River

恢复：Convalescence; Recovery; The Recovery

惠施的性格与思想：The Character and Thinking of Hui Shi; The Temperament and Philosophy of Hui Shi

活的模范：A Living Model

火葬场：The Crematory

甲骨文字研究：A Study on the Writing of Oracle Bones

贾长沙痛哭：Chia of Changsha Cries Bitterly; Jia Yi Weeps Bitterly

甲申三百年祭：Elegy Written Three Hundred Years after the Fall of the Ming Dynasty

解剖室中:In the Dissection Room
今昔集:*Past and Present*; *Rush Sword*
今昔蒲剑:*Rush Sword, Past and Present*; *Chin-hsi P'u-chien*
金字塔:Pyramids
金刚坡下:At the Foot of the Chinkang Hill; Under Diamond Hill
金文丛考:*A Collectanea of the Studies on Bronze Inscriptions*
静夜:A Quiet Night
巨炮之教训:The Lessons of the Cannons; The Cannon's Lesson
卷耳集:*Cockleburs*
骷髅:Skeleton
喀尔美萝姑娘:Donna Karmela; Miss Caramel; The Girl Caramelo
《坎曼尔诗笺》试探:An Initial Study of the Karmur's Poems
看溜冰:Watching Ice Skating
看渔民出海:Looking at Fishermen Setting Sail
抗战颂:Song of the War of Resistance
抗战以来的文艺思潮:The Trend of Thought in Art and Literature Since the War of Resistance
抗战与觉悟:The War of Resistance and the Awakening
抗战与文化问题:The War of Resistance and the Cultural Questions
孔夫子吃饭:Confucius Eats Rice; Confucius is Hungry
孔雀胆:*Peacock's Poison*; *The Peacock's Gall-bladder*
跨着东海:Crossing the Eastern Sea; Stepping across the Eastern Sea
狼群中的一只白羊:A White Sheep amongst Wolves
浪花十日:Ten Days at Namihana; Ten Days of Wave Crests
浪漫主义与现实主义:Romanticism and Realism
李白与杜甫:*Li Po and Tu Fu as Friends*; *Li Po and Tu Fu*
离沪之前:Before Leaving Shanghai
力的追求者:A Seeker after Strength; He Who Pursues Force
历史、史剧、现实:History, Historical Plays, and Reality
励失业的友人:To Give Encouragement to My Unemployed Friends; To Encourage My Unemployed Friends; To Encourage My Friends the Unemployed
立在地球边上放号:Shouting on the Rim of the World; My Cry from the

Edge of the Earth; Standing on the Edge of the Globe, Calling Aloud; I Sound the Bugle on the Edge of the Earth; Blow the Trumpet by Standing in the Horizon of the Earth; A Salute When Standing on the Edge of the World; Shouting on the Rim of the Earth

炼狱:Purgatory

两周金文辞大系:Compendium of Bronze Inscriptions from Two Chou Periods

两周金文辞大系考释:Explanations to The Compendium of Bronze Inscriptions from Two Chou Periods

两周金文辞大系图录:Drawings for The Compendium of Bronze Inscriptions from Two Chou Periods

流沙:Flowing Sands

留别日本:Farewell to Japan

留声机器的回音:The Recorded Sound from the Phonograph; Gramophone's Echo

六一颂:Hymn to June the First

鹭鸶:Egret

鲁迅与王国维:Lu Hsun and Wang Kuo-wei

炉中煤:Coal in the Grate

路畔的蔷薇:Roses by the Roadside

Löbenicht 的塔:Tower Löbenicht

论国内的评坛及我对于创作的态度:Chinese Criticism and My Attitude towards Creation; Concerning Domestic Critical Circles and My Attitude toward Creativity

论节奏:On Rhythm; A Discussion of Rhythmn

论诗三札:Three Letters on Poetry

论文学的研究与介绍:On Introducing Literature and its Study; On the Literary Study and Introduction; On Literary Research and Introduction

论写旧诗词:On Writing Old Poetry and Song Lyrical

论中德文化书:A Letter on the Chinese-German Cultures; A Letter on Chinese and German Culture

落叶:Fallen Leaves; The Fallen Leaves; Leaves Fall

马克思进文庙：Marx Visits the Confucian Temple; Marx Visits Confucius' Temple; Marx Enters the Confucian Temple

卖书：The Sale of Books; Selling Books; How I Sold My Books

卖淫妇的饶舌：A Prostitute's Wagging Tongue

满江红：To the Melody of Man Chiang Hung

满江红·元旦书怀：To The Tune of "Man Jiang Hong"——Sentiments on the New Year's Day

曼陀罗花：Mad Love; The Bur-flag Blossom; Jimson-weed

梅花树下醉歌：Drunken Song under a Flowering Plum Tree

美术考古一世纪：A Century of Discoveries in Archaeology of Art

们：Men

孟夫子出妻：Mencius Divorces His Wife; Meng-tzu Repudiates His Wife

蜜桑索罗普之夜歌：A Misanthrope's Serenade; Misanthrope's Night Song; Night Song of a "Misanthrope"

民主形式商兑：A Deliberation on "National Forms"

民主运动中的二三事：A Few Events during the Democratic Movement

民族的杰作：National Treasure

鸣蝉：The Singing Cicada

沫若诗集：*Poems of Guo Moruo*; *The Poetry Collection of Mo-jo*

沫若书信集：*Collected Letters of Mo-jo*; *Letters by Guo Moruo*

沫若文集：Collected Writings of Mo-jo; Kuo Moruo's Literary Works; Works of Guo Moruo; Collected Literature of Kuo Mo-jo

沫若自选集：*Moruo's Self-selected Works*

沫若自传：*The Autobiography of Guo Moruo*

牧羊哀话：The Sad Tale of a Shephardess

南昌之一夜：A Night in Nanch'ang

南风：The Southern Wind

南冠草：A Prisoner's Scribblings; Poem from a Prison House

南京印象：An Impression of Nanking; Impressions of Nanjing

拟屈原答渔父辞：Emulating Qu Yuan's Answer to the Fisherman

奴隶制时代：Slave Period

女神：*The Goddesses*; *The Goddess*; *Goddesses*; *Goddess*

《女神》汇校本：*The Goddesses*, an Annotated Text

女神之再生：Rebirth of the Goddesses；Rebirth of the Angels；The Rebirth of the Goddess；The Rebirth of the Goddesses；The Goddesses' Rebirth

《女神》诗选：*Collected Poems from The Goddesses*

《女神》序诗：Preface to The Goddesses；Prologue of The Goddesses；Preface；Introductory Poem to the Collection The Goddesses

朋友们怆聚在囚牢里：To Friends Sadly Gathered in the Prison；Friends Suffering in Jail；My Miserably Incarcerated Friends

批判《意门湖》译本及其他：A Criticism of *Immensee*'s Translation and Other Matters；The Critique of *Immensee* and Other Things

批评—欣赏—检察：Criticize—Appreciate—Examine；Criticism, Appreciation, Investigation

批评与梦：Criticism and Dream；Criticism and Dreams

漂流三部曲：A Sonata on Wandering；A Trilogy of Wandering；Drifting Trilogy

瓶：The Vase；Vase

蒲剑集：*Rush Sword*

菩提树下：Under the Bo Tree；Below the Ficus Religiosa；Under the Sacred Fig Tree

漆园吏游梁：The Official of Ch'i-yuan Visits the State of Liang；The Intendant Travels to Liang

骑士：The Knight

齐勇士比武：A Show of Strength of Two Brave Men from the State of Ch'i；The Champions of Chi；The Champions of Qi in Contest

歧路：The Beginning of the Road；The Beginning of the Journey；The Crossroads；Strenuous Passage；A Fork in the Road；Crossroads

前进曲：March Forward

前茅：Vanguard；The Vanguard

前线归来：Returning from the Front Lines

前奏曲：Overture

怆恼的葡萄：The Grapes of Wrath

秦始皇将死：The First Emperor of Ch'in Nears Death；The First Emperor of Qin about to Die; Last Day of a Tyrant

青铜时代: *Bronze Period*; *The Bronze Age*

请看今日之蒋介石: Look at Today's Chiang Kai-shek; Please Take a Look at the Chiang Kai-shek of Today

晴朝: A Sunny Morning; A Fine Morning

穷汉的穷谈: Poltroon's Babblings; The Empty Talk of the Poor

屈原不会是弄臣: Chu Yuan was Unlikely a Homosexual Courtier

屈原的艺术与思想: The Art and Thoughts of Ch'u Yuan

屈原赋今译: A Modern Version of Ch'u Yuan's Poems

屈原时代: The Time of Ch'u Yuan

屈原研究: Study on Chu Yuan

人类的前卫: Mankind's Vanguard

人力以上: Beyond Human Power; Beyond Man's Strength

人文界的日蚀: Solar Eclipse in the Literary World

日本的过去、现在和未来: The Past, the Present, and the Future of Japan

日本民族发展概况（观）: An Overview of the Development of the Japanese Nation

日本之煤铁问题: Coal, Iron, and Japan

日出: Sunrise

如火如荼的恐怖: The Terror Spreads like Fire

入关: Through the Pass

儒家精神的复活者王阳明: Wang Yangming—The Restorer of Confucian Spirit

三个泛神论者: Three Pantheists

三个叛逆的女性: Three Rebellious Females; Three Rebellious Women; Three Women of Defiance; Three Revolutionary Women

三诗人之死: The Death of Three Poets

三潭印月: Near the West Lake

三叶集: *Cloverleaf*; *The Cloverleaf*; *A Collection of Three Leaves*; *Kleeblatt*

山中杂记: Miscellaneous Notes Written in the Mountain; Miscellaneous

Records in the Mountains; Miscellaneous Notes from Living in the Hills; Sketches from the Mountains

 沙上的脚印：Footprints in the Sand

 上海的清晨：Shanghai Dawn; Morning in Shanghai

 上海文艺之一瞥：A Glance at Shanghai Literature

 上海印象：My Impression of Shanghai; Impressions of Shanghai; An Impression of Shanghai

 少年时代：Younger Days; My Younger Years; Childhood; The Era of My Youth; The Period of My Youth; My Early Youth; The Time of My Youth; Young Age

 少年维特之烦恼序引：A Preface to *Die Leiden Des Jungen Werthers*; A Preface to *The Sorrows of Young Werther*

 芍药及其他：Peonies and Other Things

 社会革命的时机：The Timing of Social Revolution

 神话的世界：The World of Myths

 申述人民身份的演变：Treatise on the Evolution of the People's Social Status

 生活的艺术化：Practical Aestheticism

 胜利的死：The Victorious Death; Victorious in Death

 诗的宣言：The Declaration of Poetry

 诗歌的创作：The Creation of Poetry

 诗书时代的社会变革与其思想上之反映：Social Changes during the Time of the Shih and Shu and Their Reflection in the Thought of the Time

 石鼓文研究：A Study on "Stone Drum Inscriptions"

 十批判书：Ten Critical Treatises; Ten Critiques; Ten Criticisms

 十字架：Dilemma; The Cross

 豕蹄：*Pork Shank*

 双簧：Double Talk; Double Performance

 双十解：Explaining the Two Crosses

 水平线下：Below the Water Mark; Below the Waterline; Below the Horizon

 水墨画：Painting in Black, Grey and White

死的诱惑: Temptation of Death; The Temptation of Death; The Lure of Death

司马迁发愤: Ssu-ma Ch'ien is Indomitable; Sima Qian Gets Angry; Sima Qian Vents His Anger

蒐苗的检阅: Inspection of the Expeditionary Troops

寿朱德: Happy Birthday to Chu Te

苏联纪行: Journal of a Trip to the Soviet Union; Records of a Trip to the Soviet Union; Trip in the U. S. S. R.

塔: Pagoda

太戈尔来华的我见: My Views on Tagore's Visit to China; My Views on Tagore's Coming to China

太阳礼赞: Hymn to the Sun

太阳没了: The Sun Has Set

棠棣之花: Cherry Blossoms; Wild Cherry Blossoms; Twin Flowers; Twin Blossoms; The Devoted Siblings; Wild Plum Blossoms; The Blossom of the Cherry-Wood; Tangdi Zhi Hua; Devoted Siblings; Brothers; Plum Blossoms; T'ang-ti chih hua; The Flower of Tangdi

题毛主席在飞机中工作的摄影: Written for the Picture of Chairman Mao Working in the Plane

天才与教育: Genius and Education

天狗: Heavenly Hound; The Sky Dog; Heavenly Dog; The Hound of Heaven; The Hound of the Heaven; Tiangou; Hound of the Sky; The Heavenly Hound; T'ien Kuo; Celestial Dog

天地玄黄: Black Heaven and Yellow Earth; Heaven, Earth and Stars

天上的市街: The Streets of Heaven

题关山月画: On Kuan Shanyueh's Painting

蝈蟪集: *Cicadas*; *The Cicada*

铁的处女: Iron Virgin

同文同种辩: On the Same Culture and Same Race

脱离蒋介石以后: After Breaking with Chiang Kai-shek; After Taking Leave of Chiang Kai-shek

瓦特·裴德的批评论: Walter Pater on Criticism; The Criticism of Walter

Pater; Pater's Criticism

万引：Mambiki; Shoplifter; A Petty Theft

王阳明礼赞：In Praise of Wang Yang-ming

王昭君：*Wang Chao-chun*; *Wang Zhaojun*

伟大的爱国诗人——屈原：Chu Yuan; Great Patriotic Poet

伟大的精神生活者王阳明：Wang Yangming; A Great Spiritualist

未来派的诗约及其批评：Futurist Poetry and its Criticism

为"五卅"惨案怒吼：An Angry Roar against the Tragic "May-Thirtieth" Incident; Roar with Rage for the Tragic May Thirtieth Incident

未央：Unfinished; Halfway; Endless Light

文化与战争：Culture and War

文学与革命：Literature and Revolution

文学的本质：The Nature of Literature; The Social Nature of Literature; Essence of Literature

文学革命之回顾：Reassessment of the Literary Revolution

文艺的生产过程：A Production Process of Literature

文艺家的觉悟：The Awakening of Writers and Artists; The Artist's Consciousness; The Awakening of a Litterateur; The Writer's Consciousness; Writer's Consciousness

艺术家与革命家：Artist and Revolutionary; Artists and Revolutionaries

文艺论集：*Collected Literary Essays*; *Collected Discussions on Literature*; *Collected Discussions on Literature and Art*; *Studies on Literature and Art*

《文艺论集》汇校本：*Collected Literary Essays, an Annotated Text*

文艺论集续编：*Collected Literary Essays Continued*

文艺战线上的封建余孽：A Remnant Evil of the Feudal Society in the Front of Literature and Art

文艺之社会的使命：Social Mission of Art and Literature; The Social Mission of Literature; The Social Mission of Art

我的童年：*My Childhood*; *My Youth*; *My Boyhood*

我的学生时代：*My Student Days*; *My School Years*

我对国防文学的意见：My Opinion Concerning the Literature for National Defense

我国思想史上之澎湃城:The Pompeii of Chinese Intellectual History; A Pompeii City in the Intellectual History of Our Nation

我是个偶像崇拜者:I am an Idolator; I am the Idolator; I am an Idol Worshipper; I Am a Worshipper of Idols

我是怎样写《棠棣之花》的:How I Wrote "Plum Blossoms"

我要说的话:Words I Want to Say

我的作诗的经过:What I Went Through in Writing Poetry; My Experience in Writing Poetry; The Experience of Writing My Poetry; My Poetical Career

我们的文学新运动:Our New Literary Movement; Our New Movement in Literature

我们在赤光之中相见:We Shall Meet in the Red Light

我们所失掉的只是奴隶的镣铐:What We Have Lost are Only the Enslaving Shackles

武昌城下:A Poet with the Northern Expedition

西湖纪游:Notes on a Tour to the Western Lake; A Trip to Lake Xihu

戏剧与民众:The Play and the Public

《西厢记》艺术上的批判与其作者的性格:Romance of the Western Chamber: Literary Criticism and the Character of the Author; Artistic Criticism of "The West Chamber" and the Nature of Creator; Artistic Criticism of The West Chamber and the Nature of its Creator

湘累:Tragedy by the River Hsiang; Tragedy at the River Hsiang; Exile on River Xiang; The Burdened One of the Xiang River; Xiang Lei; Sorrow at the Xiang; The Entangled One of the Xiang River; Tragedy at Hsiang River; On the Hsiang; The Tragedy at the River Hsiang; The Tragedy on the River Xiang; Hsiang-lioh

香午:A Fragrant Noon

向自由王国的飞跃:Flight toward the Kingdom of Freedom

写在《三个叛逆的女性》后面:Afterward in Three Women of Defiance; A Postface to Three Rebellious Women

心灯:The Lamp of the Mind

新国家的创造:The Creation of a New State

新华颂：*In Praise of a New China*；*In Praise of China*；*In Praise of the New China*

新文艺的使命：*Mission of the New Art and Literature*

新阳关三叠：*New Auld Lang Syne*；*Three Times at the New Sun Gate*；*Three Songs at New Yang Pass*

新月与白云：*New Moon and White Clouds*

新月与晴海：*New Moon and Clear Sea*

星空：*Starry Sky*；*The Starry Skies*；*Star Skies*；*The Starry Sky*

行路难：*Hard Going*；*A Hard Journey*；*Hard Journey*；*Obstacles on the Journey*；*Hardships of Wandering*

休作异邦游：*Happily Going to an Exotic Land*

序我的诗：*A Preface to My Poetry*

血肉的长城：*The Great Wall of Fresh and Blood*

学生时代：*Student Days*；*My Student Years*；*Student's Age*

雪朝：*Snowy Morning*；*Morning Snow*

雅言与自力：*The Quintessential and One's Ability*；*Elegant Language and Self-Reliance*

眼中钉：*A Splinter in the Eye*

阳春别：*Bidding Farewell to the Macaroni Called Spring*；*Farewell to Plain Noodles*

夜：*Night*

夜步十里松原：*Amongst the Pines at Night*；*Walking through Jurimatsubara at Night*；*Pacing through Jurimatsubara at Night*；*Among the Pines at Night*

叶罗提之墓：*An Erotic's Grave*；*The Grave of Yeh Lo-t'i*；*Pierre Loti's Grave*

夜哭：*Night Cry*

一个伟大的教训：*A Great Lesson*

艺术的评价：*The Evaluation of Art*；*The Value of Art*

艺术家与革命家：*Artists and Revolutionaries*；*The Artist and the Revolutionary*；*Artist and Revolutionariy*

殷周青铜器铭文研究：*A Study on the Inscriptions on Bronze Vessels of the*

Yin and the Chou Periods

 樱花书简:Letters from Japan;Foreign Mail(Three Letters)
 英诗译稿:Translations of English Poems
 英雄树:The Heroic Tree
 影与梦:Shadow and Dream
 痈:Carbuncle
 咏佛手柑:An Ode on Buddha's Hand
 由"墓地"走向"十字街头":From "Graveyard" to the "Crossroads"
 由日本回来了:Return from Japan
 由"有感"说到气节:From "Feeling Aroused" to Moral Courage
 有感:Feeling Aroused
 幼年时代:Childhood
 羽书集:Dispatches;Book of Feather
 雨中望湖:Lake-gazing in the Rain
 宇宙革命底狂歌:A Wild Song for Revolution in the Universe
 浴海:Sea Bath;The Sea of Bath;Bathing in the Sea;Seabathing
 月光下:In the Moonlight;The Moon Shines down;Under the Moonlight
 月蚀:Lunar Eclipse
 在轰炸中来去:Travelling Back and Forth amidst Bombing
 在解剖室:In the Dissection Room
 在理智的光辉中:In the Light of Reason
 再谈中苏文化交流:Discuss again the Sino-Soviet Cultural Exchange
 早起:Awakening;Rising Early
 战取:To Fight for
 战声集:Battle Cries;The Sound of War;The Sound of Battle
 整理国故的评价:Appraisal of Putting the National Legacy in Order
 正月四日荼天岗扫墓途偶遇两口占一律:On the Fourth Day of the First Month Composing a Regulated Verse whilst Getting Caught in the Rain Halfway to Grave Tending in Chatiangang
 政治经济学批判:A Contribution to the Critique of Political Economy
 忠告日本政治家:Advivce to the Japanese Politicians
 中国古代社会研究:A Study on Ancient Chinese Society;Study on Ancient

Chinese Society; Study of Ancient Chinese Society; Researches into Ancient Chinese Society; Chung-kuo Ku-tai she-hui yen-chiu; Study of Chinese Ancient Society

中国文化界告国际友人书:A Letter to Our International Friends

中国文化之传统精神:The Traditional Spirit of Chinese Culture

中国战时的文学与艺术:China's Wartime Art and Literature; Wartime Development of Chinese Literature

中苏文化之交流:Sino-Soviet Cultural Exchange

周易时代的社会生活:Social Life during the Period of the Chou-i

舟中偶成:Casually Composed on the Boat

筑:The Lute; The Harp

柱下史入关:The Archivist Returns through the Pass; The Return of the Master; The Archivist Returns to the Pass

卓文君:Zhuo Wenjun; Cho Wen-chun

桌子的跳舞:The Dance of Tables; Dance of the Tables; The Dance of Table

资本主义与盲肠炎:Capitalism and Appendicitis

自然与艺术:Nature and Art

自然之追怀:Recollections of Nature

四、笔者翻译的英语世界郭沫若研究论文

郭沫若、郁达夫与表现主义①

（澳大利亚）邦妮·麦杜戈尔（杜博尼）

在新文学作家中，对先锋派的召唤予以了最热情的回应的可能就是郭

---

① "Expressionism: Kuo Mo-jo and Yu Dafu" in Chapter V: Avant-Garde Literary Theories In Bonnie S. McDougall. *The Introduction of Western Literary Theories into Modern China*, 1919—1925. Tokyo: The Centre for East Asian Cultural Studies, 1971. pp.196-201. (本文译自邦妮·麦杜戈尔著《西方文学理论与现代中国导论：1919—1925》，东京：东亚文化研究中心，1971年版一书的第5章《先锋派文学理论》中的"表现主义：郭沫若与郁达夫"，第196至205页。本文标题为译者所加。译文中的所有脚注均为译者所注。

沫若了。他的态度首先是受到了泰戈尔、惠特曼和歌德的影响。从这3位诗人那里,再加上他自己本身写诗的经历,郭沫若认为艺术是艺术家的主观感情的表现。从歌德那里,他借用了口号"由内向外"(Von Innen nach Aussen),意即艺术家应该把他的主观经验投射到外在的世界,而不应让外在的世界来主宰他的艺术。他还引用了英国诗人和批评家亨利·纽伯特(Henry Newbolt)的观点。纽伯特将诗歌定义为"一种将直觉用言辞来加以表达的行为"。郭沫若甚至列举了中国古文经典《尚书》(*Book of History*)来支撑他的这个"艺术即是表现"的观点。这种技巧也被他的朋友郁达夫和田汉加以了运用。在接下来的几年里,郭沫若研究了更多的现代理论家,包括德国批评家弗里茨·兰茨贝格(Fritz Landsberger),或许还有赫尔曼·巴尔(Herman Bahr),并且阅读了一些表现主义诗人的诗歌和恩斯特·托勒尔(Ernst Toller)、格奥尔格·凯泽(Georg Kaiser)①以及其他人的戏剧作品。他还观看了一部表现主义的电影,"卡里加俐博士的小屋"(原为德文"*Das Kabinet des Doktor Caligaris*",英译为"*The Cabinet of Dr. Caligaris*")②。很显然,在1923年8月发表在《创造周报》上的一篇小短文里,他就采纳了其中的一些新观点。这篇短文的标题是《自然与艺术》(*Nature and Art*)。③

在我继续论述之前,我愿意着重强调一下表现主义与一个世纪以前的早期浪漫主义的宣言在精神方面的共鸣。德国表现主义者的一个最重要的特征是他们对表现在同时代的文学和艺术作品中的那种颓废的最根本的反感,以及对支持这种文化的颓废的社会的反对。在所有早期的先锋派运动中,表现主义者们表现出高度的精神反抗,为迈向虚无主义做准备。像早期的浪漫主义者们一样,表现主义者们选择了政治的作用,他们最先

---

① Georg Kaiser(1878—1945),德国剧作家,中译名另有凯撒、恺石、凯萨、恺撒、开塞尔、卡西尔、客衣裁、喀衣直尔、凯惹尔等。

② 本片拍摄于1919年,被公认为是默片时代最伟大的电影之一。一般而言,《卡里加利博士的小屋》是电影史上的第一部恐怖片。在它之后,相继出现了《泥人哥连》、《诺斯菲拉杜》、《三生记》等经典恐怖电影。同时,本片也是德国表现主义电影的名作。

③ 最初发表于1923年8月《创造周报》第16号。《文艺论集》改版本作于1923年8月21日夜。

发表的其中一部作品就叫 *Die Aktion*(《行动》,英译为:*The Action*)①。但是,浪漫主义者们认为为了大众的利益而融入身处其中的社会是他们的责任,表现主义者们却仅为了社会的一部分人,即无产阶级而参与其中。表现主义者们比他们的浪漫的前辈们更加的野蛮、暴力、粗鲁和未开化,这或许是因为他们更痛苦地意识到了在这个机器时代里与日俱增的人的非人性化。在形式上,表现主义有两个目的:一是要简化表现的形式以鼓励个人创造才能的自然流露;另一个则是要去除艺术作品根据外在的参照进行判断的必要性。这两个目的常常导致艺术家和观众之间交流的直接失败。但是,由于观众普遍是由资产阶级组成的,这种失败就显得差不多是一种故意的行为。

在《自然与艺术》一文中,郭沫若首先探讨了达·芬奇的一句话,即"艺术家不应该做大自然的孙子,他应该做大自然的孩子(应为儿子,本书作者注)。"这就是说,艺术家不应该从其他的艺术家那里获取自己的灵感,而是应该直接从艺术本身中去获得。郭沫若对这种观点当然是持赞同态度的,但他反对蕴含在其中的言外之意:艺术家在某种程度上是自然的奴隶。他宣称艺术家应该做自然的主人(老子)。这个关于艺术与自然之间关系的观点用表现主义者的口号总结起来就是"Kunst ist Gabe, nicht Wiedergabe"(艺术是现,不是再现)②。这个口号郭沫若在其1个月后为《创造周报》写的另一篇文章中加以了引用③。自然被表现主义者们看成是对真正的艺术的一种阻碍,几乎被当成了不得不加以抵制的妖妇。

在《自然与艺术》一文的第2部分,郭沫若还倡导把艺术从遭受中世纪教会之害和遭受19世纪科学之害的暴政下解放出来。(注意郭沫若在讨论艺术的时候无意识地使用了欧洲背景这种方式)他批评了所有被外在的和物质的条件所统治下的19世纪的艺术运动(文艺流派)。他诙谐但有失公允地描绘了各个文艺流派处理他们的物质"遗产"的方式。写实派和自

---

① Die Aktion (*The Action*)是一份德国的文学和政治杂志,由弗兰茨·普费姆菲尔特(Franz Pfemfert)主编,1911—1932 间在柏林出版发行。这份杂志促进了文学表现主义的发展,它代表的是左翼的非教条的政策。一开始,它是份周刊,1919 年后改为双周刊,1926 年开始为不定期发刊。

② 此为德国批评家弗里茨·兰茨贝格(Fritz Landsberger)(郭沫若将其译为:朗慈白曷)对艺术的精神的经典概括。

③ 即《文艺的生产过程》。最初发表于 1923 年 9 月上海《创造周报》第 19 号。原题为《文艺上的节产》,文末注写为"九月十二日晨"。

然派囤积他们父辈的财产,把每一样东西都加以保留,而不管他们是破铜烂铁还是珍稀宝贝;象征派和印象派,就像顾影自怜的年轻公子哥儿,用他们父辈的财产购买上好的、优雅的服饰来装扮自己,以吸引年轻女性的眼球;而未来派则在他们的屋子里堆满了根本就没想过要加以整理的各种零碎物件。郭沫若将德国的表现主义者们呼作艺术的再生,对他们的未来寄予了无穷的希望。他以一节歌德赞美诗人为宇宙之最高诠释者的译文结束了他的这篇《自然与艺术》:

> 自然空自缲长丝,
> 百世不易地在纺锤头上运转,
> 万汇只是噪杂的集团,
> 百无聊赖地相互击攒。
> 是谁区分出这平匀灵动的节文,
> 永恒生动着一丝不乱地动颤?
> 是谁唤集万散而成一如,
> 调和音雅地鸣弹?
> 是谁使狂风暴雨惊叫怒号?
> 是谁使落日残晖散成绮照?
> 是谁投美丽的春花,
> 于彼情人并步的中道?
> 是谁组织无谓的碧叶,
> 使成荣誉之冠冠彼人豪?
> 是谁奠定峨岭普司之山聚集神祇?
> 啊,人生之力,全由我们诗人启示!①

《自然与艺术》这篇文章的写作风格与诗歌的风格极其相似:简明、扼要、富有想象力。他用比喻性的语言对19世纪的文学流派仅为了想象的缘故而牺牲理性加以了描绘。但一周后他写的一篇论述未来主义的文章

---

① 歌德:《浮士德》第1部《舞台上的序剧》,载郭沫若:《郭沫若全集·文学编》第15卷,前面所引书,第191—192页。

表明他也能以一种更加学术性的方法来处理同样的主题。①

郭沫若是通过歌德而接近表现主义的,而且他似乎并没有意识到与表现主义相关的另一个人物泰戈尔,后者在他 1920 年访问德国时受到了狂热的欢迎。奥地利批评家和剧作家赫尔曼·巴尔②,对表现主义予以关注的评论家中最有名的一位,也认为表现主义是歌德主观主义的一种延伸。很遗憾没有证据表明郭沫若在这之前曾读过巴尔的那篇论述表现主义的文章——《表现主义》(*Expressionismus*, 此为德文。英文为:*Expressionism*)。这篇文章早在 1916 年就发表了。郭沫若的朋友郁达夫,对这篇文章是熟悉的。而这也正可能是郭沫若将表现主义者们误作歌德的热心信徒的缘故了。

在郭沫若看来,表现主义的一个显著特征可能就是其原始质朴的风格了。巴尔在《表现主义》一文中表达了如下的观点:

> 假如表现主义者不时表现出桀骜不驯的、凶暴的行为,其原因就在于他们发现的那些正四处蔓延的状况。这些几乎真的是野蛮的、原始的人类的处境。人们根本就没意识到,当他们嘲笑这些画,说这些画如同是野人所作时,他们离真理有多近(说得压根儿就没错)。资产阶级的统治将我们变成了野人……表现主义画派正表现出了我们所信任的,而我们自己并未自知的那些内在的,并希望藉此拯救我们自己的符号。这些正是那些被禁锢的精神想要拼命冲破地牢的标志——一种所有的受到了惊恐的灵魂发出的警报。这就是表现主义。③

郭沫若对体现在孩童和原始人身上的诗性的信仰可追溯到他早期的

---

① 指《未来派的诗约及其批评》一文。该文最初发表于 1923 年 9 月 2 日上海《创造周报》第 17 号。

② 赫尔曼·巴尔(Herman Bahr)(1863—1934),奥地利作家、剧作家、导演及评论家。但在邦妮·麦杜戈尔著《西方文学理论与现代中国导论,1919—1925》一书的第 3 章《浪漫主义与新浪漫主义》的第 128 页,著者却介绍赫尔曼·巴尔为德国评论家(German critic),与其在第五章《先锋派文学理论》的第 199 页上介绍赫尔曼·巴尔为奥地利评论家和剧作家(Austrian critic and playwright)不太相符。

③ 亦可参考赫尔曼·巴尔著,徐菲译:《表现主义》,北京:生活·读书·新知三联书店,1989 年版,第 91—92 页。

浪漫诗歌。比如,纽伯特就曾试图证明孩童和原始人的简单的话语是一种萌芽形式的诗,同样的观点也曾在歌德的《少年维特之烦恼》开始的那些书信中有详细的论述。在写于1919年的一封书信中,郭沫若讲述了他的小儿看到天上的新月和窗外的晴海时如何发出欢快的不连贯的话语。跟他自己后来根据这所做的两首诗相比,他认为自己儿子的话语更接近纯粹的诗①。他对原始人的诗性的尊崇也是基于同样的准则。同时,在他写这首诗时,郭沫若的脑海中很可能正想到了卢梭所描写的"单纯的野蛮人"(the Innocent Savage)形象。郭沫若那时关注的主要是个体对社会传统的反抗和在其诗中把自己的情感不受约束地加以表达。然而,表现主义者所倡导的原始主义是与无政府主义和使用暴力推翻当权的政府相联系的。当郭沫若1922年从日本返回中国的时候,他的心被那些公然存在的腐败和上海的贫穷深深地扰乱了。他原来提倡的个人主义让位于一种为社会革命的主动愿望。德国的表现主义者希望的是大革命将带来一种新的社会主义社会的创造,恩斯特·托勒尔甚至在1919年的一段时期在巴伐利亚州(Bavaria)领导了一个社会主义共和国。五四时期中国的知识分子同样也希望推翻旧的社会。郭沫若和创造社的其他作家们相信一种新的原始风尚是完全有必要的,但不是文学研究会所提倡的费边改良主义(Fabian Reformism)。也许惠特曼抱持的也同样是这种狂热的原始风尚:"我在世界的屋脊上发出了粗野的喊叫声。"②

郁达夫对表现主义中的政治性表现出特别的兴趣,他在其1923年5月发表在《创造周报》上的题名为《文学上的阶级斗争》文章中对此做了概括。在这篇文章中,他首先描述了在过去的两个世纪里许多艺术家的那种对生存于其间之社会的无望之感。有些艺术家,如卢梭,通过创造一种想象的"乌托邦"以表达自己的挫败;在更近些时候,有的艺术家则逃进一个"艺术共和国",试图在那里"造些伟大的斯芬克斯留给后人"。看到这些倾向,批评家们发明了"为艺术而艺术"和"为生活而艺术"这些口号。在

---

① 这封信指的是最初发表于1920年2月24日上海《时事新报·学灯》上郭沫若致宗白华的信。写于1919年2月16日夜。郭沫若在信中说他得了儿子的这两个暗示,之后做了一首诗《新月与晴海》。该诗共有两节,而不是如邦妮·麦杜戈尔在文中所说是两首诗(two poems)。参见邦妮·麦杜戈尔著:《西方文学理论与现代中国导论,1919—1925》,前面所引书,第200页。

② 惠特曼:《我自己的歌》,载惠特曼著,赵萝蕤译:《草叶集》(上册),上海:上海译文出版社,1991年版,第149页。

郁达夫看来,发明这些口号的批评家真是罪该万死。他坚信,艺术就是生活,而生活就是艺术,且事实上,生活和艺术是牢不可破地联系在一起的。

郁达夫将文学运动与他们所生存的时代的社会潮流相联系,继续就生活和艺术之间的必然联系进行论辩。他刻画了浪漫主义运动是如何在19世纪中期发展成为一种反叛精神和抵抗行为的:一开始,他们仅是把攻击的矛头对准那些对人世漠然的一般社会大众。但后来,他们的矛头则朝向了国家政府,朝向了社会体系,或朝向了那些为恶社会做"爪牙"(teeth and claws)的各种不同的态度。对社会进行猛烈攻击的自然结局则是,一个由那些贪图个人名誉和财富的艺术家构成的新团体产生了。这样,文学上的阶级就形成了,并开始互相之间的斗争。郁达夫这篇短文的目的在于指出文学上存在着的一些"阶级斗争"。

这篇文章的后部分对过去两百年的西方文学史做了辩证的陈述,并就现代运动的革命性的内容做了评价。在他看来,曾激励了法国革命、美国独立战争、德国反拿破仑同盟和意大利的统一运动的早期浪漫主义者则成了反动的,且在后来遭到了新一代的自然主义思想家和作家的反对。然而,自然主义的宿命观和反动的态度并不允许个人主义的发展,它很快就被新浪漫主义的各种形式所取代了。郁达夫将其分为积极的和消极的两类。后者以颓废派和象征主义家们为代表,他们追随的是波德莱尔(Baudelaire)和维尔莱尼(Verlaine)的虚无主义和道德上的无政府主义。莫里斯·梅特林克(Maurice Maeterlinck)和罗当巴克(Rodenbach)①,这两位比利时的象征主义作家,他们的作品尽管表面上看来并无反政治的趋向,然而却表现出对社会的极深的不满和对传统的抵抗。最近的这类作家中的悲观主义者是查理—路易·菲利普(Charles-Louis Philippe)和乔治·达贺曼(Georges Duhamel)。郁达夫对积极的一派更富热情,这一派以罗曼·罗兰(Romain Rolland)、亨利·巴比塞(Henri Barbusse)和去世前的阿纳托尔·法朗士(Anatole France)为代表。郁达夫称他们为新理想主义和新英雄主义的领袖。然而,就艺术中现代精神最令人印象深刻的表现而言,郁达夫却将目光投向了德国。

郁达夫认为,激烈的反抗精神在早期的绝大部分印象主义作家的作品

---

① 乔治·罗当巴克(1855—1898),比利时作家,同梅特林克和艾米丽·凡尔哈伦(Emile Verhaeren)一样,曾参加了法国象征主义运动。

中都能清晰地看出来。在重要的年轻诗人中,他列举了马克斯·巴塞尔(Max Barthel)、弗兰茨·魏弗尔(Franz Werfel)和莱因哈特·戈林(Reinhard Goering)。在重要的剧作中他则列举了格奥尔格·凯泽(Georg Kaiser)的《喀来的市民》(1917)、弗里茨·冯·翁鲁的(Fritz von Unruh)《一代》(1916)、瓦尔特·哈森克莱弗尔(Walter Hasenclever)的《儿子》(1914)和恩斯特·托尔(Ernst Toller)的《转变》(1919)和《机器破坏者》(1922)。郁达夫轻蔑地将巴尔称为旧传统的维护者,完全忽略了巴尔将表现主义看作是一个新的艺术时代的开端和他对印象主义的资产阶级本质和其他一些客观派别如现实主义的攻击。

郁达夫提及的第3个国家是俄国。他认为,在俄国,阶级斗争已经是明日黄花了。他将现在描述为"无产阶级用了血和肉的人生在实际上模仿艺术",并且宣称是绝不允许奥勃洛莫夫和萨宁的后代子孙在伟大而辉煌的无产阶级的国度里存在的!郁达夫对苏联作家所取得的积极成就采取的则是失望而谨慎的态度,并且仅只列举了亚历山大·勃洛克于1918年出版的《十二个》,他引用了其中即将结束部分的诗行:

> 他们迈着统治者的步伐,
> 后面跟着的是饥饿的犬,
> 前面是血染的旗,——
> 在无人能看清的暴风雨中,
> 铁弹不穿,
> 脚下的柔软的雪,
> 珍珠似的雪片在飘落,
> 前列中头戴玫瑰花冠前行的,
> 是耶稣·基督,人类之子。

郁达夫提到的最后一个国家是英国,这个所有国家中最固执也最喜欢妥协的国家。他甚至怀疑像萧伯纳和威尔斯这些他认为"浅薄"(superficial)的社会主义作家的动机。为了呈现英语文学中的现代精神,郁达夫将目光转向了美国作家杰克·伦敦和阿普顿·辛克莱。

郁达夫认为在所有的欧洲和西亚国家中,年轻的作家们都在向传统宣战,猛烈攻击那些传统的拥护者和统治阶级。在一首他为受苦的无产者和那些在文学和社会中受压迫的人作的诗中,他是以号召坚持在马克思和恩格斯的引导下继续进行抵抗来结的尾。

很显然,从上述这些论点中可以看出,郭沫若和郁达夫二人都将他们自己看作是国际表现主义作家先锋的一部分。两个作家都采取了一种蔑视的态度或者摆出一副屈尊俯就的神态来对待那些与表现主义不相关的作家或运动,表现出一种典型的先锋派作家的敌意。两篇文章都含有一种对现实主义和自然主义的显而易见的攻击,并明显地指向他们那些文学研究会的同仁们,且文中极为关注究竟哪派才能被称作是真正的革命。更为重要的是,郭沫若和郁达夫都在写作中表达了个人对他们的那种文学和艺术的必要性的深信。德国的表现主义作家们并不过分倡导一种应该为适应时代精神,或者构成一种黑格尔式的文学三段论手法的第3阶段而创作的文学;相反的,他们只是按照他们觉得能恰当地表达出自己在现代社会中的挫败、愤怒和那种自我表现之感觉的方式来进行写作。表现主义者们在绘画和文学中完全否认他们的前辈们的那种权威,认为他们自己是在创造一种全新的艺术。(因此他们对巴尔的保守表示厌烦,因为巴尔曾情不自禁地对摆动着的历史的钟摆之另一极表示怀疑)。似乎这一阶段的创造社作家们像他们的德国同仁们一样,被贴上表现主义的标签比被贴上浪漫主义的标签要更准确些。这样,他们转向马克思主义和共产主义就更成了自然的,而且几乎是不可避免的一步。

郭沫若、成仿吾与文学批评①
[澳大利亚]邦妮·麦杜戈尔(杜博尼)

现在,我们可以通过比较创造社两位成员写的几篇文章来看看浪漫主义作家们是如何进行文学批评的。这些文章大都发表在1923—1924年间的《创造周报》上。先来看看郭沫若写的两篇。无论是这些观点本身,还是它们对别人产生的影响,都是值得加以研究的。其余几篇是成仿吾写

---

① "Chapter VI: Literary Criticism" In Bonnie S. McDougall. *The Introduction of Western Literary Theories into Modern China*, 1919-1925. Op. cit., pp. 239-244. (本文译自邦妮·麦杜戈尔著《西方文学理论与现代中国导论:1919—1925》第6章《文学批评》中有关郭沫若、成仿吾的部分。东京:东亚文化研究中心,1971年版,第239—244页。本文标题为本书作者所加。译文中的所有脚注均为本书作者所注。)

的,他现在被大家记得更多倒在于他作为编辑和他写的评论文章,而他自己本身的写作却在其次。

郭沫若在文学批评方面的主要成就表现在他发表于1923年10月的《创造周报》上的一篇题为《批评—欣赏—检察》的文章里。这篇文章是由周作人为自己的散文集《自己的园地》(1923年出版)写的"自序"(Introduction)而引发的。郭沫若在这篇文中引用原作者周作人的陈述如下:

> 我这五十三篇小文,我要申明一句,并不是什么批评。我相信批评主要是主观的欣赏,不是客观的检察;是抒情的论文,不是盛气的指摘;然而我对于前者实在没有这样自信,对于后者也还要有一点自尊;所以在真假的批评两方面都不能比附上去。……①

尽管郭沫若承认在"主观的欣赏"和"客观的检察"之间存在着差别,但他对于在前者身上贴上"真的批评",在后者身上贴上"假的批评"这样教条的、武断的标签却是不高兴的。于是他着手就文学批评的历史和总的原则发表自己的看法。与沈雁冰不同的是,郭沫若确实相信在中国的经典传统中存在一定的文学体系和文学批评方法。然而,他打算在自己这篇《批评—欣赏—检察》中只探讨现代批评理论,因为"现代"就意味着"西方"。

正如他的朋友田汉一样,郭沫若喜欢追溯外来词汇的根源。在这篇文章中,他探讨的是英语词语"criticism",相当于汉语的"批评",并将其根源追溯到了希腊词源。在希腊语里,这个词意为"区分"、"辨别"和"检察"。然而,郭沫若不是个古典主义者,他在论及现代批评的奠基者——查尔斯·奥古斯丁·圣伯夫(C. A. Sainte-Beuve)②之前,仅简明扼要地提及了一边是由亚里士多德(Aristotle),另一边是由布瓦洛(Boileau)所代表的批评传统。

---

① 参见郭沫若:《批评—欣赏—检察》,载《郭沫若全集·文学编》第16卷,前面所引书,第159页。

② C. A. Sainte-Beuve(1804—1869),法国文学批评家、作家。也有人将其译为圣佩韦或圣伯甫。郭沫若译为申徒白吾。著有《文学家画像》、《当代人画像》、《星期一谈话》等。

在郭沫若看来,圣伯夫对文学批评的伟大贡献在于他对"环境、背景"(milieu)(这里应译为"媒层")的强调。这是一个涵盖了作者的人格、行为举止、遗传、周遭的环境、他的生活方式等等的术语。圣伯夫这种在一个时期内改造精神和态度的能力让马修·阿诺德(Matthew Arnold)将其称为"人类所能达到的最完满的批评家"。对此评判郭沫若是持赞同态度的。1869 年圣伯夫去世之后,他的继承者泰纳①试图发展一种更加科学的研究作家所处环境的方法。对这种客观主义方法做出回应的是于勒·勒美特尔(Jules Lemaitre),他采取了一种直觉方法来探讨他阅读作品时给他留下的主观印象。他的这种技巧后来又被安纳托尔·法朗士(Anatole France,1844—1924)使之普遍化。同时,艾米丽·安纳金(Emile Hennequin,1859—1888)②也试图运用泰纳的这种社会学方法,但她用此方法来研究的是作家的读者,而不是过多地研究作家所处的环境。郭沫若认为,"科学的"和"印象的"这两种派别的视域都太狭窄、太武断了。他引用了圣兹伯里(Saintsbury)的话,其大意是说在泰纳的那本《英国文学史》(Histoire de la Litterature Anglaise,此为法语,英语为:The History of English Literature)中,"那些见解都是理论上的见解,而不是一个人的见解,"并批评泰纳没有认识到文学的主观性和艺术性这两个方面。郭沫若对印象主义者的苛评也是非常严肃的,他认为法朗士和其他人的努力仅仅只是名义上的批评而非实质上的(即只有批评之名而无批评之实)。他们不是试图认真地去理解别人的创造性作品,只不过是把这些作品当成一种借以表达作者自己情感的媒介而已。郭沫若把法朗士比作一只永远都在围绕着火焰盘旋的飞蛾,他所谓的"心灵的冒险"(adventures of the soul)在郭沫若看来只不过是"飞蛾的快乐的拍翅"(the moth's joyful flutterings)而已。

郭沫若相信,真正的批评是建立在对艺术作品理解基础之上的一种能力。艺术作品的内容、形式和题材(材料)给读者留下的印象必须根据作者的倾向加以综合,以便形成一个自给自足的完整世界。仅仅只从远距离来欣赏一部作品是不够的,因为我们必须尝试去对作品的结构、来源以及它完整的美感加以理解。瓦特·佩特(Walter Pater)就是这种批评方法的

---

① 泰纳(H. A. Taine,1828—1893),19 世纪法国实证主义的代表人物,是一个有名的思想家、文艺评论家及历史学家。

② 郭沫若译为安耐宽。

奠基者和大师。正如有一次佩特描写他的一个想象性人物,"(他)理解了龙萨①的诗,并慷慨地根据自己的全部意图对其加以了扩充。"郭沫若引用这句话时自己是否读过这部作品,或者他是在借西蒙斯②的口来表达对佩特的称赞(这句引自其中的赞词原本是佩特用来称赞他自己的),这2者都还不能肯定。但是为了介绍佩特这种批评方法的技巧,郭沫若翻译了佩特最先出版的一部作品——《文艺复兴论》(*Renaissance*)"序论"(Preface)的核心部分,在文中佩特解释了其方法的运作原则。下面即是这段引文的原文:

> 审美的批评家把他所应接到的一切物象,一切艺术作品,自然与人生的较优美的表形,看作各能或多或少地生出特殊的或独到的快感的势力或威力。他感受到这种影响,他希望用分析和还原的方法去说明。……审美批评家的职务便在于表明、分析、净化出这种特质,凡是一张画、一种风景、一个生存或书上的美的人格所借以生出特殊的"美"或"快乐"的印象的特质,在于指出那个印象的源泉是甚么,并在甚么状态之下经验到那个印象。当他把那种特质解析清楚,而且记录下来,如象化学家为它自己或别人,把一些自然的原素记录下来的一样,他的目的便达到了;对于要达到这种目的的人有一定的规律很正确地表现在一个近代的批评家批评申徒白吾(Sainte-Beuve)的话里:——专心于精讨优美的事物,且自养积成落落的方家,多能的古典文学者的地步。③

---

① 龙萨(Pierre de Ronsard, 1524—1585),法国诗人。他曾刻苦学习希腊罗马古代文学知识,并以希腊罗马文学为借鉴革新法国诗歌。1550年发表《颂歌集》4卷,声誉大著。1552年,《龙萨的情歌》问世,1555年发表《情歌续集》。1556年又发表《情歌再续》,年已50岁的龙萨写给他新爱恋的爱兰娜姑娘的情诗《给爱兰娜的十四行诗》,被认为是他情诗中的最佳作品。他的传世之作都是爱情诗。

② 阿瑟·西蒙斯(Arthur William Symons, 1865—1945),英国诗人、评论家及杂志编辑。西蒙斯首先是作为著名的文学批评家而受到中国新文学界推重的,尤其是他的名作《象征主义文学运动》(1899)一书,成了20世纪初期中国作家和学者介绍欧洲近代文学的权威参考书,产生了广泛影响。

③ 参见郭沫若:《批评—欣赏—检察》,载《郭沫若全集·文学编》第16卷,前面所引书,第133—134页。

前面已经描述过日本批评家厨川白村(Kuriyagawa Hakuson)是如何尝试着将佩特的著作经他的书如《近代文学十讲》(Ten Lectures)、《西洋近代文艺思潮》(Thought Currents)引入中国的。在后一本书中他对《文艺复兴论》不时地加以详细引用。同时,他还参考了《希腊研究》(Greek Studies)和《马利乌斯——一个享乐主义者》(Marius the Epicurean)①这两本书。然而,他主要关注的是佩特的历史呼唤作用,而对他的批评方法却不那么在意。在《近代文学十讲》一书中,他主要参考了《鉴赏论》(Appreciations)一书。佩特的观点也通过他的弟子阿瑟·西蒙斯的著作得以广为传达。厨川白村的《近代文学十讲》,还有田汉的《诗人和劳动问题》(Poets and the Labour Problem)这篇文章,也对这些观点加以了引用。此外,这些观点还体现在一篇对《文艺复兴论》"序论"的中译本中。这篇文章以笔名"子仪"(译音,Tzu-i)发表在1922年6月的《东方杂志》(Eastern Miscellany)上。但是,郭沫若肯定对他作为第1个文学批评家在他的这篇《批评—欣赏—检察》中和一周后发表的另一篇题名为《瓦特·佩特的批评论》的文章②中首先对佩特进行全面探讨而居功得意。在《瓦特·佩特的批评论》这篇短小的介绍性叙述中,郭沫若首先将佩特刻画成马修·阿诺德的鉴赏批评理论和奥斯卡·王尔德(Oscar Wilde)的唯美主义思想的继承者。在简短的生平介绍之后,他概述了佩特于1873年出版的第1本论文集——《文艺复兴史研究》③。论文集中辑录的作品包括:《马利乌斯——一个享乐主义者》(1885)、《想象的画像》(Imaginative Portraits,1895)、《鉴赏论》(1889)、《柏拉图与柏拉图主义》(Plato and Platonism,1893)以及《希腊研究》(1895)等,但没有证据表明郭沫若读过所有这些作品或是读过这些作品中的某一篇。他的结论是通过翻译《文艺复兴论》"序论"的第1部分得出的,这个结论已经在前面的文章中引用过了。

现在我们再回到《批评—欣赏—检察》这篇文章上来。我们发现郭沫若并非把他自己仅仅限制在佩特的批评观上。在西蒙斯看来,佩特只不过

---

① 郭沫若将此书译为《快乐主义者的马留士》。参见《郭沫若全集·文学编》第15卷,前面所引书,第226页。

② 这篇文章最初发表于1923年11月4日上海《创造周报》第26号。郭沫若将Walter Pater译为"瓦特·裴德",原文标题为《瓦特·裴德批评论》。参见《郭沫若全集·文学编》第15卷,前面所引书,第252页。

③ Studies in the History of the Renaissance,后改为《文艺复兴:艺术和诗歌研究》(The Renaissance: Studies in Art and Poetry)。

是忽略了那些他自认为不完美的部分,故意避免一种吹毛求疵的批评方法而已,郭沫若对此观点并不同意。他驳斥周作人对"坏脾气的吹毛求疵者"(盛气的指摘)(bad-tempered fault-finding)的贬斥,认为批评家的职责不仅体现在对美的欣赏方面,同时还应体现在对丑陋东西的抵制和否决方面。比如,在一个人才匮乏而对荣誉的渴求极度膨胀的时代,指出这些弊病正是批评家的职责。至少在理论上,他对阿诺德所说的批评是"一种没有利害的努力"(a disinterested endeavour)、批评不应该囿于门户偏见这种观点是抱持一种赞成态度的。郭沫若真正反对的只是那些根据政党路线进行操作的批评家。尽管他在此指涉的肯定是文学研究会的那些批评家们,但他仅仅只是提到了诸如赵高(秦朝)、扬雄(西汉)、毛延寿和李振(10世纪)等"传统的恶棍"(traditional villains)。郭沫若认为,当今文坛青黄不接,危机即将来临(引郁达夫的大意)①。他相信,在这种故意歪曲、低劣模仿、卑劣奉承和疯狂嫉妒的混乱状态下,富有思想的批评家是不得不被迫做出判断、进行谴责的。

创造社作家中最关心文学论战和批评方法的还有成仿吾。他有6篇关于文学批评的文章先后发表在《创造季刊》、《创造周报》和《创造日》上,后来又收在其文集《使命》中,于1927年由创造社出版。这些文章中最早的一篇题名为《批评与同情》,最初发表于1923年8月的《创造周报》上。成仿吾认为,至少有两种类型的批评:价值的和审美的;有两种批评的方法:判断的和归纳的;有两种不同的批评态度:主观的和客观的。此外,还有道德的批评、形式的批评等等。同样,错误的批评也有两种:一是与作者间缺乏富于想象性的共鸣,二是代表作者进行弄虚作假、欺世盗名。成仿吾想要将错误的批评或者所谓的"报刊文章"从文学世界中扫除出去。为了达到这个目标,他提出了文学批评者应该遵守的两个条件:首先要克服个人偏见;其次是要拓宽批评者自身的知识面。他最喜欢的那种批评是能根据作者指导的方向,从部分的印象(感触)中将其完善成一个整体的、具体的批评。为了能达到这样的批评境界,对批评者来说,拥有以下两种品质是必要的:一是要有十分的感触能力,能够抓住作品中所描绘的现象;二

---

① 引郁达夫《艺文私见》的大意。引文为:"目下中国青黄不接,新旧文艺闹作一团,鬼怪横行,无奇不有。在这混沌的恶梦时代,若有一个批评大家出来叱咤叱咤,那些恶鬼怕会象见了太阳的毒雾一般,都要抱头逃命去呢!"《郭沫若全集·文学编》第16卷,前面所引书,第165页。原载1922年5月《创造季刊》第1卷第1期。

是要有十分的想象能力,能通过想象从部分中形成一个具体的整体概念。总之,对一个批评者来说,最重要的就是要拥有一种能与所批评的艺术作品产生完全共鸣的能力(即文中所谓的同情)。这样,批评者也就完成了他的使命。

这篇文章的写作时间比前面刚讨论过的郭沫若的那两篇文章大约要早两个月,并且在内容上与那两篇文章也有相似的地方——其结尾与郭沫若一样也是引自佩特的《文艺复兴论》的"序论"。或许可以看出,成仿吾倾向于按一种相当教条的方式进行分类并对症下药。跟郭沫若相比较,他似乎不如郭沫若那样有一种慷慨的同情并对其加以阐述的特别才能,按他自己在这篇文章中所认为的,这种才能正是构成一个批评者的主要条件。

1923年12月,成仿吾以在中国建立批评标准为主题写的两篇文章中的第1篇发表在《创造季刊》上,这篇文章的标题为《批评的建设》。秉承郭沫若早些时候提出的观点,成仿吾在文中强调,辨别善与恶就是一个批评家的主要职责之一。他指出,总体说来,在人类的诸多活动中,没有批评就不会有进步。且他认为没有理由在文学中不可以有相似的情景存在。为了回应那些闷闷不乐地断言在批评中要做到客观是不可能的怀疑主义者们,成仿吾回答说生活本身就是这样的,正如在生活中不应该将朝向客观的、理想的个人奋斗向后推拉一样。甚至安纳托尔·法朗士的"心灵在杰作中的冒险"也假设标准的优先存在,这标准就是由这些杰作决定(这些论点被布吕纳介①用于其对安纳托尔·法朗士的印象主义方法的批评中,但成仿吾却没在任何地方提到过布吕纳介的名字)。成仿吾要求现代批评做到两件事:首先,它应该克服所有个人的以及文化的既成偏见;其次,它应该为坚实的批评规则的建立形成一个基础。"超越偏见和建立标准,这就是我们必须建构的新的文学批评。这是一种渐进的、永远的、创造性的工作。"这里提出的第2个条件与他仅在几个月前提出的有着很大不同(第1个条件没变)。前面他要求的是要拓宽批评家自己的知识面和理解能力,而现在他却催促批评家形成一个确定的、永恒的标准以便给予当下那些较次的文学作品以规范。

批评的吹毛求疵的特性在其发表在3个月后的另一篇题名为《建设的

---

① Ferdinand Brunetiere(费尔狄侬·布吕纳介,1849—1907),法国作家、评论家,著有《批评论文集》(*Essais Critiques*),也有人将其名译为布吕纳蒂耶、布纳提尔。

批评论》的文章中得到了进一步强调。这篇文章发表在《创造日》上。在这篇文章中,成仿吾批评了圣伯夫和佩特,认为这两位天才批评家没有能做出什么积极批评的判断(顺便说一句,成仿吾也翻译过佩特的东西,其观点与郭沫若翻译的佩特的《文艺复兴论》的"序论"几乎是一样的)。显然,现在成仿吾的观点逐渐有所限制,他认为批评首先是由判断的实践组成的。但成仿吾仍然采取了守势:他在这里将重点放在去对付反对这个观点的各种各样的理由上,而几乎不去努力地、积极地证明那些判断的批评的正确方法;或者如他自己现在所称的"建设的方法"。成仿吾自己也意识到了这种批评方法的不足之处,并将自己处境的艰难归因于当下批评的这种不成熟状态。为此,他只提供了两种指导路线,即满足下面两个条件:其一是发展一种建设意识,即批评家应时刻意识到自己的使命,以确保在他的工作中绝不会忘记自己那种向心的、建设的作用。其二是发展不间断的自我批评的实践。这样,批评家的任务就由不断的反省和再反省组成:反省自己和批评的作品本身,以及反省批评家自己的批评。这样,未来的、建设的批评方法基础就打好了。

我们这里将讨论的最后 1 篇文章是成仿吾的《批评与批评家》,该文于 1924 年 5 月发表在《创造日》上。在这篇文章中,他重申了这个原则,即文学批评不是一种自我表现的媒质,而是一种批评的精神在文学活动中的实践。他还不点名地攻击了某些期刊和杂志不顾文学价值,将批评作为一种工具以宣传自己的观点、吹捧自己朋友和诋毁自己敌人的做法。最后,他请求制止个人攻击以维护批评的尊严。总体来看,这种在创造社主办的杂志上呼吁客观和公正,把目标对准文学研究会主办的杂志诸如《小说月刊》的做法是相当奇怪的。

1923 年,郭沫若和成仿吾都同意这种观点,即,一个批评家的职责就是要去理解一部特别的文艺作品的内容和形式,表达出它的精神,同时在当代语境和局部的情景中去评价个体作品的相对价值。1924 年初,成仿吾就转向了一种更加有所限制的立场,他首先着重对好与坏、善与恶进行了区分,不仅仅拒绝了"科学的"和"印象的"两个派别,同时还对佩特和圣伯夫的鉴赏批评方法加以抵制。应该还记得,在第 2、3 章中郭沫若和沈雁冰那时也正趋于一种更加教条的、实用的文学方法。他们 3 位都赞成批评是一种"没有利害关系的努力"的观点,但却几乎找不到证据来表明他们自己曾做过努力以期保持这种无偏见的态度。

郭沫若、陶晶孙与先锋派①

史书美 著②

由于郭沫若最初是作为一个浪漫主义风格的诗人被大家所认知的,因此他在叙事性写作方面所做的杰出努力并没有受到多少关注。由于没有得到评论家们褒扬性的评价,他的小说也同样只能被逐出文学经典并被看作是并无多大价值的东西。郭沫若的诗歌,对中国的许多文学史家来说,在为社会主义意识形态服务方面,代表的是一种在政治上对传统观念进行攻击的姿态。因此,这就难怪,比如在他的早期创作,即 1919—1925 年间所写的那些以探讨"性冲动"为主题的心理分析小说,会被认为与他们赠予他的理论家的政治形象是不相容的。20 世纪 20 年代中期在他宣称转向共产主义之前,郭沫若实际上已经完成了 3 卷小说集了。仅这个绝对的数量就令人难忘。毕竟,中国现代小说的巨人鲁迅,总共也只出版了 3 卷小说集。

与鲁迅极不相同的是,鲁迅通常是从与主流传统相对的现代性去看待传统的,郭沫若却主要是从传统中为自己的世界主义和泛神论思想寻找依据。郭沫若没有去详细论述传统的局限,而是通过辨别传统与现代性之间的相似性去寻求国家与国家间边界的消融。在他看来,后者对所有类似的国家来说都是一个共同的特征,尤其是对中国。因为现代性的首要特征,世界主义,常常体现在对中国文化和哲理的维持上。这种对主流传统的善意的,尽管显得过分简单和理想化的理解,意味着一种在自我和他者间没有分隔的现象学趋向。这可从郭沫若对待将国外的东西引进中国现代文学的态度上得以说明。他在《我们的文学新运动》一文中用比喻对此加以了颇有说服力的描写:

---

① 本文选译自 Shih, Shumei's doctorial dissertation: "Writing between Tradition and the West: Chinese Modernist Fiction, 1917-1937". Chapter One: "Occidentalism and Occasional Modernism in the May Fourth Era". pp. 68-78.(史书美 1992 年博士论文《传统与西方间的书写:1917—1937 年间的中国现代小说》中的第一章:"西方主义与五四时期偶尔的现代主义"中的第二节:"郭沫若、陶晶孙与先锋派"。)

② 史书美(Shih, Shumei),华裔美籍学者,美国加州大学洛杉矶分校比较文学系、亚洲语言文化系及亚美研究系合聘教授。其著述主要有《现代的诱惑:半殖民地中国的现代主义书写,1917—1937》(2001)、《视觉与认同:跨太平洋的华语呈现》(2007)。

（新文学）应承受天来的雨露，摄取地上的流泉，融化一切外来之物于自我之中，成为自我的血液，滚滚而流，流出全部的自我。①

所有那些外来的东西（雨水、露珠和泉水）都被吸饮，成为自我的（血液的）一个有机部分。水和血液的液体的性质使得自我和他者之间的差别溶解，并最终完全融合为一体。这是一种激进的观点，它以一种十分大众化的、探讨传统和现代性之间、自我与他者之间的关系的观点为基础，并最终通过一种近乎机械的演绎推理而得到。

然而，对作为作家的郭沫若来说，能从西方的先锋派那里捡拾起并从中选择出对自己有用的东西，就好像这些东西原本就是自己的一样，却是一种可采取的非常实用的态度。表现主义、唯美主义和未来主义全都在他的写作中加以了实验。他在许多文章中都声明了他对表现主义的美学观所持的赞赏态度。比如，在《印象与表现》（1923）一文中，他认为表现较之印象更优越，因为它是一种"由内而外的扩张"，也就是说，它是一种对现实的创造性的、主观的理解，而不是对现实印象被动的记录。他用柏格森的术语解释说，现实本质上是流动的，是不可能被我们有限的感官所完全捕捉住的。自然主义作家们天真地想要完全抓住现实，因此他们比浪漫主义、表现主义、未来主义和立体派要逊色，而这些流派的作家们承认想要完完全全地把整个现实加以呈现是不可能的。在郭沫若写于同一年（1923）的两篇文章中②，他引用表现主义者的论断"艺术是现，不是再现"，并且宣称"艺术家不应该做自然的孙子，也不应该做自然的儿子，他应该做自然的老子！"从而明确地将表现和呈现对立起来。郭沫若下意识地反对任何形式的再现式的写作，比如现实主义和自然主义。反之，他认为主观感觉的力量是所有艺术创作的基础。在他看来，未来派的写作是另一种形式的呈现，因为他们的目的在于将现实重新表现出来。因此他将其斥为"现在主

---

① 郭沫若：《我们的文学新运动》，载《郭沫若全集·文学编》第16卷，前面所引书，第4页。著者将其译为"Our New Literature Movement"《我们的新文学运动》。其英译文没问题，但其脚注中的中文译文不当。

② 这两篇文章应为：《文艺的生产过程》和《自然与艺术——对于表现派的共感》。参见《郭沫若全集·文学编》第15卷，前面所引书，第217和215页。

义"(presentism)甚或是"过去主义"(pastism)。然而,他又津津有味地详细罗列了未来派的技巧和他们在形式上的创新。学亨利·纽伯特的《英诗新研究》的样,他列举了未来派的诸如省略法的使用、标点符号的省略、不注重语法、非连贯的意象、滥用动词的不定形式来表示动作以及创造性的自由排字和词语组成等等特征。在他的小说中,尽管不像未来派的作家们那么幽默滑稽,他也确实没有能抑制住自己去进行各种形式的实验,并且还偶尔使用这些他列出来的同样的技巧。

郭沫若对唯美主义,尤其是对瓦特·佩特的鉴赏批评的兴趣表明了一种相关的关照。紧跟着佩特,他宣称对与之相关的更大的社会语境来说,艺术是无目的的。当我们接近一件艺术作品的时候,我们关心在意的是它能带给我们多少快乐,而不是在乎它的社会价值。所有的艺术都源于个体,没有实用的价值,而这正是其最大的价值[①]。回应道家对"无用之用"的倡导,郭沫若在这里将主观性的重要性和美学的快感强调为是艺术的条件和产生的效果。

我们可以将郭沫若对美学的关照背景置于其叙事性的写作中。在其故事中,显而易见地,他借用了心理分析的方法来探究他的主人公的潜意识以呈现那些构成他们的主观性的材料。他还时常沉迷于专门的、形式的技艺以创造出纯粹的艺术效果,而这些艺术效果正是美学快乐的源泉。他最喜欢的心理分析方法是释梦。在他写的第1部小说《牧羊哀话》(1919)中,他已经开始运用梦来传达主人公在白天听到的一个悲伤的爱情故事给他带来的恐惧了。他最热切地运用心理分析方法的小说是《残春》(1922)。爱牟,这个故事的主人公,在他朋友家里遇到了一个美丽的护士,并对她产生了迷恋之情。作为一个已经有妻子和孩子的幸福的已婚男人,他对自己情感上的不忠感到愧疚。那天晚上,他梦见自己和那个护士约会,那个女护士想要脱掉衣服露出胸部让他检查她的肺部(她得了肺结核,而他是个医科学生)。就在他正要碰触到她胸部的时候,他的朋友白羊(白羊在早些时候已经向她表达过自己的爱恋,因此也就是自己的情敌),跑来告诉爱牟说他妻子杀死了他们的两个儿子,并且已经发疯了。他冲回家,发现自己的两个儿子已经被刺死。他们腰部以上都是赤裸的,胸部全

[①] 郭沫若的原文为:"我承认一切艺术,虽貌似无用,然而有大用存焉。"参见《郭沫若全集·文学编》第15卷,前面所引书,第228—229页。

都是血。他的妻子也向他刺来,他倒下,慢慢死去。

对也许还从未读过任何如此令人不安的暗含着性和死亡故事的中国读者来说,这个故事引起了相当大的骚动。为了回应他收到的无数的评论家和读者的否定和质疑,郭沫若写了一篇为这个故事辩护的文章,说这个故事是用心理分析方法来表述自我意识的:

> 我那篇《残春》的着力点并不是注重在事实的进行,我是注重在心理的描写。我描写的心理是潜在意识的一种流动。……若是对于精神分析学或者梦的心理稍有研究的人看来,他必定可以看出一种作意,可以说出另外的一番意见。①

为了使其更容易理解,他甚至还自己对这个梦进行了一番解析:

> 梦里,爱牟与S(那个护士)会于笔立山上,这是他在昼间所不能满足的欲望,而在梦中表现了。及到爱牟将去打诊,便是两人的肉体将接触时,而白羊匆匆走来报难。这是爱牟在昼间隐隐感觉着白羊为自己的障碍,故入梦中来拆散他们。妻杀二儿而发狂,是昼间无意识中所感受到的最大的障碍,在梦中消除了的表现。②

郭沫若在弗洛伊德式的框架内对梦加以了巧妙地处理:梦是爱牟白天愿望的实现(他遇到了S并且将婚姻中的障碍——妻子和儿子,给消除了),正如弗洛伊德可能会说的那样,这同时也是个包含着性焦虑的梦(他的压抑的力比多正寻求一种表现但却被白羊的出现给阻碍了)。他妻子、儿子和自己的死可以进一步做不同的解释。死既是他的负罪感的实现,同时也是一种渴望受到惩罚的愿望。没有触摸到S的胸部,取而代之的却是他儿子裸露的胸部——他的愿望通过替换被恐惧补偿了。这种在梦中对希腊神话的亚文本的使用——暗指美狄亚杀死自己的两个孩子以报复丈夫伊阿宋对自己的背叛——同时也是对弗洛伊德自己嗜好运用希腊神话

---

① 郭沫若:《批评与梦》,载《郭沫若全集·文学编》第15卷,前面所引书,第236页。
② 同上,第239页。

来阐明自己的许多关键性意图的模仿。

《残春》同时也可能标志着意识流,一种相关联的思维以内在的对话形式加以呈现的手法在中国小说中的第一次运用。在去看望朋友的火车上,爱牟的思绪任意地从想到自己刚刚离开的家转换到担心朋友的死,再到对死亡的意义和死的不同方式进行哲学探讨,然后再想到自己的孩子和孩子没有了他的寂寞。

这些想法只是简单地以缺乏逻辑连贯的方式陆陆续续地流露出来。心理分析又一次成了挪用这种相关联的思维的源泉。

《喀尔美萝姑娘》(1925)论述的也是相似的主题。讲述的是一个已婚的男人被一个年轻的女孩,一个他感觉无力抗拒的女孩迷住后所产生的心理磨难。正如作者所展现的那样,他过着双重的生活,拥有的是双重人格。在一次噩梦中,他描绘了他的情人,喀尔美萝姑娘,在向他坦白了自己对他的爱恋后纵身从悬崖上跳下去自杀了。这种爱与死的交错又一次在弗洛伊德式的愿望的达成和焦虑的梦中得到了体现。

郭沫若不仅将心理分析方法运用于他的文学创作中,他还是中国最早在文学批评中运用心理分析手法的作家之一。例如,在他的《〈西厢记〉艺术上的批判与其作者性格》(1921)一文中,他运用心理分析方法以王实甫的戏剧《西厢记》为例分析了作者王实甫的性心理,比如拜脚狂(Foot-fetishism)。在自己的作品中结合心理分析方法的运用,郭沫若实际上是在寻求一种诠释和理解自己作品的新的阐释方法,因为所有既存的、传统的诠释理论都不能恰当地对其作品进行分析。这是一种朝向运用西方的知识以拓宽中国读者的阅读范围的动向。与此同时,鲁迅运用西方的叙事技巧来促进其描绘的经验能或多或少被他的读者所接受或认知。郭沫若描绘了一种基本上不被封建的伦理所接纳的全新经验。就此而言,郭沫若是在下意识地通过断定对性的欲望的表达是凡人皆有的,以反对那种简单的观念,即认为任何涉及性的文本都一定是色情的。他在其评论《西厢记》的文章中清楚地阐释了这个观点。那个时候,对郭沫若来说,心理分析方法是个重要的技巧,它至少具有两个使命:一是拓宽新的经验领域;再就是颠覆压抑的、封建的性伦理道德观。

郭沫若配得上被称作中国现代心理分析小说之父。然而,现代中国文学还不得不等待——一直要到20世纪的20年代晚期和30年代的早期成熟的心理分析小说才会出现。郭沫若对心理分析手法的运用其实是很有限的。他主要是通过梦的呈现来阐释了他的理论,但他却没有坚持在他的其他小说中运用这种分析方法。也就是说,他的小说很大程度上在观念上是现实的,只是在它们对梦进行处理时变成了现代的。除了前面已经讨论过的小说和另外的一两部小说外,他的绝大部分小说都没有运用心理分析的方法,并且在形式和技巧上也并无多少改革创新。他对把心理分析作为一种新的知识和新的科学有着浓厚的兴趣——像鲁迅一样,他也曾在日本学过医——但是作为一种文学实践,他在运用时并没能将其与写作的技巧精心地结合起来。

在郭沫若的小说中现代主义与现实主义的分裂还更好地体现在他的另外一篇故事《阳春别》(1924)中。这个故事中并没有明显的心理分析的内容,但却可作为一个最佳的分析例证。这个故事描绘了一个幻想破灭的年轻人因腐败和中国社会的无能为力而深深地痛苦着,正试图打算离开中国去日本。这个故事是以充满了极度的想象性的描绘开始的。作者描述了他去购买船票的那个售票处的情景:

> 电话声、电铃声、打字机声、钢笔在纸上赛跑声,不间断地,在奏着近代文明的进行曲。栗鼠的眼睛眼睛眼睛,毛虫痉挛着的颜面筋肉,……随着这进行曲的乐声,不断地跃进,跃进,跃进。空气是沸腾着的,红头巡捕、西洋妇人、玉兰玉兰水的香气、衣缝下露出的日本妇人的肥白的脚胫……人是沸水中浮游着的水滴。①

这一段通过各种意象、明喻和暗喻的戏剧性的并置,以不完整的句法和跳跃性的、断断续续的节奏,形象地描绘了声音、动作、颜色和味道,所有这些手法合在一起产生了一种诗学的效果。他灵动地捕捉住了观察者对呈现在他眼前的各种意象的瞬间的有序记录。作者没有去对这些景象予以评价,而是简单地把它们表现出来,让景象自己去诉说,并把景象的意义留待读者自己去领会。这些意象,和着那些明喻与暗喻,一起产生了因被喧闹(电话声和电铃声等)、忙乱("眼睛眼睛眼睛"和"跃进"、"跃进"、"跃进")、拥挤(所有呈现在景象中的人)和热浪("沸水")所统辖而导致的压抑气氛。这使得那个孤独的年轻人苍白的、穿着普通的、头发乱蓬蓬的意

---

① 郭沫若:《阳春别》,载《郭沫若全集·文学编》第9卷,前面所引书,第133页。

象,正如下一段中所描绘的那样,给鲜明地呈现了出来。这景象造成这个年轻人的出现的不协调,而同时又使得他的窒息感具体化了。

这一段的技巧运用得相当巧妙。在这里,郭沫若借用了他在其前一篇文章①中所描绘的未来派所运用的那些技巧——无视语法和标点符号、将形容词当作信号而不是描绘的工具使用、用动词的不定形式来传达一种运动、用自由的形式来暴露所有那些拘泥的形式。然而,所有这些运用在这个自然段中的令人激动的新方法却并没有在后面的段落中继续加以使用。后面那些段落只是简单地退回到了现实的、陈述的语言中,并一直持续到了故事的结尾。读者能感觉出故事中那种因使用两种不同的叙事语言所带来的不连贯感,且这种感觉远比那个安静的年轻男子和那喧嚣的景象之间的那种不协调感更为强烈。

因此,郭沫若不能算是一个严格意义上的现代主义者,尽管他在其小说中使用了现代主义的哲学观和技巧。以心理分析的形式表现出来的现代主义对他来说意味着的只是他所采取的一种国际主义的姿态,并且是一种他借此来使其作品产生一种特别效果的技巧。他反对将其作为一种工具,但却又从来不曾全心全意地将其与他的美学理论或实践相结合以使其创作具有一种整体感。因此他只能是我(原文作者)所说的"偶尔的"(occasional)现代主义者。

此外,郭沫若的亲密朋友,也是其创造社的同仁陶晶孙,一个被各种权威的文学史完全忽略了的人物,则在其小说中大无畏地、淋漓尽致地实践了先锋派的文学技巧。陶晶孙9岁就去了日本,实质上他是在那里接受了自己的全部教育。他不仅懂得包括德语、英语、法语,当然还有日语在内的多门外语,而且对当时的日本文学的发展趋势了如指掌。他进行创作的20世纪20年代早期和中期,也正是被称为日本的新感觉派作家(Neo-sensualist,有时也被英译为 Neo-perceptionist 或 Neo-sensationalist),如横光利一和其他作家如川端康成的作品被发表出来的时候。新感觉派的作家们受到西方先锋派诸如达达主义和未来主义的美学思想的鼓舞,喜欢在他们的写作实践中运用乔伊斯和普鲁斯特的写作技巧。一个与此运动相似的中国社团几年后在上海成立,这个社团在随后的10年中成了中国现代

---

① 指发表于1923年9月2日上海《创造周报》第17号上的《未来派的诗约及其批评》一文。载《郭沫若全集·文学编》第15卷,前面所引书,第244—246页。

小说的堡垒之一(作者指的应是创造社)。但陶晶孙是第一个下意识地在自己的写作中运用那些新观念和耽于色情描写的作家。用他自己独特的方式,陶晶孙加入了新感觉派的潮流,同时用日语和中文进行创作。郭沫若偶尔加以实践的方法,比如他在《阳春别》所做的那样,陶晶孙则运用得较频繁,并且取得了理想的效果。

下文摘自陶晶孙的《Café Pipeau 的广告》,该文收集在其发表于1927的《音乐会小曲》中:

> Modern girl 和 boy 们啊,我们洗杯煮咖啡,在等你们来了。
> 咖啡不待说了,——— Mocca, Java, Brazil.①
> 这灰色都会中,诸君从来没有看见我们
> 咖啡的黑色么?
> Custard pudding, Neapolitan Ice cream
> Minted lime, Mince pie
> Ecrier, Zinger, ②
> 都是老板在
> Café Atlier 的 Stove 前③
> 学习来的。
> 还有酒,酒,酒,酒,
> 酒要杯脚很高,色彩辉亮,
> Cocktail, Cocktail, COCKTAIL
> Rose, Violet, Rose,④
> 我们老板又是音乐家,他会不以音乐飨你们
> 么?———
> 于是我们有留声机请诸君听———

---

① 此处指该咖啡吧出售的咖啡的种类:摩卡、爪哇、巴西(以咖啡的产地命名)。
② 此处在为咖啡吧里各类饮料和吃食做广告:奶油布丁、那不勒斯冰激凌、薄荷青柠、百果馅饼、姜饼。
③ Atlier 也是一家咖啡店的名字。"Stove"意为"火炉、电炉"。
④ 此处指鸡尾酒的颜色:玫瑰色、紫罗兰、玫瑰色。

Classic, modern, violin, orchestra,①
而他还在筹备 Orchestra Pipeau。
……
我老板和厨房,和招待,煮好咖啡,在等你们了。PIPEAU!
PIPEAU!
PIPEAU!!
PIPEAU!!!

  这首诗里,其语言和文字排列的特征带给人极大的视觉冲击。大量的外语词汇和汉语词汇一起创造出强有力的视觉效果,同时也营造出一个世界性的语境。文中两个逐渐增大的单词"wine"(酒)和"pipeau"显示出一种大小和空间布局的美术感,以抓住观看者或读者的眼球。诗行是根据诗歌的特点来安排的,借此,文本将小说、诗歌和广告画在形式上的各种要求混杂在一起。在中国现代文学中,语言第一次被用来展示其视觉效果,同时也是第一次,语言展示出一个世界大都市的文化。

  这个故事的确具有叙事性的特征。它是用戏剧独白的方式进行讲述的。叙事者讲述了一个来自中国南方的年轻男士是如何成为一个咖啡店老板的经历。这个老板原本是一个乡下人,被派到日本去留学。在那里,他的不少时间都花在了深切地思念有着石桥、垂柳、小船和青山的中国农村。但日本都市文化的影响和诱惑,如"横飞的汽车、香脸、成熟女性的裸露的手臂和修长的腿正飞过他的脸皮,咖啡馆里摩登的女孩要涨破他的肚皮",将他变成了一个城里人。因此,他现在自己在中国开了一家咖啡店。在不到4的篇幅里,这个故事用简洁的语言描绘了咖啡店主人从一个乡下男人到一个城里男人的转变过程,其句法和语法都显得极其古怪。如上面的这句:"咖啡店里的 Modern girl 要涨破他的肚皮。"事实上,他是想说"当他看见咖啡店里的摩登女孩时,他感觉他的肚皮将要被涨破(可能是由于过分激动或过分着迷的缘故吧)这类的意思。"咖啡店的名字,"PIPEAU",有着双重的意思:首先它是一个法语词,意思是"芦笛"或"牧羊人的笛子"。文中,此物用来表达咖啡店主人对故乡的思念之情。其次,它还可以音译为汉语"漂泊",亦即"漂流,飘荡"(wandering)。在异乡漂泊的感

---

① 汉译为:古典的、现代的、小提琴曲、管弦乐。

觉——那种异化感——是咖啡店主人连同他的异国饮料和氛围一并提供给他的顾客的东西。扭曲变形的语法和句法的使用,则使句子和单词充满了尽可能多的含义和暗示。

由于陶晶孙受过音乐的训练,并且他自己就是一名管弦乐队的指挥,因此他常在写作中将自己的音乐才能加以淋漓尽致地发挥。音乐的影响在他对句法和语法结构的刻意选择上得到了特别的凸显。正如在上面的例子中,一连串的名词、强调的逐渐增强、或长或短的短语或句子的交替使用,这些都表明了作者对语言的音乐性的关注。音乐和音乐会同样也被陶晶孙作为小说的内容和背景来加以使用,正如他的《音乐会小曲》和《两情景》这2个故事的标题所表明的那样。《两情景》中作者将2场音乐会的情景交织在一起:一场是传统的日本音乐会,另一场则是西方音乐会。用于描绘第1场音乐会的语言模仿的是高雅、纯洁、从容不迫的日本音乐家和他们的音乐。而用于描绘第2场音乐会的语言则是戏仿西方音乐会那种充满活力的、世俗的氛围的语言。陶晶孙这样描绘西方音乐会上一位名叫 Bob 的高加索女人:

> Bob 呢,手执一朵蔷薇,挥,挥,挥。那蔷薇好像她的嘴唇,红,红,红,红,红,像她半湿的红唇。而她挥的是蔷薇,挥,挥,挥。
> 　　这时候,蔷薇忽的离她的手,高飞在空中,就落到底下去,底下像花一般的洋人和美丽的日本姑娘们队里——落到一个年轻洋人的手里,Bob 姑娘向下一瞧,蔷薇呢,你看,又还在她的红唇上。

文中,蔷薇的意象最初既是被当作一个明喻同时又被作为一个暗喻来加以使用的。当作明喻时,它象征的是 Bob 小姐嘴唇的红。被作为暗喻使用时,它则喻指 Bob 小姐强烈的性欲(这由 red[红]和 wet lips[湿唇]两个词可以看出)。但后面,当它落在男人的手上时,它却被当成了一个转喻,喻指的是一次浪漫的、轻佻的相遇。台上,Mme. Schuman 的演唱,Bob 小姐不停地挥着蔷薇的手,以及这两个段落中有节奏地变动的语言一起和谐地营造出一种无论是声音、动作、意象还是语言都不一样的音乐会。

同郭沫若一样,陶晶孙也根据叙事者的所见描绘了一连串的意象。只这次除外,此时叙事者所见的对象就是运动着的自己,正从山上往下滚去:

他跌了，绝壁一面有草地，草地斜面上他们在滚下去了。天空，草，松树，松树，草，天空，草，松树，青天，青天，青天，青天，柔的草，青的天，松树梢；还有——是他，和她的白的足。①

　　文中，主人公的感知行为本身被作者放在了一个突出的位置，跟郭沫若的《阳春别》相比，显得要自信得多。同这个时期其他的作家相比，陶晶孙改写了中国的语言，通过各种各样的语言实践，扩展了语言的功能，探索了视觉、音乐与语言之间的关系，使印象的感知和其他的视觉体验具体化以补偿语言的表述。这些都将成为后来中国新感觉派作家们使用的基本技巧，并借此扩展他们自己独特的语言形式和语言实践。

---

① 陶晶孙：《短篇三章》之（一）《绝壁》，丁景唐编选：《陶晶孙文集》，北京：人民文学出版社，1995年版，第68页。

郭沫若《屈原》中潜在的易学思想模式

Rose Jiu-Chang Chen① 著

郭沫若历史剧《屈原》中潜在的思维模式,正如下列图示所呈现的,闪烁着对西方人来说罕见而又独特的光芒。唯有通过中国人的宇宙观,人们方可认识到这种潜藏在他们熟悉的戏剧形式下但却并不为他们所熟识却又切实存在的易学思维模式。

模式一:阴、阳规则的相互作用,或"戏剧情节"中光明与黑暗的相互影响

规则阳或光明:美德-美的力量集中体现在屈原这位诗人-大臣-圣人身上。

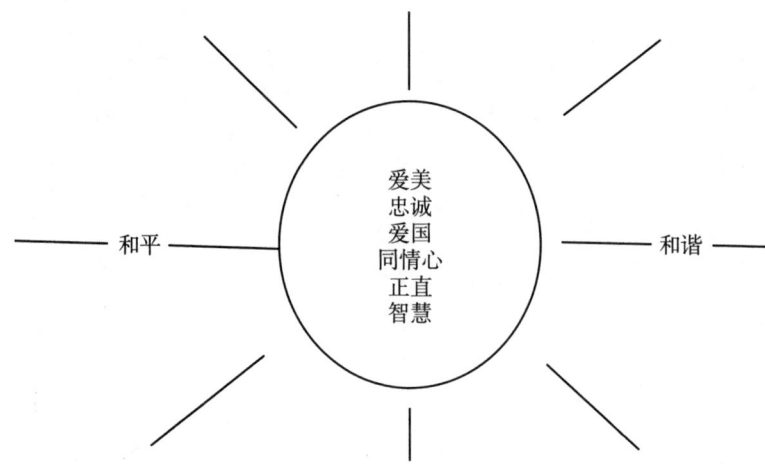

规则阴或黑暗:邪恶-错误的力量,体现在南后的香味、秦丞相(张仪)、下层民众和叛离者身上。

---

① 本文节译自美国底特律大学 Rose Jui-chang Chen 的博士论文《人类的英雄与被放逐的上帝:郭沫若〈屈原〉中的中国思想》(Rose Jui-chang Chen. "Human Hero and Exiled God: Chinese Thought in Kuo Mo-jo's *Chu Yuan*". PhD. Dissertation, University of Detroit, 1977)。该论文为英语世界第一篇研究郭沫若的博士论文。

1. 剧中整体的潜在模式：光明带来强烈的信仰以反抗黑暗：正义的力量与邪恶的力量间的相互作用。

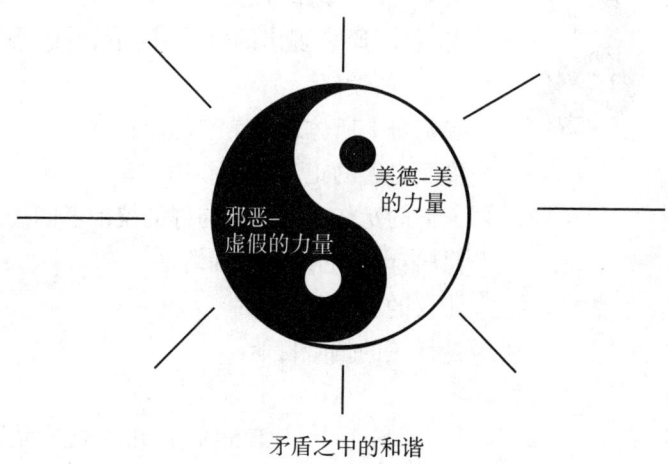

矛盾之中的和谐

2. 剧中每一幕的潜在模式：阴、阳规则间同样的相互作用通过不同的阶段，从不同的方面和不同的程度反映出来。含蓄是其总体的特征。

第 1 幕：　　　　　　　　第 1 阶段：没有阴影的光明：
　　　　　　　　　　　　理想的状态，黄金年代
　　　　　　　　　　　　屈原身上所蕴含的美德-美的力量完全笼罩了整个场面

第 2 幕：  第 2 阶段：部分的遮蔽
光明：屈原身上所表现出的对美和忠诚的热爱
黑暗：南后身上所体现的虚假的美；
张仪和宫廷小集团的背叛与阴谋；
楚怀王的偏听盲信

第 3 幕：  第 3 阶段：几乎全部的遮蔽
光明：屈原身上所表现出的正义的愤怒和伤感
黑暗：宫廷小集团的背叛；
人们的无知与愚钝；
屈原弟子的背叛与出卖

第 4 幕：  第 4 阶段：部分的光明
光明：屈原表现出的忧伤、同情、爱国心和正义的愤怒；
婵娟身上所体现的美与忠诚；
渔父身上的正义和勇敢；
人们的忧伤和对和平与好的统治者的渴盼；
黑暗：南后的谎言与调情；
张仪的背叛与谄媚；
楚怀王的偏听盲信

第 5 幕： 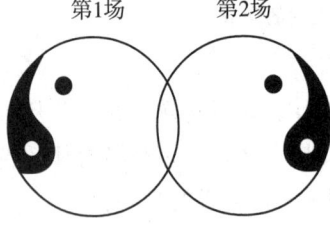 第 5 阶段：几乎全部的光明
光明：婵娟身上的美-美德；
卫士身上的正义与英雄主义
黑暗：宋玉与子兰的诱惑；
南后的秘密施毒计划

最后一幕中光明的几乎完全的显现由两 2 个方面呈现出来：女性和男性；阴与阳。

第1场:婵娟与子兰和宋玉
以明亮的月光冲破黑暗为象征

第2场:屈原与南后和太卜
以雷霆、闪电和火为象征

3. 戏剧整体综合每一场景的潜在模式:

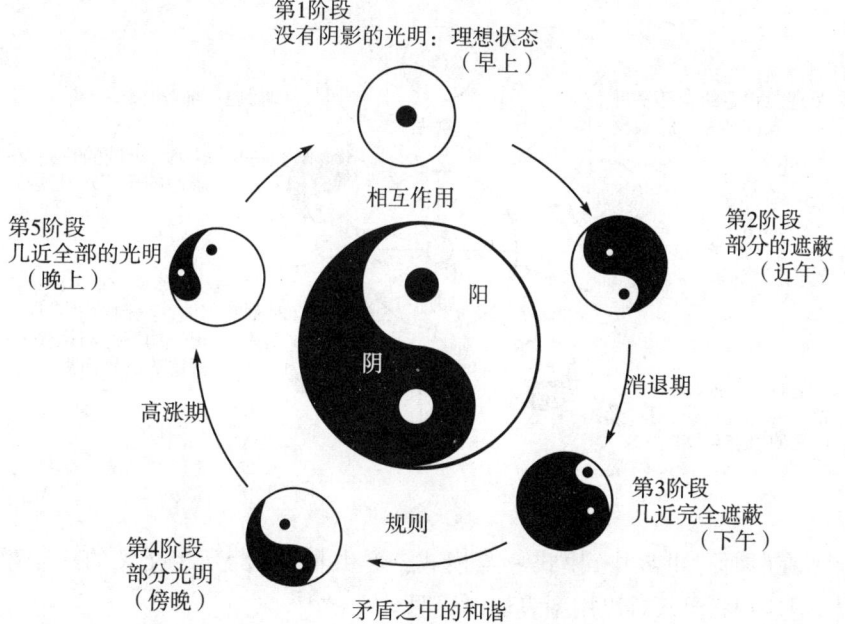

这些模式令人惊讶地契合了中国的宇宙象征模式,将《屈原》世界以一个和谐的有机整体形式映射出来,使它按照其内在的规则起着作用:相反的两极的永恒摆动(这里它们呈现出两种动态的力量)以及循环往复的运动。它反映出以永恒的道为背景框架的一个永远变化着的现象界。这种循环往复的运动以剧中的"时间"为象征,并得以加强:从早上-中午-晚上直到午夜,是整整一天的完整的循环。

模式二:主人公的"中心地位"或"人性",是"戏剧情节"中的宇宙之光的来源与中心

剧中的事件并不是偶发的或碎片似的,它们是主人公内心品质的瞬间展现,是"人性之光"的渗透与集中的体现。在每个事件中,屈原的某些品质通过剧中其他人物的不足或背离展现出来。所有的事件和所有的人物都与主人公有着直接的关系。它们的意义和所起的作用在它们协同将主人公的"表现"呈现出来的过程中有机地展现了出来。

有意思的是,这些"表现"的程度与主人公在场景中的"在场"与"缺场",即场景中光明的出现或遮蔽有着直接的关系。

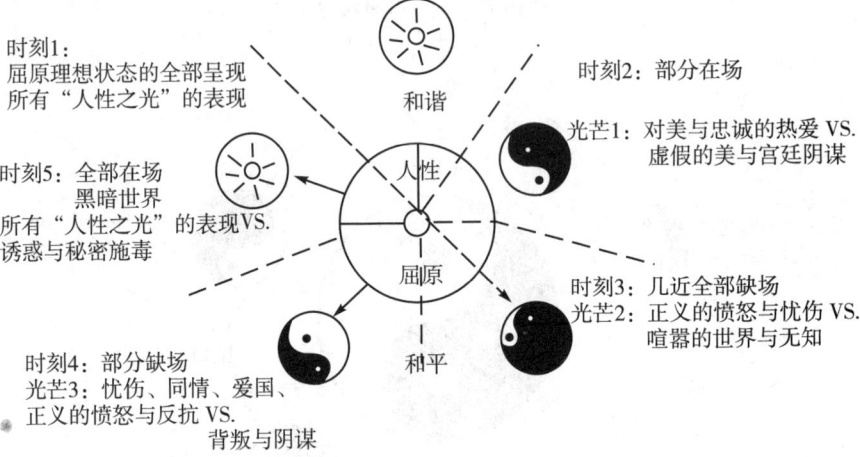

在《屈原》世界中,模式一与模式二是共同结合、互相交叉的一个整体,但这种状况却难以用图表加以说明。

模式三:阴、阳规则在"人物塑造"和人物关系间的相互作用

1. 完美的英雄:主人公身上人性的完美体现:宇宙之光、和平与和谐

2. 完美的人际关系：社会之光、和平与和谐的中心与源泉在屈原和婵娟身上的体现。

屈原	和平	婵娟
阳的因素	完美的人际关系	阴的因素
主人		仆人
先生		弟子
父亲		女儿
朋友(年长的)		朋友(年轻的)
爱人	和谐	被爱的

3. 人物的中心地位(屈原/婵娟)和屈原/婵娟的关系：作为戏剧中心点的完美的人物和理想的关系，与剧中其他不完美的、虚假的人物与人物间的关系形成对比。

完美的和理想的：屈原/婵娟(规则阳)

不完美的、虚假的：其他人物(规则阴)

楚怀王　　　　南后　　　　张仪及其小集团　　　　弟子

完美与虚假的相互作用,集中体现在屈原/婵娟的关系中。

楚怀王:虚假的统治者

阿汪和阿黄:
虚假的仆人

屈原/婵娟

敌对的大臣们:
虚假的老师

宋玉和子兰:
虚假的弟子

张仪及小集团:
虚假的臣子

子兰:虚假的儿子

楚怀王及南后:
虚假的父母

南后:虚假的美

楚杯王:
虚假的爱人

张仪,小集团;宋玉、子兰
虚假的朋友

4. "人物塑造"与作为整体的剧中人物间的相互关系:"二元统一"或"矛盾之中的和谐"。阳的因素(屈原/婵娟)得到加强,以对抗阴的因素(其他人物)。

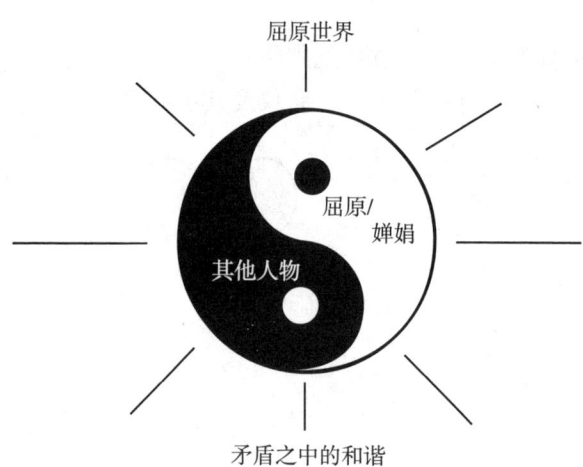

模式四:阴、阳规则的相互作用,或光明与黑暗在"背景"和"象征"中的相互影响,以反映蕴含其中的人物的内在品质

1. 第 1 幕(阳)
花园
(由屈原控制)

光明与美
和平与和谐
屈原的安详与忠诚
主要象征:
橘树:颜色、芳香、美、光

第 3 幕(阴)
花园
(由小集团和下层民众控制:屈原不在场)

阴影中的光、美与橘树
喧闹、混乱、噪音
下层民众的疯狂
主要象征:
戴草帽的人

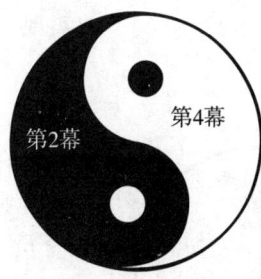

2. 第 2 幕(阴)
宫廷
(由南后控制:
屈原被遮蔽)
围着的宫墙
宫廷的宏伟
化了妆的上帝
圣人-英雄
秘密阴谋的阴影
主要象征:
佩戴珠宝的王后

第 4 幕(阳)
乡下
(由屈原/婵娟控制:
南后和张仪被遮蔽)
宽广无垠的世界
大自然的秀美
佩戴长剑和高帽
真理之光对谎言的暴露
主要象征:
佩戴花环和手持香草的婵娟

3. 第 2 幕(阴)
宫廷
(由宏伟宫廷中的
南后控制)
正午
围着的院子
被阴谋弄脏的庆贺

第 5 幕,第 1 场(阳)
宫廷院子
(由关在黑暗的囚笼中的婵娟控制)
午夜
露天的囚笼
被美德和英雄行为美化的

监禁

主要象征：

黑夜里的月光

4. 第1幕（阳）

花园

（由光明中的屈原控制）

早晨

敞放的自由世界

美丽芳香的大自然

春天的气息

主要象征：

橘树：理想的青年和美

第5幕，第2场（阴）

寺庙

（由黑暗中的屈原控制）

午夜

黑暗中的监狱；

虚假的神像的影子

雷霆、闪电

主要象征：

婵娟佩戴花环的尸体－理想的实现

5. 第5幕，第1场（阴）

宫廷院子：监狱

（由婵娟对黑暗的反抗所控制）

囚在笼中的侍女

宫墙的阴影

主要象征：

月光刺破夜晚的黑暗

第5幕，第2场（阳）

皇庙：监狱

（由全员对黑暗的反抗所控制）

戴锁链的主人

神像的阴影

主要象征：

雷、电打破睡眠和死亡的黑夜

剧中作为整体的"背景"和"象征手法"对《屈原》世界的"人性之光"的反映。

潜藏在《屈原》的各个组成部分中的模式："戏剧情节"、"人物塑造"、"背景"和"象征手法"，从不同的角度看，是一个完整的统一体。它们互相交织，共同组成了一个多维的整体。这反映在蕴含在圣人-英雄身上的那

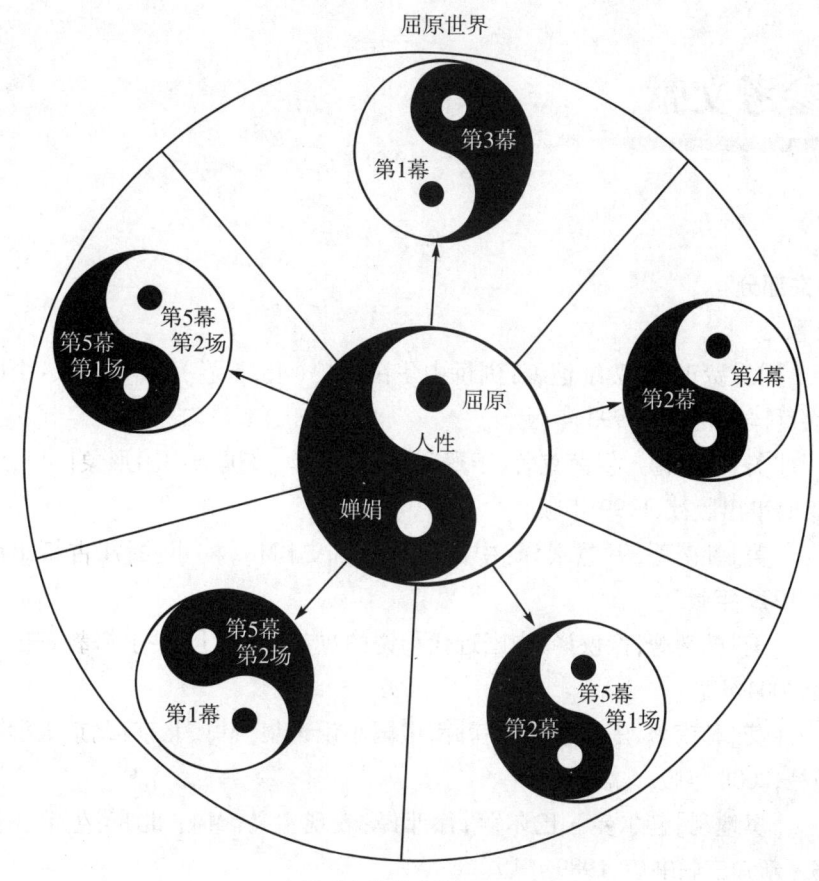

种普遍的、内在的"人性之光"中，构成了"屈原世界"的中心和内核。

《屈原》一剧可比作一颗通过整体和各个不同的侧面与阴影的相互作用反映出其内在光芒的多面钻石。每个侧面都映照出一种特别的色彩，而这颗钻石则汇集了一个和谐的统一体的所有光芒。

参考文献

中文部分
专著

[美]费正清、费维恺编:剑桥中华民国史(上、下卷)[M],北京:中国社会科学出版社,1993年版。

[美]哈罗德·伊萨克著,于殿利、陆日宇译:美国的中国形象[M],北京:时事出版社,1999年版。

[美]韩南著,尹慧珉译:中国白话小说史[M],杭州:浙江古籍出版社,1989年版。

[美]韩南著,徐侠译:中国近代小说的兴起[M],上海:上海教育出版社,2004年版。

[美]韩南著,王秋桂等译:韩南中国小说论集[M],北京:北京大学出版社,2008年版。

[奥地利]赫尔曼·巴尔著,徐菲译:表现主义[M],北京:生活·读书·新知三联书店,1989年版。

[美]李欧梵著,季进编:中国现代文学与现代性十讲[M],上海:复旦大学出版社,2002年版。

[美]李欧梵:浪漫与偏见[M],上海:上海书店出版社,2005年版。

[美]李欧梵:中西文学的徊想[M],南京:江苏教育出版社,2005年版。

[美]李欧梵著,王宏志等译:中国现代作家的浪漫一代[M],北京:新星出版社,2005年版。

[捷克斯洛伐克]玛利安·高利克著,伍晓明、张文定译:中西文学关系的里程碑[M],北京:北京大学出版社,1990年版。

[斯洛伐克]玛利安·高利克著,陈圣生等译:中国现代文学批评发生史,1917-1930[M],北京:社会科学文献出版社,1997年版。

[美]诺曼·邓津、冯伊娜·林肯主编,风笑天等译:定性研究[M],重庆:重庆出版社,2007年版。

[美]史书美著,何恬译:现代的诱惑:书写半殖民地中国的现代主义,1917-1937[M],南京:江苏人民出版社,2007年版。

[美]特里·伊格尔顿著,伍晓明译:二十世纪西方文学理论[M],北京:北京大学出版社,2007年版。

[美]托马斯·库恩著,李宝恒、纪树立译:科学革命的结构[M],上海:上海科学技术出版社,1980年版。

[美]奚密:从边缘出发——现代汉诗的另类传统[M],广州:广东人民出版社,2000年版。

[美]夏志清:人的文学[M],沈阳:辽宁教育出版社,1998年版。

[美]夏志清著,刘绍铭等译:中国现代小说史[M],香港:香港中文大学出版社,2001年版。

[美]夏志清:新文学的传统[M],北京:新星出版社,2005年版。

[美]夏志清著,刘绍铭等译:中国现代小说史[M],上海:复旦大学出版社,2005年版。

[捷克]雅罗斯拉夫·普实克著,李燕乔等译:普实克中国现代文学论文集[M],长沙:湖南文艺出版社,1987年版。

[捷克]雅罗斯拉夫·普实克著,丛林、陈平陵、李梅译:中国 我的姐妹[M],北京:外语教学与研究出版社,2005年版。

学术期刊论文

[日]岸田宪也:日本最近20年郭沫若研究·绍介·杂志记事索引[J],载《国际郭沫若会议论文集》,2009年版。

[澳大利亚]邦妮·麦杜戈尔(杜博妮):郭沫若与西方文学理论[J],载《郭沫若研究》第5辑,1988年。

[美]戴维·托德·罗伊,晨雨译:从浪漫主义到马列主义,1918-1924[J],载《郭沫若研究》第7辑,1989年。

[日]藤田梨那:关于郭沫若<牧羊哀话>背景及创作意图的考察梗概[J],载《郭沫若学刊》2003年第1期。

[日]岩佐昌暲:日本郭沫若研究、介绍的九十年[J],载《国际郭沫若会议论文集》,2009年。

[德]英葛·谢飞,丁庆译:寻找新岸—论郭沫若自传《少年时代》[J],载《郭沫若研究》第 5 辑,1988 年。

[德]英葛·谢飞,晨雨译:试论"五四"文学中的个性与主观性问题[J],载《郭沫若研究》第 12 辑,1998 年。

英文部分
Monographs(专著)

A. R. Davis ed., Robert Kotewall & Norman L. Smith trans. *The Penguin Book of Chinese Verse*. Harmondsworth: Penguin Books, 1962.

Bernd Eberstein ed. *A Selective Guide to Chinese Literature*, 1900–1949. Volume 4: The Drama. Leiden: E. J. Brill, Netherlands, 1990.

Bonnie S. McDougall. *The Introduction of Western Literary Theories into Modern China*, 1919–1925. Tokyo: The Centre for East Asian Cultural Studies, 1971.

—— & Kam Louie. *The Literature of China in the Twentieth Century*. London: Hurst & Company, 1997.

Chen, Xiaoming. *From the May Fourth Movement to Communist Revolution: Guo Moruo and the Chinese Path to Communism*. Albany: State University of New York Press, 2007.

Chow, Tse-tsung. *The May Fourth Movement: Intellectual Revolution in Modern China*. Cambridge: Harvard University Press, 1960.

Christopher T. Keaveney. *The Subversive Self in Modern Chinese Literature: The Creation Society's Reinvention of the Japanese Shishosetsu*. New York: Palgrave Macmillan, 2004.

Constantine Tung & Colin Mackerras eds. *Drama in the People's Republic of China*. Albany: State University of New York Press, 1987.

David L. Kenley. *New Culture in a New World: The May Fourth Movement and the Chinese Diaspora in Singapore*, 1919–1932. New York: Routledge, 2003.

David Tod Roy. *Kuo Mo-jo: The Early Years*. Cambridge: Harvard University Press, 1971.

Ed Folsom ed. *Whitman East and West: New Contexts for Reading Walt*

Whitman. Iowa City: University of Iowa Press, 2002.

Edgar Snow ed. *Living China. Modern Chinese Short Stories*. London: George G. Harrap and Co. Ltd., 1936.

Edward M. Gunn. *Rewriting Chinese: Style and Innovation in Twentieth-Century Chinese Prose*. Stanford, California: Stanford University Press, 1991.

Gao, Yan. *The Art of Parody: Maxine Hong Kingston's Use of Chinese Sources*. New York: Peter Lang Public, 1996.

Harold Acton & Chen Shih-hsiang. *Modern Chinese Poetry*. London: Duckworth, 1936.

Harold Bloom. *The Anxiety of Influence: A Theory of Poetry*. London: Oxford University Press, 1973.

Harold R. Isaacs ed. *Straw Sandals: Chinese Short Stories, 1918–1933*. Cambridge, Mass.: MIT Press, 1974.

Helene Keyssar ed. *Feminist Theatre and Theory*. New York: St. Martin's Press, 1996.

Horst Frenz & G. A. Anderson eds. *Indiana University Conference on Oriental-Western Literary Relations*. Chapel Hill: University of North Carolina Press, 1955.

Hsia, Chih-tsing. *A History of Modern Chinese Fiction*. 2nd edition. New Haven: Yale University Press, 1971.

Hsu, Kai-yu trans. & ed. *Twentieth Century Chinese Poetry. An Anthology*. New York: Doubleday, 1963.

——. *The Chinese Literary Scenes: A Writer's Visit to the People's Republic*. Vintage Books, 1975.

—— ed. & trans. *Literature of the People's Republic of China*. Bloomington: Indiana University Press, 1980.

James J. Y. Liu. *The Art of Chinese Poetry*. Chicago: University of Chicago Press, 1962.

——. *Chinese Theories of Literature*. Chicago: University of Chicago Press, 1975.

Jaroslav Prusek ed. *Studies in Modern Chinese Literature*. Berlin: Akademie-Verlag, 1964.

——. *Three Sketches of Chinese Literature*. Prague: Oriental Institute in Academia, 1969.

——. *The Lyrical and the Epic: Studies of Modern Chinese Literature*. Leo Ou-fan Lee ed. Bloomington: Indiana University Press, 1980.

John Lester & A. C. Barnes trans. *Selected Poems from The Goddesses*. Peking: Foreign Languages Press, 1958.

——. *Selected Poems from The Goddesses*. Peking: Foreign Languages Press, 1978.

——. *The Goddesses*. Beijing: Foreign Languages Press, 2001.

Joseph Schyns ed. 1500 *Modern Chinese Novels and Plays*. Peiping: Catholic University Press, 1948.

Julia C. Lin. *Modern Chinese Poetry: An Introduction*. Seattle: University of Washington Press, 1972.

——. *Essays on Contemporary Chinese Poetry*. Athens: Ohio University Press, 1985.

Kanneth J. Hammond & Kristin Stapleton. *The Human Tradition in Modern China*. Rowman & Littlefield Publishers, INC, 2008.

Kuo, Mo-jo. *Culture and Education in New China*. Peking: Foreign Languages Press, 1950.

—— & Chou Yang compiled. A. C. Barnes trans. *Songs of the Red Flag*. Peking: Foreign Languages Press, 1961.

Leo Ou-fan Lee. *The Romantic Generation of Modern Chinese Writers*. Cambridge: Harvard University Press, 1973.

——. "Literary Trends I: The Quest for Modernity, 1895–1927" In John K. Fairbank ed. *The Cambridge History of China*. Vol. 12. Cambridge: Cambridge University Press, 1983.

——. "Literary Trends II: The Road to Revolution, 1927–1949" In John K. Fairbank & Albert Feuerwerker eds. *The Cambridge History of China*. Vol. 13. Cambridge: Cambridge University Press, 1986.

Lloyd Haft ed. *A Selective Guide to Chinese Literature*, 1900–1949. Volume 3: The Poem. Leiden: E. J. Brill, Netherlands, 1989.

Lu, Yan. *Re-understanding Japan: Chinese Perspective*, 1895–1945.

Honolulu: University of Hawaii Press, 2004.

Lydia H. Liu. *Translingual Practice: Literature, National Culture, and Translated Modernity—China, 1900 – 1937.* Stanford, California: Stanford University Press, 1995.

Marián Gálik. *The Genesis of Modern Chinese Literary Criticism, 1917 – 1930.* London: Curzon Press, 1980.

—— ed. *Milestones in Sino-Western Literary Confrontation, 1898 – 1979.* Wiesbaden: Harrassowitz, 1986.

—— ed. *Interliterary and Intraliterary Aspects of the May Fourth Movement 1919 in China.* Bratislava: Veda Publishing House of the Slovak Academy of Sciences, 1990.

Merle Goldman. *Literary Dissent in Communist China.* Cambridge: Harvard University Press, 1967.

—— ed. *Modern Chinese Literature in the May Fourth Era.* Cambridge: Harvard University Press, 1977.

Mi, Jiayan. *Self-fashioning and Reflexive Modernity in Modern Chinese Poetry, 1919–1949.* Lewiston: The Edwin Mellen Press, 2004.

Michelle Yeh. *Modern Chinese Poetry: Theory and Practice Since 1917.* New Haven: Yale University Press, 1991.

—— & N. G. D. Malmqvist trans. *An Anthology of Modern Chinese Poetry.* New Haven: Yale University Press, 1992.

Mileva Dolezelova-Velingerova ed. *A Selective Guide to Chinese Literature, 1900–1949. Volume 1: The Novel.* Leiden: E. J. Brill, Netherlands, 1988.

Norman K. Denzin & Yvonna S. Lincoln eds. *Handbook of Qualitative Research.* London: Sage, 1994.

Peng, Fumin & Bonnie. S. McDougall. *Selected Works of Guo Moruo: Five Historical Plays.* Beijing: Foreign Language Press, 1984.

Rewi Alley. *The People Speak out: Translations of Poems and Songs of the People of China.* Peking: Foreign Languages Press, 1954.

——. *Peace through the Ages, Translations from the Poets of China.* Peking: Foreign Languages Press, 1954.

——. *The People Sing. More Translations of Poems and Songs of the*

People of China. Peking: Foreign Languages Press, 1958.

———. *Light and Shadow along a Great Road: An Anthology of Modern Chinese Poetry*. Beijing: New World Press, 1984.

Robert Payne. *Contemporary Chinese Poetry*. London: Routledge, 1947.

Rudolf Wagner. *The Contemporary Chinese Historical Drama: Four Studies*. Berkeley: University of California Press, 1990.

Shih, Shumei. *The Lure of Modern: Writing Modernism in Semicolonial China*, 1917-1937. Berkeley: University of California, 2001.

Stephen Owen ed. *Readings in Chinese Literary Thought*. Cambridge: Council on East Asian Studies, Harvard University, 1992.

Thomas Kuhn. *The Structure of Scientific Revolutions*. Chicago: University of Chicago Press, 1962.

Vera Schwarcz. *The Chinese Enlightenment: Intellectuals and the Legacy of the May Fourth Movement of* 1919. Berkeley: University of California Press, 1986.

W. J. F. Jenner selected and ed., W. J. F. Jenner & Gladys Yang trans. *Modern Chinese Stories*. London: Oxford University Press, 1970.

Wang, Chichen ed. *Stories of China at War*. New York: Columbia University Press, 1947.

Wei, Chiming & Rina Fujita eds. *Proceedings of International Guo Moruo Academy*, 2009.

Wendy Larson. *Literary Authority and the Modern Chinese Writer: Ambivalence and Autobiography*. Durham: Duke University Press, 1991.

Yang, Hsien-yi & Gladys Yang trans. *Chu Yuan: A Play in Five Acts*. Peking: Foreign Languages Press, 1953.

Yip Wai-lim selected & trans. *Lyrics from Shelters: Modern Chinese Poetry*, 1930-1945. New York: Garland Publishing, INC, 1992.

——— ed. & trans. *Chinese Poetry: An Anthology of Major Modes and Genres*. Durham: Duke University Press, 1997.

Zbigniew Slupski ed. *A Selective Guide to Chinese Literature*, 1900-1949. Volume 2: The Short Story. Leiden: E. J. Brill, Netherlands, 1988.

Zhang, Longxi. *The Tao and the Logos: Literary Hermeneutics, East and*

West. Durham: Duke University Press, 1992.

Zheng, Yi. *From Burke and Wordsworth to the Modern Sublime in Chinese Literature*. West Lafayette: Purdue University Press, 2011.

Ph. D. Dissertations(博士论文)

Chang, Chia-ju. "The Chinese Snake Woman: Mythology, Culture and Female Expression". PhD. Dissertation, The State University of New Jersey, 2004.

Chen, Xiaoming. "Towards a Confucian/Marxist Solution: Guo Moruo's Intellectual Development to 1926". PhD. Dissertation, The Ohio State University, 1995.

Christopher T. Keaveney. "The Assimilation of the Shishosetsu by China's Creation Society". PhD. Dissertation, Washington University, 2000.

Emily Woo Yuan. "Kuo Mo-jo: The Literary Profile of a Modern Revolutionary, 1924-1949". PhD. Dissertation, University of Pennsylvania, 1979.

Helen Strand Tokuyama. "Stress, Chinese Authors, and Chinese Short Stories, 1917-1933". PhD. Dissertation, University of California, 1980.

Huang, Guiyou. "Cross Currents: American Literature and Chinese Modernism, Chinese Culture and American Modernism". PhD. Dissertation, Texas University, 1993.

Janet Mui-Fong Ng. "Autobiography in Modern Chinese Literature, 1911-1950: Forms of Literary Expression of Self in Society". PhD. Dissertation, Columbia University, 1993.

John Arthur Crespi. "A Vocal Minority: New Poetry and Poetry Declamation in China, 1915-1975." PhD. Dissertation, The University of Chicago, 2001.

Liang, Kan. "Chinese Intellectuals in the War: Chongqing, 1937-1945." PhD. Dissertation, Yale University, 1995.

Meng, Liansu. "The Inferno Tango: Gender Politics and Modern Chinese Poetry, 1917-1980". PhD. Dissertation, University of Michigan, 2010.

Rose Jui-Chang Chen. "Human Hero and Exiled God: Chinese Thought in Kuo Mo–jo's *Chu Yuan*". PhD. Dissertation, University of Detroit University, 1977.

Shih, Shu–mei. "Writing between Tradition and the West: Chinese Modernist Fiction, 1917–1937". PhD. Dissertation, University of California, Los Angeles, 1992.

Wendy Ann Larson. "Autobiographies of Chinese Writers in the Early Twenties Century". PhD. Dissertation, Berkeley: University of California, 1985.

Yang, Haosheng. "A Modernity in Pre–modern Tune: Classical–style Poetry of Yu Dafu, Guo Moruo and Zhou Zuoren". PhD. Dissertation, Harvard University, 2008.

Essays(学术期刊论文)

Barbora Vesterová. "Some Remarks on the Earliest Poetry of Guo Moruo, 1904-12". *Frontiers of Literary Studies in China*, Vol.6, No.4, 2012, pp.539-552.

——. "Changing the Expression and Expressing the Change in Guo Moruo's Poetry" In R. D. Findeisen & M. Slobodnik eds. *Talking Literature. Essays on Chinese and Biblical Writings and Their Interaction*, Vol. 99. Wiesbaden: Harrassowitz Verlag, 2013, pp.195-208.

Berta Krebsova & Roberta Samsour. "The Return of the Master". *New Orient*, Vol.1, No.6 (1960), p.22-24.

C. T. Hsia. "On the Scientific Study of Modern Chinese Literature: A Reply to Professor Prusek". *T'oung Pao*, 1963, Vol.50, Issue 4, pp.428-474.

Chan, Wing–ming. "*Li Po and Tu Fu* by Kuo Mo–jo—A Reexamination". *Chinese Literature: Essays, Articles, Reviews*, Vol.4, No. 1 (Jan., 1982), pp.75-90.

Clarence Moy. "Kuo Mo-jo and the Creation Society". *Papers on China*, No.4, 1950, pp.131-159.

Colin Mackerras. "The Taming of the Threw: Chinese Theatre and Social Change since Mao". *The Australia Journal of Chinese Affairs*, No.1 (Jan., 1979), pp.1-18.

——. "Tradition, Change and Continuity in Chinese Theatre in the Last Hundred Years: In Comemoration of the Spoken Drama Centenary". *Asian Theatre Journal*, Vol.25, No.1 (2008), pp.1-23.

D. W. Fokkema. "Studies in Modern Chinese Literature" (book review). *T'oung Pao*, Vol. 52, 1965/1966, pp.211-215.

David E. Pollard. "Kuo Mo-jo: The Early Years by David Tod Roy" (book review). *Modern Asian Studies* (1972), Vol.6, No.3, pp.367-369.

David Tod Roy. "Kuo Mo-jo: The Pre-Marxist Phase, 1892-1924". *Papers on China*, No.11, 1958, pp.69-146.

Feng, Liping. "Democracy and Elitism: the May Fourth Ideal of Literature". *Modern China*, Vol.22, No.2 (April, 1996), pp.170-196.

Franklin W. Hou. "Kuo Mo-jo: The Early Years". *Journal of Asian Studies*, 31:1 (Nov., 1971), pp.193-194.

G. I. Begley trans. "The Champions of Chi". *Eastern World*, 3:9 (1949), pp.28-29.

Gabriel Wu. "Occidentalism: Imaging the West in the Early Fiction of Guo Moruo and Yu Dafu". *Journal of Oriental Studies*, Vol, 43, No.1/2, 2010, pp.175-196.

Hilde De Weerdt. "From the May Fourth Movement to Communist Revolution: Guo Moruo and the Chinese Path to Communism." *Historian*, Summer 2009. Vol. 71, Issue 2, pp.389-390.

Hung, Chang-tai. "Female Symbols of Resistance in Chinese Wartime Spoken Drama". *Modern China*, Vol.15, No.2 (April, 1989), pp.149-177.

Jarolav Prusek. "Subjectivism and Individualism in Modern Chinese Literature." *Archiv Orientalni*, 25, 1957, pp.261-286.

——. "The Importance of Tradition in Chinese Literature." *Archiv Orientalni*, 26, 1958, pp.212-213.

——. "Basic Problems of the History of Modern Chinese Literature and C. T. Hsia: *A History of Modern Chinese Fiction*." *T'oung Pao*, Vol. 49, 1961, pp.357-404.

——. "Reality and Art in Chinese Literature." *Archiv Orientalni*, 32, 1964, pp.605-618.

——. "A Confrontation of Traditional Oriental Literature with Modern European Literature in the Context of the Chinese Literary Revolution." *Archiv Orientalni*, 32, 1964, pp.365-375.

Jin, Qiu. "Between Power and Knowledge: Defining Moments in Guo Moruo's Career". *Modern China Studies*, Vol.17, No.2, 2010, pp.135-178.

Josiah W. Bennett trans. "A Poet with the Northern Expedition" by Kuo Mo-jo. *Far Eastern Quarterly*, 3:1 (1943: Nov.), pp.5-36.

——."A Poet with the Northern Expedition, XI" by Kuo Mo-jo. *Far Eastern Quarterly*, 3:2 (1944: Feb.), pp.144-171.

——."A Poet with the Northern Expedition, XIX" by Kuo Mo-jo. *Far Eastern Quarterly*, 3:3 (1944: May), pp.237-359.

——."A Poet with the Northern Expedition, XXVI" by Kuo Mo-jo. *Far Eastern Quarterly*, 3:4 (1944: Aug.), pp.362-381.

Lam Lap. "Fetishizing the Past: Writing Classical Poetry in the Early Republican Period". *Journal of Oriental Studies*, Vol.43, No.1/2, 2010, pp.197-233.

Lee, Haiyan. "Tears That Crumbled the Great Wall: The Archaeology of Feeling in the May Fourth Folklore Movement." *Journal of Asian Studies*, Vol.64, No.1 (Feb., 2005), pp.35-65.

Li, Tien-yi. "Continuity and Change in Modern Chinese Literature". *The Annals of the American Academy of Political and Social Science*, Vol. 321, 1959, pp.90-99.

Linda Wong. "Salomé in Chinese Dress: Guo Moruo's 'Three Rebellious Women' ". *Journal of Irish Studies*, Vol.17, Japan and Ireland (2002), pp.118-125.

Liu, Siyuan & Kevin J. Wetmore Jr. "Modern Chinese Drama in English: A Selective Bibliography". *Asian Theatre Journal*, Vol. 26, No. 2 (Fall, 2009), pp.320-351.

Liu, Wu-chi. "Modern Chinese Literature in May Fourth Era". *Pacific Affairs*, Vol. 52, No. 1, 1979, pp.123-124.

Marián Gálik. "The Expressionistic Criticism of Kuo Mo-jo". *Tokyo Shinagaku-ho (Bulletin of the Tokyo Sinological Society)*, No.13, 1967, pp.

231-243.

——. "Studies in Modern Chinese Literary Criticism. IV. The Proletarian Criticism of Kuo Mo-jo". *Asian and African Studies*, No.5, 1969, pp.145-160.

——. "Studies in Modern Chinese Literary Criticism. IV. The Proletarian Criticism of Kuo Mo-jo". *Asian and African Studies*, VI, 1970, pp.145-160.

——. "David Tod Roy. *Kuo Mo-jo: The Early Years*" (book review). *Asian and African Studies*, VIII.1972, pp.206-207.

——. "The Aesthetico-Impressionistic Criticism of Kuo Mo-jo". *Oriens Extremus* (Hamburg), No.21, 1974, pp.53-66.

——. "Studies in Modern Chinese Intellectual History: I. The World and China: Cultural Impact and Response in the 20th Century". *Asian and African Studies*, XI, 1975, pp.11-56.

——. "The Concept of Creative Personality in Traditional Chinese Literary Criticism". *Oriens Extremus*, Vol.27, No.2, 1980, pp.183-202.

——. "Guo Moruo and His Development from Aesthetico-Impressionist to Proletarian Criticism" In Wenxuesuo Guowai Zhongguoxue (wenxue) Yanjiuzu ed. *Series in Foreign Studies of Chinese Literature*. Peking: Zhongguo Wenlian Chubangongsi, 1985. It is the translation of the Chapter 2 of Marián Gálik. *The Genesis of Modern Chinese Literary Criticism*, 1917-1930. London: Curzon Press, 1980.

——. "Studies in Modern Chinese Intellectual History. IV. Young Guo Moruo, 1914-1924". *Asian and African Studies*, No. 22, 1986, pp.43-72.

——. "Reception and Survival of Gothe's *Faust* in Guo Moruo's Works and Translations, 1919-1922". *Asian and African Studies*, No.26, 1991, pp. 49-70.

——. "Goethe's *Faust* in China and Guo Moruo, 1919-1947". *Guoji nanshe xuehui congkan*, Vol. 3, 1992, pp.143-157.

——. "Gothic Chamber in Gothe's *Faust* and a Tiny Room in Hakozaki: Some Comments on Guo Moruo's Translation from October 10, 1919", 载《郭沫若文献史料国际学术研讨会暨 IGMA 学术年会论文汇编》, 2010 年, pp. 410-419.

——. "The Images of Shulamite in the Chinese Translations of the Bible, 1919 - 2004". Proceedings of the Conference at Renmin University, August, 2011.

——. "Young Guo Moruo and Buddhism, 1914-1915",载《郭沫若与文化中国——纪念郭沫若诞辰120周年国际学术研讨会论文集》,2012 年, pp.214-218.

Mary Farquhar. "Revolutionary Children's Literature". *The Australian Journal of Chinese Affairs*, No.4 (July, 1980), pp.61-84.

Maureen Robertson. "Modern Chinese Poetry: An Introduction" (book review). *Journal of Asian Studies*, Vol. 32, 1972, pp.314-317.

Michael Gotz. "The Development of Modern Chinese Literature Studies in the West: A Critical View". *Modern China*, Vol. 2, No. 3, 1976, pp.397-416.

Michelle Loi. "The Autobiographical Work of a Modern Chinese Writer: Guo Moruo". *RLC-Revue de Litterature Comparee*, No.325, 2008, pp.?

Michelle Yeh. "A New Orientation to Poetry: The Transition from Traditional to Modern". *Chinese Literature: Essays, Articles, Reviews*, Vol. 12, 1990, pp.83-105.

Paul Bady. "The Modern Chinese Writer: Literary Incomes and Best Sellers". *China Quarterly*, No.88 (Dec., 1981), pp.645-657.

Paul Pickowicz & G. Jenner eds. "Modern Chinese Stories" (book review). *Journal of Asian Studies*, 30:4 (Aug., 1971), pp.888-889.

Philip Williams. "The Subversive Self in Modern Chinese Literature: The Creation Society's Reinvention of the Japanese Shishosetsu". *China Review International*, 2006. Vol.13, No.1, pp.163-166.

Ralph Croizier. "Qu Yuan and the Artists: Ancient Symbols and Modern Politics in the Post-Mao Era". *The Australian Journal of Chinese Affairs*, No. 24 (July, 1990), pp.25-50.

Raoul David Findeisen. "The Burden of Culture: Glimpse at the Literary Receptiom of Nietzsche in China". *Asian and African Studies*, No.6, 1997, pp. 76-91.

Richard John Lynn. "The Lyrical and the Epic: Studies of Modern

Chinese Literature" (book review). *Pacific Affairs*, Vol. 56, No. 1, 1983, pp. 140-142.

Schramm G. "Kuo Mo - jo and Medicine. The Personality of a Contemporary Chinese Physician, Poet, Writer and Historian". *Munch Med Wochenschr*, Vol.111, No.31, 1969, pp.1603-1607.

Sergei Tikhvinsky. "My Encounters with Guo Moruo". *Far Eastern Affairs*, No. 4, 2002, pp.99-105.

Sylvia Chan. "Realism or Socialist Realism?: The 'Proletarian' Episode in Modern Chinese Literature: 1927-1932". *The Australian Journal of Chinese Affairs*, No. 9 (Jan., 1983), pp.55-74.

Terry Siu-han Yip & Kwok-Kan Tan. "European Influence on Modern Chinese Drama: Kuo Mo-jo's Early Historical-Problem Plays." *Journal of Oriental Studies*, Vol. 24, No.1 (1986), pp.54-65.

Tsu, Jing. "Perversion of Masculinity: The Mascochistic Male Subject in Yu Dafu, Guo Moruo, and Freud." *Positions: East Asia Cultures Critique*, Fall, 2000. Vol. 8. Issue 2, pp.269-316.

Vera Schwarcz. "From the May Fourth Movement to Communist Revolution: Guo Moruo and the Chinese Path to Communism." *China Quarterly*, Sept., 2008, Issue 195, pp.710-711.

Wang, Chi-chen. "The Moon Shines Down". *China Magazine*, 16:2 (1946. 06), pp.39-44.

Wang, Pu. "Ren, Geren and Remin: The Prehistory of the New Man and Guo Moruo's Conception of the People". *Frontiers of Literary Studies in China*, Vo.6, No.1, 2012, pp.78-94.

William R. Schultz, "Kuo Mo-jo and the Romatic Aesthetic, 1918-1925," *Journal of Oriental Literature*, 6.2 (April, 1955), pp.49-81.

Winnie Tsang. "Kuo Mo-jo's *The Goddesses*." *Journal of Oriental Society of Australia*, Vol. 12 (1977), pp.97-109.

Zhang, Jie. "The Translator's Daydream: A Psychoanalytica Reading of Guo Moruo's Translation of '*Elegy Written in a Country Churchyard*'". *Canadian Social Science*, Vol.10, No.5, 2014, pp.114-118.

Zheng, Yi. "The Figuration of the Sublime: Guo Moruo's *Qu Yuan*."

Modern Chinese Literature and Culture, Vol. 16, No. 1 (Spring, 2004), pp. 153-198.

后　记

自 2009 年 7 月 4 日在峨眉山脚下的红珠山宾馆预开题时决定听从曹师顺庆先生的建议"回归大部队"做"英语世界"系列研究课题后，"英语世界的郭沫若研究"便与我朝夕与共了。是恩师观照大局的学术视域和英明决定成就了我的博士论文《英语世界的郭沫若研究》、"中国经典在英语世界的传播与接受研究"系列课题和系列专著。

《郭沫若在英语世界的传播与接受研究》是对基于我的博士论文修改出版的《英语世界的郭沫若研究》一书的再修改和补充的成果。此书在原版本的基础上做了较大的删改、合并与补充，增加了 2011 年 11 月成书之后收集整理的 20 种研究成果，新增了 23 万字左右的内容。其中，包括斯洛伐克科学院院士、也是我 2013 年国家留学基金委公派高访项目的导师马立安·高利克先生的成果、马立安·高利克先生的外孙女、时为奥地利维也纳大学东亚研究所硕士研究生的巴巴拉·魏白碧的研究成果，均是由他们本人提供的。高利克先生的郭沫若研究成果已收入我的专著《马立安·高利克的汉学研究》一书中。同时，高利克先生和魏白碧的相关郭沫若研究论文、会议文章也由我翻译成中文发表在中国的学术期刊或会议论文集里。

甚为遗憾的是，我从 2009 年确定"英语世界的郭沫若研究"的选题后在世界各地收集到的资料信息中，到此书成书时，仍有一种研究成果无法获得，即 1958 年发表在《哈佛中国研究论文集》第 11 期上戴维·罗伊（David Tod Roy）的《郭沫若接受马克思主义之前的时期，1892—1924》。以后若能获得，再做修订或另文介绍。

该书在选题、资料的收集整理、视角的切入以及研究方法和篇章结构等方面均得到了国际和国内郭沫若研究专家与前辈们的诸多帮助与鼓励：藤田梨那、岩佐昌暲、马立安·高利克、巴巴拉·魏白碧、黄维樑、吴伏生、张忠任、周海林、杨治宜、郑怡、杨昊昇、蔡震、高铦、郭平英、李晓红、邓经武、魏建、李怡、李斌、张勇、廖久明、杨胜宽、陈俐、何刚等,在此一并致谢!

感谢我善解人意的进哥哥和可爱的女儿芷蘅。他们一以贯之的包容为我的成长提供了坚实的保障和精神支柱。

感谢学元、玉蓉、竹田、海东和柯芦!感谢我所有先来后到的朋友们。感谢他们的每一分关爱。他们是我前进中的不竭动力。

感谢北京语言大学的阎纯德教授多年来亦师亦友的牵引。很荣幸得到他一如既往的欣赏与鼓励。除多篇文章发表在他主编的《汉学研究》上,我的第六本专著《马立安·高利克的汉学研究》也是阎老师约稿出版的。此书的出版更是受到了阎老师的青睐与支持,成为他主编的"列国汉学史书系"中的另一员。

《英语世界的郭沫若研究》既是我"英语世界"系列研究课题和研究专著的开始,也是我苦中作乐的科研之路的起点。能在2011年11月由复旦大学出版社出版后作为"汉学研究"系列之一修订出版,实乃荣幸之至。

是为记。

杨玉英
二〇一五年三月六日
于嘉州